1

EDUARDO **CAMBI**
ROGÉRIA **DOTTI**
PAULO **PINHEIRO**
SANDRO **MARTINS**
SANDRO **KOZIKOSKI**

2025

QUARTA EDIÇÃO

CURSO DE PROCESSO CIVIL COMPLETO

PARTE I • **PARTE GERAL**
PARTE II • **TUTELA PROVISÓRIA**

Dados Internacionais de Catalogação na Publicação (CIP) de acordo com ISBD

C977　Curso de processo civil completo: parte geral e tutela provisória / Eduardo Augusto Salomão Cambi...[et al]. - 4. ed. - Indaiatuba : Editora Foco, 2025.
408 p. ; 17cm x 24cm. – (v.1)

Inclui bibliografia e índice.

ISBN: 978-65-6120-293-0

1. Direito. 2. Direito civil. 3. Processo civil. I. Cambi, Eduardo Augusto Salomão. II. Dotti, Rogéria. III. Pinheiro, Paulo Eduardo D'Arce. IV. Martins, Sandro Gilbert. V. Kozikoski, Sandro Marcelo. VI. Título.

2025-419　　　　　　　　　　　　　　　　　　　　　　CDD 347　　CDU 347

Elaborado por Odilio Hilario Moreira Junior - CRB-8/9949

Índices para Catálogo Sistemático:

1. Direito civil 347
2. Direito civil 347

1

EDUARDO **CAMBI**
ROGÉRIA **DOTTI**
PAULO **PINHEIRO**
SANDRO **MARTINS**
SANDRO **KOZIKOSKI**

QUARTA EDIÇÃO

CURSO DE PROCESSO CIVIL COMPLETO

PARTE I • **PARTE GERAL**
PARTE II • **TUTELA PROVISÓRIA**

2025 © Editora Foco
Autores: Rogéria Dotti e Eduardo Cambi
Diretor Acadêmico: Leonardo Pereira
Editor: Roberta Densa
Coordenadora Editorial: Paula Morishita
Revisora Sênior: Georgia Renata Dias
Revisora Júnior: Adriana Souza Lima
Capa Criação: Leonardo Hermano
Diagramação: Ladislau Lima e Aparecida Lima
Impressão miolo e capa: FORMA CERTA

DIREITOS AUTORAIS: É proibida a reprodução parcial ou total desta publicação, por qualquer forma ou meio, sem a prévia autorização da Editora FOCO, com exceção do teor das questões de concursos públicos que, por serem atos oficiais, não são protegidas como Direitos Autorais, na forma do Artigo 8º, IV, da Lei 9.610/1998. Referida vedação se estende às características gráficas da obra e sua editoração. A punição para a violação dos Direitos Autorais é crime previsto no Artigo 184 do Código Penal e as sanções civis às violações dos Direitos Autorais estão previstas nos Artigos 101 a 110 da Lei 9.610/1998. Os comentários das questões são de responsabilidade dos autores.

NOTAS DA EDITORA:

Atualizações e erratas: A presente obra é vendida como está, atualizada até a data do seu fechamento, informação que consta na página II do livro. Havendo a publicação de legislação de suma relevância, a editora, de forma discricionária, se empenhará em disponibilizar atualização futura.

Erratas: A Editora se compromete a disponibilizar no site www.editorafoco.com.br, na seção Atualizações, eventuais erratas por razões de erros técnicos ou de conteúdo. Solicitamos, outrossim, que o leitor faça a gentileza de colaborar com a perfeição da obra, comunicando eventual erro encontrado por meio de mensagem para contato@editorafoco.com.br. O acesso será disponibilizado durante a vigência da edição da obra.

Impresso no Brasil (2.2025) – Data de Fechamento (2.2025)

2025
Todos os direitos reservados à
Editora Foco Jurídico Ltda.
Rua Antonio Brunetti, 593 – Jd. Morada do Sol
CEP 13348-533 – Indaiatuba – SP

E-mail: contato@editorafoco.com.br
www.editorafoco.com.br

APRESENTAÇÃO

O Código de Processo Civil de 2015 traz importantes contribuições para o aperfeiçoamento do Direito Processual, na perspectiva da concretização do direito constitucional à tutela jurisdicional célere, adequada e efetiva.

No que se refere às normas fundamentais, aos atos processuais e às nulidades, o Código de 2015 rompe com o formalismo excessivo que dominou o sistema do Código de 1973 e apresenta um novo ideário, baseado na primazia do julgamento do mérito. As novas regras oferecem oportunidades para que os vícios processuais sejam sanados, privilegiando, assim, as sentenças definitivas. O processo passa a ser cooperativo e dialógico, razão pela qual a garantia do contraditório adquire um novo significado. Há, agora, um real poder de influência sobre a decisão judicial. Por outro lado, o incremento dos poderes do juiz e a atipicidade das medidas coercitivas são equilibrados no sistema mediante a vedação à decisão surpresa e à necessidade de motivação. Os negócios processuais típicos são ampliados, permitindo-se pela primeira vez a realização também de negócios atípicos, em clara valorização à atuação das partes. Também unifica as tutelas provisórias, as quais podem ser fundamentadas em urgência ou evidência (CPC, arts. 294-311), para melhor distribuir o ônus do tempo do processo, a fim de que a tutela jurisdicional seja prestada de forma mais célere, prestigiando o litigante que tem razão.

Quanto às inovações no processo de conhecimento, destacam-se, dentre outras, o estímulo à solução consensual dos conflitos, inclusive com a inclusão da audiência de conciliação ou de mediação a ser realizada antes da resposta do réu (CPC, art. 334), a possibilidade de julgamento parcial de mérito (CPC, art. 356), a possibilidade de produção de prova antecipada para melhor conhecimento prévio dos fatos e independentemente da necessidade de posterior ajuizamento de ação (CPC, art. 381, inc. III), a adoção da teoria da distribuição dinâmica do ônus da prova (CPC, art. 373, § 1º), o rigor no dever de fundamentação das decisões (CPC, art. 489, § 1º) e a possibilidade da coisa julgada recair sobre a resolução de questão prejudicial decidida expressa e incidentalmente no processo (CPC, art. 503, § 1º).

Na disciplina dos procedimentos especiais, muitas das "ações" já existentes no direito anterior foram mantidas pelo CPC de 2015 (ação de consignação, ação de exigir contas, ações possessórias, ação de divisão e de demarcação de terras particulares, inventário e partilha, habilitação e ação monitória e restauração de autos). Essa manutenção, no entanto, quase sempre foi acompanhada de mudanças, ora pontuais (*v.g.*, art. 555, parágrafo único, destinado a dar maior efetividade à tutela possessória), ora mais amplas (*v.g.*, ação de exigir contas, embargos de terceiro e ação monitória), destinadas à superação de dissensões interpretativas ou com o propósito (nem sempre alcançado) de aprimoramento da disciplina.

Além disso, mesmo o regramento aparentemente não alterado deve ter a sua interpretação revisitada à luz das normas fundamentais (*v.g.*, arts. 4º a 10) e de modificações decorrentes de outros campos da parte geral (*v.g.*, arts. 133 e 139, IV) ou de nova disciplina conferida ao processo de conhecimento (*v.g.*, art. 327, § 2º; art. 503, § 1º). Também foram introduzidos novos procedimentos especiais (ação de dissolução de sociedade, ações de família e regulação de avaria grossa), não tratados no CPC de 1973. Ainda houve a realocação, para este título, de institutos que, no direito pretérito, estavam topograficamente deslocados (oposição, homologação de penhor legal, notificação e interpelação) e a atualização do regime processual ao direto material (*v.g.*, divórcio, separação, extinção consensual de união e alteração de regime de bens do matrimônio).

No que se refere à execução, o novo Código de Processo Civil buscou afastar muitas dúvidas interpretativas que existiam à luz da legislação revogada, além de ter aperfeiçoado diversas regras procedimentais.

Ademais, o CPC 2015 estabeleceu premissas comuns aos meios impugnativos das decisões judiciais, dispensando tratamento detalhado aos recursos e às chamadas ações de impugnação autônomas, regulamentando, ainda, os incidentes processuais observados na fase recursal. Desse modo, o sistema recursal deve ser visto de forma conectada à técnica de formação e identificação dos precedentes de observância obrigatória. As altas taxas de congestionamento dos Tribunais pátrios refletiram na idealização de técnicas recursais específicas e mecanismos de coletivização. Os recursos repetitivos e a valorização dos precedentes são alinhados com propósitos nomofiláticos. Suplantando a ótica *privatista* tradicional, os recursos passam a estar vocacionados à *transcendência* e *objetivação* das questões presentes nos processos massificados. São premissas muito diversas daquelas extraídas da codificação de 1973.

Ainda, foram instituídas técnicas de *desestímulo* aos recursos *infundados*, com previsão de *sucumbência recursal* (CPC, art. 85, § 11). A admissão dos negócios processuais *atípicos* (CPC, art. 190) impõe uma nova compreensão do *dirigismo processual* e do papel confiado às partes. As convenções alcançam o sistema recursal cível, permitindo-se mudanças que afetam o duplo grau de jurisdição. Portanto, torna-se imprescindível o exame dos princípios informativos do sistema recursal (tais como primazia do mérito e unirrecorribilidade, dentre outros). Mudanças relevantes estão relacionadas ainda ao juízo de admissibilidade recursal, alteração do modelo de preclusões (CPC, art. 1.009, § 1º), ampliação da colegialidade (CPC, art. 1.042) etc.

A obra procura identificar todas essas novidades do Código, fazendo menção à doutrina e à orientação dos tribunais superiores (STF e STJ), aos enunciados do Fórum Permanente de Processualistas Civis (FPPC) e da Escola de Formação Nacional de Magistrados (ENFAM). Sempre que possível foram mencionados julgados e posicionamentos doutrinários em sentido diverso, sempre no sentido de demonstrar que novos horizontes de interpretação poderão surgir, ainda que para aplicar regras conhecidas e já existentes antes da entrada em vigor do novo diploma processual. Tudo isso de forma simples e objetiva, visando auxiliar os acadêmicos e profissionais do Direito na melhor compreensão e aplicação das normas processuais.

  O texto foi redigido com viés prático, visando apresentar os temas do novo processo civil aos estudantes e aos operadores do direito que, no dia a dia, se deparam com a permanente necessidade de atualização e busca pelo conhecimento como instrumento poderoso de interferência na realidade social.

SUMÁRIO

APRESENTAÇÃO V

ROGÉRIA DOTTI

PARTE I – PARTE GERAL

1. CONCEITO DE DIREITO PROCESSUAL CIVIL 3
   1.1. Objetivo e natureza do direito processual civil 3
   1.2. Direito processual civil constitucional 4
   1.3. Ciência processual, formalismo e realização do direito material 5

2. FONTES DO DIREITO PROCESSUAL CIVIL 7
   2.1. Fontes tradicionais e a evolução do direito processual civil 7
   2.2. A lei processual, a Constituição e os tratados internacionais 8
   2.3. Os costumes 9
   2.4. A doutrina 10
   2.5. A jurisprudência 10

3. NORMAS FUNDAMENTAIS 13
   3.1. O modelo constitucional e o sentido das normas fundamentais 13
   3.2. O acesso à tutela jurisdicional adequada 14
   3.3. A razoável duração do processo, a primazia do mérito e a satisfação do direito material 16
   3.4. A boa-fé objetiva 19
   3.5. A cooperação processual 22
   3.6. Isonomia e paridade processual 23
   3.7. Proporcionalidade, razoabilidade, legalidade e eficiência 25
   3.8. Contraditório efetivo 26
   3.9. Publicidade e motivação 29
   3.10. Ordem cronológica 31

4. PRINCÍPIOS GERAIS DO PROCESSO CIVIL 33

    4.1. A importância dos princípios 33

    4.2. Princípio do acesso à justiça ou inafastabilidade da jurisdição 33

    4.3. Princípio dispositivo 34

    4.4. Princípio do devido processo legal 35

    4.5. Princípio da isonomia 35

    4.6. Princípio do contraditório e da ampla defesa 36

    4.7. Princípio do juiz natural 38

    4.8. Princípio do duplo grau de jurisdição 38

    4.9. Princípio da publicidade e motivação 39

    4.10. Princípio da razoável duração do processo 40

    4.11. Princípio da vedação das provas ilícitas 41

    4.12. Princípio da assistência judicial gratuita 41

5. APLICAÇÃO DAS NORMAS PROCESSUAIS 43

    5.1. Lei processual no tempo 43

    5.2. Lei processual no espaço 46

    5.3. Aplicação supletiva e subsidiária 46

6. INSTITUTOS FUNDAMENTAIS DO DIREITO PROCESSUAL CIVIL: JURISDIÇÃO, AÇÃO E PROCESSO 49

    6.1. Jurisdição 49

    6.2. Ação 51

    6.3. Processo 54

7. LIMITES DA JURISDIÇÃO NACIONAL 57

    7.1. Atuação concorrente da autoridade judiciária brasileira 57

    7.2. Atuação exclusiva da autoridade judiciária brasileira 58

    7.3. Litispendência e cláusula de eleição de foro 58

8. COOPERAÇÃO JURÍDICA INTERNACIONAL 61

    8.1. Noções gerais e pressupostos 61

    8.2. Objeto da cooperação 62

    8.3. Meios de cooperação 62

9. COMPETÊNCIA		65
9.1.	Conceito de competência	65
9.2.	O princípio da competência-competência	66
9.3.	Critérios de competência	66
	9.3.1. Competência territorial	69
	9.3.2. Competência funcional	71
	9.3.3. Competência objetiva com base no valor da causa	71
	9.3.4. Competência objetiva em razão da pessoa (ratione personae)	72
	9.3.5. Competência objetiva em razão da matéria (ratione materiae)	74
9.4.	Modificação da competência	74
9.5.	Prevenção	76
9.6.	Perpetuação da competência (*Perpetuatio jurisdictionis*)	77
9.7.	Conflito de competência	78
10. COOPERAÇÃO NACIONAL		81
10.1.	Formas de cooperação nacional	81
11. MÉTODOS ALTERNATIVOS DE RESOLUÇÃO DE CONTROVÉRSIAS		85
11.1.	Arbitragem	85
11.2.	Conciliação	87
11.3.	Mediação	88
11.4.	Outras formas de composição extrajudicial de litígios	89
12. SUJEITOS PROCESSUAIS		91
12.1.	Partes	91
	12.1.1. Conceito	91
	12.1.2. Capacidade de ser parte	91
	12.1.3. Capacidade de estar em juízo ou capacidade processual	94
	12.1.4. Capacidade postulatória	96
12.2.	Sucessão processual	98
	12.2.1. Conceito	98
	12.2.2. Sucessão das partes por ato inter vivos ou causa mortis	98
	12.2.3. Distinção entre sucessão processual e substituição	100
	12.2.4. Sucessão dos procuradores	100

12.3. Litisconsórcio 101
    12.3.1. Conceito... 101
    12.3.2. Classificação 102
        12.3.2.1. Critério da posição processual. Litisconsórcio ativo, passivo ou misto 102
        12.3.2.2. Critério do momento da formação. Litisconsórcio inicial ou ulterior 102
        12.3.2.3. Critério da obrigatoriedade da formação. Litisconsórcio facultativo ou necessário 103
        12.3.2.4. Critério da uniformidade do tratamento. Litisconsórcio simples ou unitário 104
    12.3.3. Razões do litisconsórcio e limitação do número de litisconsortes 105
    12.3.4. Regime jurídico... 106
12.4. Intervenção de terceiros 107
    12.4.1. Conceito... 107
    12.4.2. Assistência simples e litisconsorcial... 108
    12.4.3. Denunciação da lide.. 110
    12.4.4. Chamamento ao processo 113
    12.4.5. Incidente de desconsideração de personalidade jurídica......... 114
    12.4.6. *Amicus Curiae* 118
12.5. Deveres dos sujeitos processuais.. 121
    12.5.1. Deveres das partes, dos procuradores e de todos que participam do processo 121
    12.5.2. Responsabilidade das partes e litigância de má-fé.................. 125
    12.5.3. Despesas 126
    12.5.4. Honorários de sucumbência 129
    12.5.5. Gratuidade da justiça 142
12.6. Juiz 144
    12.6.1. Poderes e deveres do juiz.. 144
    12.6.2. Responsabilidade do juiz 148
    12.6.3. Impedimento e suspeição 149
12.7. Auxiliares da justiça.. 151
    12.7.1. Escrivão, chefe de secretaria e oficial de justiça...................... 152

	12.7.2. Perito	153
	12.7.3. Depositário, administrador, intérprete e tradutor	153
	12.7.4. Conciliadores e mediadores judiciais	154
12.8.	Ministério Público	157
12.9.	Advocacia Privada	159
12.10.	Advocacia Pública	162
12.11.	Defensoria Pública	163

13. ATOS PROCESSUAIS 165

13.1.	Conceito	165
13.2.	Forma dos atos processuais	166
	13.2.1. Formalismo e instrumentalidade das formas	166
	13.2.2. Publicidade	167
	13.2.3. Prática eletrônica dos atos processuais	168
13.3.	Atos das partes	172
13.4.	Atos do juiz	174
	13.4.1. Despacho, decisão interlocutória e sentença	175
	13.4.2. Formas dos atos do juiz	178
13.5.	Atos do escrivão ou chefe de secretaria	178

14. NEGÓCIOS PROCESSUAIS 181

14.1.	Conceito e aplicação dos negócios processuais	181
14.2.	Âmbito de incidência: processo e procedimento	184
14.3.	Poderes, deveres, ônus e faculdades processuais	184
14.4.	Negócios unilaterais e bilaterais	185
14.5.	Requisitos dos negócios processuais	185
14.6.	Controle judicial: eficácia, nulidade, anulabilidade e cumprimento	187
14.7.	Recurso cabível	189
14.8.	Preclusão	189

15. CALENDÁRIO PROCESSUAL 191

15.1.	Ato das partes em conjunto com o juiz e vinculação	191
15.2.	Dispensa do requisito da autocomposição	191

16. TEMPO DOS ATOS PROCESSUAIS.. 193
   16.1. Regra geral do momento para a prática dos atos 193
   16.2. As exceções legais... 193
   16.3. Férias forenses e feriados 194

17. LUGAR DOS ATOS PROCESSUAIS 197
   17.1. Regra geral e situações excepcionais 197
   17.2. Deferência, interesse da justiça, natureza do ato ou obstáculo............ 197

18. PRAZOS PROCESSUAIS.. 199
   18.1. Conceito e objetivo dos prazos processuais... 199
   18.2. Classificação: prazos legais, judiciais ou convencionais; prazos próprios ou impróprios; prazos dilatórios e peremptórios.. 200
   18.3. Contagem, termo inicial, termo final e prorrogação dos prazos......... 201
   18.4. Modificação, suspensão e interrupção dos prazos processuais 209
   18.5. Preclusão, justa causa e restituição do prazo 211

19. COMUNICAÇÃO DOS ATOS PROCESSUAIS 213
   19.1. Importância da comunicação e respeito ao contraditório.................... 213
   19.2. Comunicação entre órgãos jurisdicionais: as cartas............................ 213
   19.3. Citação... 215
      19.3.1. Conceito... 215
      19.3.2. Efeitos da citação 217
      19.3.3. Modalidades de citação... 218
      19.3.4. Procedimento da citação por edital 223
   19.4. Intimação 224

20. NULIDADES PROCESSUAIS 229
   20.1. Existência, validade e eficácia dos atos processuais 229
   20.2. Espécies de nulidades 230
   20.3. Regime de nulidades no CPC/2015... 232

21. DISTRIBUIÇÃO E REGISTRO... 237
   21.1. Objetivos da distribuição e registro... 237
   21.2. Distribuição livre e distribuição por dependência 238

22. VALOR DA CAUSA 241
22.1. Obrigatoriedade de fixação e critérios objetivos 241
22.2. Impugnação e correção do valor da causa 243

23. FORMAÇÃO, SUSPENSÃO E EXTINÇÃO DO PROCESSO 245
23.1. Formação do processo e estabilização da demanda 245
23.2. Suspensão do processo 246
    23.2.1. Conceito de suspensão, classificação e efeitos 246
    23.2.2. Morte ou perda da capacidade processual 248
    23.2.3. Convenção das partes 249
    23.2.4. Arguição de impedimento ou suspeição de juiz 249
    23.2.5. Admissão de incidente de resolução de demandas repetitivas 249
    23.2.6. Questão prejudicial objeto de outro processo 250
    23.2.7. Fatos e provas 251
    23.2.8. Motivo de força maior 251
    23.2.9. Acidentes e fatos de competência do Tribunal Marítimo 252
    23.2.10. Outros casos regulados pelo Código 252
    23.2.11. Fato delituoso 252
    23.2.12. Parto ou adoção pela advogada que for a única patrona 253
    23.2.13. Paternidade do advogado que for o único patrono 253
23.3. Extinção do processo 254

EDUARDO CAMBI

PARTE II – TUTELA PROVISÓRIA

1. TUTELA PROVISÓRIA 257
1.1. Conceito de tutela jurisdicional 257
1.2. Estruturação da tutela provisória no Novo Código de Processo Civil 258
1.3. Forma do requerimento das tutelas provisórias 260
1.4. Momento da concessão da tutela provisória 261
1.5. Competência e tutela provisória 262
1.6. Legitimidade para requer a tutela provisória 264
1.7. Tutela provisória de ofício 265

1.8.	Efetivação da tutela provisória		266
1.9.	Tutela de urgência		272
	1.9.1.	Diferenças e semelhanças entre tutela cautelar e antecipada	272
	1.9.2.	Fungibilidade entre as tutelas provisórias (cautelar e antecipada)	275
	1.9.3.	Requisitos para a concessão da tutela de urgência	276
		1.9.3.1. Probabilidade do direito	276
		1.9.3.2. Requisitos alternativos: perigo de dano ou risco ao resultado útil do processo	278
		1.9.3.3. Perigo de irreversibilidade dos efeitos da decisão	279
1.10.	Tutela antecipada		284
1.11.	Tutela antecipada requerida em caráter antecedente		284
1.12.	Estabilização da tutela antecipada		288
1.13.	Tutela antecipada e provimentos jurisdicionais		300
	1.13.1.	Antecipação da tutela condenatória	300
	1.13.2.	Antecipação das tutelas declaratória e constitutiva	300
	1.13.3.	Antecipação das tutelas mandamentais e executivas	301
	1.13.4.	Tutela antecipada nos procedimentos especiais	302
	1.13.5.	Tutela antecipada no procedimento monitório	303
1.14.	Tutela provisória no âmbito recursal		304
	1.14.1.	Tutela provisória contra decisões de primeiro grau	304
	1.14.2.	Tutela provisória recursal contra decisões de Tribunais com competência originária	306
	1.14.3.	Tutela provisória para a obtenção de efeito suspensivo nos recursos especial e extraordinário	307
1.15.	Tutela provisória na ação rescisória		308
1.16.	Tutela provisória em face da Fazenda Pública		309
1.17.	Efetivação da tutela cautelar		313
1.18.	Tutela cautelar requerida em caráter antecedente		315
1.19.	Tutela da evidência		321
	1.19.1.	Conceito	321
	1.19.2.	Diferenciação entre as tutelas da evidência e de urgência – Fungibilidade	322
	1.19.3.	Hipóteses de concessão da tutela de evidência	325

   1.19.3.1. Abuso do direito de defesa ou manifesto propósito protelatório do réu 325

   1.19.3.2. Tutela de evidência documentada fundada em precedente obrigatório 328

   1.19.3.3. Tutela de evidência reipersecutória no contrato de depósito.. 329

   1.19.3.4. Tutela de evidência de documento suficiente e incontroverso 330

REFERÊNCIAS BIBLIOGRÁFICAS 335

ROGÉRIA DOTTI

Parte I
PARTE GERAL

1
CONCEITO DE DIREITO PROCESSUAL CIVIL

1.1. OBJETIVO E NATUREZA DO DIREITO PROCESSUAL CIVIL

A vida em sociedade exige obediência a regras de conduta que tornem possível, a um só tempo, as atividades em grupo e o respeito à esfera individual de cada um. O ordenamento jurídico constitui, nesse sentido, o conjunto de normas e princípios estabelecidos pelo Estado a fim de viabilizar, do ponto de vista prático, a convivência pacífica e harmônica dos indivíduos. Sua força cogente advém da previsão de sanções e da existência de uma autoridade para aplicá-las.

O respeito à ordem jurídica, ou seja, a esse agrupamento de princípios, regras e sanções, é assegurado pela atividade estatal. É ela que, em face de eventuais conflitos de interesses, declara o conteúdo das normas e garante sua aplicação. Daí a necessidade de atuação do denominado Estado-juiz e de sua consequente função jurisdicional.

O direito processual civil constitui um dos ramos do direito, o qual tem por atribuição justamente estudar a forma com que se opera essa prestação jurisdicional pelo Estado. Ele analisa as categorias da ação, da defesa, da jurisdição e do processo, ou seja, o modo com que se realiza essa atividade estatal. Em outras palavras, os atos das partes, do juiz e dos terceiros são orientados e disciplinados pelo direito processual civil. Trata-se, portanto, de disciplina na área do direito público, voltada a organizar e limitar o exercício desse poder. Inobstante o intuito imediato de pacificar e solucionar a controvérsia, o direito processual civil revela também um verdadeiro interesse público: a aplicação da ordem jurídica e a criação de parâmetros de conduta.

Mas além da atuação tradicional do Poder Judiciário, a solução dos conflitos entre particulares e entre estes e o próprio Estado pode ocorrer mediante meios alternativos, tais como a conciliação, a mediação e arbitragem. Nesse aspecto, o Código de Processo Civil de 2015 contém uma verdadeira política de incentivo à busca do consenso. O art. 3º da Lei, ao reproduzir no *caput* a garantia constitucional do acesso à jurisdição, destaca ser permitida a arbitragem (art. 3º, § 1º), prevendo ainda o dever do Estado em promover, sempre que possível, a solução consensual (art. 3º, § 2º). O dispositivo impõe ainda aos juízes, advogados, defensores públicos e membros do Ministério Público o dever de estimular a conciliação, a mediação e outros métodos consensuais, inclusive no curso do processo judicial (art. 3º, § 3º).

Destaque-se que ao mencionar essas formas alternativas no dispositivo que trata da apreciação jurisdicional, o Código quis afastar de uma vez por todas a antiga discussão doutrinária sobre o conteúdo da jurisdição. A menção é significativa e deixa claro que a arbitragem, assim como a atividade típica do Poder Judiciário, tem a possibilidade de solucionar os conflitos. Nessa mesma linha, não há dúvida que o direito processual civil não se limita à atuação tradicional da jurisdição, mas abrange todos esses outros métodos de composição de litígios.

É possível então conceituar o direito processual civil como o ramo do direito público que tem por objeto o estudo da função jurisdicional civil típica, assim como dos métodos alternativos de solução de controvérsias. Como já demonstrado, além de abranger o regramento das atividades que caracterizam o Poder Judiciário, ele disciplina também a conciliação, a mediação e a arbitragem.

Relevante apontar que o direito processual civil se aplica a todas as formas de jurisdição não penal, abrangendo tanto o direito civil *stricto sensu*, quanto o direito administrativo, tributário, ambiental, do trabalho, e assim por diante.

1.2. DIREITO PROCESSUAL CIVIL CONSTITUCIONAL

O direito processual civil possui também uma forte vinculação com o direito constitucional. Na verdade, todas as regras processuais devem ser interpretadas à luz da Constituição Federal. E esta não é uma novidade do atual sistema. Mesmo sob a égide dos Códigos anteriores isso já ocorria. Em virtude da hierarquia das normas, a Constituição sempre desempenhou um papel de referência e orientação. Mas o legislador de 2015 quis deixar isso muito evidenciado. Não é à toa que o art. 1º do Código dispõe que o processo civil será ordenado, disciplinado e interpretado conforme as normas fundamentais estabelecidas na Constituição da República Federativa do Brasil. Nesse contexto, pode-se dizer que os princípios e os direitos fundamentais são recipientes que guardam e protegem os valores mais relevantes de determinada coletividade. Dentre eles, merecem especial atenção os direitos fundamentais da isonomia (art. 5º, I), do acesso à tutela jurisdicional adequada (art. 5º, XXXV), do juiz natural (art. 5º, LIII), do devido processo legal (art. 5º, LIV), da proibição das provas ilícitas (art. 5º, LVI), do respeito ao contraditório e ampla defesa (art. 5º, LV), e da razoável duração do processo (art. 5º, LXXVIII). O estudo do Direito processual, portanto, não pode ser indiferente a esses valores e à busca de realização do direito material. Entre direito constitucional e direito processual civil existe uma grande e profunda vinculação. Este deve ser lido e estudado a partir do prisma daquele. Daí a noção de direito constitucional processual.

Para o direito processual civil, então, não basta o respeito ao devido processo legal. É necessário que, além de se respeitar as regras previamente constituídas e o juiz natural, o processo seja também justo, ou seja, tenha uma preocupação com os valores da isonomia e paridade, do contraditório efetivo, da instrumentalidade e da efetividade.

Além disso, o processo civil assegura a própria ordem constitucional na medida em que garante a aplicação das normas constitucionais. É o que se denomina de jurisdição constitucional. Nesse sentido, Luiz Rodrigues Wambier e Eduardo Talamini destacam a expressão da doutrina, segundo a qual, a *Constituição tutela o processo para que o processo proteja a Constituição e o ordenamento como um todo*[1].

1.3. CIÊNCIA PROCESSUAL, FORMALISMO E REALIZAÇÃO DO DIREITO MATERIAL

É certo, por outro lado, que o processo civil se desenvolve mediante um indispensável formalismo, o qual em si mesmo é positivo e auxilia a prática dos atos processuais. É bom lembrar que até a segunda metade do século XIX, o direito processual civil era considerado uma parte do direito privado, sem um objeto de estudo ou um método específico. Naquela fase, contudo, surgem as primeiras discussões a respeito dessa relação entre partes e Estado, passando-se a conceber o direito de ação como algo distinto e independente do direito material. A ciência processual passa então a se desenvolver, atribuindo um enorme valor aos conceitos, aos institutos processuais e principalmente ao formalismo. O Código de 1973 foi elaborado ainda em uma fase em que prevalecia essa preocupação com a forma. Naquele momento, o estudo do processo ganhou tamanha importância que, em certas situações, tornava-se mais importante que o próprio direito material.

Ocorre, contudo, que tal formalismo não pode se transformar em algo exagerado, em algo mais importante que o próprio direito material. Deve existir uma verdadeira preocupação com a instrumentalidade do processo, ou seja, com sua real vocação para assegurar a realização desse direito material[2]. Observe-se que a autonomia do direito processual não significa sua neutralidade ou indiferença ao que se passa no plano dos direitos subjetivos[3]. Daí porque se diz que o direito processual civil deve assegurar o devido e *justo* processo legal. Há clara referência, nesse ponto, ao que a doutrina italiana denomina de *giusto processo*, o que significa um processo civil baseado nos valores constitucionais.

Atualmente, sabe-se que muito mais do que apenas dizer o direito, é preciso realizá-lo. Dessa maneira, o direito processual civil deve servir ao direito material a fim

---

1. WAMBIER, Luiz Rodrigues; TALAMINI, Eduardo. *Curso avançado de processo civil*: teoria geral do processo. 16. ed., reformulada e ampliada de acordo com Novo CPC. São Paulo: RT, 2016. v. 1. p. 58.
2. Luiz Guilherme Marinoni, Sérgio Cruz Arenhart e Daniel Mitidiero lembram que a doutrina processual, visando obter uma "ciência" neutra, isolou o processo civil da realidade social, o que impediu estudos críticos sobre os resultados do processo ordinário (MARINONI, Luiz Guilherme; ARENHART, Sérgio Cruz; MITIDIERO, Daniel. *O novo processo civil*. 2. ed. rev. atual. e ampl. São Paulo: RT, 2016. p. 55).
3. A respeito da natureza instrumental da tutela e à devida resposta às necessidades do direito material, vide MARINONI, Luiz Guilherme; ARENHART, Sérgio Cruz; MITIDIERO, Daniel. *Curso de processo civil*: teoria do processo civil. 2. ed., rev. atual. e ampl. São Paulo: RT, 2016. v. 1. p. 124.

de garantir sua aplicação na vida prática das pessoas. A efetividade é tão importante quanto a declaração sobre a existência do direito.

Lamentavelmente, contudo, há uma tendência em considerar a jurisdição estatal exclusivamente sob o prisma da atividade de cognição. Isso decorre da antiga ideia de que as medidas de execução eram mero exercício de uma atividade administrativa, dotadas de poder de império. Nessa linha, pensava-se que a atividade jurisdicional se exauria com a sentença que colocava fim à controvérsia. Por mais incrível que pareça, a execução, que verdadeiramente conduz à realização do direito, sempre teve uma posição menos importante. Julgar era, acima de tudo, dizer o direito, declarar quem tinha razão. Essa ligação profunda entre prestação jurisdicional e cognição fez com que se considerasse a atividade estatal como a referente à mera declaração do direito. A própria expressão *juris dictio*, a qual carregava a ideia de atividade cognitiva, generalizou-se para denominar a função estatal de prestação jurisdicional.

Ocorre que executar é tão relevante quanto declarar. São duas atividades igualmente importantes para a prestação jurisdicional. O direito processual civil tem como foco, portanto, não apenas a declaração, mas também a realização dos direitos.

Nesse aspecto, o Código de Processo Civil de 2015 estabelece em seu art. 4º que as partes têm o direito de obter em prazo razoável a solução integral do mérito, incluída a atividade satisfativa. Isso significa que a prestação jurisdicional não se encerra mais com a simples declaração de quem tem razão. Ela exige a própria satisfação do direito material judicialmente declarado. De igual forma, o art. 6º estabelece o dever de cooperação entre os sujeitos do processo e destaca que a finalidade é obter uma decisão de mérito justa e efetiva. Como se vê, o direito processual civil busca a realização prática do direito invocado pela parte.

Distanciando-se das antigas concepções formalistas, o direito processual constitucional preocupa-se com os valores e com a realização dos direitos materiais. Isso porque o direito deve servir à vida, e não a vida ao direito[4].

Em síntese, o direito processual civil constitui uma disciplina que estuda a forma de prestação jurisdicional pelo Estado (seja ela característica, por meio do Poder Judiciário, seja mediante outros meios adequados de solução de controvérsias), estando sempre voltada à realização do direito material e à pacificação social.

---

4. Nesse sentido, vide DOTTI, Rogéria Fagundes. Garantias constitucionais: devido processo legal substantivo e formalismo excessivo. *Direito Constitucional Brasileiro* – Teoria da Constituição e Direitos Fundamentais. 2. ed. São Paulo: Thomson Reuters Brasil, 2021. v. 1, p. 841-859.

2
FONTES DO DIREITO PROCESSUAL CIVIL

2.1. FONTES TRADICIONAIS E A EVOLUÇÃO DO DIREITO PROCESSUAL CIVIL

As fontes do direito são os meios através dos quais as suas normas são veiculadas. Sendo o direito processual civil um ramo do direito público, suas fontes coincidem com aquelas do próprio direito, considerado em sua generalidade. São elas: a lei, os costumes, a doutrina e a jurisprudência.

Costuma-se classificar as fontes a partir do grau de sua influência na atuação jurisdicional. Assim, surge a noção de que a lei e os costumes constituiriam fontes imediatas, ao passo que a doutrina e a jurisprudência seriam fontes mediatas, ou seja, um pouco mais distantes. A lei seria a fonte mais importante, reservando-se aos usos e costumes a função de colmatar as eventuais lacunas da legislação. Em outros termos, quando não houvesse previsão legal específica, os costumes de determinada comunidade poderiam ser aplicados pelo juiz para a decisão do conflito de interesses. Já a doutrina e a jurisprudência influenciariam a formação da decisão judicial de forma apenas secundária, orientando o intérprete diante de eventuais dúvidas ou contradições.

Essa tradicional classificação das fontes do direito é típica de um período em que se confundia texto e norma[1], imaginando-se que a lei poderia conter em si mesma todos os elementos necessários para a aplicação do preceito. Bastaria ao intérprete uma mera subsunção do fato à norma. A lei era vista como a fonte primordial para o exercício da prestação jurisdicional. Tratava-se de uma visão profundamente ligada ao período liberal e à noção de que a segurança jurídica residia na igualdade formal perante a lei. Nesse cenário histórico, cujo ápice nos países de *civil law* foi o período imediatamente subsequente à Revolução Francesa, a principal preocupação era afastar o poder das mãos dos juízes. Estes, profundamente ligados à nobreza na França e ao *ancien régime*, deveriam se limitar à mera aplicação da lei. Não deveriam interpretá-la, muito menos ter espaço para a construção de significados.

Com o passar do tempo, contudo, percebeu-se que texto e norma são conceitos distintos, uma vez que a letra da lei não é capaz de prever todas as situações complexas da vida. Além disso, sua natureza dinâmica torna ultrapassadas certas concepções, exigindo uma constante atualização do preceito normativo. Acrescente-se, ainda, a

---

1. A propósito da distinção entre texto e norma, vide MITIDIERO, Daniel. *Precedentes*: da persuasão à vinculação. São Paulo: RT, 2016, p. 74 a 77.

necessidade de se adequar a lei aos valores constitucionais e às constantes alterações dos costumes. Surge, então, a necessidade de textos legislativos mais abertos, contendo cláusulas gerais e conceitos indeterminados a fim de permitir que o operador do direito adapte o preceito à realidade prática e mutante da sociedade. Desaparece a ideia da tipicidade estrita. Passa-se, então, a compreender que a norma jurídica só pode ser aferida à luz do caso concreto, mediante o trabalho interpretativo.

Trata-se de verdadeira técnica legislativa que propositadamente deixa a cargo do intérprete o preenchimento do conteúdo final da norma. É o que ocorre com as cláusulas gerais, as quais contêm um campo semântico aberto no preceito e ainda uma indeterminação quanto à consequência ou efeito jurídico. Há, portanto, uma dupla indeterminação no conteúdo da norma. É o que ocorre, por exemplo, em relação ao art. 5º do Código de Processo Civil, ao prever que aquele que participa do processo deve comportar-se de acordo com a boa-fé. Por sua vez, os conceitos jurídicos indeterminados também guardam uma abertura quanto ao preenchimento do preceito, mas se diferem das cláusulas gerais porque preveem um efeito jurídico específico e determinado, como a nulidade, por exemplo.

Essa evolução do direito e a concepção de que a norma deve ser construída a partir da análise do caso concreto faz desaparecer aquela hierarquia estanque entre as respectivas fontes. Em algumas situações, a orientação jurisprudencial acaba por se tornar tão influente na prática jurisdicional quanto o texto da própria lei. Não há como negar, então, o seu papel de relevante fonte do direito.

2.2. A LEI PROCESSUAL, A CONSTITUIÇÃO E OS TRATADOS INTERNACIONAIS

O princípio da legalidade é uma das mais importantes conquistas do direito. Ele representa a busca de segurança jurídica e isonomia formal. Em nosso sistema, o princípio está previsto no art. 5º, inciso II, da Constituição Federal.

No que diz respeito às fontes do direito, a lei desempenha uma função muito importante na medida em que constitui a base ou o fundamento para as decisões judiciais. Ainda que se entenda que texto e norma são realidades distintas e que a atuação do intérprete é fundamental para a revelação do sentido da norma, não se pode desconsiderar o preceito legal na aplicação do direito.

A lei processual é, dessa forma, a principal fonte do direito processual civil. Ela trata não apenas do aspecto dinâmico da prestação jurisdicional (atos das partes, dos juízes, dos terceiros), mas também da própria organização estática da jurisdição (atribuições, competência dos magistrados, condições, ônus e faculdades). Como qualquer outra regra, a lei processual é formada por uma previsão abstrata de fatos (*fattispecie*), seguida da fixação de uma consequência jurídica ou sanção. Seu objeto é a relação jurídica processual e a forma do exercício da função jurisdicional.

Compete privativamente à União legislar sobre o direito processual civil. É o que está expressamente consagrado no art. 22, inciso I da Constituição Federal. Já no que diz respeito às normas procedimentais, há uma competência concorrente entre União, Estados e o Distrito Federal.

Mas, como já exposto no tópico 1.2 supra, o direito processual civil guarda uma relação profunda com as garantias e os valores constitucionais. Não se pode pensar em processo civil na atualidade sem considerar sua aplicação à luz da Constituição Federal. Por essa razão e, certamente, com o intuito de destacar ainda mais essa constante interação, o art. 1º do Código de Processo Civil afirma que o mesmo será ordenado, disciplinado e interpretado conforme os valores e as normas fundamentais. Na verdade, essa menção nem se fazia necessária. O próprio sistema processual já obedece a uma hierarquia de normas, na qual a Constituição ocupa o mais alto degrau. De qualquer forma, a menção expressa a essa vinculação, aliada ao fato de o legislador tê-la feito no primeiro dos artigos do Código, demonstra a sua importância.

Saliente-se que as normas fundamentais do Código (arts. 1º a 12), em sua grande maioria, reiteram garantias constitucionais de extrema relevância para o processo civil. Constituem, sem dúvida, fontes do direito processual civil que, além de trazerem segurança para os jurisdicionados, estabelecem também uma espécie de *modus operandi* para os intérpretes.

Por outro lado, os tratados internacionais dos quais o Brasil é signatário também constituem fontes do direito. Sua aplicação está expressamente prevista no art. 5º, §§2º e 3º, da Constituição Federal, e no art. 13 do Código de Processo Civil. Relembre-se que foi com base no art. 11 do Pacto Internacional dos Direitos Civis e Políticos e no art. 7º, n. 7, da Convenção Americana sobre Direitos Humanos que o Supremo Tribunal Federal afastou a possibilidade de prisão civil do depositário infiel (art. 904, parágrafo único, do CPC/1973)[2]. Os tratados internacionais merecem destaque igualmente pelo auxílio que oferecem para a atividade jurisdicional. Nesse sentido, o novo Código assegura a cooperação internacional, prevendo nos arts. 26 a 41 várias formas de atuação integrada entre o Brasil e outros países.

2.3. OS COSTUMES

Havendo lacunas na lei, o conflito de interesses das partes poderá ser decidido com base nos costumes da respectiva coletividade. Trata-se da aplicação da antiga ideia do direito comum, ou seja, aquele formado e aplicado nas próprias comunidades. Este sempre foi, aliás, a garantia de segurança para a aplicação do direito inglês. Isso porque, ao contrário dos países de *civil law*, em que se pretendeu limitar os poderes dos juízes através da lei, no mundo do *common law* esse poder da magistratura já era limitado mediante as práticas do direito consuetudinário, da *law of the land*.

---

2. STF, Pleno, RE 349.703/RS, Rel. Min. Carlos Britto, Rel. p/ acórdão Min. Gilmar Mendes, j. 03.12.2008.

Em nosso sistema atual, os costumes constituem fonte de direito para os casos de omissão legislativa. Ou seja, a lei prevalece sobre os costumes, sendo estes aplicáveis apenas na ausência de previsão legal. É o que estabelece o art. 4º do Decreto-lei 4.657, de 04 de setembro de 1942 (Lei de Introdução às Normas do Direito Brasileiro).

2.4. A DOUTRINA

A doutrina, embora considerada fonte mediata do direito, tem uma função extremamente relevante. É ela quem promove o debate e a crítica acerca do significado e aplicação da lei, estimulando a própria evolução do direito.

Em momentos de mudança legislativa, como o que ocorre com o início da vigência de um novo Código de Processo Civil, a função da doutrina ganha um peso ainda maior. Mediante o estudo e as ponderações de juristas e estudiosos é possível alcançar a melhor aplicação do novo sistema. Nesse aspecto, a doutrina tem uma contribuição diversa da jurisprudência. Muito embora os magistrados e operadores do direito procurem se basear principalmente no entendimento dos tribunais, as lições da doutrina podem promover a formação e alteração de entendimento na jurisprudência. Com efeito, a profundidade com que os temas são tratados na doutrina a torna fonte fundamental para o aprimoramento do sistema. Na verdade, a lógica da jurisprudência (baseada na análise da lei a partir do caso concreto) deve ser complementada com as reflexões teóricas de professores e juristas. Não tendo a premência da decisão imediata, a doutrina constitui referência essencial para a melhoria das formas de aplicação da justiça.

2.5. A JURISPRUDÊNCIA

Dentre as fontes mediatas do direito, a jurisprudência é sem dúvida a mais utilizada. O termo deriva do latim *jurisprudentia* e corresponde à noção de direito (*jus*) aliado à de sabedoria (*prudentia*). Na tradição do direito romano, essa expressão servia para designar os pareceres dos jurisconsultos, em resposta às consultas sobre questões jurídicas. Atualmente, ela designa o conjunto das decisões judiciais na interpretação e aplicação do direito.

Tanto sob o ponto de vista atual, como no sentido histórico, a palavra jurisprudência encerra a noção de que o direito não é um objeto pronto ou acabado, mas que, ao contrário, precisa ser construído a partir da prudência e reflexão dos magistrados. Em outras palavras, a aplicação prática do direito demanda um trabalho de construção intelectual do intérprete.

O termo "jurisprudência" traz ínsita a ideia de pluralidade, ou seja, de um conjunto de decisões judiciais a respeito de determinada matéria jurídica. Daí a distinção entre precedente e jurisprudência. Enquanto o termo jurisprudência designa um grupo de decisões, o termo "precedente" espelha, por essência, uma única e relevante decisão judicial. Tal relevância decorre, normalmente, da profundidade da discussão a respeito do tema e da capacidade desse entendimento influenciar decisões futuras.

Importante destacar que, no Brasil, sob a égide do Código de 1973, a jurisprudência lamentavelmente não trazia a noção de coerência ou uniformidade. Por razões culturais, nos sistemas baseados no *civil law*, não existe a preocupação de igualdade material na aplicação da lei aos casos concretos. A garantia de isonomia está muito mais vinculada a uma igualdade formal perante a lei. Pesa ainda a antiga e equivocada ideia de que haveria uma total liberdade dos magistrados para interpretar a lei. Daí a lamentável disparidade na aplicação da lei em casos iguais ou extremamente semelhantes.

Pressuposto completamente distinto se verifica na teoria do *stare decisis*, cujo nome advém da expressão latina *stare decisis et non quieta movere*. Ela transmite a ideia da manutenção da decisão, sem se alterar o que fora decidido. Tal orientação, adotada nos países de *common law*, gera uma relação de coerência e integridade no conjunto das decisões judiciais.

Vale lembrar que a eficácia vinculante das decisões judiciais surgiu na Inglaterra, nas primeiras décadas do século XIX. Tornou-se célebre o julgamento do caso Beamisch vs. Beamisch, em 1861, no qual Lord Campbell estabeleceu que a *House of Lords* estava obrigada a acatar a sua própria autoridade proclamada em julgamentos anteriores:

> (...) o direito declarado na *ratio decidendi*, sendo claramente vinculante para todas as cortes inferiores e todos os súditos do reino, se não fosse considerado igualmente vinculante para os *Law Lords*, a *House of Lords* se arrogaria o poder de alterar o direito e legiferar com autônoma autoridade[3].

O Código de Processo Civil de 2015 procura alterar essa realidade, criando meios para se obter uma maior estabilidade e coerência da jurisprudência. O art. 926, por exemplo, estabelece que os tribunais devem uniformizar sua jurisprudência e mantê-la estável, íntegra e coerente. E o parágrafo primeiro complementa: os tribunais, na forma e de acordo com os pressupostos de seus regimentos internos, editarão enunciados de súmula correspondentes a sua jurisprudência dominante. Já o art. 927 estabelece um rol de decisões que deverão ser observadas por juízes e tribunais. São elas: as decisões do Supremo Tribunal Federal em controle concentrado de constitucionalidade, os enunciados das súmulas vinculantes, os acórdãos em incidente de assunção de competência ou de resolução de demandas repetitivas e em julgamento de recursos extraordinário e especial repetitivos, os enunciados das súmulas do Supremo Tribunal Federal em matéria constitucional e do Superior Tribunal de Justiça em matéria infraconstitucional e a orientação do plenário ou do órgão especial.

A força obrigatória desses precedentes fica igualmente clara pela leitura do art. 489, § 1º, inciso VI, o qual considera não fundamentada (e consequentemente nula) a decisão que deixar de seguir enunciado de súmula, jurisprudência ou precedente invocado pela

---

3. TUCCI, José Rogério Cruz e. Parâmetros de eficácia e critérios de interpretação do precedente jurisprudencial. In: WAMBIER, Teresa Arruda Alvim (Coord.). *Direito jurisprudencial*. São Paulo: RT, 2012. p. 102.

parte, sem demonstrar a existência de distinção ou superação. Destaque-se que o art. 332 permite a improcedência liminar de pedido que contrarie a força vinculante das decisões referidas em seus incisos. Já o art. 932, IV, permite que o relator, em decisão monocrática, negue provimento ao recurso que seja contrário a súmulas do STF e STJ, acórdão dos tribunais superiores proferido em julgamento de recursos repetitivos e entendimento firmado em incidente de resolução de demandas repetitivas ou de assunção de competência. Seria possível enumerar vários outros exemplos.

De qualquer forma, resta evidente no novo sistema que as decisões vinculantes passam a ter a mesma importância da lei, enquanto fontes do direito. A propósito, o plenário do Supremo Tribunal Federal, ao analisar o Recurso Extraordinário 655.265/DF, destacou que o papel da Corte é dar unidade e estabilidade ao direito. Afirmou, ainda, que, em virtude do novo Código de Processo Civil, o País adotou a regra do *stare decisis*, o qual é uma decorrência do princípio da igualdade. Afirmou, também, que a vinculação vertical e horizontal decorrente do *stare decisis* relaciona-se diretamente com a segurança jurídica e com a necessidade de um direito cognoscível e confiável[4].

Por fim, vale registrar que o Código de Processo Civil de 2015 substituiu a palavra *lei*, utilizada no Código de 1973, pela expressão *ordenamento jurídico*, em pelo menos três dispositivos relativos às fontes do direito[5]. São eles os arts. 8º, 18 e 140. O art. 8º dispõe que, ao aplicar o *ordenamento jurídico*, o juiz atenderá aos fins sociais e às exigências do bem comum. O art. 18 proíbe que se pleiteie direito alheio em nome próprio, salvo quando autorizado pelo *ordenamento jurídico*. E o art. 140 impede que o juiz deixe de decidir sob a alegação de lacuna ou obscuridade no *ordenamento jurídico*. Isso significa que os precedentes judiciais integram o conjunto normativo a embasar as decisões futuras. O Fórum Permanente de Processualistas Civis deixa isso muito claro no Enunciado 380: "A expressão 'ordenamento jurídico' empregada pelo Código de Processo Civil, contempla os precedentes vinculantes". Como se vê, o legislador considerou que não apenas o texto da lei, mas também as normas extraíveis das decisões judiciais podem constituir fontes do direito.

---

4. STF, Plenário, RE 655.265, Rel. para o acórdão Min. Edson Fachin, j. 13.04.2016.
5. A respeito do princípio da legalidade e sua ampliação para abranger também a Constituição, precedentes e a própria jurisprudência, vide DIDIER JR, Fredie; BRAGA, Paula Sarno e OLIVEIRA, Rafael Alexandria de. *Curso de direito processual civil*: teoria da prova, direito probatório, ações probatórias, decisão, precedente, coisa julgada e antecipação dos efeitos da tutela. 11. ed. Salvador: JusPodivm, 2016, p. 481.

3
NORMAS FUNDAMENTAIS

3.1. O MODELO CONSTITUCIONAL E O SENTIDO DAS NORMAS FUNDAMENTAIS

Diversamente do Código anterior, o Código de Processo Civil de 2015 contém uma parte geral, composta pelo livro I, com dois capítulos, e 15 artigos. O primeiro desses capítulos é formado pelos arts. 1º a 12 e trata das normas fundamentais do processo civil. O segundo aborda a aplicação das normas processuais.

Como se vê, o Código adota um modelo de processo profundamente ligado aos valores e às garantias constitucionais. Isso significa que todos os princípios constitucionais devem ser utilizados para a correta interpretação e aplicação das normas processuais. Estas devem ser lidas e compreendidas a partir daqueles. Em outras palavras, não é a lei que deve assegurar a incidência do princípio, mas este que permite a leitura adequada da lei. Nesse contexto, as normas fundamentais constituem a reiteração das principais garantias constitucionais aplicáveis ao processo civil. Conforme o Enunciado 370 do Fórum Permanente de Processualistas Civis: "Norma processual fundamental pode ser regra ou princípio". Trata-se de uma escolha do legislador para reforçar o que não pode ser ignorado no desenvolvimento desse devido processo.

Os artigos 1º a 12 estabelecem, então, essas normais fundamentais, em clara intuito de reforçar na legislação infraconstitucional, o que já está contido na Carta. Tal rol, contudo, não é taxativo. Isso porque todas as garantias constitucionais devem ser aplicadas no processo civil, independentemente dessa reiteração ou não pelo Código. Nesse sentido é o Enunciado 369 do Fórum Permanente de Processualistas Civis: "O rol de normas fundamentais previsto no Capítulo I do Título Único do Livro I da Parte Geral do CPC não é exaustivo". Além disso, tais normas fundamentais podem expressar também regras, não se limitando aos princípios. É o que propõe o Enunciado 370 do Fórum Permanente de Processualistas Civis: "Norma processual fundamental pode ser regra ou princípio".

O Código pretendeu destacar uma importante alteração em relação à ideia de devido processo legal, ou seja, ao princípio geral que encerra e engloba os mais relevantes princípios processuais. Ele deve agora ser visto a partir do prisma constitucional. Justamente por isso, fala-se hoje em devido e justo[1] processo legal, ou ainda em devido processo constitucional.

---
1. A constituição italiana, adotando essa noção de devido processo constitucional utiliza a expressão *giusto processo*, a qual significa um processo estabelecido não apenas de acordo com os ditames da lei, mas voltado

Note-se que o art. 1º afirma o que sempre esteve muito claro na doutrina, inclusive no sistema anterior: o processo civil será ordenado, disciplinado e interpretado conforme os valores e as normas fundamentais estabelecidos na Constituição. Com efeito, essa é a lógica que deve orientar a aplicação das leis. Trata-se da própria reiteração da hierarquia das normas. Mas a presença de tal dispositivo demonstra a preocupação do legislador em reafirmar esse compromisso constitucional, o que é bastante positivo.

O art. 2º, por sua vez, exige a iniciativa da parte para a instauração do processo, mas destaca que seu desenvolvimento ocorrerá por impulso oficial, isto é, do próprio Estado. Mantém-se assim o princípio dispositivo ou da inércia da função jurisdicional. Existe, todavia, a possibilidade de o juiz instaurar incidentes de ofício, isto é, sem a iniciativa da parte. É o que ocorre em relação ao conflito de competência (art. 951), ao incidente de resolução de demandas repetitivas (art. 976) e à arguição de inconstitucionalidade (art. 948). Mas, tais possibilidades não afastam a regra geral. Por outro lado, embora o impulso oficial seja suficiente para conduzir o processo até a prolação da sentença, a fase de recursos e de execução exige nova iniciativa das partes.

3.2. O ACESSO À TUTELA JURISDICIONAL ADEQUADA

A partir do momento em que o Estado proibiu a autotutela, assumindo o controle do poder de *juris dictio*, assumiu também a obrigação de assegurar uma prestação jurisdicional adequada à tutela do direito material.

Justamente por isso, o art. 3º do CPC estabelece que não se excluirá da apreciação jurisdicional ameaça ou lesão a direito. Tem-se aqui uma reiteração e uma ampliação do art. 5º, inciso XXXV, da Constituição Federal, que traduz essa garantia de inafastabilidade da jurisdição. Como bem destacado por Mazzola, a redação do art. 3º "busca oferecer uma garantia mais ampla, extrapolando os limites do Poder Judiciário, uma vez que engloba a arbitragem e outros equivalentes jurisdicionais (mediação, conciliação etc.)"[2]. Tal norma deve ser compreendida a partir da exigência de uma tutela adequada e efetiva. Não basta apenas assegurar o acesso ao Poder Judiciário. É preciso que ele seja eficiente no que diz respeito à satisfação do direito material invocado pela parte.

Merece atenção o fato do art. 3º do Código ter previsto, em seus parágrafos 1º e 2º a permissão da arbitragem e a promoção, pelo Estado, da solução consensual dos conflitos. Isso significa não só que os métodos alternativos de resolução de controvérsia são totalmente compatíveis com a jurisdição estatal, mas também que eles são incentivados pelo poder público. Por outro lado, observe-se que o parágrafo 3º estabelece que

---

a assegurar as garantias constitucionais mais relevantes sob o ponto de vista processual. É o que fica claro no art. 111: "La giurisdizione si attua mediante il giusto processo, regolato dalla legge. Ogni processo si svolge nel contraddittorio tra le parti, in condizioni di parità, davanti a giudice terzo e imparziale. La legge ne assicura la ragionevole durata". (*Codice di Procedura Civile*. Milano: Editore Ulrico Hoepli, 2015. p. 40).

2. MAZZOLA, Marcelo. *Silêncio do Juiz no Processo Civil* (Inércia, Omissão *Stricto Sensu* e Inobservância e Seus Mecanismos de Impugnação). 2 ed. rev. e atual. São Paulo: JusPodivm, 2024, p. 34.

a conciliação, a mediação e outros métodos deverão ser estimulados pelos operadores do direito, não apenas antes, mas também durante o curso do processo judicial. A propósito, vale lembrar que a solução consensual deve ser almejada inclusive na fase de recurso, a teor do Enunciado 371 do FPPC: "Os métodos de solução consensual de conflitos devem ser estimulados também nas instâncias recursais". *Idem* quanto ao curso da execução, conforme o Enunciado 485 do mesmo Fórum: "É cabível conciliação ou mediação no processo de execução, no cumprimento de sentença e na liquidação de sentença, em que será admissível a apresentação de plano de cumprimento da prestação".

A autocomposição constitui uma realidade que abrange inclusive a Fazenda Pública. O Enunciado 573 do FPPC prevê: "As Fazendas Públicas devem dar publicidade às hipóteses em que seus órgãos de Advocacia Pública estão autorizados a aceitar autocomposição".

Até mesmo no que diz respeito aos atos de improbidade administrativa, deve se admitir a possibilidade de mediação e conciliação, consoante o Enunciado 617 do FPPC: "A mediação e a conciliação são compatíveis com o processo judicial de improbidade administrativa". Também em relação à recuperação judicial, nos termos do Enunciado 618 do FPPC: "A conciliação e a mediação são compatíveis com o processo de recuperação judicial".

Em relação à arbitragem, sua previsão no dispositivo que trata da jurisdição demonstra que se encontra superada a discussão doutrinária a respeito do seu caráter jurisdicional. A menção é significativa e deixa claro que tanto a atividade típica do Poder Judiciário, como a arbitragem têm a possibilidade de solução dos conflitos de interesses. Ela será considerada parte da jurisdição ou não, dependendo do conceito que se adote. Para aqueles que veem a jurisdição como o poder estatal de solucionar as controvérsias, evidentemente a arbitragem não será considerada jurisdicional. Já para aqueles que adotem uma visão mais ampla, ou seja, a jurisdição como a função de compor conflitos, mediante a aplicação do ordenamento jurídico em respeito ao devido processo legal, a arbitragem será uma forma alternativa de prestação jurisdicional.

No que diz respeito a eventual conflito de competência entre tribunal arbitral e a jurisdição estatal, o STJ já decidiu que aquela precede esta, incumbindo à própria jurisdição arbitral deliberar sobre os limites de suas atribuições, previamente a qualquer órgão julgador (princípio da competência-competência), bem como sobre as questões atinentes à validade e eficácia da convenção de arbitragem[3]. Nesse sentido, vale lembrar que o STJ entende que as partes podem, por acordo de vontades, subtrair do Judiciário a resolução de determinados conflitos, submetendo-os à arbitragem (REsp 1.331.100). Mas, nas questões em que se exige o poder de *imperium*, mesmo havendo cláusula arbitral, prevalece a jurisdição estatal. Foi o que decidiu o STJ ao concluir que cabe à Justiça estatal julgar ação de despejo, inobstante o compromisso arbitral, diante

---

3. STJ, CC 139.519/RJ, Rel. Min. Napoleão Nunes Maia Filho, Rel. p/Acórdão Min. Regina Helena Costa, Primeira Seção, j. 11.10.2017, *DJe* 10.11.2017.

da natureza executória da pretensão e da inexistência de poder coercitivo na esfera de atuação dos árbitros[4]. Tal entendimento é absolutamente correto, uma vez que a ação de despejo tem natureza executiva *lato sensu*.

3.3. A RAZOÁVEL DURAÇÃO DO PROCESSO, A PRIMAZIA DO MÉRITO E A SATISFAÇÃO DO DIREITO MATERIAL

O art. 4º do Código de Processo Civil de 2015 reflete no âmbito infraconstitucional a garantia assegurada pelo art. 5º, LXXVIII, da Constituição Federal. O interessante é que o dispositivo prevê que neste prazo deve ocorrer a solução integral do mérito, incluída a atividade satisfativa. Isso porque de nada vale assegurar um prazo razoável até o momento da sentença, ignorando-se a fase subsequente, ou seja, a realização do direito material. Afinal, ela é o que realmente importa ao jurisdicionado. De igual forma, o sistema combate as decisões terminativas, aquelas que extinguem o processo por meras falhas processuais, deixando de apreciar o mérito.

Assim, o princípio da razoável duração do processo, inserida no texto Constitucional em 2004, por força da Emenda Constitucional 45, deve ser compreendido como uma garantia de celeridade até o seu momento final, ou seja, até a satisfação do direito. Observe-se que o sistema do Código é voltado à busca de resultados práticos e efetivos. Tanto é assim que quase todos os vícios processuais (com exceção da intempestividade) passaram a ser sanáveis. Há inegavelmente um favorecimento do julgamento da questão de fundo, mediante o que se passou a denominar de princípio da primazia da resolução do mérito.

Mas não se trata de exigir celeridade a qualquer custo. O devido processo constitucional, apesar de combater a demora injustificável do processo, pretende acima de tudo assegurar o respeito às demais garantias e à adequada distribuição do tempo processual. Essa adequação depende, obviamente, da complexidade da causa e das circunstâncias do caso concreto. Para se alcançar esse objetivo, são de grande utilidade as técnicas de sumarização da cognição ou do procedimento[5], a criação de um sistema de precedentes e a fixação de multas e sanções[6] para punir as condutas abusivas e de má-fé.

Além disso, é cada vez maior a preocupação com a criação de procedimentos adequados para a tutela dos direitos materiais. A garantia constitucional do acesso à jurisdição impõe uma prestação jurisdicional tempestiva, efetiva e adequada[7].

---

4. STJ, 4ª T., REsp 1.481.644, Rel. Min. Luis Felipe Salomão, j. 1º.06.2021.
5. A propósito da necessidade de efetividade do processo e de técnicas processuais para a melhor tutela dos direitos, vide WATANABE, Kazuo. *Da cognição no processo civil*. 2. ed. Campinas: Bookseller, 2000. p. 19 a 25.
6. Vale destacar a possibilidade também de sanções premiais para a indução de comportamentos desejados. Vide MAZZOLA, Marcelo. *Sanções premiais no processo civil*: previsão legal, estipulação convencional e proposta de sistematização (*standards*) para sua fixação judicial. São Paulo: JusPodivm, 2022.
7. No que tange a importância desses procedimentos diferenciados e técnicas de cognição, vide MARINONI, Luiz Guilherme; ARENHART, Sérgio Cruz. *Prova e convicção*: de acordo com o CPC de 2015. 3. ed., rev. atual. e ampl. São Paulo: RT, 2015. p. 75 a 88.

A preocupação em garantir o exame do mérito, evitando as sentenças meramente terminativas, fica clara no art. 139, IX, o qual exige o suprimento dos pressupostos e o saneamento dos vícios processuais[8]. De igual forma, o art. 317 estabelece que antes de proferir decisão sem resolução de mérito, o juiz deverá conceder à parte oportunidade para, se possível, corrigir o vício. Por outro lado, o dispositivo referente à emenda da petição inicial (art. 321) foi aprimorado, abrangendo agora o dever de o magistrado indicar com precisão o que deve ser corrigido ou completado. Há aqui uma nítida vinculação com o princípio da cooperação, expresso no art. 6º. Nessa mesma linha, o STJ considera lícita a comprovação, em agravo interno, da tempestividade do recurso especial quando estiver ilegível o carimbo do protocolo. Foi o que decidiu a Terceira Turma, em embargos de declaração sob a relatoria da Ministra Nancy Andrighi[9]. Contudo, caso intimada a parte não supra o vício, o processo será extinto. O STJ entende que não cabe uma segunda oportunidade para a correção[10]. A propósito da inépcia, interessante julgado do STJ admitiu, em ação civil pública, a correção da petição inicial, mesmo após a apresentação de contestação[11].

Por outro lado, com base no art. 4º e nos dispositivos da Lei do Mandado de Segurança (Lei 12.016/2009), o FPPC emitiu o Enunciado 488: "No mandado de segurança, havendo equivocada indicação da autoridade coatora, o impetrante deve ser intimado para emendar a petição inicial e, caso haja alteração de competência, o juiz remeterá os autos ao juízo competente".

Importante destacar que a partir da vigência do Código todos os vícios tendem a ser sanados, inclusive aqueles relativos a falhas ocorridas sob a vigência do Código de 1973. É o que expressamente vem referido no Enunciado 574, também do FPPC: "A identificação de vício processual após a entrada em vigor do CPC de 2015 gera para o juiz o dever de oportunizar a regularização do vício, ainda que ele seja anterior". Ressalve-se, contudo, nesse aspecto o entendimento do Superior Tribunal de Justiça de que, em matéria recursal, os requisitos formais devem ser analisados de acordo com a lei vigente ao tempo da prática do ato. É o que propõem os enunciados administrativos 02, 03 e 05: Enunciado 02 do STJ: "Aos recursos interpostos com fundamento no CPC/1973 (relativos a decisões publicadas até 17 de março de 2016) devem ser exigidos os requisitos de admissibilidade na forma nele prevista, com as interpretações dadas, até então, pela jurisprudência do Superior Tribunal de Justiça". Enunciado 03 do STJ: "Os recursos interpostos com fundamento no CPC/2015 (relativos a decisões publicadas a partir de 18 de março de 2016) serão exigidos os requisitos de admissibilidade recursal na forma do novo CPC"; e Enunciado 05 do STJ: "Nos recursos tempestivos interpostos com fundamento no CPC/1973 (relativos a decisões publicadas até 17 de

---

8. STJ, 1ª Seção, AgInt na AR 5.768/DF, Rel. Min. Gurgel de Faria, j. 24.08.2016, *DJe* 21.09.2016.
9. STJ, EDcl no AgInt no REsp 1.880.778-PR, 3ª T., Rel. Min. Nancy Andrighi, j. 28.09.2021.
10. STJ, AgInt na AR 5.303/BA, Rel. Min. Assusete Magalhães, 1ª Seção, j. 11.10.2017, *DJe* 24.10.2017.
11. STJ, REsp 1.279.586/PR, Rel. Min. Luis Felipe Salomão, 4ª T., j. 03.10.2017.

março de 2016), não caberá a abertura de prazo prevista no art. 932, parágrafo único, c/c o art. 1.029, § 3º, do novo CPC".

Por fim, o novo Código manteve o que já previa o sistema de 1973 relativamente ao pronunciamento das nulidades. Segundo o art. 488, desde que possível o juiz resolverá o mérito sempre que a decisão for favorável à parte a quem aproveitaria eventual pronunciamento nos termos do art. 485, isto é, sentença sem julgamento do mérito. Dessa forma, o sistema permite que o juiz julgue a ação improcedente em virtude da prescrição (mérito), em vez de simplesmente indeferir a petição inicial por inépcia, por exemplo. Nesse caso, é preferível que a ação seja desde logo apreciada com um julgamento definitivo (de mérito) em vez de se adotar uma sentença terminativa e que não impediria a nova propositura da ação contra o mesmo réu.

São inúmeras também as oportunidades para sanar vícios na fase recursal. O parágrafo único do art. 932 estabelece que o relator, antes de considerar inadmissível o recurso, deve conceder o prazo de cinco dias para que seja sanado o vício ou complementada a documentação. Saliente-se, contudo, que há uma tendência da jurisprudência em limitar a aplicação desse dispositivo aos vícios estritamente formais. A propósito, vide os debates ente os Ministros da 1ª Turma do STF no julgamento do AgRg 953.221[12]. Com relação ao preparo, o art. 1.007, § 2º prevê a necessidade de intimação da parte para complementar o valor antes do reconhecimento da deserção. Por sua vez, o § 4º do mesmo dispositivo autoriza a intimação para o recolhimento em dobro das custas, nos casos de ausência completa de preparo. E, corrigindo a triste jurisprudência defensiva que vigia sob a égide do Código anterior, o art. 1.007, § 7º deixa claro que eventual equívoco no preenchimento de guia de custas não implicará mais a aplicação da pena de deserção, sendo obrigatória a intimação do recorrente para sanar o problema. De igual forma, o art. 1.029, § 3º permite a correção de vícios nos recursos dirigidos aos Tribunais Superiores.

Na contramão dessa orientação, contudo, a Corte Especial do STJ entendeu que a não comprovação de feriado local no momento de interposição do recurso não é sanável, em virtude de interpretação equivocada ao art. 1.003, § 6º, do CPC[13]. Trata-se de entendimento que contraria os arts. 4º, 932, parágrafo único e 1.029, § 3º, do CPC.

Vale lembrar que o FPPC destaca que a correção dos vícios independe da fase processual e que se trata de verdadeira imposição do art. 4º. Nesse sentido é o Enunciado 372: O art. 4º tem aplicação em todas as fases e em todos os tipos de procedimento, inclusive em incidentes processuais e na instância recursal, impondo ao órgão jurisdicional viabilizar o saneamento de vícios para examinar o mérito, sempre que seja possível a sua correção.

---

12. STF, 1ª T., AgRg no RE com Agravo 953.221/SP, rel. Min. Luiz Fux, j. 07.06.2016. No mesmo sentido: STJ, 4ª T., AgInt no AREsp 1.151.650/RS, rel. Min. Luis Felipe Salomão, j. 28.11.2017, DJe 1º.12.2017; STJ, Corte Especial, AgInt nos EAREsp 341.992, rel. Min. Mauro Campbell Marques, j. 21.06.2017.
13. STJ, Corte Especial, AgInt no AREsp 957.821/MS, rel. para o acórdão Min. Nancy Andrighi, j. 20.11.2017, DJe 19.12.2017.

Destaque-se ainda a possibilidade de análise da questão veiculada em recurso prejudicado. A propósito, o STF já reconheceu a existência de repercussão geral, determinando o prosseguimento de julgamento, apesar de reconhecer a perda de objeto do recurso extraordinário[14].

Como se verifica, o art. 4º constitui uma norma fundamental que serve para orientar a aplicação de todas as demais regras processuais, visando a resolução de mérito e a satisfação do direito material, dentro de um prazo razoável[15].

3.4. A BOA-FÉ OBJETIVA

A norma fundamental expressa no art. 5º do Código é uma das mais relevantes do ponto de vista de um processo ético e justo. Ela estabelece que "aquele que de qualquer forma participa do processo deve comportar-se de acordo com a boa-fé".

Trata-se, evidentemente, de uma exigência da boa-fé objetiva, ou seja, um padrão esperado de conduta diante dos valores e da experiência de determinada comunidade. Nesse sentido, deixa claro o Enunciado 374 do FPPC: "O art. 5º prevê a boa-fé objetiva". Ela constitui um *standard* de comportamento, um modelo desenhado a partir do que se imaginaria ser a conduta de um homem que agisse com honestidade, lealdade, probidade. Daí sua importância na busca de um processo civil mais ético. A propósito, vide decisão do STJ sobre o mau comportamento da parte[16].

A noção de boa-fé objetiva deve-se à prática comercial e à menção à expressão *Treu und Glauben* constante do § 242 do Código Civil alemão (BGB), o qual entrou em vigor em 1900. Desde então, espalhou-se por diversos países sob o sistema da *common law*. Em sua origem, tratava-se de norma que criava um arquétipo de comportamento desejado para as relações comerciais e que, portanto, não poderia ter um conteúdo previamente definido. Sua noção derivava dos costumes e dos casos examinados. O importante é que esse juízo de valor não decorre do subjetivismo do intérprete, nem tampouco de suas convicções morais.

Ela se relaciona a uma situação jurídica, não a uma previsão no campo da moral. Por boa-fé objetiva compreende-se então a fixação de um modelo de conduta leal, à luz do caso concreto. É, em outras palavras, o que Miguel Reale denominou de "honestidade pública"[17]. Tal dever não pode ser afastado nem mesmo por deliberação das partes, conforme já reconheceu o FPPC no Enunciado 06: "O negócio jurídico processual não pode afastar os deveres inerentes à boa-fé e à cooperação."

---

14. STF, ARE 1.054.490 QO/RJ, Rel. Min. Roberto Barroso, Plenário, j. 05.10.2017.
15. STJ, 1ª Seção, MS 20.295/DF, Rel. Min. Herman Benjamin, j. 09.11.2016, *DJe* 29.11.2016.
16. STJ, REsp 1.416.227, Rel. Min. Nancy Andrighi, 3ª T., j. 12.12.2017.
17. REALE, Miguel. A boa-fé no Código Civil. *Doutrinas essenciais de Direito civil*. São Paulo: RT, v. 2, out. 2010. p. 657.

No sistema proposto pelo Código, a boa-fé é um dever de conduta não apenas para as partes, mas também para o magistrado. É exatamente isso o que reafirmam três importantes enunciados do FPPC: Enunciado 375. "O órgão jurisdicional também deve comportar-se de acordo com a boa-fé objetiva"; Enunciado 376. "A vedação do comportamento contraditório aplica-se ao órgão jurisdicional"; Enunciado 377. "A boa-fé objetiva impede que o julgador profira, sem motivar a alteração, decisões diferentes sobre uma mesma questão de direito aplicável às situações de fato análogas, ainda que em processos distintos". Assim sendo, a título de exemplo, o magistrado não pode indeferir a produção de provas e posteriormente julgar a ação improcedente pela ausência de demonstração dos fatos constitutivos do direito do autor. Haveria nessa situação um evidente comportamento contraditório, vedado pela boa-fé objetiva. Há inclusive entendimento no sentido que a majoração da multa diária deve se operar com efeitos *ex nunc*, ou seja, sem efeitos retroativos, em respeito justamente ao princípio da não surpresa e à boa-fé objetiva[18]. O STJ também já decidiu que a deserção, por ausência de correção monetária, não poderia ser aplicada se a decisão judicial não determinara que o pagamento se desse de forma corrigida. Concluiu-se que haveria nesse caso violação ao art. 10 do CPC (vedação à decisão surpresa) e ao princípio da boa-fé[19].

De igual forma, a parte não pode omitir-se no cumprimento de uma decisão judicial para posteriormente exigir expressivos valores na execução de multa cominatória. O comportamento de acordo com a boa-fé veda as atitudes contraditórias ou que tenham por objetivo aumentar o próprio prejuízo. Há, portanto, o dever de mitigar as perdas (*duty to mitigate the loss*)[20] conforme reconhecido pelo Enunciado 169 das Jornadas de Direito Civil: "O princípio da boa-fé objetiva deve levar o credor a evitar o agravamento do próprio prejuízo".

Seguindo uma tendência que já existia na doutrina e que foi reforçada com o Código Civil de 2002, o legislador passou a exigir um comportamento ético e leal das partes processuais e do próprio Estado-juiz. Se essa já era uma tendência no âmbito do direito privado, com mais razão justifica-se a exigência na seara processual, ramo do direito público. Trata-se de uma cláusula geral, isto é, uma norma com conteúdo aberto, tanto do ponto de vista do preceito, quanto do efeito jurídico a ela inerente. Justamente por isso, ela exige um esforço interpretativo maior, fazendo com que o magistrado tenha de participar do preenchimento do conteúdo normativo à luz do caso concreto.

Diferentemente do caráter subjetivo, já previsto no sistema anterior, a boa-fé objetiva independe da intenção ou propósito específico do agente. Ela se refere à imposição de uma conduta baseada simplesmente na expectativa razoável em determinada circunstância. É o que afirma o Enunciado 1 da I Jornada de Direito Processual Civil

---

18. STJ, 3ª T., REsp 1582981/RJ, Rel. Min. Marco Aurélio Bellizze, j. 10.05.2016, *DJe* 19.05.2016.
19. STJ, 3ª T., REsp 1.725.225/SP, Rel. Min. Paulo de Tarso Sanseverino, j. 13.03.2018.
20. STJ, 4ª T., AgInt no AgRg no AREsp 738.682/RJ, Rel. p/ o acórdão Min. Luis Felipe Salomão, j. 17.11.2016, DJe 14.12.2016 e STJ, 4ª T., AgInt no REsp 1478193/RN, Rel. Min. Luis Felipe Salomão, j. 21.02.2017, DJe 1º.03.2017.

do Conselho da Justiça Federal: "A verificação da violação à boa-fé objetiva dispensa a comprovação do *animus* do sujeito processual".

Ao contrário, a apuração da má-fé subjetiva, punível com multa de um a dez por cento do valor corrigido da causa, nos termos dos arts. 80 e 81 do Código, exige a indagação acerca da vontade ou intenção do agente. Daí a existência de uma maior complexidade na aplicação prática desses dispositivos.

Por força da boa-fé objetiva são vedados comportamentos desleais ou contraditórios, o que sugere uma melhor racionalidade e uma clara aproximação entre o direito e os valores éticos e morais. Esse é o teor do Enunciado 378 do FPPC: "A boa-fé processual orienta a interpretação da postulação e da sentença, permite a reprimenda do abuso de direito processual e das condutas dolosas de todos os sujeitos processuais e veda seus comportamentos contraditórios". Aliás, a regra se justifica plenamente, considerando que o direito processual civil constitui um ramo do direito público e a Constituição Federal já impõe o princípio da moralidade nas relações atinentes à administração pública.

Ficam, então, vedadas todas as iniciativas que puderem frustrar a justa expectativa gerada na parte contrária. Não se pode admitir, por exemplo, que após a desistência do recurso, a parte retome as mesmas alegações ali contidas[21]. Constituem exemplos da aplicação da boa-fé objetiva a vedação ao comportamento contraditório expresso pela regra do *nemo venire contra factum proprium*, assim como a previsão da *supressio* (perda de um poder processual pelo seu não exercício) e da *surrectio* (criação de uma nova situação jurídica em face da confiança gerada pelo comportamento da parte).

Constitui também violação à boa-fé a menção a decisão judicial ou precedente inexistente, conforme propõe o Enunciado 161 do CJF: "Considera-se litigante de má-fé, nos termos do art. 80 do CPC, aquele que menciona em suas manifestações precedente inexistente".

Mas esse dever de lealdade e boa-fé objetiva implica não apenas em uma exigência de conduta positiva, como veda igualmente a omissão maliciosa. Não se trata apenas de exigir que as partes atuem com base na verdade dos fatos, mas também que não violem o dever de não se omitir. O silêncio, se utilizado com o intuito de omitir eventuais nulidades para apresentá-las em momento futuro, também contraria a boa-fé objetiva[22]. Não se admitem, portanto, as chamadas "nulidades de algibeira"[23], ou seja, a omissão deliberada em determinado momento processual para sua apresentação posterior, de acordo com a conveniência da parte ou decisão desfavorável. Trata-se de estratégia processual maliciosa e que vem sendo combatida pelo STJ[24].

---

21. STF, 1ª T., RE 613043 AgR, Rel. Min. Edson Fachin, j. 09.12.2016, *DJe* 16.12.2016.
22. STF, 1ª T., ARE 918302 ED, Rel. Min. Luiz Fux, j. 16.09.2016, DJe 07.10.2016.
23. Expressão utilizada pelo Ministro Humberto Gomes de Barros, em 14 de agosto de 2007, no julgamento do REsp 756.885 perante a 3ª Turma do STJ.
24. STJ, AgInt no AREsp 1.734.523/RJ, 4ª T. STJ, Rel. Min. Raul Araújo, j. 10 a 16.08.2021. No mesmo sentido, REsp 1.637.515, 4ª T., Rel. Min. Marco Buzzi, j. 25.08.2020 e REsp 1.714.163, 3ª T., Rel. Min. Nancy Andrighi, j. 24.09.2019.

3.5. A COOPERAÇÃO PROCESSUAL

A norma referente à cooperação processual[25], prevista no art. 6º do Código, exige que todos os sujeitos colaborem entre si a fim de se obter, dentro de um prazo razoável, uma decisão de mérito justa e efetiva. A previsão decorre da influência do direito processual português, cujo art. 7º, n. 1, estabelece essa necessária interação para a busca de uma solução justa e eficaz[26]. Tal dever não pode ser afastado nem mesmo por deliberação das partes, conforme já reconheceu o FPPC no Enunciado 06: "O negócio jurídico processual não pode afastar os deveres inerentes à boa-fé e à cooperação".

A cooperação deve operar não apenas no sentido das partes em relação ao magistrado, mas igualmente no sentido inverso. O juiz, como qualquer dos sujeitos processuais, também deve colaborar com as partes, auxiliando-as e esclarecendo-as a respeito dos atos e efeitos jurídicos. Há interessante julgado do STJ que aplica a fungibilidade recursal porque a decisão proferida pelo juiz gerou dúvida objetiva e equívoco na interposição do recurso[27].

A doutrina brasileira, mencionando as lições de Miguel Teixeira de Sousa, vem apontando que o dever de cooperação engloba os deveres de esclarecimento, prevenção, consulta e auxílio[28].

Esse dever de cooperação ou colaboração guarda estreita ligação com o princípio do contraditório. É possível dizer que cooperação e contraditório são, na verdade, dois elementos interdependentes no sentido de que um não existe plenamente sem o outro. Com efeito, a proposta contida no novo Código é a de um sistema que permita a construção da decisão judicial ao longo do procedimento e mediante a colaboração de partes com magistrado e vice-versa. Não se trata mais daquele modelo em que o juiz, de forma solipsista, praticava um ato isolado de reflexão e decisão. A ideia agora é radicalmente outra. A conclusão judicial deve decorrer de uma necessária interação entre as partes e com o enfrentamento de todos os argumentos discutidos no processo.

Muito mais do que o direito de participar em contraditório, têm agora as partes o direito de exercer um contraditório efetivo, com poder de influenciar a tomada de decisão pelo juiz. Observe-se a diferença em relação ao sistema anterior. Não basta abrir a oportunidade para que as partes se manifestem, é preciso também considerar os argumentos trazidos por elas. As partes precisam, portanto, ser ouvidas. O magistrado tem o dever de considerar suas alegações a respeito de questões fáticas e jurídicas que possam influenciar a decisão. Conforme os arts. 9º e 10 do Código, está vedada a

---

25. A respeito do princípio da cooperação, vide MITIDIERO, Daniel. *Colaboração no processo civil*: pressupostos sociais, lógicos e éticos. 3. ed. rev. atual. e ampl. São Paulo: RT, 2015.
26. Código de Processo Civil português. Art. 7º, 1 – Na condução e intervenção no processo, devem os magistrados, os mandatários judiciais e as próprias partes cooperar entre si, concorrendo para se obter, com brevidade e eficácia, a justa composição do litígio.
27. STJ, EAREsp 230.380/RN, Rel. Min. Paulo de Tarso Sanseverino, 2ª Seção, j. 13.09.2017.
28. A propósito do tema, vide: MITIDIERO, Daniel. *Colaboração no processo civil, pressupostos sociais, lógicos e éticos*. 3. ed., rev. atual. e ampl. São Paulo: RT, 2015. p. 102.

chamada decisão surpresa, ou decisão de terceira via. Tudo que for objeto da decisão deverá ser previamente discutido entre as partes. Só assim se pode manter o pressuposto de construção conjunta da decisão judicial.

Se não houver cooperação, no sentido de um justo e efetivo diálogo, não haverá exercício pleno do contraditório. Lembre-se que a decisão judicial deve surgir dessa interação entre partes e magistrado, a partir da produção das provas e da consideração dos argumentos de ambos os lados. Prevalecem, nesse aspecto, os deveres de esclarecimento e diálogo. A propósito, essa transparência no debate vem destacada pelo Enunciado 373 do FPPC: "As partes devem cooperar entre si; devem atuar com ética e lealdade, agindo de modo a evitar a ocorrência de vícios que extingam o processo sem resolução do mérito e cumprindo com deveres mútuos de esclarecimento e transparência".

Mas a cooperação exige igualmente o respeito às decisões judiciais pelos próprios membros do Poder Judiciário. Há aqui uma importante relação entre o princípio da cooperação (CPC, art. 6º) e o sistema de precedentes criado pelo Código (CPC, arts. 926 e 927). Um magistrado de primeiro grau não deve decidir de forma divergente à tese firmada pelo STF em tema de repercussão geral, por exemplo. Deve haver, nesse sentido, uma cooperação também entre os próprios magistrados a respeito das decisões vinculantes de instâncias superiores[29].

3.6. ISONOMIA E PARIDADE PROCESSUAL

O princípio da igualdade é um dos mais relevantes na formação de um Estado democrático de direito. Não é à toa que ele está assegurado no art. 5º, *caput* e inciso I da Constituição Federal. A democracia exige igualdade de tratamento e participação de todos. Essa também é uma exigência em termos de justiça e segurança jurídica. Aos iguais deve-se destinar igual tratamento, evitando assim discriminações e injustificáveis distinções.

Mas a isonomia não deve estar apenas na lei. Nos países de *civil law* o pressuposto da igualdade sempre foi igual tratamento perante a lei. É a denominada igualdade formal, a qual vem se mostrando insuficiente para assegurar isonomia na realidade complexa da vida. Isso porque a lei não consegue contemplar todas as peculiaridades e alterações sociais. Ela é incapaz de gerar previsibilidade no sistema. Como já visto, texto e norma não se confundem, existindo um importante trabalho do intérprete na aplicação do direito. Além disso, a própria incompletude do direito conduz a resultados díspares. Diante de cláusulas gerais, conceitos jurídicos indeterminados e controle da constitucionalidade, uma mesma lei pode gerar decisões distintas em casos análogos.

Justamente por isso, o que se almeja é a igualdade material, ou seja, o tratamento isonômico na aplicação do direito e não apenas na previsão genérica e abstrata da lei.

---

29. STF, 2ª T., Rcl 24325 AgR, Rel. Min. Dias Toffoli, j. 13.12.2016, *DJe* 20.02.2017.

O princípio *treat like cases alike* dos países de *common law*, que constitui a base para o sistema de precedentes, reflete essa preocupação de isonomia. Lá, há bastante tempo se percebeu que o tratamento isonômico na prestação jurisdicional traz confiabilidade e segurança para o sistema jurídico.

No âmbito processual, o princípio da isonomia é retratado pela ideia de paridade no tratamento das partes. Ele vem expresso no art. 7º do Código, segundo o qual é assegurada às partes paridade de tratamento em relação ao exercício de direitos e faculdades processuais, aos meios de defesa, aos ônus, aos deveres e à aplicação de sanções processuais, competindo ao juiz zelar pelo efetivo contraditório. A propósito, estabelece o Enunciado 167 do CJF: "A garantia do contraditório aplica-se nos Juizados Especiais, inclusive nos federais, gerando a necessidade de intimação das partes acerca do laudo pericial antes de ser proferida a sentença". O art. 139, I do Código prevê o dever do magistrado em zelar por esse tratamento igualitário, enquanto que o Enunciado 379 do FPPC reforça a garantia: "O exercício dos poderes de direção do processo pelo juiz deve observar a paridade de armas das partes". Observe-se que o STJ já decidiu que a primazia do mérito e a cooperação não podem gerar tratamento privilegiado a uma das partes, em detrimento da paridade[30].

Mas tal paridade, como é evidente, deve ser considerada em seu sentido material e não meramente formal. Isso significa que se houver distinções relevantes entre as partes, no que diz respeito à sua capacidade de prova ou de defesa de seus pontos de interesse, a aplicação da paridade levará a um tratamento propositadamente desigual a fim de se garantir um equilíbrio. O tratamento isonômico, sob o ponto de vista material, implica em tratar os iguais de forma igual e os desiguais de forma desigual, no limite de suas desigualdades.

O Código traz alguns exemplos de tratamento diferenciado justamente para propiciar um melhor equilíbrio e paridade entre as partes. Exemplo disso é a possibilidade da distribuição dinâmica do ônus da prova. O art. 373, § 1º estabelece que, nos casos previstos em lei, ou diante de peculiaridades da causa relacionadas à impossibilidade ou à excessiva dificuldade de cumprir o encargo nos termos do *caput* ou à maior facilidade de obtenção da prova do fato contrário, poderá o juiz atribuir o ônus da prova de modo diverso, desde que o faça por decisão fundamentada, caso em que deverá dar à parte a oportunidade de se desincumbir do ônus que lhe foi atribuído. E o § 2º do mesmo dispositivo ainda faz uma importante ressalva. Estabelece que a parte deve ter condições de se desincumbir do encargo. Isso naturalmente dá ao magistrado liberdade para agir, adequando a previsão abstrata e genérica da lei às peculiaridades do caso concreto. Evidentemente, a opção do Código por um modelo que se afasta da tipicidade estrita, que havia no Código de 1973, exige em contrapartida que o controle se faça mediante a fundamentação. Ainda que o juiz tenha poderes para adequar a lei ao caso concreto, deverá fazê-lo de forma fundamentada e deixando claros os motivos da decisão.

---

30. STJ, AgInt na AR 5.303/BA, Rel. Min. Assusete Magalhães, 1ª Seção, j. 11.10.2017, *DJe* 24.10.2017.

Partindo-se do pressuposto de um processo dialógico, em que a decisão judicial deve ser construída a partir da real interação entre partes e magistrado, não há dúvida que a manifestação da ação e da exceção tem igual relevância. Autor e réu devem ser tratados de forma paritária, observadas as eventuais distinções e capacidades entre eles. O que um sistema paritário não permite é a injustificada discriminação. Por outro lado, o fator de *discrimen*, sempre que justificado de acordo com os valores constitucionais, deve ser considerado para assegurar tratamento diferenciado quando assim o exigirem as circunstâncias das partes. Só assim haverá real equilíbrio no tratamento judicial.

3.7. PROPORCIONALIDADE, RAZOABILIDADE, LEGALIDADE E EFICIÊNCIA

Os princípios da proporcionalidade, razoabilidade, legalidade e eficiência estão previstos no art. 8º do CPC. De acordo com este dispositivo, o juiz deverá atender os fins sociais e às exigências do bem comum, resguardando e promovendo a dignidade da pessoa humana e observando os referidos princípios. O dispositivo reafirma diversas garantias constitucionais, valendo destacar que a dignidade da pessoa humana está consagrada no art. 1º, inciso III da Constituição Federal.

Note-se que o princípio da proporcionalidade permite a apuração dos valores em jogo para adequar a previsão legislativa ao equilíbrio no caso concreto. Muitas vezes, na aplicação da lei, é necessária a ponderação dos interesses conflitantes para limitar a prestação jurisdicional às exigências de adequação e necessidade. Ainda que determinada consequência legal possa ser admitida em certas situações conflituosas, o que se deve avaliar é se existe necessidade desse resultado e se aquele efeito é necessário. Em outras palavras, o princípio da proporcionalidade permite ajustes da previsão abstrata diante das peculiaridades do caso concreto. Isso porque, muitas vezes, a consequência da aplicação fria da lei pode ser mais prejudicial ao sistema que a própria violação anteriormente considerada.

Contudo, não há colisão entre tal flexibilização e o princípio da legalidade, igualmente caro ao sistema e previsto no art. 5º, II, da Constituição. Ao contrário. Esses ajustes permitem que a lei seja bem aplicada, fazendo valer o conjunto das garantias constitucionais. Na aplicação da lei, portanto, a proporcionalidade constitui uma válvula que afasta o automatismo e permite a reflexão do magistrado, a fim de evitar os excessos. A razoabilidade, de igual forma, implica na análise do que se pode justificadamente esperar em termos de reação do Poder Judiciário. Por vezes, o efeito jurídico previsto na legislação não é proporcional, nem razoável. Tal análise deve levar em consideração as regras da experiência e os valores que embasam todo o sistema.

Vale aqui destacar que o direito não se limita à legalidade, nem tampouco à aplicação automática de uma norma preexistente ao caso concreto. Na aplicação do direito incumbe ao magistrado analisar não apenas a legislação, mas igualmente os valores constitucionais e os precedentes que também compõem o ordenamento jurídico. Nesse sentido, é lúcida a crítica de Daniel Mitidiero ao destacar a vinculação do direito exclusivamente à legislação e a um juiz inanimado, como no período pós-revolucionário francês[31].

Por fim, a eficiência é um dos princípios básicos da administração pública. Justamente por trabalhar com recursos da comunidade e estar voltada para o bem de todos, os poderes inerentes à prestação jurisdicional devem ser exercidos de forma a se alcançar o melhor resultado possível. Sendo o direito processual civil um ramo do direito público, evidentemente a jurisdição está vinculada à busca de resultados positivos. Daí a necessidade de se utilizar técnicas processuais diferenciadas para evitar o perecimento do direito material. Dentre essas técnicas merecem ser destacadas as formas de sumarização do procedimento ou da cognição (ação monitória, tutela de urgência, tutela da evidência) e a própria utilização de precedentes judiciais. A propósito, o Enunciado 380 do FPPC: "A expressão 'ordenamento jurídico' empregada pelo CPC, contempla os precedentes vinculantes". Isso significa que não mais apenas a lei é fonte imediata do direito, mas também as decisões judiciais com força obrigatória. Elas auxiliam a obter, com maior celeridade, isonomia e segurança jurídica a realização do direito material. A efetividade tão almejada no processo civil da atualidade é um reflexo do desejo de eficiência no serviço público.

3.8. CONTRADITÓRIO EFETIVO

O CPC de 2015 está baseado em um sistema participativo de construção das decisões judiciais, o qual se vale da lógica argumentativa. Cooperação e contraditório constituem partes indissociáveis de uma mesma garantia processual. Não há sentido no contraditório se este não puder influir no convencimento do magistrado. Além do direito de se manifestar nos autos, as partes têm assegurado o direito de ter seus argumentos considerados pelo órgão julgador. O contraditório meramente formal dá lugar, no novo sistema, a um contraditório com poder de influência. A propósito, o art. 369 do Código deixa claro que a parte tem o direito de influir eficazmente na convicção judicial. Isso porque todos os sujeitos devem cooperar para que se obtenha a melhor decisão judicial possível, consoante previsão do art. 6º do Código. O julgamento da causa não pode decorrer de uma decisão isolada e solitária do juiz. Ele deve ser o resultado de uma real interação. Não haverá cooperação se não houver contraditório efetivo[32].

A garantia constitucional do contraditório está retratada nos arts. 7º, 9º e 10 do CPC. Eles refletem, no âmbito do processo, o princípio democrático e a participação das partes na solução judicial do conflito. O contraditório pode ser sintetizado como o direito processual da parte em obter a informação relevante à apuração do seu alegado direito e a manifestar uma reação adequada a esse respeito. Já a ampla defesa assegura

---

31. MITIDIERO, Daniel. *Precedentes*: da persuasão à vinculação. São Paulo: RT, 2016. p. 80.
32. STJ, REsp 1.787.934/MT, Rel. Min. Nancy Andrighi, 3ª T., j. 19.02.2019, *DJe* 22.02.2019.

a utilização de todos os meios lícitos para a demonstração do suposto direito. Há aqui a ideia de não restrição no que tange às manifestações e à produção das provas.

A parte final do art. 7º impõe ao magistrado o dever de zelar pelo efetivo contraditório. Vale aqui a ressalva de que não se trata de um contraditório meramente formal, mas efetivo, o que significa real influência na formação da decisão.

Já os arts. 9º e 10 do Código vedam a prolação de qualquer decisão contra as partes sem a sua prévia manifestação. O texto do art. 9º é exatamente esse: não se proferirá decisão contra uma das partes sem que ela seja previamente ouvida. E o art. 10 reitera essa imposição do caráter dialógico da lei, destacando que o juiz não pode decidir, em grau algum de jurisdição, com base em fundamento a respeito do qual não tenha dado às partes oportunidade de se manifestar, ainda que se trate de matéria sobre a qual deva decidir de ofício[33].

Isso é absolutamente novo no sistema. Sob a égide do Código anterior, prevalecia o entendimento de que o magistrado poderia decidir as questões cognoscíveis de ofício, como as atinentes aos pressupostos processuais e condições da ação, sem ouvir as partes. Havia uma total liberdade do juiz para assim agir. Sendo matéria de ordem pública, não existia necessidade de prévio debate com as partes.

Todavia, o sistema do Código de 2015 adota uma lógica baseada no diálogo e na coparticipação. Consequentemente, estão vedadas todas as decisões que possam gerar surpresa para as partes, justamente por não terem passado pelo necessário debate prévio. A propósito, o STJ já decidiu que a deserção, por ausência de correção monetária, não poderia ser aplicada se a decisão judicial não determinara que o pagamento se desse de forma corrigida. Concluiu-se que haveria nesse caso violação ao art. 10 do CPC (vedação à decisão surpresa) e ao princípio da boa-fé[34]. A vedação à decisão surpresa é um dos pilares de sustentação desse novo processo civil, cooperativo e democrático. E isso deve se aplicar, inclusive, para as questões que no sistema anterior eram cognoscíveis de ofício. Argumenta-se que o antigo brocardo *da mihi factum, dabo tibi jus* demanda uma nova leitura a partir das bases do Código de 2015. Mesmo que o juiz tenha liberdade na indicação do direito aplicável, ele só poderá assim agir após ter submetido esse entendimento à manifestação das partes.

Ao analisar o princípio do contraditório e a vedação à decisão surpresa, o Ministro Luis Felipe Salomão, em voto proferido no STJ, destacou que a intenção do legislador de 2015 foi permitir que as partes, além da ciência do processo, tenham a possibilidade de participar efetivamente dele, com real influência no resultado da causa[35]. Essa é a tônica que deve prevalecer: o exercício do contraditório com real poder de interferir na tomada das decisões judiciais.

---

33. STJ, REsp 1.676.027/PR, Rel. Min. Herman Benjamin, 2ª T., j. 26.09.2017, *DJe* 11.10.2017.
34. STJ, 3ª T., REsp 1.725.225/SP, Rel. Min. Paulo de Tarso Sanseverino, j. 13.03.2018.
35. STJ, REsp 1.755.266, Rel. Min. Luis Felipe Salomão, 4ª T., j. 18.10.2018.

Nesse sentido, ainda que sob o rito das leis dos Juizados. O contraditório deve ser amplo e efetivo. Vide o Enunciado 167 do CJF: "A garantia do contraditório aplica-se nos Juizados Especiais, inclusive nos federais, gerando a necessidade de intimação das partes acerca do laudo pericial antes de ser proferida a sentença".

O princípio da não surpresa implica também uma interpretação ampla a respeito do que se entende pela palavra "fundamento", prevista na redação do art. 10 do CPC/2015. Aqui a lei parece se referir não apenas à fundamentação jurídica, isto é, às circunstâncias de fato qualificadas pelo direito e que são relevantes para o julgamento da causa. O intuito do legislador parece ter sido o de um amplo debate, abrangendo, inclusive, os dispositivos legais pertinentes, os quais devem ser identificados e debatidos.

Com efeito, para fazer valer o intuito do diálogo entre as partes e a construção conjunta da decisão judicial, é fundamental que não apenas a fundamentação jurídica, mas também os dispositivos legais sejam analisados e enfrentados pelas partes[36].

Um claro exemplo da exigência do contraditório efetivo está no art. 487 do CPC, relativo às decisões com resolução do mérito. O parágrafo único do dispositivo tem a seguinte redação: ressalvada a hipótese do § 1º do art. 332, a prescrição e a decadência não serão reconhecidas sem que antes seja dada às partes oportunidade de manifestar-se. A regra é de uma grande importância em termos de contraditório efetivo e cooperação. Imagine-se a hipótese em que o direito da parte esteja aparentemente prescrito, mas, diante da prévia manifestação, é possível demonstrar que houve naquele caso um protesto interruptivo do prazo prescricional. Tal esclarecimento evita uma decisão equivocada e que conduziria à necessidade de revisão por parte da instância superior. O Fórum Permanente de Processualistas Civis concluiu que esse contraditório efetivo tem aplicação inclusive quando se tratar de mandado de segurança. É o que se lê no Enunciado 235: "Aplicam-se ao procedimento do mandado de segurança os arts. 7º, 9º e 10 do CPC". Merece menção também o Enunciado 02, do mesmo Fórum: "Para a formação do precedente, somente podem ser usados argumentos submetidos ao contraditório".

Evidentemente há exceções à imposição de manifestação prévia das partes, consoante dispõe o parágrafo único do art. 9º. Com efeito, o magistrado deve decidir sem intimar a parte contrária em todos os casos de tutela provisória de urgência, na tutela da evidência baseada no art. 311, incisos II e III (isto é, quando houver prova documental e tese firmada em julgamentos repetitivos ou súmula vinculante e também quando houver prova documental de contrato de depósito), assim como nos casos de ação monitória (art. 701). Nestas hipóteses, não haverá intimação prévia.

---

36. Em sentido contrário ao texto, o STJ vem entendendo que o princípio da não surpresa se refere apenas à fundamentação jurídica, isto é, não se confunde com a especificação do fundamento legal (dispositivo de lei aplicável). Nesse sentido, vide STJ, EDcl no REsp 1.280.825, 4ª T., Rel. Min. Maria Isabel Gallotti, j. 27.06.2017. Na ocasião, discutia-se o prazo prescricional em ação de ilícito contratual e a decisão acabou por aplicar o art. 205 do Código Civil (não invocado pelas partes), em vez do art. 206, § 3º, V, que era objeto de debate.

O que se percebe é que o contraditório exerce um papel importante no equilíbrio da equação segurança jurídica *versus* efetividade. Se, por um lado, é importante decidir apenas após a manifestação das partes, por outro, certas situações exigem uma decisão muito célere para assegurar ou realizar o direito da parte. O contraditório, enquanto garantia essencial ao processo coparticipativo e democrático, não pode ser dispensado. Ele é essencial ao sistema. Entretanto, nessas situações especiais, em que a efetividade exija uma pronta atividade do Judiciário, o contraditório deve ser diferido, ou seja, postecipado para uma fase subsequente. Isso não afasta, nem tampouco reduz a importância da garantia constitucional. Ao contrário, assegura sua fiel e correta aplicação, considerando todos os outros valores e garantias em disputa. Lembre-se que justamente em virtude dessa postecipação do contraditório, as decisões proferidas em tutela provisória poderão ser revistas e modificadas a qualquer tempo. O art. 296 é claro nesse sentido: "a tutela provisória conserva sua eficácia na pendência do processo, mas pode, a qualquer tempo, ser revogada ou modificada".

A Escola Nacional de Formação de Magistrados (ENFAM) emitiu 62 enunciados a respeito da interpretação e aplicação do CPC de 2015. Desses, seis se referem justamente à aplicação do contraditório e à interpretação dos artigos 9º e 10. São eles: Enunciado 01: "Entende-se por fundamento referido no art. 10 do CPC/2015 o substrato fático que orienta o pedido, e não o enquadramento jurídico atribuído pelas partes"; Enunciado 02: "Não ofende a regra do contraditório do art. 10 do CPC/2015, o pronunciamento jurisdicional que invoca princípio, quando a regra jurídica aplicada já debatida no curso do processo é emanação daquele princípio"; Enunciado 03: "É desnecessário ouvir as partes quando a manifestação não puder influenciar na solução da causa"; Enunciado 04: "Na declaração de incompetência absoluta não se aplica o disposto no art. 10, parte final, do CPC/2015"; Enunciado 05: "Não viola o art. 10 do CPC/2015 a decisão com base em elementos de fato documentados nos autos sob o contraditório"; Enunciado 06: "Não constitui julgamento surpresa o lastreado em fundamentos jurídicos, ainda que diversos dos apresentados pelas partes, desde que embasados em provas submetidas ao contraditório".

Os enunciados serão analisados pela jurisprudência e pelo próprio debate processual das partes. Mas alguns deles chamam a atenção. O Enunciado 03 merece desde logo uma apreciação crítica. Como é possível, antes mesmo da manifestação da parte, concluir que ela não poderá influenciar na solução da causa? Tal entendimento contraria a ideia de um sistema dialógico e cooperativo. O mesmo pode ser dito em relação ao Enunciado 06, considerando que todos os fundamentos jurídicos devem ser submetidos previamente às partes a fim de se evitar a decisão surpresa.

3.9. PUBLICIDADE E MOTIVAÇÃO

A garantia constitucional da publicidade e motivação das decisões judiciais, consagrada no art. 93, incisos IX e X, foi reafirmada pelo legislador infraconstitucional no art. 11 do Código. Dispõe o mesmo que todos os julgamentos dos órgãos do Poder Judiciário serão públicos, e fundamentadas todas as decisões, sob pena de nulidade.

Nesse aspecto, não se pode admitir que os votos proferidos em julgamentos virtuais não sejam imediatamente disponibilizados para as partes e seus advogados no sistema eletrônico, inclusive em tempo real durante o julgamento. Todas as Cortes do país devem se adequar a essa garantia constitucional. Esse é o teor do Enunciado 188 do CJF: "Os votos proferidos nos julgamentos virtuais dos tribunais devem ser publicizados em tempo real, à medida que forem sendo disponibilizados pelos julgadores".

A publicidade é algo inerente à função pública, razão pela qual são excepcionais os casos de segredo de justiça, ou seja, de vedação ao conhecimento público do trâmite e das decisões processuais. Tais exceções devem estar expressamente previstas na lei e se justificam em virtude do interesse público ou social, da preservação da intimidade e das situações privadas inerente às ações de estado, assim como nos casos de arbitragem quando houver estipulação da confidencialidade. Nessas hipóteses, a possibilidade de consulta aos autos ficará restrita às partes e a seus procuradores, devendo eventuais terceiros interessados justificar a necessidade de informações. Vale lembrar que o interesse que autoriza a violação do sigilo é aquele jurídico, mediante a demonstração de vinculação à situação discutida nos referidos autos.

O parágrafo único do art. 11 salienta que o segredo de justiça não se aplica às partes, seus advogados, defensores públicos ou Ministério Público. Tais pessoas deverão ser autorizadas a acompanhar os atos processuais, independentemente do sigilo.

Além da publicidade, o art. 11 destaca o dever de motivação das decisões judiciais, reiterando o caráter democrático do processo civil. Com efeito, embora o novo Código aposte em uma liberdade maior para atuação dos magistrados, ele exige em contrapartida a demonstração clara dos motivos para a tomada de decisão. As razões que conduziram a essa ou aquela decisão judicial devem ser do conhecimento das partes e da sociedade em geral. Em relação às partes, há o direito de compreender os motivos determinantes da decisão não apenas para a finalidade de compreensão do resultado, mas também para o exercício adequado do direito ao recurso, à impugnação. Por outro lado, a sociedade deve conhecer os fundamentos das decisões uma vez que elas acabam por pautar regras futuras de conduta, mormente em um sistema de precedentes judiciais como o do Código de 2015. A motivação, portanto, constitui um elemento fundamental para a aplicação das garantias do contraditório e da cooperação.

Em termos de fundamentação das decisões judiciais, o Código de Processo Civil trouxe uma importantíssima novidade. Pela primeira vez, nosso sistema passa a descrever em que consiste uma decisão imotivada. Isso facilita a atribuição do respectivo efeito jurídico (nulidade). O art. 489, § 1º traz em seus seis incisos algumas hipóteses em que a decisão judicial será considerada não fundamentada e consequentemente nula. Observe-se que esses parâmetros valem não apenas para as sentenças ou acórdãos, mas igualmente para as decisões interlocutórias.

O rol do art. 489, § 1º obviamente não pode ser considerado taxativo. A lógica imposta pelo novo Código exige que se considere não fundamentada toda e qualquer decisão em que não restem claros os motivos determinantes. E isso não decorre da previsão expressa e típica de qualquer dispositivo legal, mas de um sistema de cooperação e contraditório imposto pelas normas fundamentais (arts. 7º, 9º, 10 e 11). A atipicidade advém do caráter argumentativo e aberto do novo sistema. O Enunciado 303 do FPPC destaca essa maior abrangência, para além dos casos típicos: "As hipóteses descritas nos incisos do § 1º do art. 499 são exemplificativas".

3.10. ORDEM CRONOLÓGICA

A última das normas fundamentais é uma espécie de garantia do tratamento igualitário e não discriminatório, assegurado tanto pelo art. 5º, *caput*, da Constituição Federal como pelo art. 139, I do próprio CPC. Segundo o art. 12 do mesmo diploma, os juízes e tribunais atenderão, preferencialmente, à ordem cronológica de conclusão para proferir sentença ou acórdão. E o § 1º prevê a criação de uma lista de processos aptos a julgamento, a qual deverá estar permanentemente à disposição para consulta pública, tanto em cartório como na rede mundial de computadores. A obediência a essa lista constitui também um dever do escrivão ou chefe de secretaria para publicação e efetivação dos pronunciamentos judiciais, consoante o disposto no art. 153 do Código. Contudo, em se tratando de equívoco do próprio Poder Judiciário no cumprimento de despacho ou decisão, a ordem cronológica não deve ser renovada, conforme propõe o Enunciado 14 da I Jornada de Direito Processual Civil do CJF. Para os casos em que houver cumulação de competências abrangendo juizados especiais será interessante a criação de duas listas distintas, de modo que a ordem dos processos de uma delas não interfira na outra. Nessa mesma linha de raciocínio, o FPPC emitiu o Enunciado 382: "No juízo onde houver cumulação de competência de processos dos juizados especiais com outros procedimentos diversos, o juiz poderá organizar duas listas cronológicas autônomas, uma para os processos dos juizados especiais e outra para os demais processos".

O § 2º do art. 12 traz várias exceções à regra, dentre elas as sentenças de improcedência liminar, aquelas proferidas em audiências ou homologatórias de acordos, os julgamentos em bloco em virtude de casos repetitivos, as sentenças meramente terminativas (art. 485), aquelas relativas à inadmissibilidade ou improcedência dos recursos (art. 932), as decisões em embargos de declaração ou agravo interno, as preferências legais[37] e metas do CNJ e as decisões em processos criminais. Além dessas, o inciso IX apresenta uma cláusula geral que permite que se excepcione a regra geral em todas as causas que exijam urgência, conforme decisão fundamentada.

---

37. Observe-se que a Lei 13.466/2017 alterou o art. 71 do Estatuto do Idoso (Lei 10.741/2003) para estabelecer novas hipóteses de prioridade de tramitação dos processos judiciais, inclusive uma superpreferência, dentre os processos de idosos, aos maiores de 80 (oitenta) anos.

Os parágrafos 3º, 4º e 5º reforçam a necessidade de se respeitar a ordem legal. O § 4º, por exemplo, estabelece que ainda que surja novo requerimento, ele não alterará a posição do processo na lista, salvo se houver nova diligência ou reabertura da instrução. Tanto é assim que, consoante ao § 5º, após a decisão sobre esse requerimento, o processo deverá retornar à posição anteriormente ocupada na lista. Por outro lado, terão prioridade na lista o processo que sofrer anulação de sentença ou acórdão (salvo se houver necessidade de instrução) e aquele em que houver necessidade de reapreciação após o julgamento de recursos extraordinário ou especial repetitivos (art. 1.040, II).

A inobservância da regra cronológica, ainda que possa suscitar apuração disciplinar do ato do magistrado, não deve gerar a nulidade da decisão, sob pena de se prejudicar ainda mais a concepção de um sistema célere e adequado de prestação jurisdicional. É o que propõe o Enunciado 486 do FPPC: "A inobservância da ordem cronológica dos julgamentos não implica, por si, a invalidade do ato decisório".

Detalhe interessante é que o conteúdo do art. 12 foi alterado antes mesmo do início da vigência do Código em virtude da Lei 13.256, de 04 de fevereiro de 2016. Ela fez inserir a palavra "preferencialmente" no texto, gerando uma atenuação ao caráter impositivo da regra. De qualquer forma, diante das garantias constitucionais e legais de isonomia e paridade de tratamento, permanece vedada no sistema a escolha aleatória de processos na ordem para julgamento. Assim, mesmo com a alteração pela Lei 13.256/2016, o magistrado só poderá desobedecer a ordem legal se apresentar adequada justificativa. Os arts. 155 e 156 do Regimento interno do STJ sofreram adaptação, pela Emenda Regimental 22 de 2016, a fim de se adequarem ao comando do art. 12 do Código de Processo Civil de 2015.

4
PRINCÍPIOS GERAIS DO PROCESSO CIVIL

4.1. A IMPORTÂNCIA DOS PRINCÍPIOS

O Código de Processo Civil de 2015 estabelece um sistema legal cuja interpretação deve ser iluminada pelos valores expressos nos princípios e nas garantias constitucionais. O estudo do processo, portanto, pressupõe essa preocupação e a consequente busca (constitucional) da realização do direito material. Daí por que se justifica a expressão direito constitucional processual. Essa fase, denominada de pós-positivismo, caracteriza-se pela ligação entre norma e ética. As regras processuais passaram a ter sua aplicação conformada e condicionada aos valores constitucionais. Há uma nítida ligação entre direito processual civil e Estado democrático de direito. A democracia irradia efeitos para dentro do processo, gerando o que chamou Piero Calamandrei de "constitucionalização" das garantias de igualdade processual[1].

Trata-se, evidentemente, de uma via de mão dupla: a Constituição traz princípios e garantias que moldam um processo êquo (justo) e, ao mesmo tempo, vários mecanismos processuais asseguram o respeito à ordem constitucional (mandado de segurança, habeas corpus, recurso extraordinário e ação direta de inconstitucionalidade).

O direito constitucional processual expressa uma aproximação entre os valores propagados no texto constitucional e a ciência processual civil. Por meio dessa interação, garantir-se-á o respeito aos direitos fundamentais e a própria legitimação do sistema de aplicação de justiça.

4.2. PRINCÍPIO DO ACESSO À JUSTIÇA OU INAFASTABILIDADE DA JURISDIÇÃO

Os princípios constitucionais relativos à aplicação da justiça pressupõem, por um lado, deveres do Estado e, por outro, direitos fundamentais que demandam proteção. Tais deveres decorrem da vedação à autotutela. Com efeito, a partir do momento que o Estado chamou para si o monopólio da jurisdição, criou a obrigação de assegurar a realização dos direitos subjetivos.

O primeiro destes deveres é o de proporcionar uma prestação jurisdicional efetiva e adequada. Isto porque um dos princípios mais caros ao Estado democrático de direito

---

1. THEODORO JÚNIOR, Humberto. A garantia fundamental do devido processo legal e o exercício do poder de cautela no direito processual civil. *Revista dos Tribunais*, São Paulo, v. 665, mar. 1991, p. 11.

é o do acesso à justiça ou inafastabilidade do controle jurisdicional. Ele está previsto no art. 5º, inciso XXXV, da Constituição Federal, o qual assegura que a lei não excluirá da apreciação do Poder Judiciário lesão ou ameaça a direito. No âmbito infraconstitucional, ele está expresso no art. 3º do Código de Processo Civil, inclusive de forma ampliada. Como bem destacado por Mazzola, a redação do art. 3º "busca oferecer uma garantia mais ampla, extrapolando os limites do Poder Judiciário, uma vez que engloba a arbitragem e outros equivalentes jurisdicionais (mediação, conciliação etc.)"[2].

. Segundo o princípio, toda e qualquer pretensão merece ser analisada por uma autoridade jurisdicional competente e desta receber uma decisão quanto à existência e à possibilidade de realização do alegado direito. Assim, a toda afirmação de direito deve corresponder uma resposta jurisdicional, célere e efetiva.

Mas, como já exposto, essa norma deve ser compreendida a partir da exigência de uma tutela adequada e efetiva. Não basta apenas assegurar o acesso ao Poder Judiciário. É preciso que ele seja eficiente no que diz respeito à satisfação do direito material invocado pela parte.

Por outro lado, a via judicial não é o único caminho. O Código de Processo Civil prevê a possibilidade da arbitragem (art. 3º, § 1º) e dos métodos alternativos de solução da controvérsia (art. 3º, §§ 2º e 3º). O princípio do acesso à justiça (CF, art. 5º, XXXV) encontra-se refletido no caput do art. 3º, constituindo, assim, uma das normas fundamentais.

4.3. PRINCÍPIO DISPOSITIVO

Segundo princípio dispositivo, também denominado de princípio da inércia inicial da jurisdição, a iniciativa da instauração da relação processual e do impulso ao processo incumbe às próprias partes. Ele se opõe ao princípio inquisitivo, o qual concede ampla liberdade de atuação ao magistrado, tanto para a deflagração do processo, como para o seu desenvolvimento.

O sistema processual brasileiro adota o princípio dispositivo, mas em sua forma mitigada, conciliando-o com o poder do magistrado de dar impulso e promover a evolução do processo até a fase final. Assim, o processo começa por iniciativa exclusiva da parte, mas se desenvolve por impulso do próprio juiz, salvo em casos excepcionais (CPC, art. 2º). Isso significa que, uma vez iniciado, o processo se desenvolverá até sua fase final, independentemente de novos requerimentos das partes. Há, contudo, a possibilidade da instauração de incidentes de ofício, isto é, sem a iniciativa da parte. É o que se verifica no conflito de competência (art. 951), no incidente de resolução de demandas repetitivas (art. 976) e na arguição de inconstitucionalidade (art. 948). Mas, tais possibilidades não afastam a regra geral. Por outro lado, embora o impulso oficial

---

2. MAZZOLA, Marcelo. *Silêncio do Juiz no Processo Civil* (Inércia, Omissão *Stricto Sensu* e Inobservância e Seus Mecanismos de Impugnação). 2 ed. rev. e atual. São Paulo: JusPodivm, 2024, p. 34.

seja suficiente para conduzir o processo até a prolação da sentença, a fase de recursos e de execução exige nova iniciativa das partes.

4.4. PRINCÍPIO DO DEVIDO PROCESSO LEGAL

O princípio do devido processo legal tem origem na Inglaterra em 1215, mais especificamente no art. 39 da Magna Carta ao se referir à obediência per legem terrae, ou seja, à chamada law of the land. Tratava-se da garantia de que todo indivíduo seria julgado de acordo com as leis locais, previamente estabelecidas. Constituía, assim, uma maneira de proteger os direitos dos nobres diante dos constantes abusos da Coroa inglesa.

No direito brasileiro, o princípio aparece pela primeira vez no art. 179, XI da Constituição Imperial de 1824: "ninguem será sentenciado, senão pela Autoridade competente, por virtude de Lei anterior, e na fórma por ella prescripta". Passados todos esses anos, o conceito de devido processo legal foi ampliado e ganhou importância. Atualmente, ele está previsto no art. 5º, LIV da Constituição Federal e constitui um arcabouço geral das principais garantias. Daí por que se entende que ele é um princípio que sintetiza todos os demais. Sob a proteção do devido processo estão abrangidos os princípios do juiz natural, da isonomia (paridade de armas), do contraditório e da ampla defesa, da vedação das provas ilícitas e da motivação das decisões judiciais.

Independentemente da clássica acepção de observância da legislação local, o devido processo legal está associado à ética e à moralidade pública, assegurando a adequada prestação jurisdicional e a própria legitimação do Estado-Juiz. Essa noção de devido processo legal pressupõe a ideia de processo justo, como exposto no art. 111 da atual Constituição da Itália: "La giurisdizione si attua mediante il giusto processo, regolato dalla legge". Por justo processo se compreende a prestação jurisdicional qualificada pela observância dos valores e dos direitos fundamentais. Na visão de Cândido Rangel Dinamarco, a qualificação de devido processo legal decorre do conjunto de garantias destinadas a lhe conferir um perfil de instrumento justo, o que tornará legítimo o exercício do poder estatal[3]. Há, segundo ele, uma conotação ética e não puramente técnica.

O devido processo legal estabelece a forma com que deve ocorrer a prestação jurisdicional, voltada sempre à realização do direito material e em estrita observância dos valores e garantias constitucionais.

4.5. PRINCÍPIO DA ISONOMIA

O princípio da isonomia está previsto no art. 5º, caput e inciso I da Constituição Federal, tendo sido reiterado no art. 7º do Código de Processo Civil. No âmbito infraconstitucional, o legislador procurou assegurar a paridade de tratamento judicial entre as partes,

---

[3]. DINAMARCO, Cândido Rangel. *Instituições de direito processual civil*. 8. ed. rev. e atual. segundo o novo Código de Processo Civil. São Paulo: Malheiros, 2016. v. I. p. 128 e 129.

garantindo que nenhuma delas seja privilegiada ou prejudicada no curso da prestação jurisdicional pelo Estado. A imposição dessa igualdade processual está também contemplada dentre os deveres do juiz, mais especificamente no art. 139, I do mesmo Código.

A igualdade ou isonomia exige tratamento igual para todos que se encontrem em igualdade de condições. Demanda, por outro lado, que as situações de desigualdade sejam consideradas e devidamente equilibradas pelo sistema. Dito de outra forma, o princípio impõe que aos iguais se destine igual tratamento, criando as distinções necessárias entre os desiguais, nos limites dessa desigualdade. O parâmetro para uma diferenciação constitucional reside justamente nos valores e garantias fundamentais. Sempre que houver justificativa constitucional, ou seja, quando o fator de discrímen for constitucionalmente justificável, será possível (e desejável) esse tratamento diferenciado.

A propósito do conteúdo jurídico do princípio da isonomia, Nelson Nery Junior esclarece serem constitucionais os dispositivos legais discriminadores, quando estes derem tratamento distinto aos desiguais. Por outro lado, haverá inconstitucionalidade sempre que a distinção se aplicar àqueles que são iguais[4]. Ou seja, deve se perquirir se a razão da discriminação é justa ou injusta.

O equilíbrio que o sistema paritário busca alcançar é justamente o da igualdade material, ou seja, perante o caso concreto. No processo, não basta a igualdade formal perante a lei. É preciso que se obtenha uma igualdade real, ainda que para tanto tenham que ser criadas certas distinções. É o que se vê, por exemplo, com a distribuição dinâmica do ônus da prova (art. 373, § 1º), com a assistência judiciária gratuita (art. 98), com a dispensa de caução para a parte economicamente hipossuficiente (art. 300, § 1º) ou ainda com o dever de auxílio, inserido no princípio da cooperação (art. 6º).

4.6. PRINCÍPIO DO CONTRADITÓRIO E DA AMPLA DEFESA

Tendo origem no processo penal e inicialmente voltado para a proteção dos direitos do réu, o princípio do contraditório irradiou-se para o processo civil. Ele pressupõe o direito à informação durante o processo, com a consequente possibilidade de reação. Já a ampla defesa pressupõe a capacidade das partes em apresentar em juízo seus argumentos, de forma irrestrita e sem limitações. Ele está previsto no art. 5º, LV da Constituição Federal. Tal princípio é reafirmado na parte final do art. 7º do Código de Processo Civil e profundamente vinculado à ideia de cooperação e construção participativa da decisão judicial (art. 6º do mesmo diploma). A propósito, o art. 369 do Código deixa claro que a parte tem o direito de influir eficazmente na convicção judicial.

Na atualidade, compreende-se que o respeito ao contraditório também deve ser observado pelo juiz, exigindo deste um diálogo com as partes a respeito das futuras decisões judiciais, inclusive nas questões de ordem pública (decisões ex officio). Veda-se,

---

4. NERY JUNIOR, Nelson. *Princípios do processo na Constituição Federal*. 12. ed. rev., ampl. e atual. com as novas súmulas do STF (simples e vinculantes) e com o novo CPC (Lei 13.1015/2015). São Paulo: RT, 2016. p. 128.

dessa maneira, a chamada decisão surpresa, ou de terza via. A propósito, a proibição está prevista também no direito alemão. O § 139, (2) e (3) da ZPO estabelece o dever de diálogo do juiz com as partes, inclusive no que diz respeito às decisões ex officio. O mesmo ocorre no direito processual francês (art. 16 do Nouveau Code de Procédure Civile), que proíbe decisões sem prévia intimação das partes, ainda que em matérias cognoscíveis de ofício. O dispositivo estabelece que o juiz deve fazer observar e, observar ele mesmo, o contraditório. Por fim, o Código de Processo Civil português também contém semelhante disposição no art. 3°, parte 3.

No novo sistema processual brasileiro, a vedação à decisão surpresa está contida nos arts. 9° e 10 do Código. Tudo que for objeto da decisão deverá ser previamente debatido entre as partes a fim de se assegurar a construção conjunta da decisão judicial.

Ao analisar o princípio do contraditório e a vedação à decisão surpresa, o Ministro Luis Felipe Salomão, em voto proferido no STJ, destacou que a intenção do legislador de 2015 foi permitir que as partes, além da ciência do processo, tenham a possibilidade de participar efetivamente dele, com real influência no resultado da causa[5]. Essa é a tônica que deve prevalecer: o exercício do contraditório com real poder de interferir na tomada das decisões judiciais, inclusive no âmbito dos juizados especiais. A propósito, estabelece o Enunciado 167 do CJF: "A garantia do contraditório aplica-se nos Juizados Especiais, inclusive nos federais, gerando a necessidade de intimação das partes acerca do laudo pericial antes de ser proferida a sentença".

Nesse aspecto, o debate escrito mostra-se tão relevante quanto a possibilidade de realização de sustentações orais, por ocasião dos julgamentos perante os tribunais. A propósito, consoante já decidiu o STJ, se a parte formula adequadamente o requerimento e este resta indevidamente indeferido, há clara violação aos princípios constitucionais do contraditório e da ampla defesa[6].

O princípio da não surpresa implica também uma interpretação ampla a respeito do que se entende pela palavra "fundamento", prevista na redação do art. 10 do CPC/2015. Aqui a lei parece se referir não apenas à fundamentação jurídica, isto é, às circunstâncias de fato qualificadas pelo direito e que são relevantes para o julgamento da causa. O intuito do legislador parece ter sido o de um amplo debate, abrangendo inclusive os dispositivos legais pertinentes, os quais devem ser identificados e debatidos.

Com efeito, para fazer valer o intuito do diálogo entre as partes e a construção conjunta da decisão judicial, é fundamental que não apenas a fundamentação jurídica, mas também os dispositivos legais sejam analisados e enfrentados pelas partes[7].

---

5. STJ, REsp 1.755.266, Rel. Min. Luis Felipe Salomão, 4ª T., j. 18.10.2018.
6. STJ, REsp 1.903.730/RS, Rel. Min. Nancy Andrighi, 3ª T., j. 08.06.2021.
7. Em sentido contrário ao texto, o STJ vem entendendo que o princípio da não surpresa se refere apenas à fundamentação jurídica, isto é, não se confunde com a especificação do fundamento legal (dispositivo de lei aplicável). Nesse sentido, vide STJ, EDcl no REsp 1.280.825, 4ª T., Rel. Min. Maria Isabel Gallotti, j. 27.06.2017. Na ocasião, discutia-se o prazo prescricional em ação de ilícito contratual e a decisão acabou por aplicar o art. 205 do Código Civil (não invocado pelas partes), em vez do art. 206, § 3°, V, que era objeto de debate.

Como já mencionado, se não houver cooperação, no sentido de um justo e efetivo diálogo, não haverá exercício pleno do contraditório. Lembre-se que a decisão judicial deve surgir dessa interação entre partes e magistrado, a partir da produção das provas e da consideração dos argumentos de ambos os lados.

4.7. PRINCÍPIO DO JUIZ NATURAL

Uma das garantias essenciais ao devido processo legal é o princípio do juiz natural, inserido no art. 5º, XXXVII e LIII da Constituição Federal. Ele traduz a garantia de que dispõem as partes quanto ao julgamento por um juízo previamente constituído e cuja competência tenha sido legalmente (constitucionalmente) prevista. Seu núcleo é a imparcialidade do órgão julgador. Ou, como menciona a doutrina, a maneira não personificada de exercício da jurisdição. O objetivo é que a autoridade julgadora esteja constituída previamente em relação ao fato que será objeto de julgamento, evitando-se, assim, a criação de tribunais de exceção, ou seja, tribunais instalados com o propósito de julgar fatos já ocorridos.

O princípio do juiz natural está presente em nosso ordenamento desde a Carta Imperial de 1824, tendo então se repetido em várias Constituições subsequentes.

O Código de Processo Civil de 2015 guarda profunda sintonia com o devido processo legal e com os valores constitucionais, especialmente os do contraditório, do juiz natural e da motivação das decisões judiciais. Assim, mesmo nas hipóteses em que se permite a alteração da competência, isso não destoa dos ditames constitucionais. É o que ocorre, por exemplo, no incidente de assunção de competência (art. 947), quando o órgão colegiado superior adquire a possibilidade de julgar o recurso, a remessa necessária ou o processo de competência originária, em virtude da relevante questão de direito ali discutida. O que ocorre é, em verdade, uma preocupação com a prestação jurisdicional, atribuindo-se a competência a um órgão julgador de maior representatividade. Nesses casos, diante do motivo legalmente justificado e da preservação da imparcialidade (que aliás constitui o cerne da garantia) não há que se falar em violação ao princípio.

4.8. PRINCÍPIO DO DUPLO GRAU DE JURISDIÇÃO

O princípio do duplo grau de jurisdição, embora não se encontre expressamente previsto no texto constitucional, é amplamente aplicado em nosso sistema. Mas é importante lembrar que ele não constitui isoladamente uma garantia constitucional. O que se deve evitar é a ofensa ao devido processo legal, este sim uma garantia prevista na Constituição Federal. Dessa forma, nada impede a supressão de recursos, desde que se permita a utilização de outras formas de impugnação.

Mediante o duplo grau, assegura-se a possibilidade de revisão e controle das decisões judiciais por uma instância superior. Tal princípio estava previsto no art. 158 da Constituição Imperial de 1824, o qual permitia que a causa fosse analisada pelo "Tribunal de Relação". De lá para cá, mesmo não estando previsto nos textos constitucionais que se seguiram, a ideia de duplo grau sempre vem sendo aplicada. Vale ainda lembrar que o Pacto de San José da Costa Rica, do qual o Brasil é signatário, estabelece especificamente em seu art. 8º, 2, h, o direito de recorrer da sentença a juiz ou tribunal superior.

Nada impede, contudo, que o legislador infraconstitucional restrinja o cabimento de certos recursos, como recentemente ocorreu com o rol taxativo para o agravo de instrumento. Nessas circunstâncias, a revisibilidade estará preservada pelo sistema mediante a postecipação do momento de impugnação (nas razões ou contrarrazões de apelação, por exemplo) ou mediante a utilização de sucedâneos recursais (mandado de segurança). Deve-se considerar a necessidade de equilíbrio entre segurança jurídica, de um lado, e celeridade na prestação jurisdicional, de outro.

4.9. PRINCÍPIO DA PUBLICIDADE E MOTIVAÇÃO

Relevante papel desempenham os princípios da publicidade dos atos processuais e da motivação das decisões judiciais. Eles constituem elementos importantes para a legitimação do poder estatal e para a própria aceitação do monopólio da jurisdição. A publicidade e o dever de fundamentação têm a capacidade de gerar credibilidade para o Poder Judiciário. Previstos no art. 93, IX e X da Constituição Federal, o primeiro assegura o acesso e conhecimento dos julgamentos. Já o segundo impõe o dever de esclarecimento das razões do convencimento do magistrado.

Em suas normas fundamentais, o Código de Processo Civil de 2015 reitera tais princípios por meio do disposto no art. 11, o qual prevê que todos os julgamentos dos órgãos do Poder Judiciário serão públicos, e fundamentadas todas as decisões, sob pena de nulidade. Nesse aspecto, não se pode admitir que os votos proferidos em julgamentos virtuais não sejam imediatamente disponibilizados para as partes e seus advogados no sistema eletrônico, inclusive em tempo real durante o julgamento. Todas as Cortes do país devem se adequar a essa garantia constitucional. Esse é o teor do Enunciado 188 do CJF: "Os votos proferidos nos julgamentos virtuais dos tribunais devem ser publicizados em tempo real, à medida que forem sendo disponibilizados pelos julgadores".

Não é demais lembrar que a publicidade é algo inerente à função pública, razão pela qual são excepcionais os casos de segredo de justiça, ou seja, de vedação ao conhecimento público e geral do trâmite e das decisões processuais. Tais exceções devem estar expressamente previstas na lei e somente se justificam em situações específicas. É o que ocorre, por exemplo, em virtude do interesse público ou social, da preservação da intimidade e das situações privadas inerentes às ações de estado, assim como nos casos de arbitragem quando houver estipulação da confidencialidade.

Por sua vez, a motivação constitui elemento essencial para a aplicação das garantias do contraditório e da cooperação. Nesse aspecto, o Código trouxe uma relevante novidade. Pela primeira vez, a lei passa a descrever em que consiste uma decisão imotivada. Isso permite uma maior objetividade para a caracterização do problema e facilita a declaração de nulidade. O art. 489, § 1º, traz em seus seis incisos algumas hipóteses em que a decisão judicial será considerada não fundamentada. Observe-se que isso se aplica também para as decisões interlocutórias, não se restringindo às sentenças ou acórdãos.

Como já mencionado, o rol do art. 489, § 1º, obviamente não pode ser considerado taxativo. A lógica imposta pelo novo Código exige que se considere não fundamentada toda e qualquer decisão em que não restem claros os motivos determinantes. E isso não decorre da previsão expressa e típica de qualquer dispositivo legal, mas de um sistema de cooperação e contraditório imposto pelas normas fundamentais (arts. 7º, 9º, 10 e 11).

Saliente-se que a motivação é importante não apenas para as partes (a fim de que compreendam o resultado da prestação jurisdicional) mas também para a própria sociedade no que diz respeito à credibilidade do sistema e fixação de condutas para o futuro.

4.10. PRINCÍPIO DA RAZOÁVEL DURAÇÃO DO PROCESSO

Considerando-se a necessidade de uma prestação jurisdicional adequada e efetiva, ganha especial relevo o princípio da razoável duração do processo. Trata-se de garantia introduzida no texto constitucional pela Emenda Constitucional 45, de 08.12.2004, mediante a inserção do inciso LXXVIII no art. 5º. O Código de Processo Civil de 2015 reitera essa garantia no art. 4º.

Antes mesmo da referida emenda, o princípio já constava em nosso sistema por força do Pacto de São José da Costa Rica. Com efeito, consta expressamente no art. 8º, 1 do texto: "Toda pessoa terá direito de ser ouvida, com as devidas garantias e dentro de um prazo razoável [...]."

A violação à garantia da razoável duração do processo pode levar, inclusive, à condenação do Estado ao pagamento de uma indenização pelos prejuízos decorrentes da demora. Ainda que isso não seja comum no Brasil, a reparação já ocorre em outros países. Na Itália, foi criada a Lei 89, de 24.03.2001, mais conhecida como "Legge Pinto", em virtude do nome de seu redator (Michele Pinto). Ela alterou o art. 375 do Código de Processo Civil italiano e criou a possibilidade de indenização, por equa riparazione, dos danos causados pela demora excessiva.

Por meio de técnicas processuais diferenciadas, é preciso garantir a aplicação prática do princípio no Brasil. Afinal, ele carrega também a noção de eficiência, elemento necessário no âmbito do direito público e reiterado no art. 8º do Código (normas fundamentais). O atraso na prestação jurisdicional causa prejuízos não apenas para as partes, mas para toda a sociedade. A propósito, vale recordar a belíssima lição de Eduardo Couture: no processo, o tempo é algo mais do que ouro: é Justiça...[8]

---

8. "Por otra parte es menester recordar que en el procedimiento el tiempo es algo más que oro: es justicia." (COUTURE, Eduardo J. *Proyecto de Codigo de Procedimiento Civil*. Montevidéo: Impressora Uruguaya, 1945. Exposição de motivos, capítulo II, § 1º, n. 10, p. 37 apud NERY JUNIOR, Nelson. *Princípios do processo na Constituição Federal*: processo civil, penal e administrativo. 9. ed. rev. ampl. e atual. com as novas súmulas do STF (simples e vinculantes) e com a análise sobre a relativização da coisa julgada. São Paulo: RT, 2009. p. 315).

4.11. PRINCÍPIO DA VEDAÇÃO DAS PROVAS ILÍCITAS

A vedação às provas ilícitas está contida no art. 5º, LVI da Constituição Federal. Tal princípio vem exposto também na legislação infraconstitucional, mais especificamente no art. 369 do Código de Processo Civil.

Havendo ilicitude, só podem ser admitidas as provas que tenham sido obtidas de maneira diversa (independent source), afastando-se aquelas que decorram diretamente do ato ilícito. Entretanto, diante de circunstâncias específicas, o sistema permite a utilização do princípio da proporcionalidade a fim de que o Poder Judiciário possa decidir se a prova deve ou não ser admitida. Trata-se de uma possibilidade de relativização da rigidez da proibição, diante das exigências do caso concreto.

Importante distinguir entre as provas ilícitas e aquelas que em si mesmas não traduzem ilegalidade, mas que podem ter sido obtidas por meios ilícitos. As primeiras contêm uma ilegalidade inerente à sua própria natureza. O exemplo típico é a tortura. A própria prova é ilegal, independentemente das circunstâncias. Já a interceptação telefônica pode ou não ser considerada ilegal, dependendo do meio de sua obtenção. Caso a prova tenha sido obtida mediante autorização judicial, não haverá nenhuma ilicitude em seu aproveitamento.

4.12. PRINCÍPIO DA ASSISTÊNCIA JUDICIAL GRATUITA

Para facilitar o acesso à tutela jurisdicional adequada, nosso sistema se vale do princípio da assistência judicial gratuita, consagrado no art. 5º, LXXIV, da Constituição Federal. Por força dele, os hipossuficientes têm assegurado seu acesso à jurisdição, mediante a isenção de custas processuais e a superação de eventuais obstáculos financeiros ou dificuldades de informação. Os arts. 98 a 102 do Código de Processo Civil de 2015 disciplinam a forma de obtenção da assistência judicial gratuita.

Vale lembrar que o rol do art. 98 é meramente exemplificativo, podendo haver a concessão da gratuidade fora dessas hipóteses. Nesse sentido, propõe o Enunciado 171 do CJF: "O rol do § 1º do art. 98 do CPC é meramente exemplificativo, podendo englobar outras isenções, desde que sejam necessárias para garantir o acesso à justiça ao destinatário da gratuidade de justiça". Esse é o entendimento que melhor se coaduna com o acesso amplo à jurisdição.

Essa forma de assistência não se dirige apenas às pessoas físicas. Conforme entendimento pacificado na Súmula 481 do Superior Tribunal de Justiça[9], ela pode ser estendida também às pessoas jurídicas. Tal princípio também não se limita à atuação judicial, aplicando-se igualmente em relação aos deveres do Estado de conscientização e orientação da população carente a respeito de direitos e obrigações. E, por força da

---

9. STJ – "Súmula 481. Faz jus ao benefício da justiça gratuita a pessoa jurídica com ou sem fins lucrativos que demonstrar sua impossibilidade de arcar com os encargos processuais".

ênfase dada no novo sistema aos métodos alternativos de resolução de controvérsias, a assistência judicial e gratuita deve abranger as tratativas de mediação e conciliação, bem como quaisquer outras medidas a fim de evitar e prevenir as demandas.

Parte inerente ao dever do Estado de zelar pela assistência judicial gratuita é a organização e manutenção das Defensorias Públicas, conforme previsão do art. 134 da Constituição Federal. Vale lembrar que como o sistema atual utiliza a aplicação de precedentes vinculantes, a Defensoria deve ser admitida nos processos cujas decisões poderão impactar os seus assistidos. É o que propõe o Enunciado 169 do CJF: "A Defensoria Pública pode ser admitida como custos vulnerabilis sempre que do julgamento puder resultar formação de precedente com impacto potencial no direito de pessoas necessitadas".

5
APLICAÇÃO DAS NORMAS PROCESSUAIS

5.1. LEI PROCESSUAL NO TEMPO

A lei processual, assim como as demais leis, tem um prazo de vigência, ou seja, um momento em que passa a incidir e aquele em que perde eficácia. No direito brasileiro, o Dec.-lei 4.657, de 04 de setembro de 1942 (Lei de Introdução às Normas do Direito Brasileiro), disciplina o período e a forma de aplicação das leis. Salvo a situação excepcional das leis temporárias, a lei vige até que outra lei a modifique ou revogue (Dec.-lei 4.657/42, art. 2º).

Em regra, as leis processuais têm incidência imediata, aplicando-se inclusive aos processos em curso (CPC, art. 1.046). Isso significa que, ao entrar em vigor, a lei passa a disciplinar não apenas todos os processos futuros, como também aqueles processos já iniciados sob a égide da lei antiga e que ainda estão em trâmite.

Para tanto, entende-se que a lei processual aplicável é aquela vigente ao tempo da prática do ato processual. Trata-se do princípio *tempus regit actum*. Assim, para cada ato do processo incide a lei que estiver em vigor naquele momento específico. Observe-se que não se considera a lei em vigor ao tempo dos fatos que deram origem ao processo, ou seja, às situações no campo do direito material, mas sim aquela incidente no momento dos atos processuais. Para o processo é, portanto, irrelevante a lei vigente ao tempo da concretização de determinado direito material. O que vale é a lei em vigor no momento em que o ato processual deva ser praticado.

Na aplicação das leis processuais, contudo, deve-se respeitar o direito adquirido, o ato jurídico perfeito e a coisa julgada (CF, art. 5º, XXXVI e Dec.-lei 4.657/42, art. 6º). Desse modo, embora tenha incidência imediata, a lei respeitará os atos já praticados no curso do processo.

O Código estabelece que a norma processual não terá efeito retroativo e será aplicável aos processos em curso, devendo, contudo, respeitar os atos já praticados e as situações jurídicas consolidadas sob a vigência da lei revogada (CPC, art. 14). Essa é a razão pela qual o STJ já entendeu que o princípio da não surpresa (CPC, art. 10) não pode retroagir para alcançar situação jurídica consolidada em relação à prescrição[1].

---
1. STJ, AgInt no AREsp 1.260.450/SP, Rel. Min. Francisco Falcão, 2ª T., j. 18.09.2018, *DJe* 21.09.2018.

Do ponto de vista prático, algumas noções são importantes para a correta aplicação das leis processuais.

No que diz respeito aos atos processuais, como já exposto, deve ser aplicada a lei vigente ao tempo em que se realizará o ato. Nesse sentido, o Superior Tribunal de Justiça editou o Enunciado administrativo 04[2]. Assim, as normas processuais novas, relativamente a regras de julgamento, por exemplo, aplicam-se desde logo aos julgamentos futuros, ainda que estes já estivessem previstos ou pautados quando a norma entrou em vigor.

Em relação à forma de contagem dos prazos e ao período de sua duração, há grande polêmica na doutrina. Isto porque a lei nova pode alterar não apenas a maneira de se contar o prazo (CPC, art. 219), mas também o tempo para a prática dos atos processuais. Prevalece, contudo, o entendimento de que a lei nova não interfere nos prazos que já estiverem em curso, pouco importando se o prazo novo é mais amplo ou mais restrito. Uma vez iniciada a fluência do prazo sob a lei antiga, esta é que deve disciplina-lo até o fim. Esse é o teor do Enunciado 267 do FPPC: "Os prazos processuais iniciados antes da vigência do CPC serão integralmente regulados pelo regime revogado".

No que diz respeito à produção de provas, as novas regras do Código aplicam-se apenas às provas requeridas ou determinadas de ofício a partir da data de início de sua vigência (CPC, art. 1.047).

Quanto aos honorários, sendo a sentença o ato que faz nascer o direito ao percebimento, aplica-se a lei vigente ao tempo de sua prolação, pouco importando a data do ajuizamento da ação. É assim também que vem decidindo o STJ[3], inclusive em decisão da Corte Especial[4].

Em relação aos recursos, deve ser aplicada a norma que estiver em vigor no momento em que a decisão é publicada, consoante vem decidindo o STJ[5]. A publicação da decisão é, portanto, o marco temporal para a definição da lei aplicável. Observe-se que a expressão "publicação" para os fins do direito intertemporal significa o momento em que: a) a decisão é comunicada em audiência ou julgamento; b) aquele em que ela é lançada nos autos físicos do processo; ou c) aquele em que é disponibilizada nos sistemas de processo eletrônico. Não se deve confundir a data em que a decisão é tornada pública com aquela em que ocorre a sua intimação mediante publicação em Diário Oficial. O

---

2. Enunciado administrativo 04: "Nos feitos de competência civil originária ou recursal do STJ, os atos processuais que vierem a ser praticados por julgadores, partes, Ministério Público, procuradores, serventuários e auxiliares da Justiça a partir de 18 de março de 2016, deverão observar os novos procedimentos trazidos pelo CPC/2015, sem prejuízo do disposto na legislação processual especial".
3. STJ, REsp 1.465.535, Rel. Min. Luis Felipe Salomão, 4ª T., j. 21.06.2016, *DJe* 22.08.2016. No mesmo sentido STJ, REsp 1.636.124/AL, Rel. Min. Herman Benjamin, 2ª T., j. 06.12.2016, *DJe* 27.04.2017.
4. A Corte Especial, reforçando a ideia de que a sucumbência é regida pela lei vigente na data da sentença, assim decidiu no julgamento do EAREsp 1255986, Rel. Min. Luis Felipe Salomão, j. 20.03.2019.
5. STJ, REsp 1.666.321/RS, Rel. Min. Nancy Andrighi, 3ª T., j. 07.11.2017, *DJe* 13.11.2017.

momento a ser considerado será sempre aquele em que a decisão se tornou cognoscível para as partes, mediante uma das três formas de disponibilização acima referidas.

A lei processual que disciplina o recurso, então, é aquela vigente ao tempo em que a decisão é publicada. Imagine-se o acórdão de uma apelação, julgada por maioria de votos, publicado no dia 16 de março de 2016. Com a entrada em vigor do novo Código, no dia 18 de março do mesmo ano, deixaram de existir os embargos infringentes, sendo estes substituídos pelo julgamento com quórum estendido (CPC, art. 942). Mesmo assim o recurso de embargos infringentes será cabível, considerando-se a data de publicação da decisão recorrida.

O Superior Tribunal de Justiça lançou vários enunciados administrativos para orientar a aplicação temporal das leis processuais. Em relação aos recursos, especificamente, foram editados os Enunciados 02, 03, 05 e 06[6].

A data da publicação da decisão recorrida é também o marco temporal para a aplicação dos honorários recursais, independentemente da data de interposição do recurso. Nesse sentido, esclarece o Enunciado administrativo 07 do Superior Tribunal de Justiça[7].

Já para efeitos de ação rescisória, o marco temporal será o momento do trânsito em julgado da decisão. Assim, qualquer alteração quanto ao cabimento da rescisória deverá levar em consideração a data exata em que a decisão transitou em julgado, aplicando-se apenas àquelas transitadas em julgado posteriormente. Saliente-se que o novo Código ampliou os limites da coisa julgada, fazendo com que ela incida também sobre as questões prejudiciais (CPC, art. 503, § 1º). Nesse ponto, porém, há uma regra específica de transição, segundo a qual a nova disciplina somente se aplica aos processos iniciados já sob a égide do Código de 2015. (CPC, art. 1.054).

No que diz respeito às mudanças em relação a procedimento, a lei nova não se aplica àqueles processos já em curso e que estão tramitando de acordo com o procedimento anterior (CPC, art. 1.046, § 1º). Essa é a regra aplicável, por exemplo, para a supressão do procedimento sumário e de procedimentos especiais. Os processos que

---

6. Enunciado administrativo 02: "Aos recursos interpostos com fundamento no CPC/1973 (relativos a decisões publicadas até 17 de março de 2016) devem ser exigidos os requisitos de admissibilidade na forma prevista, com as interpretações dadas, até então, pela jurisprudência do Superior Tribunal de Justiça".
Enunciado administrativo 03: "Aos recursos interpostos com fundamento no CPC/2015 (relativos a decisões publicadas a partir de 18 de março de 2016) serão exigidos os requisitos de admissibilidade recursal na forma do novo CPC".
Enunciado administrativo 05: "Nos recursos tempestivos interpostos com fundamento no CPC/1973 (relativos a decisões publicadas até 17 de março de 2016), não caberá a abertura de prazo prevista no art. 932, parágrafo único, c/c o art. 1.029, § 3º, do novo CPC".
Enunciado administrativo 06: "Nos recursos tempestivos interpostos com fundamento no CPC/2015 (relativos a decisões publicadas a partir de 18 de março de 2016), somente será concedido o prazo previsto no art. 932, parágrafo único, c/c o art. 1.029, § 3º, do novo CPC para que a parte sane vício estritamente formal".
7. Enunciado administrativo 07: "Somente nos recursos interpostos contra decisão publicada a partir de 18 de março de 2016, será possível o arbitramento de honorários sucumbenciais recursais, na forma do art. 85, § 11, do novo CPC".

se iniciaram sob esse rito deverão ser finalizados da mesma forma, independentemente da mudança da lei.

5.2. LEI PROCESSUAL NO ESPAÇO

A jurisdição constitui uma das formas de exercício do poder estatal. Justamente por isso, vigora em nosso sistema o princípio da territorialidade das leis, segundo o qual a lei aplicável é aquela existente no local onde ocorre a prestação jurisdicional. Tal princípio se vincula à soberania estatal, impedindo a aplicação de leis estrangeiras nos julgamentos aqui realizados.

Ressalvados, portanto, os tratados, as convenções ou os acordos internacionais de que o Brasil seja parte, a jurisdição civil será regida pelas normas processuais brasileiras (CPC, art. 13).

Por outro lado, a Lei de Introdução às Normas do Direito Brasileiro disciplina a forma de comprovação dos fatos ocorridos em países estrangeiros. Segundo ela, a lei vigente no respectivo Estado estrangeiro é que disciplinará os ônus e os meios de prova (Dec.-lei 4.657/42, art. 13). Não se admitirá, contudo, em tribunais brasileiros a utilização de meios de prova desconhecidas pelo nosso ordenamento.

5.3. APLICAÇÃO SUPLETIVA E SUBSIDIÁRIA

As normas do Código de Processo Civil aplicam-se aos processos de natureza civil e também, de forma supletiva e subsidiária, aos processos eleitorais, trabalhistas ou administrativos (CPC, art. 15). Isso significa que apenas naquilo em que não houver disciplina especial própria é que terão aplicação as regras gerais do Código. Assim, sendo a matéria de direito eleitoral e havendo previsão específica nas regras eleitorais, não se aplicará o CPC/2015[8]. Por outro lado, a Lei 13.467/2017 determinou a aplicação de várias regras do CPC/2015 ao direito processual do trabalho, inclusive aquelas relativas ao incidente de desconsideração da personalidade jurídica (CPC, arts. 133 a 137) e à contagem dos prazos em dias úteis, alterando o art. 775 da CLT.

Procurando tornar mais clara a aplicação da regra legal acima mencionada, o Fórum Permanente de Processualistas Civis editou vários enunciados a respeito da incidência das normas processuais aos processos trabalhistas. São eles: Enunciados 106, 108, 109, 112, 113, 124, 126, 131, 139, 145, 151, 155, 159, 162, 167, 171, 199, 214, 245, 246, 250, 266, 270, 294, 302, 304, 325, 326, 329, 330, 331, 332, 333, 335, 347, 350, 352 e 353.

As disposições do Código aplicam-se também ao microssistema dos juizados especiais, em tudo o que não for com ele incompatível. Observe-se que o art. 27 da Lei 12.153/2009 prevê a aplicação subsidiária do disposto nas Leis 5.869, de 11 de janeiro

---

8. STF, ARE 1.052.060 AgR/CE, Rel. Min. Alexandre de Moraes, 1ª T., j. 27.10.2017, *DJe* 14.11.2017.

de 1973 (Código de Processo Civil *então vigente*), 9.099, de 26 de setembro de 1995 e 10.259, de 12 de julho de 2001. Obviamente, mesmo tendo havido a mudança de Código, permanece a intenção do legislador em aplicar ao sistema dos juizados a lei de caráter geral que rege o processo.

É o que propõe o Enunciado 2 do CJF: "As disposições do CPC aplicam-se supletiva e subsidiariamente às Leis 9.099/1995, 10.259/2001 e 12.153/2009, desde que não sejam incompatíveis com as regras e princípios dessas Leis". De igual forma, aplicam-se aos juizados as regras sobre vedação à decisão surpresa e contraditório efetivo. Nesse sentido, estabelece o Enunciado 167 do CJF: "A garantia do contraditório aplica-se nos Juizados Especiais, inclusive nos federais, gerando a necessidade de intimação das partes acerca do laudo pericial antes de ser proferida a sentença".

A aplicação subsidiária abrange, inclusive, o processo penal. Nesse sentido, prevê o Enunciado 3 do CJF: "As disposições do CPC aplicam-se supletiva e subsidiariamente ao Código de Processo Penal, no que não forem incompatíveis com esta Lei".

6
INSTITUTOS FUNDAMENTAIS DO DIREITO PROCESSUAL CIVIL: JURISDIÇÃO, AÇÃO E PROCESSO

O direito processual civil é constituído por três instituições fundamentais: a jurisdição, a ação e o processo.

Sempre se entendeu por jurisdição a função tipicamente estatal de solucionar conflitos de interesses, em substituição às partes, mediante a aplicação do ordenamento jurídico e o respeito às garantias constitucionais. Atualmente, a jurisdição abrange outras atividades, não se limitando ao julgamento do conflito de interesses ou à imposição da força (*jus imperium*). Nesse sentido, Antonio do Passo Cabral esclarece que o exercício da jurisdição pode se desenrolar por atividades não decisórias, por atos judiciais que mesmo sem adjudicar contribuem para a prevenção, gestão e resolução de conflitos, representando novas formas de o Poder Judiciário prestar tutela aos direitos[1].

Observe-se que, no sistema atual, a Constituição Federal exerce uma profunda influência sobre a atividade jurisdicional. Não é mais apenas a lei que estabelece o devido processo legal, mas fundamentalmente a Constituição, por meio de seus valores e garantias. Daí porque se fala em um devido e justo processo legal, ou seja, um processo legal alinhado com as garantias constitucionais. Justamente por isso, o conceito de jurisdição menciona a observância a tais garantias.

A ação, por sua vez, corresponde ao direito público subjetivo de obter a prestação jurisdicional pelo Estado.

Já o processo consiste no método utilizado pelo Estado-juiz para solucionar os conflitos de interesses, o qual exige a observância do procedimento e a interação, em contraditório, entre partes e magistrado.

6.1. JURISDIÇÃO

O Estado democrático de direito é caracterizado pela distribuição dos poderes e pelo respeito à lei e à Constituição Federal. Dentre esses poderes está justamente o de resolver os conflitos de interesses a fim de tornar possível a convivência harmônica

---

1. CABRAL, Antonio do Passo. *Jurisdição sem decisão*: Non liquet e consulta Jurisdicional no Direito Processual Civil. São Paulo: JusPodivm, 2023, p. 46.

dos indivíduos e a paz social. Isso porque, como o próprio Estado proibiu a autotutela (vedando a solução dos litígios diretamente pelas partes), assumiu para si o monopólio da jurisdição e o consequente dever de prestar uma adequada tutela do direito material.

Assim, além de suas atividades de criação de normas gerais e abstratas (função legislativa) e de aplicar ou executar tais normas (função executiva), o Estado deve desempenhar também a atividade de solucionar os conflitos de interesses decorrentes da aplicação dessas normas (função judicial). Tais conflitos, caracterizados por uma pretensão resistida, são também denominados de lide ou litígio. Eles constituem a base para a atuação jurisdicional típica.

Essa forma de atuação do Estado envolve não apenas um poder, mas igualmente um dever, já que existe a necessidade de substituição da atuação direta das partes.

Observe-se que o direito processual civil se encontra profundamente vinculado aos valores e às garantias constitucionais. Essa relação faz com que a doutrina amplie a concepção de devido processo legal, incluindo não apenas a necessidade de observância da lei, mas igualmente dos princípios constitucionais. Vige hoje a noção de um devido e justo processo legal, comprometido com a ordem constitucional. Tanto é assim que o próprio conceito de jurisdição sofre a influência dos ditames constitucionais[2].

A jurisdição constitui, portanto, a função estatal que tem por objetivo solucionar os conflitos de interesses, em substituição às partes, mediante a aplicação do ordenamento jurídico e o respeito às garantias fundamentais. Mas ela tem também a importante função de impor a aplicação do direito objetivo, mediante a interpretação e atuação das normas. A doutrina menciona a existência então de duas funções básicas: a resolução dos conflitos e o desenvolvimento do direito[3]. Atualmente, a jurisdição vem também assumindo outros papéis (não decisórios), os quais mesmo sem adjudicar contribuem para a prevenção, gestão e resolução de conflitos, representando novas formas de o Poder Judiciário prestar tutela aos direitos[4].

Suas principais características são a inércia (atuação mediante provocação), a substitutividade (substituição às partes), a imparcialidade, a natureza declaratória e executiva e a imperatividade (imposição de uma solução por ato de autoridade).

A função jurisdicional típica se exerce através do Poder Judiciário e está prevista no art. 92 e seguintes da Constituição Federal, assim como nas normas processuais. Importante destacar que ela não mais se limita ao caráter subjetivo e retrospectivo, isto é, de solução dos conflitos individuais ou coletivos já instalados. A jurisdição abrange

---

2. Com relação ao papel da jurisdição no Estado contemporâneo, vide WAMBIER, Luiz Rodrigues; TALAMINI, Eduardo. *Curso avançado de processo civil*: teoria geral do processo. 16. ed. reform. e ampl. de acordo com Novo CPC. São Paulo: RT, 2016. v. 1. p. 123 a 125.
3. MARINONI, Luiz Guilherme. *Precedentes obrigatórios*. 4. ed. rev., atual. e ampl. São Paulo: Ed. RT, 2016. p. 290.
4. CABRAL, Antonio do Passo. *Jurisdição sem decisão*: Non liquet e consulta Jurisdicional no Direito Processual Civil. São Paulo: JusPodivm, 2023, p. 46.

também um caráter objetivo e voltado para o futuro, no que tange à criação de precedentes, à resolução de casos repetitivos e ao estabelecimento de parâmetros de conduta.

Resta lembrar que a atividade típica decisória não constitui o único caminho para a solução das controvérsias. Esta também pode ser alcançada mediante métodos alternativos (como a arbitragem, a conciliação e a mediação), os quais são estimulados pelo Estado. Assim, ainda que o uso da força seja exclusivo do poder estatal, o mesmo abre caminho para as soluções consensuais. Nesse sentido, o art. 3º do Código de Processo Civil, ao tratar da garantia de acesso à jurisdição, aborda essas outras formas de resolução de conflitos (art. 3º, §§ 1º, 2º e 3º).

A jurisdição classifica-se em comum ou especial, voluntária ou contenciosa e interna ou externa.

Ela será comum quando se tratar de jurisdição geral civil ou penal, tanto no âmbito estadual quanto federal. Saliente-se que será civil toda e qualquer atividade jurisdicional não penal, abrangendo a atividade civil *stricto sensu*, a administrativa, tributária, constitucional, ambiental e assim por diante. Como se verifica, a distinção ocorre por um caráter de exclusão. Por outro lado, a jurisdição especial se caracteriza pela atuação em relação às esferas da Justiça Federal especializada, ou seja, trabalhista, militar e eleitoral.

Sob o ponto de vista da ocorrência do litígio, ela será contenciosa ou voluntária. A primeira é a forma tradicional e mais frequente de jurisdição, caracterizada pela existência de um conflito de interesses entre as partes. Nessas situações, o Estado atua para dirimir a controvérsia mediante a imposição de uma solução baseada na Constituição e no ordenamento jurídico. Já a jurisdição voluntária também exige a participação do Estado, mas apenas para homologar ou atribuir validade a um ato ou a um negócio jurídico entre as partes. Aqui não há uma decisão externa, de um terceiro imparcial, mas apenas a análise da conformação do ato ou negócio aos requisitos e parâmetros legais. A jurisdição voluntária está disciplinada nos arts. 719 a 770 do Código de Processo Civil.

Por fim, a jurisdição classifica-se em interna (nacional) ou externa (internacional), de acordo com os limites territoriais de sua atuação. A jurisdição externa implica na submissão do Estado brasileiro a decisões internacionais, tal como previsto em relação aos tribunais internacionais (CF, art. 5º, § 4º) e à possibilidade de cumprimento e confirmação em nosso país de atos ou decisões internacionais, como a homologação de sentença estrangeira e a concessão de *exequatur* às cartas rogatórias (CF, art. 105, I, alínea *i* da Constituição Federal).

6.2. AÇÃO

Uma das características da jurisdição é a inércia, razão pela qual não é dado ao Estado-juiz dar início ao processo. Sua atuação está condicionada à iniciativa das partes. Assim, a ação é o modo pelo qual se dá a provocação da atividade estatal da jurisdição. Essa possibilidade de movimentar o aparato judicial é que caracteriza o direito de ação.

A toda e qualquer pretensão corresponde a possibilidade de provocação da atividade jurisdicional. Isso ocorre mediante o acionamento dos órgãos jurisdicionais. Trata-se da realização concreta da garantia constitucional da inafastabilidade do acesso ao Poder Judiciário (CF, art. 5º, XXXV).

A doutrina apresenta inúmeras teorias para explicar o fenômeno da ação processual.

De acordo com a Teoria Civilista, defendida por Savigny, a ação seria o direito material em movimento ou em situação de guerra. Constituiria, então, algo inerente ao próprio direito. Contudo, tal teoria não consegue explicar o julgamento de improcedência. Se a ação processual fosse realmente uma parte do direito material, ela não existiria sem aquele e, consequentemente, todas as ações teriam que levar a julgamentos de procedência.

A polêmica travada entre Windscheid e Muther nos anos de 1856 e 1857 foi fundamental para o reconhecimento dessa independência entre direito de ação e direito material. A partir do debate entre os dois juristas, passou-se a perceber que a ação constituiria um direito em face do Estado. Daí a natureza pública do direito processual.

Em 1888, Adolf Wach deu uma profunda contribuição para o reconhecimento da autonomia do direito de ação. Ele foi além da ideia de um direito público em face do Estado, reconhecendo que esse direito é completamente autônomo em relação ao direito material. Justamente por isso, é possível ter direito de ação mesmo na ausência de direito material.

Chiovenda, por sua vez, entendia que a ação não seria um direito contra o Estado, mas um direito contra o adversário através do Estado. Teria ela então a natureza de um direito potestativo.

Mas foi através das contribuições de Degenkolb em 1877 na Alemanha e de Plosz em 1876 na Hungria que surgiu a Teoria Abstrata do direito de ação. A partir dela, a ação passou a ser considerada como algo totalmente independente e abstrato, desvinculada completamente do direito material. Tal teoria passou a explicar porque mesmo na ação julgada improcedente existe um direito de ação por parte do autor.

Por fim, Enrico Tullio Liebman desenvolveu a ideia de uma ação abstrata, mas condicionada. É a chamada Teoria Eclética. Segundo ela, apesar da autonomia, certas condições vinculam a ação ao caso concreto. Assim, somente na presença dessas condições seria possível ao juiz examinar o mérito do processo. Na ausência dessas condições verifica-se a carência da ação. Em síntese, todos têm o direito de ir a juízo, mas só aqueles que preenchem as condições têm direito a uma decisão de mérito. Na versão original da teoria, as condições eram: a) a possibilidade jurídica do pedido (consistente na ausência de uma vedação àquela pretensão pelo ordenamento jurídico); b) a legitimidade para a causa (que se traduz na correspondência entre os supostos titulares da situação afirmada em juízo e as partes do processo); e c) o interesse de agir (isto é, a necessidade e utilidade da atuação jurisdicional). O Código de 1973, fortemente influenciado pelas ideias de Liebman, adotou a Teoria Eclética do direito de ação.

Observe-se que para a análise da presença ou não das condições da ação, parte-se apenas da afirmação feita em juízo. Trata-se da aplicação da teoria da asserção, a qual se baseia justamente nas alegações do autor[5]. Assim, terá legitimidade passiva *ad causam* o suposto devedor do crédito perseguido pelo requerente, ainda que no curso do processo se comprove que a dívida nunca existiu. De igual forma, terá legitimidade ativa *ad causam* aquele que alegar ser o credor, mesmo que isso posteriormente se mostre falso. A legitimidade para figurar como parte no processo é independente, portanto, da veracidade das alegações feitas em juízo. Basta que, em tese, haja pertinência entre as posições jurídicas das partes e aquilo que se afirmou perante o Poder Judiciário.

O Código de 2015, contudo, seguindo a evolução da própria teoria de Liebman, deixou de contemplar a possibilidade jurídica do pedido como condição da ação. Tal análise passou a integrar o requisito do interesse de agir. Com efeito, se o que se pretende não é permitido pelo ordenamento (sendo impossível juridicamente), não há interesse de agir na propositura da ação. Esta jamais poderá oferecer a utilidade pretendida. Exemplo disso é a cobrança de uma dívida decorrente de ato ilícito. Imagine-se que duas pessoas realizaram um assalto e uma delas prometeu dividir com a outra metade do dinheiro roubado. Evidentemente, tal crédito não poderá ser cobrado judicialmente, por ter origem ilícita. Outra situação de impossibilidade jurídica é a pretensão do médico em receber honorários pelos serviços prestados em uma clínica clandestina de abortos. Em todos esses casos haverá a ausência do interesse de agir, uma vez que, mesmo acionado, o Poder Judiciário não poderá atender tais pretensões.

Segundo o novo diploma processual brasileiro, são então apenas duas as condições da ação: legitimidade para a causa e interesse de agir (CPC, art. 17). Na ausência desses requisitos, o processo deve ser extinto sem julgamento do mérito (CPC, art. 485, VI).

Dessa forma, o acesso ao Poder Judiciário é livre e incondicionado, mas a obtenção de uma resposta de mérito depende do preenchimento desses requisitos ou condições da ação.

A legitimidade refere-se à titularidade do direito material, consoante a alegação feita pelas partes. Assim, ninguém poderá pleitear direito alheio em nome próprio, salvo quando autorizado pelo ordenamento jurídico (CPC, art. 18). Isso se aplica tanto para atuação em primeiro grau como para a fase recursal. Ou seja, para interpor recurso também tem de haver a legitimidade recursal[6].

O novo Código adota a concepção do direito de ação a partir de um prisma constitucional. A garantia da inafastabilidade da jurisdição ou do acesso ao Poder Judiciário (CF, art. 5º, XXXV) implica necessariamente na oferta de uma tutela jurisdicional efetiva

---

5. STJ, REsp 1.634.824/SE, Rel. Min. Nancy Andrighi, 3ª T., j. 06.12.2016, *DJe* 15.12.2016.
6. STJ, AgInt no AREsp 1.221.515/PE, Rel. Min. Luis Felipe Salomão, 4ª T., j. 12.06.2018, *DJe* 15.06.2018.

e adequada. O direito de petição, que todos têm em relação às autoridades públicas, no âmbito do Poder Judiciário implica na possibilidade de provocar uma atuação justa, adequada e efetiva.

A ação então é considerada um direito público, subjetivo e abstrato de provocar a jurisdição, o qual tem por base a garantia constitucional da inafastabilidade do acesso à justiça. Tal garantia somente se realiza plenamente por meio de uma tutela adequada e efetiva.

O estudo da ação e de seus elementos constitutivos é relevante para a definição de vários fenômenos processuais, tais como a litispendência, a coisa julgada, a conexão e a continência. Importa saber em que consiste a ação para se compreender quando uma ação é idêntica à outra ou então quando seus conteúdos têm pontos em comum.

Os elementos da ação são: a) as partes, consistentes nas figuras do autor e do réu, sujeitos parciais do processo; b) a causa de pedir, formada pelos fatos e pelos fundamentos jurídicos do pedido; e c) o pedido, constituído pelo objeto imediato ou providência processual almejada e pelo objeto mediato ou bem da vida desejado.

No que diz respeito à causa de pedir, o sistema processual brasileiro adota a teoria da substanciação, segundo a qual os fatos alegados e os fundamentos jurídicos são processualmente relevantes para a definição da identidade entre ações. Ela se distingue da teoria da individualização, que considera apenas o fundamento jurídico como causa de pedir, ignorando os fatos. Assim, se o fundamento é a nulidade de um contrato, por exemplo, pouco importam os fatos que dão amparo ao pedido de nulidade. Mesmo que se trate de fatos distintos (dolo e erro), há uma única causa de pedir.

No Brasil, como exposto, adota-se a teoria da substanciação, razão pela qual a causa de pedir é formada pela somatória de fatos e fundamento jurídico.

6.3. PROCESSO

Há uma forte vinculação entre procedimento e processo. Este constitui o método ou o instrumento para o exercício da jurisdição. Mas para o processo se desenvolver, ele necessita de uma sequência lógica e ordenada de iniciativas, cujo objetivo é justamente permitir o pronunciamento da decisão final. O procedimento, portanto, traduz a ideia de um conjunto de atos processuais voltados a esse objetivo final: viabilizar a decisão judicial. Esta é a razão pela qual se diz que o processo se desenvolve por meio do procedimento.

Por outro lado, sendo a jurisdição uma forma de atuação do Estado, quem legitima o exercício desse poder é a participação efetiva dos interessados na decisão judicial. E isso se dá mediante o contraditório, ou seja, por força da garantia constitucional de manifestação e influência na construção dos pronunciamentos judiciais.

O processo é então o procedimento que se desenvolve em observância ao princípio do contraditório. Tal garantia permite a construção de uma relação jurídica processual com vínculos e influências recíprocas entre autor, juiz e réu. Dessa relação triangular surgem direitos, deveres e ônus processuais recíprocos.

O procedimento deve ser adequado à necessidade de legitimação do processo, ou seja, de legitimação desse exercício de poder pelo Estado. Por essa razão, o procedimento deve propiciar a ampla e efetiva participação das partes. Não se trata de uma mera sequência de atos, mas de uma organização lógica e coordenada para a construção em conjunto da decisão judicial. O procedimento, portanto, não pode ser neutro. Ele é comprometido com a participação das partes e com a tutela do direito material. Daí a necessidade de técnicas adequadas a essas necessidades.

A relação processual se difere da relação de direito material. Elas são autônomas e independentes. Os direitos e deveres processuais relacionam-se, na verdade, à possibilidade do exercício da jurisdição para a tutela desses direitos materiais.

A distinção entre processo e procedimento é importante visto que os fenômenos geram possibilidades jurídicas diversas. Por exemplo, os negócios processuais (CPC, art. 190) que têm por objeto regras de procedimento podem ser amplamente aplicados, inclusive em relação a direitos indisponíveis. Não se discute, por exemplo, a validade de uma cláusula de eleição de foro, ainda que o direito material discutido na lide seja indisponível.

A competência para legislar também é diferente. Normas sobre processo só podem ser criadas pela União Federal (CF, art. 22, I), ao passo que os Estados e o Distrito Federal detêm competência concorrente com esta para legislar sobre regras de procedimento (CF, art. 24, XI).

No sistema processual do Código de 2015, existem apenas o procedimento comum e os procedimentos especiais. O primeiro é o rito geralmente adotado, aquele a que se chega por exclusão. Não havendo previsão legal específica, o procedimento será o comum (CPC, art. 318). Já os procedimentos especiais constituem aqueles ritos específicos, previstos em lei, de forma mais adequada à tutela de certas pretensões. Os procedimentos especiais se aplicam, por exemplo, para as ações divisórias, demarcatórias, ações de prestar contas, dentre outras.

O exercício da jurisdição ocorre mediante a estruturação constitucional do Poder Judiciário (CF, art. 92). Além dos juízes de primeiro grau da Justiça Federal e da Justiça Estadual, atuam os tribunais regionais federais, os tribunais de justiça dos Estados, os Tribunais Superiores (Superior Tribunal de Justiça e Supremo Tribunal Federal) e os juízes e tribunais das justiças especializadas (juízes e tribunais do trabalho, juízes e tribunais eleitorais, juízes e tribunais militares). O Conselho Nacional de Justiça também integra a estrutura do Poder Judiciário, embora não seja um órgão jurisdicional, tratando-se de órgão administrativo.

Para a constituição e o desenvolvimento válido do processo é necessária a presença dos pressupostos processuais (CPC, art. 485, IV). Eles constituem os requisitos formais e materiais para o seu surgimento e evolução.

Os pressupostos processuais se classificam em pressupostos de existência e pressupostos de validade. Dos primeiros, como o próprio nome indica, depende a própria existência do processo. São eles: o órgão jurisdicional, as partes e a demanda. Sem esses elementos, o processo será juridicamente inexistente.

Importante destacar que a formação do processo ocorre de forma gradual, sendo possível admitir a existência do processo antes mesmo de ter se completado a relação jurídica processual. É o que ocorre na improcedência liminar (CPC, art. 332), quando o processo é extinto antes mesmo da citação do réu. Trata-se, obviamente, de situação excepcional, a qual só ocorre em virtude do modo gradual de formação do processo. Ela, contudo, não contradiz a regra. Assim, interposta a apelação, o réu será citado para apresentar contrarrazões (CPC, art. 332, § 4º).

Por sua vez, os pressupostos processuais de validade constituem os requisitos para o desenvolvimento válido e regular do processo. A diferença em relação aos pressupostos de existência é que, na sua ausência, o processo continuará a existir, mas será nulo. Assim, mesmo diante do vício, a decisão proferida em um processo nulo tem a aptidão de transitar em julgado, só podendo ser revista mediante ação rescisória (CPC, art. 966). O mesmo não ocorre com a decisão proferida em um processo inexistente.

Os pressupostos processuais de validade podem ser de duas ordens: pressupostos positivos e negativos. São pressupostos positivos de validade aqueles cuja presença é fundamental para o desenvolvimento regular e válido do processo. São eles: a investidura do juiz (o que engloba a garantia do juiz natural), a capacidade processual das partes (que abrange a capacidade de ser parte, de estar em juízo e a capacidade postulatória) e a regularidade formal da demanda. Por outro lado, são pressupostos negativos aqueles que não podem existir, sob pena de o processo tornar-se nulo. São eles a litispendência e a coisa julgada. A perempção (CPC, art. 486, § 3º), por dizer respeito apenas ao autor, não é vista por parte da doutrina como um pressuposto negativo.

Importante destacar, contudo, que, em certas situações, a ausência dos pressupostos processuais não impede o juiz de proferir uma sentença de mérito favorável à parte a quem aproveitaria a declaração de nulidade (CPC, art. 488). Ao perceber, por exemplo, que o autor não tem razão, o juiz poderá proferir uma sentença de improcedência, mesmo diante da ausência de pressuposto processual de validade. Isso porque a decisão de mérito, nesse caso, é mais benéfica ao réu que a simples sentença terminativa, isto é, sem julgamento do mérito (CPC, art. 485).

Os pressupostos processuais são assim considerados requisitos para a tutela jurisdicional do direito. Em outras palavras, o direito só pode ser validamente tutelado na presença dos referidos pressupostos.

7
LIMITES DA JURISDIÇÃO NACIONAL

O Estado brasileiro exerce a sua soberania no território nacional e, no que tange a ordem internacional, reconhece a soberania de outros Estados. Assim, consoante previsão do art. 5º, § 4º, da Constituição Federal, o Brasil se submete à jurisdição dos tribunais penais internacionais sempre que a eles tenha manifestado sua adesão.

O Código de Processo Civil disciplina, nos arts. 21 a 25, os limites da jurisdição nacional, ou a chamada "competência" internacional. Ali são tratadas as situações em que a atuação dos juízes brasileiros é autorizada, de forma exclusiva ou concorrente com a de outros países.

7.1. ATUAÇÃO CONCORRENTE DA AUTORIDADE JUDICIÁRIA BRASILEIRA

Nos casos em que a jurisdição é concorrente, a existência de demanda em outro país não induz litispendência[1], nem impede a homologação no Brasil da sentença estrangeira. Ao contrário, quando a jurisdição nacional for exclusiva, nem sequer será possível essa homologação, consoante dispõe o art. 964 do Código.

Os limites à jurisdição nacional são traçados sob o ponto de vista subjetivo e objetivo. Os primeiros se referem às imunidades pessoais de que gozam os Estados estrangeiros, seus chefes de Estado, os agentes diplomáticos e as organizações internacionais. Por outro lado, os limites objetivos referem-se às matérias disciplinadas pelo legislador e que são atinentes à jurisdição exclusiva ou concorrente.

Os arts. 21 e 22 do Código de Processo Civil arrolam as hipóteses em que haverá "competência"[2] internacional concorrente, ou seja, em que concorrem a jurisdição do Estado brasileiro e dos Estados estrangeiros. Nesses casos, a ação poderá ser proposta tanto no território nacional como no exterior. Assim será possível o exercício da jurisdição nacional e estrangeira quando o réu tiver domicílio no Brasil (art. 21, I); quando aqui tiver que ser cumprida a obrigação (art. 21, II); quando o fundamento da ação seja um fato ocorrido ou praticado no Brasil (art. 21, III). O parágrafo único do art. 21 ainda esclarece que para o efeito do inciso I será considerado domiciliado no Brasil a pessoa jurídica estrangeira que aqui tiver agência, filial ou sucursal. O mesmo ocorre quando se tratar de ações de alimentos, quando o credor tiver residência ou domicílio no Brasil

---
1. STJ, Corte Especial, AgRg nos EDcl na CR 9.874/EX, Rel. Min. Francisco Falcão, j. 15.06.2016, *DJe* 28.06.2016.
2. Embora o CPC utilize a expressão "compete à", quer na verdade se referir à jurisdição e não propriamente à competência (distribuição de trabalho interno).

(art. 22, I, *a*); o réu mantiver vínculos no Brasil tais como renda, posse ou propriedade (art. 22, I, *b*); ações decorrentes de relações de consumo em que o consumidor tenha aqui seu domicílio ou residência (art. 22, II) e sempre que as partes se submeterem à jurisdição nacional expressa ou tacitamente (art. 22, III).

Vale lembrar que a Lei de Introdução às Normas do Direito Brasileiro igualmente estabelece a competência da autoridade judiciária brasileira. Segundo o art. 12 da LINDB haverá tal competência concorrente quando o réu for domiciliado no Brasil ou aqui tiver de ser cumprida a obrigação.

7.2. ATUAÇÃO EXCLUSIVA DA AUTORIDADE JUDICIÁRIA BRASILEIRA

De outra forma, o art. 23 do Código disciplina os casos em que a jurisdição será exclusivamente brasileira. Neles, somente o juiz brasileiro pode conhecer e julgar as demandas. Isso ocorrerá diante de ações relativas a imóveis situados no Brasil (art. 23, I): quando se tratar de confirmação de testamento particular, e do inventário e partilha de bens que se localizem em nosso território, ainda que o autor da herança seja estrangeiro ou tenha domicílio fora (art. 23, II), e quando se tratar de partilha de bens situados no Brasil em divórcio, separação judicial ou dissolução de união estável, mesmo que o titular seja estrangeiro ou tenha domicílio no exterior (art. 23, III). De igual forma, o § 1º do art. 12 da LINDB determina que só à autoridade brasileira compete conhecer das ações relativas a imóveis no Brasil.

7.3. LITISPENDÊNCIA E CLÁUSULA DE ELEIÇÃO DE FORO

O Código ainda esclarece no art. 24 que diante dessa "competência" ou jurisdição concorrente, não haverá litispendência, de forma que a autoridade nacional não estará impedida de conhecer e julgar a causa. Excepcionam-se, porém, as hipóteses de disposições em contrário em tratados internacionais ou acordos bilaterais. O parágrafo único do mesmo dispositivo complementa, esclarecendo que a existência de uma causa perante a jurisdição brasileira não impede a homologação de sentença judicial estrangeira, conforme previsão do art. 105, I, *i* da Constituição.

Por fim, o art. 25 do Código de Processo Civil afasta a possibilidade de atuação jurisdicional brasileira quando, em contrato internacional, houver cláusula de eleição de foro exclusivamente estrangeiro e esta for arguida pelo réu em contestação. A aplicação da cláusula, contudo, deve obedecer ao disposto nos §§ 1º a 4º do art. 63, os quais estabelecem parâmetros de validade e limites para a escolha do foro. Todavia, diante da "competência" nacional exclusiva, a cláusula de eleição de foro não será aplicável às hipóteses descritas no já referido art. 23. Nesse ponto, prevalecerá a lei em relação ao negócio processual pactuado.

Por outro lado, havendo contrato com cláusula de eleição a respeito da competência da jurisdição nacional e, sendo tal cláusula válida consoante o disposto na legislação e em protocolos internacionais, a escolha prévia das partes deverá ser respeitada. Essa foi a decisão do STJ ao examinar o REsp 1.633.275-SC[3]. Na referida decisão, destacou-se que nos países de *civil law* é muito restrita a possibilidade de declinação da competência em favor de outro país, por questões de conveniência do exercício da jurisdição (*fórum non conviens*).Tal entendimento decorre do livre acesso ao Poder Judiciário (CF. art. 5º, XXXV).

---

3. STJ, REsp 1.633.275-SC, Rel. Min. Villas Bôas Cuêva, 3ª Turma, j. 08.11.2016.

8
COOPERAÇÃO JURÍDICA INTERNACIONAL

8.1. NOÇÕES GERAIS E PRESSUPOSTOS

As normas de cooperação jurídica internacional são as regras atinentes à prática de atos de natureza administrativa ou jurisdicional entre Estados distintos, visando uma maior efetividade e celeridade processual. Quer se trate da mera obtenção de informações ou da prática de atos processuais (como a citação, por exemplo), essa colaboração entre os países é de grande importância para a eficiência da jurisdição.

A cooperação normalmente tem por base a adesão a tratados internacionais (art. 26, *caput*) ou à reciprocidade por via diplomática (art. 26, § 1º). O Brasil é signatário de vários tratados como, por exemplo, a Convenção de Haia a respeito do sequestro internacional de crianças, promulgada através do Decreto 3.413/2000, a Convenção de Haia relativa à Proteção das Crianças e à Cooperação em Matéria de Adoção Internacional, promulgada pelo Decreto 3.087/1999, a Convenção Interamericana de Restituição Internacional de Menores, promulgada pelo Decreto 1212/1994 e o Acordo de Cooperação do Mercosul, em vigor em nosso país desde o Decreto 6.891/2009. No caso da inexistência de tratados, a cooperação pode ser dar nos termos do art. 26, § 1º, do Código de Processo Civil. Contudo, para a homologação de sentença estrangeira, o art. 26, § 2º, dispensa inclusive a exigência da reciprocidade.

O importante é que todos os atos obedeçam às garantias constitucionais. Tanto assim que não é admitida a prática de atos que contrariem ou produzam resultados incompatíveis com as normas fundamentais do Estado Brasileiro (art. 26, § 3º). Justamente por isso, o art. 26, I, estabelece que a cooperação deve observar o respeito às garantias do devido processo legal no Estado requerente. Deve ser observada ainda a igualdade entre nacionais e estrangeiros (art. 26, II), inclusive no que se refere ao acesso à justiça e à assistência judiciária; a publicidade processual (art. 26, III), salvo os casos em que a lei brasileira ou a do Estado estrangeiro exigem sigilo. No Brasil, vale lembrar que devem tramitar em segredo de justiça os processos em que assim o exija o interesse público, aqueles que versem sobre ações de Estado ou que contenham dados inerentes à intimidade, bem como aqueles relativos à arbitragem em que se comprove o dever de confidencialidade. Nos demais casos, os atos devem ocorrer de forma pública, conforme dispõem o art. 93, IX, da Constituição Federal e o art. 11 do Código de Processo Civil. Para a cooperação, exige-se também a existência de uma autoridade central para receber e transmitir os pedidos de cooperação (art. 26, IV). No caso em que o Brasil solicite a cooperação, o pedido será encaminhado à autoridade central de nosso país, para que esta posteriormente o envie ao Estado requerido (art. 37). Nesse caso, tanto o pedido como os documentos devem ser acompanhados de tradução para a língua do país a que se destina (art. 38). A lei igualmente impõe a espontaneidade nessa transmissão às autoridades estrangeiras (art. 26, V).

Nenhum pedido de cooperação jurídica internacional será atendido se houver manifesta ofensa à ordem pública (art. 39). No site do STJ estão disponíveis todos os Protocolos de Cooperação Internacional firmados pela Corte.

8.2. OBJETO DA COOPERAÇÃO

A cooperação jurídica internacional pode ter por objeto a citação, a intimação e a notificação judicial e extrajudicial (art. 27, I); a colheita de provas e obtenção de informações (art. 27, II); a homologação e cumprimento da decisão (art. 27, III)[1]; a concessão de medida judicial de urgência (art. 27, IV); a assistência jurídica internacional (art. 27, V); além de qualquer outra medida judicial ou extrajudicial, desde que não proibida pela lei brasileira (art. 27, VI).

Note-se que o inciso VI do art. 27 do Código contém uma cláusula de abertura que permite a ampliação da cooperação para além das medidas típicas. O rol constante do art. 27, portanto, não é taxativo e deve ser ampliado sempre que assim exigir o princípio da cooperação. Com efeito, a colaboração entre partes e magistrado deve ser aplicada também em relação aos atos administrativos ou jurisdicionais, cuja prática dependa da atuação de mais de um Estado soberano.

8.3. MEIOS DE COOPERAÇÃO

Os meios de cooperação jurídica internacional são o auxílio direto, disciplinado pelos arts. 28 a 34 do Código, a carta rogatória consoante previsão dos arts. 35 e 36, a homologação de decisão estrangeira, e ainda a concessão de *exequatur*. Esses dois últimos são tratados com maior profundidade nos arts. 960 a 965 do mesmo Código. O Regimento Interno do Supremo Tribunal Federal disciplina o procedimento da extradição (arts. 207 a 214), da homologação de sentença estrangeira (arts. 215 a 224) e da carta rogatória (arts. 225 a 229).

A previsão do auxílio direto demonstra o intuito da nova lei em simplificar e facilitar os mecanismos de cooperação. Ele se aplica nos casos em que a medida não dependa de um juízo de delibação no Brasil, isto é, não exija a análise quanto à legalidade do que está sendo requerido[2]. A ideia do legislador é clara: o que depender de uma análise jurisdicional do órgão solicitado exige a utilização de carta rogatória; o que dispensar

---
1. STJ, Corte Especial, SEC 9.820/EX, Rel. Min. Humberto Martins, j. 19.10.2016, *DJe* 26.10.2016.
2. STJ, Corte Especial, AgRg na CR 9.982/EX, Rel. Min. Francisco Falcão, j. 15.06.2016, *DJe* 28.06.2016.

esse juízo de delibação pode ser solucionado via auxílio direto. Como se sabe, a realização dos atos de cooperação prescinde do exame do mérito do que foi determinado pela autoridade estrangeira. Trata-se de simples cumprimento ou auxílio na realização da medida. Não há, evidentemente, um julgamento a respeito da correção ou equívoco do ato da autoridade estrangeira. Contudo, como a cooperação deve se dar em respeito ao devido processo legal e às normas fundamentais, a homologação de sentença estrangeira e a concessão de *exequatur* exigem o exame da regularidade do ato, tanto em termos constitucionais, como legais. Essa análise chama-se juízo de delibação e é feita pelo Superior Tribunal de Justiça, consoante o art. 105, I, *i*, da Constituição Federal.

Já em relação ao auxílio direto, esse juízo de delibação é dispensado, o que torna o procedimento muito mais simples e célere. O requerimento de auxílio direto deve ser formulado diretamente à autoridade central (art. 29), a qual adotará as providências sempre que se tratar de ato meramente administrativo (art. 32). Por outro lado, quando houver a necessidade de atos jurisdicionais, a autoridade central o encaminhará à Advocacia Geral da União, a qual apresentará requerimento judicial. Nos termos do art. 109, III, da Constituição Federal tal requerimento será dirigido ao juízo federal de primeira instância. O art. 34 do Código de Processo Civil complementa a regra, estabelecendo que essa competência é do juízo federal da localidade em que o ato deva ser praticado.

O auxílio direto pode ter por objeto, além das hipóteses descritas nos tratados internacionais, a obtenção e prestação de informações sobre o ordenamento jurídico, os processos administrativos ou jurisdicionais (findos ou em curso) (art. 30, I), a colheita de provas (art. 30, II) e ainda qualquer outra medida judicial ou extrajudicial não proibida pela lei brasileira (art. 30, III)[3]. Assim como no rol do art. 27, vê-se aqui uma norma processual aberta com o objetivo de ampliar a aplicação do instituto.

Por sua vez, a carta rogatória deve ser utilizada quando se tratar de ato com maior formalidade e que, portanto, exija o juízo de delibação[4]. Este é o caso da execução de decisão estrangeira, a qual também poderá ser atendida mediante ação de homologação, conforme prevê o art. 40.

O Código reitera, no art. 36, a necessidade de respeito ao devido processo legal e os parágrafos do mesmo dispositivo esclarecem que: a) a defesa deve se limitar ao controle da legalidade, ou seja, requisitos para o ato; b) é vedada a análise do mérito da decisão estrangeira pela autoridade judicial brasileira. Como já exposto, essa vedação não afasta o necessário exame quanto à presença dos requisitos legais. O art. 35 do Código continha inicialmente as hipóteses específicas para a carta rogatória, mas foi vetado justamente com o objetivo de evitar que esse rol dificultasse a ampliação do uso do auxílio direto.

---

3. STF, 1ª T., PET 5946/DF, Rel. Min. Marco Aurélio, Rel. para o acórdão Min. Edson Fachin, j. 16.08.2016, *DJe* 07.11.2016.
4. STJ, Corte Especial, Rcl 3.364/MS, Rel. Min. Laurita Vaz, j. 05.10.2016, *DJe* 26.10.2016.

9
COMPETÊNCIA

9.1. CONCEITO DE COMPETÊNCIA

A jurisdição, como já examinado, é a função estatal que soluciona os conflitos de interesses mediante a aplicação do ordenamento jurídico. Diz-se que a jurisdição é una, pois sua atuação ocorre de forma integrada e por inteiro, em todo o território nacional. Não existe mais de uma jurisdição. A função é a mesma, qualquer que seja o conflito de interesses.

Contudo, diante do grande número de conflitos e de sua diversidade, o Estado estabelece, mediante as leis – as Constituições Estaduais e a Constituição Federal –, uma divisão do trabalho de prestação jurisdicional. Assim, os inúmeros juízes e autoridades do Poder Judiciário só têm legitimidade para agir dentro de suas respectivas esferas de competência. O art. 44 do CPC prevê que, dentro dos limites estabelecidos pela Constituição, a competência será determinada pelas normas do Código, por leis especiais, pelos códigos de organização judiciária e pelas Constituições Estaduais.

A competência consiste, portanto, na delimitação legítima da função jurisdicional, por força da previsão legal ou constitucional. Trata-se sempre de uma distribuição de trabalho da jurisdição interna. Neste aspecto, há um equívoco do Código ao utilizar a expressão *competência interna*. Isto porque não existe uma competência externa. A competência sempre se refere à jurisdição dentro do território nacional. O CPC disciplina a competência nos arts. 42 a 66.

A competência é um dos elementos formadores da garantia do juiz natural. O art. 5º, inciso LIII, da Constituição Federal assegura que ninguém será processado nem sentenciado senão pela autoridade competente. Com efeito, tal princípio consiste no direito de ser julgado por um juiz imparcial, independente, constituído anteriormente ao fato e competente, isto é, cuja atuação ocorra dentro dos legítimos limites da atuação jurisdicional.

Por essa razão, o art. 42 do Código estabelece que as causas cíveis serão processadas e decididas pelo juiz nos limites de sua competência, ressalvado às partes o direito de instituir juízo arbitral, na forma da lei. Ou seja, o dispositivo ressalva a possibilidade da arbitragem e deixa claro que a atuação judicial deve ocorrer de acordo com as regras de competência. Vale aqui a observação de que nos casos sujeitos à arbitragem é sempre possível a prévia adoção de medidas urgentes perante o Poder Judiciário, mas uma vez iniciada a arbitragem, caberá ao juízo arbitral a atribuição para processá-las, confirmando ou revendo aquelas já concedidas[1].

9.2. O PRINCÍPIO DA COMPETÊNCIA-COMPETÊNCIA

No sistema processual brasileiro, todo e qualquer juiz tem a competência para decidir acerca de sua própria competência (*Kompetenz*). Isso significa que só em um segundo momento será possível discutir tal decisão mediante recurso. É a aplicação do princípio da competência-competência.

Ainda que a incompetência do juízo seja evidente e possa ser aferível de plano, não é possível evitar ou impedir que o juiz analise e decida a respeito de sua própria competência. Para essa análise inicial, há essa competência mínima e inexorável.

9.3. CRITÉRIOS DE COMPETÊNCIA

É muito importante que se compreendam os critérios de fixação da competência, uma vez que são eles que definem o modo de reação ou impugnação no curso do processo. São três os critérios: territorial, funcional e objetivo. Este último (objetivo) subdivide-se em razão da matéria, da pessoa ou do valor da causa.

O critério territorial fixa a competência em razão do local, ou seja, do território ou foro onde deve ocorrer a prestação jurisdicional. O critério funcional leva em consideração a função que deve ser exercida, ou seja, qual órgão jurisdicional deverá atuar. Já o critério objetivo refere-se à divisão de trabalho judicial com base no valor da causa, na matéria que será objeto de apreciação (*ratione materiae*), ou na pessoa envolvida (*rationae personae*).

Os critérios atuam em conjunto para a fixação da competência. Dessa forma, uma ação de divórcio será de competência de um juiz de primeiro grau (funcional), de uma das varas de família (em razão da matéria), e da localidade do domicílio do casal (territorial), consoante o art. 53, I, alínea *b* do Código de Processo Civil. A propósito da controvérsia a respeito da competência para o julgamento das demandas com pedidos ilíquidos contra a massa falida, por exemplo, já decidiu o STJ que prevalece a competência do juízo cível em que proposta a ação de conhecimento respectiva[2].

Tais critérios geram regras de competência relativa ou absoluta. Assim, serão de competência absoluta, na grande maioria dos casos, os critérios funcional e objetivo em razão da matéria e da pessoa. Por outro lado, serão normalmente de competência relativa os critérios territorial e objetivo em razão do valor da causa.

---

1. STJ, REsp 1.586.383, Rel. Min. Maria Isabel Gallotti, 4ª T., j. 05.12.2017, *DJe* 14.12.2017.
2. STJ, REsp 1.643.856/SP, Rel. Min. Og Fernandes, 1ª Seção, j. 13.12.2017, *DJe* 19.12.2017, Tema 976.

A distinção entre competência relativa e absoluta se dá em virtude de três fatores: a força cogente do critério, a forma de sua impugnação, e o consequente efeito à sua inobservância. A violação a regras de competência absoluta, por exemplo, pode ser aferida de ofício, a qualquer tempo e em qualquer grau de jurisdição, gerando a nulidade absoluta do ato. Já o descumprimento à competência relativa não pode ser reconhecido de ofício pelo juiz e, se não arguida pela parte no momento oportuno, gera a automática prorrogação da competência. É esse o teor do art. 65 do Código: prorrogar-se-á a competência relativa se o réu não alegar a incompetência em preliminar de contestação.

A razão da diferença de regimes decorre da relevância dos bens juridicamente protegidos. A competência relativa é fixada com base no interesse exclusivo das partes. Nesses casos, ainda que haja desrespeito à regra, não haverá a nulidade absoluta do ato. Por exemplo, as ações fundadas em direito pessoal devem ser propostas no foro do domicílio do réu (art. 46 – competência territorial), mas, caso o autor opte pelo domicílio do autor e o réu não argua tal incompetência na contestação (arts. 64 e 337, II), ela será automaticamente prorrogada (art. 65). Isto é, permite-se a continuidade do processo no foro proposto, sem qualquer consequência jurídica.

Ao contrário, a competência absoluta é estabelecida tendo por base o interesse público ou interesses considerados de grande relevância pelo sistema. Logo, o descumprimento às regras de competência absoluta gera a nulidade absoluta do ato, nulidade esta que poderá ser reconhecida de ofício (isto é, sem provocação da parte), a qualquer tempo e em qualquer grau de jurisdição (art. 64, § 1º). Pode ocorrer, por exemplo, por simples petição. Mesmo na hipótese de a decisão transitar em julgado, haverá a possibilidade de sua rescisão, com base no art. 966, II, do CPC.

A competência absoluta, como já exposto, decorre de razões de interesse público, não podendo ser desconsiderada pelas partes, nem por qualquer ato normativo do próprio Poder Judiciário. Relevante, nesse sentido, foi a decisão proferida pelo STJ no IAC 10, julgado em 21.10.2021[3].

O Incidente de Assunção de Competência fora instaurado em virtude de recursos ordinários interpostos pela Defensoria Pública do Estado de Mato Grosso, em mandados de segurança, contra a Resolução 9/2019/TJMT, que estabelecera a competência de foro da 1ª Vara Especializada da Fazenda Pública da Comarca de Várzea Grande para todas as ações propostas contra o Estado e que tivessem por objeto o direito à saúde. Nos recursos, a Defensoria Pública sustentou que a competência do juizado especial era absoluta e, portanto, deveria prevalecer, inobstante os atos normativos e judiciais do Tribunal de Justiça de Mato Grosso.

Na decisão de afetação, o Relator Ministro Og Fernandes concedeu ordem liminar para afastar a referida Resolução, com imediata suspensão da redistribuição das ações à Comarca de Várzea Grande dos feitos propostos em comarcas diversas ou juizados

---

3. STJ, IAC 10, nos RMS 64531, RMS 64525, RMS 64625, RMS 65286 e REsp 1.896.379/MT, Rel. Min. Og Fernandes, 1ª Seção, j. 21.10.2021.

especiais. Determinou, ainda, o imediato retorno desses processos aos juízos de origem, bem como a fixação provisória da competência desses juízos, inclusive para o julgamento de mérito dos processos, que não deveriam ser suspensos.

No julgamento realizado em 21.10.2021, o STJ reafirmou a competência absoluta do Juizado Especial da Fazenda Pública, das Varas de Infância e Juventude e do local de domicílio do idoso nas causas individuais ou coletivas referentes a serviços de saúde. Destacou, ainda, que a instalação de vara especializada não altera a competência prevista em lei ou na Constituição Federal, nos termos da Súmula 206 do STJ: "A existência de vara privativa, instituída por lei estadual, não altera a competência territorial resultante das leis de processo". Reconheceu, ainda, a ilegalidade da Resolução 9/2019/TJMT, sendo esta inaplicável quanto à criação de competência exclusiva em comarca eleita em desconformidade com as regras processuais.

Tal decisão reafirma, no âmbito da competência absoluta, a prevalência das leis processuais e da Constituição em relação aos atos normativos emanados dos Estados ou do próprio Poder Judiciário.

Constituem critérios de competência absoluta aqueles de natureza funcional, em razão da pessoa e em razão da matéria.

Tanto a incompetência absoluta como a relativa deverão ser alegadas, preliminarmente, por ocasião da contestação (CPC, art. 64). Contudo, apenas a incompetência absoluta poderá ser declarada de ofício e conhecida em qualquer tempo e grau de jurisdição. Em relação a ela não existe preclusão temporal (CPC, art. 64, § 1º). Diversamente, a não alegação da incompetência relativa na contestação gera a prorrogação automática, tornando o magistrado competente (CPC, art. 65).

Existindo eventual conflito entre regras de competência funcional e territorial, prevalece a competência funcional, por ter natureza absoluta. A prevenção decorrente da conexão substancial, por exemplo, reflete competência funcional e, portanto, prevalece diante de eventual outra regra de competência territorial. Foi o que ocorreu em Conflito de Competência no qual o STJ entendeu que, na ação posterior de partilha, o foro de domicílio do incapaz (CPC, art. 50), por se tratar de regra de competência territorial (relativa), não afastaria a competência funcional (absoluta) do juízo do divórcio, diante de sua prevenção[4].

Havendo alegação da incompetência e sendo esta acolhida pelo magistrado, os autos serão remetidos ao juízo competente (CPC, art. 64, § 3º). Esta alteração de juízo, contudo, não afasta os efeitos das decisões já proferidas pelo juiz incompetente. O Código é claro nesse sentido. Ele prevê que prevalecem tais efeitos até que outra decisão venha a ser proferida (CPC, art. 64, § 4º). Tal regra deve prevalecer, quer se trate de incompetência absoluta ou relativa. Esse é também o entendimento do FPPC no Enunciado 238:

---

4. STJ, CC 160.329/MG, Rel. Min. Nancy Andrighi, 2ª Seção, j. 27.02.2019, DJe 06.03.2019.

"O aproveitamento dos efeitos de decisão proferida por juízo incompetente aplica-se tanto à competência absoluta quanto à relativa".

9.3.1. Competência territorial

A competência territorial, como o próprio nome diz, estabelece o local em que a prestação jurisdicional deve ocorrer.

Nas ações de divórcio, separação, anulação de casamento e reconhecimento de união estável, é competente o foro do domicílio do guardião de filho incapaz, caso não haja filho incapaz, o do último domicílio do casal ou, do domicílio do réu, se nenhuma das partes residir mais no antigo domicílio. Vale aqui lembrar que não há concorrência, mas subsidiariedade nessa determinação de competência, conforme prevê o Enunciado 108 do CJF: "A competência prevista nas alíneas do art. 53, I, do CPC não é de foros competentes, mas de foros subsidiários". Por outro lado, no caso de ação de alimentos, a competência será sempre do foro de domicílio ou residência do alimentando (CPC, art. 53, II). Vale ainda destacar que no caso de violência doméstica, as medidas judiciais que visem dissolver o vínculo podem ser propostas no domicílio da vítima. É o que prevê o Enunciado 163 do CJF: O foro de domicílio da vítima de violência doméstica tem prioridade para a ação de divórcio, separação, anulação de casamento e reconhecimento ou dissolução de união estável.

Nas hipóteses de violações ocorridas na internet, também poderá ser utilizado o foro de domicílio da parte prejudicada. Esse é o teor do Enunciado 160 do CJF: A competência para julgamento de ações que envolvam violação dos direitos da personalidade, quando os atos ilícitos são praticados pela internet, é do foro do domicílio da vítima.

Para outras ações, a competência será do foro onde se situa o bem litigioso, onde tem domicílio o autor ou o réu, onde deve ser cumprida a obrigação (CPC, art. 53, III, d), ou onde ocorreu o ato ou fato que deu origem ao processo (CPC, art. 53, IV[5], a, e V)[6]. Saliente-se que o STJ já decidiu que o autor não pode escolher um foro para além dessas hipóteses legais, ou seja, não pode optar por uma cidade diversa daquela de seu domicílio ou do local do fato[7]. No caso de ré pessoa jurídica, o domicílio é o local de sua sede[8]. A competência para julgar ação de reparação de danos decorrente de acidente de veículos, por exemplo, é do foro do domicílio do autor ou do local do fato (art. 53, V)[9]. Trata-se de opção à livre escolha do autor. Contudo, de acordo com o STJ, tal possibilidade não beneficia a pessoa jurídica locadora de veículos[10].

---

5. STJ, 2ª Seção, AgInt nos EDcl no CC 132.505/RJ, Rel. Min. Antonio Carlos Ferreira, j. 23.11.2016, DJe 28.11.2016.
6. STJ, 3ª T., REsp 1475713/SP, Rel. Min. Paulo de Tarso Sanseverino, j. 25.10.2016, DJe 09.11.2016.
7. STJ, 3ª T, REsp 1.708.704, Rel. Min. Nancy Andrighi, j. 23.11.2017, DJe 28.11.2017.
8. STJ, REsp 1.608.700/PR, Rel. Min. Ricardo Villas Bôas Cueva, 3ª T., j. 09.03.2017, DJe 31.03.2017.
9. STJ, REsp 1.708.704/RS, Rel. Min. Nancy Andrighi, 3ª T., j. 23.11.2017.
10. STJ, EDcl no AgRg no Ag 1.366.967/MG, Rel. para acórdão Min. Maria Isabel Gallotti, 4ª T., j. 27.04.2017.

Essa distribuição territorial é necessária porque, ainda que a jurisdição seja una, há uma divisão de trabalho entre os juízes, tendo por base os limites espaciais de sua atuação. Na Justiça Estadual, essa distribuição de competência ocorre levando-se em consideração as unidades jurisdicionais denominadas comarcas ou foros. Na Justiça Federal, ela se dá nas seções ou subseções. Em segundo grau, a prestação jurisdicional pode ocorrer nos tribunais estaduais (justiça estadual) ou nos tribunais regionais federais (justiça federal). Estes últimos abrangem mais de um estado e por isso são chamados de regionais. Cada uma dessas designações refere-se à delimitação espacial do exercício da jurisdição.

A competência territorial é fixada pelas regras dos arts. 46 a 53 do CPC. O art. 46 traz a norma geral, ou seja, nas ações de direito pessoal ou de direito real sobre bens móveis, a ação será proposta, em regra, no foro do domicílio do réu[11]. A propósito, o STJ já decidiu que diante de pedido declaratório, cumulado com indenização, aquele é que irá reger a determinação do foro competente. Vale nesse caso, portanto, a regra geral da competência do domicílio do réu[12]. Os cinco parágrafos preveem hipóteses que fogem à regra geral, por exemplo, quando o réu tiver mais de um domicílio (art. 46, § 1º)[13], quando este for incerto ou desconhecido (art. 46, § 2º), quando o réu não tiver nem domicílio, nem residência no Brasil (art. 46, § 3º), quando houver mais de um réu (art. 46, § 4º). Além disso, prevê a possibilidade de a execução fiscal ser ajuizada quer no local do domicílio ou da residência do réu, quer onde este seja encontrado (art. 46, § 5º). Por outro lado, para as ações fundadas em direito real sobre imóveis, o foro competente será o da situação do bem (art. 47)[14]. De igual forma, para o inventário é competente o foro de domicílio do autor da herança ou, não havendo domicílio certo, o da situação dos bens imóveis (art. 48)[15].

Normalmente, as regras relativas ao foro são de competência relativa, permitindo a prorrogação caso não haja insurgência da parte contrária. Todavia, em duas hipóteses, o Código prevê normas de competência territorial absoluta, isto é, inderrogável pela vontade das partes. São elas o art. 47, § 1º (ações relativas a direito de propriedade, vizinhança, servidão, divisão, demarcação de terras e nunciação de obra nova), e o art. 47, § 2º (ação possessória sobre imóveis).

---

11. STJ, 2ª Seção, CC 139.581/MG, Rel. Min. Ricardo Villas Bôas Cueva, j. 22.06.2016, DJe 27.06.2016.
12. STJ, REsp 1.138.522/SP, Rel. Min. Maria Isabel Gallotti, 2ª Seção, j. 08.02.2017.
13. Nestas hipóteses de mais de um domicílio, o STJ tem entendido que o réu pode ser demandado no foro de qualquer deles. Nesse sentido: "Inegavelmente, a regra processual é no sentido de que a ação fundada em direito pessoal, como é a demanda de dissolução de união estável proposta pela recorrida em face do ora insurgente, será proposta, em regra, no foro do domicílio do réu, e tendo este mais de um domicílio, será demandado no foro de qualquer deles, consoante estabelecido no artigo 94 do CPC/1973, bem ainda no artigo 46 da Lei 13.105/2015 – NCPC". STJ, Decisão monocrática, REsp 1.503.996/DF, Rel. Min. Marco Buzzi, decidido em 11.04.2016, DJe 13.04.2016.
14. STJ, 2ª Seção, CC 130.842/DF, Rel. Min. Raul Araújo, j. 26.10.2016, DJe 21.11.2016.
15. STJ, AgInt no CC 147.082/RJ, Rel. Min. Ricardo Villas Bôas Cueva, 2ª Seção, j. 25.10.2017, DJe 31.10.2017.

9.3.2. Competência funcional

A competência funcional refere-se à função que será exercida pelo órgão jurisdicional. Assim, para as ações ordinárias, a regra é a da competência dos juízes de primeiro grau. Para os recursos ordinários, a competência será normalmente dos tribunais de segundo grau e, para os recursos especiais (recurso especial e recurso extraordinário), serão competentes os tribunais superiores. A Constituição Federal, nos arts. 102 e 105, prevê as hipóteses de competência do STF e do STJ, tanto em caráter originário (ações que devem se iniciar nesses tribunais), como em caráter recursal. Já a competência dos Tribunais Regionais Federais está fixada no art. 108 da mesma Carta. A previsão da competência dos Tribunais estaduais está contida nas Constituições dos respectivos Estados-membros.

A competência funcional classifica-se em vertical e horizontal. A primeira distribui o trabalho jurisdicional em virtude da hierarquia e dos graus de jurisdição (juízes de primeiro grau, tribunais estaduais ou regionais e tribunais superiores). A segunda prevê essa distribuição de competência em um mesmo nível hierárquico, por exemplo, dentro de um mesmo tribunal. É o que ocorre com a assunção de competência, instituto processual no qual um órgão com maior representatividade dentro da corte recebe a incumbência de julgar o recurso, a remessa necessária ou processo de competência originária, diante de relevante questão de direito (art. 947).

9.3.3. Competência objetiva com base no valor da causa

Além dos critérios territorial e funcional, a competência também poderá ser fixada com base no critério objetivo, o qual se subdivide em competência com base no valor da causa, em razão da pessoa ou em razão da matéria.

Os juizados especiais adotam regras de competência com base no valor da causa. A Lei 9.099/95, ao criar os juizados estaduais, estabeleceu em seu art. 3º que eles teriam competência para julgar as causas cíveis de menor complexidade, assim consideradas: a) aquelas cujo valor não exceda 40 salários mínimos, b) as ações de despejo para uso próprio, c) as ações possessórias de bens imóveis até este mesmo valor, e d) todas as causas elencadas no art. 275, II, do CPC de 1973.

Alguns anos mais tarde, foram instituídos os Juizados Especiais Federais, tendo então a Lei 10.259, de 12 de julho de 2001, previsto no art. 3º que seriam de sua competência as causas da justiça federal com o valor de até 60 salários-mínimos. De igual forma, a Lei 12.153, de 22 de dezembro de 2009, criou os juizados da Fazenda Pública no âmbito estadual, dos territórios, Distrito Federal e municípios, atribuindo-lhes no art. 2º a competência para as causas até 60 salários-mínimos.

Importante destacar que o autor pode renunciar ao montante que exceda os 60 (sessenta) salários-mínimos, previstos no art. 3º da Lei 10.259/2001, para o fim de litigar no âmbito do Juizado Especial Federal Cível. Esse foi o teor da decisão do STJ nos EDcl no REsp 1.807.665-SC[16].

O interessante é que a competência em razão do valor, nos juizados especiais estaduais, é relativa para menos e absoluta para mais. Isso significa que as causas cujo valor seja menor que 40 salários-mínimos poderão ser propostas tanto perante os juizados como perante a justiça comum. Mas o inverso não é verdadeiro. Nas causas com valor superior, não haverá possibilidade da atuação dos juizados, havendo competência absoluta da justiça estadual comum.

Já em relação aos juizados federais e da Fazenda Pública, a competência será sempre absoluta, por expressa disposição do legislador no art. 2º, § 4º, da Lei 12.153/2009 e art. 3º, § 3º, da Lei 10.259/2001.

A propósito, no Incidente de Assunção de Competência 10, o STJ reafirmou a competência absoluta dos Juizados Especiais da Fazenda Pública, das Varas de Infância e Juventude e do local de domicílio do idoso nas causas individuais ou coletivas referentes a serviços de saúde. Destacou, ainda, que a instalação de vara especializada não altera a competência prevista em lei ou na Constituição Federal, nos termos da Súmula 206 do STJ[17].

9.3.4. Competência objetiva em razão da pessoa (ratione personae)

Ainda dentro do critério objetivo, a competência poderá ser fixada tomando-se como base a pessoa envolvida no litígio. Ou seja, o ente que participa do processo acaba por determinar a competência do órgão julgador.

Caso típico de competência *ratione personae* é o contido no art. 109, I, da Constituição Federal. Segundo tal dispositivo, serão de competência da justiça federal as ações em que figure como parte, assistente ou oponente, a União, entidade autárquica ou empresa pública federal. A mera participação do ente público no processo estabelece a competência. Por exemplo, o STJ entendeu em sede de Recurso Repetitivo que as ações relativas a registro de marca exigem a participação do INPI e a competência é da Justiça Federal[18]. Mas há exceções a essa regra geral, previstas no próprio art. 109: as causas referentes a acidentes de trabalho, falências, aquelas afetas à justiça eleitoral ou justiça do trabalho. Nesses casos específicos, ainda que figure como parte a União, a competência não será da justiça federal (comum), mas das justiças especializadas[19]. De qualquer forma, para todas as outras, a participação da União define a competência. Nessa mesma linha, foi editada a Súmula Vinculante 27 do STF: "Compete à Justiça estadual julgar causas entre consumidor e concessionária de serviço público de telefonia,

---

16. STJ EDcl no REsp 1.807.665-SC, Rel. Min. Sérgio Kukina, 1ª Seção, j. 12.05.2021.
17. STJ, IAC 10, nos RMS 64531, RMS 64525, RMS 64625, RMS 65286 e REsp 1.896.379/MT, Rel. Min. Og Fernandes, 1ª Seção, j. 21.10.2021.
18. STJ, REsp Repetitivo 1.527.232, Rel. Min. Luis Felipe Salomão, 2ª Seção, j. 13.12.2017.
19. STJ, 2ª Seção, CC 144.238/RJ, Rel. Min. Ricardo Villas Bôas Cueva, j. 24.08.2016, *DJe* 31.08.2016.

quando a Anatel não seja litisconsorte passiva necessária, assistente, nem opoente." Por sua vez, o STJ, em Recurso Repetitivo, decidiu que a ação de restituição de indébito de usuário em face da concessionária de energia elétrica não atrai o interesse jurídico da Aneel, mantendo assim a competência da justiça estadual[20]. Em relação às sociedades de economia mista, a competência é da justiça estadual, consoante as Súmulas 517[21] e 556[22] do STF.

Observe-se que o art. 45 do CPC prevê que a mera intervenção da União, em processo que já tramite perante a justiça estadual, será suficiente para determinar a remessa dos autos ao juízo federal competente. Isso porque somente o juiz federal terá competência para analisar se existe interesse jurídico para admitir essa participação, consoante a Súmula 150 do STJ[23]. E, admitindo-a, terá fixado a competência da justiça federal em virtude do critério *ratione personae*. A *contrario sensu*, tendo o juiz federal concluído pela exclusão de ente federal da lide, tal decisão não poderá ser revista pela Justiça estadual, conforme Súmula 254 do STJ[24]. Em tal hipótese, o juiz federal deverá simplesmente remeter os autos à Justiça Estadual, conforme enuncia a Súmula 224 também do STJ[25].

Importante lembrar que, por expressa disposição do CPC, a intervenção da União na qualidade de *amicus curiae* não altera a competência do órgão julgador (art. 138, § 1º). Trata-se assim de uma exceção. Normalmente, a participação de entidade federal gera o deslocamento da competência para a justiça federal.

A prerrogativa de foro constitui outro exemplo de fixação da competência em razão da pessoa. Isso porque determinadas autoridades, em virtude da função que exercem, têm constitucionalmente a prerrogativa de ser julgadas por órgãos com maior hierarquia. É o que acontece no caso dos governadores de Estados, os quais somente poderão ser julgados por crimes comuns pelo STJ (art. 105, I, *a*, da Constituição Federal). De igual forma, os desembargadores dos Tribunais estaduais somente serão julgados, nos crimes comuns e nos de responsabilidade, pelo STJ. Já o julgamento de infrações penais comuns praticadas por ministros de Estado, pelo Procurador Geral da República, pelo Presidente, pelo Vice-Presidente e pelos membros do Congresso Nacional deverá ocorrer perante o STF (art. 102, I, *b*, da Constituição Federal).

---

20. STJ, REsp 1.389.750/RS, Rel. Min. Herman Benjamin, 1ª Seção, j. 14.12.2016.
21. STF, "Súmula 517. As sociedades de economia mista só têm foro na Justiça Federal, quando a União intervém como assistente ou opoente".
22. STF, "Súmula 556. É competente a Justiça Comum para julgar as causas em que é parte sociedade de economia mista".
23. STJ, "Súmula 150. Compete à Justiça Federal decidir sobre a existência de interesse jurídico que justifique a presença, no processo, da União, suas autarquias ou empresas públicas".
24. STJ, "Súmula 254. A decisão do Juízo Federal que exclui da relação processual ente federal não pode ser reexaminada no Juízo Estadual".
25. STJ, "Súmula 224. Excluído do feito o ente federal, cuja presença levara o Juiz Estadual a declinar da competência, deve o Juiz Federal restituir os autos e não suscitar o conflito".

9.3.5. Competência objetiva em razão da matéria (ratione materiae)

Por fim, o critério objetivo em razão da matéria delimita a competência a partir daquilo que será objeto da decisão judicial. Como se sabe, há diversas áreas do direito e, consequentemente, verifica-se a especialização dos órgãos judiciários. As demandas que envolvem questões inerentes à relação de emprego devem ser analisadas pela justiça do trabalho, as questões eleitorais pela justiça eleitoral, as questões criminais comuns pela justiça criminal estadual de primeiro grau, e assim por diante.

Observe-se que nem sempre é simples a fixação da competência *ratione materiae*. No que diz respeito aos acidentes de trabalho, por exemplo, havia bastante divergência na jurisprudência. Alguns julgados entendiam que tal competência era da justiça comum por se tratar de ação de indenização com base no direito civil, outros que seria da justiça do trabalho em virtude da Emenda 45/2004 que atribuiu à justiça do trabalho a competência para todas as ações referentes à relação de emprego. O STF então pacificou a questão mediante a Súmula vinculante 22: "A Justiça do Trabalho é competente para processar e julgar as ações de indenização por danos morais e patrimoniais decorrentes de acidente de trabalho propostas por empregado contra empregador, inclusive aquelas que ainda não possuíam sentença de mérito em primeiro grau quando da promulgação da Emenda Constitucional 45/04". Tal entendimento, diante de seu caráter vinculante, encerrou o debate.

Importante lembrar que a competência em razão da matéria tem caráter absoluto. Logo, a inobservância à regra poderá ser arguida a qualquer tempo ou grau de jurisdição e gerará a nulidade do ato.

9.4. MODIFICAÇÃO DA COMPETÊNCIA

Há uma importante distinção entre os critérios de competência. Como já referido, eles podem ter um caráter absoluto ou relativo. E haverá diferentes consequências jurídicas dependendo dessa classificação.

A competência absoluta (funcional, em razão da pessoa ou da matéria) diz respeito a questões envolvendo interesses relevantes ou de ordem pública. Logo, as regras são cogentes, não podendo ser derrogadas por decisão das partes. É o que dispõe expressamente o art. 62 do CPC. A incompetência absoluta poderá ser alegada a qualquer tempo e em qualquer grau de jurisdição (art. 64, § 1º).

Diversamente, as regras de competência relativa são facultativas e, por isso, permitem modificação. O art. 63 do CPC trata justamente dessa possibilidade, assegurando às partes modificar a competência em razão do valor e do território.

As modificações quanto à competência são de duas ordens: podem decorrer da vontade das partes (expressa ou tácita) ou ainda de imposição legal.

A vontade das partes tem a possibilidade de modificar a competência mediante um pacto. Isso ocorre quando, antes mesmo de qualquer litígio, as partes elegem contratualmente o foro em que será futuramente proposta eventual ação. Trata-se da cláusula contratual de eleição de foro, uma das hipóteses mais conhecidas de negócio jurídico processual e que tem o condão de obrigar os herdeiros e sucessores (art. 63, § 2º). Para que ela possa produzir efeitos, é necessário, contudo, que conste de instrumento escrito e se refira expressamente ao objeto do contrato (art. 63, § 1º). Importante também que as partes tenham livremente escolhido esse foro, não havendo abuso nessa opção. Em se tratando de relação de consumo, o STJ já decidiu que a cláusula de eleição de foro é válida nos casos em que não houver prejuízo ao consumidor[26].

Caso, porém, tenha havido abusividade nessa eleição de foro, a impugnação da cláusula pelo réu deve ocorrer na própria contestação, sob pena de preclusão (art. 63, § 4º). Não sendo nesse momento processual, a alegação do réu não será aceita. De qualquer forma, antes mesmo da citação, o juiz pode, de ofício, declarar a ineficácia da cláusula, reconhecendo sua abusividade. Nesse caso, remeterá os autos ao juízo do foro do domicílio do réu (art. 63, § 3º).

Por sua vez, ocorrerá manifestação tácita de vontade para a modificação da competência sempre que a ação for distribuída em foro diverso e não seja alegada a incompetência relativa. Nesses casos, o sistema permite a prorrogação da competência (art. 65). Ou seja, o silêncio do réu gerará a manutenção da ação naquele foro que, em princípio, não seria (relativamente) competente. E, como já exposto, essa omissão do réu gerará preclusão, não podendo tal alegação ser feita no futuro.

Mas, além dessa manifestação das partes, há casos em que a modificação decorre de imposição da própria lei. São as hipóteses de conexão e continência (CPC, art. 54). Elas determinam a reunião de processos que guardam elementos em comum a fim de possibilitar uma única decisão judicial. Isso atende não apenas o princípio da economia processual, como também evita o risco de decisões conflitantes e contraditórias.

Haverá conexão sempre que em duas ou mais ações houver um mesmo pedido ou causa de pedir (CPC, art. 55). Essa identidade entre o que se pede ou entre as causas do pedido deve conduzir à reunião dos processos[27]. Note-se que para isso as ações devem tramitar de forma independente, mas perante juízes que tenham competência absoluta. Como exposto, a conexão e a continência são hipóteses de modificação da competência relativa. Não podem ser aplicadas em violação às regras de competência absoluta. Estas não se modificam pela conexão ou continência[28].

Requisito necessário também é o fato de ambas ainda estarem em trâmite, ou seja, é preciso que em nenhuma delas tenha sido proferida sentença. Isso porque não haveria razão para reunir processos se já houve decisão. Nesse sentido, o STJ exarou, no ano

---

26. STJ, 3ª T., REsp 1.707.855/SP, Rel. Min. Nancy Andrighi, j. 20.02.2018.
27. STJ, 2ª Seção, CC 146.960/SP, Rel. Min. Marco Buzzi, j. 08.03.2017, DJe 15.03.2017, e STJ, 2ª Seção, CC 142.750/RJ, Rel. Min. Marco Buzzi, j. 11.05.2016, DJe 25.05.2016.
28. STJ, 1ª Seção, AgInt no CC 131.257/PB, Rel. Min. Herman Benjamin, j. 26.10.2016, DJe 29.11.2016.

2000, a Súmula 235: "A conexão não determina a reunião dos processos, se um deles já foi julgado". A norma continua aplicável no novo sistema[29].

O sistema ainda prevê a reunião para julgamento conjunto dos processos que gerem risco de decisões conflitantes, mesmo que inexistente a conexão (art. 55, § 3º, CPC)[30].

A continência (CPC, art. 56) é uma espécie de litispendência que abrange apenas parte do pedido. Ela ocorre quando houver identidade de partes e de causas de pedir, mas um dos pedidos for mais amplo que o outro. Em tal circunstância, dependendo do momento da propositura das demandas, duas situações podem ocorrer. Se a ação que contém o pedido mais amplo tiver sido proposta anteriormente, o processo que contém o pedido mais restrito deverá ser extinto sem resolução do mérito. Isso porque não há sentido no prosseguimento desse segundo processo, não existindo tecnicamente o interesse de agir. Por outro lado, se a ação contendo o pedido mais restrito for a mais antiga, haverá a reunião dos processos (CPC, art. 57).

9.5. PREVENÇÃO

Diz-se que há prevenção sempre que o sistema atribua prevalência da atuação de um juiz em relação a outro, tendo ambos a mesma competência territorial.

Este fenômeno pode se verificar tanto em relação à reunião de processos (por conexão ou continência) como quando houver simples litispendência. Nessas hipóteses é preciso definir em qual dos juízos tramitarão as ações reunidas ou qual delas será extinta (no caso da litispendência).

Segundo a regra da prevenção, a prevalência do órgão jurisdicional é fixada em virtude do caráter cronológico. Em outras palavras, aquele juiz que tiver despachado (atuado) em primeiro lugar, será o competente para as demandas. O art. 59 do Código, ao disciplinar a prevenção, esclarece que essa anterioridade será apurada mediante o registro ou a distribuição da petição inicial. A lei assim se refere porque em comarcas, nas quais exista mais de uma vara, o início do processo ocorre com a distribuição da petição inicial. Por outro lado, quando se tratar de vara única, basta o registro da propositura da ação.

Essa prevenção poderá ocorrer também em segundo grau ou perante os tribunais superiores. Os regimentos internos dos tribunais trazem regras de prevenção justamente para evitar que juízes diversos acabem por apreciar recursos decorrentes de um mesmo processo. Aquele magistrado que já atuou como relator estará, via de regra, prevento para conhecer e julgar outros recursos futuros daquela mesma relação jurídico processual.

Por fim, a prevenção também pode se verificar em virtude de processo já extinto. Estabelece o art. 286, II, do CPC que quando houver a extinção sem resolução do mérito,

---

29. STJ, RMS 53.927/SC, Rel. Min. Ricardo Villas Bôas Cueva, 3ª T., j. 24.10.2017, *DJe* 30.10.2017.
30. STJ, AgInt no AgInt no Ag 1.423.000/PE, Rel. Min. Herman Benjamin, 2ª T., j. 08.08.2017, *DJe* 12.09.2017.

uma nova ação, ainda que com mudança parcial de autores (acréscimo de litisconsortes) ou de réus (diminui-se ou aumenta-se o número dos réus), terá de ser proposta no juízo originário. Tal magistrado estará prevento para conhecer e julgar a nova ação. Trata-se de norma que procura evitar a burla ao sistema normal de distribuição e do juiz natural. Sob a vigência do Código de 1973 e antes de alteração legislativa, era possível ao autor distribuir uma ação e, não gostando da designação daquele órgão julgador, desistir e distribuir livremente uma nova ação, obtendo um outro sorteio. Essa possibilidade de manipulação na escolha do órgão julgador fez com que se criasse uma regra de prevenção, a qual está mantida no Código de 2015.

9.6. PERPETUAÇÃO DA COMPETÊNCIA (*PERPETUATIO JURISDICTIONIS*)

Em princípio, a aferição da competência deve ocorrer de acordo com os fatos e a lei vigente no início do processo, mais especificamente no momento do registro ou da distribuição da petição inicial. Ali é que devem ser analisadas as circunstâncias para fixação da competência. Quaisquer modificações posteriores quanto ao estado de fato ou de direito serão irrelevantes (CPC, art. 43).

O Código adota, dessa forma, o princípio da *perpetuatio jurisdictionis* ou perpetuação da jurisdição, segundo o qual, uma vez definida essa competência, ela normalmente não mais se alterará. Diz-se normalmente por que a própria lei traz duas exceções à regra. São elas: a supressão de órgão judiciário ou a alteração das regras de competência absoluta. Por exemplo, caso em determinada comarca seja extinta uma das varas, os processos que nela tramitam terão que ser remetidos a outra. Não há aqui alternativa justamente em virtude da supressão do órgão judiciário. Mas a recíproca não é verdadeira: a criação de novas varas não alterará a competência dos processos que já estão em trâmite, por se tratar de competência relativa (de foro). A situação se altera se houver a criação de uma vara especializada em relação à matéria (competência absoluta). Nesse caso, haverá a modificação da competência, conforme prevê a parte final do art. 43 do Código.

Observe-se que embora o princípio da *perpetuatio jurisdictionis* sofra exceção nos casos de alteração da competência absoluta, mostra-se relevante saber a fase em que se opera essa alteração. Dependendo deste momento, haverá uma ou outra solução. Se a modificação se der no curso do processo, rompe-se o princípio e os autos devem ser encaminhados para o novo juiz competente. O STF editou, a esse respeito, a Súmula Vinculante 22: "A Justiça do Trabalho é competente para processar e julgar as ações de indenização por danos morais e patrimoniais decorrentes de acidente de trabalho propostas por empregado contra empregador, inclusive aquelas que ainda não possuíam sentença de mérito em primeiro grau quando da promulgação da Emenda Constitucional 45/04".

Todavia, se essa alteração da competência absoluta ocorrer após a prolação da sentença, ela será processualmente irrelevante. Estando o processo já na fase de execução, não haverá a redistribuição do processo[31]. Essa orientação levou inclusive à edição da Súmula 367 do STJ: "A competência estabelecida pela EC 45/2004 não alcança os processos já sentenciados".

O art. 45 do Código traz um exemplo típico de modificação da competência no curso do processo, em virtude de regra de competência absoluta. Segundo o dispositivo, a intervenção da União, suas empresas públicas, entidades autárquicas e fundações, ou ainda de conselho de fiscalização de atividade profissional (tais como o Conselho Federal de Medicinal ou Conselho Federal de Odontologia) ocasionará a remessa dos autos à Justiça Federal. Em outras palavras, havendo tal intervenção em processo que tramite perante a Justiça Estadual, deverá o juiz estadual imediatamente promover o envio dos autos. E isso se dará quer o ingresso dessas entidades ocorra na qualidade de parte ou de terceiro interveniente. A razão é que elas atraem a competência da Justiça Federal, na forma do art. 109, I, da CF. Observe-se que a própria norma excepciona os casos em que não haverá essa alteração da competência: falência, acidentes de trabalho e as relativas a questões eleitorais ou trabalhistas. Nelas, mesmo com a intervenção da União, a competência permanecerá inalterada.

Vale destacar que a competência para deferir ou indeferir a admissão de ente federal no processo é da própria Justiça Federal, consoante entendimento da Súmula 150 do STJ: "Compete à Justiça Federal decidir sobre a existência de interesse jurídico que justifique a presença, no processo, da União, suas autarquias ou empresas públicas". Dessa forma, somente um juiz federal poderá admitir tal intervenção e, consequentemente, fixar a competência federal.

Por fim, consoante os §§ 1º e 2º do art. 45, não haverá a remessa à Justiça Federal quando o juiz estadual for competente em sentido absoluto para apreciar alguns dos pedidos. Tal regra reafirma o disposto no art. 327, § 1º, II, do Código, o qual só permite a cumulação de pedidos quando o juiz for competente para o exame de todos eles.

9.7. CONFLITO DE COMPETÊNCIA

O incidente de conflito de competência é o modo previsto pelo sistema processual para que uma instância superior solucione uma aparente contradição no entendimento de dois órgãos jurisdicionais a respeito de sua própria competência. Ele ocorre quando dois juízes, em um mesmo nível hierárquico, declaram-se competentes para uma mesma causa (conflito positivo) ou quando ambos entendem não serem competentes (conflito negativo). Verifica-se também quando houver divergência entre os magistrados a respeito da reunião ou separação de processos. Para sua caracterização, ambos os processos devem estar em trâmite, não sendo possível a instauração do conflito após o trânsito em julgado de um deles[32].

---

31. STJ, 2ª T., REsp 1209886/DF, Rel. Min. Herman Benjamin, j. 06.10.2016, DJe 17.10.2016.
32. STJ, "Enunciado n. 59. Não há conflito de competência se já existe sentença com trânsito em julgado, proferida por um dos juízos conflitantes".

Nessas hipóteses, as partes, o MP, ou o próprio magistrado podem suscitar o conflito, mediante petição ou ofício dirigido ao tribunal respectivo (art. 951). A petição ou ofício (no caso de o conflito ser suscitado pelo juiz) devem estar acompanhados da documentação necessária (art. 953, parágrafo único). Por outro lado, não havendo essa divergência entre os órgãos jurisdicionais, não cabe o conflito. Esse não poderá ser suscitado diante da mera potencialidade de decisões contraditórias[33] ou do mero inconformismo da parte[34]. Nem tampouco como sucedâneo recursal[35].

A caracterização do conflito está prevista no art. 66 do CPC, mas são os arts. 951 a 959 que disciplinam o procedimento, o modo de sua tramitação e resolução. Conforme o STJ, são consideradas peças essenciais para a prova do conflito: petição inicia, contestação, decisão do suscitante e decisão do suscitado. Uma vez instaurado o conflito perante o tribunal, o relator determinará a ouvida de ambos os magistrados, salvo se um deles foi o suscitante (art. 954).

Durante a tramitação do incidente, algumas medidas preventivas devem ser adotadas pelo relator. Quando se tratar de conflito positivo, por exemplo, ele deverá determinar o sobrestamento de um dos processos, bem como designar um dos juízes para apreciar medidas urgentes (art. 955). No conflito negativo, de igual forma, a um dos juízes será atribuída a função de examinar os pedidos de tutela provisória.

O Código prevê a possibilidade de o relator julgar de plano o conflito de competência quando puder decidir com base em súmula dos tribunais superiores ou do próprio tribunal, assim como quando existir tese firmada em julgamento de casos repetitivos ou incidente de assunção de competência (art. 955, parágrafo único). Ressalte-se, nesse aspecto, que embora o texto da lei mencione que o relator "poderá", o que se verifica é um verdadeiro dever de julgamento imediato, diante da própria lógica do Código de respeito às decisões vinculantes (arts. 926 e 927), ao princípio da isonomia (CF, art. 5º, *caput*, e art. 7º do CPC) e ao princípio da razoável duração do processo (CF, art. 5º, LXXVIII, e art. 4º do CPC).

O conflito também pode envolver a atuação dos juizados especiais. Assim, havendo divergência entre juizado e juízo federal, a competência para decidi-lo será do Tribunal respectivo, conforme Enunciado 428 do STJ: "Compete ao Tribunal Regional Federal decidir os conflitos de competência entre juizado especial federal e juízo federal da mesma seção judiciária".

---

33. STJ, 2ª Seção, AgInt no CC 145.994/RN, Rel. Min. João Otávio de Noronha, j. 10.08.2016, *DJe* 22.08.2016.
34. STJ, Corte Especial, AgInt no CC 146.566/DF, Rel. Min. Maria Thereza de Assis Moura, j. 15.06.2016, *DJe* 29.06.2016.
35. STJ, AgRg nos EDcl no CC 151.936/SP, Rel. Min. Og Fernandes, 1ª Seção, j. 25.10.2017, *DJe* 07.11.2017 e AgInt no CC 150.026/DF, Rel. Min. Antonio Carlos Ferreira, 2ª Seção, j. 26.04.2017, *DJe* 03.05.2017.

10
COOPERAÇÃO NACIONAL

10.1. FORMAS DE COOPERAÇÃO NACIONAL

A cooperação nacional[1] é um instituto relativamente novo, não previsto no Código de 1973. Destaque-se, porém, que em 2011 foi editada a Recomendação 38 do Conselho Nacional de Justiça, tratando dessas formas de colaboração entre membros do Poder Judiciário. Atualmente, a questão é disciplinada pela Resolução 50, de 27.10.2020, com as alterações das Resoluções 421, de 29.09.2021, 436, de 28.10.2021, 498, de 04.05.2023 e 499, de 10.05.2023.

Esta última alteração, introduzida pela Resolução 499/2023, inclui no rol a formulação de consulta.

Todo esse esforço implementado pelo CNJ refere-se à aplicação do princípio da cooperação (art. 6º) para além dos limites de um único processo e, inclusive, para além dos limites da jurisdição de cada magistrado. Note-se que quando se fala em colaboração entre partes e magistrados, logo se pensa na interação dentro da mesma relação jurídica processual para a construção de uma melhor decisão judicial. As partes colaborando com o magistrado e vice-versa. Isso é extremamente válido e importante.

Mas a cooperação nacional, prevista nos arts. 67 a 69 do Código de 2015 aplica esse princípio de uma forma mais ampla, ou seja, para fora dos limites de uma única demanda. Ela considera que a jurisdição é una e que, portanto, todos os membros do Poder Judiciário devem cooperar entre si, pouco importando os limites territoriais de sua atuação, de seu ramo de atuação ou do grau hierárquico em que se encontram. Nesse aspecto, o art. 69, § 3º, do Código de 2015 destaca que o pedido de cooperação pode ser realizado entre órgãos jurisdicionais de diferentes ramos do Poder Judiciário. Nesse sentido, propõe o Enunciado 164 do CJF: "É permitido ato concertado entre juízes para resolver questões referentes à validade de penhoras sobre o mesmo bem realizadas em execuções diversas, ainda que propostas em juízos de competências distintas". Por sua vez, dentro de um mesmo tribunal, tal cooperação pode ser disciplinada pelo próprio regimento. É o que propõe o Enunciado 669 do FPPC: O regimento interno pode regulamentar a cooperação entre órgãos do tribunal.

---

1. A propósito do tema, vide: DIDIER JUNIOR, Fredie. *Cooperação Judiciária Nacional* – Esboço de uma Teoria para o Direito Brasileiro, Salvador: JusPodivm, 2020; DIDIER JUNIOR, Fredie; CABRAL, Antonio do Passo. *Grandes Temas do Novo CPC*. Salvador: JusPodivm, 2021. v. 16: Cooperação Judiciária Nacional.

A cooperação pode ocorrer, inclusive, entre o árbitro e o Poder Judiciário. Tanto é assim que o art. 69, § 1º, do Código prevê a existência de cartas de ordem, precatória e arbitral. E o art. 237, IV, do mesmo diploma trata da possibilidade de expedição de carta arbitral para que o juiz pratique ou determine o cumprimento de ato decorrente do juízo arbitral, abrangendo também os relativos à efetivação da tutela provisória. Tal dispositivo reflete o que já estava previsto no art. 22-C da Lei 9.307, de 23 de setembro de 1996 (Lei de arbitragem). No mesmo sentido são os enunciados do FPPC: Enunciado 04: "A carta arbitral tramitará e será processada no Poder Judiciário de acordo com o regime previsto no Código de Processo Civil, respeitada a legislação aplicável"; Enunciado 05: "O pedido de cooperação jurisdicional poderá ser realizado também entre o árbitro e o Poder Judiciário".

No que diz respeito aos requisitos legais, exigíveis para a carta arbitral (CPC art. 267, I), entende-se serem os mesmos exigidos genericamente para todas as cartas. Esse é o teor do Enunciado 26 do FPPC: Os requisitos legais mencionados no inciso I do art. 267 são os previstos no art. 260.

Importante destacar que, nesses atos de cooperação, o juiz não poderá examinar o mérito da decisão do juiz arbitral, cabendo-lhe apenas auxiliar na implementação da medida. Essa é a orientação do Enunciado 27 do FPPC: "Não compete ao juízo estatal revisar o mérito da medida ou decisão arbitral cuja efetivação se requer por meio da carta arbitral".

Para a implementação desses atos, o Conselho Nacional de Justiça – antes mesmo do novo Código – havia exarado a Recomendação n. 38, de 03 de novembro de 2011, criando a Rede Nacional de Cooperação, instituindo a figura dos juízes de cooperação e os núcleos de cooperação perante os tribunais. Tal Recomendação foi revogada em 2020, ocasião em que o CNJ exarou a Resolução 350, de 27.10.2020, a qual foi recentemente alterada pela Resolução 421, de 20.09.2021, pela Resolução 436, de 28.10.2021 e pelas Resoluções 498 e 499 de 2023. Por meio desses diplomas, foram estabelecidas várias hipóteses para a cooperação judiciária nacional entre os órgãos do Poder Judiciário e outras instituições. De qualquer forma, a previsão no Código de Processo Civil serviu para reforçar e ampliar a utilização da cooperação judicial.

Conforme bem esclarece Fredie Didier Junior, *o regime de cooperação judiciária anterior ao CPC/2015 caracterizava-se por uma disciplina legal exclusiva da cooperação por solicitação, feita por instrumentos típicos (as cartas)*[2]. Já o regime de cooperação judiciária estruturada pelo CPC/2015 contém instrumentos/atos típicos e atípicos. Além disso, prevê três tipos de cooperação judiciária que podem combinar-se entre si. Vislumbra-se, inclusive, a possibilidade de ato concertado como instrumento para a modificação de competência[3].

---

2. DIDIER JUNIOR, Fredie. *Cooperação Judiciária Nacional* – Esboço de uma Teoria para o Direito Brasileiro. Salvador: JusPodivm, 2020, p. 108.
3. DIDIER JUNIOR, Fredie. *Cooperação Judiciária Nacional* – Esboço de uma Teoria para o Direito Brasileiro. Salvador: JusPodivm, 2020, p. 98.

Apesar dessa flexibilidade trazida pelo Código, a qual autoriza, inclusive, atos ou instrumentos atípicos, todos os atos de cooperação deverão ser documentos nos autos do processo. Vide, nesse sentido, o Enunciado 687 do FPPC: A dispensa legal de forma específica para os atos de cooperação judiciária não afasta o dever de sua documentação nos autos do processo.

A forma de execução dessa cooperação poderá ser o auxílio direto (art. 69, I), a reunião ou apensamento de processos (art. 69, II), a prestação de informações (art. 69, III), e os atos concertados entre juízes cooperantes (art. 69, IV). O auxílio direto consiste na prática de uma medida que não dependa de um juízo de delibação, isto é, que não exija a análise quanto à legalidade do que está sendo requerido. O intuito do legislador é de simplificar a cooperação: o que depender de uma análise jurisdicional do órgão solicitado exige a utilização de carta precatória, o que dispensar esse juízo de delibação pode ser solucionado via auxílio direto.

Por sua vez, os atos concertados constituem rotinas ou procedimentos criados entre os juízes para facilitar o cumprimento ou efetivação das medidas. Tome-se, por exemplo, a necessidade de cooperação para a efetivação de tutela provisória consistente na apreensão de caminhões, utilizados por uma empresa em diversas unidades, localizadas em várias cidades do país. O juiz prolator da medida deve estabelecer um procedimento com os juízes dessas comarcas para que os atos ocorram concomitantemente e com observância ao princípio da eficiência (CPC, art. 8º).

Essa cooperação é ampla e não taxativa. Prova disso é a possibilidade de formulação de pedido de cooperação para a prática de qualquer ato processual (CPC, art. 68). Além disso, os atos concertados entre juízes poderão consistir naqueles dos incisos I a VII do art. 69, § 2º, além de outros. Há, inclusive, a possibilidade da produção de uma única prova, desde que respeitado o contraditório[4]. É o que propõe o Enunciado 671 do FPPC: O inciso II do § 2º do art. 69 autoriza a produção única de prova comum a diversos processos, assegurada a participação dos interessados. É possível, também, a reunião de atos processuais de penhora, avaliação e expropriação de bens, apesar da existência de vários processos. É o que propõe o Enunciado 688: Por ato de cooperação judiciária, admite-se a determinação de um juízo para a penhora, avaliação ou expropriação de bens de um mesmo devedor que figure como executado em diversos processos.

Quando se trata da cooperação nacional, a doutrina costuma colocar como único limite a preservação do juiz natural. Isso é absolutamente correto. Contudo, para se garantir a sua ampla e adequada aplicação, é fundamental considerar tal princípio dentro da dimensão adequada em termos de cooperação. Ele não pode instituir amarras que impeçam a viabilidade prática da cooperação. Tal garantia é formada pelas ideias de competência, independência e anterioridade do juízo em relação ao fato, tendo como essência a preservação da imparcialidade judicial. Dessa forma, desde que preservada a imparcialidade, não há porque não admitir uma ampla e irrestrita cooperação entre juízos.

---
4. Vide, nesse sentido, PASCHOAL, Thaís Amoroso. *Coletivização da Prova; Técnicas de produção coletiva da prova e seus reflexos na esfera individual*. São Paulo: RT, 2020.

11
MÉTODOS ALTERNATIVOS DE RESOLUÇÃO DE CONTROVÉRSIAS

11.1. ARBITRAGEM

Inobstante a jurisdição estatal, isto é, o poder instituído pelo Estado para solucionar os conflitos de interesses mediante a aplicação do ordenamento jurídico, existem outros métodos, denominados alternativos, para igualmente obter a resolução das controvérsias. O que caracteriza e une essas outras formas de composição é justamente a independência ou dissociação da atuação jurisdicional típica, ou seja, da atuação do Poder Judiciário.

Dentre eles, destaca-se a arbitragem diante de sua crescente utilização no sistema brasileiro e dos resultados eficazes que vem sendo obtidos. Ela consiste na possibilidade, prevista pela lei, das partes livremente pactuarem que eventual conflito futuro será resolvido por um terceiro imparcial, escolhido por elas e que não exerça o poder estatal.

A disciplina desse método alternativo está na Lei 9.307, de 23 de setembro de 1996, com as alterações da Lei 13.129, de 26 de maio de 2015. A decisão arbitral equipara-se à decisão judicial e tem força, inclusive, de título executivo judicial, a teor do disposto no art. 515, VII, do Código de Processo Civil e no art. 31 da própria Lei 9.307/96. Por sua vez, a Lei 13.867, de 26 de agosto de 2019 permite a utilização da mediação e da arbitragem para definição do montante da indenização nas desapropriações por utilidade pública.

Como já mencionado no item 3.2, chama a atenção o fato do art. 3º do Código ter previsto, em seus §§ 1º e 2º, a permissão da arbitragem e a promoção, pelo Estado, da solução consensual dos conflitos. Isso significa não só que os métodos alternativos de resolução de controvérsia são totalmente compatíveis com a jurisdição estatal, mas também que eles são incentivados pelo poder público.

Em relação à arbitragem, sua previsão no próprio dispositivo que trata da jurisdição demonstra que se encontra superada a antiga discussão doutrinária a respeito do seu caráter jurisdicional. A menção é significativa e deixa claro que tanto a atividade típica do Poder Judiciário, quanto a arbitragem, têm a possibilidade de solução dos conflitos de interesses. Ela será considerada parte da jurisdição ou não, dependendo do conceito que se adote. Para aqueles que veem a jurisdição como o poder estatal de solucionar as controvérsias, evidentemente a arbitragem não será considerada jurisdicional. Já para aqueles que adotem uma visão mais ampla, ou seja, a jurisdição como a função de compor conflitos, mediante a aplicação do ordenamento jurídico em respeito ao devido processo legal, a arbitragem será uma forma alternativa de prestação jurisdicional.

O importante é que se compreenda que a adoção da arbitragem não implica em violação ao princípio da inafastabilidade da jurisdição (CF, art. 5º, XXXV). É bem verdade, por outro lado, que para algumas situações não se pode dispensar a atuação do Poder Judiciário. É o que ocorre, por exemplo, nas questões que dizem respeito a ações de estado, interesses de menores e ações criminais. Mas, para todas as outras, o sistema não apenas autoriza como estimula o uso da arbitragem.

Diante da existência de cláusula arbitral, regularmente contratada pelas partes, a competência para julgar os litígios relativos aos direitos patrimoniais disponíveis será do juízo arbitral, afastando-se a jurisdição estatal[1]. Tal afastamento pode se dar de modo parcial, sendo admissível que a cláusula compromissória de arbitragem excepcione algumas situações, as quais continuarão a ser submetidas ao Poder Judiciário[2].

No que diz respeito a eventual conflito de competência entre tribunal arbitral e a jurisdição estatal, o STJ já decidiu que aquela precede esta, incumbindo à própria jurisdição arbitral deliberar sobre os limites de suas atribuições, previamente a qualquer órgão julgador (princípio da competência-competência), bem como sobre as questões atinentes à validade e eficácia da convenção de arbitragem[3].

Nesse sentido, vale lembrar que o STJ entende que as partes podem, por acordo de vontades, subtrair do Judiciário a resolução de determinados conflitos, submetendo-os à arbitragem (REsp 1.331.100). Mas, nas questões em que se exige o *poder de imperium*, mesmo havendo cláusula arbitral, prevalece a jurisdição estatal. Foi o que decidiu o STJ ao concluir que cabe à Justiça estatal julgar ação de despejo, inobstante o compromisso arbitral, diante da natureza executória da pretensão e da inexistência de poder coercitivo na esfera de atuação dos árbitros[4]. Tal entendimento é absolutamente correto, uma vez que a ação de despejo tem natureza executiva *lato sensu*.

A arbitragem pode ser utilizada inclusive para as questões atinentes à administração pública, desde que se trate de interesses disponíveis. É o que prevê expressamente o art. 1º, § 1º, da Lei 9.307/96, com as alterações da Lei 13.129/2015. Nesse aspecto, vale lembrar que a doutrina tem preferido a expressão mais ampla: interesses que admitam a autocomposição.

A propósito, interesses que admitam a autocomposição são todos aqueles disponíveis, e também os indisponíveis, que permitam o reconhecimento pelo titular da procedência da pretensão do adversário. Se é possível a uma das partes reconhecer que

---

1. STJ, 4ª T., REsp 1.465.535/SP, Rel. Min. Luis Felipe Salomão, j. 21.06.2016, *DJe* 22.08.2016.
2. STJ, 4ª T., REsp 1.331.100/BA, Rel. Min. Maria Isabel Gallotti, Rel. para acórdão Min. Raul Araújo, j. 17.12.2015, *DJe* 22.02.2016.
3. STJ, CC 139.519/RJ, Rel. Min. Napoleão Nunes Maia Filho, Rel. p/Acórdão Min. Regina Helena Costa, 1ª Seção, j. 11.10.2017, *DJe* 10.11.2017.
4. STJ, 4ª Turma, REsp 1.481.644, Rel. Ministro Luis Felipe Salomão, j. 1º.06.2021.

o direito está de acordo com o que pretende a parte contrária, o interesse é passível de autocomposição. O Ministério Público, por exemplo, realiza com bastante frequência os TACs (Termos de Ajustamento de Condutas), mesmo em relação a direitos indisponíveis.

11.2. CONCILIAÇÃO

A conciliação consiste em uma técnica negocial que busca a solução consensual dos conflitos de interesses, mediante a intermediação de um terceiro. Este, além de promover o diálogo, sugere alternativas.

A conciliação difere-se da arbitragem porque nesta há um terceiro que impõe uma solução para as partes. Na conciliação, ao contrário, as sugestões desse terceiro (conciliador) devem ser feitas sem qualquer imposição, constrangimento ou intimidação, podendo ou não ser acolhidas pelas partes. Ela constitui, portanto, uma forma de auxílio para que ocorra a autocomposição entre as partes. Ela difere-se também da mediação porque nesta o terceiro se limita a promover o diálogo e a auxiliar para que as próprias partes construam uma solução consensual. O conciliador, diversamente, toma iniciativas para sugerir opções de acordo.

A conciliação está prevista no art. 3º, § 3º, e sua aplicação é disciplinada pelos arts. 165 a 175, todos do Código de Processo Civil. Nos termos do que estabelece o art. 165, § 2º, ela deve ser preferencialmente utilizada nos casos em que não exista vínculo anterior entre as partes, ou seja, quando o conflito for pontual e não exista uma relação jurídica de longa duração. Por outro lado, a mediação volta-se para essas relações mais longas, tais como as relações familiares, de vizinhança, profissionais ou societárias.

Os princípios que regem a conciliação e a mediação são a independência, a imparcialidade, a autonomia da vontade, a confidencialidade, a oralidade, a informalidade e a decisão informada (art. 166).

Observe-se que o § 3º do art. 3º do Código de Processo Civil estabelece que a conciliação, a mediação e outros métodos deverão ser estimulados pelos operadores do direito, não apenas antes, mas também durante o curso do processo judicial. A propósito, vale lembrar que a solução consensual deve ser almejada inclusive na fase de recurso, a teor do Enunciado 371 do FPPC: "Os métodos de solução consensual de conflitos devem ser estimulados também nas instâncias recursais". Idem quanto à fase de cumprimento de sentença, conforme o Enunciado 485 do mesmo Fórum: "é cabível conciliação ou mediação no processo de execução, no cumprimento de sentença e na liquidação de sentença, em que será admissível a apresentação de plano de cumprimento da prestação".

Sempre que a conciliação ocorrer no curso do processo, o conciliador atuará na qualidade de auxiliar da justiça, fazendo incidir, portanto, as regras de impedimento ou suspeição. É o que dispõe o art. 148, segundo o qual aplicam-se os motivos de impedimento e de suspeição ao membro do Ministério Público, aos auxiliares da justiça e aos demais sujeitos imparciais do processo. Justamente por isso, havendo impedimento, o conciliador ou mediador deve imediatamente comunicar o fato, devolvendo os autos ao juiz ou coordenador do centro judiciário, consoante o art. 170 do Código. Eventual atuação, em desrespeito à regra de impedimento ou suspeição, gerará a exclusão do conciliador do cadastro, nos termos do art. 173, II, do Código.

Importante destacar que antes mesmo do novo Código, o Conselho Nacional de Justiça já havia implementado uma política pública de incentivo às conciliações e mediações. Trata-se da Resolução 125, de 29 de novembro de 2010, a qual dispõe sobre a Política Judiciária Nacional de tratamento adequado dos conflitos de interesses no âmbito do Poder Judiciário. Ela estabelece diretrizes, prevê um currículo mínimo para os conciliadores e mediadores, cria os centros de solução de conflitos e cidadania nos tribunais, e ainda regulamenta a atividade mediante um código de ética. Mesmo com o advento do Código, as disposições da Resolução continuam sendo aplicáveis, ainda que com os acréscimos e as alterações introduzidas pelas Resoluções 290/2019, 326/2020 e 390/2021, todas do CNJ.

11.3. MEDIAÇÃO

Como já exposto, a mediação difere-se da conciliação por se tratar de uma técnica negocial em que um terceiro apenas favorece o diálogo, auxiliando as partes para que estas, diretamente, construam uma solução consensual.

Tanto a mediação como a conciliação são disciplinadas pelo art. 3º, § 3º, e pelos arts. 165 a 175 do Código de Processo Civil. A mediação, contudo, contém um regramento específico na Lei 13.140, de 26 de junho de 2015 (Lei de Mediação). Tal diploma dispõe sobre a mediação entre particulares como meio de solução de controvérsias e sobre a autocomposição de conflitos no âmbito da administração pública. Trata-se de lei posterior ao próprio Código de Processo Civil (Lei 13.105, de 16 de março de 2015), o qual, embora só tenha entrado em vigor em 18 de março de 2016, foi promulgado um ano antes, anteriormente à Lei 13.140/2015. Além disso, a Lei de Mediação é lei especial em relação a lei geral, razão pela qual, havendo conflito entre as normas, é ela (e não o Código) que deve prevalecer.

O art. 165, § 3º, do Código prevê a utilização da mediação, preferencialmente nos casos em que houver vínculo anterior entre as partes, de forma a auxiliá-las a diretamente encontrar uma solução consensual. Ela é aplicável para as relações de longa duração, tais como as relações familiares, as relações societárias, as relações de vizinhança, e assim por diante. De forma harmônica com este dispositivo, o art. 1º, parágrafo único da Lei de Mediação prevê que o mediador estimulará e auxiliará as partes a desenvolver soluções consensuais para a controvérsia. A Recomendação n. 03, de 08 de dezembro de 2022, do Conselho Nacional dos Direitos da Pessoa Idosa, propõe a implantação da mediação da justiça restaurativa para a gestão dos conflitos envolvendo idosos.

O Código prevê um momento específico para a conciliação e mediação, que é a audiência inicial do processo (art. 334), mas isso não significa que essas técnicas estejam limitadas a essa oportunidade processual. Na verdade, a conciliação e a mediação devem ser buscadas durante toda a tramitação do processo, inclusive na fase recursal e de cumprimento de sentença. Nesse sentido são os Enunciados 371 e 485 do Fórum Permanente de Processualistas Civis, citados no item 11.2 supra. O STJ, em 2020, realizou uma mediação em um Recurso Especial, conseguindo solucionar com o acordo 15 (quinze) ações cíveis e de família envolvendo as mesmas partes. O relator Ministro Paulo de Tarso Sanseverino destacou que nesse caso o melhor não seria a decisão convencional, mas sim a solução negociada, que envolvesse não só as partes, mas toda a família[5].

A conciliação e a mediação poderão ocorrer em câmaras públicas ou privadas, inclusive em associações ou escolas, consoante dispõem os arts. 42 e 43 da Lei 13.140, de 26 de junho de 2015. Nesse sentido, o Código de Processo Civil prevê a possibilidade dos conciliadores, mediadores e das câmaras privadas serem inscritos em cadastro nacional e em cadastro dos tribunais estaduais ou tribunais regionais federais (CPC, art. 167). Destaque-se que o art. 174 do mesmo Código estabelece que a União, os Estados, o Distrito Federal e os Municípios criarão câmaras de mediação e conciliação visando a solução consensual no âmbito administrativo.

11.4. OUTRAS FORMAS DE COMPOSIÇÃO EXTRAJUDICIAL DE LITÍGIOS

Além da atuação do Poder Judiciário, o Estado também promove a resolução de litígios mediante a atuação de órgãos e tribunais administrativos. Trata-se do julgamento de conflitos de interesses, mediante a atuação de servidores e agentes administrativos. Nessas hipóteses, a aplicação do direito não decorre do trabalho da magistratura e não há o caráter da definitividade que é típica da coisa julgada. Ainda que tais julgamentos administrativos promovam a heterocomposição, suas decisões poderão ser revistas pelo Poder Judiciário.

São exemplos de tribunais administrativos os Tribunais de Contas, os quais fiscalizam a aplicação das verbas públicas e julgam as contas apresentadas pelos agentes públicos (CF, art. 71, II).

De igual forma, o Tribunal Marítimo – criado pela Lei 2.180, de 05 de fevereiro de 1954 – não exerce verdadeira função jurisdicional, mas auxilia o Poder Judiciário, especialmente na colheita da prova referente aos acidentes de navegação. Sua atividade soluciona conflitos de interesses e, em muitos casos, evita a propositura de demandas.

As agências reguladoras são entidades autárquicas que fiscalizam e regulam a atividade econômica em diversos setores, constituindo também um importante apoio para solucionar e até mesmo prevenir demandas. Em ações envolvendo direitos dos

---

5. Disponível em: [https://www.stj.jus.br/sites/portalp/Paginas/Comunicacao/Noticias/Mediacao-de-sucesso--no-STJ-reforca-possibilidade-de-solucao-consensual-em-qualquer-fase-do-processo.aspx].

consumidores, por exemplo, uma atuação eficiente das agências pode e deve evitar o crescimento do número de processos perante o Poder Judiciário.

O Conselho Administrativo de Defesa Econômica (CADE) tem por atribuição a análise de infrações à ordem econômica e a aplicação de sanções previstas em lei. Ele constitui outro exemplo de solução não jurisdicional de conflitos.

Por fim, a própria Administração Pública, aí incluído o Poder Judiciário, julga conflitos não jurisdicionais mediante processos administrativos. Tais órgãos ou instituições, por força desses procedimentos internos, têm o dever de solucionar conflitos mediante a aplicação do ordenamento jurídico. Devem, contudo, respeitar as garantias constitucionais, inclusive o devido processo legal.

12
SUJEITOS PROCESSUAIS

12.1. PARTES

12.1.1. Conceito

Partes são os sujeitos parciais que figuram nos polos da relação processual. São partes o autor (quem requer a tutela jurisdicional do Estado) e o réu (aquele em face de quem a tutela é requerida).

A qualidade de parte independe da legitimação para a causa, ou seja, pode ser parte mesmo quem não detém legitimidade para apresentar a pretensão em juízo (ilegitimidade ativa) ou para defender-se daquela pretensão (ilegitimidade passiva). Nesse caso fala-se em partes ilegítimas *ad causam*. Diante da ilegitimidade, tais partes deverão ser excluídas da relação processual.

12.1.2. Capacidade de ser parte

A capacidade de ser parte é a possibilidade de demandar e ser demandado. Ela difere da capacidade processual, ou seja, da possibilidade de exercer seus direitos em juízo. Com efeito, os menores, loucos e interditados podem ser parte, mas, para a prática de atos processuais, deverão estar assistidos (menores púberes) ou representados (demais). Isso porque lhes falta a aptidão para o exercício dos direitos e deveres processuais. A capacidade processual constitui pressuposto de validade do processo. Trata-se da possibilidade de exercer, de forma direta, direitos em juízo, sem a necessidade de assistência ou representação. Tal capacidade não se confunde com a possibilidade de pleitear ou apresentar defesa em juízo, o que caracteriza a capacidade postulatória (inerente exclusivamente aos advogados e membros do Ministério Público). Em síntese, a capacidade de ser parte refere-se à possibilidade de demandar e ser demandado; a capacidade processual a de agir em juízo e a capacidade postulatória a de formular requerimentos ou se defender (postular).

Todo aquele que é dotado de personalidade jurídica, ou seja, que é titular de direitos e obrigações, pode ser parte. O art. 1º do Código Civil estabelece que toda pessoa é capaz de direitos e deveres na ordem civil. Assim, toda pessoa física ou jurídica pode ser parte, isto é, pode figurar em um dos polos da relação processual.

Mas a capacidade de ser parte é mais ampla que a capacidade civil. Com efeito, podem ser parte entes ou universalidades de bens que não detêm personalidade jurídica. São exemplos disso a massa falida, o espólio, os condomínios e assim por diante.

Parte da doutrina[1] reconhece que os animais não humanos também detêm a capacidade de ser parte, podendo ser autores de medidas judiciais para a defesa de seus direitos subjetivos.

A tutela jurisdicional dos animais não humanos está baseada na premissa de que são seres sencientes. O prof. Peter Singer representa um dos teóricos dessa concepção[2], posteriormente encampada pela Declaração de Cambridge sobre Consciência (2012)[3], com referências esparsas que já ecoam no plano do direito comparado. Em caráter exemplificativo, cabe mencionar o art. 201-B do Código Civil português, em que foi assentado que "os animais são seres vivos dotados de sensibilidade e objeto de proteção jurídica em virtude da sua natureza".

Apesar de o Brasil não dispor de um marco legislativo mais amplo, alguns diplomas locais avançaram em níveis diversos de proteção animal. Nesse sentido, pode-se mencionar o art. 34-A do Código Estadual de Proteção Animal do Estado de Santa Catarina (Lei Estadual 12.854/2003, com a redação outorgada pela Lei 17.485/2018), com expresso reconhecimento da categoria dos seres sencientes. O art. 216 do Código Estadual do Meio Ambiente do Rio Grande do Sul (Lei 15.434/2020) instituiu o regime jurídico especial para animais domésticos de estimação e os qualificou como sujeitos de direitos. Da mesma forma, tem-se o art. 2º do Código de Direito e Bem-Estar Animal do Estado da Paraíba (Lei Estadual 11.140 de 08.06.2018), diploma este que é conhecido pelo seu aspecto vanguardista.

Sendo os animais titulares de direitos reconhecidos pela própria ordem constitucional (CF, art. 225, § 1º VII), não poderiam estar eles alijados da tutela jurisdicional respectiva (CF art. 5º, XXXV).

Haveria, então, um liame lógico entre o fato de ser sujeito de direitos e a consequente capacidade de ser parte. Fredie Didier Junior afirma a respeito dessa correlação que *a capacidade de ser parte decorre da garantia da inafastabilidade do Poder Judiciário*[4].

Com efeito, há relevantes decisões das Cortes Superiores reconhecendo a dignidade própria aos animais, bem como o direito destes a não serem submetidos a práticas cruéis. O fundamento legal é o art. 225, § 1º, VII da Constituição Federal, o qual veda as práticas que ponham em risco sua função ecológica, provoquem a extinção das espécies ou submetam os animais à crueldade.

---

1. Vide, nesse sentido, ATAÍDE JUNIOR, Vicente de Paula. Introdução ao Direito Animal Brasileiro. *Revista Brasileira de Direito Animal*, 13, 2018.
2. SINGER, Peter. Animal liberation cit., 1975.
3. Disponível em: [http://fcmconference.org/img/CambridgeDeclarationOnConsciousness.pdf].
4. DIDIER JUNIOR, Fredie. *Curso de direito processual civil*: introdução ao direito processual civil, parte geral e processo de conhecimento. 18 ed. Salvador: JusPodivm, 2016, p. 317.

Nesse sentido, o STF considerou a prática da "farra do boi" em Santa Catarina como discrepante da referida norma constitucional[5]. De igual forma, o STF reconheceu a inconstitucionalidade da Lei fluminense 2.895/98, a qual favorecia a prática da "briga de galos"[6], bem como da Lei 15.299/2013, do Ceará, quanto à denominada "vaquejada"[7].

Por sua vez, o STJ igualmente reconhece que os animais não humanos são titulares de direitos subjetivos, os quais merecem proteção. No julgamento do REsp 1.115.916-MG, a Segunda Turma afirmou que os seres como cães e gatos (por possuírem sistema nervoso desenvolvido, sentirem dor e terem a capacidade de demonstração de afeto) não podem ser considerados *coisas* pelo ordenamento jurídico, ou seja, objetos materiais desprovidos de sinais vitais[8]. Em outro julgado, a 4ª Turma reconheceu que os animais de companhia possuem uma natureza especial e, como seres sencientes, dotados de sensibilidade, sentindo as mesmas dores e necessidades biopsicológicas dos animais racionais, também devem ter seu bem-estar considerado[9]. Por sua vez, a 3ª Turma, embora tenha considerado que a relação entre o dono e seu animal encontra-se inserida no direito de propriedade, decidiu que a natureza particular dos animais de estimação (seres dotados de sensibilidade) exige que a aplicação de tais regras submeta-se a um filtro de compatibilidade, com ênfase na proteção do afeto humano para com os animais[10].

Tais decisões constituem a base lógica para a conclusão quanto à sua consequente capacidade de ser parte. Se existem direitos a serem defendidos, na esfera subjetiva (e não apenas na tutela coletiva do meio ambiente ou da fauna), obviamente há capacidade para ser parte.

Por outro lado, como os animais não possuem condições de atuar diretamente em juízo, isso poderia ocorrer mediante representação pelo Ministério Público ou por associações ou entidades de defesa.

O Tribunal de Justiça do Paraná, em setembro de 2021, reconheceu a capacidade de ser parte de dois cães que figuravam no polo ativo de uma demanda referente a maus-tratos[11]. Além disso, concluiu que eles deveriam ser representados pela entidade mantenedora da ONG Sou Amigo, como litisconsorte necessário.

A propósito da capacidade de ser parte dos animais e de sua forma de representação judicial, Vicente de Paula Ataide Junior defende a vigência do Decreto 24.645/1934, cujo art. 2º, § 3º, prevê: "Os animais serão assistidos em juízo pelos representantes do

---

5. STF, RE 153.531/SC, Rel. Min. Nelson Jobim, Red. Min. Marco Aurélio, *DJe* 13.03.1998.
6. STF, ADIn 1.856, Rel. Min. Celso de Mello, *DJe* 14.10.2011.
7. STF, ADIn 4.983, Rel. Min. Marco Aurélio, j. 06.10.2016.
8. STJ, REsp 1.115.916-MG, Rel. Min. Humberto Martins, 2ª T., j. 1º.09.2009. Vide também, no mesmo sentido, REsp 1.797.175-SP, Rel. Min. Og Fernandes, 2ª T., j. 21.03.2019.
9. REsp 1713167/SP, Rel. Min. Luis Felipe Salomão, 4ª T., j. 19.06.2018, *DJe* 09.10.2018.
10. REsp 1.944.228/SP, Rel. Min. Marco Aurélio Bellizze, 3ª T., j. 03.05.2022.
11. TJPR, AI 0059204-56.2020.8.16.0000, Rel. Juiz Marcel Rotoli de Macedo, 7ª Câmara Cível, j. 14.09.2021.

Ministério Público, seus substitutos legais e pelos membros das sociedades protetoras de animais"[12].

Embora se entenda que houve a revogação do Decreto 24.465/1934, pelo advento do Decreto 11/1991, não havendo mais como se sustentar a vigência do art. 2º, § 3º, daquele diploma, o que se percebe é a possibilidade de reconhecimento pela doutrina e pela jurisprudência da capacidade de ser parte dos animais não humanos.

Mas tal entendimento, se acolhido, gerará, naturalmente, outras indagações: em caso de procedência da medida judicial indenizatória, a quem pagar o valor da indenização? Como garantir que ela reverta realmente em benefício do animal? Haveria, nesse aspecto, um dever de prestar contas em juízo? Respondendo a algumas dessas questões, Vicente de Paula Ataíde Junior sugere que a indenização seria administrada pelo responsável ou curador, *em proveito exclusivo do animal* (art. 1.741 do Código Civil) com *dever de prestar contas em juízo* (art. 1.755 do Código Civil)[13].

A esse respeito está em trâmite no Congresso Federal o PL 145/2021, o qual prevê que os animais não humanos têm capacidade de ser parte em processos judiciais para a tutela jurisdicional de seus direitos (art. 1º), o que não exclui a tutela jurisdicional coletiva (parágrafo único do referido dispositivo legal). O art. 2º do PL prevê também o acréscimo de um novo inciso ao art. 75 do Código de Processo Civil, para que os animais sejam representados pelo Ministério Público, pela Defensoria Pública, pelas associações de proteção dos animais ou por aqueles que detenham sua tutela ou guarda. Se aprovado, o PL 145/2021 passará a regulamentar a matéria e evitará decisões judiciais dissonantes sobre o tema. Vale destacar também o PL 2070/2023, o qual prevê a criação de um Estatuto do Animal Doméstico.

12.1.3. Capacidade de estar em juízo ou capacidade processual

A capacidade de estar em juízo, por outro lado, é a capacidade de exercer judicialmente a defesa de seus direitos ou interesses. Nos termos da lei processual, toda pessoa que se encontre no exercício dos seus direitos tem essa possibilidade (CPC, art. 70). Dessa forma, para figurar como autor ou como réu, é necessária, além da capacidade de ser parte (ou seja, ser titular de direitos), a capacidade de estar em juízo (potencialidade para atuar judicialmente na defesa de seus interesses).

Os absolutamente incapazes (CC, art. 3º), por exemplo, não detêm a capacidade de estar em juízo. Observe-se que eles podem ser parte, mas terão que ser judicialmente

---

12. ATAÍDE JUNIOR, Vicente de Paula; MENDES, Thiago Brizola Paula. Decreto 24.645/1934: Breve história da "Lei Áurea" dos Animais. *Revista Brasileira de Direito Animal*, Salvador, v. 15, n. 02, maio-ago. 2020, p. 47-73. Vide, também, ATAÍDE JUNIOR, Vicente de Paula. Introdução ao Direito Animal Brasileiro. *Revista Brasileira de Direito Animal*, 13, 2018.
13. ATAÍDE JUNIOR, Vicente de Paula. *Animais têm direitos e podem demandá-los em juízo*. Disponível em: [https://www.ajufe.org.br/imprensa/artigos/14291-animais-tem-direitos-e-podem-demanda-los-em-juizo]. Acesso em: 30.11.2021.

representados no processo por seus pais, tutores ou curadores (CPC, art. 71). De igual forma, os relativamente incapazes (CC, art. 4º) não poderão atuar sozinhos em juízo. Como aqui, todavia, a incapacidade ocorre em menor grau, sua atuação em juízo se dá mediante a assistência (e não mediante a representação). A distinção é que na assistência a parte relativamente incapaz é apenas auxiliada, uma vez que assistente e assistido atuam juntos. Já na representação, a incapacidade é tão grave que não há como se considerar a vontade do representado. Saliente-se que o ato processual anterior à interdição só pode ser anulado se já existente a incapacidade, consoante entende o STJ[14].

Ambos os pais detêm o poder familiar (CF, art. 226, § 5º), podendo assim os dois em conjunto representar ou assistir os filhos menores (CC, art. 1.631), ou um deles fazê-lo de forma isolada, na falta ou impedimento do outro. Saliente-se que, havendo divergência entre os pais, caberá ao juiz solucionar o desacordo (CC, art. 1.631, parágrafo único, art. 1.634, V, e art. 1.690, parágrafo único). Na hipótese de divórcio dos pais, representará ou assistirá o menor aquele que detiver a guarda (cônjuge guardião).

Haverá a nomeação de curador especial ao incapaz (não bastando a atuação do MP como custos legis)[15] e ao revel preso ou citado por edital ou hora certa (CPC, art. 72, I e II). Tal curador tem legitimidade não apenas para a apresentação da contestação, mas igualmente para formular reconvenção[16].

Para propor ação que verse sobre direito real imobiliário o cônjuge necessitará do consentimento do outro, salvo quando forem casados sob o regime da separação absoluta de bens (CPC, art. 73). Nessa mesma linha, o cônjuge sem direito à meação não precisa ser intimado da penhora que recaia sobre bem imóvel[17]. Ambos os cônjuges serão necessariamente citados para as ações: a) de direito real imobiliário; b) resultante de fato que diga respeito a ambos; c) de dívida contraída a bem da família ou; d) que tenha por objeto ônus sobre imóveis (CPC, art. 73, § 1º). O mesmo se aplica para a união estável (CPC, art. 73, § 3º). Destaque-se, todavia, que o STJ protege a boa-fé do terceiro que não tenha conhecimento da união estável[18].

O art. 75 do Código prevê a representação em juízo da União, estados, município, das pessoas jurídicas, da massa falida e de outros entes sem personalidade jurídica. O § 4º do dispositivo permite a realização de compromisso recíproco entre Estados e Distrito federal para a prática de ato por seus procuradores em favor de outro ente federativo. Nesse aspecto, o Enunciado 172 do CJF estende essa possibilidade aos municípios que tiverem procuradoria regularmente constituída.

A capacidade constitui pressuposto processual positivo de validade. Isso significa que, se houver ausência de capacidade de estar em juízo, o processo deverá ser extinto

---

14. STJ, REsp 1.694.984-MS, Rel. Min. Luis Felipe Salomão, 4ª T., j. 14.11.2019, DJe 1º.02.2018.
15. STJ, REsp 1.686.161/SP, Rel. Min. Nancy Andrighi, 3ª T., j. 12.09.2017, DJe 15.09.2017.
16. STJ, REsp 1.088.068/MG, Rel. Min. Antonio Carlos Ferreira, 4ª T., j. 29.08.2017.
17. STJ; REsp 1367343/DF; Rel. Min. Ricardo Villas Bôas Cueva; 3ª T., j. 13.12.2016; DJe 19.12.2016.
18. STJ, REsp 1.592.072, Rel. Min. Bellizze, 3ª T., j. 21.11.2017.

sem julgamento do mérito (CPC, art. 485, IV). A propósito, o STJ tem entendimento de que a interdição opera efeitos *ex nunc* e, portanto, ato processual anterior, como a citação, não sofre anulação automática. Para tanto será necessária ação própria e a comprovação da existência da incapacidade anterior[19].

Observe-se que o réu, antes de discutir o mérito, deve alegar eventual incapacidade processual (CPC, art. 337, IX). Mas, independentemente de tal alegação, o juiz pode reconhecer de ofício a incapacidade processual. Excetuadas a convenção de arbitragem e a incompetência relativa, o juiz conhecerá de ofício de todas as outras matérias ali elencadas, inclusive a ausência de capacidade processual (CPC, art. 337, § 5º). Tal possibilidade é reiterada ao se prever que o juiz conhecerá de ofício da matéria constante dos incisos IV, V, VI e IX do art. 485, em qualquer tempo e grau de jurisdição, enquanto não ocorrer o trânsito em julgado (CPC, art. 485, § 3º).

A incapacidade processual é uma nulidade sanável. Assim, verificada a incapacidade processual ou a irregularidade da representação, o magistrado deve suspender o processo e marcar prazo razoável para que o defeito seja sanado (CPC, art. 76). Tal dispositivo atende ao espírito da nova lei que busca sanar todas as nulidades, favorecendo o julgamento de mérito. Muito mais do que questões preliminares, o que deve ser apreciado pelo Poder Judiciário é o mérito da causa. Caberá ao magistrado, antes de extinguir o processo, conceder às partes a oportunidade para, quando possível, sanar o vício (CPC, art. 317).

12.1.4. Capacidade postulatória

O sistema processual exige ainda que as partes defendam seus interesses em juízo mediante a "representação" por advogado regularmente inscrito na OAB (CPC, art. 103). Somente os advogados possuem, assim, a chamada capacidade postulatória. Qualquer ato praticado no processo sem tal requisito será nulo, consoante prevê o art. 4º da Lei 8.906/94 (Estatuto da Advocacia e da OAB). Por outro lado, os atos urgentes poderão ser praticados, admitindo-se a posterior juntada da procuração. O STJ já entendeu viável, inclusive, a regularização da representação processual da parte em segundo grau, mediante o traslado do instrumento de procuração apresentado na origem no prazo fixado em lei[20].

Lembre-se que estará ausente a capacidade postulatória diante de impedimento, nos termos do art. 30 da Lei 8.906/94. Nesse sentido, os advogados servidores não poderão atuar contra a Fazenda que os remunere. O mesmo vale para membros do Poder Legislativo em relação às pessoas de direito público, empresas públicas, fundações públicas, concessionárias ou permissionárias. Nesses casos, e não sendo suprida a ausência da capacidade postulatória, ocorrerá o não conhecimento do ato processual[21].

---

19. STJ, REsp 1.694.984, Rel. Min. Luis Felipe Salomão, 4ª T., j. 14.11.2017.
20. STJ, EREsp 1.265.639/SC, Rel. Min. Maria Isabel Gallotti, j. 12.12.2018, *DJe* 18.12.2018.
21. STJ, EAREsp 519.194/AM, Rel. Min. Og Fernandes, 1ª Seção, j. 14.06.2017.

Mas há interessante julgado do STJ em que a comprovação da representação processual ocorreu de forma intempestiva, mas, por já estar nos autos, foi admitida[22]. Aplicou-se nesse caso a analogia em relação à admissão de pagamento intempestivo de custas, conforme REsp 1.361.811/RS, julgado sob o rito dos recursos repetitivos.

Em relação aos Núcleos de Prática Jurídica, cabe um alerta. Por ausência de previsão legal, eles não se equiparam à Defensoria Pública. Logo, os advogados que os integram devem apresentar procuração firmada pelo representado, sob pena de ausência de capacidade postulatória[23].

Evidentemente, os atos não técnicos do processo podem ser praticados diretamente pela parte. São exemplos o depoimento pessoal, a confissão e a participação em audiência. Mas a apresentação de petições, recursos e qualquer manifestação nos autos terá que ocorrer pela atuação de um advogado. O art. 104 do CPC exige que o profissional da advocacia detenha a procuração (instrumento do mandato outorgado pela parte), salvo se sua atuação tiver por objetivo evitar preclusão, decadência, prescrição, ou ainda se referir a ato considerado urgente. Os §§ 1º e 2º do art. 104 preveem a forma de apresentação da procuração nessas situações urgentes, assim como a consequência de ineficácia do ato caso tal forma não seja observada[24]. Por sua vez, o art. 105 estabelece os poderes inerentes à procuração, bem como as exceções (receber citação, confessar, reconhecer a procedência do pedido, transigir, renunciar, desistir, renunciar ao direito, receber, dar quitação, firmar compromisso e assinar declaração de hipossuficiência econômica). Para esses atos, que possuem um caráter pessoal, o Código exige poderes específicos, que devem estar previstos em uma cláusula da procuração geral ou em procuração específica. Mas tais poderes específicos são apenas aqueles expressamente previstos, não se fazendo necessária procuração com poderes especiais para todos os demais atos do processo. Nesse sentido, o STJ considerou válida a intimação de penhora, feita na pessoa do advogado que detinha poderes gerais para o foro[25].

Por outro lado, quando a própria parte for advogado regularmente inscrito na OAB poderá atuar em causa própria, uma vez que possui capacidade postulatória.

O CPC/2015 prevê o direito do advogado a examinar autos em cartório, mesmo que sem procuração, independentemente da fase de tramitação, assegurando-lhe também a obtenção de fotocópias (CPC, art. 107, I). Por força da Lei 13.793/2019, foi acrescido o § 5º ao art. 107, estendendo o direito previsto no inciso I aos processos eletrônicos. A única exceção ocorre nos casos de segredo de justiça, quando apenas o advogado constituído terá acesso aos autos.

Saliente-se que há uma importante diferença entre o Código de 1973 e o CPC/2015 no que diz respeito à capacidade postulatória. No novo sistema, eventual vício por falta

---

22. STJ, AgInt no AREsp 190.898/MS, Rel. Min. Paulo de Tarso Sanseverino, 3ª T., j. 04.04.2017, DJe 18.04.2017.
23. STJ, AgRg no AREsp 782.946/DF, Rel. Min. Jorge Mussi, 5ª T., j. 24.05.2016, DJe 03.06.2016.
24. STJ; AgRg no TP 70/DF; rel. Min. Antonio Saldanha Palheiro; 6ª T.; j. 14.02.2017; DJe 21.02.2017.
25. STJ, REsp 1.904.872-PR, Rel. Min. Nancy Andrighi, 3ª T., j. 21.09.2021.

de representação processual pode ser sanado, inclusive perante os tribunais superiores (CPC, art. 76, § 2º)[26]. Até então, tal irregularidade somente poderia ser corrigida perante as instâncias ordinárias. Fica assim superada a Súmula 115 do STJ: "Na instância especial é inexistente recurso interposto por advogado sem procuração nos autos". Agora, diante da previsão expressa do § 2º do art. 76, o qual inclui as instâncias extraordinárias, fica previsto que tal defeito será sempre sanável, inclusive perante o STJ, pouco importando a fase do processo[27]. Contudo, se após a intimação não houver a regularização da representação processual, o recurso não será conhecido[28].

12.2. SUCESSÃO PROCESSUAL

12.2.1. Conceito

A sucessão processual ocorre sempre que um sujeito assume uma posição anteriormente ocupada por outro, na relação jurídica processual. Essa alteração de sujeitos em um dos polos do processo pode ocorrer em virtude de uma mudança na titularidade do bem material discutido em juízo (sucessão por ato *inter vivos*) ou por força do falecimento de uma das partes (sucessão *causa mortis*). Nesse último caso, a sucessão se dará pelo espólio ou pelos herdeiros, dependendo da fase e da existência de eventual processo de inventário.

12.2.2. Sucessão das partes por ato inter vivos ou causa mortis

A regra geral do Código de Processo Civil é a da estabilização das partes na demanda, também denominada de *perpetuatio legitimationis*. Por força dela, uma vez constituída a relação processual, eventuais mudanças relativas ao direito material não causarão mudanças no processo. Ou seja, mesmo tendo havido alteração de titularidade, as partes permanecerão as mesmas[29]. Nesse sentido, a sucessão voluntária das partes é limitada aos casos expressamente previstos em lei (CPC, art. 108). Em complemento, a alienação da coisa ou do direito litigioso por ato entre vivos, a título particular, não altera a legitimidade das partes (CPC, art. 109). A parte originária continua, portanto, a atuar no processo, em verdadeira substituição processual (defende em nome próprio direito alheio). Ainda que ela continue a defender aquele direito ou interesse, este não mais lhe

---

26. STJ; AgInt no REsp 1623448/TO; rel. Min. Ricardo Villas Bôas Cueva; 3ª T.; j. 14.03.2017; *DJe* 27.03.2017 e STJ; AgInt no REsp 1230101; rel. Min. Antonio Carlos Ferreira; 4ª T.; j. 14.02.2017; *DJe* 24.02.2017.
27. STJ; AgInt no REsp 1.603.300/MG; rel. Min. Mauro Campbell Marques; 2ª T.; j. 16.02.2017; *DJe* 22.02.2017; STJ; AgInt no REsp 1.623.448/TO; rel. Min. Ricardo Villas Bôas Cueva; 3ª T.; j. 14.03.2017; *DJe* 27.03.2017 e STJ; AgInt no AREsp 259.747/SP; rel. Min. Antonio Carlos Ferreira; 4ª T.; j. 14.02.2017; *DJe* 21.02.2017. De igual forma, o entendimento da Primeira Seção: STJ; AgInt na AR 5.768/DF; rel. Min. Gurgel de Faria; 1ª Seção; j. 24.08.2016; *DJe* 21.09.2016.
28. STJ, EDcl no AgInt no AREsp 1.035.562/SP, Rel. Min. Nancy Andrighi, 3ª T., j. 07.11.2017, *DJe* 13.11.2017 e AgInt no AREsp 1.074.009/SP, Rel. Min. Luis Felipe Salomão, 4ª T., j. 19.09.2017, *DJe* 27.09.2017.
29. STJ; REsp 1.410.815/SC; rel. Min. Marco Buzzi; 4ª T.; j. 09.08.2016; *DJe* 23.09.2016.

pertence, por força da alienação do bem. Mas o sistema aceita essa exceção à regra do art. 18 do Código, justamente porque privilegia a estabilização da relação processual.

Por outro lado, um dos exemplos de permissão legal para a sucessão é a expressa anuência da parte contrária, o que possibilita a alteração da parte originária pelo adquirente ou cessionário do bem (CPC, art. 109, § 1º). Nesse caso, será possível a mudança (sucessão por ato *inter vivos*). Diversamente, se inexiste esse consentimento, o adquirente ou cessionário ainda poderá intervir como assistente litisconsorcial de quem cedeu ou alienou o bem (CPC, art. 109, § 2º). Essa é uma alternativa dada pela lei para que a parte, que agora detém a titularidade do bem material, possa efetivamente participar do processo e contribuir para a solução judicial.

De qualquer forma, mesmo que não ocorra a sucessão processual, a sentença produzirá efeitos também em relação a esse adquirente ou cessionário (CPC, art. 109, § 3º). Trata-se da aplicação de uma solução lógica à alteração de titularidade do bem, conciliando-se o que ocorreu no mundo dos fatos com a decisão proferida no processo.

Em síntese, a mudança de titularidade do bem, objeto do litígio, não gerará necessariamente a sucessão processual. Mas, de qualquer forma, a decisão proferida entre as partes originárias estenderá seus efeitos para além do processo. Não poderá o adquirente, portanto, ignorar a prolação da decisão.

No caso de morte de uma das partes, a sucessão processual é obrigatória e se denomina *causa mortis*. Não existe a possibilidade, nesse caso, de o processo prosseguir sem essa alteração. A sucessão se dará pelo espólio (caso o inventário ainda esteja em trâmite) ou diretamente pelas pessoas físicas dos herdeiros (após o término do inventário). O espólio, apesar de não possuir personalidade jurídica, possui a capacidade de ser parte e de atuar em juízo mediante a representação do inventariante (CPC, art. 75, VII).

Importante destacar que morte gera a necessidade de suspensão do processo até a regularização da relação processual. Nesse aspecto, o art. 110 do Código determina que se observe o art. 313, §§ 1º e 2º, ou seja, a suspensão do feito e a adoção das medidas para a sucessão *causa mortis*. Na hipótese de morte do autor (e desde que seja transmissível o direito objeto da lide), o juiz determinará a intimação do espólio ou dos herdeiros para se habilitarem nos autos (CPC, art. 313, § 2º, II). Ao contrário, tendo falecido o réu, o juiz intimará o autor para que este promova a citação do espólio ou herdeiros, dentro de um prazo de 2 (dois) a 6 (seis) meses (CPC, art. 313, § 2º, I).

No caso de morte, há o dever de informação ao juízo por parte dos herdeiros e do antigo procurador da parte falecida, dentro do menor prazo possível. Observe-se que a boa-fé objetiva (CPC, art. 5º) exige não apenas uma conduta ativa, como também gera o dever de não omissão. Não se admite, por exemplo, que eventual nulidade não seja trazida imediatamente a lume. O deliberado silêncio a respeito de fato processualmente relevante caracteriza, evidentemente, uma violação ao dever de boa-fé objetiva[30].

---

30. STF; ARE 918.302 ED; rel. Min. Luiz Fux; 1ª T.; j. 16.09.2016; *DJe* 07.10.2016.

Caso o autor não promova a sucessão, o processo será extinto sem julgamento do mérito (CPC, art. 485, III). De igual forma, haverá a extinção se a ação não for transmissível aos herdeiros (CPC, art. 485, IX).

12.2.3. Distinção entre sucessão processual e substituição

A sucessão processual difere-se da denominada substituição processual. A primeira, como já examinada, implica em uma alteração do sujeito em um dos polos da relação. O autor ou réu originário é excluído de a relação para ali ingressar um sujeito distinto, o qual ocupa o lugar do primeiro.

Por sua vez, a substituição processual não implica em alteração de um sujeito por outro. Aqui, a relação processual já se inicia tendo por sujeito alguém que, em nome próprio, defende um direito alheio. Trata-se da chamada legitimação extraordinária. A substituição processual constitui, portanto, uma exceção à regra segundo a qual é o próprio titular do direito que deve defendê-lo em juízo (legitimação ordinária). O art. 18 do Código prevê que ninguém poderá pleitear direito alheio em nome próprio, salvo quando autorizado pelo ordenamento jurídico.

Essa autorização especial ocorre quando o ordenamento jurídico considera que, em determinadas circunstâncias, certas pessoas ou instituições podem atuar em juízo na defesa de direitos de outrem, agindo diretamente (e não como meros representantes legais). Trata-se dos substitutos processuais, os quais recebem essa legitimação extraordinária por força de lei. Eles substituem os sujeitos que naturalmente deveriam estar em juízo por uma opção legal ou por terem melhores condições para defender aquela espécie de direito. É o que ocorre, por exemplo, com o MP quando promove ação de investigação de paternidade no interesse de menor (Lei 8.560, de 29 de dezembro de 1992, art. 2º, §§ 4º e 5º), ou ainda quando o acionista, em substituição à companhia, promove, ele próprio, ação de responsabilização em face do administrador (Lei das S.A., Lei 6.404/1976, art. 159, § 4º). Observe-se que nesses casos não há representação processual, mas sim a defesa de direito alheio, em nome próprio.

12.2.4. Sucessão dos procuradores

A sucessão também poderá ocorrer em relação aos procuradores das partes. O art. 76 do CPC regula as situações em que se verifica a incapacidade processual (inclusive em termos de capacidade postulatória), como, por exemplo, quando ocorre a morte do advogado, a revogação de seu mandato ou a renúncia. Nessas circunstâncias, a parte deve imediatamente promover a constituição de novo procurador.

A morte do advogado gera a suspensão do processo, conforme previsão do art. 313, I, do Código. O § 3º do art. 313 estabelece que, no caso de morte do procurador de qualquer das partes, ainda que já iniciada a audiência de instrução e julgamento, o juiz determinará à parte que constitua novo mandatário no prazo de 15 (quinze) dias.

Caso tal determinação não seja atendida, o processo será extinto sem julgamento do mérito (quando falecido o advogado do autor) ou de prosseguimento do processo à revelia (quando falecido o advogado do réu).

Além da morte, a revogação do mandato é outra causa de sucessão de procuradores. A parte tem o direito de revogar os poderes concedidos a seu advogado a qualquer tempo e independentemente de qualquer justificativa. Trata-se de um direito potestativo. Nem mesmo é possível a fixação de multa no contrato de honorários para as hipóteses de revogação ou renúncia[31]. Trata-se de um direito assegurado tanto ao procurador como ao seu constituinte. Isso pode ocorrer mediante uma simples comunicação ao advogado (por qualquer meio legal: carta, *e-mail*, notificação extrajudicial e assim por diante). Como o bom exercício do mandato exige uma relação de confiança, basta a vontade do autor ou do réu para que se opere a revogação. Nessas circunstâncias a parte deve constituir imediatamente um novo procurador (CPC, art. 111), para que este assuma o patrocínio da parte. Se a parte não constituir novo procurador, deverá o juiz intimá-la para que supra essa incapacidade postulatória (CPC, art. 76).

Por outro lado, sempre que o próprio advogado renunciar ao mandato que lhe fora outorgado, este deverá comprovar nos autos que comunicou seu constituinte, assim como continuar a representá-lo durante os próximos 10 (dez) dias, quando necessário para evitar prejuízo (CPC, art. 112, § 1º). A prova da comunicação torna dispensável a intimação para constituição de novo procurador[32]. Tal comunicação não precisa ser feita quando a procuração tiver sido outorgada a vários advogados e os outros permanecerem atuando em favor da parte.

12.3. LITISCONSÓRCIO

12.3.1. Conceito

O litisconsórcio é o fenômeno processual caracterizado pela existência de duas ou mais pessoas na posição de autor ou réu, ou ainda em ambas as posições. Consiste na pluralidade de sujeitos em um ou em ambos os polos da mesma relação processual. É o que também se denomina de cumulação subjetiva.

Há dois fundamentos principais para a existência do litisconsórcio: a) a preocupação com a gestão processual e, consequentemente, em evitar um volume desnecessário de demandas, aplicando-se o princípio da economia processual; b) o intuito de evitar decisões contraditórias em relação a uma mesma situação de direito material, o que violaria o princípio da segurança jurídica.

---

31. STJ; REsp 1.346.171/PR; rel. Min. Luis Felipe Salomão; 4ª T.; j. 11.10.2016; *DJe* 07.11.2016.
32. STJ, AgInt nos EAREsp 510.287/SP, Rel. Min. Felix Fischer, Corte Especial, j. 15.03.2017, *DJe* 27.03.2017.

12.3.2. Classificação

A classificação das várias espécies de litisconsórcio depende do critério utilizado. Tais critérios são variados e geram diferentes consequências jurídicas, conforme adiante analisado. Eles são os seguintes: a) posição processual em que se verifica a cumulação de sujeitos (litisconsórcio ativo, passivo e misto); b) o momento de formação do litisconsórcio (litisconsórcio originário ou inicial e ulterior ou superveniente); c) a obrigatoriedade na sua formação (litisconsórcio facultativo e necessário); e d) a uniformidade de tratamento (litisconsórcio simples e unitário). Passa-se a examinar cada um deles.

12.3.2.1. Critério da posição processual. Litisconsórcio ativo, passivo ou misto

Em relação à posição processual, o litisconsórcio poderá ser ativo, passivo ou misto. Quando a cumulação de sujeitos se verifica em relação à posição do autor, haverá litisconsórcio ativo. É a situação em que mais de uma pessoa resolve litigar em face de um mesmo réu, como, por exemplo, quando dois credores solidários ajuízam uma ação de cobrança em face do mesmo devedor. Já quando a ação é proposta em face de vários réus, haverá litisconsórcio passivo. Em uma ação de indenização, por exemplo, o autor pode promover a demanda em face de duas ou mais pessoas, considerando que todas elas foram responsáveis pelo dano. Haverá então cumulação subjetiva no polo passivo. Por fim, quando a cumulação ocorre em ambos os polos, haverá litisconsórcio misto. É o que ocorre quando dois proprietários da coisa comum ajuízam ação de reintegração de posse em face de dois invasores que se encontram no imóvel.

12.3.2.2. Critério do momento da formação. Litisconsórcio inicial ou ulterior

No que diz respeito ao momento de formação do litisconsórcio, este pode ser inicial ou originário e ulterior ou superveniente. O litisconsórcio originário é o mais comum e se verifica no momento do ajuizamento da ação. Nele, o autor já propõe a ação em conjunto com outro sujeito, ou diversamente, propõe a ação em face de mais de um réu. Mas o litisconsórcio pode, em alguns casos específicos, formar-se posteriormente. Diz-se, então, que se trata de litisconsórcio superveniente ou ulterior, o qual constitui uma exceção ao princípio da estabilização das partes na demanda ou princípio da *perpetuatio legitimationis*. Ele ocorre sempre que o magistrado constata que a demanda exige a formação de litisconsórcio necessário e que isso não fora observado pelo autor. Consequentemente, no intuito de evitar um vício processual, o juiz determina ao autor que promova a citação desse litisconsorte faltante, a fim de que ele venha a integrar a relação processual. Além disso, algumas formas de intervenção de terceiro também geram o litisconsórcio superveniente, como a assistência litisconsorcial e o chamamento ao processo. Nelas, um outro sujeito passa a integrar a relação jurídica processual, em virtude de seu próprio interesse ou da provocação de uma das partes.

12.3.2.3. Critério da obrigatoriedade da formação. Litisconsórcio facultativo ou necessário

Quanto à obrigatoriedade de sua formação, o litisconsórcio pode ser facultativo ou necessário. Será facultativo quando decorrer da mera iniciativa das partes, não havendo uma imposição da lei, nem tampouco razões lógicas advindas da natureza da relação de direito material. As circunstâncias que autorizam o litisconsórcio facultativo estão previstas nos incisos I, II e III do art. 113 do CPC. São elas a comunhão de direitos ou de obrigações, a conexão pelo pedido ou pela causa de pedir, a afinidade de questões por ponto comum de fato ou de direito.

Normalmente, o litisconsórcio facultativo é também simples, ou seja, não exige uma uniformidade de tratamento da decisão judicial. São todas as hipóteses em que o juiz pode decidir a lide de maneira diferente para cada um dos litisconsortes. Todavia, como mais detalhadamente exposto adiante (litisconsórcio simples e unitário), nem sempre é assim. O litisconsórcio será facultativo e unitário quando a pluralidade de sujeitos disser respeito ao polo ativo da ação. Isso porque o sistema processual não pode obrigar ninguém a demandar. Nessa circunstância, ainda que a relação de direito material seja uma só e exija tratamento uniforme, o litisconsórcio será facultativo.

Por sua vez, o litisconsórcio será necessário quando sua formação decorrer de uma imposição legal ou lógica, consoante dispõe o art. 114 do mesmo diploma. Haverá litisconsórcio necessário, portanto, diante de disposição da lei ou quando o objetivo do processo somente puder ser alcançado mediante a participação de todos os sujeitos envolvidos. Ou seja, a cumulação subjetiva decorre de uma exigência do ordenamento jurídico ou da característica indivisível da relação de direito material. Nessas situações, a sentença será nula ou ineficaz (CPC, art. 115, I e II) se os envolvidos não participarem do processo[33]. Exemplo clássico nesse sentido é a ação de nulidade de casamento proposta pelo Ministério Público. Pela própria natureza indivisível dessa relação jurídica, a sentença somente será eficaz se puder produzir efeitos em relação a ambos os cônjuges. Justamente por isso exige-se a citação dos dois litisconsortes. Ambos deverão necessariamente participar da relação processual. O mesmo ocorre na ação rescisória que busca desconstituir sentença que fixou honorários sucumbenciais. Serão litisconsortes necessários nesse caso a parte originária (titular do crédito principal) e o advogado (titular dos honorários)[34]. Por outro lado, nas ações de cobrança em face de pessoa jurídica, o STJ já decidiu que a citação de todos os sócios torna desnecessária a citação da sociedade[35]. Aplicou-se aqui o princípio *pas de nullité sans grief*, isto é, não havendo prejuízo não se deve declarar a nulidade.

O descumprimento ao comando de formação do litisconsórcio necessário gerará a extinção do processo sem julgamento do mérito (CPC, art. 115, parágrafo único).

---

33. STJ; REsp 1.263.164/DF; rel. Min. Marco Buzzi; 4ª T.; j. 22.11.2016; *DJe* 29.11.2016.
34. STJ, REsp 1.651.057/CE, Rel. Min. Moura Ribeiro, 3ª T., j. 16.05.2017, *DJe* 26.05.2017.
35. STJ, REsp 1.731.464/SP, Rel. Min. Moura Ribeiro, 3ª T., j. 25.09.2018, *DJe* 1º.10.2018.

12.3.2.4. Critério da uniformidade do tratamento. Litisconsórcio simples ou unitário

O litisconsórcio também se classifica em simples e unitário, dependendo da exigência ou não de uniformidade no tratamento dos litisconsortes.

Sempre que o juiz tiver de decidir o mérito de modo uniforme para todos os litisconsortes ele será considerado unitário. Imagine-se a situação em que um devedor pretende obter a declaração de nulidade de um contrato firmado com dois credores solidários. Ao promover a ação judicial, deverá necessariamente promover a citação de ambos, uma vez que a decisão judicial não poderá declarar a nulidade do contrato apenas em relação a um deles. A vitória ou a derrota será de todos os sujeitos, não sendo possível que um tenha uma decisão de procedência e o outro não. Serão eles litisconsortes necessários em razão da natureza da relação contratual, baseada na solidariedade. Haverá então litisconsórcio necessário e unitário.

Porém, se a decisão puder ser distinta, considerando diferentes posições dos litisconsortes na relação de direito material, o litisconsórcio será simples. Basta imaginar uma ação proposta por dois alunos de uma mesma universidade pública, com datas de ingresso distintas, se insurgindo contra uma única resolução administrativa. A decisão judicial que julgue procedente a ação em relação ao primeiro aluno, reconhecendo a inaplicabilidade da resolução para ele, poderá adotar entendimento diverso com referência ao outro. No litisconsórcio simples, o que se vê é a cumulação subjetiva em conjunto com uma cumulação objetiva. São, em verdade, duas demandas deduzidas conjuntamente.

Normalmente, o litisconsórcio unitário é também necessário. Isso porque, havendo uma necessidade de tratamento uniforme, o próprio sistema, via de regra, exige que todos os litisconsortes participem da relação processual. Mas, nem sempre é assim. Quando se tratar de litisconsórcio unitário ativo, por exemplo, ainda que haja uma relação de direito material incindível, não se poderá exigir que todos figurem como autores. Com efeito, não há como obrigar ninguém a litigar. A garantia de acesso ao Poder Judiciário (inafastabilidade da jurisdição) prevista no art. 5º, inciso XXXV da Constituição Federal, assegura, em seu sentido inverso, que ninguém será obrigado a demandar. Daí por que, nessa situação peculiar, o litisconsórcio será unitário e facultativo. Basta pensar na ação de reintegração de posse proposta por um dos condôminos em face de um terceiro, que ocupa ilegalmente o imóvel comum. Evidentemente, a decisão de reintegração terá que ser uniforme para ambos os proprietários, ainda que apenas um deles tenha ingressado em juízo. Ao contrário, o litisconsórcio passivo unitário será sempre necessário.

Há ainda a possibilidade de litisconsórcio necessário simples. Essa situação se verifica sempre que a pluralidade de sujeitos decorre apenas da lei e não da natureza jurídica da relação de direito material. Como se trata de mera imposição legal (e não lógica), o juiz poderá decidir de forma distinta em relação aos litisconsortes. A sorte de um não significará a vitória dos outros.

12.3.3. Razões do litisconsórcio e limitação do número de litisconsortes

O art. 113 do CPC autoriza a formação do litisconsórcio ativo ou passivo quando: a) houver comunhão de direitos e obrigações em relação à lide (art. 113, I); b) entre as causas houver conexão pelo pedido ou causa de pedir (art. 113, II); e c) ocorrer afinidade de questões pela existência de ponto comum de fato ou de direito.

A formação do litisconsórcio tem por substrato a aplicação dos princípios da economia processual e da segurança jurídica. Por um lado, pretende-se evitar uma multiplicação desnecessária de demandas. Por outro, quer-se impedir a existência de decisões contraditórias a respeito de uma mesma relação de direito material.

Toda racionalidade que envolve a aplicação do litisconsórcio advém da vinculação entre direito processual e direito material. Este constitui a razão de ser daquele. Daí por que o direito material gera efeitos quanto às regras processuais. Se a relação jurídica material é una, naturalmente todas as pessoas que dela participam deverão figurar no processo. Contrariamente, se existem várias relações de direito material, a atuação em conjunto em uma mesma lide será uma opção das partes. O que se deve ter em mente é a efetividade do processo e a preocupação com a coerência na aplicação do direito. O litisconsórcio constitui, assim, um importante instrumento processual para assegurar tratamento isonômico, seguro e eficiente para os jurisdicionados.

Entretanto, um número excessivo de litisconsortes (litisconsórcio multitudinário) pode constituir obstáculo à efetividade e à razoável duração do processo. Por essa razão, o art. 113, § 1º, do CPC autoriza o juiz a limitar o número de litigantes, em qualquer das fases processuais (conhecimento, liquidação ou execução), sempre que este puder comprometer a rápida solução do litígio ou causar dificuldades à defesa ou ao cumprimento da sentença.

Como o § 1º do art. 113 do Código visa justamente a evitar óbices ao contraditório, o FPPC propõe a possibilidade de o juiz ampliar os prazos, em vez de limitar o número de litigantes. Trata-se do Enunciado 116: "Quando a formação do litisconsórcio multitudinário for prejudicial à defesa, o juiz poderá substituir a sua limitação pela ampliação de prazos, sem prejuízo da possibilidade de desmembramento na fase de cumprimento de sentença". Trata-se de alternativa perfeitamente cabível e adequada, que se encontra dentro dos poderes do juiz. Com efeito, o art. 139, VI, do Código permite a dilação dos prazos processuais e alteração da ordem de produção dos meios de prova, para adequá-los às necessidades do conflito e assegurar maior efetividade à própria tutela.

De qualquer forma, a limitação do número de litisconsortes jamais pode causar prejuízo ao exame das pretensões dos litigantes. Daí por que o magistrado não deve determinar a extinção do processo, mas apenas o seu desmembramento. É o que propõe o Enunciado 386 do FPPC: "A limitação do litisconsórcio facultativo multitudinário acarreta o desmembramento do processo". O enunciado seguinte complementa a mesma ideia: Enunciado 387: "A limitação do litisconsórcio multitudinário não é causa de extinção do processo". E, nessa hipótese, a interrupção da prescrição deve retroagir:

Enunciado 10: "Em caso de desmembramento do litisconsórcio multitudinário, a interrupção da prescrição retroagirá à data de propositura da demanda original".

Importante lembrar que o requerimento de limitação de litisconsortes interrompe o prazo para manifestação ou resposta (CPC, art. 113, § 2º). Em outros termos, basta o protocolo do requerimento, independentemente do deferimento pelo juiz, para que ocorra a interrupção do prazo. Isso significa que, no momento de intimação da decisão (qualquer que seja ela), o prazo recomeçará a fluir por inteiro, sem o cômputo dos dias já transcorridos.

Com relação à decisão em si, caso ocorra a rejeição do pedido de limitação, caberá recurso de agravo de instrumento (CPC, art. 1.015, VIII). Todavia, o inverso não é verdadeiro: a decisão que defere a limitação não é agravável. Como se sabe, o Código adotou um rol taxativo para as hipóteses de agravo de instrumento e apenas a rejeição do pedido foi contemplada nos incisos do art. 1.015.

12.3.4. Regime jurídico

Os litisconsortes representados por diferentes procuradores, de escritórios de advocacia diversos, têm prazo em dobro para todas as suas manifestações, em qualquer grau e independentemente de requerimento ao magistrado (CPC, art. 229). Contudo, tal regra não se aplica aos processos eletrônicos (CPC, art. 229, § 2º). Já para os processos físicos, a contagem em dobro se aplica, independentemente da natureza do litisconsórcio.

O litisconsórcio necessário, como já visto, decorre de uma imposição legal ou da natureza incindível da relação de direito material. Havendo qualquer uma dessas situações, deverá obrigatoriamente ocorrer a citação de todos os litisconsortes para integrar a lide.

O descumprimento dessa regra, contudo, produz efeitos distintos, dependendo da natureza do litisconsórcio necessário. Em se tratando de litisconsórcio necessário unitário, a decisão proferida sem a integração de todos os sujeitos envolvidos será nula (CPC, art. 115, I). Já quando se tratar de litisconsórcio necessário simples, a decisão será ineficaz em relação àqueles que não foram citados (CPC, art. 115, II).

No que diz respeito às relações entre os próprios litisconsortes, adota-se a regra da independência das atuações (CPC, art. 117). Isso se aplica sempre que se tratar de litisconsórcio simples. Nessa hipótese, os atos e as omissões de alguns não produzem efeitos sobre os demais.

No litisconsórcio unitário os atos e as omissões de uns não poderão prejudicar os outros, podendo, todavia, beneficiá-los (CPC, art. 117). Isso porque, como a decisão terá que ser uniforme, eventual manifestação de um dos litisconsortes, que venha a influenciar o julgamento, produzirá efeitos em relação a todos. Esse é o sentido do Enunciado 234 do FPPC: "A decisão de improcedência na ação proposta pelo credor beneficia todos os devedores solidários, mesmo os que não foram partes no processo, exceto se fundada em defesa pessoal". O inverso, entretanto, não se verifica. Qualquer ato de renúncia, reconhecimento do direito ou disposição de direitos não terá validade se não for praticado por todos. Caso praticado por apenas um dos litisconsortes, será ineficaz em relação aos demais. Observe-se que essa é uma maneira de o sistema proteger a posição dos outros litisconsortes no litisconsórcio unitário: atos benéficos produzem efeitos gerais, atos contrários ou não geram efeitos (porque não tiveram a anuência de todos) ou exigem essa total anuência.

12.4. INTERVENÇÃO DE TERCEIROS

12.4.1. Conceito

Terceiro é todo aquele que não é parte do processo e que, portanto, em tese, não teria legitimidade para atuar em juízo. O terceiro não formulou uma pretensão (como o autor), nem tampouco teve contra si formulado um pedido (réu). Trata-se de um conceito baseado na exclusão, ou seja, na situação distinta daquela decorrente das posições de autor ou réu. A propósito, o STJ já reconheceu que a falta de citação não autoriza a oposição de embargos de terceiro[36].

A intervenção de terceiros consiste, então, na previsão legal para que um terceiro passe a integrar um processo alheio, praticando atos processuais. Essa autorização da lei só ocorre quando o terceiro possuir um interesse jurídico em relação à demanda alheia. Esse interesse pode advir dos efeitos da sentença.

Como se sabe, a decisão judicial qualificada pela coisa julgada só produz efeitos entre as partes do processo. Quem dele não participou não pode ser atingido. Essa é uma premissa decorrente do princípio do contraditório. Todavia, a coisa julgada distingue-se dos efeitos da sentença. Ela impede a rediscussão do que fora decidido, em outro processo. Já os efeitos são as consequências práticas e até mesmo jurídicas daquela decisão, as quais acabam por interferir nas relações sociais, comerciais e jurídicas das pessoas que se relacionam com as partes. Isso é natural. Uma sentença que decrete o despejo de uma escola, por exemplo, gera efeitos práticos em relação a todos os professores que ali trabalham. Mas eles não possuem interesse jurídico para intervir no processo de despejo. Seu interesse, ainda que relevante do ponto de vista social e econômico, não tem conotação jurídica. Diversa é a situação da pessoa jurídica sublocatária que explorava a cantina da escola. Em virtude do contrato de sublocação, ela tem verdadeiro interesse jurídico pois sua situação jurídica será atingida pelos efeitos da decisão judicial.

Para a intervenção de terceiro, é necessária a demonstração de que a situação jurídica desse sujeito alheio ao processo possui tamanha vinculação que sua presença

---

36. STJ, REsp 1.631.306/SC, Rel. Min. Nancy Andrighi, 3ª T., j. 05.12.2017, *DJe* 19.12.2017.

e participação se tornam justificáveis. Não basta mero interesse moral, econômico ou corporativo[37]. O interesse do terceiro tem que ser juridicamente relevante.

A intervenção de terceiros é disciplinada pelos arts. 119 a 138 do Código e abrange: a assistência simples e litisconsorcial, a denunciação da lide, o chamamento ao processo, o incidente de desconsideração da personalidade jurídica e o *amicus curiae*. Ela pode gerar a ampliação subjetiva da causa (nas hipóteses em que os terceiros se tornam parte) e a ampliação objetiva, quando o próprio objeto da demanda é ampliado. A ampliação subjetiva ocorre em quase todas as hipóteses de intervenção, com exceção da assistência simples e do *amicus curiae*. Tanto o assistente como o *amicus*, em que pese a possibilidade de praticar atos no processo, não se tornam parte. Por sua vez, a ampliação objetiva se verifica na denunciação da lide e na desconsideração da personalidade jurídica. Isso porque essas formas de intervenção geram uma nova ação, diversa da demanda originária.

A intervenção de terceiros pode ocorrer de forma voluntária, ou seja, a partir da própria vontade daquele que intervém, ou de maneira provocada, em virtude de requerimentos das partes. São exemplos de intervenção voluntária a assistência simples e a assistência litisconsorcial. Já a denunciação da lide, o chamamento ao processo e a desconsideração da personalidade jurídica constituem hipóteses de intervenção provocada, isto é, decorrente de iniciativa das partes originárias. O *amicus curiae* pode atuar de maneira voluntária ou mediante provocação.

12.4.2. Assistência simples e litisconsorcial

A assistência é uma das formas de intervenção que possibilita o ingresso voluntário de terceiro, com o intuito de auxiliar uma das partes em sua posição processual (CPC, art. 119). Permite-se, assim, que terceiro juridicamente interessado possa intervir no processo para assisti-la. Constitui um requisito a existência então de interesse jurídico[38], conforme exposto no tópico anterior. Não basta o interesse moral ou econômico. Também não é suficiente o interesse meramente corporativo. Por essa razão, entidade de classe, ainda que pretenda agir na defesa dos interesses de seus associados, só poderá atuar como assistente se comprovar a presença de seu próprio interesse jurídico[39].

A assistência pode ocorrer em qualquer procedimento e em todos os graus de jurisdição, mas o assistente recebe o processo no estado em que ele se encontre (CPC, art. 119, parágrafo único). Isso significa que o assistente não poderá requerer a produção de atos que já foram atingidos pela preclusão, nem causar qualquer forma de embaraço ou atraso ao trâmite processual. As fases já percorridas não sofrerão qualquer alteração em virtude do ingresso do assistente[40]. Em síntese, a assistência é cabível na

---

37. STJ; AgInt no MS 15.828/DF; rel. Min. Mauro Campbell Marques; 1ª T.; j. 14.12.2016; *DJe* 19.12.2016.
38. STJ, AgInt no AREsp 844.055/SP, Rel. Min. Og Fernandes, 2ª T., j. 16.05.2017, *DJe* 19.05.2017.
39. STJ; AgInt no MS 15.828/DF; rel. Min. Mauro Campbell Marques; 1ª T.; j. 14.12.2016; *DJe* 19.12.2016.
40. STF; Rcl 23.457 AgR; rel. Min. Edson Fachin; Tribunal Pleno; j. 23.03.2017; *DJe* 11.04.2017.

fase de conhecimento, na fase de liquidação e na de cumprimento de sentença, tanto em primeiro grau quanto em nível recursal, em qualquer momento, até o trânsito em julgado. Não há prazo para se requerer a assistência. Basta que o processo ainda esteja em trâmite. Contudo, não se repetirão as fases processuais já superadas.

O pedido de ingresso do assistente comporta contraditório. Tanto é assim que, não havendo impugnação no prazo de 15 (quinze) dias, o pedido poderá ser deferido ou liminarmente rejeitado (CPC, art. 120). Essa impugnação tem por base a eventual inexistência de interesse jurídico, mas não suspende o trâmite do processo. O juiz deverá decidir esse incidente sem suspender o processo (CPC, art. 120, parágrafo único). Dessa decisão caberá recurso de agravo de instrumento (CPC, art. 1.015, IX). Tanto a admissão quanto a inadmissão de terceiros são agraváveis.

A assistência pode ocorrer de duas formas: assistência simples e assistência litisconsorcial. A primeira, disciplinada nos arts. 121 a 123 do Código, ocorre quando o terceiro é titular de uma relação jurídica diversa daquela discutida nos autos, mas que com ela possui vinculação. O exemplo mais característico é aquele do sublocatário em relação ao processo em que se discute a locação.

O assistente simples atua como um auxiliar da parte, tendo os mesmos poderes e ônus[41]. Mas não pode se opor à prática de atos de disposição pela parte assistida, ou seja, não pode impedir que esta desista da ação, renuncie ao direito ou firme transação (CPC, art. 122)[42]. Essa limitação demonstra a diferença entre o assistente simples e o litisconsorte. Como já visto, no litisconsórcio unitário, os litisconsortes não podem praticar atos de disposição sem a anuência dos demais. Daí por que a atuação do assistente simples é de mero auxílio.

O art. 121, parágrafo único do CPC, contudo, autoriza o assistente simples a atuar como substituto processual da parte, quando houver revelia ou omissão do assistido. Como já analisado, a substituição processual autoriza que o substituto defenda em juízo um direito alheio, em nome próprio.

A assistência litisconsorcial, por outro lado, pressupõe um vínculo ainda maior. Nesse caso, o assistente é titular da mesma relação jurídica que já é objeto do processo, ou seja, sua vinculação é com a parte contrária. Isso porque, assim como o réu originário, os assistentes litisconsorciais têm uma relação com o adversário do assistido. Eles são tratados como parte, tornam-se litisconsortes da parte originária. Aplica-se, portanto, a eles a previsão dos prazos em dobro para manifestação nos autos (CPC, art. 229). Todos os devedores solidários são bons exemplos de assistentes litisconsorciais. Eles têm interesse jurídico em atuar na ação de cobrança proposta pelo credor comum porque, havendo procedência, o réu poderá exigir deles as suas quotas-partes. O assistente litisconsorcial, diversamente do assistente simples, é atingido pelos efeitos da

---
41. STJ; PET no AREsp 114.951/SP; rel. Min. Marco Buzzi; 4ª T.; j. 17.11.2016; *DJe* 07.12.2016.
42. STJ, AgInt na DESIS no REsp 1.504.644/SP, Rel. Min. Napoleão Nunes Maia Filho, 1ª T., j. 13.06.2017, *DJe* 26.06.2017.

coisa julgada. Isso decorre do fato de se tornar verdadeiramente parte no processo. A assistência litisconsorcial está contemplada no art. 124 do Código.

No que diz respeito aos efeitos da coisa julgada, o art. 123 esclarece que o assistente simples não poderá, em processo posterior, discutir a justiça da decisão, salvo se comprovar que: a) pelo estado em que recebeu o processo ou pelos atos do assistido, foi impedido de produzir provas que poderiam influenciar na sentença (CPC, art. 123, I); b) desconhecia a existência de alegações ou provas das quais o assistido, por dolo ou culpa, não se valeu (CPC, art. 123, III).

Observe-se que o assistente simples não é atingido pelos efeitos da coisa julgada (ao contrário do assistente litisconsorcial), mas se submete a uma vinculação mais fraca, denominada de "eficácia da assistência" ou "resultado da intervenção". Isso quer dizer que, normalmente, ele não poderá, em processo futuro, discutir os fundamentos daquela primeira decisão. Mas, justamente por não ter se tornado parte (e ter atuado como mero auxiliar), não há em relação a ele coisa julgada propriamente dita. Assim, conforme preveem os incisos I e II do art. 123 do Código, ele poderá demonstrar que sua atuação não foi completa, em virtude dos atos e da omissão do assistido. Nessas hipóteses, demonstrado o prejuízo de sua atuação, poderá rediscutir os fundamentos da decisão.

Em suma, a "eficácia da sentença" vincula o assistente simples aos fundamentos da decisão, permitindo-lhe, porém, colocar-se fora dessa vinculação sempre que demonstrar que sua atuação processual foi prejudicada pela conduta do assistido. É justamente esse liame mais tênue que difere esse fenômeno da coisa julgada.

12.4.3. Denunciação da lide

A denunciação da lide, diversamente da assistência, é uma forma de intervenção de terceiros não voluntária. Ela surge com a provocação das partes, o que pode ocorrer tanto por ato do autor, como do réu. O objetivo da denunciação da lide é assegurar a satisfação de eventual direito de regresso, de forma ágil e eficiente. Visa também evitar decisões contraditórias, uma vez que um mesmo juiz julgará a demanda principal e a lide secundária, instaurada entre denunciante e denunciado. Trata-se, portanto, de uma ação regressiva ajuizada no curso de outro processo já em trâmite e que está condicionada à sucumbência do denunciante. Por meio da denunciação, pretende o denunciante garantir o ressarcimento do prejuízo que venha a sofrer, caso tenha que pagar uma indenização. A condição para que a denunciação seja julgada, portanto, é a derrota processual de quem a requereu. A denunciação implica também em uma ampliação objetiva da demanda, pois a lide secundária deverá ser igualmente apreciada pelo magistrado. Diante de sua própria natureza, ela só é cabível na fase de conhecimento. Não é possível a denunciação da lide nas fases de liquidação, cumprimento de sentença ou no processo de execução.

Uma vez admitida a denunciação, o denunciado passa a auxiliar o denunciante justamente para tentar evitar a sucumbência na demanda principal.

A forma mais comum é a denunciação pelo réu. Exemplo típico é aquele em que o réu, demandado em virtude de um acidente de trânsito, denuncia a lide a seguradora. Esta, por força do contrato firmado entre eles, tem o dever de, obedecidos os limites da apólice, ressarcir o pagamento da indenização. Mas o Código admite também a denunciação pelo próprio autor. Nesse caso, o denunciado poderá assumir a posição de litisconsorte do denunciante, trazendo inclusive novos argumentos à petição inicial (CPC, art. 127). Justamente por isso, caso ocorra a denunciação pelo autor, a citação do réu deve aguardar a manifestação do denunciado.

Admite-se também a denunciação da lide de réu em face de corréu, desde que não seja apresentado fato novo. Nesse sentido, decidiu o STJ no julgamento do REsp 1.670.232/SP[43].

A citação do denunciado será requerida na petição inicial (quando feita pelo autor) ou na contestação (quando feita pelo réu) e deve ser realizada na forma e nos prazos previstos no art. 131 (CPC, art. 126). O STJ, contudo, já decidiu que mesmo quando formulada intempestivamente, a denunciação deve ser aceita se o denunciado se limitar a contestar a pretensão principal, concordando com a denunciação. Trata-se do respeito à primazia do mérito e instrumentalidade das formas[44]. Por outro lado, se na ação principal não houve condenação solidária, a obrigação do denunciado se limita à ação regressiva, não sendo possível o redirecionamento da execução pela indenização não paga[45].

O CPC de 2015 deixa expresso que a ausência de denunciação da lide ou o seu indeferimento não afasta o direito de regresso, o qual poderá ser obtido por meio de ação autônoma (CPC, art. 125, § 1º). No mesmo sentido é o Enunciado 120 do FPPC: "A ausência de denunciação da lide gera apenas a preclusão do direito de a parte promovê-la, sendo possível ação autônoma de regresso". De qualquer forma, a denunciação é um caminho processual para tornar mais rápido e efetivo o exercício desse direito regressivo. Isso porque na própria demanda originária ocorrerá o julgamento sucessivo da lide secundária (entre denunciante e denunciado), fixando-se desde logo a indenização regressiva.

Além disso, a maior vantagem consiste na possibilidade de o autor requerer diretamente o cumprimento de sentença também em face do denunciado, não tendo que se aguardar o cumprimento de sentença primeiro em face do réu originário (CPC, art. 128, parágrafo único). Ganha-se tempo e agilidade nos atos de execução. Nesse sentido, propõe o FPPC no Enunciado 121: "O cumprimento da sentença diretamente contra

---

43. STJ, REsp 1.670.232/SP, Rel. Min. Nancy Andrighi, 3ª T., j. 16.10.2018
44. STJ, REsp 1637108/PR, Rel. Min. Nancy Andrighi, 3ª T., j. 06.06.2017, *DJe* 12.06.2017.
45. STJ, REsp 1.628.198, Rel. Min. Nancy Andrighi, 3ª T., j. 06.02.2018.

o denunciado é admissível em qualquer hipótese de denunciação da lide fundada no inciso II do art. 125".

Saliente-se que a sucumbência na ação principal é o requisito para o julgamento da denunciação. Tanto é assim que se o denunciante for vencido, o juiz passará ao julgamento da denunciação da lide (CPC, art. 129). Diversamente, se o denunciante for o vencedor, a denunciação estará prejudicada, não sendo o pedido regressivo sequer examinado. Contudo, mesmo nessa hipótese, haverá a condenação do denunciante ao pagamento das verbas de sucumbência em favor do denunciado (CPC, art. 129, parágrafo único). A propósito dessa circunstância específica, e em que pese a previsão legal, deve-se considerar qual foi a postura do denunciado, ou seja, se ele prontamente aderiu à denunciação ou se apresentou resistência. Como se sabe, a condenação ao pagamento dessas verbas deve levar em consideração não apenas a sucumbência, mas também o princípio da causalidade. Seu comportamento, portanto, importa para tal condenação. O FPPC, por força do Enunciado 122, propõe que não ocorra a condenação quando o litisdenunciado não se opuser ao pedido de denunciação: "Vencido o denunciante na ação principal e não tendo havido resistência à denunciação da lide, não cabe a condenação do denunciado nas verbas de sucumbência". De igual forma propõe o Enunciado 159 do CJF: "É incabível a condenação sucumbencial do litisdenunciado quando não houver resistência ao pedido de denunciação".

A denunciação da lide é admitida nas seguintes hipóteses: a) ao alienante imediato, no processo relativo à coisa cujo domínio foi transferido ao denunciante (CPC, art. 125, I); b) àquele que estiver obrigado, por lei ou pelo contrato, a indenizar em ação regressiva o prejuízo de quem perder a demanda (CPC, art. 125, II). Ambas as situações tratam de formas de direito de regresso. A primeira é específica para os casos de evicção (CC, art. 447 e seguintes), ao passo que a segunda abrange todas as hipóteses de direito de regresso previstas em lei ou contrato.

Todavia, com o intuito de impedir atrasos e óbices à análise da demanda principal, o legislador limitou a denunciação sucessiva a apenas uma única oportunidade. Assim, só poderá ser denunciado a lide o antecessor imediato (CPC, art. 125, § 2º), não sendo cabível aquela longa e interminável cadeia de denunciações sucessivas que havia no sistema do Código de 1973. Registre-se ainda que o fato de se permitir apenas a denunciação do antecessor imediato evita a denunciação de outras pessoas mais antigas na cadeia e que não tenham relação jurídica com o denunciante (denunciação *per saltum*). Também com o objetivo de evitar delongas, a denunciação é vedada no âmbito dos juizados especiais, conforme o art. 10 da Lei 9.099, de 26 de setembro de 1995.

Nos processos decorrentes das relações de consumo, a denunciação da lide é vedada, com o intuito de proteger o consumidor de uma ampliação desnecessária e longa da lide. É o que prevê o art. 88 do Código de Defesa do Consumidor. Tal vedação, conforme o entendimento do STJ, aplica-se tanto à responsabilidade por fato do produto (art. 13) quanto nos casos de responsabilidade por acidentes de consumo (arts. 12 e 14). Contudo, em situações excepcionais, especificamente em relação a erros médicos, o próprio STJ já vem admitindo que o hospital promova a denunciação da lide ao profissional da área médica cuja conduta foi questionada. Foi o que decidiu a 3ª Turma no REsp 1.832.371 e no REsp 1.216.424[46].

12.4.4. Chamamento ao processo

Assim como a denunciação da lide, o chamamento ao processo constitui uma forma de intervenção de terceiros provocada, isto é, não voluntária. Diversamente daquela, contudo, ele só pode ser realizado pelo réu, nunca pelo autor. Constitui, assim, uma maneira de provocar uma ampliação subjetiva no polo passivo da demanda, gerando a participação de litisconsortes ao lado do réu. Vale lembrar que o chamamento ao processo e a denunciação da lide fazem surgir o denominado litisconsórcio superveniente.

A ideia central do chamamento ao processo consiste em trazer para a relação processual aqueles que são igualmente, ou até mais, devedores que o réu originário. Com isso, torna-se possível a criação de um título executivo a fim de que aquele que sofreu a condenação possa exigir o ressarcimento por inteiro do devedor principal, ou a quota-parte de cada um dos codevedores (CPC, art. 132). Essa forma de intervenção evita decisões contraditórias e também atende aos princípios da economia processual e da segurança jurídica.

As hipóteses de cabimento estão previstas no art. 130 do Código e abrangem as questões de fiança e de obrigações solidárias. Estas últimas permitem que o credor promova a ação em face de todos ou de apenas um dos devedores, a sua livre escolha (CC, art. 275). O mesmo ocorre na fiança: o credor pode promover a medida judicial contra o fiador, contra o afiançado ou contra ambos (CC, art. 828, II). Isso gera, na prática, a existência de processos em que apenas o fiador ou um dos devedores solidários figura como réu.

Para permitir a ampliação subjetiva dessas demandas, o inciso I do art. 130 do Código autoriza o chamamento ao processo do afiançado, na ação em que apenas o fiador figura como réu. Os incisos II e III tratam de obrigações solidárias entre fiadores ou entre devedores comuns. Em todos os casos, a iniciativa pretende assegurar aos coobrigados a possibilidade de se ressarcirem do que forem obrigados a pagar na ação principal.

Visando evitar uma demora excessiva com o chamamento, o art. 131 do Código exige que a citação dos chamados seja requerida pelo réu na própria contestação, assim como promovida no prazo de 30 (trinta) dias, salvo se residir em outra comarca ou em lugar incerto, quando então haverá o prazo de 2 meses (CPC, art. 131, parágrafo único). A consequência para o descumprimento desses prazos é a perda do direito ao chamamento, o qual ficará sem efeito.

---

46. STJ, REsp 1.832.371, Rel. Min. Nancy Andrighi, 3ª T., j. 22.06.2021 e REsp 1.216.424, Rel. Min. Nancy Andrighi, 3ª T., j. 09.08.2011.

12.4.5. Incidente de desconsideração de personalidade jurídica

O incidente de desconsideração de personalidade jurídica é uma forma de intervenção provocada, isto é, não voluntária, a qual amplia o objeto da demanda. Ela tem por finalidade fazer com que o patrimônio da sociedade ou do sócio responda pelas obrigações que, em princípio, seriam apenas da parte[47]. Apesar da denominação (incidente), tem a natureza de ação incidental pois implica na análise da responsabilidade do sócio (ou da pessoa jurídica no incidente inverso) em relação a determinada obrigação.

O CPC de 2015 trouxe importante novidade em relação à desconsideração ao prever um procedimento específico, com a observância das garantias constitucionais do contraditório e do devido processo legal. Até então, havia em nosso sistema a possibilidade da apreensão de bens de terceiros, sem qualquer contraditório prévio. Repentinamente, na fase de cumprimento de sentença, os sócios de pessoas jurídicas podiam ter seus bens apreendidos ou penhorados para garantir o pagamento de obrigações assumidas pela sociedade. Normalmente essas pessoas só tomavam conhecimento da existência do processo após o bloqueio ou a penhora.

O legislador de 2015 pretendeu alterar essa realidade, prevendo nos arts. 133 a 137 um procedimento obrigatório a ser seguido para que seja possível essa desconsideração da personalidade jurídica. Tais normas são de grande importância e, como mencionado, constituem o reflexo das garantias constitucionais do devido processo legal (CF, art. 5º, LIV) e do contraditório (CF, art. 5º, LV). Elas se aplicam evidentemente à legislação esparsa e a outros ramos do direito, inclusive nos processos eleitorais, administrativos e trabalhistas por força do art. 15 do Código. Observe-se, nesse sentido, o Enunciado 124 do FPPC: "A desconsideração da personalidade jurídica no processo do trabalho deve ser processada na forma dos arts. 133 a 137, podendo o incidente ser resolvido em decisão interlocutória ou na sentença". As regras devem ser aplicadas de forma ampla. Consoante o Enunciado 11 do CJF: "Aplica-se o disposto nos arts. 133 a 137 do CPC às hipóteses de desconsideração indireta e expansiva da personalidade jurídica". Vale transcrever também o Enunciado 111 do CJF: "O incidente de desconsideração da personalidade jurídica pode ser aplicado ao processo falimentar".

É importante, porém, ressaltar que os requisitos para a desconsideração continuam a ser disciplinados pelas regras de direito material (CC art. 50, CDC art. 28, art. 4º da Lei 9605/98 etc.). É o que esclarecem os arts. 133, § 1º, e 134, § 4º, do CPC.

No âmbito do direito civil, a desconsideração poderá ocorrer sempre que houver abuso da personalidade jurídica mediante desvio de finalidade ou confusão patrimonial, nos termos do art. 50 do CC (denominada Teoria Maior)[48]. Para as relações civis

---

[47]. Sobre o incidente, vide RODRIGUES, Marcelo Abelha; CASTRO, Roberta Tarpinian de; SIQUEIRA, Thiago Ferreira; NAVARRO, Trícia. *Desconsideração da Personalidade Jurídica*: aspectos materiais e processuais. São Paulo: Foco, 2023.

[48]. Tais requisitos estão disciplinados no art. 50 do Código Civil, com as alterações da MP 881/2019.

e empresariais, não basta a mera inexistência ou não localização de bens da pessoa jurídica, consoante entendimento do STJ[49].

Contudo, o STJ afetou os REsps 1.873.187 e 1.873.811 para estabelecer se é cabível a desconsideração no caso de mera inexistência de bens penhoráveis ou de encerramento irregular das atividades da empresa (Tema 1.210).

Outra afetação importante feita pelo STJ refere-se aos REsps 2.039.132. 2013.920, 2.035.296, 1.971.965 e 1.843.631, todos de relatoria do Ministro Francisco Falcão. Nesse julgamento a Corte definirá se o incidente de desconsideração é compatível com a execução fiscal, considerando as hipóteses legais de redirecionamento para os sócios (Tema 1.209).

No que diz respeito às relações consumeristas, incide o art. 28 da Lei 8.078, de 11 de setembro de 1990, com uma autorização bem mais ampla. Basta que a personalidade jurídica constitua um óbice para a satisfação do direito do consumidor, conforme prevê o § 5º do referido dispositivo legal (Teoria Menor). O mesmo ocorre com o art. 4º da Lei 9.605, de 12 de fevereiro de 1998. Há ainda previsão da desconsideração no art. 34 da Lei 12.259, de 30 de novembro de 2011 e no art. 116 do Código Tributário Nacional.

Conforme preveem os arts. 133 e 134, o incidente será instaurado a pedido da parte ou do Ministério Público e é cabível em todas as fases do processo de conhecimento, no cumprimento de sentença e na execução extrajudicial. Importante lembrar que, inobstante se tratar de uma forma de intervenção de terceiros, o incidente de desconsideração é cabível também no âmbito dos juizados especiais (CPC, art. 1.062).

Chama a atenção o fato de o art. 133 não prever a instauração do incidente de ofício, por iniciativa do próprio juiz. Por sua vez, o art. 28 do Código de Defesa do Consumidor[50], que é uma lei mais antiga, afirma que o juiz poderá desconsiderar a personalidade jurídica sem, contudo, esclarecer se isso se dará de ofício ou mediante requerimento. Já o Código Civil, em seu art. 50, deixa claro que isso ocorrerá mediante requerimento da parte ou do MP. Daí por que há divergência doutrinária. De qualquer forma, em virtude da aplicação das normas fundamentais referentes à efetividade e à cooperação, não parece ser adequada a vedação à iniciativa do próprio magistrado. Tal incidente tem por finalidade a garantia do exercício do contraditório, de modo amplo e prévio à apreensão e à decisão sobre a responsabilidade patrimonial. Mas, de igual forma, visa à efetividade do resultado da prestação jurisdicional.

O incidente processa-se quase sempre em primeiro grau de jurisdição, conforme o Enunciado 168 do CJF: "Salvo nos casos de competência originária dos tribunais, o incidente de desconsideração da personalidade jurídica deve ser instaurado em primeiro grau".

---

49. STJ, REsp 1.729.554-SP, Rel. Min. Luis Felipe Salomão, 4ª T., j. 08.05.2018, DJe 06.06.2018.
50. Lei 8.078, de 11 de setembro de 1990.

É plenamente cabível a concessão de tutela provisória de urgência (art. 300) para assegurar a efetividade do processo em relação à indisponibilidade de bens, por exemplo. Imagine-se a situação do sócio que, citado do pedido de desconsideração, procura frustrar a penhora de seus ativos financeiros. Dessa forma, havendo risco de ineficácia do provimento, o requerente pode pleitear, juntamente com o pedido de desconsideração, a tutela provisória. Nesse caso, a indisponibilidade deve ocorrer antes mesmo da citação do terceiro.

Uma vez instaurado o incidente, o sócio ou a pessoa jurídica são citados e o processo principal é suspenso (art. 134, § 3º) a fim de que sejam produzidas as provas e deliberado a respeito dessa desconsideração. A manifestação desses terceiros e seu requerimento de provas deve ocorrer dentro do prazo de 15 (quinze) dias (art. 135). Certamente visando a efetividade do cumprimento da execução e do cumprimento de sentença, o Conselho da Justiça emitiu o Enunciado 110 na II Jornada de Direito Processual Civil: "A instauração do incidente de desconsideração da personalidade jurídica não suspenderá a tramitação do processo de execução e do cumprimento de sentença em face dos executados originários".

Por outro lado, a desconsideração pode ser requerida na própria petição inicial, conforme prevê o art. 134, § 2º. Nesse caso, não há um verdadeiro incidente, uma vez que os terceiros serão citados desde o início e o pedido fará parte do objeto da demanda principal. Justamente por isso, a defesa deverá ser mais ampla, podendo abranger o próprio mérito da causa, consoante o Enunciado 248 do FPPC: "Quando a desconsideração da personalidade jurídica for requerida na petição inicial, incumbe ao sócio ou a pessoa jurídica, na contestação, impugnar não somente a própria desconsideração, mas também os demais pontos da causa".

Admite-se também a possibilidade de desconsideração inversa (CPC, art. 133, § 2º), conforme orientação que já vinha sendo dada pela jurisprudência. Trata-se das hipóteses em que o patrimônio da pessoa jurídica passa a responder por obrigações pessoais de seu sócio controlador. Essa forma de desconsideração é extremamente útil às situações em que se verifica confusão patrimonial ou quando o sócio procura adquirir ou transferir bens para o nome da pessoa jurídica para frustrar os interesses de seus credores[51].

A decisão que aprecia o incidente baseia-se em cognição exauriente e, portanto, apesar de interlocutória (CPC, art. 136), tem aptidão para produzir coisa julgada material (CPC, art. 356, § 3º). Ela é impugnável mediante agravo de instrumento (CPC, art. 1.015, IV) ou agravo interno (CPC, art. 136, parágrafo único), visto que pode ser prolatada em primeira instância ou em grau recursal. Conforme o atual sistema, o agravo interno (CPC, art. 1.021) se destina à impugnação de todas as decisões proferidas por relator, perante os tribunais. Contudo, se desconsideração ocorrer na própria sentença, a decisão será impugnável por apelação. É o que também entende o FPPC no Enunciado

---

51. STJ, REsp 1.647.362, Rel. Min. Nancy Andrighi, 3ª T., j. 03.08.2017, *DJe* 10.08.2017.

390: "Resolvida a desconsideração da personalidade jurídica na sentença, caberá apelação". A propósito, segundo o STJ, a empresa não possui legitimidade recursal quando a desconsideração decorrer de interesse dos próprios sócios[52].

Ao apreciar o incidente, o juiz decidirá pela desconsideração apenas em relação àqueles fatos e às circunstâncias discutidas no processo. Apesar de produzir coisa julgada, tal decisão não poderá ser aplicada em outros processos, relativamente a outros fatos. Não se trata de uma desconstituição genérica da personalidade da empresa para quaisquer casos futuros. Muito pelo contrário, ela apenas produz efeitos em relação ao que foi efetivamente examinado.

Uma vez deferido o pedido de desconsideração, qualquer ato posterior de alienação ou oneração de bens será considerado fraude à execução e ineficaz em relação ao requerente (CPC, art. 137). Em complemento a tal dispositivo, o art. 792, § 3º, do Código ainda prevê que tal fraude se verifica a partir da citação da parte cuja personalidade se pretende desconsiderar. A ENFAM esclarece o teor do dispositivo, conforme Enunciado 52: "A citação a que se refere o art. 792, § 3º, do CPC/2015 (fraude à execução) é a do executado originário, e não aquela prevista para o incidente de desconsideração da personalidade jurídica (art. 135 do CPC/2015)". Ou seja, no caso de execução contra a empresa, tendo havido o pedido de desconsideração para se atingir bens do sócio, eventual alienação de bens considera-se em fraude já a partir da citação da própria empresa, parte originária na execução.

Outra cautela importante do credor, para evitar a alegação de desconhecimento por parte de terceiros que venham adquirir esses bens, é o registro do incidente perante o cartório distribuidor. Diz o art. 134, § 1º, do Código que a instauração do incidente será imediatamente comunicada ao distribuidor para as anotações devidas. Observe-se que isso se dá logo no início, assim que for requerida a desconsideração, antes mesmo da manifestação do terceiro e da futura decisão judicial.

De qualquer forma, a tutela de urgência constitui um excelente instrumento colocado à disposição dos credores para evitar eventuais atos fraudulentos durante o decurso do tempo para a citação e manifestação do terceiro. Ao requerer a desconsideração da personalidade jurídica, pode então o credor requerer o bloqueio de bens ou qualquer outra medida urgente (CPC, art. 300).

Uma vez citado, o terceiro somente poderá se manifestar a respeito do pedido de desconsideração. A defesa do sócio ou da sociedade a ser desconsiderada deve se limitar, portanto, ao requerimento do próprio incidente, não lhe sendo lícito discutir o mérito da ação principal, salvo evidentemente se o pedido de desconsideração ocorrer na petição inicial (CPC, art. 134, § 2º). Nesse sentido, a produção de provas prevista no art. 135 do Código deverá ter por objeto as questões do incidente em si.

---

52. STJ, 3ª T., AgInt no AREsp 978178/SP, Rel. Min. Marco Aurélio Bellizze, j. 17.10.2017, *DJe* 23.10.2017.

Esclareça-se ainda que o sócio-gerente pode sofrer os efeitos da execução fiscal independentemente de incidente de desconsideração da personalidade jurídica, por força do disposto na legislação tributária. Esse é, aliás, o teor do Enunciado 53 da ENFAM: "O redirecionamento da execução fiscal para o sócio-gerente prescinde do incidente de desconsideração da personalidade jurídica previsto no art. 133 do CPC/2015".

Em relação a honorários advocatícios, ainda não há consenso mas o STJ já vem admitindo a fixação nos casos de improcedência do incidente. É verdade que no julgamento do REsp 1.845.536, a 3ª Turma do STJ concluiu não ser cabível a condenação em honorários de sucumbência, por não haver previsão legal específica[53]. De igual forma foi decidido no REsp 2.054.280/SP[54]. Contudo, ao julgar o REsp 1.925.959/SP[55] a 3ª Turma, por maioria de votos, concluiu serem cabíveis os honorários, diante da similitude com decisão de exclusão de litisconsorte. Diante do dissenso foram então admitidos os Embargos de Divergência em REsp 1.925.959. Além disso, foi afetado o julgamento do RESp 2.072.206 à Corte Especial.

12.4.6. Amicus Curiae

O *amicus curiae*, ou "amigo da corte", constitui uma forma de intervenção de terceiros, voluntária ou provocada, com o intuito de fornecer subsídios, prestar informações ou oferecer dados técnicos para auxiliar o juiz a decidir causas complexas ou de grande relevância.

Ela pode ocorrer de ofício, isto é, por determinação do magistrado, mediante requerimento das partes ou do próprio terceiro.

O objetivo é propiciar uma cooperação por pessoa que detenha um conhecimento específico, visando tornar ainda mais qualificado o debate processual. Nesse sentido, a figura do *amicus curiae* constitui uma extensão do princípio do contraditório (CF, art. 5º, LV). Em função disso, os argumentos apresentados pelo *amicus* devem ser devidamente enfrentados no julgamento. Assim, já se pronunciou o FPPC no Enunciado 128: "No processo em que há intervenção do *amicus curiae*, a decisão deve enfrentar as alegações por ele apresentadas, nos termos do inciso IV do § 1º do art. 489". Também se entende que a sua participação não pode ser vedada mediante negócio processual. Esse é o teor do Enunciado 392 do mesmo Fórum: "As partes não podem estabelecer, em convenção processual, a vedação da participação do *amicus curiae*".

Observe-se que em vários momentos de especial importância para o sistema processual, o CPC autoriza a participação de pessoas ou instituições com conhecimento técnico relevante. É o que ocorre para a alteração de tese jurídica adotada em enunciado de súmula ou julgamento de casos repetitivos (CPC, art. 927, § 2º), no debate acerca

---

53. STJ, REsp 1.845.536, Rel. Min. Marco Aurélio Bellizze, 3ª T., j. 26.05.2020.
54. STJ, REsp 2.054.280, Rel. Min. Marco Buzzi, decisão monocrática, j. 24.04.2023.
55. STJ, REsp 1.925.959, Rel. Min. Villas Bôas Cueva, 3ª T., j. 12.09.2023.

do IRDR, incidente de resolução de demandas repetitivas (CPC, art. 983), na análise da repercussão geral (CPC, art. 1.035, § 4º) e no julgamento dos recursos repetitivos (CPC, art. 1.038, I). Em todas essas situações, admite-se um complemento do debate mediante a participação de entidades ou pessoas qualificadas.

Essa qualificação do *amicus* consiste, obviamente, na capacidade de contribuir tecnicamente, mas também em certa "legitimação". O pressuposto, portanto, da admissão dessa intervenção é a cooperação qualificada. Tanto é assim que o *caput* do art. 138 do Código admite a participação de pessoa natural ou jurídica, órgão ou entidade especializada, *com representatividade adequada*[56]. O que se quer dizer com isso é que essa pessoa (natural e jurídica) ou instituição deve ter, além desse conhecimento técnico relevante, uma legitimidade para adotar posições e falar em nome de determinados setores da sociedade, da ciência, da academia etc. Tais requisitos devem ser examinados caso a caso, pelo juiz ou relator. Segundo Cassio Scarpinella Bueno, possui representatividade adequada toda pessoa, grupo ou entidade que demonstrar um específico interesse institucional e que tenha condições de contribuir para aprimorar a discussão levada a juízo, mediante a apresentação de informações ou dados relevantes para a solução do litígio[57]. De qualquer maneira, essa representatividade não pressupõe unanimidade de opiniões, conforme destaca o Enunciado 127 do FPPC: "A representatividade adequada exigida do *amicus curiae* não pressupõe a concordância unânime daqueles a quem representa".

O prazo previsto no Código para a manifestação do *amicus curiae* é de 15 dias, a contar de sua intimação (art. 138). Observe-se que a lei não prevê como marco inicial do prazo a juntada da intimação aos autos, mas sim a própria intimação. Por outro lado, como sua função é apenas colaborar para o aprimoramento da decisão judicial, não se deve considerar preclusa tal oportunidade, uma vez superado esse interregno de 15 dias. Nesse sentido, aliás, esclarece Humberto Theotônio Junior que "pela especialidade da intervenção colaborativa, não se há de cogitar de preclusão a seu respeito"[58].

O STJ entende que quando não houver provocação da Corte, o pedido de intervenção, na qualidade de *amicus curiae*, deve ocorrer antes do julgamento[59] e preferencialmente até a data em que o Relator liberar o processo para pauta[60].

Ao tratar dessa forma de intervenção, o CPC procurou ampliar a discussão da causa, mediante a participação de um terceiro técnico e imparcial. Assim, em princípio, o *amicus* não deve ter interesse em favorecer diretamente nenhuma das partes. Não é da natureza dessa atuação a vinculação direta com as partes. Todavia, eventual interesse no

---

56. STJ, REsp 1.333.977, Rel. Min. Isabel Gallotti, decisão monocrática.
57. BUENO, Cassio Scarpinella. Amicus curiae *no processo civil brasileiro*: um terceiro enigmático. São Paulo: Saraiva, 2006. p. 147.
58. THEODORO JÚNIOR, Humberto. *Curso de direito processual civil*: teoria geral do direito processual civil, processo de conhecimento e procedimento comum. 57. ed. rev., atual. e ampl. Rio de Janeiro: Forense, 2016. v. I. p. 413.
59. STJ, Questão de Ordem no REsp 1.152.218. Rel. Min. Luis Felipe Salomão, j. 07.05.2014.
60. STF, ADI 4071 AgR, Rel. Min. Menezes Direito, Tribunal Pleno, j. 22.04.2009.

resultado da demanda não impede sua participação. Isso porque, em virtude da própria área de atuação da entidade, em muitos casos ela defende posições ou interesses institucionais que gostaria de ver prevalecer no julgamento. Daí por que a circunstância do *amicus* estar comprometido com determinada orientação não é um impeditivo à sua admissão. Ao contrário, tal posicionamento poderá contribuir para o debate.

Os critérios para a admissão do *amicus curiae* são a relevância da matéria, a especificidade do tema ou a repercussão social da controvérsia e a representatividade adequada (CPC, art. 138)[61].

Conforme prevê o art. 138, § 2º, do Código, o juiz fixará os poderes da atuação do *amicus curiae*, a qual pode ser mais ampla ou mais restrita. É possível, por exemplo, que ela se limite a uma manifestação por escrito. Ou então que haja a participação em audiências públicas e sustentação oral por ocasião do julgamento. No STF, por exemplo, concede-se 15 minutos para a sustentação oral e, se houver mais de um *amicus curiae*, o tempo é duplicado e dividido entre eles[62]. O importante é observar que o *amicus curiae* não se torna parte do processo, ao contrário do que ocorre na maior parte das intervenções de terceiros. Daí por que a decisão da causa não lhe gera nenhuma vinculação. Ele não é atingido pela coisa julgada e nem sequer pelos efeitos da intervenção, como ocorre na assistência simples (CPC, art. 123). Ele apenas colabora para a construção de uma decisão judicial melhor.

Em função disso, o *amicus* não tem legitimidade para recorrer, salvo no que diz respeito à interposição de embargos de declaração (CPC, art. 138, § 1º) e ao recurso contra a decisão que julgar o incidente de resolução de demandas repetitivas (CPC, art. 138, § 3º)[63]. O FPPC entende, todavia, que deve ser ampliada essa legitimidade para a interposição de recursos e para participação nos procedimentos de súmulas. É o que propõem o Enunciado 391: "O *amicus curiae* pode recorrer da decisão que julgar recursos repetitivos" e o Enunciado 393: "É cabível a intervenção de *amicus curiae* no procedimento de edição, revisão e cancelamento de enunciados de súmula pelos tribunais".

A admissão do *amicus* não altera a competência (CPC, art. 138, § 1º). Dessa forma, ainda que uma entidade autárquica ou empresa pública federal atue como *amicus curiae*, não haverá o deslocamento da competência para a justiça federal. Não incide o disposto no art. 109, I, da Constituição Federal, exatamente porque o *amicus* não assume a condição de parte.

---

61. STF; ADI 4.858 AgR; rel. Min. Edson Fachin; Tribunal Pleno; j. 24.03.2017; *DJe* 31.03.2017 e STF; RE 705.423 AgR; rel. Min. Edson Fachin; Tribunal Pleno; j. 15.12.2016; *DJe* 07.02.2017.
62. STF, Plenário, RE 612.043/PR, Rel. Min. Marco Aurélio, j. 04.05.2017. Conforme consta no Info 863 do STF, nesse julgamento havia três *amici curiae*, razão pela qual o tempo foi duplicado e dividido entre os três. Nessa parte, votou vencido o Min. Marco Aurélio que entendia que por não ser parte, o *amicus curiae* não poderia gerar o aumento do tempo da sustentação oral.
63. STJ, RCD no REsp 1.568.244/RJ, Rel. Min. Ricardo Villas Bôas Cueva, 2ª Seção, j. 23.08.2017, *DJe* 28.08.2017.

A atuação pode ocorrer em qualquer procedimento ou fase processual. Cabe inclusive a intervenção de *amicus curiae* em *Reclamação*[64]. Também em mandado de injunção, conforme o Enunciado 12 da I Jornada de Direito Processual Civil do CJF. Não há prazo para se requerer essa forma de intervenção, mas ela, contudo, não deve gerar demasiado atraso ou causar dificuldade ao trâmite processual.

O CPC de 2015 ampliou essa forma de intervenção, prevendo sua ocorrência em qualquer momento processual, inclusive perante o juízo de primeiro grau. Até então, o *amicus curiae* tinha uma atuação mais voltada para os tribunais. De qualquer forma, várias leis esparsas no Brasil já previam a figura. A lei da ADI, ação direta de inconstitucionalidade (Lei 9.868, de 10 de novembro de 1999), permite a atuação do *amicus curiae* no art. 7º, § 2º. A lei que trata da ADPF, arguição de descumprimento de preceito fundamental (Lei 9.882, de 03 de dezembro de 1999), também permite no art. 6º, § 1º, a intervenção do *amicus* em audiências públicas, assim como a lei das súmulas vinculantes (Lei 11.417, de 19 de dezembro de 2006) no art. 3º, § 2º. Os Juizados Especiais Federais também contam com essa forma de intervenção, conforme dispõe o art. 14, § 7º, da Lei 10.259, de 12 de junho de 2001. Mesmo quando a legislação esparsa não traga a previsão específica, a regra geral do art. 138 do Código deve ser aplicada. Este é o entendimento exposto no Enunciado 249 do FPPC: "A intervenção do *amicus curiae* é cabível no mandado de segurança".

A decisão que defere ou determina a participação do *amicus curiae* é irrecorrível. Nos termos do art. 138 do CPC, o STJ vem entendendo que a decisão do relator que trata da admissibilidade do *amicus curiae* não é impugnável por agravo interno[65].

No que diz respeito à sustentação oral, o STJ entende que sua admissão não é obrigatória, isto é, não haveria um direito dos *amici curiae* de exigi-la[66].

12.5. DEVERES DOS SUJEITOS PROCESSUAIS

12.5.1. Deveres das partes, dos procuradores e de todos que participam do processo

O art. 77 do CPC apresenta uma relação de deveres das partes, de seus procuradores e de todos que participam do processo. Tal rol é meramente exemplificativo, pois o dever geral de boa-fé, imposto pelo art. 5º do Código, não admite nenhuma conduta que possa violar a justa expectativa e os deveres éticos dentro do processo. Trata-se assim de uma relação não taxativa, que comporta ampliação.

Os deveres expressamente previstos são: a) não faltar com a verdade na exposição dos fatos (inciso I); b) não apresentar pretensão ou defesa quando souber que elas não

---
64. STF, Plenário, Rcl 11.949/RJ, rel. Min. Carmen Lúcia, j. 16.03.2017.
65. STJ, REsp 1.696.396, Rel. Min. Nancy Andrighi, decisão monocrática.
66. STJ, Questão de Ordem no REsp 1.205.946, Corte Especial, j. 19.10.2011.

possuem fundamento (inciso II); c) não produzir provas e não praticar atos inúteis ou desnecessários (inciso III); d) cumprir com exatidão as decisões judiciais, não causando embaraços (inciso IV); e) declinar, no primeiro momento que lhes couber falar nos autos, o endereço residencial ou profissional para o recebimento de intimações, mantendo tais informações atualizadas e informando eventuais modificações (inciso V); f) não praticar inovação ilegal no estado de fato de bem ou direito litigioso (inciso VI); g) informar e manter atualizados seus dados cadastrais.

Destaque-se que o art. 77 do Código de Processo Civil, com as alterações da Lei 14.195/2021, passou a ter esse novo inciso (VII), o qual estabelece ser dever das partes e de seus advogados informar e manter atualizados seus dados cadastrais perante os órgãos do Poder Judiciário. Tal dispositivo visa possibilitar a citação eletrônica, a qual deve ser a modalidade preponderante.

Dentre esses deveres, o Código dá um destaque especial àqueles constantes dos incisos IV e VI do art. 77, ou seja, cumprir as decisões judiciais com exatidão, não criando embaraços e não praticar inovação ilegal no estado de fato de bem ou de direito disputado em juízo (atentado processual). Tais condutas, de extrema importância para a efetividade do processo, devem ser observadas mediante advertência especial do juiz (CPC, art. 77, § 1º) e aplicação de uma pena mais severa para a hipótese de sua violação: multa de até vinte por cento do valor da causa (CPC, art. 77, § 2º) ou, sendo este irrisório, de até 10 (dez) vezes o valor do salário-mínimo (CPC, art. 77, § 5º).

Conforme a redação atual do art. 77 (com o acréscimo do inciso VII) e do art. 246 (com o acréscimo dos §§ 1ºA, 1ºB e 1ºC), a ausência de confirmação da citação eletrônica também caracteriza ato atentatório à dignidade da justiça e, portanto, à semelhança do que prevê o Código em relação aos incisos IV e VI do art. 77, tal multa deve ser paga ao Estado (art. 77, § 2º), sendo passível de execução fiscal após o trânsito em julgado. Embora não haja a previsão expressa da sua destinação, não faz sentido atribuir a ela um tratamento diferenciado daquele dos incisos IV e VI do art. 77, uma vez que todas essas condutas caracterizam igualmente ato atentatório à dignidade da justiça.

Vale lembrar que o recurso cabível contra a fixação da multa será sempre a apelação, ainda que sua fixação ocorra por decisão interlocutória e, portanto, antes da sentença. É que, embora seja possível ao magistrado aplicar a multa desde logo, ela só surtirá efeitos após o trânsito em julgado (art. 77, § 3º). Logo, a ela não se aplica a interpretação ampliativa da taxatividade mitigada do rol do art. 1.015 (Tema 988 do STJ).

Nesse mesmo sentido, com relação à multa do art. 334, § 8º (deixar de comparecer à audiência de conciliação sem justificativa adequada), o STJ já se pronunciou quanto ao não cabimento do agravo, devendo a questão ser trazida por ocasião do recurso de apelação na forma do art. 1.009, § 1º, do CPC[67].

---

67. STJ, REsp 1.762.957-MG, 3ª T., Rel. Min. Paulo de Tarso Sanseverino, j. 10.03.2020.

Os incisos IV, VI e VII tratam, portanto, do que o Código denomina de atos atentatórios à dignidade da justiça que são, na verdade, condutas que atentam contra o próprio Poder Judiciário[68]. No sistema processual americano esse tipo de comportamento também é punido de forma mais grave, por ser considerado *contempt of court*, ou seja, uma conduta de desrespeito ou, em sua literalidade, *desprezo à corte*.

E, como já referido anteriormente, ao contrário das multas por litigância de má-fé (as quais são destinadas à parte contrária, conforme o art. 96), os atos atentatórios geram a aplicação de multas destinadas ao Estado. Isso se justifica na medida em que o desrespeito se dá em relação ao próprio Poder Judiciário. Dessa forma, a multa prevista no art. 77, § 2º, não sendo paga, será inscrita em dívida ativa da União ou do Estado membro e objeto de execução fiscal. A lei, contudo, exige o prévio trânsito em julgado para permitir a inscrição e a posterior execução (art. 77, § 3º).

Importante destacar que o STJ decidiu que embora os deveres de probidade e retidão se dirigem a todos que participam ou intervêm no processo, inclusive os magistrados, a estes não pode ser aplicada a multa prevista no art. 77, § 2º do CPC. Isto porque aos juízes se aplica a legislação específica da carreira (Lei Orgânica da Magistratura)[69].

Saliente-se, ainda, que a fixação dessas multas pode ocorrer concomitantemente com aquelas previstas para o não pagamento voluntário da condenação em quantia certa (CPC, art. 523, § 1º) ou para o não cumprimento de obrigação de fazer e não fazer (CPC, art. 536, § 1º). Isso porque as multas do art. 77, § 2º, do Código têm um caráter punitivo ou sancionatório, o qual diverge do intuito coercitivo dessas últimas. Sua natureza é, portanto, independente e autônoma, não havendo que se falar em *bis in idem* na dupla fixação. Esse é também o entendimento do STJ, o qual reconhece que as *astreintes* e a multa por ato atentatório à dignidade da justiça são cumuláveis, por terem naturezas jurídicas distintas[70].

Embora o art. 77 do Código estabeleça deveres a todos aqueles que participam do processo, a apuração de responsabilidade disciplinar dos advogados públicos ou privados e dos membros do MP ou da Defensoria somente pode ser feita pela corregedoria ou pelo respectivo órgão de classe. O § 6º do art. 77 prevê que nessas hipóteses, constatando eventual violação, o juiz deverá oficiar aos mencionados órgãos, os quais serão responsáveis pela apuração e punição. Nessa linha, a Lei 14.752, de 12 de dezembro de 2023 reafirma a competência disciplinar do órgão de classe (OAB).

Interessante observar que os deveres previstos no art. 77 não dizem respeito apenas às partes e seus procuradores, mas se estendem *a todos aqueles que de qualquer forma participem do processo*. É exatamente essa a redação do *caput* do referido dispositivo legal.

---

68. STF; Rcl 24786 ED-Agr/GO; rel. Min. Edson Fachin; 1ª T.; j. 17.02.2017; *DJe* 09.03.2017 e STF; Rcl 21895 ED-AgR/GO; rel. Min. Roberto Barroso; 1ª T.; j. 24.05.2016; *DJe* 06.06.2016.
69. STJ, REsp 1548783, rel. Min. Luis Felipe Salomão, 4ª T.; j. 12.06.2019.
70. STJ, REsp 1.815.621, 3ª T., Rel. Min. Villas Bôas Cueva, j. 28.09.2021.

Aplicando tal dever em relação aos terceiros, no final de 2021, o STJ decidiu que provedores de *internet* estavam obrigados a fornecer dados cadastrais de usuários responsáveis por publicações ofensivas à memória da vereadora Marielle Franco, ainda que não fossem parte no processo[71].

Nos termos do voto do Relator, Ministro Luis Felipe Salomão, apesar de a ação ter por objeto apenas a remoção de conteúdo da *internet*, e ainda que tenha sido ajuizada apenas em face do Google (administrador do YouTube), os provedores de acesso (terceiros) são obrigados a fornecer, com base no IP, os dados cadastrais dos usuários (nome, endereço, RG e CPF), em cumprimento aos deveres impostos aos terceiros.

Como bem destacado pelo STJ, não se trata de condenação de terceiro, mas sim de hipótese relativa aos deveres impostos a todos, a fim de auxiliar o cumprimento das ordens judiciais, nos termos dos arts. 77 e 139 do Código de Processo Civil. A decisão ainda enfrentou a discussão sobre a Lei Geral de Proteção de Dados (Lei 13.790/2018), concluindo não haver qualquer conflito, na medida em que a LGPD não exclui a possibilidade da quebra de sigilo, mas apenas apresenta regras para tanto. A decisão é muito interessante do ponto de vista processual.

A propósito, vale lembrar que, em maio de 2021, o STJ, ao julgar os Recursos Repetitivos 1.763.462 e 1.777.553, passou a admitir a fixação de multa cominatória no pedido de exibição de documento ou coisa[72]. É a orientação agora manifestada no Tema 1.000. Restou assim superada a Súmula 372 do STJ, a qual afirmava que na exibição de documentos não caberia a aplicação de multa cominatória.

Em síntese, pode-se afirmar que os terceiros estão igualmente obrigados a atender às ordens e aos comandos judiciais, inclusive sob aplicação de multa, devendo colaborar com a prestação jurisdicional, nos termos dos arts. 6º e 77 do Código de Processo Civil.

No que diz respeito à linguagem utilizada nos autos, é vedado o emprego de expressões ofensivas (CPC, art. 78)[73]. Tal vedação se dirige às partes, a seus procuradores, aos juízes, aos membros do Ministério Público e da Defensoria e a qualquer pessoa que participe do processo. Se a ofensa ocorrer de forma oral, o juiz deverá advertir o ofensor e requerer que isso não mais se repita, sob pena de ser cassada a palavra (CPC, art. 78, § 1º). Se, ao contrário, as ofensas forem escritas, o juiz determinará que as expressões ofensivas sejam riscadas, expedindo-se certidão de seu inteiro teor para a parte (CPC, art. 78, § 2º).

---

[71]. STJ, REsp 1.914.596, 4ª T., Rel. Min. Luis Felipe Salomão, j. 23.11.2021. Vide também, sobre esse mesmo tema, STJ, REsp 1.622.483, 3ª T., Rel. Min. Paulo de Tarso Sanseverino, j. 15.05.2018.
[72]. STJ, REsp 1.763.462, 2ª Seção, Rel. Min. Paulo de Tarso Sanseverino, j. 26.05.2021 e REsp 1.777.553, 2ª Seção, Rel. Min. Paulo de Tarso Sanseverino, j. 09.06.2021.
[73]. STF; ADI 5357 MC-Ref-ED; rel. Min. Edson Fachin; Tribunal Pleno; j. 17.02.2017; *DJe* 06.03.2017.

12.5.2. Responsabilidade das partes e litigância de má-fé

O sistema processual estabelece, em suas normas fundamentais, o dever da boa-fé objetiva (CPC, art. 5º). Trata-se de uma expectativa de conduta a partir dos padrões gerais de comportamento ético. Essa é uma exigência geral, que se aplica a todos os atos processuais, a todos aqueles que participam do processo e que independe do caráter subjetivo ou da intenção do agente. Nesse sentido, não existem padrões predeterminados.

Por outro lado, o Código exige também a boa-fé ao tipificar as situações em que ela estará ausente. Trata-se do dever de não adotar condutas que já foram previamente elencadas pelo legislador como indesejáveis e caracterizadoras da litigância de má-fé.

Assim, considera-se litigante de má-fé aquele que: a) deduzir pretensão ou defesa contra texto expresso de lei ou fato incontroverso (CPC, art. 80, I); b) alterar a verdade dos fatos (CPC, art. 80, II); c) usar do processo para conseguir objetivo ilegal (CPC, art. 80, III); d) opuser resistência injustificada ao andamento do processo (CPC, art. 80, IV); e) proceder de modo temerário em qualquer incidente ou ato do processo (CPC, art. 80, V); f) provocar incidente manifestamente infundado (CPC, art. 80, VI)[74] e g) interpuser recurso com intuito manifestamente protelatório (CPC, art. 80, VII)[75].

Embora todos sejam importantes, merecem destaque o inciso II do art. 80 do Código, o qual exige veracidade no relato dos fatos ao Poder Judiciário, considerando litigante de má-fé quem viola esse dever[76], assim como o inciso VII que veda a interposição de recurso com intuito protelatório[77]. Com efeito, quem altera a verdade e recorre de forma protelatória viola a boa-fé, a cooperação e a lealdade que devem existir entre partes e magistrado.

O STJ entende que o ajuizamento de sucessivas ações pode configurar assédio processual, caracterizando abuso do direito[78]. Nessa mesma linha, sugere o Enunciado 170 do CJF: "A caracterização do abuso processual pode ocorrer por comportamentos ocorridos em único processo ou a partir de um conjunto de atos em inúmeros processos". Por outro lado, o exercício regular do direito de recorrer não pode ensejar a aplicação da pena de multa, não havendo que se falar nesse caso em litigância de má-fé[79].

Por se tratar de relação prevendo condutas típicas, às quais se aplicam sanções processuais, o rol é taxativo e não pode comportar interpretação extensiva. Entretanto,

---

74. STF, Rcl 27.541 AgR, Rel. Min. Roberto Barroso, 1ª T., j. 1º.12.2017, DJe 14.12.2017.
75. STJ, AgInt no AREsp 980.932/RS, Rel. Min. Sérgio Kukina, 1ª T., j. 04.04.2017, DJe 11.04.2017.
76. STJ; EDcl no AgInt no AREsp 864.850/PR; rel. Min. Mauro Campbell Marques; 2ª T.; j. 19.05.2016; DJe 30.05.2016; STJ; AgInt no REsp 1626058/MA; rel. Min. Nancy Andrighi; 3ª T.; j. 21.02.2017; DJe 24.02.2017 e STJ; AgInt no EDcl nos EDcl no AREsp 825.696/SP; rel. Min. Luis Felipe Salomão; 4ª T.; j. 15.12.2016; DJe 02.02.2017.
77. STF; ARE 969.898 AgR; rel. Min. Cármen Lúcia; 2ª T.; j. 09.08.2016; DJe 26.08.2016 e STF; ARE 816.022 AgR-AgR-AgR; rel. Min. Edson Fachin; 1ª T.; j. 10.05.2016; DJe 25.05.2016. No mesmo sentido: STJ; REsp 1.628.065/MG; rel. Min. Nancy Andrighi; rel. para o acórdão Min. Paulo de Tarso Sanseverino; 3ª T.; j. 21.02.2017; DJe 04.04.2017.
78. STJ, REsp 1.817.845, Rel. Min. Moura Ribeiro, 3ª T., j. 10.10.2019.
79. STJ; AgInt no REsp 1.628.702/GO; rel. Min. Assusete Magalhães; 2ª T.; j. 21.02.2017; DJe 08.03.2017.

a adoção de qualquer um desses comportamentos gerará, não apenas a penalidade prevista no art. 81 do Código (multa de um a dez por cento do valor corrigido da causa)[80], mas também a condenação a indenizar as perdas e danos (CPC, art. 79). Esse tem sido o entendimento do STJ[81].

Saliente-se, por outro lado, que a caracterização da litigância de má-fé independe da existência de dano. Ou seja, ainda que ausente o prejuízo, aplica-se a sanção processual para as condutas tipificadas no art. 80[82].

Essa condenação poderá ocorrer em virtude de requerimento das partes ou por iniciativa do próprio magistrado (CPC, art. 81). O montante da indenização será fixado diretamente pelo juiz ou liquidado por arbitramento ou pelo procedimento comum, nos próprios autos (CPC, art. 81, § 3º). Não é necessário outro procedimento para a liquidação e o recebimento do valor.

Além disso, a indenização é cumulável com a multa pela litigância de má-fé e ainda, se for o caso, com a multa pelo ato atentatório à dignidade da justiça (CPC, art. 77, § 2º).

O § 2º do art. 81 do Código prevê que, sendo irrisório ou inestimável o valor da causa, a multa será fixada em até 10 (dez) vezes o valor do salário-mínimo. E assim já vêm decidindo o STJ[83] e o STF[84]. Trata-se de iniciativa legal para evitar valores insignificantes e que não cumpririam a função punitiva. Por outro lado, diante de um valor da causa extremamente alto, justifica-se a advertência realizada previamente pelo Poder Judiciário[85].

Por fim, quando forem dois ou mais os litigantes de má-fé, o juiz poderá condená-los de forma solidária ou fazê-lo de modo proporcional ao interesse de cada um na causa (CPC, art. 81, § 2º).

12.5.3. Despesas

A regra geral é a antecipação das despesas relativas aos atos que as partes realizarem ou requererem no processo (CPC, art. 82), com a condenação do vencido, ao final, a ressarcir os valores arcados pelo vencedor (CPC, art. 82, § 2º). Excepcionam-se os casos de gratuidade da justiça (CPC, arts. 98 a 102).

No que diz respeito aos atos determinados de ofício (pelo próprio magistrado) ou pelo MP (como custos legis), suas despesas deverão ser arcadas pelo autor (CPC, art.

---

80. STF; Rcl 21.730 ED-AgR; rel. Min. Dias Toffoli; 2ª T.; j. 24.02.2017; DJe 14.03.2017 e STF; Rcl 23.836 ED-AgR; Rel. Min. Edson Fachin; 1ª T.; j. 17.02.2017; DJe 09.03.2017; STJ, EDcl no AgInt no AREsp 879.704/SP, Rel. Min. Paulo de Tarso Sanseverino, 3ª T., j. 07.11.2017, DJe 13.11.2017.
81. STJ; AgInt no REsp 1.602.245/RJ; rel. Min. Marco Buzzi; 4ª T.; j. 15.12.2016; DJe 02.02.2017.
82. STJ, REsp 1.628.065/MG, Rel. para o acórdão Min. Paulo de Tarso Sanseverino, 3ª T., j. 21.02.2017.
83. STJ; AgInt no AREsp 788.359/RS; rel. Min. Marco Aurélio Bellizze; 3ª T.; j. 07.03.2017; DJe 21.03.2017.
84. STF; MS 28.373 ED-AgR; rel. Min. Roberto Barroso; 1ª T.; j. 28.10.2016; DJe 17.11.2016 e STF; MS 33.992 ED-AgR; rel. Min. Roberto Barroso; 1ª T.; j. 07.06.2016; DJe 15.08.2016.
85. STJ; AgInt no EREsp 1.376.569/RJ; rel. Min. Gurgel de Faria; 1ª Seção; j. 22.02.2017; DJe 21.03.2017.

82, § 1º). Trata-se de imposição legal, inerente à lógica de que o autor deve arcar com o custo dos atos que interessem a ambas as partes. Já em relação aos atos requeridos pela própria Fazenda Pública, Ministério Público ou Defensoria, o Código prevê o pagamento ao final, pelo vencido (art. 91). Não haverá nesses casos exigência de preparo recursal ou de outras despesas, independentemente da concessão da gratuidade de justiça[86].

Na liquidação de sentença coletiva, quando estiverem representados beneficiários específicos, deverá também ocorrer a antecipação de custas. Esse foi o entendimento do STJ ao concluir que uma associação (o Instituto Brasileiro de Defesa do Consumidor – IDEC) deveria antecipar tais valores, apesar de atuar como representante processual de 10 (dez) beneficiários[87]. Isto porque, diante da interpretação restritiva das regras de isenção de custas no processo coletivo, valem as qualidades processuais dos titulares específicos e não da associação representante.

Observe-se que o termo *despesas* abrange não apenas as custas dos atos processuais, mas todo e qualquer valor empregado no processo, assim exemplificativamente: a indenização de viagem, a remuneração do assistente técnico e a diária de testemunha (CPC, art. 84). A denominação é ampla e pretende englobar todos os gastos realizados com o processo, razão pela qual o rol do art. 84 deve ser considerado meramente exemplificativo. A doutrina refere inclusive o exemplo das despesas realizadas pelo locador para remover os pertences do locatário, a fim de dar cumprimento ao mandado de despejo[88]. Assim, todo e qualquer custo relacionado ao processo está inserido no conceito de despesa e deve ser ressarcido pelo vencido. A propósito, em recente julgado o STJ decidiu que mesmo que a sentença transitada em julgado não condene ao ressarcimento dos honorários periciais, limitando-se a mencionar as custas processuais, é possível a inclusão desses honorários na conta de liquidação[89].

Saliente-se, por outro lado, que o STJ, sob a égide do CPC/73, entendeu que os honorários contratuais, isto é, aqueles convencionais, não se enquadravam no conceito de despesas processuais para o fim de ressarcimento pelo vencido[90].

O legislador estabeleceu uma garantia para o ressarcimento desses valores quando o autor (qualquer que seja a sua naturalidade) já resida ou passe a residir fora do Brasil. Impõe-se a prestação de caução (CPC, art. 83), isto é, o depósito de uma quantia suficiente para o pagamento futuro das custas e dos honorários advocatícios, em caso de eventual condenação. Conforme o § 1º do referido dispositivo, a caução será dispensada quando: a) houver acordo ou tratado internacional assim autorizando; b) tratar-se de execução de título extrajudicial ou cumprimento de sentença; c) tratar-se de reconvenção. Já o § 2º permite o reforço dessa garantia quando, em virtude da desvalorização

---

86. STJ, EDcl no AgRg no AREsp 738.813/RS, Rel. Min. Luis Felipe Salomão, 4ª T., j. 15.08.2017, *DJe* 18.08.2017.
87. STJ, REsp 1.637.366, 3ª T., Rel. Min. Marco Aurelio Bellizze, j. 05.10.2021.
88. NERY JR., Nelson; NERY, Rosa Maria Andrade de. *Código de Processo Civil comentado*. 16 ed. rev., atual. e ampl. São Paulo: RT, 2016. p. 468 (*RT* 621/168).
89. STJ, REsp 1558185/RJ, Rel. Min. Nancy Andrighi, 3ª T., j. 22.02.2017.
90. STJ, REsp 1571818/MG, Rel. Min. Nancy Andrighi, 3ª T., j. 09.10.2018, *DJe* 15.10.2018.

do bem, ela se tornar insuficiente. A propósito, o Enunciado 4 da I Jornada de Direito Processual do Conselho da Justiça Federal prevê: "A entrada em vigor de acordo ou tratado internacional que estabeleça dispensa da caução prevista no art. 83, § 1º, inc. I do CPC/2015, implica na liberação da caução previamente imposta".

Sempre que houver sucumbência recíproca, as despesas deverão ser distribuídas proporcionalmente entre as partes (CPC, art. 86), salvo se um deles sucumbir em parte mínima, quando então o outro deverá arcar integralmente com as despesas e os honorários (CPC, art. 86, parágrafo único)[91]. Importante destacar que caso haja pedidos alternativos, o acolhimento de um deles fará com que a sucumbência seja paga inteiramente pelo réu. Esse é o teor do Enunciado 109 da II Jornadas de Direito Processual Civil do CJF: "Na hipótese de cumulação alternativa, acolhido integralmente um dos pedidos, a sucumbência deverá ser suportada pelo réu". E, ainda que haja omissão na condenação, a sucumbência leva à responsabilidade do perdedor por todas as custas e despesas. Em interessante julgado, o STJ concluiu que apesar da sentença ter previsto tão somente o pagamento de custas, isso incluía também as despesas com honorários periciais[92].

No caso de litisconsórcio, a sentença deverá distribuir a responsabilidade pelo pagamento de tais verbas aos litisconsortes (CPC, art. 87, § 1º). Incumbirá, portanto, ao juiz estabelecer quanto que cada um dos vencidos deverá arcar. Contudo, havendo omissão na decisão judicial, todos eles responderão solidariamente pelos valores (CPC, art. 87, § 2º). Como a distribuição proporcional é muito mais benéfica a cada um dos vencidos, poderão estes opor embargos de declaração (CPC, art. 1.022, II) a fim de evitar a incidência da regra de solidariedade.

Importante destacar que o Código traz uma regra de fixação da responsabilidade por honorários e despesas para as hipóteses de desistência, renúncia ou reconhecimento do pedido. O art. 90, *caput*, prevê que arcará com os valores a parte que desistiu, renunciou ou reconheceu, devendo tal fixação ser proporcional quando tais institutos tiverem efeitos apenas parciais (CPC, art. 90, § 1º). Por outro lado, no caso de transação, sem previsão expressa quanto às despesas, elas serão divididas[93] (CPC, art. 90, § 2º).

Como forma de estímulo às soluções consensuais, o Código adota duas iniciativas relevantes: a) estabelece que a transação anterior à sentença autoriza a dispensa de custas processuais remanescentes (CPC, art. 90, § 3º); e b) permite a redução dos honorários pela metade quando o réu reconhecer a procedência do pedido e, ao mesmo tempo, cumprir integralmente a prestação reconhecida (CPC, art. 90, § 4º).

Destaque-se que as despesas da Fazenda Pública, do MP e da Defensoria Pública serão pagas ao final, pelo vencido (CPC, art. 91). O mesmo se aplica ao curador especial[94].

---

91. STJ, AgInt nos EDcl. no REsp 1.313.351/MS, Rel. Min. Luis Felipe Salomão, 4ª T., j. 16.05.2017, *DJe* 19.05.2017.
92. STJ, REsp 1.558.185/RJ, Rel. Min. Nancy Andrighi, 3ª T., j. 02.02.2017, *DJe* 16.02.2017.
93. STJ; AgRg no REsp 1.400.402/SC; rel. Min. Paulo de Tarso Sanseverino; 3ª T.; j. 05.04.2016; *DJe* 11.04.2016.
94. STJ, EDcl no AgRg no AREsp 738.813/RS, Rel. Min. Luis Felipe Salomão, 4ª T., j. 15.08.2017, *DJe* 18.08.2017.

Sempre que houver extinção do processo sem resolução do mérito, o autor não poderá propor novamente a demanda sem antes pagar ou depositar em cartório o valor das despesas e dos honorários a que fora condenado no processo extinto (CPC, art. 92)[95]. Significa dizer que se exige, para o autor propor novo processo para tratar da mesma questão/objeto/pretensão, o cumprimento de uma condição específica: comprovar o pagamento ou o depósito judicial do valor atualizado das despesas e dos honorários a que fora condenado naquela primeira demanda extinta. Para o respeito dessa regra, cujo caráter pedagógico é o de promover uma litigância responsável, é irrelevante se a repropositura não tenha ocorrido por meio de ação idêntica àquela extinta, vale dizer, incide a mesma regra nos casos em que a nova ação, apesar de ter o mesmo objeto/pretensão, tenha outra denominação (ex.: a primeira ação foi de execução e a nova ação é monitória, mas em ambas o credor visa satisfazer o mesmo crédito). Idêntica será a situação se a segunda ação for mais ampla que a primeira (ex.: na nova ação monitória, depois de extinta sem resolução de mérito a execução, o autor cobra aquele crédito que foi objeto da primeira demanda e, também, outros créditos). Ou seja, tratando-se do mesmo objeto, ainda que em maior ou menor extensão, o processamento da segunda demanda estará condicionado ao pagamento dos ônus de sucumbência da primeira. Portanto, se ajuizada a nova demanda sem que o autor tenha comprovado esse pagamento ou que tenha efetuado o depósito judicial desse valor devido, deve o juiz da nova ação intimá-lo para assim comprovar, num prazo de 15 (quinze) dias, nos termos do art. 321 do CPC, sob pena de extinção sem resolução de mérito da nova demanda (CPC, art. 485, IV).

No que diz respeito às custas para perícia, cada parte adiantará a remuneração de seu assistente técnico, enquanto os honorários do perito deverão ser adiantados pela parte que requereu ou rateados, sempre que a perícia for determinada de ofício ou requerida por ambas (CPC, art. 95). Há aqui duas grandes novidades em relação ao sistema do Código de 1973. Primeira: os honorários do assistente técnico passam a ser ressarcíveis pelo vencido, uma vez que a lei nova usa o verbo "adiantar", em vez de "pagar", como era na lei revogada. Segunda: as partes dividirão os custos da perícia quando ela for requerida por ambas ou determinada pelo juiz. Até então, tais custas eram de responsabilidade do autor. Em síntese, a regra agora é a seguinte: arca com a despesa quem requereu a perícia. Se houve requerimento de ambas, ela será dividida.

12.5.4. Honorários de sucumbência

Além das despesas, a sentença condenará o vencido a pagar também os honorários do advogado vencedor. Daí por que se utiliza a expressão condenação nas "verbas de sucumbência", a qual abrange ambos os valores. Por outro lado, se cada litigante for em parte vencedor e vencido, haverá sucumbência parcial e as despesas deverão ser

---

95. STJ, 5ª T., REsp 178.379/SP, rel. Min. Jorge Scartezzini, j. 02.09.1999, DJ 04.10.1999 e STJ, 6ª T., REsp 34.222/SP, rel. Min. José Cândido de Carvalho Filho, j. 30.11.1993, DJ 18.04.1994.

proporcionalmente distribuídas entre eles (CPC, art. 86). Havendo diversos autores ou diversos réus, os vencidos responderão proporcionalmente pelas despesas e honorários (CPC, art. 87, *caput* e § 1º), contudo caso não ocorra essa divisão proporcional na sentença, a responsabilidade será solidária (CPC, art. 87, § 2º).

Há duas espécies de honorários advocatícios: aqueles estabelecidos contratualmente entre cliente e advogado (quer em valor fixo, quer em percentual sobre o êxito da demanda)[96] e os honorários fixados pelo Poder Judiciário em decorrência da vitória/derrota na causa. Estes últimos são denominados de honorários de sucumbência e são regulados pelo art. 85 do CPC. Já em relação aos honorários contratuais, os valores podem ser livremente estabelecidos, não podendo, porém, superar a vantagem econômica do próprio cliente. Saliente-se que o controle jurisdicional sobre os honorários contratuais só pode ocorrer em circunstâncias excepcionais, quando reconhecidos defeitos do negócio jurídico ou violação à boa-fé ou à função social do contrato[97].

A data da sentença constitui o marco temporal para a aplicação das regras de sucumbência recursal do CPC/2015. Esse é também o entendimento pacífico no STJ, consoante decisão de sua Corte Especial[98].

O art. 85 trata dos honorários de sucumbência de forma bem detalhada, ampliando consideravelmente a disciplina que existia no Código de 1973. Logo no *caput* do dispositivo, a lei afasta antiga polêmica jurisprudencial a respeito de sua titularidade (se relativos ao profissional da advocacia ou à parte para ressarcimento do que gastara). No sistema do Código de 2015, os honorários pertencem ao advogado do vencedor. Tal orientação está em perfeita sintonia com o art. 23 do Estatuto da OAB (Lei 8.906/94), o qual prevê que esses valores devem ser destinados ao profissional, não ao cliente.

O Código ainda altera a orientação do STJ, o qual em sede de recurso especial repetitivo[99] havia consolidado o entendimento de não serem cabíveis honorários ao advogado do exequente, na execução provisória. O próprio STJ já reconheceu que tal entendimento está superado[100]. Os honorários agora são cabíveis: a) na reconvenção; b) no cumprimento de sentença, provisório ou definitivo; c) na execução, resistida ou não; d) nos recursos.

Consoante o Enunciado 118 do CJF, eles são cabíveis inclusive na produção antecipada de provas quando houver resistência: "É cabível a fixação de honorários advocatícios na ação de produção antecipada de provas na hipótese de resistência da

---

96. O STJ, sob a égide do CPC/73 concluiu que os honorários contratuais não integram as despesas e, portanto, não são objeto de ressarcimento pelo vencido. STJ, REsp 1571818/MG, Rel. Min. Nancy Andrighi, 3ª T., j. 09.10.2018, DJe 15.10.2018.
97. STJ, AgInt no AREsp 267.732/SP, Rel. Min. Antonio Carlos Ferreira, 4ª T., j. 18.09.2018, DJe 02.10.2018.
98. STJ, EAREsp 1.255.986/PR, Rel. Min. Luis Felipe Salomão, Corte Especial, j. 20.03.2019, DJe 03.05.2019.
99. A orientação anterior baseava-se no julgamento do REsp 1.291.736/PR, da Corte Especial do STJ, relator Min. Luis Felipe Salomão, j. 20.11.2013. O art. 85, § 1º do CPC/2015, contudo, afasta esse entendimento, determinando a fixação de honorários inclusive na execução provisória.
100. STJ, AgInt no AREsp 156.220/PR, Rel. Min. Marco Buzzi, 4ª T., j. 07.11.2017, DJe 17.11.2017.

parte requerida na produção da prova". Nesse sentido, defende Rogério Mollica serem cabíveis honorários advocatícios na produção antecipada de prova, sempre que houver resistência injustificada pelo réu ou sempre que não acolhido o pedido de antecipação da prova do autor[101]. Tal entendimento parece ser realmente o mais adequado, justamente porque não há como afastar completamente a possibilidade de defesa nessa medida.

Com efeito, apesar do disposto no art. 382, § 4º (que estabelece que não se admitirá defesa ou recurso), tal regra deverá ser interpretada de forma a evitar inconstitucionalidade (CF art. 5º, XXXVI, LIV e LV). Logo, boa parte da doutrina sustenta a possibilidade de defesa no que diz respeito, por exemplo, a vícios processuais, ausência dos pressupostos da antecipação probatória, falta de legitimidade ou interesse. Fredie Didier Junior, nesse aspecto, afirma haver *contraditório reduzido, mas não zerado: discute-se o direito à produção da prova, a competência do órgão jurisdicional (se há regras de competência, há possibilidade de o réu discutir a aplicação delas, obviamente; a alegação de incompetência é matéria de defesa), a legitimidade, o modo de produção da perícia (nomeação de assistente técnico, possibilidade de impugnação do perito etc.). Não se admite a discussão em torno da valoração da prova e dos efeitos jurídicos dos fatos probandos – isso será objeto de contraditório em outro processo*[102]. Da mesma forma, concluem Luiz Rodrigues Wambier e Eduardo Talamini[103].

Já em relação ao incidente de desconsideração da personalidade jurídica (art. 133), ainda não há consenso mas o STJ já vem admitindo a fixação de honorários nos casos de improcedência do incidente. É verdade que no julgamento do REsp 1.845.536, a 3ª Turma do STJ concluiu não serem cabíveis os honorários, por não haver previsão legal específica[104]. De igual forma foi decidido no REsp 2.054.280/SP[105]. Contudo, ao julgar o REsp 1.925.959/SP[106] a 3ª Turma, por maioria de votos, concluiu serem cabíveis honorários de sucumbência, diante da similitude com decisão de exclusão de litisconsorte. Em virtude do dissenso foram então admitidos os Embargos de Divergência em REsp 1.925.959. Houve ainda a afetação pela Corte Especial do REsp 2.072.206/SP.

Por outro lado, admitem-se honorários de sucumbência na exceção de pré-executividade, quando o sócio é excluído do polo passivo, mas a execução fiscal prossegue. Esse foi o entendimento firmado pela 1ª Seção do STJ no julgamento dos Recursos Especiais Repetitivos 1.358.837, 1.764.349 e 1.764.405 (Tema 961). A tese fixada foi a seguinte: Observado o princípio da causalidade, é cabível a fixação de honorários advo-

---

101. MOLLICA, Rogério. A condenação em honorários advocatícios na produção antecipada da prova. In: FUGA, Bruno Augusto Sampaio; RODRIGUES, Daniel Colnago; ANTUNES, Thiago Caversan (Org.). *Produção Antecipada da Prova*: questões relevantes e aspectos. 3. ed. ampl. Londrina: Thoth, 2021, p. 487.
102. DIDIER JR., Fredie. *Produção Antecipada da Prova*. 3. ed. Salvador: JusPodivm, 2018, Coleção Grandes Temas do Novo CPC, v. 5, Direito Probatório, coord. Marco Félix Jobim e William Santos Ferreira, p. 729-730.
103. WAMBIER, Luiz Rodrigues; TALAMINI, Eduardo. *Curso Avançado de Processo Civil*. 16. ed. São Paulo: RT, 2016, v. 2, p. 374.
104. STJ, REsp 1.845.536, Rel. Min. Marco Aurélio Bellizze, 3ª T., j. 26.05.2020.
105. STJ, REsp 2.054.280, Rel. Min. Marco Buzzi, decisão monocrática, j. 24.04.2023.
106. STJ, REsp 1.925.959, Rel. Min. Villas Bôas Cueva, 3ª T., 12.09.2023.

catícios, em exceção de pré-executividade, quando o sócio é excluído do polo passivo da execução fiscal, que não é extinta.

Importante lembrar que para o cabimento de honorários de sucumbência é necessário ter havido derrota na causa, como o próprio nome diz, sucumbência. Daí por que o STJ já decidiu que, no processo de execução, quando ocorre a extinção pela prescrição intercorrente por ausência de bens penhoráveis, incabível a fixação de verba honorária em favor do executado[107].

Outra importante novidade consiste na previsão da majoração da verba honorária na fase recursal (CPC, art. 85, § 11). Trata-se de uma forma de remunerar o trabalho adicional e, ao mesmo tempo, estimular a redução do volume de recursos infundados que assola os tribunais do país. Entretanto, tal majoração não poderá ultrapassar os limites de dez a vinte por cento previstos no § 2º do art. 85[108].

Destaque-se que essa limitação de 20% se refere naturalmente à fase de conhecimento. Isso significa que ela não incide para a fase executiva. Assim, mesmo que já tenham sido fixados honorários no patamar de 20%, serão cabíveis novos honorários (10%) para a fase de cumprimento de sentença. De igual forma, os honorários fixados na execução de título extrajudicial não constituem um limite para a fixação de nova verba nos embargos à execução. O limite será de 20% para a execução e de 20% para os embargos[109].

Com efeito, nos processos sincréticos, em que há fases distintas de cognição e execução, esta por meio de cumprimento de sentença, tal limite máximo de 20% (vinte por cento) para fixação de honorários (CPC, art. 85, § 2º) deve ser interpretado de modo a ser aplicado por fases. Ou seja, em toda fase de conhecimento, inclusive recursal e liquidação de sentença, os honorários advocatícios não podem exceder 20% (vinte por cento). Em toda fase seguinte de cumprimento de sentença, incluindo impugnação e recursos, haverá novos honorários, que não poderão exceder o limite de 20% (vinte por cento). Isso decorre da interpretação conjunta do art. 85, §§ 1º e 2º, com o art. 523, § 1º, todos do CPC[110]. Vide, nesse sentido, texto mais amplo no item 2.23 (Honorários Advocatícios na Execução).

---

107. STJ, REsp 1.769.201/SP, Rel. Min. Maria Isabel Gallotti, 4ª T., j. 12.03.2019, DJe 20.03.2019. Também, STJ, EAREsp 1.854.589, Rel. Min. Raul Araújo, Corte Especial, j. 09.11.2023.
108. STF; ARE 991.250 AgR; rel. Min. Ricardo Lewandowski; 2ª T.; j. 17.03.2017; DJe 28.03.2017 e STF; ARE 998.098 AgR; rel. Min. Edson Fachin; 2ª T.; j. 17.03.2017; DJe 28.03.2017.
109. GAJARDONI, Fernando et al. Comentários ao Código de Processo Civil. 4. ed. Rio de Janeiro: Forense, 2021, p. 140.
110. Imagine que, em toda fase de conhecimento, o total de honorários equivalha a 18% (dezoito por cento) do valor da condenação. Em caso de não pagamento voluntário no prazo legal, automaticamente incidirão honorários de 10% (dez por cento), conforme determina o art. 523, § 1º, do CPC. Por isso, então, é que se diz que o limite de 20% (vinte por cento) do art. 85, § 2º, do CPC tem que ser entendido por fase. Em sentido similar: STJ, 2ª T., REsp 1.551.850/RS, rel. Min. Humberto Martins, j. 22.09.2015, DJe 15.10.2015; STJ, 2ª T., EDcl nos EDcl no AgRg no REsp 1.461.262/RS, rel. Min. Hermam Benjamin, j. 21.06.2016, DJe 06.09.2016.

No fim de 2023 a Corte Especial concluiu o julgamento do Tema Repetitivo 1.059, fixando a seguinte tese jurídica de eficácia vinculante: "A majoração dos honorários prevista no art. 85, § 11, do CPC pressupõe que o recurso tenha sido integralmente desprovido ou não conhecido pelo tribunal, monocraticamente ou pelo órgão colegiado competente. Não se aplica o art. 85, § 11, do CPC em caso de provimento total ou parcial do recurso, ainda que mínima a alteração do resultado do julgamento ou limitada a consectários da condenação".

No caso de litisconsórcio ativo simples, é possível também a fixação de honorários recursais se o apelo do réu é desprovido apenas quanto a alguns desses litisconsortes. Isso se dá porque o destino dos pedidos cumulados é individual e independente. Foi o que decidiu o STJ, ao manter a decisão que fixará os honorários recursais pelo desprovimento da apelação em relação a alguns dos litisconsortes[111].

Com relação aos honorários recursais, deve-se ter em mente que o legislador previu sua *majoração* e não uma fixação originária. Isso significa que eles só serão cabíveis nas hipóteses em que já houve a estipulação de honorários em primeiro grau[112]. Daí por que, em muitos recursos, não haverá o cabimento dessa verba[113]. É o que ocorre, portanto, nos recursos em mandados de segurança, diante da vedação do art. 25 da Lei 12.016/2009[114].

De igual forma, não tendo havido a fixação de honorários nas decisões interlocutórias agravadas, obviamente também não incidem honorários recursais nos agravos de instrumento. Nesse sentido, prevê o Enunciado 8 da I Jornada de Direito Processual Civil do CJF: "Não cabe majoração de honorários advocatícios em agravo de instrumento, salvo se interposto contra decisão interlocutória que tenha fixado honorários na origem, respeitados os limites estabelecidos no art. 85, §§ 2º, 3º e 8º do CPC".

Isso porque, não é possível *majorar* aquilo que não foi fixado. Diversa é a situação excepcional das decisões interlocutórias que podem comportar condenação em verba honorária, como as do art. 356 (decisão parcial de mérito). Aqui o recurso cabível também é o agravo de instrumento (art. 356, § 5º), mas cabe a majoração, justamente porque cabem honorários em primeira instância. É o que propõe o Enunciado 5 da mesma I Jornada: "Ao proferir decisão parcial de mérito ou decisão parcial fundada no art. 485 do CPC, condenar-se-á proporcionalmente o vencido a pagar honorários ao advogado do vencedor, nos termos do art. 85 do CPC". Já nas apelações e nos recursos

---

111. STJ, REsp 1.954.472, 3ª T., Rel. Min. Nancy Andrighi, j. 05.10.2021.
112. STJ; EDcl no AgInt no AREsp 827.956/RJ; rel. Min. Marco Aurélio Bellizze; 3ª T.; j. 16.03.2017; *DJe* 04.04.2017.
113. STF; ARE 968.979 AgR; rel. Min. Roberto Barroso; 1ª T.; j. 17.03.2017; *DJe* 28.03.2017.
114. STJ, AgInt no REsp 1.648.828/RS, Rel. Min. Sérgio Kukina, 1ª T., j. 07.11.2017, *DJe* 16.11.2017. No mesmo sentido: STJ, AgInt no AREsp 1.127.836/SP, Rel. Min. Assusete Magalhães, 2ª T., j. 28.11.2017, *DJe* 1º.12.2017. No mesmo sentido, vem decidindo o STF: ARE 1.065.706 AgR, Rel. Min. Celso de Mello, 2ª T., j. 10.11.2017, *DJe* 23.11.2017.

especial e extraordinário não há qualquer dúvida: como a sentença comporta fixação de honorários, será possível a majoração perante o tribunal[115].

Nesse sentido, o STJ já entendeu que quando o recurso desprovido tiver sido interposto pela parte vencedora da demanda (com intuito de ampliar a condenação), não caberão honorários recursais. Isso porque, apesar do desprovimento, não houve fixação de honorários na origem e, portanto, não é possível majorar o que nunca existiu[116]. O entendimento está correto, nos termos do § 11 do art. 85.

Não deve haver a majoração de honorários no mesmo grau de jurisdição, conforme Enunciado 16 da Escola Nacional de Formação de Magistrados (ENFAM): "Não é possível majorar os honorários na hipótese de interposição de recurso no mesmo grau de jurisdição". O STJ possui várias decisões nesse sentido,[117] tendo, ainda, divulgado na edição de 2019 da sua *Jurisprudência em Teses* o seguinte: *Os honorários recursais incidem apenas quando houver a instauração de um novo grau recursal e não a cada recurso interposto no mesmo grau de jurisdição*. O entendimento é correto, pois os recursos em um mesmo grau (como, por exemplo, os embargos de declaração e o agravo interno) têm por objetivo provocar uma complementação, correção ou uma confirmação do teor da decisão[118]. Trata-se, portanto, de uma forma diferente de impugnação a comportar exceção à regra da sucumbência recursal. Por outro lado, não tendo havido a majoração na própria decisão monocrática, por exemplo, ela pode ocorrer no respectivo agravo interno[119].

Divergindo dessa orientação, o STF vem entendendo ser cabível a majoração nos agravos internos. Existem diversas decisões nesse sentido[120]. O mesmo vem ocorrendo nos embargos de declaração, com a fixação de honorários recursais[121].

Já em relação aos embargos de divergência, o STJ entende que são cabíveis os honorários recursais uma vez que tal recurso inaugura um novo grau[122].

---

115. STJ; AgInt no REsp 1.631.339/PE; rel. Min. Mauro Campbell Marques; 2ª T.; j. 16.03.2017; *DJe* 22.03.2017.
116. STJ, EAREsp 1.847.842, Rel. Min. Herman Benjamin, Corte Especial, 06.09.2023.
117. STJ; AgInt no AREsp 788.432/SP; rel. Min. Maria Isabel Gallotti; 4ª T.; j. 04.10.2016; *DJe* 11.10.2016; STJ; AgInt no AREsp 854.194/SP; 2ª T.; rel. Min. Assusete Magalhães; j. 16.03.2017; *DJe* 27.03.2017 e STJ; AgInt no AREsp 943.129/MG; rel. Min. Francisco Falcão; 2ª T.; j. 14.03.2017; *DJe* 20.03.2017.
118. STJ, AgInt nos EREsp 1.347.912/RN, Rel. Min. Jorge Mussi, Corte Especial, j. 04.10.2017, *DJe* 11.10.2017.
119. STJ; AgInt no AREsp 687.483/RJ; rel. Min. Moura Ribeiro; 3ª T.; j. 21.06.2016; *DJe* 29.06.2016 e STJ; AgInt no AREsp 207.251/PB; rel. Min. Gurgel de Faria; 1ª T., j. 22.11.2016; *DJe* 03.02.2017.
Não admitindo: STJ; AgInt no AREsp 788.432/SP; rel. Min. Maria Isabel Gallotti; 4ª T.; j. 04.10.2016; *DJe* 11.10.2016; STJ; AgInt no AREsp 854.194/SP; rel. Min. Assusete Magalhães; 2ª T.; j. 16.03.2017; *DJe* 27.03.2017 e STJ; AgInt no AREsp 943.129/MG; rel. Min. Francisco Falcão; 2ª T.; j. 14.03.2017; *DJe* 20.03.2017.
120. STF, ARE 897.105 AgR, Rel. Min. Alexandre de Moraes, 1ª T., j. 07.11.2017, *DJe* 14.11.2017; STF, RE 775.188 AgR, Rel. Min. Rosa Weber, 1ª T., j. 07.11.2017, *DJe* 16.11.2017; STF, ARE 1.038.079 AgR/MG, Rel. Min. Celso de Mello, 2ª T., j. 1º.09.2017.
121. STF, ARE 963.155 ED-EDv-AgR-ED/MG, Rel. Min. Alexandre de Moraes, Plenário, j. 20.02.2018, com voto vencido do Min. Marco Aurélio. No mesmo sentido: STF, ARE 995.402 AgR-ED, Rel. Min. Alexandre de Moraes, 1ª T., j. 11.12.2017, *DJe* 18.12.2017; STF, ARE 963.121 AgR-ED, Rel. Min. Rosa Weber, 1ª T., j. 16.10.2017, *DJe* 06.11.2017.
122. STJ, AgInt nos EREsp 1.649.709/SP, Rel. Min. Antonio Carlos Ferreira, 2ª Seção, j. 08.11.2017, *DJe* 13.11.2017.

Em caso de reforma da decisão, deveria ocorrer não apenas a inversão dos honorários, mas também uma nova fixação relativa a essa fase recursal. É o que propõe o Enunciado 243 do FPPC: "No caso de provimento do recurso de apelação, o tribunal redistribuirá os honorários fixados em primeiro grau e arbitrará os honorários de sucumbência recursal". A regra, portanto, deveria ser a da possibilidade de aumento do valor na fase dos recursos. Mas tal fixação é bastante polêmica, pois o STJ entende que o não conhecimento ou o desprovimento do recurso são requisitos para a sucumbência recursal[123]. Assim também pensa parte da doutrina[124]. Analisando-se a tramitação legislativa do CPC de 2015 percebe-se que no Anteprojeto o desprovimento unânime ou não conhecimento eram exigidos para que houvesse a sucumbência recursal (art. 73, § 6º). Essas exigências foram depois suprimidas no Projeto de Lei do Senado PLS 166/2010 (art. 87, § 7º) e no Substitutivo da Câmara. Tal evolução, aliada com a menção ao trabalho adicional do advogado, prevista na redação atual do art. 85, § 11, levam ao entendimento de que tanto o desprovimento quanto o provimento geram a incidência da sucumbência recursal[125]. O STF entende, contudo, que se deve majorar essa sucumbência apenas quando o recurso for não conhecido ou desprovido. A Segunda Seção proferiu decisão nesse sentido, estabelecendo como requisitos para a sucumbência recursal o não conhecimento do recurso ou seu desprovimento[126].

Por outro lado, vale destacar a possibilidade de fixação desses honorários em decisões monocráticas. Esse é o teor do Enunciado 242 do FPPC: "Os honorários de sucumbência recursal são devidos em decisão unipessoal ou colegiada".

De igual forma, a sucumbência recíproca na origem não impede o cabimento de honorários recursais, desde que presentes os demais requisitos fixados pelo STJ, quais sejam: decisão recorrida sob a égide do CPC/2015, recurso não conhecido integralmente ou desprovido e fixação de honorários anterior. Foi o que decidiu a 4ª Turma do STJ ao apreciar o AgInt no AREsp 1.495.369[127].

Consoante o Enunciado Administrativo 07 do STJ[128], os honorários recursais só são cabíveis nos recursos interpostos em face de decisões publicadas a partir de 18 de março de 2016.

---

123. STJ, EDcl no AgInt no REsp 1.573.573/RJ, 3ª T., Rel. Min. Bellizze, j. 04.04.2017.
124. DINAMARCO, Cândido Rangel. O novo Código de Processo Civil Brasileiro e a ordem processual civil vigente. *Revista de Processo*, v. 247, p. 63-103, set. 2015. De igual forma, CRAMER, Ronaldo. Artigo 85. In: BUENO, Cassio Scarpinella (Coord.). *Comentários ao Código de Processo Civil* (arts. 1º a 317). São Paulo: Saraiva, 2017. v. 1. p. 448.
125. CÂMARA, Alexandre Freitas. *O novo processo civil brasileiro*. 3. ed. São Paulo: Atlas, 2017. p. 73. No mesmo sentido: ARRUDA ALVIM WAMBIER, Teresa et al. *Primeiros comentários ao novo Código de Processo Civil*: artigo por artigo. São Paulo: RT, 2015. p. 168; CAMARGO, Luiz Henrique Volpe. Artigo 85. In: ARRUDA ALVIM WAMBIER, Teresa et al. (Coord.). *Breves comentários ao novo Código de Processo Civil*. 2. ed. rev. e atual. São Paulo: RT, 2016. p. 342.
126. STJ, AgInt em Embargos de Divergência em REsp 1.539.725/DF, Rel. Min. Antonio Carlos Ferreira, 2ª Seção, j. 09.08.2017, *DJe* 19.10.2017.
127. STJ, AgInt no AREsp 1.495.369, Rel. Luis Felipe Salomão, 4ª T., j. 1º.09.2020.
128. STJ, REsp 1.671.387/RS, Rel. Min. Mauro Campbell Marques, 2ª T., j. 24.10.2017, *DJe* 30.10.2017.

Interessante é a indagação se cabem honorários recursais na fase de Recurso Especial quando a sentença foi proferida ainda sob a vigência do Código anterior, mas o acórdão recorrido foi publicado sob o novo regime.

Analisando tal questão, no EAREsp 1.402.331-PE, a Primeira Seção do STJ decidiu serem devidos honorários advocatícios recursais quando o acórdão recorrido for publicado na vigência do CPC/2015, mesmo que a sentença tenha sido proferida sob a égide do CPC/1973. Isso porque a decisão baseou-se no próprio Enunciado Administrativo e no fato de que, apesar de a sentença ser anterior ao novo sistema, o acórdão *a quo* foi publicado já durante a vigência do CPC/2015. Logo, é cabível a majoração de honorários recursais no julgamento do respectivo Recurso Especial[129].

Reafirma-se, assim, o entendimento de que o marco temporal é a data da publicação da decisão e não a da interposição do recurso. Imagine-se que a decisão foi publicada ainda sob a égide do CPC/73, mas o recurso foi interposto já sob a vigência da nova lei. Nesse caso, não será possível a fixação da sucumbência recursal[130]. Contudo, seguindo a mesma linha de raciocínio, se o acórdão *a quo* foi publicado já sob a égide do CPC/2015, são cabíveis honorários recursais em eventual Recurso Especial.

O STF tem entendido que a fixação dos honorários recursais independe do trabalho efetivamente desenvolvido perante a instância recursal, servindo na verdade como um desestímulo aos recursos. Justamente por isso, é cabível essa majoração mesmo quando não forem apresentadas contrarrazões pelo advogado da parte recorrida[131]. Há, nesse sentido, decisão proferida pelo Plenário do STF[132]. De igual forma prevê o Enunciado 7 da I Jornada de Direito Processual Civil do CJF: "A ausência de resposta ao recurso pela parte contrária, por si só, não tem o condão de afastar a aplicação do disposto no art. 85, § 11, do CPC". Esse é também o entendimento da 3ª Turma do STJ[133]. Há, contudo, decisões divergentes na 2ª Turma[134].

A maior inovação, todavia, diz respeito à base de incidência dos percentuais de honorários. De acordo com o art. 85, § 2º, do Código, eles serão fixados entre o mínimo de dez e o máximo de vinte por cento sobre o valor da condenação, do proveito econômico obtido ou, não sendo possível mensurá-lo, sobre o valor atualizado da causa. Ou seja, sempre haverá uma base consistente de valor para a incidência desses percentuais. Quanto à forma do cálculo, o STJ, analisando caso sob égide do CPC/73, entendeu que o montante da multa coercitiva não integra a base de cálculo dos honorários[135]. O § 6º do mesmo dispositivo traz importante complemento ao determinar que os percentuais

---

129. STJ, Embargos de Divergência em AREsp 1.402.331-PE, Rel. Min. Mauro Campbell Marques, Primeira Seção, j. 09.09.2020.
130. STJ; AgInt no REsp 1.592.149/SC; rel. Min. Og Fernandes; 2ª T.; j. 07.03.2017; DJe 13.03.2017.
131. STF; AI 864.689 AgR/MS e ARE 951.257 AgR/RJ; Rel. para o acórdão Min. Edson Fachin; 1ª T.; j. 27.09.2016.
132. STF, AO 2.063 AgR/CE, Rel. para o acórdão Min. Luiz Fux, Plenário, j. 18.05.2017.
133. STJ, EDcl no AgInt no REsp 1.573.573/RJ, Rel. Min. Marco Aurélio Bellizze, DJe 08.05.2017; STJ, RCD no AREsp 1.118.950/RS, Rel. Min. Mauro Campbell Marques, 2ª T., j. 26.09.2017, DJe 02.10.2017.
134. STJ, EDcl no REsp 1.671.609/DF, Rel. Min. Herman Benjamin, 2ª T., j. 03.10.207, DJe 17.10.2017.
135. STJ, 3ª T., REsp 1.367.212/RR, Rel. Min. Villas Bôas Cueva, 3ª T., j. 20.06.2017.

incidem independentemente do conteúdo da decisão. Isso amplia bastante a forma de fixação. No sistema anterior, os percentuais só incidiam nos casos de condenação. Em todas as outras situações (sentenças de improcedência, sentenças sem julgamento de mérito, sentenças declaratórias ou constitutivas) os honorários eram fixados com base em apreciação equitativa do juiz. Atualmente, qualquer que seja a natureza da sentença, haverá sempre uma base econômica para tais percentuais. A única exceção diz respeito à hipótese de valor irrisório ou inestimável (CPC, art. 85, § 8º). A propósito, o Enunciado 6 da I Jornada de Direito Processual Civil do CJF limita essa apreciação equitativa: "A fixação dos honorários de sucumbência por apreciação equitativa só é cabível nas hipóteses previstas no § 8º do art. 85 do CPC". Daí por que não se pode admitir o que alguns julgados vem fazendo, na chamada aplicação inversa do § 8º, ou seja, admitindo sua incidência quando o valor dos honorários fosse considerado alto. Com efeito, o STJ entende que a aplicação desse § 8º só pode ocorrer quando for impossível atribuir valor ao bem jurídico pleiteado[136]. O STJ já decidiu também que a aplicação do percentual é obrigatória, só podendo ser excepcionado nos casos de proveito econômico inestimável, irrisório ou ainda quando o valor da causa for muito baixo[137]. Há ainda interessante decisão reconhecendo que o § 8º tem caráter subsidiário, razão pela qual é obrigatório o prévio esgotamento da regra geral[138]. Em março de 2022 a Corte Especial do STJ concluiu o julgamento do Tema 1.076 e decidiu pela inviabilidade da fixação de honorários de sucumbência por apreciação equitativa quando o valor da condenação ou o proveito econômico forem elevados. Foram estabelecidas duas teses, com eficácia vinculante: "1. A fixação dos honorários por apreciação equitativa não é permitida quando os valores da condenação ou da causa, ou o proveito econômico da demanda, forem elevados. É obrigatória, nesses casos, a observância dos percentuais previstos nos parágrafos 2º ou 3º do artigo 85 do CPC – a depender da presença da Fazenda Pública na lide –, os quais serão subsequentemente calculados sobre o valor: a) da condenação; b) do proveito econômico obtido; ou c) do valor atualizado da causa. 2. Apenas se admite o arbitramento de honorários por equidade quando, havendo ou não condenação: a) o proveito econômico do vencedor for inestimável ou irrisório; ou b) o valor da causa for muito baixo". Tal decisão trouxe maior objetividade para o tema.

Quando a indenização for fixada por meio de prestações periódicas, o percentual dos honorários incidirá sobre todas as parcelas vencidas, acrescidas da soma de 12 (doze) parcelas vincendas (CPC, art. 85, § 9º). Novamente a lei procura assegurar uma base de cálculo segura para a incidência.

Nas causas em que a Fazenda Pública for parte, a fixação dos honorários também observará os critérios do § 2º, havendo, porém, um tabelamento dos percentuais de acordo com os valores da condenação (CPC, art. 85, § 3º). Sendo esta de duzentos

---

136. STJ, EDcl no AREsp 737.982/DF, Rel. Min. Moura Ribeiro, 3ª T., j. 22.08.2017, DJe 04.09.2017.
137. STJ, REsp 1.731.617/SP, Rel. Min. Antonio Carlos Ferreira, 4ª T., j. 17.04.2018.
138. STJ, REsp 1.746.072/PR, Rel. Min. Nancy Andrighi, Rel. p/acórdão Min. Raul Araújo, 3ª T., j. 13.02.2019, DJe 29.03.2019.

salários-mínimos, por exemplo, os honorários serão estipulados dentro do limite de 10 a 20%. Já se for de trezentos salários, até duzentos fixam-se honorários no primeiro patamar e para o montante que ultrapassar esse limite de duzentos salários-mínimos, o percentual será de 8 a 10% e assim sucessivamente (art. 85, § 5º). O valor final de honorários será a soma de todos esses valores escalonados.

Em que pese a maior complexidade do cálculo, o Código procurou estabelecer uma escala para que os percentuais diminuíssem à medida que a base de incidência aumentasse. É relevante notar também que esses percentuais incidirão quer a Fazenda seja vencedora, quer seja vencida, o que corrige antiga distorção do sistema anterior, quando os honorários eram fixados com base em apreciação equitativa quando era ela sucumbente, mas em percentuais quando se sagrava vencedora. Agora, em virtude da isonomia, tanto os particulares quanto a Fazenda Pública pagarão honorários com base nos percentuais.

Como forma de incentivo a evitar protelações e manifestações infundadas, o art. 85, § 7º, afasta a condenação em honorários no cumprimento de sentença não impugnado. Ou seja, cria uma vantagem financeira para que a Fazenda não apresente impugnação. Observe-se, contudo, que o STJ já decidiu não estar superada a Súmula 345, razão pela qual são devidos honorários nos procedimentos individuais de cumprimento de sentença coletiva Trata-se do Tema 973 do STJ[139]. De igual forma, o art. 90, § 4º, do Código permite a redução dos honorários pela metade quando o réu reconhecer a procedência do pedido e, simultaneamente, cumprir integralmente a prestação. Novamente, busca o legislador diminuir a litigância infundada e favorecer o cumprimento das obrigações. Vale destacar o Enunciado 166 do CJF: "Aplica-se o benefício do § 4º do art. 90 do CPC quando o exequente concordar com a exceção de pré-executividade apresentada e, de imediato, pedir a extinção do feito executivo". Com isso, restou cancelado o Enunciado 10 que limitava essa redução à fase de conhecimento. Tal esse benefício é estendido à Fazenda, consoante o Enunciado 9 da mesma Jornada: "Aplica-se o art. 90, § 4º, do CPC ao reconhecimento da procedência do pedido feito pela Fazenda Pública nas ações relativas às prestações de fazer e de não fazer".

O Código adota a sucumbência como parâmetro para a fixação de honorários. Entretanto, quando houver extinção do processo sem julgamento de mérito em virtude da perda de objeto, ele aplica o princípio da causalidade. É o que dispõe o art. 85, § 10, ao estabelecer que, nos casos de perda de objeto, os honorários serão devidos por quem deu causa ao processo.

Em relação à possibilidade de acréscimo ao valor do débito principal das verbas de sucumbência dos embargos à execução ou do cumprimento de sentença (CPC, art. 85,

---

139. STJ Súmula 345: "São devidos honorários advocatícios pela Fazenda Pública nas execuções individuais de sentença proferida em ações coletivas, ainda que não embargadas." Segundo o STJ, o art. 85, § 7º, do CPC/2015 não afasta o entendimento consolidado na Súmula 345. STJ, REsp 1.648.238/RS, Rel. Min. Gurgel de Faria, Corte Especial, j. 20.06.2018, *DJe* 27.06.2018. Tema 973.

§ 13), deve-se fazer um esclarecimento. O legislador procurou apenas facilitar o recebimento desses honorários, facultando que eles fossem acrescidos ao valor principal da dívida. Contudo, isso não altera a titularidade ou a natureza dessa verba. Os honorários continuam a pertencer ao advogado, ainda que a lei tenha facultado sua cobrança na própria execução já em andamento.

A intenção do legislador foi criar uma regra meramente *operacional*, a fim de simplificar e concentrar em procedimento único o prosseguimento da execução, mediante *legitimidade extraordinária* para que a *parte* execute, em nome próprio, os honorários que pertencem a seu advogado, aproveitando os atos executivos para a satisfação de ambos os créditos. Nada impede, contudo, que o advogado titular dos honorários (Lei 8.906/1994 art. 23 e CPC, art. 85, *caput* e § 14), em nome próprio, ingresse supervenientemente na execução ou no cumprimento de sentença em litisconsórcio com seu cliente, para prosseguir na execução em relação aos honorários que lhe pertencem. Seja como for, a razão da previsão do art. 85, § 13, do CPC partiu da ideia de que seria um atrapalho ou um exagero prosseguir a execução do valor principal num processo (na execução) e ter a execução da verba honorária noutro processo (nos embargos ou na impugnação ao cumprimento de sentença); daí por que se dispensou a provocação de cumprimento de sentença específico para executar os honorários de sucumbência fixados "em embargos à execução rejeitados ou julgados improcedentes e em fase de cumprimento de sentença".

A despeito de não haver dúvida sobre a intenção do legislador, a regra do art. 85, § 13, do CPC não pode ser considerada absoluta e impositiva. Na verdade, se trata de uma opção. Vale dizer, a referência a "todos os efeitos legais" contida no texto deste dispositivo legal deve ser lida com ressalvas.

Em suma, trata-se de regra meramente procedimental, conforme exposto com mais detalhes nessa obra, no item 2.23 do capítulo da Teoria Geral da Execução.

Os honorários são cumuláveis com as multas e sanções, inclusive aquelas do art. 77 (CPC, art. 85, § 12), e têm natureza alimentar (CPC, art. 85, § 14). A propósito, o STF, antes mesmo da entrada em vigor do Código, já havia reconhecido a natureza alimentar dos honorários, conforme Súmula Vinculante 47: "Os honorários advocatícios incluídos na condenação ou destacados do montante principal devido ao credor consubstanciam verba de natureza alimentar cuja satisfação ocorrerá com a expedição de precatório ou requisição de pequeno valor, observada ordem especial restrita aos créditos dessa natureza". Justamente em virtude do caráter alimentar, é possível a penhora de salário para a satisfação dos honorários[140].

Apesar do caráter alimentar dos honorários sucumbenciais, tal crédito não tem preferência de pagamento em relação ao crédito da própria parte (cliente), consoante decisão do STJ[141]. Isso porque, no entendimento da Corte, advogado e cliente não for-

---

140. STJ, AgInt nos EDcl no REsp 1.606.700/SP, Rel. Min. Maria Isabel Gallotti, 4ª T., j. 03.10.2017, *DJe* 06.10.2017.
141. STJ, REsp 1.890.615, Rel. Min. Nancy Andrighi, 3ª T., j. 17.08.2021.

mam um concurso singular de credores, estando ambos na mesma relação de direito material em face do devedor vencido comum. Além disso, o crédito de honorários tem natureza acessória e dependente do crédito principal.

O § 14 do art. 85, além de reconhecer o caráter alimentar, veda a compensação de honorários entre advogados de autor e réu, no caso de sucumbência recíproca. Isso deve ser observado sempre que houver fixação ou modificação da sucumbência sob a égide do CPC/2015[142]. Fica assim superada a Súmula 306 do STJ[143], a qual de forma equivocada permitia, no sistema anterior, a compensação ainda que os advogados adversários fossem credores distintos. Como se sabe, a compensação só é possível quando coincidem as pessoas de credor e devedor. A vedação a essa compensação corrige então antiga distorção do sistema. Outra orientação que ficou igualmente superada é a Súmula 453 do STJ[144], a qual impedia o ajuizamento de ação autônoma para a cobrança de honorários em caso de omissão da sentença. O art. 85, § 18, do Código permite atualmente essa cobrança em uma nova demanda.

Serão devidos honorários de sucumbência para o advogado que atuar em causa própria (CPC, art. 85, § 17, e art. 103, parágrafo único), assim como para os advogados públicos (CPC, art. 85, § 19). Em relação à advocacia pública, o STF fixou a seguinte tese: "é constitucional o pagamento de honorários sucumbenciais aos advogados públicos, observando-se, porém, o limite remuneratório previsto no art. 37, XI, da Constituição". (ADPF 597, ADI 6.159 e ADI 5.910)[145].

O § 16 do mesmo dispositivo assegura a incidência dos juros moratórios a partir da data do trânsito em julgado da decisão que fixar os honorários. Observe-se que o texto legal se refere aos honorários fixados em quantia certa, devendo com isso se entender tanto a quantia já líquida, quanto aquela fixada em percentual sobre o valor da causa e aferível mediante simples cálculo. Em ambos os casos os juros serão contados a partir do trânsito da própria decisão. Situação diversa ocorrerá quando o percentual dos honorários for fixado com base no valor da condenação. Nessa hipótese, os juros serão computados desde o início, uma vez que o cálculo é feito em conjunto abrangendo o valor da condenação e dos honorários. Isso se justifica na medida em que os honorários constituem apenas um percentual desse montante.

De qualquer forma, o art. 85, § 16, do Código tem a vantagem de estabelecer claramente o termo inicial para a contagem dos juros de mora sobre os honorários. Afasta-se, com isso, a antiga discussão jurisprudencial a respeito do momento a partir do qual deveriam incidir os juros. Sendo certa a quantia (líquida ou meramente aferível

---

142. STJ, REsp 1.676.513/RS, Rel. Min. Herman Benjamin, 2ª T., j. 26.09.2017, *DJe* 11.10.2017.
143. STJ Súmula 306: "Os honorários advocatícios devem ser compensados quando houver sucumbência recíproca, assegurado o direito autônomo do advogado à execução do saldo sem excluir a legitimidade da própria parte". Tal orientação resta superada pelo art. 85, § 14 do CPC/2015.
144. STJ Súmula 453: "Os honorários sucumbenciais, quando omitidos em decisão transitada em julgado, não podem ser cobrados em execução ou em ação própria". Tal orientação foi superada pelo art. 85, § 18 do CPC/2015.
145. STF, ADI 5.910, Plenário, Rel. Min. Dias Toffoli, j. 30.05.2022.

por cálculo sobre o valor da causa), os juros fluirão a partir do trânsito em julgado da decisão. Na hipótese de intempestividade do recurso, o marco será o dia seguinte ao transcurso do prazo recursal.

Do ponto de vista fiscal, o Código assegura uma vantagem aos advogados privados, ao permitir que o pagamento de seus honorários seja realizado em favor da sociedade de advogados (CPC, art. 85, § 15).

No que tange ao direito intertemporal, importante lembrar que o direito aos honorários nasce no momento da prolação da sentença. Assim, as novas regras do CPC/2015 aplicam-se às sentenças proferidas a partir de 18 de março de 2016, não importando a data do ajuizamento da ação[146]. Seguindo o mesmo raciocínio, para as sentenças anteriores, aplicam-se as regras do CPC/73[147].

No que diz respeito à execução dos honorários advocatícios, importante destacar o entendimento do STJ em relação à possibilidade de penhora de salário do devedor, desde que isso não comprometa sua subsistência digna.

A questão é disciplinada pelo art. 833, IV, do Código de Processo Civil, o qual estabelece serem impenhoráveis os vencimentos, subsídios, salários, pensões, proventos de aposentadoria e as quantias destinadas ao sustento do devedor e de sua família. O § 2º do referido dispositivo, contudo, ressalva que os incisos IV e X não se aplicam à hipótese de penhora para pagamento de prestação alimentícia.

Ao julgar o REsp 1.815.055/SP, em agosto de 2020, a Corte Especial do STJ decidiu que a exceção prevista na primeira parte do art. 833, § 2º, do Código se refere exclusivamente às prestações alimentícias decorrentes de relações familiares, de obrigações indenizatórias ou de convenção ou legado, não se estendendo, portanto, às verbas remuneratórias em geral (inclusive honorários advocatícios). Com isso, a Corte afastou a aplicação dessa exceção aos honorários de profissionais liberais, por entender que eles não caracterizam tecnicamente *prestação alimentícia*[148].

Contudo, poucos meses depois, em outubro de 2020, ao julgar o REsp 1.806.438, a 3ª Turma, esclareceu que, embora não seja aplicável o § 2º do art. 833 do Código de Processo Civil, é possível, com base na interpretação do inciso IV do mesmo dispositivo, a penhora de salário para pagamento de débitos quando, concretamente, ficar demonstrado que a medida não compromete a subsistência digna do devedor. Com isso, concluiu ser possível a penhora de salário para pagamento de débitos (inclusive honorários advocatícios) desde que, no caso concreto, não ocorra prejuízo à subsistência do executado[149]. Essa é, portanto, a orientação que prevalece. Trata-se de interpretação sobre a aplicação do próprio inciso IV do art. 833 do Código de Processo Civil, a qual

---

146. STJ, REsp 1.636.124/AL, Rel. Min. Herman Benjamin, 2ª T., j. 06.12.2016.
147. STJ, REsp 1.703.244/PE, Rel. Min. Og Fernandes, 2ª T., j. 28.11.2017.
148. STJ, REsp 1.815.055/SP, Rel. Min. Nancy Andrighi, Corte Especial, j. 03.08.2020.
149. STJ, REsp 1.806.438/DF, Rel. Min. Nancy Andrighi, 3ª T., j. 13.10.2020.

permite a penhora de salários nessas condições específicas de preservação da subsistência digna do devedor de honorários.

Por fim, importante destacar que o STJ já considerou que o erro no arbitramento dos honorários de sucumbência em virtude da inobservância da lei constitui fundamento para ação rescisória, não podendo ser compreendido como mero erro material[150].

12.5.5. Gratuidade da justiça

A garantia constitucional da inafastabilidade do Poder Judiciário, também denominada de acesso à jurisdição (CF, art. 5º, XXXV), pressupõe a assistência judiciária integral e gratuita para aqueles que dela necessitarem (CF, art. 5º, LXXIV). É dever do Estado, portanto, conceder a gratuidade, eximindo os hipossuficientes da obrigação de recolher custas e de arcar com despesas processuais.

A gratuidade da justiça até então era regida pela Lei 1.060, de 05 de fevereiro de 1950, mas o CPC/2015, em seu art. 1.072, III, revogou expressamente os arts. 2º, 3º, 4º, 6º, 7º, 11, 12 e 17 da referida lei. Permanecem em vigor os arts. 1º, 5º, 8º, 9º, 10, 13, 14, 15, 16 e 18. De qualquer forma, praticamente todos os temas abordados pelo anterior diploma são agora tratados no Código, nos arts. 98 a 102, constituindo então este a principal referência em termos de gratuidade.

O STF afetou os REsps 1.988.687, 1.988.697 e 1.988.686 para definir se podem ser adotados critérios objetivos na análise da gratuidade da justiça (Tema 1178).

Observe-se que o art. 98 ampliou o rol dos sujeitos que podem receber o benefício da assistência judiciária gratuita. O antigo art. 2º da Lei 1.060, de 05 de fevereiro de 1950, revogado pelo Código, previa que só poderiam ser beneficiários os cidadãos nacionais e os estrangeiros residentes no país. Agora, até mesmo os estrangeiros residentes no exterior gozam do benefício[151].

Conforme o disposto no art. 98, § 1º, do Código, a gratuidade compreende: as taxas ou as custas judiciais (I), os selos postais (II), as despesas com publicação na imprensa oficial (III), a diária da testemunha (IV), as despesas com exame genético – DNA – (V), os honorários do advogado, do perito e do intérprete (VI), o custo de cálculos para a execução (VII), os depósitos recursais (VIII) e os emolumentos devidos a notários ou registradores quando relacionados ao processo judicial (IX).

Correto o Conselho da Justiça Federal ao concluir que o rol do art. 98 não é taxativo. Esse é o teor do Enunciado 171: "O rol do § 1º do art. 98 do CPC é meramente exemplificativo, podendo englobar outras isenções, desde que sejam necessárias para garantir o acesso à justiça ao destinatário da gratuidade de justiça".

---

150. STJ, REsp 2.054.617/PI, Rel. Min. Nandy Andrighi, 3ª T., j. 20.06.2023.
151. STJ; REsp 1.225.854/RS; rel. Min. Marco Buzzi; 4ª T.; j. 25.10.2016; *DJe* 04.11.2016; no mesmo sentido: STJ, PET 9.815/DF, Rel. Min. Luis Felipe Salomão, j. 29.11.2017, *DJe* 15.03.2018.

O benefício pode ser integral ou parcial, podendo dizer respeito a apenas alguns atos processuais (CPC, art. 98, § 5º) ou à concessão de mero parcelamento (CPC, art. 98, § 6º). Imagine-se, por exemplo, que a parte conseguiu arcar com o pagamento das custas iniciais do processo, mas, no momento da perícia, os honorários apresentados pelo perito se tornaram um obstáculo para o prosseguimento. Nada impede, nesse caso, que a parte requeira o benefício apenas em relação às custas periciais. Destaque-se que o benefício não retroage, razão pela qual a concessão da gratuidade tem efeitos *ex nunc*[152].

Importante lembrar que o benefício é concedido à parte e não ao seu advogado. Assim, caso o recurso tenha por objeto exclusivamente a fixação dos honorários, a gratuidade concedida ao cliente não afasta o dever de preparo desse recurso. Salvo se o próprio advogado comprovar que também tem direito à gratuidade (CPC, art. 99, § 5º). O benefício tem natureza pessoal e por isso também não se estende aos litisconsortes, herdeiros ou sucessores da parte (CPC, art. 99, § 6º).

A concessão do benefício não afasta o dever de pagamento, ao final, das multas que tenham sido impostas ao beneficiário (CPC, art. 98, § 4º). De igual forma, não afasta a responsabilidade pelas despesas processuais e pelos honorários sucumbenciais (CPC, art. 98, § 2º)[153]. O que ocorre é que essas obrigações terão sua exigibilidade suspensa e somente poderão ser executadas se, nos cinco anos subsequentes ao trânsito em julgado, o credor demonstrar que deixou de existir a situação de insuficiência de recursos (CPC, art. 98, § 3º)[154]. Caso a mesma situação persista, após cinco anos as obrigações serão automaticamente extintas (CPC, art. 98, § 3º).

O benefício da gratuidade da justiça também não é incompatível com a contratação de advogado mediante cláusula contratual de recebimento de honorários *ad exitum*. Nesse sentido, já decidiu o STJ[155].

O pedido pode ser formulado a qualquer tempo e grau de jurisdição. Consoante o art. 99, poderá ser feito na petição inicial, na contestação, na petição de ingresso de terceiro, ou por simples petição se feito de forma superveniente (CPC, art. 99, § 1º). Não haverá suspensão do curso do processo. O deferimento produz efeitos *ex nunc*, não podendo retroagir para atingir despesas fixadas anteriormente[156].

Saliente-se que, na hipótese de indeferimento, o juiz deverá conceder prazo, oportunizando à parte o recolhimento das custas ou o preparo do recurso, caso realizado o pedido apenas na fase recursal[157].

---

152. STJ, AgInt no AREsp 656.500/CE, Rel. Min. Sérgio Kukina, 1ª T., j. 28.11.2017, *DJe* 06.12.2017.
153. STJ; AgInt no AREsp 207.251/PB; Rel. Min. Gurgel de Faria; 1ª T.; j. 22.11.2016; *DJe* 03.02.2017.
154. STJ; AgRg no REsp 1252879/RJ; Rel. Min. Antonio Carlos Ferreira; 4ª T.; j. 02.06.2016; *DJe* 09.06.2016; STF; ARE 987.419 AgR; Rel. Min. Celso de Mello; 2ª T.; j. 24.02.2017; *DJe* 27.03.2017 e STF; ARE 952.851 AgR; Rel. Min. Celso de Mello; 2ª T.; j. 06.02.2017; *DJe* 10.03.2017; STF, ARE 918.311 AgR, Rel. Mi. Celso de Mello, 2ª T., j. 10.11.2017, *DJe* 23.11.2017.
155. STJ, REsp 1.504.432/RJ, Rel. Min. Og Fernandes, 4ª T., j. 13.09.2016.
156. STJ, REsp 839.168, Rel. Min. Laurita Vaz, 5ª T., j. 19.09.2006.
157. STJ; AgInt no RMS 49.168/AC; Rel. Min. Sérgio Kukina; 1ª T.; j. 20.09.2016; *DJe* 06.10.2016. No mesmo sentido: EAREsp 742.240/MG, Rel. Min. Herman Benjamin, Corte Especial, j. 19.09.2018, *DJe* 27.02.2019.

Tal benefício é concedido não apenas às pessoas naturais, mas também às pessoas jurídicas (CPC, art. 98). A diferença de regime consiste na existência de uma presunção relativa (*iuris tantum*) da alegação de insuficiência em favor das pessoas naturais (CPC, art. 99, § 3º), ao passo que as pessoas jurídicas têm que comprovar não terem condições de arcar com as despesas processuais. Para as primeiras, portanto, basta a mera afirmação em juízo quanto à necessidade do deferimento da gratuidade. Lembre-se que o fato de o patrocínio ser feito pela Defensoria Pública não importa em automática concessão do benefício[158]. Faz-se necessária mesmo assim a declaração de impossibilidade. Já as empresas precisam demonstrar essa impossibilidade, não havendo presunção nem mesmo diante de liquidação extrajudicial ou falência[159].

Conforme o *caput* do art. 100 do Código, somente a parte contrária pode impugnar a concessão do benefício, não sendo possível que serventuários da justiça, auxiliares ou cartorários se insurjam contra tal deferimento. O mesmo dispositivo prevê que a impugnação deve ser feita na contestação, na réplica, nas contrarrazões de recurso e até mesmo por simples petição, no prazo de quinze dias, quando o pedido de gratuidade for superveniente. A impugnação não suspenderá o processo, o qual terá prosseguimento normal.

Caso existam nos autos elementos que indiquem a existência de condições financeiras do requerente, o juiz poderá *ex officio* indeferir o pedido (CPC, art. 99, § 2º)[160]. Todavia, antes de fazê-lo, deverá conceder prazo para que a parte tenha a oportunidade de comprovar o preenchimento dos pressupostos legais (CPC, art. 99, § 2º). O fato de a parte ter firmado contrato de honorários advocatícios na modalidade *ad exitum* não impede o deferimento da assistência judiciária gratuita[161].

A decisão que indefere ou revoga o benefício é sujeita ao recurso de agravo de instrumento, salvo se isso ocorrer na própria sentença, ocasião em que caberá apelação (CPC, arts. 101 e 1.015, V).

12.6. JUIZ

12.6.1. Poderes e deveres do juiz

O processo civil orientado pelo Código de 2015 é essencialmente dialógico e pautado pela colaboração entre partes e magistrado (CPC, art. 6º). Estão vedadas as decisões-surpresa (CPC, art. 9º), ou seja, que não permitam às partes manifestar-se previamente sobre todas e quaisquer questões que lhes possam ser desfavoráveis no curso

---

158. STJ, AgInt no AREsp 1.052.390/RS, Rel. Min. Francisco Falcão, 2ª T., j. 08.08.2017, *DJe* 17.08.2017 e AgRg no REsp 1.555.758, Rel. Min. Luis Felipe Salomão, 4ª T., j. 03.08.2017, *DJe* 09.08.2017.
159. STJ, AgInt no AREsp 1.141.914/SP, Rel. Min. Luis Felipe Salomão, 4ª T., j. 16.11.2017, *DJe* 23.11.2017.
160. STJ, AgInt no REsp 1.641.432/SP, Rel. Min. Ricardo Villas Bôas Cueva, 3ª T., j. 04.04.2017.
161. STJ; REsp 1.504.432/RJ; rel. Min. Og Fernandes; 2ª T.; j. 13.09.2016.

do processo. Isso se aplica, inclusive, para aquelas matérias que o juiz pode conhecer de ofício (CPC, art. 10). A decisão judicial deve, consequentemente, privilegiar a apreciação do mérito e ser construída a partir dessa interação entre partes e magistrado. Essas são as premissas sobre as quais devem ser examinados os poderes e deveres do juiz.

Estabelece o art. 139 que o juiz dirigirá o processo, incumbindo-lhe: a) assegurar igualdade de tratamento (inciso I), o que implica em um dever de paridade em relação a direitos e faculdades processuais (CPC, art. 7º); b) velar pela duração razoável do processo (inciso II), refletindo assim a garantia constitucional do art. 5º, LXXVIII, e do art. 4º do próprio Código; c) prevenir ou reprimir qualquer ato contrário à dignidade da justiça e indeferir postulações meramente protelatórias (inciso III), incidindo aqui a possibilidade de advertência e aplicação de multas, prevista no art. 77, § 2º; d) determinar todas as medidas indutivas, coercitivas, mandamentais ou sub-rogatórias necessárias para assegurar o cumprimento das ordens judiciais (inciso IV), zelando assim pela efetividade (CPC, art. 4º) e eficiência (CPC, art. 8º); e) promover, a qualquer tempo, a autocomposição (inciso V), o que abrange o necessário estímulo à solução consensual dos conflitos (CPC, art. 3º); f) dilatar os prazos processuais e alterar a ordem de produção dos meios de prova, adequando-os às necessidades do conflito (inciso VI); g) exercer o poder de polícia, requisitando, quando necessário, força policial (inciso VII); h) determinar, a qualquer tempo, o comparecimento pessoal das partes para inquiri-las sobre fatos da causa (inciso VIII), o que revela a aplicação do princípio da colaboração; i) determinar o suprimento dos pressupostos processuais e o saneamento de outros vícios (inciso IX), zelando assim pela primazia do julgamento de mérito; j) quando se deparar com diversas demandas individuais repetitivas, oficiar ao MP, à Defensoria Pública e a outros legitimados para promover a propositura de ação coletiva (inciso X).

No que diz respeito à dilação dos prazos (inciso VI), vale lembrar que isso somente pode ocorrer antes do término desses prazos (CPC, art. 139, parágrafo único). Mas nada impede que o início do prazo seja adiado, consoante prevê o Enunciado 13 da I Jornada de Direito Processual Civil do CJF: "O art. 139, VI, do CPC autoriza o deslocamento para o futuro do termo inicial do prazo". Por outro lado, o Enunciado 107 do FPPC propõe que isso se aplique para a manifestação sobre documentos, independentemente de requerimento da parte: "O juiz pode, de ofício, dilatar o prazo para a parte se manifestar sobre a prova documental produzida".

O juiz tem também o poder-dever de sanar os vícios processuais (CPC, art. 139, IX), aplicando o princípio da primazia do julgamento de mérito (CPC, art. 4º). Isso fica evidente em vários dispositivos do Código e não pode ser considerado indicativo de parcialidade[162]. O art. 317, por exemplo, determina que antes de proferir decisão sem resolução do mérito o juiz deve conceder à parte prazo para sanar o vício. De igual forma, verificando irregularidades ou vícios sanáveis, o magistrado deve determinar sua correção em prazo não superior a 30 (trinta) dias (CPC, art. 352). Tal dever se apli-

---

162. STJ, AgInt na AR 5.768/DF, Rel. Min. Gurgel de Faria, 1ª Seção, j. 24.08.2016, *DJe* 21.09.2016.

ca inclusive em segundo grau (CPC, art. 932, parágrafo único) e perante os tribunais superiores (CPC, art. 1.029, § 3º), conforme vem decidindo o próprio STJ[163].

Um dos incisos mais polêmicos, sem dúvida, é o que autoriza o magistrado a adotar quaisquer medidas coercitivas para fazer cumprir a ordem judicial (CPC, art. 139, IV). A propósito, o FPPC emitiu o Enunciado 12: "A aplicação das medidas atípicas sub-rogatórias e coercitivas é cabível em qualquer obrigação no cumprimento de sentença ou execução de título executivo extrajudicial. Essas medidas, contudo, serão aplicadas quando necessário e adequado, com observação do contraditório, ainda que diferido, e por meio de decisão à luz do art. 489, § 1º, I e II". Por sua vez, a Enfam aprovou o Enunciado 48: "O art. 139, IV, do CPC/2015 traduz um poder geral de efetivação, permitindo a aplicação de medidas atípicas para garantir o cumprimento de qualquer ordem judicial, inclusive no âmbito do cumprimento de sentença e no processo de execução baseado em títulos extrajudiciais." O STF reconheceu a constitucionalidade dessas medidas executivas atípicas no julgamento da ADI 5941[164]. Por sua vez, o STJ afetou à Corte Especial o julgamento dos REsps 1.955.539 e 1.955.574 (Tema 1.137) para "definir se, com esteio no artigo 139, inciso IV do CPC, é possível, ou não, o magistrado, observando-se a devida fundamentação, o contraditório e a proporcionalidade da medida, adotar, de modo subsidiário, meios executivos atípicos".

Tais medidas são fundamentais para a efetividade do processo. E, sob o ponto de vista da eficiência processual (CPC, art. 8º), na execução elas traduzem um custo bem menor do que a expropriação. Como bem questiona Flavio Yarshell, há lógica em esgotar os modos custosos e menos eficientes antes daquele mais eficiente?[165] Parece evidente que não. Daí por que as medidas atípicas devem ser estimuladas. Saliente-se que boa doutrina sustenta, inclusive, a aplicação ampla das medidas coercitivas, desde que as ordens judiciais não violem direitos fundamentais, não constituam ato ilícito nem extrapolem a função coercitiva. Nesse sentido, vide Sergio Cruz Arenhart, que, em importante reflexão, relativiza a própria aplicação subsidiária dessas medidas[166]. O STJ vem admitindo a aplicação de medidas coercitivas tais como a apreensão de carteira nacional de habilitação, visando uma maior efetividade[167]. O entendimento que prevalece, contudo, é que os meios atípicos devem ser aplicados de forma subsidiária em relação aos meios típicos. No julgamento do REsp 1.864.190, a Terceira Turma destacou que o juiz deve observar primeiramente alguns pressupostos para a autorização dos meios atípicos, por exemplo: indícios de que o devedor tem recursos para cumprir a obriga-

---

163. STJ; AgInt na AR 5.768/DF; rel. Min. Gurgel de Faria; 1ª Seção; j. 24.08.2016; *DJe* 21.09.2016.
164. STF, Plenário, ADI 5941, Rel. Min. Luiz Fux, j. 09.02.2023.
165. YARSHELL, Flávio Luiz. O futuro da execução por quantia nas mãos do Superior Tribunal de Justiça: proposta de reflexão sob a ótica econômica. *Revista do Advogado*, ano XXXIX, n. 141, abr. 2019. p. 107.
166. ARENHART, Sérgio Cruz. Tutela atípica de prestações pecuniárias. Por que ainda aceitar o "É ruim mas eu gosto"? *Revista Jurídica da Escola Superior de Advocacia da OAB-PR/Ordem dos Advogados do Brasil*, Seção Paraná. Coordenação Científica de Fernando Previdi Motta, Graciela I. Marins, v. 3, n. 1, Maio 2018, Curitiba: OABPR, 2018, p. 15 a 57.
167. STJ, REsp 1.733.697/RS, Rel. Min. Nancy Andrighi, 3ª T., j. 11.12.2018, *DJe* 13.12.2018; STJ, RHC 99.606/SP, Rel. Min. Nancy Andrighi, 3ª T., j. 13.11.2018, *DJe* 20.11.2018.

ção, a comprovação do esgotamento dos meios típicos (subsidiariedade). Além disso, a decisão deve conter fundamentação adequada às especificidades do caso concreto, com observância do contraditório substancial e do postulado da proporcionalidade[168]. Na mesma linha, o STJ vem reiteradamente afirmando que as medidas atípicas não têm caráter punitivo. Por essa razão, elas só devem ser aplicadas quando houver sinais de que o devedor possui patrimônio expropriável e, consequentemente, exista uma função coercitiva a ser desempenhada[169]. Há, ainda, uma certa restrição em relação à apreensão de passaporte[170], mas já existem inúmeras decisões autorizando a medida, desde que obedecido o contraditório e observados o dever de fundamentação e a proporcionalidade da providência. Com base nesses parâmetros, a Terceira Turma do STJ manteve a apreensão de passaporte e a suspensão da carteira nacional de habilitação, determinadas em uma execução de alugueres[171]. Reiterando essa orientação, a Terceira Turma. ao apreciar o REsp 1.951.176-SP, destacou o cabimento das medidas atípicas de apreensão de passaportes e suspensão de CNH (carteira nacional de habilitação), mas afastou a possibilidade de quebra de sigilo bancário. O entendimento exposto nesse julgado foi no sentido de que o sigilo constitui um direito fundamental, derivado da inviolabilidade da intimidade (CF, art. 5º, X) e que as questões de interesse meramente privado não estão entre as hipóteses autorizadas pela Lei Complementar 105/2001[172]. Como já mencionado, a questão será pacificada por meio do julgamento do Tema 1.137 pela Corte Especial do STJ.

O mais importante, como já mencionado, é que a decisão atípica seja proferida à luz do contraditório (ainda que postecipado) e com observância do dever de fundamentação. A Escola Nacional de Formação de Magistrados (ENFAM) também já se manifestou sobre o inciso IV, entendendo que sua aplicação pode ser ampla, abrangendo o processo de execução. É o que consta do Enunciado 48: "O art. 139, IV, do CPC/2015 traduz um poder geral de efetivação, permitindo a aplicação de medidas atípicas para garantir o cumprimento de qualquer ordem judicial, inclusive no âmbito do cumprimento de sentença e no processo de execução baseado em títulos extrajudiciais.

Justamente em virtude da amplitude maior de poderes que o Código atribui ao juiz, afastando-se daquela moldura de tipicidade que caracterizou o sistema anterior, o controle deve se dar por meio da motivação das decisões judiciais. Assim, de um lado há mais poderes e uma maior liberdade para a adequação ao caso concreto, de outro há uma maior exigência de fundamentação. Perceba-se que atribuição de poder e fundamentação das decisões constituem os dois lados de uma mesma realidade.

Este tema da aplicação das medidas atípicas será tratado com maior profundidade neste curso na parte relativa à teoria geral da execução.

---

168. STJ, REsp 1.864.190-SP, 3ª T., Rel. Min. Nancy Andrighi, j. 16.06.2020.
169. STJ, REsp 1.782.418 e REsp 1.788.950, 3. T., Rel. Min. Nancy Andrighi, j. 23.04.2019.
170. RHC 97.876/SP. Rel. Min. Luis Felipe Salomão, j. 05.06.2018, DJe 09.08.2018.
171. STJ, HC 597.069, 3ª T., Rel. Min. Paulo de Tarso Sanseverino, j. 22.09.2020.
172. STJ, REsp 1.951.176-SP, 3ª T., Rel. Min. Marco Aurélio Bellizze, j. 19.10.2021.

O juiz não pode se eximir de decidir sob a alegação de lacuna ou obscuridade do ordenamento jurídico (CPC, art. 140). Nesse ponto, a ideia é a mesma do CPC de 1973, tendo havido apenas a substituição da palavra "lei" pela expressão "ordenamento jurídico". Essa alteração é significativa. Em pelo menos três passagens o Código de 2015 refere-se a ordenamento jurídico em vez de se referir à lei (art. 8º, art. 18 e art. 140). Isso demonstra que não apenas as leis, mas todas as "normas" do ordenamento, inclusive a orientação jurisprudencial, constituem parâmetros para as decisões judiciais. A ideia de precedentes e de um sistema coerente permeia todo o novo sistema.

O magistrado está adstrito ao princípio da legalidade, não podendo decidir por equidade, salvo quando expressamente autorizado pela lei (art. 140, parágrafo único). Uma dessas autorizações diz respeito aos procedimentos de jurisdição voluntária. O art. 723, parágrafo único, estabelece que o juiz não é obrigado a observar critério de legalidade estrita, podendo adotar em cada caso a solução que considerar mais conveniente ou oportuna.

Por outro lado, vige no sistema processual o princípio dispositivo, razão pela qual não é dado ao juiz decidir o mérito fora dos limites propostos pelas partes (CPC, art. 141). Mas isso não o impede de, a partir das circunstâncias fáticas, realizar a subsunção normativa com base em fundamento jurídico diverso, desde que debatido pelas partes[173]. Por outro lado, exercendo os poderes inerentes à função, deve evitar atos simulados das partes e impedir qualquer tentativa de fraude à lei, aplicando, de ofício, as penalidades pela litigância de má-fé (CPC, art. 142).

12.6.2. Responsabilidade do juiz

O juiz poderá ser responsabilizado, por atos ou omissões que gerem prejuízos, em duas situações específicas: a) caso tenha procedido com dolo ou fraude no exercício das funções (CPC, art. 143, I); ou b) caso tenha se recusado, omitido ou retardado, sem justo motivo, providência que devesse ordenar de ofício ou a requerimento da parte (CPC, art. 143, II). Importante destacar que, conforme prevê o *caput* do art. 143, essa responsabilidade é também regressiva. Isso significa que a parte prejudicada poderá requerer a indenização diretamente contra o Estado ou a União e essas, caso sucumbentes, poderão promover ação regressiva em face do magistrado.

O inciso I do art. 143 repete o que já consta do art. 49 da Lei Orgânica da Magistratura (Lei Complementar 35, de 14 de março de 1979): o magistrado só responde civilmente caso tenha procedido com dolo ou fraude. Não há, portanto, responsabilidade civil por atos culposos do juiz.

De igual forma, o inciso II do art. 143 tem o mesmo teor do disposto na LOMAN: o magistrado poderá ser responsabilizado por eventuais recusas, omissões ou atrasos, mas apenas se o requerimento da parte não for apreciado dentro do prazo de 10 (dez)

---

173. STJ, AgInt nos EDcl no AREsp 1.010.004/RJ, Rel. Min. Luis Felipe Salomão, 4ª T., j. 03.10.2017, *DJe* 05.10.2017.

dias. Há, então, uma possibilidade de o juiz, alertado a respeito do problema, adotar providências para sanar a falha.

De qualquer modo, a responsabilidade do juiz terá que ser apurada mediante uma ação autônoma, assegurando-se o contraditório, a ampla defesa e todas as demais garantias do devido processo legal.

12.6.3. Impedimento e suspeição

A imparcialidade constitui a essência da garantia constitucional do juiz natural (CF, art. 5º, LIII). Ela é, portanto, um elemento de extrema importância para o devido processo legal (CF, art. 5º, LIV). No direito processual civil, os vícios relativos à parcialidade do juiz são de duas espécies: impedimento (CPC, art. 144) e suspeição (CPC, art. 145).

O impedimento é o vício mais grave. Como o próprio nome sugere, ao juiz impedido é vedado praticar qualquer ato no processo. O desrespeito a essa proibição torna a decisão tão viciada que nem mesmo o seu trânsito em julgado afasta a irregularidade. Tanto é assim que as decisões proferidas por juízes impedidos podem ser objeto de ação rescisória (CPC, art. 966, II). O mesmo não ocorre no caso de suspeição.

Haverá impedimento quando: a) o juiz intervier como mandatário da parte, oficiar como perito, funcionar como membro do Ministério Público ou prestar depoimento como testemunha (CPC, art. 144, I); b) quando conhecer do processo em outro grau de jurisdição, tendo proferido decisão (CPC, art. 144, II); c) quando no processo estiver postulando, como defensor público, advogado ou membro do MP, seu cônjuge ou companheiro, ou qualquer parente, consanguíneo ou afim, em linha reta ou colateral, até o terceiro grau, inclusive (CPC, art. 144, III); d) quando for parte no processo ele próprio, seu cônjuge ou companheiro, ou parente, consanguíneo ou afim, em linha reta ou colateral, até o terceiro grau, inclusive (CPC, art. 144, IV); e) quando o juiz for sócio ou membro de direção ou de administração de pessoa jurídica parte no processo (CPC, art. 144, V); f) quando o juiz for herdeiro presuntivo, donatário ou empregador de qualquer das partes (CPC, art. 144, VI); g) quando no processo figure como parte instituição de ensino com a qual tenha relação de emprego ou decorrente de prestação de serviços (CPC, art. 144, VII); h) quando no processo figure como parte cliente de escritório de advocacia de seu cônjuge, companheiro ou parente, consanguíneo ou afim, em linha reta ou colateral, até o terceiro grau, inclusive, mesmo que patrocinado por advogado de outro escritório (CPC, art. 144, VIII); i) quando o próprio juiz promover ação contra a parte ou seu advogado (CPC, art. 144, IX).

Os dois primeiros parágrafos do art. 144 deixam claro que o ingresso de defensor, advogado ou membro do MP não pode gerar o impedimento do magistrado. O § 1º esclarece que só haverá impedimento quando o defensor ou membro do MP já estiver atuando no processo. O § 2º veda a criação de fato superveniente para caracterizar impedimento. A regra, portanto, é esta: presença anterior de parente ou cônjuge é causa de impedimento; ingresso posterior de parente ou cônjuge é expressamente vedado, nos termos do § 2º.

Saliente-se que § 3º do art. 144 vai ainda mais longe, em evidente exagero do legislador. Ele prevê que haverá também o impedimento quando a parte for defendida por escritório de advocacia em que trabalhe cônjuge ou parente do juiz, mesmo que este não intervenha diretamente no processo e nem sequer figure na procuração. Para os grandes escritórios de advocacia, que atuam em muitos processos, tal regra é um impeditivo à contratação de qualquer advogado que tenha parentesco com magistrados. Isso porque, ainda que esse advogado não atue nos processos de seu parente juiz, haverá o impedimento. A norma não faz sentido, visto que, não estando na procuração e não praticando atos no processo, o advogado parente ou cônjuge de magistrado não apresenta qualquer risco de gerar parcialidade.

O STJ já manifestou entendimento de que a decisão que não aprecia o mérito não gera impedimento por parentesco entre magistrados[174].

Por sua vez, a suspeição está prevista no art. 145 e decorre de: a) amizade íntima ou inimizade (inciso I); b) recebimento de presentes de pessoas com interesse na causa, aconselhamento das partes ou organização de meios para atender às despesas do litígio (inciso II); c) ser o juiz credor ou devedor de uma das partes, assim como seu cônjuge, companheiro ou parentes destes, em linha reta até o terceiro grau, inclusive (inciso III); d) ter o juiz interesse no julgamento do processo em favor de qualquer das partes (inciso IV). A propósito, o STJ já firmou entendimento de que o rol é taxativo[175].

A lei concede ao magistrado a possibilidade de declarar-se suspeito sem declinar as razões, afirmando que o faz por motivo de foro íntimo (CPC, art. 145, § 1º). Contudo, não admite a alegação de suspeição por aquele que a tiver provocado (CPC, art. 145, § 2º), nem tampouco por quem, já tendo praticado atos no processo, tenha manifestamente concordado com a atuação daquele juiz. Impede-se, assim, a adoção de comportamentos contraditórios e que implicariam em violação ao dever de boa-fé objetiva (CPC, art. 5º).

Os motivos de impedimento e de suspeição aplicam-se também aos membros do MP, aos auxiliares do juízo e a todos os sujeitos imparciais do processo (CPC, art. 148).

Tais vícios podem ser reconhecidos de ofício, pelo próprio magistrado, ou declarados em virtude de requerimento das partes. Neste último caso, a suspeição ou o impedimento deverão ser alegados dentro do prazo de 15 (quinze) dias a contar do conhecimento do fato, em simples petição que poderá estar instruída com documentos e conter um rol de testemunhas (CPC, art. 146). Nessa hipótese, o magistrado tem duas opções: a) reconhecer a existência do vício e encaminhar os autos ao seu substituto legal; ou b) determinar a autuação em apartado da petição, apresentar suas razões, documentos e eventual rol de testemunhas em 15 (quinze) dias e determinar a remessa do incidente

---

174. STJ, REsp 1.673.327/SC, Rel. Min. Nancy Andrighi, 3ª T., j. 12.09.2017.
175. STJ, REsp 1.686.946/SE, Rel. Min. Herman Benjamin, 2ª T., j. 03.10.2017, *DJe* 11.10.2017.

ao tribunal para julgamento (CPC, art. 146, § 1º). Note-se que não há oportunidade para a manifestação da parte contrária ao suscitante. Isso porque a alegação de impedimento ou suspeição cria um incidente apenas entre a parte suscitante e o magistrado. Não há necessidade de se ouvir o outro litigante.

No tribunal, o relator poderá atribuir efeito suspensivo ao incidente, ocasião em que o processo ficará suspenso até o julgamento (CPC, art. 146, § 2º, II); ou deixar de atribuir tal efeito, voltando o trâmite ao normal (CPC, art. 146, § 2º, I).

Durante o tempo de suspensão do processo, assim como no período entre a arguição do incidente e a atribuição de efeito suspensivo, qualquer tutela de urgência deverá ser requerida ao substituto legal do magistrado.

Da decisão do tribunal que acolher ou rejeitar a alegação caberá recurso. O próprio juiz também pode recorrer (CPC, art. 146, § 5º). Trata-se aqui de capacidade postulatória anômala, mas isso também poderá ser feito por advogado que venha a ser constituído pelo juiz.

O reconhecimento do impedimento ou da suspeição gera a necessidade de o tribunal fixar o momento exato a partir do qual isso se verificou. Daquele momento em diante, o juiz não poderia ter atuado (CPC, art. 146, § 6º). Essa fixação da data é relevante justamente porque o tribunal deve decretar a nulidade de todos os atos que foram praticados a partir desse marco temporal (CPC, art. 146, § 7º). Quando o próprio juiz reconhecer sua suspeição, declarando que o faz por motivo superveniente, não haverá efeito retroativo. Permanecerão válidos os atos praticados anteriormente ao fato que gerou a suspeição[176].

12.7. AUXILIARES DA JUSTIÇA

São auxiliares da justiça todos aqueles que atuam no processo mediante a coordenação e as determinações do magistrado. Essa atuação pode ser permanente ou ocasional, em virtude de uma convocação eventual.

No primeiro caso, os auxiliares são denominados serventuários e prestam serviços com um vínculo constante. É o caso dos oficiais de justiça, dos chefes de secretaria, escrivães, auxiliares de cartório e assim por diante.

Quando a atuação for pontual, isto é, para a prática de atos específicos, os auxiliares são considerados eventuais. É o que ocorre com intérpretes, peritos ou administradores. O art. 149 do CPC apresenta um rol meramente exemplificativo de auxiliares da justiça, utilizando a expressão "além de outros".

---

176. STJ; PET no REsp 1.339.313/RJ; rel. Min. Sérgio Kukina; rel. para acórdão Min. Assusete Magalhães; 1ª Seção; j. 13.04.2016; *DJe* 09.08.2016.

12.7.1. Escrivão, chefe de secretaria e oficial de justiça

Os arts. 150 a 155 do Código disciplinam as atividades do escrivão, do chefe de secretaria e do oficial de justiça. Há uma preocupação da lei com o número de oficiais de justiça em atuação em cada comarca. O art. 151 prevê então que esse número nunca pode ser menor que o número de juízos, isto é, de núcleos de jurisdição formados pela presença de um juiz e pela estrutura organizacional para seu trabalho.

O escrivão possui a atribuição de redigir os ofícios, mandados, cartas precatórias, dar cumprimento às ordens judiciais, realizar citações e intimações, comparecer às audiências diretamente ou por servidor designado em sua substituição, praticar atos meramente ordinatórios e manter sob sua guarda e responsabilidade os autos dos processos físicos.

Além disso, incumbe ao escrivão ou chefe de secretaria a organização do trabalho naquele juízo, inclusive no que diz respeito à ordem de conclusão dos processos para os pronunciamentos judiciais. O art. 153, o qual sofreu alteração pela Lei 13.256/2016 antes mesmo de o Código entrar em vigor, prevê que se atenderá, preferencialmente, à ordem cronológica (CPC, art. 12) de recebimento para publicação e efetivação dos pronunciamentos judiciais. A inserção dessa palavra "preferencialmente" atenuou o rigor da ordem cronológica, mas mesmo assim impõe um respeito à sequência de processos que aguardam providências judiciais.

Diante do volume de trabalho que têm os magistrados em geral, a atuação dos escrivães e chefes de secretaria é fundamental para fazer respeitar o princípio da isonomia e oferecer tratamento adequado a todos aqueles que aguardam providências do Poder Judiciário. Importante destacar que o próprio art. 153, em seu § 2º, exclui da ordem cronológica os atos urgentes e as preferências legais (CPC, art. 12, VII e IX). De igual forma, essa ordem não será aplicável diante de erro. É o que propõe o Enunciado 14 da I Jornada de Direito Processual Civil: "A ordem cronológica do art. 153 do CPC não será renovada quando houver equívoco atribuível ao Poder Judiciário no cumprimento de despacho ou decisão".

Visando dar maior transparência à atuação do Poder Judiciário, o art. 153, § 1º, prevê que a lista de processos recebidos deverá ser disponibilizada, de forma permanente, para consulta pública. Tal dispositivo reflete o que vem disposto no art. 12, § 1º. A parte que se sentir preterida em tal ordem cronológica poderá apresentar reclamação, nos próprios autos, ao juiz do processo que, após requisitar informações do escrivão, decidirá (CPC, art. 153, § 4º). Tendo havido preterição, o juiz determinará o imediato cumprimento do ato e a instauração de processo administrativo disciplinar contra o servidor (CPC, art. 153, § 5º).

As atribuições dos oficiais de justiça estão previstas no art. 154 do Código. Dentre elas, merece especial atenção o dever de certificar, em mandado, proposta de autocomposição apresentada por qualquer das partes (CPC, art. 154, VI). Isso porque o oficial de justiça atua na linha de frente do conflito. É ele quem faz as comunicações dos atos processuais e realiza o cumprimento das medidas judiciais. Nesse contato direto com as partes, é muito comum ter acesso a informações e manifestações relevantes. Assim sendo, deve colaborar com a solução consensual da controvérsia (CPC, art. 3º, § 2º), fornecendo todos os dados possíveis ao juízo. Uma vez certificada essa proposta de autocomposição, deve o magistrado determinar a manifestação da parte contrária no prazo de 5 (cinco) dias, interpretando-se o silêncio como recusa (CPC, art. 154, parágrafo único).

Haverá responsabilidade civil dos escrivães, chefes de secretaria e oficiais de justiça quando houver recusa injustificada ao cumprimento no prazo de atos impostos pela lei ou pelo juiz, assim como quando for praticado ato nulo com dolo ou culpa. Observe-se que, diferentemente dos magistrados, os auxiliares de justiça respondem pela prática de atos culposos, além daqueles praticados com dolo. De igual forma, porém, sua responsabilidade é regressiva. Isso significa que a parte deve requerer a indenização diretamente do Estado ou União e, caso esta venha a ser fixada e paga, haverá possibilidade da cobrança dos respectivos auxiliares para o ressarcimento do valor dispendido.

12.7.2. Perito

A atividade dos peritos judiciais está disciplinada nos arts. 156 a 158 do Código, merecendo destaque a previsão de um cadastro mantido pelo tribunal, formado mediante consulta pública, por meio de divulgação na rede mundial de computadores ou em jornais de grande circulação (CPC, art. 156, §§ 1º e 2º). É recomendável também a consulta a universidades, conselhos de classe, MP, Defensoria Pública e à OAB. O Código ainda prevê a elaboração de uma lista de peritos em cada vara ou secretaria, para a consulta dos interessados (CPC, art. 157, § 2º).

Assim como os demais auxiliares da justiça, os peritos também respondem por dolo ou culpa. Não há necessidade de haver conduta dolosa para que surja o dever de indenizar. Este existirá ainda que a conduta do perito tenha sido, por exemplo, apenas negligente. Além disso, em relação aos peritos, o Código impõe uma sanção extremamente grave: aquele que prestar informações inverídicas ficará inabilitado para atuar em outras perícias pelo prazo de 02 (dois) a 05 (cinco) anos, independentemente das demais sanções. O juiz ainda deverá comunicar o fato ao respectivo órgão de classe, para as medidas cabíveis (CPC, art. 158). Evidentemente, por se tratar de sanção com grave repercussão na esfera profissional do perito, deverá lhe ser assegurado o direito ao contraditório e à ampla defesa.

12.7.3. Depositário, administrador, intérprete e tradutor

As atribuições dos depositários e administradores estão elencadas no art. 159. A fixação de sua remuneração decorre de ato do juiz, o qual deverá levar em consideração não apenas a situação dos bens e o tempo de serviço, mas também as dificuldades de execução (CPC, art. 160). Estes podem ainda requerer e indicar a nomeação de prepostos (CPC, art. 161).

Em relação à sua responsabilidade civil, a apuração também é feita com base no dolo ou culpa, havendo ainda previsão de perda dos valores recebidos e da responsabilidade penal, além da imposição de sanção por ato atentatório à dignidade da justiça (CPC, art. 161, parágrafo único). As atribuições dos intérpretes e tradutores estão previstas nos arts. 162 a 164 do Código, estando os mesmos sujeitos também às sanções do art. 158 por informações inverídicas e pelos prejuízos que eventualmente causarem.

12.7.4. Conciliadores e mediadores judiciais

Função importantíssima é desempenhada pelos conciliadores e mediadores judiciais. O CPC de 2015 estimula as soluções consensuais dos conflitos (art. 3º, §§ 2º e 3º) não apenas porque se trata de alternativa ao crescente volume de demandas, mas, principalmente, porque elas produzem melhores resultados do ponto de vista humano e social.

É bem verdade que a conciliação e a mediação podem ocorrer a qualquer tempo, inclusive antes mesmo da propositura de qualquer demanda. Nesse sentido, há um papel relevante a ser cumprido pelos advogados e defensores públicos. Tais profissionais devem incentivar o consenso e evitar, tanto quanto possível, o ajuizamento das ações. Como é natural, o Código apenas disciplina as conciliações e mediações endoprocessuais, ou seja, aquelas realizadas no curso das demandas. Isso, porém, não deve servir de desestímulo para se tentar, cada vez mais, a solução independentemente da atuação do Poder Judiciário.

Em relação aos processos pendentes, a solução consensual deve ser buscada inclusive na fase de recurso, a teor do Enunciado 371 do FPPC: "Os métodos de solução consensual de conflitos devem ser estimulados também nas instâncias recursais". O mesmo vale para a fase de cumprimento de sentença, conforme o Enunciado 485 do mesmo Fórum: "É cabível conciliação ou mediação no processo de execução, no cumprimento de sentença e na liquidação de sentença, em que será admissível a apresentação de plano de cumprimento da prestação".

A conciliação difere-se da mediação porque nesta o mediador se limita a promover o diálogo e a auxiliar para que as próprias partes construam uma solução consensual. O conciliador, diversamente, toma iniciativas para sugerir opções de acordo. Mas há ainda outra e mais importante distinção. A conciliação procura atingir um único ponto de conflito, em uma situação de discórdia pontual. Já a mediação volta-se às situações conflituosas que se protraem no tempo, decorrentes de relações jurídicas duradouras. Conforme prevê o art. 165, § 2º, do Código, a conciliação deve ser preferencialmente utilizada nos casos em que não exista vínculo anterior entre as partes, ou seja, quando o conflito for pontual e não existir uma relação jurídica de longa duração. Por outro lado, a mediação volta-se para essas relações mais longas, tais como as relações familiares, de vizinhança, profissionais ou societárias.

O art. 3º, § 3º, estabelece que a conciliação e a mediação devem ser estimuladas por juízes, advogados, defensores público e membros do Ministério Público. Tais atividades são disciplinadas pelos arts. 165 a 175, todos do CPC.

Quando a conciliação e a mediação ocorrerem no curso do processo, seus agentes atuarão na qualidade de auxiliares da justiça, fazendo incidir, portanto, as regras de impedimento ou suspeição. É o que estabelece o art. 148 do Código, segundo o qual aplicam-se os motivos de impedimento e de suspeição ao membro do MP, aos auxiliares da justiça e aos demais sujeitos imparciais do processo. Justamente por isso, havendo impedimento, o conciliador ou mediador deve imediatamente comunicar o fato, devolvendo os autos ao juiz ou coordenador do centro judiciário, consoante o art. 170 do Código. Eventual atuação, em desrespeito à regra de impedimento ou suspeição, gerará a exclusão do conciliador do cadastro, nos termos do art. 173, II, do Código.

Antes mesmo do novo CPC, o Conselho Nacional de Justiça já havia implementado uma política pública de incentivo às conciliações e às mediações. Isso ocorreu em 2010, mediante a Resolução 125, de 29 de novembro daquele ano. Ela estabelece diretrizes, prevê um currículo mínimo para os conciliadores e mediadores, cria os centros de solução de conflitos e cidadania nos tribunais e ainda regulamenta a atividade mediante um código de ética. Tais disposições continuam plenamente aplicáveis.

Deve-se ressaltar também que a mediação contém um regramento específico na Lei 13.140, de 26 de junho de 2015 (Lei de Mediação). Trata-se de lei posterior ao próprio CPC (Lei 13.105, de 16 de março de 2015) e que, portanto, pelo critério temporal, já teria força para afastar qualquer norma em sentido contrário. Argumente-se ainda que a Lei de Mediação é um diploma especial em relação a lei geral, razão pela qual, havendo conflito entre as normas, é ela (e não o Código) que deve prevalecer. De forma harmônica com o art. 165, § 3º, do Código, o art. 1º, parágrafo único, da Lei de Mediação prevê que o mediador estimulará e auxiliará as partes a desenvolver soluções consensuais para a controvérsia.

Tanto o Código (art. 165) como a Lei de Mediação preveem a criação de centros judiciários de solução consensual de conflitos. Além dessa hipótese, a conciliação e a mediação poderão ocorrer em câmaras públicas ou privadas, inclusive em associações ou escolas, consoante dispõem os arts. 42 e 43 da Lei 13.140, de 26 de junho de 2015. Nesse sentido, o CPC prevê a possibilidade de os conciliadores, os mediadores e as câmaras privadas serem inscritos em cadastro nacional e em cadastro dos tribunais estaduais ou tribunais regionais federais (CPC, art. 167). Destaque-se que o art. 174 do mesmo Código estabelece que a União, os Estados, o Distrito Federal e os Municípios criarão câmaras de mediação e conciliação visando a solução consensual no âmbito administrativo.

Regra fundamental para o bom desempenho das conciliações e mediações é a exigência de confidencialidade por parte de seus agentes. Ela está prevista no art. 14 da Lei 13.140/2015. A confidencialidade é também um de seus princípios fundamentais (CPC, art. 166 e art. 2º, VII, da Lei 13.140/2015). A propósito, a Escola Nacional de Formação de Magistrados (ENFAM) aprovou o Enunciado 62: "O conciliador e o mediador deverão advertir os presentes, no início da sessão ou audiência, da extensão do princípio da confidencialidade a todos os participantes do ato". Justamente por isso, complementa o Enunciado 56, também da ENFAM: "Nas atas das sessões de conciliação e mediação, somente serão registradas as informações expressamente autorizadas por todas as partes". Em virtude do dever de sigilo, os mediadores, conciliadores e membros de suas equipes não poderão ser chamados a depor, nem tampouco divulgar o que foi discutido e mencionado durante as sessões (CPC, art. 166, § 2º).

Os conciliadores, os mediadores e as câmaras privadas deverão ser inscritos em cadastro nacional e em cadastro dos tribunais de justiça e regionais federais (CPC, art. 167 e art. 12 da Lei 13.140/2015). Os parâmetros para a capacitação são definidos pelo Conselho Nacional de Justiça em conjunto com o Ministério da Justiça (CPC, art. 167, § 1º, e art. 11 da Lei 13.140/2015). De qualquer forma, o art. 168 permite que as partes possam, livremente e de comum acordo, escolher o mediador, o conciliador ou a câmara privada. Nesse caso, não haverá obrigatoriedade do cadastro prévio (CPC, art. 168, § 1º), mas a ENFAM, mediante o Enunciado 59, destaca a importância da capacitação mínima: "O conciliador ou mediador não cadastrado no tribunal, escolhido na forma do § 1º do art. 168 do CPC/2015, deverá preencher o requisito de capacitação mínima previsto no § 1º do art. 167".

Para evitar qualquer tipo de favorecimento ou obtenção de vantagem indevida, os conciliadores e mediadores ficam impedidos, pelo prazo de um ano, de assessorar ou representar os interesses de qualquer das partes (CPC, art. 172 e art. 6º da Lei 13.140/2015). Trata-se de uma disposição de cunho ético e que evita distorções no sistema.

Um dos pontos mais polêmicos desse tema consiste no impedimento dos conciliadores e mediadores judiciais para o exercício da advocacia nos juízos em que desempenhem as suas funções (CPC, art. 167, § 5º). A questão que se coloca é sobre a exata interpretação dessa palavra "juízos". Qual a extensão disso? Estariam os conciliadores impedidos de advogar na comarca em que atuam, ou apenas na vara em que tramitou o processo? A tendência deve ser de uma interpretação restritiva, não se ampliando demasiadamente a proibição. Esse é o Enunciado 40 do Fonaje: "O conciliador ou juiz leigo não está incompatibilizado nem impedido de exercer a advocacia, exceto perante o próprio Juizado Especial em que atue ou se pertencer aos quadros do Poder Judiciário". Embora a interpretação procure limitar a regra, nas cidades pequenas, em que existe um único juízo, a vedação impede completamente o exercício da advocacia. E mesmo em comarcas maiores, caso os conciliadores tenham atuado em vários processos, estarão automaticamente impedidos de advogar em todos esses juízos. Isso afasta ou pelo menos reduz demasiadamente a possibilidade de advogados contribuírem com as atividades de conciliação e mediação. Não há, na verdade, qualquer sentido nessa proibição. Afinal, qual seria o malefício de um conciliador atuar como advogado em outra causa e com outras partes envolvidas? Trata-se de restrição injustificável ao exercício da advocacia.

12.8. MINISTÉRIO PÚBLICO

O Ministério Público é instituição essencial ao regime democrático e ao exercício da jurisdição, incumbindo-lhe atuar na defesa dos interesses da sociedade e na fiscalização da correta aplicação da ordem jurídica (CF, art. 127). Tem, portanto, dupla atribuição: como parte (sempre que houver interesses sociais ou individuais indisponíveis) e como *custos legis* (zelando pelo respeito à legalidade e ao ordenamento como um todo – daí também a denominação de *custos iuris*). Pode praticar todos os atos processuais, até mesmo os negócios processuais (CPC, art. 190). É o que propõe o Enunciado 253 do FPPC: "O Ministério Público pode celebrar negócio processual quando atua como parte". Além disso, sua intervenção como *custos legis* não impede os negócios processuais, consoante Enunciado 112 da II Jornadas de Direito Processual Civil do CJF: "A intervenção do Ministério Público como fiscal da ordem jurídica não inviabiliza a celebração de negócios processuais".

Conforme estabelece o art. 128 da Constituição, sua atuação abrange o Ministério Público da União (Federal, do Trabalho, Militar e Eleitoral) e o Ministério Público Estadual (Estados e Territórios). Em primeiro grau, seus agentes têm a denominação de promotores de justiça, ao passo que perante os tribunais atuam os procuradores de justiça. Por força da Emenda Constitucional 45/2004, a atividade de controle administrativo e financeiro é realizada pelo Conselho Nacional do Ministério Público, conforme previsão do art. 130-A, § 2º da Constituição.

São princípios fundamentais da atuação do MP a unidade, a indivisibilidade e a independência funcional, conforme preceitua o art. 127, § 1º, da Constituição Federal. A propósito, a Resolução 57, de 05 de julho de 2017, do Conselho Nacional do MP, destaca essa unidade e indivisibilidade, admitindo a atuação conjunta entre membro do primeiro grau e aquele com atribuição para atuar nos tribunais, bem como entre membros do Ministério Público da União e dos Estados (art. 14, §§ 1º e 2º). Justamente em virtude do princípio da unidade, o reconhecimento da ilegitimidade do MP não leva necessariamente à extinção do processo. Nesse sentido, o STJ, ao reconhecer a ilegitimidade do Ministério Público da Bahia (MPBA) em ação civil pública relativa à contratação de trabalhadores sem concurso, não extinguiu o processo, concluindo que o Ministério Público do Trabalho (MPT) poderá ratificar, emendar ou mesmo desistir do pedido no âmbito da Justiça do Trabalho[177].

Suas funções institucionais estão elencadas no art. 129 do texto constitucional, merecendo destaque a sua atuação privativa nas ações penais públicas, a promoção do inquérito civil e da correspondente ação civil pública, a defesa das populações indígenas, o ajuizamento de ações de inconstitucionalidade, o controle externo da atividade policial e a realização de diligências investigatórias.

---

177. STJ, REsp 1.743.438, 2ª T., Rel. Min. Francisco Falcão j. 08.02.2022.

No âmbito do Direito processual civil, sua atuação está disciplinada pelos arts. 176 a 181 do Código. Conforme prevê o art. 178, sua intimação é obrigatória para intervir como fiscal da ordem jurídica em todas as hipóteses do referido art. 129 da Constituição, assim como nos processos que envolvam: a) interesse público ou social (aqui entendido o interesse da coletividade e não o das pessoas jurídicas de Direito Público); b) interesse de incapaz (atuará na defesa dos direitos de menores e interditados, por exemplo); c) litígios coletivos. Conforme Súmula 601 do STJ, o MP tem legitimidade ativa para "atuar na defesa de direitos difusos, coletivos e individuais homogêneos dos consumidores, ainda que decorrentes da prestação de serviço público"[178]. Recentemente o STJ, em sede de Recurso Especial Repetitivo, decidiu que o Ministério Público tem legitimidade nas causas atinentes a direitos individuais da área de saúde. A tese fixada foi a seguinte: "O Ministério Público é parte legítima para pleitear tratamento médico ou entrega de medicamentos nas demandas de saúde contra os entes federativos, mesmo quando se tratar de feitos contendo beneficiários individualizados, porque se trata de direitos individuais indisponíveis, na forma do art. 1º da Lei 8.625/1994 (Lei Orgânica do Ministério Público)"[179].

Em todos os casos em que a atuação do MP é obrigatória, ele deve ter vista dos autos depois da manifestação das partes, assim como ser intimado de todos os atos ali praticados, podendo produzir provas, recorrer e pleitear as medidas processuais que entender cabíveis (art. 179).

A Recomendação 34, de 05 de abril de 2016, do Conselho Nacional do Ministério Público, dispõe sobre a atuação do MP como interveniente no processo civil. Em seu art. 5º, por exemplo, ela destaca quais são as matérias de relevância social, além daquelas já previstas legalmente. Embora não tenha caráter vinculativo, respeitando a independência funcional de cada promotor, a Recomendação serve como importante parâmetro de orientação.

Por outro lado, a já mencionada Recomendação 57, de 05 de julho de 2017, do Conselho Nacional do Ministério Público, orienta sobre a atuação nos Tribunais, destacando o respeito aos precedentes judiciais e a necessária participação nos procedimentos de assunção de competência, incidentes de resolução de demandas repetitivas e recursos repetitivos (art. 21). Afirma ainda a importância da resolução consensual dos conflitos e da atuação proativa do MP nas sessões de conciliação e mediação junto aos tribunais (art. 22).

Sempre que sua atuação for obrigatória por força da lei ou da Constituição Federal (*custos iuris*), a ausência de sua intimação gerará a nulidade do processo. Nesse caso, incumbe ao magistrado invalidar todos os atos praticados a partir do momento em que o membro do *Parquet* deveria ter sido intimado (CPC, art. 279, § 1º). Contudo, o STJ tem entendido que para a decretação de nulidade é necessária a demonstração de

---
178. STJ; Súmula 601, aprovada em 07.02.2018, *DJe* 14.02.2018.
179. STJ, REsp 1.681.690/SP, Rel. Mn. Og Fernandes, 1ª Seção, j. 25.04.2018.

prejuízo para as partes ou para a apuração da verdade material. Assim, com base no princípio *pas de nullité sans grief*, se não houver prejuízo, a ausência de intimação não conduzirá à nulidade[180]. Observe-se que não se exige a manifestação expressa do Ministério Público, mas tão somente sua intimação. Uma vez intimado, ainda que silente, considerar-se-á atendida a exigência legal.

Por se tratar de uma imposição do ordenamento jurídico, não é possível dispensar a necessidade de intimação do MP mediante a celebração de negócio jurídico processual. Esse é o teor do Enunciado 254 do FPPC: "É inválida a convenção para excluir a intervenção do Ministério Público como fiscal da ordem jurídica". Por outro lado, antes da declaração de eventual nulidade, deverá ser facultada ao Ministério Público a oportunidade para falar sobre a existência ou inexistência de prejuízo (CPC, art. 279, § 2º). Isso porque, nos termos do art. 282, § 1º, o ato não será repetido nem sua falta suprida quando não prejudicar a parte. De igual forma, quando a decisão puder ser favorável à parte a quem aproveitaria a declaração de nulidade, o juiz não a pronunciará, nem mandará repetir o ato (CPC, art. 282, § 2º).

O MP goza das prerrogativas de prazo em dobro e intimação pessoal (CPC, art. 180)[181], mas deverá atender ao prazo simples sempre que a lei estabelecer um prazo próprio e expresso para o ente público (CPC, art. 183, § 1º). Em relação à intimação pessoal, o STJ já decidiu, sob o rito dos Recursos Especiais Repetitivos, que o marco temporal de início do prazo será a data da entrega dos autos na secretaria do órgão. A tese fixada foi a seguinte: "O termo inicial da contagem do prazo para impugnar decisão judicial é, para o Ministério Público, a data da entrega dos autos na repartição administrativa do órgão, sendo irrelevante que a intimação pessoal tenha se dado em audiência, em cartório ou por mandado"[182].

Assim como ocorre com os magistrados, os membros do MP respondem civil e regressivamente pelos atos que praticarem com dolo ou fraude (CPC, art. 181). Isso significa que o lesado poderá requerer a indenização diretamente em face do Estado ou da União (quer se trate de MP no âmbito estadual ou federal) e esta entidade é que terá a possibilidade de ajuizar futura ação regressiva contra o membro do *Parquet*. Observe-se, nesse aspecto, que parte da doutrina vem considerando que a previsão de ação regressiva não afasta a possibilidade de ação direta em face do agente público. O tema ainda é bastante polêmico na jurisprudência.

12.9. ADVOCACIA PRIVADA

A Constituição Federal assegura o direito à defesa mediante o exercício da advocacia, a qual é considerada indispensável para a administração da justiça. De igual

---

180. STJ, REsp 1.694.984/MS, Rel. Min. Luis Felipe Salomão, 4ª T., j. 14.11.2017.
181. STJ; EdCl no AgInt no REsp 1.559.515/RN; rel. Min. Gurgel de Faria; 1ª T.; j. 16.02.2017; *DJe* 10.03.2017.
182. STJ, REsp 1.349.935/SE, Rel. Min. Rogério Schietti Cruz, 3ª Seção, j. 23.08.2017, *DJe* 14.09.2017.

forma prevê o Estatuto da Advocacia e da OAB (Lei 8.906/94), destacando que, em seu ministério privado, o advogado presta serviço público e exerce função social. Daí por que se diz que a advocacia constitui um múnus público, isto é, uma atividade que, embora seja privada, possui um encargo público. Ainda que o advogado não seja agente estatal, ele é um dos elementos necessários para a aplicação da justiça.

Justamente por isso, o advogado é inviolável em seus atos e manifestações, conforme prevê o art. 133 da Carta magna. Isso significa que ele não pode sofrer sanções, penalidades ou condenações judiciais em virtude da atuação regular, na defesa de seus constituintes. Tal imunidade consiste em garantia inerente ao Estado democrático de direito e que assegura a todos os profissionais a liberdade para atuação, desde que dentro dos limites da lei. Ela está prevista também no art. 2º, § 3º, da Lei 8.906/94.

Observe-se, contudo, que tal imunidade não é absoluta. Em outras palavras, o advogado privado estará imune às sanções, mas desde que atue dentro dos limites legais. Nesse sentido, tudo que não for essencial para a defesa da parte pode ser considerado abuso e levar à responsabilização do profissional. Um exemplo é a petição de recurso com ofensas pessoais ao magistrado que prolatou a sentença recorrida. Tal conduta caracteriza abuso e, nesse caso, inobstante a inviolabilidade, o advogado poderá ser processado e punido no âmbito disciplinar. Ou seja, a atuação do advogado é imune, desde que não sejam ultrapassados os limites de sua atividade profissional.

Caso extrapole o regular exercício do mandato, praticando abusos e agindo de forma ilícita, o advogado será responsabilizado por seus atos, como qualquer cidadão comum. Isso porque a inviolabilidade profissional, tão cara a um sistema adequado de distribuição de justiça, não permite distorções, nem a prática de ilegalidades. O STJ tem inúmeros julgados nesse sentido, tanto no âmbito civil como no penal[183].

O STF, por sua vez, já analisou a constitucionalidade dos dispositivos do Estatuto da Advocacia e da OAB (Lei 8.906/94)[184].

No que diz respeito à aplicação de multas, embora os arts. 77 e 81 do Código estabeleçam deveres e sanções a todos aqueles que participam do processo, a apuração de responsabilidade disciplinar dos advogados públicos ou privados e dos membros do MP ou da Defensoria somente pode ser feita pela corregedoria ou pelo respectivo órgão de classe. O § 6º do art. 77 prevê que nessas hipóteses, constatando eventual vio-

---

183. REsp 1677957/PR, Rel. Min. Ricardo Villas Bôas Cueva, 3ª T., j. 24.04.2018, DJe 30.04.2018. No mesmo sentido: AgInt nos EDcl no AREsp 953.993/RJ, Rel. Min. Raul Araújo, 4ª T., j. 02.02.2017, DJe 13.02.2017; AgRg no AREsp 201.067/SP, Rel. Min. Marco Buzzi, 4ª T., j. 24.09.2013, DJe 04.10.2013.
   São ainda relevantes os seguintes julgados, no âmbito penal: REsp 1465966/PE, Rel. Min. Sebastião Reis Júnior, 6ª T., j. 10.10.2017, DJe 19.10.2017; AgRg nos EDcl no AREsp 683.826/RS, Rel. Min. Jorge Mussi, 5ª T., j. 05.10.2017, DJe 11.10.2017.
184. STF, ADI 1127, Rel. Min. Marco Aurélio, Pleno, j. 17.05.2006.

lação, o juiz deverá oficiar aos mencionados órgãos, os quais serão responsáveis pela apuração e punição.

No âmbito disciplinar, os profissionais da advocacia estão sujeitos ao seu órgão de classe (OAB) e devem obediência aos deveres previstos tanto no Estatuto (Lei 8.906/94) como no Código de Ética e Disciplina (Resolução 02/2015 do Conselho Federal da OAB).

Os advogados possuem a chamada capacidade postulatória, como já exposto no tópico deste curso referente à capacidade das partes. Ela se caracteriza pela possibilidade da representação do autor ou réu, em autos e processos judiciais ou administrativos, por advogado regularmente inscrito na OAB (CPC, art. 103). Somente esses profissionais possuem tal autorização legal. Qualquer ato praticado no processo sem tal requisito será nulo, consoante prevê o art. 4º da Lei 8.906/94 (Estatuto da Advocacia e da OAB). Dessa forma, apresentação de petições, recursos e qualquer manifestação nos autos terá que ocorrer pela atuação de um profissional da advocacia.

O art. 104 do CPC exige que essa representação judicial se dê mediante a apresentação da procuração (instrumento do mandato outorgado pela parte), salvo se sua atuação tiver por objetivo evitar preclusão, decadência, prescrição, ou ainda se referir a ato considerado urgente. Os §§ 1º e 2º do art. 104 preveem a forma de apresentação da procuração nessas situações urgentes, assim como a consequência de ineficácia do ato caso tal forma não seja observada[185]. Por sua vez, o art. 105 estabelece os poderes inerentes à procuração, bem como as exceções (receber citação, confessar, reconhecer a procedência do pedido, transigir, renunciar, desistir, renunciar ao direito, receber, dar quitação, firmar compromisso e assinar declaração de hipossuficiência econômica). Para a prática de tais atos, que possuem um caráter pessoal, o Código exige poderes específicos, que devem estar previstos em uma cláusula da procuração geral ou em procuração específica.

Obviamente, quando a própria parte for advogado regularmente inscrito na OAB poderá atuar em causa própria, uma vez que possui capacidade postulatória.

Vale destacar uma relevante distinção entre o Código de 1973 e o CPC/2015 no que diz respeito à capacidade postulatória. No novo sistema, eventual vício por falta de representação processual pode ser sanado, inclusive perante os tribunais superiores (CPC, art. 76, § 2º)[186]. Até então, tal irregularidade somente poderia ser corrigida perante as instâncias ordinárias. Fica assim superada a Súmula 115 do STJ: "Na instância especial é inexistente recurso interposto por advogado sem procuração nos autos". Agora, diante da previsão expressa do § 2º do art. 76, o qual inclui as instâncias extraordinárias, fica previsto que tal defeito será sempre sanável, inclusive perante o STJ, pouco importan-

---

185. STJ, AgRg no TP 70/DF, rel. Min. Antonio Saldanha Palheiro, 6ª T., j. 14.02.2017, DJe 21.02.2017.
186. STJ, AgInt no REsp 1623448/TO, rel. Min. Ricardo Villas Bôas Cueva, 3ª T.; j. 14.03.2017, DJe 27.03.2017 e STJ, AgInt no REsp 1230101, rel. Min. Antonio Carlos Ferreira, 4ª T., j. 14.02.2017, DJe 24.02.2017.

do a fase do processo[187]. Contudo, se após a intimação não houver a regularização da representação processual, o recurso não será conhecido[188].

Em relação aos Núcleos de Prática Jurídica, cabe um alerta. Por ausência de previsão legal, eles não se equiparam à Defensoria Pública. Logo, os advogados que os integram devem apresentar procuração firmada pelo representado, sob pena de ausência de capacidade postulatória[189].

Por fim, importante destacar que, nos termos do art. 94 da Constituição Federal, um quinto dos cargos de magistrados dos tribunais estaduais e dos tribunais regionais federais será ocupado por profissionais advindos do Ministério Público e da advocacia. É o denominado quinto constitucional. Ele assegura uma outra forma de provimento à magistratura e, ao mesmo tempo, busca provocar uma interação mais profunda entre juízes, advogados e promotores no exercício da prestação jurisdicional pelos tribunais.

12.10. ADVOCACIA PÚBLICA

Os interesses públicos da União, dos Estados, do Distrito Federal e dos Municípios serão representados, respectivamente, pela Advocacia Geral da União, pelas Procuradorias dos Estados e do Distrito Federal e pelas Procuradorias Municipais (CPC, art. 182).

A União, os Estados, o Distrito Federal e os Municípios, assim como todas as suas autarquias e fundações de direito público, terão prazo em dobro para manifestar-se nos autos, devendo a intimação dos procuradores ou advogados ocorrer de forma pessoal (CPC, art. 183)[190]. Não se aplica, contudo, o benefício do prazo em dobro quando houver um prazo expresso, próprio para o ente público (CPC, art. 183, § 2º).

Assim como os membros do MP, os Advogados Públicos serão civil e regressivamente responsáveis quando agirem com dolo ou fraude (CPC, art. 184). Cabem aqui as considerações da doutrina a respeito da viabilidade de ação direta de indenização contra esses agentes públicos. Quanto aos deveres processuais, os advogados públicos, assim como membros do MP e da defensoria, só podem ser punidos por seus respectivos órgãos de classe ou corregedoria, conforme estabelece o art. 77, § 6º, do Código.

Os advogados públicos têm direito ao percebimento de honorários de sucumbência, conforme prevê o art. 85, § 19, do CPC, a ser regulamentado por lei específica. Nesse

---

187. STJ, AgInt no REsp 1.603.300/MG, rel. Min. Mauro Campbell Marques, 2ª T., j. 16.02.2017, DJe 22.02.2017; STJ, AgInt no REsp 1.623.448/TO, rel. Min. Ricardo Villas Bôas Cueva, 3ª T., j. 14.03.2017, DJe 27.03.2017 e STJ, AgInt no AREsp 259.747/SP, rel. Min. Antonio Carlos Ferreira, 4ª T., j. 14.02.2017, DJe 21.02.2017. De igual forma, o entendimento da Primeira Seção: STJ, AgInt na AR 5.768/DF, rel. Min. Gurgel de Faria, 1ª Seção, j. 24.08.2016, DJe 21.09.2016.
188. STJ, EDcl no AgInt no AREsp 1.035.562/SP, Rel. Min. Nancy Andrighi, 3ª T., j. 07.11.2017, DJe 13.11. 2017 e AgInt no AREsp 1.074.009/SP, Rel. Min. Luis Felipe Salomão, 4ª T., j. 19.09.2017, DJe 27.09.2017.
189. STJ, AgRg no AREsp 782.946/DF, Rel. Min. Jorge Mussi, 5ª T., j. 24.05.2016, DJe 03.06.2016.
190. STJ; AgInt no REsp 1.578.445/AM; rel. Min. Herman Benjamin; 2ª T.; j. 16.08.2016; DJe 09.09.2016 e STJ; AgInt no AREsp 866.547/SP; rel. Min. Mauro Campbell Marques; 2ª T.; j. 16.08.2016; DJe 26.08.2016.

sentido, vale destacar o teor do Enunciado 384 do FPPC: "A lei regulamentadora não poderá suprimir a titularidade e o direito à percepção dos honorários de sucumbência dos advogados públicos". Em relação à advocacia pública, o STF fixou a seguinte tese: "é constitucional o pagamento de honorários sucumbenciais aos advogados públicos, observando-se, porém, o limite remuneratório previsto no art. 37, XI, da Constituição" (ADPF 597, ADI 6.159 e ADI 5.910)[191].

12.11. DEFENSORIA PÚBLICA

A Defensoria Pública exerce um importante papel no que diz respeito à garantia de acesso à jurisdição (CF, art. 5º, XXXV) para os necessitados. Conforme prevê o art. 185 do CPC, os defensores públicos deverão exercer a orientação jurídica, a promoção dos direitos humanos e a defesa dos direitos individuais e coletivos das pessoas carentes, de forma integral e gratuita, em qualquer grau de jurisdição. Os defensores públicos também podem atuar, ao lado do MP, como substitutos processuais para a promoção de ação civil pública, nos termos do art. 5º, inciso II da Lei 7.347, de 24 de julho de 1985. Nesse sentido, propõe o Enunciado 169 do CJF: "A Defensoria Pública pode ser admitida como *custos vulnerabilis* sempre que do julgamento puder resultar formação de precedente com impacto potencial no direito de pessoas necessitadas".

Assim como todos os advogados públicos e membros do MP, os defensores gozam de prazo em dobro para suas manifestações, devendo ser intimados pessoalmente (CPC, art. 186, *caput* e § 1º). Os prazos em dobro se aplicam aos escritórios ou núcleos de prática jurídica das faculdades de Direito (CPC, art. 186, § 3º), em virtude de sua equiparação ao trabalho da Defensoria Pública[192]. Nesse sentido é o Enunciado 15 do CJF: "Aplicam-se às entidades referidas no § 3º do art. 186 do CPC as regras sobre intimação pessoal das partes e suas testemunhas (art. 186, § 2º; art. 455, § 4º, IV; art. 513, § 2º, II e art. 876, § 1º, II, todos do CPC)". Por outro lado, o benefício não se aplica quando a lei estabelecer, de forma expressa, prazo próprio para a Defensoria (CPC, art. 186, § 4º).

Os defensores públicos respondem civil e regressivamente por atos praticados, no exercício das funções, com dolo ou fraude (CPC, art. 187). Valem aqui as considerações já feitas em relação à advocacia pública quanto à viabilidade de ação direta de indenização em face dos agentes. Quanto aos deveres, os defensores, membros do MP e da advocacia pública só podem ser punidos pelos respectivos órgãos de classe ou corregedoria (art. 77, § 6º, do Código).

---

191. STF, ADI 5.910, Plenário, Rel. Min. Dias Toffoli, j. 30.05.2022.
192. STJ; Edcl no AgRg no AREsp 787.778/DF; rel. Min. Reynaldo Soares da Fonseca; 5ª T.; j. 20.09.2016; *DJe* 26.09.2016.

13
ATOS PROCESSUAIS

13.1. CONCEITO

Todo ato processual é também um ato jurídico. O que o caracteriza como tal é a capacidade de produção de efeitos no próprio processo. Já o ato jurídico tem um conceito mais amplo, abrangendo todo ato humano voluntário que gera efeitos jurídicos, ainda que não especificamente no processo. Ele constitui uma das espécies de fatos jurídicos.

Daí por que, partindo-se da figura mais ampla para a mais restrita, pode-se dizer que fato jurídico é todo evento do mundo real que gera consequências jurídicas. Tal noção abrange três outras: a) o fato jurídico *stricto sensu* (sem a participação da vontade humana); b) o ato-fato jurídico (com voluntariedade, mas sem o propósito de um efeito jurídico específico); e c) o ato jurídico propriamente dito (com voluntariedade e voltado a um efeito jurídico determinado).

A existência de voluntariedade e a finalidade de produção de um efeito específico constituem a essência do ato jurídico. Dito isso, fica fácil perceber que quando o que se busca é um efeito processual, esse ato jurídico é considerado ato processual. Como ocorre com os atos jurídicos, sua validade exige agente capaz, objeto lícito e forma prescrita ou não defesa em lei.

O ato processual é, portanto, o ato jurídico praticado dentro ou fora da relação processual e que gera efeitos no processo. Trata-se, assim, de um ato jurídico voltado ao exercício da jurisdição.

Ele é também considerado uma unidade do próprio processo, na medida em que este se forma pela sequência de atos organizados cronologicamente e que têm por objetivo a prestação jurisdicional. Essa cronologia deve ser realizada em obediência à lei e às garantias constitucionais, especialmente o do devido processo legal e do contraditório. Daí por que se diz que o processo é o procedimento, isto é, o conjunto desses atos, em contraditório. Já o ato processual é a sua unidade formadora.

Por fim, sempre que no ato jurídico houver uma deliberação a respeito de seu conteúdo, estaremos diante de um negócio jurídico processual. Por força de sua importância e complexidade, os negócios jurídicos serão analisados em tópico específico.

Importante lembrar que várias iniciativas são necessárias para viabilizar o exercício da jurisdição pelo Estado. Tais atos devem ser praticados não apenas pelos sujeitos processuais, mas por todos aqueles que devam colaborar com essa atividade estatal, inclusive os auxiliares da justiça e os terceiros.

Os atos processuais podem ser classificados a partir dos critérios objetivo e subjetivo. O primeiro relaciona-os como atos de iniciativa (que dão início à relação processual, atos postulatórios), atos de desenvolvimento (que geram o trâmite do processo, atos instrutórios) e atos de conclusão (atos decisórios ou de disposição). Já o segundo baseia-se no sujeito que deve praticar o ato. O Código de Processo Civil de 2015 adotou esse critério subjetivo, segundo o qual os atos processuais se dividem em atos das partes (CPC, arts. 200 a 202), atos do juiz (CPC, arts. 203 a 205) e atos dos auxiliares de justiça (CPC, arts. 206 a 211).

13.2. FORMA DOS ATOS PROCESSUAIS

13.2.1. Formalismo e instrumentalidade das formas

Uma das garantias constitucionais mais caras ao processo civil é a do devido processo legal (CF, art. 5º, LIV). Ela constitui um arcabouço de vários princípios processuais, dentre eles o do juiz natural, da isonomia (paridade de armas), do contraditório e da ampla defesa, da vedação das provas ilícitas e da motivação das decisões judiciais. Mas, desde o início, na Inglaterra, a principal proteção oferecida pela garantia sempre foi a de um processo estabelecido de acordo com a *law of the land*, ou seja, com as regras previamente estabelecidas. Isso oferecia segurança ao jurisdicionado.

Há uma vinculação entre esse princípio e o formalismo processual. Isso porque há a necessidade de regras previamente constituídas para o modo, o tempo e o lugar dos atos processuais, a fim de que eles tenham eficácia. A liberdade total das formas seria extremamente prejudicial e geradora de grave insegurança.

Em outras palavras, o formalismo constitui uma exigência da lei processual, relativa ao modo da prática dos atos, visando o seu melhor aproveitamento e resultado. Trata-se de uma preconcepção de como devem ser as condutas e iniciativas ao longo do processo para que obtenha o exercício válido da jurisdição. Daí por que a lei processual civil se ocupa em disciplinar a forma de cada um desses atos.

Uma das exigências legais é a utilização da língua portuguesa em todos os atos e termos do processo (CPC, art. 192). Não serão válidos os atos praticados em língua estrangeira, ainda que as partes sejam de outras nacionalidades. O processo legal brasileiro exige a prática dos atos na língua nacional. Mas o parágrafo único do mesmo dispositivo permite a juntada de documento redigido em língua estrangeira quando acompanhado de versão para o português, realizada por via diplomática, pela autoridade central ou por tradutor juramentado.

Saliente-se que o formalismo é algo extremamente importante e positivo para a organização e evolução do processo. Sem essas regras específicas, haveria insegurança, irregularidades e desperdício de tempo ou de iniciativas no caminho da prestação jurisdicional.

O problema ocorre quando o sistema processual passa a adotar um formalismo exacerbado e em detrimento do próprio conteúdo dos atos. Nessas situações extremas, a forma adquire tamanha importância que passa a ter mais valor que o próprio resultado do ato. Isso gera uma evidente distorção. O formalismo foi concebido justamente para gerar eficácia, isto é, garantir um resultado válido. Ele não tem valor em si mesmo.

Procurando evitar tal distorção, o sistema processual brasileiro adota o princípio da instrumentalidade das formas, o qual assegura o respeito às regras do procedimento desde que priorizada a obtenção do resultado. Isso significa, na prática, que se o objetivo visado pelo ato foi alcançado, eventual irregularidade na forma não deve gerar sua nulidade, nem tampouco a necessidade de sua repetição. Em poucas palavras: a instrumentalidade das formas faz prevalecer o conteúdo e o resultado, em vez da forma em si.

O Código de Processo Civil de 2015 adota esse princípio ao longo de todos os dispositivos relativos à forma dos atos processuais (arts. 188 a 283). É assim, portanto, que todos devem ser lidos. Isso fica bastante nítido no texto do art. 188, segundo o qual os atos e os termos processuais independem de forma determinada, salvo quando a lei a exigir. O mesmo dispositivo considera válidos os atos que, realizados de forma diversa, preencham a finalidade essencial. Do mesmo modo, o art. 282, § 1º, estabelece que o ato não será repetido nem sua falta será suprida quando não prejudicar a parte. É a aplicação do princípio *pas de nullité sans grief*, que corresponde à ideia de que não se pronunciará a nulidade quando não houver prejuízo. Seguindo a mesma linha, o § 2º prevê que quando o juiz puder decidir o mérito a favor da parte a quem aproveite eventual nulidade, o juiz não deve pronunciá-la, nem mandar repetir o ato ou suprir-lhe a falta. No que diz respeito à adoção da língua nacional, por exemplo, será possível evitar o desentranhamento de um documento em língua estrangeira caso ele não gere nenhum prejuízo ou dificuldade de compreensão.

O sistema processual, ao adotar a instrumentalidade das formas, assume uma elogiável posição de equilíbrio entre a liberdade total e a valorização cega ou exagerada da forma.

13.2.2. Publicidade

Por força do princípio constitucional esculpido nos arts. 5º, LX, e 93, IX, da Constituição, todos os atos do processo, em regra, são públicos. Na legislação infraconstitucional, a reiteração dessa garantia está prevista nos arts. 11 e 189 do Código de Processo Civil.

Todos podem, portanto, assistir e ter acesso ao conteúdo dos atos processuais. Essa é a regra geral. Há, contudo, algumas exceções taxativamente elencadas nos incisos I a IV do art. 189, as quais farão com que os atos sejam do conhecimento apenas das partes ou de seus procuradores. Haverá nessas hipóteses o sigilo denominado pelo legislador de "segredo de justiça". São elas: a) quando a restrição à publicidade seja uma exigência do interesse público ou social; b) quando os processos versarem sobre casamento, separação de corpos, divórcio, separação, união estável, filiação, alimentos e guarda de crianças e adolescentes; c) quando houver dados protegidos pelo direito constitucional à intimidade; d) quando os processos versarem sobre arbitragem, inclusive sobre cumprimento de carta arbitral, desde que a confidencialidade seja comprovada em juízo.

O STJ já reconheceu que o rol do art. 155 do CPC/73 (equivalente ao atual art 189) não é taxativo, razão pela qual o sigilo pode ser judicialmente decretado em situações que não estejam especificamente previstas. Na ocasião, entendeu-se que o segredo de justiça também pode ser autorizado quando houver a necessidade de defesa da intimidade[1]. O art. 206 da Lei 9.279/96 também assegura o sigilo quando houver segredo comercial ou industrial.

O § 2º do art. 189 permite que o terceiro com interesse jurídico obtenha certidão a respeito do teor do dispositivo da sentença, assim como do inventário e de partilha resultantes de divórcio e separação. Nesses casos, contudo, deverá comprovar a existência do interesse mediante petição, instruída com documentos.

A publicidade é uma exigência também no que diz respeito à intimação para as decisões colegiadas nos tribunais (CPC, art. 935), devendo a regra ser aplicada mesmo quando não autorizada a defesa oral. Isso porque as partes e seus advogados têm o direito de acompanhar o ato e ter ciência prévia de sua realização. É esse o entendimento do Fórum Permanente de Processualistas Civis no Enunciado 84:

> A ausência de publicação da pauta gera nulidade do acórdão que decidiu o recurso, ainda que não haja previsão de sustentação oral, ressalvada, apenas, a hipótese do § 1º do art. 1.024, na qual a publicação da pauta é dispensável.

De forma semelhante, o Enunciado 198 do mesmo Fórum propõe a realização de nova publicação quando for identificada a ausência ou irregularidade da publicação da pauta.

Vale lembrar que o art. 107, I do CPC/2015 permite que o advogado, independentemente de procuração, tenha acesso aos autos e obtenha fotocópias, salvo se tiver sido decretado segredo de justiça. Tal direito se aplica também aos processos eletrônicos, por força do § 5º, acrescido pela Lei 13.793/2019.

13.2.3. Prática eletrônica dos atos processuais

O art. 193 do Código de Processo Civil autoriza a prática, total ou parcial, dos atos processuais por meios eletrônicos, na forma da lei. Isso vale inclusive para os atos

---

1. STJ, REsp 605.687, Rel. Min. Nancy Andrighi, 3ª T., j. 02.06.2005. No mesmo sentido, STJ, REsp 1.082.951, Rel. Min. Raul Araújo, 4ª T., j. 06.08.2015.

notariais e de registro, conforme autorização do parágrafo único do mesmo dispositivo. Contudo, a regulamentação específica está contida em lei extravagante que já se aplicava no sistema do Código anterior e continua plenamente em vigor.

A matéria é disciplinada pela Lei 11.419, de 19 de dezembro de 2006, a qual dispõe sobre a informatização do processo judicial no âmbito civil, penal, trabalhista e perante os juizados especiais. Seus dispositivos tratam detalhadamente da prática desses atos eletrônicos. Em vários aspectos, o Código procura reiterar e reforçar os dispositivos ali contidos. Já a Resolução 10, de 06 de outubro de 2015 regulamenta o processo judicial eletrônico no âmbito do STJ.

Além disso, a Lei 14.195/2021 alterou vários dispositivos do Código de Processo Civil, dentre eles o artigo 246, para prever que a citação será feita preferencialmente por meio eletrônico, no prazo de até 2 (dois) dias úteis, contado da decisão que a determinar, por meio dos endereços eletrônicos indicados no banco de dados do Poder Judiciário, conforme regulamento do Conselho Nacional de Justiça.

O problema reside justamente nesse banco de dados e na alimentação com as informações pelas partes e seus procuradores. Destaque-se que o art. 77 do Código de Processo Civil, com as alterações da Lei 14.195/2021, passou a ter um novo inciso (VII), o qual estabelece ser dever das partes e de seus advogados informar e manter atualizados seus dados cadastrais perante os órgãos do Poder Judiciário.

Inobstante as dificuldades que ainda existem com relação a esse banco de dados, o processo judicial digital é uma realidade em todo o Brasil, não apenas em primeiro grau como perante os tribunais. Adotam o sistema os Tribunais Regionais Federais, o Superior Tribunal de Justiça, o Supremo Tribunal Federal e o Conselho Nacional de Justiça. Nos tribunais estaduais, essa mudança também já ocorreu. Pode-se, inclusive, afirmar que a pandemia de Covid-19 acelerou o processo da digitalização do sistema judicial em todo o país. Lamentavelmente, contudo, permanece o problema da existência de vários sistemas distintos, o que dificulta o trabalho dos advogados. De qualquer forma, a tendência é de uma padronização em pouco tempo. Nos termos do art. 196, compete ao Conselho Nacional de Justiça e, supletivamente, aos tribunais, regulamentar a prática eletrônica e velar pela compatibilidade dos sistemas. Tal dispositivo é criticado pela doutrina, diante da extrapolação de poderes do respectivo Conselho e das cortes. Com efeito, deveriam eles apenas regulamentar a forma de operacionalização dos atos, deixando que a lei fixasse os parâmetros.

Há evidentemente uma preocupação do legislador de 2015 com a publicidade e o acesso das partes nos processos eletrônicos. É o que estabelece o art. 194, ao prever que os sistemas de automação processual respeitarão a publicidade dos atos, o acesso e a participação das partes e de seus procuradores, inclusive nas audiências e sessões de julgamento. O art. 195 complementa a regra, determinando que o registro de ato processual deverá ser feito em padrões abertos, ou seja, que permitam o acesso livre dos usuários, respeitadas as exigências de autenticidade, integridade e temporalidade.

Essa também é a preocupação manifestada pelo Fórum Permanente de Processualistas no Enunciado 264:

> Salvo hipóteses de segredo de justiça, nos processos em que se realizam intimações exclusivamente por portal eletrônico, deve ser garantida ampla publicidade aos autos eletrônicos, assegurado o acesso a qualquer um.

Por outro lado, nos casos em que tenha sido decretado o "segredo de justiça", tais sistemas deverão preservar a consequente confidencialidade. No mesmo sentido, o art. 14 da Lei 11.419/06 prioriza os sistemas abertos, com acesso ininterrupto pela rede mundial de computadores. O acesso, por sua vez, está assegurado pela regra que impõe às unidades do Poder Judiciário manter equipamentos gratuitamente à disposição do público e zelar pela acessibilidade dos deficientes (CPC, arts. 198 e 199).

Os tribunais divulgarão as informações constantes de seu sistema de automação em página própria, na rede mundial de computadores, as quais terão presunção de veracidade e confiabilidade (CPC, art. 197). E, conforme dispõe o parágrafo único do mesmo dispositivo, na hipótese de haver qualquer problema técnico do sistema ou erro no registro dos andamentos, poderá estar configurada a justa causa prevista no art. 223, *caput* e § 1º, do Código.

Destaque-se que as informações dos sistemas eletrônicos, especialmente em relação aos prazos, geram aos jurisdicionados e seus advogados uma justa expectativa que evidentemente deve vincular o Poder Judiciário. Isso significa que eventual erro de informação ou contagem do prazo não pode prejudicar a parte ou seu procurador[2]. Independentemente do conhecimento técnico que tenha o advogado, muitas vezes o profissional se vale apenas da informação disponibilizada, não fazendo a conferência pessoal do prazo ali informado. Justamente por isso, ou seja, por se tratar de uma informação oficial, disponibilizada pelo próprio Poder Judiciário, não há sentido nos julgados que entendem que haveria no caso um erro inescusável. Com efeito, a questão não se refere à gravidade do erro, mas sim à aplicação do princípio da boa-fé objetiva[3] (CPC, art. 5º), o qual veda a adoção de comportamentos contraditórios. Se o próprio sistema, com o apoio de pessoal técnico e com conhecimento jurídico, fornece uma informação equivocada, não pode posteriormente alegar que o erro do advogado seria inescusável. Plenamente aplicável no caso o art. 223, § 2º, do Código. A Corte Especial do STJ decidiu que o erro em sistema eletrônico de tribunal na indicação do término do prazo recursal é apto a configurar justa causa, prevista no art. 223 § 1º do CPC[4].

Já a eventual indisponibilidade do sistema gera a necessidade de prorrogação automática do prazo para o primeiro dia útil seguinte (art. 10, § 2º, da Lei 11.419/2006).

---

2. STJ, REsp 1.532.114/MG, Rel. Min. Humberto Martins, 2ª T., j. 27.10.2015; DJe 13.11.2015; e STJ, REsp 1.324.432/SC, Rel. Min. Herman Benjamin, Corte Especial, j. 17.12.2012; DJe 10.05.2013.
3. STJ, REsp 1.438.529/MS, Rel. Min. Humberto Martins, 2ª T., j. 24.04.2014; DJe 02.05.2014.
4. STJ, EAREsp 1.759.860, Rel. Min. Laurita Vaz, Corte Especial, j. 16.03.2022.

A identificação das partes e dos advogados no sistema é feita com a utilização do número de cadastro das pessoas físicas ou jurídicas perante o sistema da Receita Federal (CPF ou CNPJ), conforme prevê o art. 15 da Lei 11.419/2006, e não com o número de inscrição na OAB. Já a comprovação de autenticidade se dá pela assinatura eletrônica, a qual admite duas formas: a) assinatura com certificação digital emitida por autoridade certificadora credenciada; ou b) cadastro de usuário perante o Poder Judiciário, conforme disciplinado por regulamentação interna (art. 1º, § 2º, III, da Lei 11.419/2006). Nesse sentido, o art. 2º do mesmo diploma permite o envio de petições e a prática dos atos processuais.

A intimação realizada pela forma eletrônica é plenamente válida e substitui todas as demais (art. 4º, § 2º, da Lei 11.419/2006). Ela aplica-se inclusive em relação à Fazenda Pública, tendo o mesmo valor da intimação pessoal.

Os §§ 3º e 4º do art. 4º da Lei 11.419/2006, assim como o art. 224, §§ 2º e 3º do Código de Processo Civil, disciplinam a forma especial de contagem dos prazos, considerando-se a data da publicação como a do primeiro dia útil seguinte, e iniciando-se a contagem no dia subsequente à da publicação. Imaginando-se que a intimação tenha sido disponibilizada em uma sexta-feira, considerar-se-á como data da publicação a segunda-feira seguinte, iniciando-se a contagem do prazo na terça-feira.

Atualmente, as citações poderão ocorrer por meio eletrônico, conforme preveem o art. 6º da Lei 11.419/2006 e o próprio art. 246 do Código de Processo Civil, com as alterações da Lei 14.195/2021. A citação agora deverá ser feita preferencialmente por meio eletrônico, no prazo de até 2 (dois) dias úteis, contado da decisão que a determinar, por meio dos endereços eletrônicos indicados no banco de dados do Poder Judiciário, conforme regulamento do Conselho Nacional de Justiça.

O problema reside justamente nesse banco de dados e na alimentação com as informações pelas partes e seus procuradores. Destaque-se que o art. 77 do Código de Processo Civil, com as alterações da Lei 14.195/2021, passou a ter um novo inciso (VII), o qual estabelece ser dever das partes e de seus advogados informar e manter atualizados seus dados cadastrais perante os órgãos do Poder Judiciário. Nesse aspecto, contudo, há necessidade de cautela. Isso porque, para que se considere válida a citação, é essencial que haja uma demonstração de ser correto aquele endereço eletrônico supostamente pertencente ao réu. Nesse sentido, o art. 246, § 1º-A, do Código de Processo Civil (também introduzido pela Lei 14.195/2021) prevê que a ausência de confirmação do recebimento da citação eletrônica, dentro do prazo de 3 (três) dias úteis implicará a realização da citação por outros meios: correio, oficial de justiça, pelo escrivão ou por edital. Ou seja, o legislador foi cauteloso ao não admitir a citação eletrônica ficta. Em outras palavras, é necessária a confirmação do recebimento para que o ato de citação eletrônica se complete. Não havendo tal confirmação, a citação será feita de outra maneira.

O CNJ regulamentou o Domicílio Judicial Eletrônico, ferramenta que centraliza todas as comunicações eletrônicas dos processos judiciais. Trata-se de uma plataforma digital na qual as pessoas físicas e jurídicas deverão se cadastrar para receber comunicações de atos processuais por via eletrônica e ter acesso a todos os processos judiciais em que sejam parte. Ela foi instituída pela Resolução 234/2016 e regulamentada pela Resolução 455/2022, a qual tornou obrigatória a utilização da plataforma por todos os tribunais do país. A Portaria CNJ 46 estabeleceu o período para o registro de pessoas físicas e das pessoas jurídicas de direito público e privado.

Outra questão importante diz respeito à contagem do prazo quando a citação ocorrer sob a forma eletrônica. Vale lembrar que a Lei 14.195/2021 acrescentou o inciso IX ao art. 231, o qual estabelece que é considerado dia do começo do prazo: o quinto dia útil seguinte à confirmação, na forma prevista na mensagem de citação, do recebimento da citação realizada por meio eletrônico. Tal regra diverge do disposto no art. 231, inciso V, o qual considera como dia do começo do prazo o dia útil seguinte à consulta ou ao término do prazo para que a consulta se dê, quando a citação ou intimação for eletrônica. Até que tal questão seja pacificada pelos tribunais, vale adotar sempre a postura mais conservadora.

As cartas precatórias, rogatórias e de ordem devem ser feitas preferencialmente por meios eletrônicos (art. 263 do Código e art. 7º da Lei 11.419/2006), o que facilita e agiliza o seu cumprimento.

A tempestividade, por sua vez, é aferida mediante protocolo eletrônico do próprio sistema, considerando-se tempestivo o ato praticado até as 24 horas do último dia do prazo. Não se aplica, consequentemente, ao processo eletrônico a regra do art. 212 do Código, que estabelece a realização dos atos processuais em dias úteis, das 06 às 20 horas. Conforme expressamente previsto no art. 213, é possível a prática eletrônica até as 24 horas da data final. Observe-se que o Código reitera o disposto na lei extravagante.

13.3. ATOS DAS PARTES

Constituem atos das partes aqueles praticados ao longo do processo pelo autor, réu, terceiros intervenientes, ou Ministério Público, em relação a direitos, ônus, poderes, deveres ou obrigações.

Não se tratam, então, apenas de atos referentes a autor ou réu. O conceito, como se vê, é mais amplo e abrange todos aqueles que podem agir ou manifestar sua vontade de modo a influenciar a decisão judicial.

O art. 200 do Código prescreve que os atos das partes consistem em declarações unilaterais ou bilaterais de vontade, as quais produzem a imediata constituição, modificação ou extinção de direitos processuais. Em outros termos, tais atos constituem a expressão da vontade das partes com pronta eficácia dentro da relação processual.

Por sua característica de colaborar e gerar efeitos processuais, os atos das partes sempre tiveram relevância. Contudo, o Código de Processo Civil de 2015 valoriza ainda mais essas manifestações de vontade em virtude de seu caráter dialógico. Parte-se do pressuposto que a decisão judicial deve ser o fruto de uma interação cooperativa entre as partes e o magistrado. Daí por que no atual sistema processual, os atos das partes ganham especial relevo, notadamente em relação aos chamados negócios processuais (analisados em tópico específico). Estes produzem efeitos imediatos, sujeitando-se apenas a uma análise posterior em relação à sua validade (CPC, art. 190, parágrafo único).

Contudo, excepcionalmente, os atos das partes dependerão de homologação judicial para produzir efeitos. É o que ocorre com a desistência da ação manifestada após a contestação, a qual depende da concordância do réu (CPC, art. 485, § 4º) e da consequente manifestação judicial (CPC, art. 200, parágrafo único). O mesmo ocorre com os atos de reconhecimento da procedência do pedido, renúncia ao direito em que se funda a ação e a transação, os quais, embora realizados no processo, têm natureza de direito material. Justamente por isso, esses últimos também dependem de homologação pelo juiz (CPC, art. 487, III).

Interessante notar que embora a desistência da ação dependa da manifestação do réu, a desistência do recurso não depende da anuência da parte contrária (CPC, art. 998). A razão é clara: já tendo havido decisão judicial, a desistência implica em aceitação daquele pronunciamento judicial, que é favorável aos interesses do recorrido. Não havendo prejuízo, não há necessidade de manifestação deste.

Todavia, em virtude de o Código adotar um sistema de precedentes vinculantes, o julgamento de certos recursos é de grande importância para o sistema. Assim, a desistência de recurso com repercussão geral reconhecida ou de recursos repetitivos não impedirá a análise da questão controvertida pelo tribunal (CPC, art. 998, parágrafo único). Nesse caso, prossegue-se no julgamento e a desistência impede apenas a produção de efeitos no caso concreto. É o que fica claro no Enunciado 213 do FPPC: "No caso do art. 998, parágrafo único, o resultado do julgamento não se aplica ao recurso de que se desistiu". Mas a decisão surtirá efeitos para casos futuros, diante do interesse público desse pronunciamento judicial.

Observe-se ainda que a omissão do autor, mediante o abandono da causa, por exemplo, não pode gerar de ofício a extinção do processo. A lei exige, nesse caso, o requerimento do réu (CPC, art. 485, § 6º). Isso porque a decisão de mérito pode lhe interessar muito mais que uma mera sentença terminativa. Essa é mais uma demonstração, portanto, do caráter dialógico da relação processual.

Os atos das partes subdividem-se em: a) atos postulatórios (de simples requerimentos ao juiz); b) atos reais (de eventos concretos no processo, tais como pagamentos de custas ou prestação de caução); c) atos instrutórios (de produção de provas, visando uma decisão do magistrado); e d) atos dispositivos (manifestações de vontade que visam diretamente a produção de efeitos processuais).

Os atos dispositivos, por sua vez, classificam-se em atos de mera submissão, de desistência e de transação.

Os atos de mera submissão geram efeitos independentemente da vontade da parte contrária. É o que ocorre com o reconhecimento da procedência do pedido (CPC, art. 487, III, *a*) ou com a aceitação da decisão, o que implica a desistência do direito de recorrer (CPC, art. 1.000, *caput*). Eles são atos unilaterais, ou seja, praticados por apenas uma das partes.

Os atos dispositivos de desistência, por outro lado, podem se referir ao direito material, como a renúncia à pretensão (CPC, art. 487, III, *c*) ou apenas ao direito processual, como a desistência da ação (CPC, art. 485, VIII) ou da execução (CPC, art. 775, *caput*). Também são atos unilaterais.

Os atos dispositivos de transação, ao contrário, são atos bilaterais, pois dependem da manifestação de vontade de ambas as partes. Eles podem se relacionar ao direito material, como acontece nas conciliações (CPC, art. 334, § 11) e na transação (CPC, art. 487, III, *b*), ou se referir a direito exclusivamente processual, a exemplo da escolha consensual de perito (CPC, art. 471) e da fixação de calendário processual (CPC, art. 191).

O art. 201 assegura às partes o direito de obter recibo de petições, arrazoados, papéis ou documentos entregues em cartório. Embora relevante essa previsão, diante do risco efetivo de extravio, a tendência é que com o processo eletrônico essa necessidade deixe de existir.

O Código ainda veda qualquer manifestação posterior aos atos já praticados no processo, tais como o lançamento de cotas marginais ou interlineares nas petições ou documentos dos autos. Nessa hipótese, o juiz não apenas mandará riscar tais expressões, como condenará quem as escreveu ao pagamento de multa correspondente à metade do salário-mínimo (CPC, art. 202). Quando o ato for praticado por uma das partes, a multa deverá ser revertida em favor da parte contrária (como ocorre na litigância de má-fé). Se praticado por serventuário, a multa será de titularidade do Estado ou da União. É o que se extrai do teor do art. 96 do Código de Processo Civil.

13.4. ATOS DO JUIZ

O juiz representa o Estado no exercício da prestação jurisdicional. Ele, portanto, constitui a figura por meio da qual se exerce a jurisdição. Nesse sentido, a palavra "juiz", empregada pelo legislador, pode designar tanto o magistrado que atua em primeiro grau, quanto os desembargadores de tribunais de segundo grau e os ministros dos tribunais superiores. A expressão "juiz", sob o ponto de vista técnico e legal, comporta um significado mais amplo do que a palavra em sua literalidade poderia sugerir. O mesmo vale para o termo "sentença". Em várias passagens do Código, tal palavra foi empregada com um significado mais largo. É o que se percebe no art. 513, quando o Código se refere ao cumprimento de "sentença", querendo se referir tanto ao ato do juiz como ao acórdão do tribunal. Ou então quando o art. 506 menciona que a "sentença" faz coisa julgada às partes, o que abrange evidentemente as decisões interlocutórias que transitam em julgado, como a decisão parcial de mérito (art. 356).

Os atos judiciais são denominados monocráticos ou unipessoais, quando forem proferidos por um único magistrado. Por outro lado, serão atos colegiados quando advierem de órgãos formados por mais de um juiz, como normalmente ocorre perante os tribunais. Tais atos tem a denominação de acórdãos (CPC, art. 204). Saliente-se que, em situações específicas, a lei autoriza decisões unipessoais também em segundo grau ou perante os tribunais superiores. São casos em que, em virtude de entendimento jurisprudencial pacificado (súmulas, recursos repetitivos, incidente de resolução de demandas repetitivas e assunção de competência), o relator pode negar ou dar provimento ao recurso sem submetê-lo ao colegiado (CPC, art. 932, IV e V).

13.4.1. Despacho, decisão interlocutória e sentença

Do ponto de vista do conteúdo, os atos podem ser decisórios ou não decisórios. Os primeiros se referem aos pronunciamentos que contém deliberação judicial sobre o pedido ou sobre quaisquer outros requerimentos feitos ao longo do processo. Aí estão incluídas as sentenças e as decisões interlocutórias. Ambas são atos decisórios. Os atos não decisórios, por sua vez, são aqueles que apenas impulsionam a marcha processual, tais como as determinações de juntada de documentos, concessão de prazo, abertura de vista para uma das partes, e assim por diante. São os despachos. Eles não têm conteúdo decisório e, por isso, não causam prejuízo às partes. Logo, não são recorríveis (CPC, art. 1.001)[5].

A distinção entre os atos judiciais é relevante porque ela indica se há a possibilidade de recurso e, em caso positivo, qual o recurso cabível. Assim, os despachos são irrecorríveis, as decisões interlocutórias podem ser impugnadas por agravo de instrumento (CPC, art. 1.015) e as sentenças sujeitam-se à apelação (CPC, art. 1.009).

O Código de Processo Civil, nos parágrafos do art. 203 conceitua as três modalidades de pronunciamento judicial: sentença, decisão interlocutória e despacho. Tal classificação se baseia na finalidade do ato, e não em seu conteúdo. Desse modo, dependendo do objetivo da manifestação judicial, haverá uma ou outra espécie de ato judicial.

Para o legislador, a sentença é o pronunciamento por meio do qual o juiz, com fundamento nos arts. 485 ou 487, põe fim à fase cognitiva do procedimento comum, bem como extingue a execução (CPC, art. 203, § 1º). O dispositivo corrige uma imprecisão do Código anterior, o qual conceituava sentença como o ato que põe fim ao processo. Como se sabe, o processo não termina com a sentença de primeiro grau, quer porque existe a possibilidade de interposição de recurso, quer porque com as reformas das Leis 10.444/2002 e 11.232/2005, passou-se a adotar o processo sincrético em que cognição e execução se verificam em um mesmo procedimento. Assim, terminada a

---

5. STJ, REsp 1624376/SP, Rel. Min. Francisco Falcão, 2ª T., j. 07.03.2017; *DJe* 10.03.2017.

fase de conhecimento, o processo prossegue para a fase de cumprimento de sentença. De forma correta, portanto, considera-se agora que a sentença é o pronunciamento que finaliza essa fase cognitiva.

Há também no dispositivo uma ressalva importante: em alguns procedimentos especiais, há duas sentenças na fase cognitiva. Isso acontece, por exemplo, na ação de demarcação de terras em que o juiz profere uma primeira sentença quanto ao pedido de traçado da linha demarcada (CPC, art. 581) e, após o relatório dos peritos e as manifestações das partes, uma segunda sentença homologando o auto de demarcação (CPC, art. 587).

As sentenças podem ser terminativas, quando extinguirem o processo sem resolução do mérito (CPC, art. 485), ou definitivas, quando o magistrado analisar o próprio mérito da causa (CPC, art. 487). A distinção é muito significativa do ponto de vista processual. Isso porque as sentenças terminativas não impedem a instauração de outro processo sobre a mesma lide, uma vez que esta não chegou a ser apreciada. Permanece então aberta a possibilidade do exercício de ação pelo autor, em relação ao mesmo pedido. O art. 486 é expresso ao mencionar que o pronunciamento judicial que não resolve o mérito não obsta a que a parte proponha de novo a ação.

São sentenças terminativas aquelas relativas às hipóteses elencadas nos incisos do art. 485. Nesses casos haverá a extinção do processo por motivos alheios ao exame da questão de fundo. São exemplos de sentenças terminativas: a que indefere a petição inicial (CPC, art. 485, I, e 321, parágrafo único); a que extingue o processo pela paralisação superior a um ano por negligência das partes (CPC, art. 485, II); a que reconhece o abandono da causa pelo autor (CPC, art. 485, III), ou a ausência de pressuposto de constituição e desenvolvimento válido do processo (CPC, art. 485, IV); a que reconhecer a ausência das condições da ação, ou seja, legitimidade ou interesse processual (CPC, art. 485, VI); a que acolher a existência de convenção de arbitragem (CPC, art. 485, VII); a que homologar a desistência da ação (CPC, art. 485, VIII) e a decorrente da morte da parte quando o direito for intransmissível (CPC, art. 485, IX).

Ao contrário, são sentenças definitivas aquelas que examinam a questão de fundo, ou seja, o mérito da ação e por isso impedem a repropositura da demanda. Haverá então coisa julgada material (CPC, art. 502). Elas estão previstas nos incisos do art. 487 e tratam do acolhimento ou rejeição do pedido (art. 487, I); do reconhecimento da prescrição ou decadência (art. 487, II); da homologação do reconhecimento de procedência do pedido, da transação ou da renúncia (art. 487, III). Em tais pronunciamentos jurisdicionais, há o exaurimento da função jurisdicional, razão pela qual não é possível a propositura de outra ação tendo por objeto a mesma lide. O direito de ação já terá sido integralmente exercido na primeira demanda.

Como se verifica, todos os atos judiciais que encerram a fase cognitiva (com ou sem exame do mérito), ou que extinguem a execução, são sentenças (CPC, art. 203, § 1º) e, consequentemente, são impugnáveis por apelação (CPC, art. 1.009).

Já as decisões interlocutórias são os atos que resolvem todas as outras questões incidentes ao longo do processo, com carga decisória e que não se enquadrem no conceito de sentença. A caracterização, portanto, é excludente. Todos os pronunciamentos com conteúdo decisório, e que não sejam sentença, serão decisões interlocutórias (CPC, art. 203, § 2º).

As decisões interlocutórias normalmente são proferidas pelos juízes de primeiro grau, mas podem ocorrer também perante os tribunais, sempre que houver a necessidade de análise de questões incidentais. A distinção entre sentença e decisão interlocutória advém do Direito Romano, quando *sententia* era única, e exclusivamente, a decisão que acolhia ou rejeitava o pedido. Todas as outras decisões do juiz eram denominadas de *interlocutio* e consideradas meramente preparatórias.

Todas as decisões interlocutórias têm conteúdo decisório e, portanto, podem em tese gerar prejuízo a uma das partes. São, portanto, recorríveis mediante agravo de instrumento (CPC, art. 1.015) ou em preliminar de apelação (CPC, art. 1.009, § 1º). Com efeito, como agora o recurso de agravo de instrumento só é cabível nas hipóteses taxativas do art. 1.015, todas as decisões interlocutórias que não estiverem abrangidas nesses incisos serão passíveis de impugnação por ocasião da apelação (em razões ou contrarrazões).

As decisões interlocutórias podem ter por objeto requerimentos relativos ao trâmite do processo, questões incidentais ou sobre o próprio mérito parcial da demanda.

No sistema do Código anterior, vigorava o princípio da unicidade da sentença, segundo o qual o julgamento do mérito só poderia ocorrer uma única vez, ao final do processo. Não se admitia qualquer decisão de mérito antes disso. O Código de Processo Civil de 2015, em boa hora, rompeu com a antiga ideia da unicidade, passando a admitir a resolução do mérito em relação ao pedido ou parte do pedido que já se encontre maduro para julgamento. Assim, julga-se desde logo essa primeira parte, prosseguindo-se com os atos de instrução para o restante. Trata-se da aplicação das garantias de efetividade e razoável duração do processo. É o que ocorre no chamado julgamento antecipado parcial do mérito (CPC, art. 356). A propósito, o legislador deveria ter adotado a nomenclatura de julgamento imediato em vez de antecipado, uma vez que não se antecipa nada. Nessa hipótese, uma parte do pedido já se encontra pronto para julgamento, não se justificando a espera pela produção de outras provas que, nesse aspecto, são irrelevantes. O juiz profere então uma decisão parcial sobre o mérito, a qual é recorrível por agravo de instrumento (CPC, art. 356, § 5º). Como já visto, o ato se caracteriza como decisão interlocutória porque não encerra a fase cognitiva.

Interessante observar que o STJ admite a decisão parcial de mérito inclusive em segundo grau, ou seja, perante os Tribunais. Foi o que decidiu a 3ª Turma no julgamento do REsp 1.845.542[6].

Por fim, são despachos aqueles atos de mero expediente, ou seja, que apenas impulsionam o processo. Novamente o conceito dado pela lei é excludente. Segundo

---

6. STJ, 3ª T., REsp 1.845.542, Rel. Min. Nancy Andrighi, j. 11.05.2021.

o art. 203, § 3º, do Código, são despachos todos os demais pronunciamentos judiciais praticados no processo, de ofício ou a requerimento da parte. Dessa forma, não se tratando de sentença, nem de decisão interlocutória, o ato será despacho. Não há aqui qualquer conteúdo decisório, nem efeito preclusivo. Por essa razão, como já exposto, não há possibilidade e recurso (CPC, art. 1.001).

13.4.2. Formas dos atos do juiz

Do ponto de vista formal, os atos judiciais manifestados por escrito devem ser datados e assinados (CPC, art. 205), podendo ainda ser documentados pelo escrivão quando proferidos oralmente. Nesse caso, deverão passar pela revisão e assinatura do magistrado (CPC, art. 205, § 1º). A assinatura poderá ocorrer de forma eletrônica, nos termos da lei (CPC, art. 205, § 2º). Aplica-se aqui o disposto na Lei 11.419/2006 que regulamenta a informatização do processo judicial.

Em respeito ao princípio da publicidade (CF, art. 93, IX, e art. 11 do Código de Processo Civil), os despachos, as decisões interlocutórias, o dispositivo das sentenças e a ementa dos acórdãos serão publicados no Diário de Justiça eletrônico (CPC, art. 205, § 3º e art. 11 a 14 da Resolução 455, de 27 de abril de 2022).

O art. 489 do Código elenca os elementos essenciais da sentença, quais sejam: a) relatório, contendo os nomes das partes, a identificação do caso com a síntese do pedido e da contestação, além das principais ocorrências do processo; b) os fundamentos, com a análise judicial das questões de fato e de direito; e c) o dispositivo, no qual são resolvidas as questões principais e outras que as partes submeterem.

O § 1º do art. 489, em conjunto com o art. 11, exige a fundamentação de todos os atos judiciais, sob pena de nulidade. Tanto é assim que o texto do § 1º menciona expressamente decisão interlocutória, sentença e acórdão. Evidentemente, a exigência só se aplica para os atos com conteúdo decisório.

13.5. ATOS DO ESCRIVÃO OU CHEFE DE SECRETARIA

O escrivão ou chefe de secretaria é o auxiliar da justiça responsável pela formação, organização e movimentação dos autos do processo, isto é, do meio físico ou eletrônico em que se desenvolve a relação processual. Na justiça estadual este serventuário normalmente é denominado escrivão, ao passo que na justiça federal a expressão utilizada é chefe de secretaria. A ele incumbe zelar pela documentação dos atos processuais, assim como por sua comunicação, certificação e registro.

Os atos do escrivão estão disciplinados nos arts. 206 a 211 do Código e têm por base a delegação prevista constitucionalmente para a prática de atos de mero expediente, em auxílio à função jurisdicional (CF, art. 93, XIV). Eles gozam de fé pública, razão pela qual há uma presunção de veracidade em relação ao que for certificado ou declarado pelo escrivão (art. 405).

A atuação tem início com o recebimento da petição inicial, incumbindo ao escrivão promover sua autuação (CPC, art. 206), isto é, a formação de um volume físico com identificação das partes, da natureza do processo, do número de registro e respectiva data. Ele deve também rubricar e numerar todas as folhas (CPC, art. 207), além de realizar a certificação da juntada de novos elementos (termo de juntada), a abertura de oportunidade para manifestação das partes (termo de vista), e a remessa ao gabinete do juiz para deliberação (termo de conclusão). Tais iniciativas estão previstas no art. 208 e sua organização é fundamental para a regularidade do trâmite processual. É o escrivão, portanto, quem assegura a movimentação dos autos para a prática dos atos e finalização do processo.

Ainda que cada um dos atos do processo deva ser conferido e assinado pelas pessoas que dele participaram, eventual omissão ou recusa poderá ser suprida por certificação do escrivão (CPC, art. 209). Como já mencionado, ele é uma espécie de guardião da regularidade das autuações físicas e eletrônicas. O § 1º do art. 209 trata do registro e documentação dos atos realizados digitalmente, os quais também estão sob a responsabilidade do escrivão. Quaisquer contradições no momento de transcrição do ato deverão ser suscitadas imediatamente pela parte que se sentir prejudicada, sob pena de preclusão. Não é possível, portanto, a posterior alegação de inconsistência ou equívoco do referido registro (CPC, art. 209, § 2º). Havendo a insurgência, e sendo esta tempestiva, o magistrado deverá decidi-la de plano.

A lei permite também a utilização de técnicas como a taquigrafia, estenotipia ou qualquer outro método idôneo para o registro e a documentação dos atos processuais (CPC, art. 210). Contudo, para garantir a segurança das informações e evitar qualquer tipo de fraude, o Código de Processo Civil veda a existência de espaços em branco, entrelinhas, emendas ou rasuras nos termos realizados pelo escrivão (CPC, art. 211).

Os atos do escrivão subdividem-se em atos de documentação, atos de comunicação e atos de movimentação processual. Os primeiros ocorrem mediante a realização de termo nos autos, isto é, pelo registro da atividade que está sendo praticada, assim como pela certificação do que já ocorreu. Dessa forma, todas as declarações de vontade, manifestações das partes ou de terceiros, e os fatos juridicamente relevantes devem ser devidamente registrados pelo escrivão.

Além disso, pratica ele os atos de comunicação, por força dos quais informam às partes a respeito do andamento do processo e dos atos que deverão ocorrer. São exemplos de atos de comunicação a citação e a intimação.

Mas o escrivão detém também uma função importante no que diz respeito à própria movimentação do processo. Conforme previsão do art. 203, § 4º, os atos meramente ordinatórios, como a juntada de documentos, a abertura de vista obrigatória para as partes e a remessa dos autos ao Ministério Público, por exemplo, podem ser praticados diretamente por ele, mediante a revisão do juiz sempre que necessário. Assim, no dia a dia do foro, inúmeras atividades sem caráter decisório podem ser realizadas pelo escrivão diretamente, liberando a atuação judicial para os atos que realmente dependam de um juízo de deliberação.

14
NEGÓCIOS PROCESSUAIS

14.1. CONCEITO E APLICAÇÃO DOS NEGÓCIOS PROCESSUAIS

A natureza pública do direito processual civil não impede a realização de acordos pelas partes para a alteração de rito e de atos processuais. Isso fica bastante claro no Código de Processo Civil de 2015. Ainda que existam limites para tais deliberações, não há uma incompatibilidade entre essa tendência de contratualização processual e a raiz pública do exercício da função jurisdicional. Tanto é assim que o art. 190 do Código estabelece uma cláusula geral autorizadora de negócios jurídicos processuais. Trata-se de uma postura coerente com a nova racionalidade de diálogo e cooperação na construção das decisões judiciais. Estas não devem ser simplesmente impostas pelo juiz, mas sim alcançadas mediante a interação entre todos os sujeitos processuais.

Os negócios jurídicos processuais são atos jurídicos em que a vontade das partes detém a possibilidade de alterar o conteúdo e os efeitos dos atos processuais. Eles podem ser realizados antes ou no curso do processo. Consistem, assim, em uma das espécies de negócio jurídico *lato sensu*, caracterizado justamente pela capacidade de produção de efeitos no processo. Neles, a livre escolha das partes estipula regras para o procedimento ou para os seus atos, afastando a incidência das normas processuais. Não se trata, evidentemente, de convenções a respeito do direito material objeto do litígio, mas sim sobre a aplicação das regras do próprio processo.

Nas palavras de Antonio do Passo Cabral, eles são negócios plurilaterais, pelos quais as partes, antes ou durante o processo e sem a necessidade de intermediação de nenhum outro sujeito, alteram o procedimento ou determinam a criação, modificação e extinção de situações jurídicas processuais[1].

Eles são permitidos nas causas relativas a direitos que admitam a autocomposição (CPC, art. 190). Essa, por sua vez, consiste na possibilidade de resolução do conflito sem a atuação do Estado. Observe-se que ela não se refere apenas à disponibilidade do direito material. Ainda que os direitos disponíveis constituam, por excelência, o campo para a autocomposição, há inúmeras situações de direitos indisponíveis em que é perfeitamente possível a solução consensual. Os termos de ajustamento de condutas, celebrados pelo Ministério Público, constituem um bom exemplo. Eles evitam a propositura de ações civis públicas e permitem a solução extrajudicial do conflito. Daí porque o Enunciado

---
1. CABRAL, Antonio do Passo. *Convenções processuais*. Salvador: JusPodivm, 2016, p. 68.

135 do FPPC afirma a viabilidade de negócios processuais mesmo diante da indisponibilidade no campo material: "A indisponibilidade do direito material não impede, por si só, a celebração de negócio jurídico processual.". Todas as situações conflituosas que venham a ser solucionadas sem a intervenção da jurisdição estatal constituem exemplos de autocomposição. O Enunciado 112 do CJF afirma que a atuação do MP não impede os negócios processuais: "A intervenção do Ministério Público como fiscal da ordem jurídica não inviabiliza a celebração de negócios processuais".

O STJ entende, contudo, que as partes não podem convencionar sobre ato processual regido por norma de ordem pública, cuja aplicação é obrigatória[2]. A Corte já decidiu também que o protagonismo das partes, equilibrando as vertentes do contratualismo e do publicismo processual, não afastam do juiz os poderes para a obtenção da tutela jurisdicional efetiva, célere e justa[3].

Importante destacar que os negócios processuais já eram permitidos e utilizados no sistema do Código de 1973. A cláusula de eleição de foro é o exemplo mais comum dessa prática. Por força dela, tanto antes como agora (CPC, art. 63), sempre foi possível alterar as regras de competência relativa. A iniciativa comum das partes para a suspensão do processo (CPC, art. 313, II) e a desistência da ação após a contestação (CPC, art. 485, § 4º) são igualmente exemplificativos.

Mas há um grande número de negócios processuais típicos que constituem novidades trazidas pelo CPC de 2015: as convenções para distribuição do ônus da prova (CPC, art. 373, § 3º); a escolha consensual do perito (CPC, art. 471); a delimitação consensual das questões de fato e de direito (CPC, art. 357, § 2º), dentre outros.

Os negócios processuais típicos, portanto, já eram admitidos e foram agora ampliados. Mas a grande alteração mesmo consiste na autorização para realização de negócios atípicos, isto é, não previamente descritos no ordenamento, mediante a instituição da cláusula geral do art. 190. Isso demonstra uma tendência à atenuação da visão exclusivamente publicista do processo e à consequente privatização de determinados espaços processuais. Entende-se que se o objetivo final do processo é a obtenção de uma decisão voltada para os litigantes, podem estes deliberar não apenas sobre o procedimento, mas também sobre as suas situações processuais. A propósito do autorregramento da vontade e da possibilidade de criação de regra processual por convenção, Antonio do Passo Cabral sustenta que a vontade das partes é válida e eficaz não apenas em relação ao direito material, mas também no que concerne à disponibilidade no campo processual[4].

Lembre-se, neste aspecto, que a jurisdição não tem apenas a função de solucionar o conflito de interesses das partes. Ela também é voltada para a aplicação do ordenamento jurídico, em um espaço público e com o estabelecimento de pautas de conduta para o futuro. Por essa razão, existem limites para a realização dos negócios processuais. Assim,

---
2. STJ, REsp 1.810.444/SP, Rel. Min. Luis Felipe Salomão, 4ª T., j. 23.02.2021.
3. STJ, REsp 1.738.656/RJ, Rel. Min. Nancy Andrighi, 3ª T., j. 03.12.2019.
4. CABRAL, Antonio do Passo. *Convenções processuais*. Salvador: JusPodivm, 2016, p. 141 a 146.

não é possível, por exemplo, afastar a intervenção obrigatória do MP, nem tampouco a participação do *amicus curiae*. Esse é também o entendimento do FPPC: Enunciado 254: "É inválida a convenção para excluir a intervenção do Ministério Público como fiscal da ordem jurídica"; Enunciado 392: "As partes não podem estabelecer, em convenção processual, a vedação da participação do *amicus curiae*".

Lembre-se ainda que os negócios jurídicos processuais que se referem à própria atuação jurisdicional (tal como a limitação da prova ou vedação ao recurso) exigem, além do requisito da autocomposição, a própria disponibilidade do direito material. Isso porque eles não se limitam aos atos de interesse exclusivo das partes[5].

Não há como ignorar, portanto, que há diferentes graus de exigências dependendo do objeto dos negócios processuais. Há os que se referem apenas ao interesse das partes (mudança no rito, por exemplo) e aqueles que dizem respeito à própria atividade jurisdicional. Para as alterações no procedimento, por óbvio, a natureza indisponível ou não do direito material mostra-se irrelevante.

Admite-se a realização de negócios processuais atípicos que redistribuam a responsabilidade de pagamento das despesas processuais, que suprimam efeito suspensivo da apelação, que dispensem caução na execução provisória, que estabeleçam novas hipóteses de impenhorabilidade, que estabeleçam limitações à prova e assim por diante.

Na verdade, diante da falta de uma regra específica para a admissão dos negócios atípicos, surgem diferentes posições doutrinárias. O FPPC emitiu vários enunciados, mencionando situações de admissão de negócios processuais. Podem ser citados os Enunciados 19, 21, 490, 491 e 492. Este último, por exemplo, admite os negócios processuais nos contratos relativos a Direito de Família: Enunciado 492: "O pacto antenupcial e o contrato de convivência podem conter negócios processuais". Nesse mesmo sentido é o Enunciado 18 da I Jornada de Direito Processual Civil. Já o Enunciado 491 altera regras procedimentais na intervenção de terceiros: "É possível negócio jurídico processual que estipule mudanças no procedimento das intervenções de terceiros, observada a necessidade de anuência do terceiro quando lhe puder causar prejuízo". O Enunciado 16 do CJF admite a aplicação dos negócios nos juizados: "As disposições previstas nos arts. 190 e 191 do CPC poderão aplicar-se aos procedimentos previstos nas leis que tratam dos juizados especiais, desde que não ofendam os princípios e regras previstos nas Leis 9.099/1995, 10.259/2001 e 12.153/2009". E o Enunciado 17 estende os negócios à Fazenda: "A Fazenda Pública pode celebrar convenção processual, nos termos do art. 190 do CPC". Nas II Jornadas de Direito Processual Civil do CJF foram emitidos vários enunciados sobre o cabimento dos negócios processuais. São os seguintes: Enunciado 113: "As disposições previstas nos arts. 190 e 191 do CPC poderão ser aplicadas ao procedimento de recuperação judicial" e Enunciado 114: "Os entes despersonalizados podem celebrar negócios jurídicos processuais".

---

5. A propósito do interesse público inerente ao processo civil, vide CABRAL, Antonio do Passo. *Convenções processuais*. Salvador: JusPodivm, 2016, p. 150 a 154.

Por outro lado, o Enunciado 20 do FPPC se refere às vedações: "Não são admissíveis os seguintes negócios bilaterais, dentre outros: acordo para modificação da competência absoluta, acordo para supressão da primeira instância, acordo para afastar motivos de impedimento do juiz, acordo para criação de novas espécies recursais, acordo para ampliação das hipóteses de cabimento de recursos".

Na mesma linha de vedações, propõe o Enunciado 36 da ENFAM: "A regra do art. 190 do CPC/2015 não autoriza às partes a celebração de negócios jurídicos processuais atípicos que afetem poderes e deveres do juiz, tais como os que: a) limitem seus poderes de instrução ou de sanção à litigância ímproba; b) subtraiam do Estado/juiz o controle da legitimidade das partes ou do ingresso de *amicus curiae*; c) introduzam novas hipóteses de recorribilidade, de rescisória ou de sustentação oral não previstas em lei; d) estipulem o julgamento do conflito com base em lei diversa da nacional vigente; e e) estabeleçam prioridade de julgamento não prevista em lei".

Evidentemente os enunciados não vinculam o Poder Judiciário, não havendo ainda, nesses primeiros anos de vigência do Código, posições jurisprudenciais consolidadas a respeito dos negócios processuais atípicos.

14.2. ÂMBITO DE INCIDÊNCIA: PROCESSO E PROCEDIMENTO

Os negócios processuais podem dizer respeito a mudanças no procedimento, isto é, no rito imposto pela lei para a prática dos atos processuais. Tais mudanças visam uma melhor adequação às circunstâncias particulares da causa. Nesse caso, as convenções alteram a maneira com que a lei dispôs sobre a realização desses atos. Alteram-se aqui as regras previamente estabelecidas para o desenvolvimento válido do processo, sempre com o objetivo de melhor atender as especificidades do caso concreto.

Mas os negócios processuais não se limitam às alterações do procedimento. Conforme prevê o art. 190, as partes também podem deliberar acerca de seus ônus, poderes, faculdades e deveres processuais. Isto significa que a própria atuação das partes e as situações jurídicas por elas enfrentadas ao longo do processo também podem ser modificadas.

Nessa hipótese, as convenções nem mesmo precisam ter por objetivo a adaptação às especificidades da causa, como aliás destaca o Enunciado 258 do FPPC: "As partes podem convencionar sobre seus ônus, poderes, faculdades e deveres processuais, ainda que essa convenção não importe ajustes às especificidades da causa".

14.3. PODERES, DEVERES, ÔNUS E FACULDADES PROCESSUAIS

Os poderes, deveres, ônus e faculdades mencionados no art. 190 do Código de Processo Civil são as situações jurídicas experimentadas pelas partes no curso da relação processual.

São poderes tudo aquilo que é permitido às partes na defesa de seus interesses. Abrangem, portanto, os direitos subjetivos, os direitos potestativos e os poderes *stricto sensu*, estabelecidos pela lei. As faculdades, por sua vez, estão contidas no direito subjetivo, constituindo possibilidades inerentes ao seu exercício. Elas consistem na autorização da prática de atos ao longo do processo. Por fim, os ônus são os encargos atribuídos no próprio interesse das partes, cujo não atendimento pode lhes gerar uma situação processualmente desvantajosa. Diversamente dos deveres, o descumprimento dos ônus não gera sanções, mas apenas a perda da oportunidade para se obter uma situação mais favorável.

Tanto os poderes, como os ônus e as faculdades, são situações jurídicas que dizem respeito exclusivamente às partes, não afetando a atividade jurisdicional propriamente dita. Justamente por isso, tudo que disser respeito a eles poderá ser objeto de convenção processual.

Por outro lado, os deveres são imposições do ordenamento em virtude do interesse alheio ou da própria jurisdição. Daí porque, não apenas sua inobservância gera sanções, como também surgem limitações para a prática de negócios processuais cujo objeto a eles se refira. Não se deve admitir negócio que afaste, por exemplo, os deveres das partes e de seus procuradores (CPC, art. 77). Nesse mesmo sentido, o Enunciado 06 do FPPC assim dispõe: "O negócio jurídico processual não pode afastar os deveres inerentes à boa-fé e à cooperação".

14.4. NEGÓCIOS UNILATERAIS E BILATERAIS

Os negócios processuais podem decorrer da atuação de apenas uma das partes ou de ambas. Eles podem ser então unilaterais ou bilaterais, dependendo da quantidade de sujeitos processuais que deles participem, expressando suas vontades.

Os negócios são unilaterais quando apenas uma das partes dispõe sobre a sua posição processual. É o que ocorre no caso da desistência do recurso (CPC, art. 998), para a qual é absolutamente irrelevante a vontade da parte contrária. Ou ainda na desistência da ação, antes da contestação (CPC, art. 485, § 4º). A parte pode desistir, ainda que o recorrido por alguma razão com isso não concorde.

São, por outro lado, bilaterais quando a deliberação depender da anuência da outra parte. Esses constituem a grande maioria dos negócios processuais, servindo como exemplo a escolha consensual do perito (CPC, art. 471) e o saneamento por delimitação consensual das partes (CPC, art. 357, § 2º). Os negócios bilaterais podem ainda ser classificados em acordos ou contratos. Os primeiros pressupõem interesses comuns, ao passo que os segundos ocorrem diante de interesses contrapostos.

14.5. REQUISITOS DOS NEGÓCIOS PROCESSUAIS

Os negócios processuais constituem uma das espécies de negócio jurídico. Logo, seus requisitos são aqueles exigidos para a prática dos negócios jurídicos em geral, acrescidos de condições específicas. São requisitos gerais: capacidade do agente, objeto lícito e forma prescrita ou não vedada por lei. Este é, aliás, o teor do Enunciado 403 do FPPC: "A validade do negócio jurídico processual, requer agente capaz, objeto lícito, possível, determinado ou determinável e forma prescrita ou não defesa em lei". Além deles, há o requisito específico da possibilidade de autocomposição do direito material (CPC, art. 190). Dessa forma, se o processo versar sobre direito que não permita essa solução extrajudicial, será consequentemente nulo o negócio processual respectivo.

No que diz respeito à capacidade do agente, para a realização dos negócios processuais é necessário: a) que o sujeito detenha a capacidade de ser parte, sendo titular de direitos e obrigações; b) que possua a capacidade de estar em juízo, podendo ser assistido ou representado (CPC, arts. 70 a 76). Não há qualquer óbice para a celebração de negócio jurídico por parte absolutamente ou relativamente incapaz, desde que a mesma esteja adequadamente representada ou assistida.

Por outro lado, o objeto lícito pressupõe que o conteúdo do negócio jurídico não seja vedado pelo ordenamento jurídico, nem contrarie norma cogente. Por exemplo, não é possível realizar negócio jurídico que altere regra de competência absoluta.

Além disso, constitui um requisito específico a possibilidade de solução extrajudicial (autocomposição), o que se diferencia da disponibilidade do direito. Tanto é assim que a indisponibilidade do direito material não impede a realização do negócio processual, como proposto pelo Enunciado 135 do FPPC. Aliás, nem se discute ser possível a eleição de foro em causa tratando de direito indisponível (CPC, art. 63). Com efeito, há inúmeras situações de direitos indisponíveis que admitem a autocomposição. É o que ocorre com interesses envolvendo, por exemplo, a Administração Pública, mas que podem ser solucionados mediante arbitragem. A vedação se dirige apenas àquelas situações que não podem ser solucionadas fora da jurisdição estatal (causas envolvendo interesses de menores, questões criminais, ações de improbidade e assim por diante). A propósito, nada impede que a Fazenda Pública e o Ministério Público, nos casos em que figure como parte, realizem negócios processuais. É o que também entende o FPPC: Enunciado 253: "O Ministério Público pode celebrar negócio processual quando atua como parte"; 256: "A Fazenda Pública pode celebrar negócio jurídico processual".

Existem ainda outros requisitos específicos para a aplicação do negócio pelo juiz. Neste aspecto, a eficácia do negócio está condicionada ao preenchimento dos pressupostos previstos no parágrafo único do art. 190. Ele não será aplicável quando houver nulidade, inserção abusiva em contrato de adesão e manifesta situação de vulnerabilidade. Tais pressupostos de eficácia são analisados no tópico a seguir.

A forma prescrita ou não vedada em lei constitui também um requisito para os negócios jurídicos em geral (CC, art. 166, IV). Nesse aspecto, importante destacar que não existem formas pré-definidas para as convenções processuais, havendo ampla liberdade para as partes. Observe-se que a ENFAM emitiu o Enunciado 39: "Não é válida convenção pré-processual oral". Todavia, tal proposição deve ser interpretada no sentido de não ser válido negócio processual que não possa ser formal e expressamente comprovado. Nesse sentido, deve se admitir a convenção oral, desde que ela venha a ser comprovada documentalmente. Assim, caso as partes deliberem oralmente, essa deliberação terá que ser reduzida a termo.

Por fim, deve-se destacar que o princípio *pas de nullité sans grief* aplica-se também aos negócios jurídicos processuais. Isso significa que se não houver prejuízo, não será declarada eventual nulidade (CPC, art. 282, § 1º). Esse é também o teor do Enunciado 16 do FPPC: "O controle dos requisitos objetivos e subjetivos de validade da convenção de procedimento deve ser conjugado com a regra segundo a qual não há invalidade do ato sem prejuízo".

14.6. CONTROLE JUDICIAL: EFICÁCIA, NULIDADE, ANULABILIDADE E CUMPRIMENTO

Como os negócios processuais consistem em declarações unilaterais ou bilaterais da vontade das partes, sua interpretação deve se dar de acordo com as regras gerais atinentes aos negócios jurídicos. O controle judicial, portanto, deve levar em consideração não apenas a equivocidade dos textos, mas também as circunstâncias em que os mesmos estão inseridos. Ao interpreta-los, deve o magistrado atender mais à intenção neles consubstanciada do que ao sentido literal da linguagem (CC, art. 112), sem ignorar que a renúncia e os negócios benéficos merecem aplicação de maneira estrita (CC, art. 114). Por fim, a boa-fé e os usos do lugar de sua celebração devem ser igualmente considerados (CC, art. 113).

Do ponto de vista de sua eficácia, os negócios processuais geram, via de regra, efeitos imediatos, independentemente da homologação judicial (CPC, art. 200). Em algumas hipóteses específicas, todavia, sua eficácia está condicionada a este controle judicial. Assim se verifica com a desistência da ação, cuja produção de efeitos só se dá após a homologação pelo juízo (CPC, art. 200, parágrafo único). Isto não afasta a regra geral. Ao contrário, demonstra que a suspensão de eficácia tem de estar expressamente prevista no ordenamento. Para todas as outras situações, em que há o silêncio do legislador, prevalece a eficácia imediata. Esse é, aliás, o teor do Enunciado 133 do FPPC: "Salvo nos casos expressamente previstos em lei, os negócios processuais do art. 190 não dependem de homologação judicial". Essa também foi a conclusão do CJF, mediante o Enunciado 115: "O negócio jurídico processual somente se submeterá à homologação quando expressamente exigido em norma jurídica, admitindo-se, em todo caso, o controle de validade da convenção". No mesmo sentido, Antonio do Passo Cabral rejeita a ideia de que todo e qualquer negócio processual deva ser submetido à homologação judicial como pressuposto de validade, uma vez que não há aqui a necessidade de atividade "jus-integrativa" do juiz, tal como ocorre na jurisdição voluntária[6].

---
6. CABRAL, Antonio do Passo. *Convenções processuais*. Salvador: JusPodivm, 2016, p. 71.

O controle judicial dos negócios processuais pode ocorrer de ofício, isto é, por iniciativa do próprio magistrado, ou mediante requerimento das partes ou de terceiro. Nesses casos, entendendo que há nulidade, manifesta situação de vulnerabilidade ou ainda inserção abusiva em contrato de adesão, o juiz pode recusar-lhes aplicação (CPC, art. 190, parágrafo único). São essas três situações que autorizam a não aplicação dos negócios processuais pelo magistrado.

Haverá nulidade sempre que não forem observados os requisitos para a prática dos negócios jurídicos em geral: capacidade do agente, objeto lícito e forma prevista ou não vedada em lei. Este é, aliás, o teor do Enunciado 403 do FPPC: "A validade do negócio jurídico processual, requer agente capaz, objeto lícito, possível, determinado ou determinável e forma prescrita ou não defesa em lei.". Além disso, há o requisito específico do direito material admitir a autocomposição (CPC, art. 190). Se o processo versar sobre direito que não permita essa solução extrajudicial, será consequentemente nulo o negócio processual respectivo.

O parágrafo único do art. 190 refere-se à inserção abusiva do negócio em contrato de adesão justamente porque o que a lei veda é o desequilíbrio entre as partes, não a natureza do contrato ou do substrato jurídico em que o negócio foi realizado. Logo, se não houver abusividade, o negócio deve ser aplicado, ainda que esteja previsto em um contrato de adesão.

Por fim, a manifesta situação de vulnerabilidade também é causa de rejeição dos negócios processuais. Isso porque o pressuposto para a validade das convenções no âmbito do processo é a deliberação entre pessoas com igualdade de percepção, ou seja, partes que não estejam em evidente desequilíbrio. É preciso que ambos os contratantes tenham capacidade de discernimento sobre o que está sendo ajustado, bem como sobre os efeitos jurídicos de seu ato. Inexistente tal pressuposto, o negócio não poderá ser judicialmente aplicado.

Em relação à vulnerabilidade, é interessante observar o contido no Enunciado 18 do FPPC: "Há indício de vulnerabilidade quando a parte celebra acordo de procedimento sem assistência técnico-jurídica". Com efeito, a parte que celebra um negócio processual que importe em renúncia a posições processuais que lhe seriam favoráveis (como o duplo grau, por exemplo), precisa ter a capacidade de compreender as consequências desse ato jurídico. Dependendo do nível de instrução da pessoa, faz-se necessária a orientação de um advogado para a exata percepção do que está sendo negociado. Imagine-se um contrato de compra e venda no qual esteja inserido um negócio processual dispensando o duplo grau. Quem não tem formação na área jurídica pode nem mesmo compreender o que significa essa dispensa.

Por se tratar de declarações de vontade, os negócios processuais podem ser anulados, caso se verifiquem vícios de vontade (erro, dolo, coação, lesão. CC, art. 171, II). É o que propõe o Enunciado 132 do FPPC: "Além dos defeitos processuais, os vícios da vontade e os vícios sociais podem dar ensejo à invalidação dos negócios jurídicos atípicos do art. 190". Haverá nesse caso a necessidade da propositura de uma ação autônoma, a fim de que se propicie o devido contraditório, a instrução e o julgamento.

Por fim, importante destacar que a recusa de aplicação do negócio processual (CPC, art. 190, parágrafo único) exige a prévia oportunidade de manifestação das partes, diante da vedação à decisão surpresa e ao caráter dialógico do CPC de 2015. Nesse sentido também entende o FPPC: Enunciado 259: "A decisão referida no parágrafo único do art. 190 depende de contraditório prévio".

Quanto ao cumprimento dos negócios processuais, Paula Costa e Silva ensina que, como a dialética processual tem como alvo o convencimento do julgador, basta não se atribuir valor ao comportamento praticado ou omitido (porque contrário ao negócio processual) para que com isso sejam reduzidas as possibilidades de sucesso da parte violadora, beneficiando a parte inocente[7].

14.7. RECURSO CABÍVEL

Não há previsão específica quanto ao cabimento do recurso de agravo de instrumento em relação à decisão que rejeita a aplicação do negócio processual. O rol taxativo das hipóteses previstas no art. 1.015 não contempla essa situação. Assim, seguindo-se a literalidade do Código, tal decisão só poderia ser revista por ocasião do julgamento da apelação (CPC, art. 1.009, § 1º).

Entretanto, diante da semelhança com o art. 1.015, inciso III (rejeição da alegação de convenção de arbitragem) parece possível uma aplicação analógica do dispositivo, admitindo-se a recorribilidade por agravo de instrumento.

14.8. PRECLUSÃO

Os negócios processuais também estão sujeitos à preclusão, isto é, à perda de alguma faculdade processual. No caso, a perda se refere à possibilidade de invocar a existência do referido negócio. Isso porque, tal como ocorre com a eleição de foro (sem abusividade) e com a convenção de arbitragem, o negócio processual não pode ser conhecido de ofício pelo juiz. Esse é o sentido do Enunciado 252 do FPPC: "O descumprimento de uma convenção processual válida é matéria cujo conhecimento depende de requerimento". Sua existência deve então ser invocada pelas partes, sob pena de preclusão. Isso porque a não alegação da convenção processual pelos contratantes implica em renúncia tácita.

Daí porque se entende que a resilição do pacto pode ocorrer de forma expressa (mediante distrato) ou tácita (por sua não alegação no momento oportuno).

---

7. SILVA, Paula Costa e. *Perturbações no Cumprimento dos Negócios Processuais*. Salvador: JusPodivm, 2020, p. 179 e 180.

15
CALENDÁRIO PROCESSUAL

15.1. ATO DAS PARTES EM CONJUNTO COM O JUIZ E VINCULAÇÃO

As partes, em conjunto com o juiz, podem fixar calendário para a prática de atos processuais (CPC, art. 191). Isso significa que, durante o curso do processo, é possível deliberação plurilateral que estabeleça datas para a realização de atos processuais. Conforme estabelece o § 1º do art. 191, tal calendário vinculará as partes e o próprio magistrado, não sendo possível a alteração das datas senão em casos excepcionais, devidamente justificados.

Essa vinculação obviamente se dá em relação ao juízo ou órgão juiz, e não à pessoa física do magistrado que participou da convenção processual. Nem poderia ser diferente. Quando atua, o magistrado A, B ou C age como um integrante do Poder Judiciário e não de forma isolada ou pessoal. O juiz é o representante do Estado no exercício da jurisdição e como tal não pode se recusar a cumprir o que foi deliberado por outro magistrado, no exercício da mesma função. O Fórum de Processualistas Civis deixa isso muito claro no Enunciado 414: "O disposto no § 1º do artigo 191 refere-se ao juízo".

15.2. DISPENSA DO REQUISITO DA AUTOCOMPOSIÇÃO

Destaque-se ainda que para a fixação do calendário não se exige o requisito da possibilidade de autocomposição, como ocorre nos negócios processuais. Isso porque se alteram regras exclusivamente procedimentais, não havendo modificação nas situações jurídicas das partes. Nesse mesmo sentido, o Enunciado 494 do Fórum Permanente de Processualistas Civis: "A admissibilidade de autocomposição não é requisito para o calendário processual".

Havendo predefinição dessas datas, dispensa-se a intimação das partes para os respectivos atos, vez que deles já tiveram conhecimento no momento da fixação (CPC, art. 191, § 2º).

16
TEMPO DOS ATOS PROCESSUAIS

16.1. REGRA GERAL DO MOMENTO PARA A PRÁTICA DOS ATOS

O Código de Processo Civil disciplina o momento em que os atos processuais devem ser praticados. Como regra geral, isso deve ocorrer nos dias úteis, no horário compreendido entre as 6 (seis) e as 20 (vinte) horas (CPC, art. 212). A consequência para o descumprimento da norma é a inaptidão para a produção de efeitos. Assim, os atos praticados além desses períodos não terão eficácia e deverão ser repetidos.

Destaque-se que o conceito de dias úteis é obtido mediante exclusão. São úteis todos os dias que: a) a lei não declarar feriados; b) não estejam compreendidos nos períodos de férias forenses; e c) não sejam sábados ou domingos. São úteis, portanto, aqueles em que houver expediente forense, observando-se sempre a lei de organização judiciária.

Por outro lado, a lei processual esclarece que, para efeitos processuais, são considerados feriados todos aqueles dias assim declarados por lei, bem como os sábados, os domingos e os dias em que não houver expediente forense (CPC, art. 216).

16.2. AS EXCEÇÕES LEGAIS

Apesar da regra geral, o próprio Código e a legislação extravagante apresentam exceções.

A primeira delas consiste na possibilidade do ato, que já tenha sido iniciado no horário normal, ser concluído após as 20 (vinte) horas (CPC, art. 212, § 1º). Observe-se que a lei permite, mas condiciona tal extensão às hipóteses em que o adiamento puder prejudicar a diligência ou causar grave dano.

Outra exceção diz respeito às citações, intimações e penhoras, as quais podem ocorrer mesmo nos períodos de férias, nos feriados ou nos dias úteis fora do horário normal, independentemente de autorização judicial (CPC, art. 212, § 2º). Nesse aspecto, o Código de Processo Civil de 2015 traz importante inovação. No sistema anterior, havia a necessidade de uma autorização expressa do juiz para a prática dos atos fora do horário normal. Agora, isso ocorrerá automaticamente, sem qualquer necessidade de requerimento ao magistrado. Ganha-se com isso agilidade e efetividade. Além disso, foram incluídas nesse rol também as intimações, ampliando assim os atos que podem ser praticados em datas e horários alternativos.

Mesmo que praticados fora do horário normal, os atos devem observar a garantia constitucional da inviolabilidade do domicílio (CF, art. 5º, XI).

Observe-se também que sempre que o ato tiver que ser praticado por meio de petição (em autos físicos), esta deverá ser protocolada dentro do horário de funcionamento do fórum ou do tribunal, conforme estipula a lei de organização judiciária (CPC, art. 212, § 3º). Nessa hipótese, não se aplica o horário até as 20h00, o qual se destina aos atos em geral. Para as petições há regra específica. Se o serviço de protocolo do tribunal ou da secretaria da vara funciona até as 18 horas, por exemplo, esse é o horário limite para a prática do ato. Tais horários para atuação dos serviços de protocolo são disciplinados pelas normas locais de organização judiciária.

Os autos eletrônicos também comportam uma importante exceção. Com efeito, a prática eletrônica do ato processual pode se dar em qualquer horário até o último minuto do dia final do prazo. A lei, nesse ponto, usa a expressão *até as 24 (vinte e quatro) horas do último dia do prazo* (CPC, art. 213). A mesma disposição está prevista nos arts. 3º, parágrafo único e 10, § 1º da Lei 11.419, de 19 de dezembro de 2006, a qual disciplina a informatização judicial. Importante lembrar que para os atos eletrônicos, a comprovação da tempestividade é dada pelo próprio sistema, não dependendo de nenhum intermediário. A mera inserção eletrônica da petição já constitui demonstração do atendimento do prazo (protocolo eletrônico).

Além disso, o Código tratou daquelas situações em que o ato é praticado à distância e envolve lugares com fusos horários distintos. Nessas circunstâncias, será considerado o horário vigente no juízo onde o ato deva ser praticado (CPC, art. 213, parágrafo único). Logo, se o advogado estiver em local com diferença de horário em relação à comarca em que tramita o processo, deverá fazer o protocolo eletrônico considerando como limite o horário do local de destino e não o do envio.

16.3. FÉRIAS FORENSES E FERIADOS

As férias forenses são os longos períodos de tempo em que não são praticados atos processuais, justamente por não haver expediente forense.

A Emenda Constitucional 45/2004 determinou que a prestação jurisdicional se dê de forma ininterrupta, vedando assim as férias coletivas nos juízos e nos tribunais de segundo grau. É o que estabelece a redação atual do art. 93, XII da Constituição Federal. Observe-se, contudo, que o dispositivo não tratou dos tribunais superiores. Dessa forma, perante o Superior Tribunal de Justiça e Supremo Tribunal Federal continua existindo o período de férias forenses.

De acordo com a lei, nas férias não são praticados atos processuais, com exceção de: a) citações, intimações e penhoras (CPC, art. 214, I e art. 212, § 2º); b) casos de tutela de urgência (CPC, art. 214, II e art. 294 e 300). Trata-se assim de exceções à regra geral do tempo para a prática dos atos. Nestas hipóteses, os processos não terão trâmite durante o período de férias, mas nele será possível a realização desses atos reputados urgentes.

Diversa é a situação em relação aos processos que tem seu prosseguimento normal no período de férias (CPC, art. 215). Para estes, elencados no rol do art. 215, o evento das férias não altera o curso processual, nem o suspende. São eles: a) os procedimentos de jurisdição voluntária e os necessários à conservação dos direitos, sempre que o adiamento puder gerar prejuízo (CPC, art. 215, I); b) a ação de alimentos e os processos de nomeação ou remoção de tutor ou curador (CPC, art. 215, II); e todos os processos que a lei assim determinar (CPC, art. 215, III), como ocorre com a Lei de Locações, ou seja, Lei 8.245/91, por exemplo. Aqui não há que se falar em ato praticado fora do período normal, uma vez que o início do período de férias é processualmente irrelevante.

Também distinta é a situação do período em que estão suspensos os prazos processuais: 20 de dezembro a 20 de janeiro (CPC, art. 220). Aqui não se trata de proibição da prática de atos, mas apenas da não fluência dos prazos processuais e da não realização de audiências ou sessões de julgamento (art. 220, § 2º). Os atos praticados nesse período terão efeitos normalmente, ainda que os prazos estejam suspensos. O trabalho interno de juízes, membros do Ministério Público e dos auxiliares da justiça é, inclusive, expressamente autorizado pela lei (CPC, art. 220, § 1º). Destaque-se que as notificações realizadas nesse período são válidas. Nesse sentido, há inclusive decisão monocrática proferida pelo CNJ[1]. Vale lembrar que ainda que as intimações ocorridas entre os dias 20 de dezembro a 20 de janeiro sejam válidas, pela regra do art. 224 do CPC (segundo a qual se exclui o próprio dia), conta-se o prazo a partir do primeiro dia útil seguinte após o período da suspensão.

Contudo, além das férias, existe o chamado recesso forense, o qual pode ser estabelecido pelos tribunais, entre os dias 20 de dezembro a 06 de janeiro, nos termos da Resolução 244/2016 do Conselho Nacional de Justiça. Esse período não caracteriza férias forenses (as quais, como já exposto, estão vedadas em primeiro e segundo grau pela Emenda Constitucional 45/2004), mas tem a natureza de feriado para os efeitos legais (CPC art. 216). Essa é a razão pela qual nesse período não devem ser praticados atos processuais, salvo aqueles de natureza urgente.

Por fim, os feriados possuem um conceito diferenciado para o fim de aplicação da lei processual. Como exposto no início desse tópico, são feriados, sob o ponto de vista processual, os sábados, os domingos, os feriados propriamente ditos e reconhecidos por lei, além de todos os dias em que não ocorra o expediente forense (CPC, art. 216). É o que ocorre no chamado recesso forense. Neles, não serão praticados atos processuais, salvo as exceções já referidas do art. 212, § 2º e art. 214, I e II.

Embora alguns feriados façam parte da cultura nacional, o STJ havia inicialmente entendido, por decisão da 3ª Turma, que a segunda-feira de Carnaval e a Quarta-Feira

---

1. CNJ, PCA 0007449.77.2016.2.00.0000, Rel. Conselheiro Gustavo Alkmin, decisão monocrática.

de Cinzas deveriam ser comprovadas como feriados no ato de interposição do recurso, sob pena de não conhecimento[2].

Tal decisão seguia o lamentável entendimento da Corte Especial de que a não comprovação de feriado constitui vício insanável, não se aplicando o art. 932, § único do CPC[3]. Nesse julgado, foi vencido o relator Min. Raul Araújo, tendo prevalecido o voto no sentido de que ou se comprova o feriado local no ato da interposição do respectivo recurso, ou se considera o mesmo intempestivo.

Posteriormente, contudo, em fevereiro de 2020, o STJ abriu uma exceção quanto à exigência de comprovação do feriado, limitando, porém, tal exceção à segunda-feira de Carnaval. Isto porque se trata de um *feriado nacional notório*, o que afasta sua natureza jurídica de feriado local[4]. E em maio de 2021, reiterou esse entendimento ao julgar o AgInt no AREsp 1.481.810. Nesse julgamento, o STJ reafirmou que a Corte Especial deliberou pela possibilidade da excepcional flexibilização dessa orientação em virtude de uma circunstância especificamente relacionada à segunda-feira de Carnaval. Assim, a tese jurídica da exigência da comprovação do feriado local no ato de interposição não restou superada, tendo apenas sido modulada para a segunda-feira de Carnaval, sendo vedada a generalização da regra excepcional[5].

Tal entendimento, embora prevaleça, é lamentável. Isso porque, havendo notoriedade nacional de outros feriados (como ocorre com a Quarta-feira de Cinzas, com Corpus Christi e tantos outros) não se justifica a exigência de sua comprovação no ato de interposição do recurso.

---

2. STJ, AREsp 1.255.609/AL, Rel. Min. Marco Aurélio Bellizze, 3ª T., j. 12.06.2018, *DJe* 19.06.2018.
3. STJ, AgInt no AREsp 957.821/MS, Rel. Min. Raul Araújo, Rel p/ Acórdão Min. Nancy Andrighi, Corte Especial, j. 20.11.2017, *DJe* 19.12.2017.
4. STJ, Corte Especial – QO no REsp 1.813.684/SP, Rel. Min. Nancy Andrighi, j. 03.02.2020.
5. STJ, Corte Especial, AgInt no AREsp 1.481.810/SP, Rel. Min. Nancy Andrighi, j. 19.05.2021.

17
LUGAR DOS ATOS PROCESSUAIS

17.1. REGRA GERAL E SITUAÇÕES EXCEPCIONAIS

Os atos processuais devem normalmente ocorrer na sede do fórum ou do tribunal, onde existe a estrutura física necessária (secretaria do cartório, salas de audiência e salas de julgamento).

De forma excepcional, contudo, tais atos podem ser praticados em outro lugar (CPC, art. 217). A lei processual permite que em quatro situações específicas e taxativas não seja observada a regra geral. São os casos de deferência, interesse da justiça, natureza do ato e existência de obstáculo.

17.2. DEFERÊNCIA, INTERESSE DA JUSTIÇA, NATUREZA DO ATO OU OBSTÁCULO

Exemplo de deferência para a realização de ato fora da sede do juízo é a colheita do depoimento de autoridades (CPC, art. 454). Nessa situação, em virtude da condição funcional da testemunha, a mesma poderá ser ouvida em sua residência ou no local do exercício da função. É o que ocorre em relação ao presidente e vice-presidente da República, Ministros de Estado, Ministros dos Tribunais Superiores e conselheiros do Conselho Nacional de Justiça, Procurador Geral da República e conselheiros do Conselho Nacional do Ministério Público, além de várias outras autoridades elencadas nos incisos I a XII do art. 454 do Código.

A situação excepcional do interesse da justiça verifica-se quando houver a necessidade de inspeção judicial, ou seja, a verificação pessoal pelo magistrado de determinados locais ou situações (CPC, art. 481).

Outros atos, por sua própria natureza, não podem ser praticados na sede do juízo. É o caso dos atos de busca e apreensão (CPC, art. 806, § 2º), as providências cautelares (CPC, art. 301) e a realização de perícia que exija exame do local (CPC, art. 474).

Havendo também qualquer obstáculo à realização do ato na sede do juízo, este poderá ocorrer em outro local. As testemunhas, por exemplo, são inquiridas na sede da vara onde tramita o processo. Entretanto, havendo enfermidade da testemunha, com dificuldade de locomoção, esta poderá ser inquirida em sua própria residência ou instituição hospitalar (CPC, art. 449, parágrafo único).

Sempre que o ato tiver que ser praticado fora do espaço de sua atuação jurisdicional, deverá o juiz requerer a colaboração da autoridade judicial da respectiva circunscrição ou país. Isso se dá mediante a expedição de carta precatória ou rogatória (CPC, art. 260). Poderá ainda ocorrer por ato concertado entre juízes, com a escolha de um procedimento específico entre eles (como uma simples troca de e-mails, por exemplo), atendendo-se o dever de recíproca cooperação nacional, conforme previsto no art. 69, § 2º do CPC.

18
PRAZOS PROCESSUAIS

18.1. CONCEITO E OBJETIVO DOS PRAZOS PROCESSUAIS

O desenvolvimento do processo depende do estabelecimento de marcos temporais para a prática dos atos. Esses limites criados por intervalos de tempo são fundamentais para a evolução do processo. São eles que impulsionam o processo para as fases sucessivas. Esse é, portanto, o objetivo dos prazos processuais: gerar um movimento em direção à fase final do processo. Segundo Alexandre Freitas Câmara, os prazos possuem uma relação com o princípio da duração razoável do processo, segundo o qual este não deve durar *nem mais, nem menos do que o tempo necessário para a produção de resultados constitucionalmente adequados*[1].

Os prazos processuais constituem, assim, os períodos de tempo estabelecidos pela lei (CPC, art. 218), pelo juiz (CPC, art. 218, § 1º) ou ainda por este em conjunto com as partes (CPC, art. 191), para a realização dos atos. Tais períodos são delimitados por um termo inicial e um termo final, dentre os quais deverá ocorrer a atuação processual. A não observância dos prazos tende a gerar consequências negativas não apenas para as partes, mas também para o juiz e auxiliares do juízo.

Saliente-se que o Código de Processo Civil de 2015, além de manter a possibilidade de fixação legal ou judicial do prazo, ampliou-a para abranger a fixação pelas partes em conjunto com o magistrado. É o que ocorre mediante a criação de um calendário no curso do processo (CPC, art. 191). A inovação, contudo, possui limites. Haverá sempre um controle judicial no estabelecimento consensual dos prazos, devendo o magistrado avaliar a conveniência e possibilidade dessa alteração. Tanto é assim que a própria lei, no referido dispositivo, prevê que as partes e o juiz, de comum acordo, podem fixar o calendário, *quando for o caso*. A regra, portanto, continua sendo a da fixação legal dos prazos. É isso o que ocorre na grande maioria das situações.

O Código ainda estabelece a fixação de prazos subsidiários, isto é, aplicáveis quando nem a lei, nem o juiz fixar um período específico para a prática do ato. Nessas hipóteses, as intimações somente obrigarão ao comparecimento da parte após o decurso de 48 (quarenta e oito) horas (CPC, art. 218, § 2º) e os atos terão de ser praticados no prazo geral de cinco dias (CPC, art. 218, § 3º). Isso significa que, não havendo um prazo específico, aplicam-se esses limites temporais gerais.

---
1. CÂMARA, Alexandre. *O novo processo civil brasileiro*. 3. ed. São Paulo: Atlas, 2017. p. 139.

18.2. CLASSIFICAÇÃO: PRAZOS LEGAIS, JUDICIAIS OU CONVENCIONAIS; PRAZOS PRÓPRIOS OU IMPRÓPRIOS; PRAZOS DILATÓRIOS E PEREMPTÓRIOS

Os prazos processuais podem ser classificados em legais, judiciais ou convencionais, de acordo com o critério da origem de sua fixação.

Via de regra, eles são estabelecidos pela própria lei (CPC, art. 218), sendo então denominados prazos legais. Essa é a situação que predomina para a grande maioria dos atos processuais. É a lei que estabelece o período de tempo dentro do qual o ato deve ser realizado.

Mas há várias hipóteses de prazos judiciais, isto é, fixados pelo juiz. É o que ocorre, por exemplo, quando a lei for omissa (CPC, art. 218, § 1º) ou quando o magistrado decidir dilatar os prazos a fim de melhor adequá-los às necessidades do conflito e à busca de efetividade (CPC, art. 139, VI). A propósito, segundo o Enunciado 13 do CJF é possível o deslocamento do termo inicial do prazo para o futuro.

Os prazos convencionais, por outro lado, também estão previstos no Código de Processo Civil de 2015, o qual admite a fixação de calendário para a prática dos atos processuais (CPC, art. 191). Por se tratar de alteração de procedimento que envolve a atividade jurisdicional, o magistrado necessariamente tem que participar desse acordo. O ato jurídico só terá efeito, portanto, se houver a participação das partes e do próprio juiz da causa. Conforme já exposto no tópico específico, o calendário processual vincula as partes e o juiz, o qual não pode modificar os prazos ali previstos, salvo em casos excepcionais, devidamente justificados (CPC, art. 191, § 1º). Tal vinculação obviamente se dirige ao juízo e não à pessoa física do magistrado A, B ou C. Assim, serão irrelevantes as posteriores mudanças de juízes, ficando o órgão judicial vinculado ao que foi estabelecido no calendário daquele determinado processo.

Os prazos também podem ser classificados em próprios e impróprios.

Os primeiros são assim chamados porque sua inobservância gera consequências processuais negativas para a parte. É o que ocorre, por exemplo, na preclusão temporal (CPC, art. 223). Decorrido o prazo, extingue-se o direito de praticar ou de emendar o ato processual. Isso significa que passado aquele período de tempo delimitado pela lei, o ato não mais poderá ser realizado, nem mesmo se a parte assim o requerer. Os prazos próprios dirigem-se às partes. São elas que sofrem as consequências negativas por eventual omissão.

Por sua vez, os prazos impróprios são normalmente aplicados para a atividade jurisdicional (CPC, art. 226) e dos auxiliares do juízo. São assim chamados porque sua inobservância não causa nenhuma consequência processual, ainda que possa gerar responsabilidade no âmbito disciplinar. Os serventuários, por exemplo, devem observar os prazos para a prática dos atos de seu ofício, devendo o juiz ordenar a instauração de processo administrativo caso constate que houve excesso, sem motivo legítimo (CPC, art. 233, § 1º). Qualquer das partes, o MP e a Defensoria Pública podem representar ao juiz contra o serventuário desidioso (CPC, art. 233, § 2º).

De igual forma, o magistrado também estará sujeito à representação perante a Corregedoria de seu Tribunal ou ao Conselho Nacional de Justiça na hipótese de exceder os prazos previstos em lei (CPC, art. 235). Nessas hipóteses, a lei disciplina inclusive o procedimento para apuração da responsabilidade e a determinação para que o ato em atraso seja praticado (CPC, art. 235, §§ 1º e 2º). Mantida a inércia, os autos devem ser remetidos ao substituto legal do juiz ou relator (CPC, art. 235, § 3º). O advogado também se sujeita a sanções caso intimado a devolver os autos, não o faça no prazo de três dias. Sofrerá nesse caso a perda de direito à vista fora do cartório e multa correspondente à metade do salário-mínimo (CPC, art. 234, § 2º). A autoridade competente para apurar a falta, contudo, é a Ordem dos Advogados do Brasil, a qual será comunicada por ofício para a instauração do competente processo disciplinar (CPC, art. 234, § 3º). Em todas essas situações, portanto, apesar da existência de sanções, não há consequências dentro do processo.

Os prazos ainda podem ser classificados em dilatórios ou peremptórios. Segundo a tradição processual, os dilatórios permitem alteração pelo juiz ou por acordo das partes, ao passo que os peremptórios podem ser modificados apenas excepcionalmente. No sistema anterior, os prazos peremptórios só poderiam ser alterados pelo próprio magistrado e ainda assim em circunstâncias especiais. Agora, com o Código de 2015, eles admitem alterações também pelas próprias partes, mas também em face de condições específicas.

São considerados peremptórios os prazos para contestar, para apresentar reconvenção, para oferecer alegações finais, para interpor recurso, para apresentar contrarrazões e assim por diante. Os dilatórios são os prazos para juntar documentos, arrolar testemunhas, cumprir providências determinadas pelo juiz.

18.3. CONTAGEM, TERMO INICIAL, TERMO FINAL E PRORROGAÇÃO DOS PRAZOS

Como já exposto, o prazo processual é delimitado por um termo inicial, também denominado de *dies a quo* e por um termo final, ou *dies ad quem*. A prática do ato, em regra, deve ocorrer dentro desse período de tempo, prefixado pela lei.

Todavia, o sistema do Código de 2015 inova ao permitir que o ato seja praticado antes mesmo do início do prazo, ou seja, antes do *dies a quo* (CPC, art. 218, § 4º). Essa possibilidade reflete a preocupação do legislador em afastar a rigidez do sistema anterior, a qual considerava intempestivo o ato praticado antes da fluência do prazo. Destaque-se que tal entendimento não tinha qualquer razão de ser. Se a parte, de alguma forma, tomou conhecimento da fase processual e quis se antecipar praticando o ato respectivo, não havia sentido em puni-la com uma decisão de intempestividade. Se até então havia uma discussão na jurisprudência (com a prevalência da conclusão de tempestividade) agora a lei encerra a discussão. O ato poderá ser praticado antes mesmo do termo inicial. Nesse sentido é o Enunciado 22 do FPPC: "O Tribunal não poderá julgar extemporâneo ou intempestivo recurso, na instância ordinária ou na extraordinária, interposto antes da abertura do prazo".

Aliás, pouco antes da entrada em vigor do novo Código, o próprio STJ já havia cancelado a Súmula 418, a qual entendia ser inadmissível o recurso especial interposto antes da publicação do acórdão dos embargos de declaração, sem posterior ratificação. Por sua vez, o STF, em importante decisão do Plenário, também havia superado o entendimento de que a interposição de recurso antes da publicação da decisão seria intempestiva[2].

O art. 218, § 4º agora torna essa orientação letra expressa da lei. Por força desse dispositivo, a interposição de recurso prematuro, sem posterior ratificação não importa, por si só, na sua intempestividade. Será considerado tempestivo o ato praticado antes mesmo do termo inicial do prazo[3].

A contagem dos prazos pode se dar em minutos, horas, dias, meses ou anos. A sustentação oral no momento de julgamento perante os tribunais, por exemplo, tem o prazo de 15 minutos (CPC, art. 937). A retirada de autos para obtenção de fotocópias é direito do advogado, que deve ser exercido no prazo de duas a seis horas (CPC, art. 107, § 3º). O dispositivo, obviamente, só se aplica nas hipóteses em que a tramitação ocorra de forma não eletrônica. Caso ocorra a morte do réu, o juiz fixará prazo ao autor para a citação do respectivo espólio, no prazo de dois a seis meses (CPC, art. 313, § 2º, I). Por fim, o prazo de suspensão do processo para aguardar o julgamento de outra causa nunca poderá exceder um ano (CPC, art. 313, § 4º).

A contagem dos prazos em horas se dá de minuto a minuto (CC, art. 132, § 4º), ao passo que os prazos em meses e anos expiram no dia de igual número do de início, ou no dia imediato se faltar essa correspondência (CC, art. 132, § 3º). Assim, o prazo de um ano a contar de 10 de fevereiro de 2012 4 expira-se em 10 de fevereiro de 2025. Se houver um ano bissexto e consequentemente a ausência do mesmo dia no ano subsequente, este será prorrogado para o primeiro dia seguinte. Dessa forma, o prazo de um ano a contar de 29 de fevereiro de determinado ano bissexto expira-se no dia 1º de março do ano subsequente. Há uma disposição especial, todavia, para a contagem do prazo para início de vigência das leis federais. Conforme prevê o art. 8º, § 1º da Lei Complementar 95, de 26 de fevereiro de 1998, a contagem do prazo para entrada em vigor das leis que estabeleçam período de vacância far-se-á com a inclusão da data da publicação e do último dia do prazo, entrando em vigor no dia subsequente à sua consumação integral. Justamente em virtude desse dispositivo, o STJ interpretou o art. 1.045 do CPC e emitiu

---

2. STF, Plenário, AI 703269 AgR-ED-ED-EDv-ED/MG, Rel. Min. Luiz Fux, j. 05.03.2015.
3. STF, RE 613.043 AgR, Rel. Min. Edson Fachin, 1ª T., j. 09.12.2016, DJe 16.12.2016.

o Enunciado Administrativo 1, esclarecendo que a Lei 13.105, publicada em 17 de março de 2015, entrou em vigor no dia 18 de março de 2016.

Novidade importante do Código é a referente à contagem dos prazos processuais em dias. Estabelece o art. 219 que para tanto são computados apenas os dias úteis, ou seja, não se contam os feriados legais, os sábados, os domingos, nem tampouco os dias em que não há expediente forense (parcial ou integralmente).

Há certa polêmica sobre a natureza de alguns prazos (se processuais ou não) e consequentemente sobre a forma da contagem. Em relação aos embargos de terceiro, por exemplo, o Enunciado 132 do CJF afirma tratar-se de prazo processual: "O prazo para apresentação de embargos de terceiro tem natureza processual e deve ser contado em dias úteis". De igual forma deve ser contado o prazo de 30 dias para a formulação do pedido principal após concessão da tutela cautelar. A propósito, o Conselho de Justiça Federal emitiu o Enunciado 165: "Conta-se em dias úteis o prazo do caput do art. 308 do CPC".

A regra da contagem em dias úteis também se aplica aos Juizados Especiais Cíveis em virtude da edição da Lei 13.728/2018, a qual incorporou o art. 12-A à Lei 9.0999/1995, estabelecendo a contagem em dias úteis. O mesmo vale para os Juizados Especiais Federais e para os Juizados da Fazenda Pública, eis que nos termos dos arts. 1º da Lei 10.259/2001 e 27 da Lei 12.153/2009, a norma se aplica a eles, supletivamente.

O Enunciado 19 do CJF já aplicava essa regra ao sistema dos juizados especiais: "O prazo em dias úteis previsto no art. 219 do CPC aplica-se também aos procedimentos regidos pelas Leis n. 9.099/1995, 10.259/2001 e 12.153/2009". De igual forma sugeria o Enunciado 45 da ENFAM: "A contagem dos prazos em dias úteis aplica-se ao sistema dos juizados especiais" e os Enunciados do FPPC 415 "Os prazos processuais no sistema dos Juizados Especiais são contados em dias úteis" e 416: "A contagem do prazo processual em dias úteis prevista no art. 219 aplica-se aos Juizados Especiais Cíveis, Federais e da Fazenda Pública". Idem quanto ao Enunciado 175 do Fórum dos Juizados Especiais Federais (Fonajef): "Por falta de previsão legal específica nas leis que tratam dos juizados especiais, aplica-se, nestes, a previsão da contagem dos prazos em dias úteis".

A questão era polêmica porque, antes da edição da Lei 13.728/2018, o Fórum Nacional dos Juizados Especiais (Fonaje) havia aprovado o Enunciado 165, recomendando a contagem contínua: "Nos Juizados Especiais Cíveis, todos os prazos serão contados de forma contínua". O mesmo se dera em reunião relativa aos Juizados da Fazenda, mediante o Enunciado 13: "A contagem dos prazos processuais nos Juizados da Fazenda Pública será feita de forma contínua, observando-se, inclusive, a regra especial de que não há prazo diferenciado para a Fazenda Pública – art. 7º da Lei 12.153/2009". Tamanha era a divergência entre juizados no país que o Conselho Federal da OAB propôs perante o STF a ADPF 483, visando obter um pronunciamento da Corte a respeito da possibilidade do cômputo apenas dos dias úteis. Com a edição da Lei 13.728/2018, os prazos em todos os Juizados passam a ser contados em dias úteis, desaparecendo a discussão a respeito do assunto. Destaque-se que a própria ADPF 483/DF foi extinta em 26.04.2019 diante da perda de objeto.

No que diz respeito à execução fiscal, o Enunciado 20 do CJF estendeu esse cômputo aos embargos: "Aplica-se o art. 219 do CPC na contagem do prazo para oposição de embargos à execução fiscal previsto no art. 16 da Lei 6.830/1980". E o Enunciado 116, também do CJF, ampliou a contagem em dias úteis para toda a execução fiscal: "Aplica-se o art. 219 do CPC na contagem dos prazos processuais previstos na Lei n. 6.830/1980". Até mesmo em relação ao Estatuto da Criança e do Adolescente (ECA) o STJ decidiu ser aplicável o prazo recursal de 15 dias úteis, ressalvados os procedimentos especiais[4].

Já no que diz respeito aos procedimentos de Falência e Recuperação Judicial (Lei 11.101/05), o STJ entendeu, em 2018, que a contagem deveria se dar em dias corridos[5]. Tal entendimento foi positivado mediante alteração da Lei 11.101/05 pela Lei 14.112/2020. Com efeito, a atual redação do art. 189 é o seguinte: "Aplica-se, no que couber, aos procedimentos previstos nesta Lei, o disposto na Lei 13.105, de 16 de março de 2015 (Código de Processo Civil), desde que não seja incompatível com os princípios desta Lei. § 1º Para os fins do disposto nesta Lei: I – todos os prazos nela previstos ou que dela decorram serão contados em dias corridos".

Assim, são contados de forma contínua os 180 dias de suspensão das ações executivas e os 60 dias para apresentação do plano de recuperação judicial.

Igualmente devem ser contados de forma corrida os prazos estabelecidos no Estatuto da Criança e do Adolescente, consoante determinação da Lei 13.509/2017, a qual considerou que a regra do art. 219 não é compatível com a celeridade necessária à natureza desses processos.

Interessante observar que o Enunciado 579 do FPPC admite a alteração da regra de contagem dos prazos por meio de negócio processual: "Admite-se o negócio processual que estabeleça a contagem dos prazos processuais dos negociantes em dias corridos".

Além disso, na contagem deve-se excluir o dia do começo e incluir-se o dia do vencimento (CPC, art. 224), considerando-se sempre que o prazo não se inicia, nem termina em dia não útil. Caso a intimação se dê mediante publicação em Diário da Justiça, o *dies a quo* do prazo será o primeiro dia útil seguinte à data da publicação (CPC, art. 224, § 3º). Assim, se a intimação ocorrer hoje e amanhã for sábado, o prazo só se iniciará na segunda-feira. Se, por outro lado, na segunda-feira não houver expediente forense normal, o dia do começo será protraído para terça-feira (CPC, art. 224, § 1º). Agora, no sistema do CPC/2015, tanto o dia do início como o do vencimento do prazo, desde que coincidentes com dificuldades no expediente normal ou indisponibilidade eletrônica, serão protraídos para o primeiro dia útil seguinte. Mas essa prorrogação do prazo depende da comprovação quanto ao fato do encerramento do expediente ou da

---

4. STJ, REsp 1.697.508, Rel. Min. Luis Felipe Salomão, 4ª T., j. 10.04.2018.
5. STJ, REsp 1.699.528/MG, Rel. Min. Luis Felipe Salomão, 4ª T., j. 10.04.2018.

indisponibilidade[6]. Nesse sentido, o Conselho Nacional de Justiça editou a Recomendação 95, de 09 de abril de 2021, a qual recomenda aos tribunais a estrita observância do § 1º do art. 224 do CPC, para que os dias do começo e do vencimento do prazo sejam protraídos para o primeiro dia útil seguinte, se coincidirem com dia em que o expediente forense for encerrado antes ou iniciado depois da hora normal.

A contagem, então, opera-se da seguinte forma: se a intimação ocorreu em uma quinta-feira, o prazo se inicia na sexta-feira (primeiro dia útil seguinte), suspende-se no sábado e no domingo, e volta a fluir na segunda-feira. Se esse prazo for de cinco dias, ele se iniciará na sexta-feira e terá como termo *ad quem* a quinta-feira da semana seguinte, desde que ela seja um dia útil. Se esse último dia do prazo for um feriado, o termo *ad quem* é automaticamente postergado para o próximo dia útil.

Haverá também a prorrogação do prazo para o primeiro dia útil subsequente se: a) o dia do vencimento coincidir com data em que o expediente se encerre antecipadamente ou se inicie após o horário normal; b) se houver indisponibilidade da comunicação eletrônica. Essa última hipótese é bastante comum. Havendo falha no sistema eletrônico em que tramita o processo, a qual impeça a comunicação dos atos, o *dies ad quem* do prazo será prorrogado para o primeiro dia útil seguinte à resolução do problema. Conforme orientação do STJ, é possível fazer a comprovação dessa indisponibilidade em momento posterior[7]. Distingue-se tal hipótese daquela do feriado local, cuja comprovação o STJ tem exigido no próprio ato da interposição (CPC, art. 1.003, § 6º).

Havendo duplicidade de intimações, uma pelo portal eletrônico e outra pelo Diário de Justiça eletrônico, prevalecerá aquela realizada no portal para efeito da contagem do prazo. Isso porque, nos termos da lei, a intimação feita por meio de portal próprio tem preferência sobre aquela via Diário oficial (art. 5º da Lei 11.419/2006)[8]. Até 2021 existia divergência jurisprudencial a respeito do tema. Havia decisões do STJ entendendo que prevalecia aquela realizada pelo Diário de Justiça eletrônico[9]. Ocorre que, em 19 de maio de 2021, a Corte Especial do STJ pacificou a matéria, concluindo que, havendo duas intimações, prevalece aquela realizada pelo portal eletrônico[10]. A decisão, fixada por maioria de votos, afastou, portanto, a divergência até então existente, para concluir que, quando houver publicação pelo Diário da Justiça Eletrônico (DJE) e pelo portal eletrônico, deve prevalecer esta última para o efeito da contagem do prazo.

Em seu voto, o Relator, Ministro Raul Araújo, esclareceu que, se o tribunal optou por manter um portal eletrônico específico para a intimação dos advogados cadastrados, não pôde deixar de considerá-lo prevalecente em detrimento do meio comum e geral de intimação pelo Diário da Justiça Eletrônico.

---

6. STJ, AgInt no AREsp 1.054.786/RJ, Rel. Min. Paulo de Tarso Sanseverino, 3ª T., j. 19.09.2017, *DJe* 25.09.2017.
7. STJ, EDcl no AgInt no AREsp 730.114/RJ, Rel. Min. Paulo de Tarso Sanseverino, 3ª T., j. 13.06.2017, *DJe* 26.06.2017.
8. STJ, AgInt no AREsp 903.091/RJ, Rel. Min. Paulo de Tarso Sanseverino, 3ª T., j. 16.03.2017, *DJe* 27.03.2017.
9. STJ, AgInt no AREsp 1.097.323/RJ, Rel. Des. Lázaro Guimarães, 4ª T., j. 24.10.2017, *DJe* 31.10.2017.
10. STJ, EAREsp 1.663.952, Corte Especial, Rel. Min. Raul Araújo, j. 19.05.2021.

Importante observar que essa contagem em dias úteis só se aplica para os prazos processuais, isto é, aqueles referentes à prática de atos de natureza processual. Para os atos de conteúdo material, os prazos continuam a ser contados em dias corridos (CPC, art. 219, parágrafo único). Assim, se o prazo se referir a uma situação de direito material, como ocorre com a prescrição, por exemplo, a contagem deve ser feita da forma tradicional, em dias corridos.

Os prazos de todos os recursos foram unificados em 15 (quinze) dias, com exceção dos embargos de declaração, cujo prazo continua sendo 5 (cinco) dias (CPC, art. 1.003, § 5º). Essa unificação visa uma simplificação na aplicação das leis processuais. Além disso, o legislador de 2015 também se preocupou em facilitar o cumprimento dos prazos mediante remessa postal. Para aferição da tempestividade do recurso remetido pelo correio, considera-se a data da postagem como data da interposição (CPC, art. 1.003, § 4º). A expressa disposição da lei torna superada a Súmula 216 do STJ[11].

A lei disciplina de modo expresso o termo inicial de fluência dos prazos. Salvo estipulação diversa, ele será: a) a data da juntada aos autos do aviso de recebimento, quando a citação ou intimação for pelo correio (CPC, art. 231, I)[12]; b) a data da juntada aos autos do mandado cumprido, quando a citação ou intimação ocorrer por oficial de justiça (CPC, art. 231, II) ou por hora certa (CPC, art. 231, § 4º); c) a própria data da ocorrência da citação ou intimação quando ela se der por ato do escrivão ou chefe da secretaria (CPC, art. 231, III); d) o dia útil seguinte ao fim do prazo estabelecido pelo juiz, quando a citação ou intimação for por edital (CPC, art. 231, IV); e) o dia útil seguinte à data da consulta no site eletrônico ou ao término do prazo, quando a citação ou intimação ocorrer de forma eletrônica (CPC, art. 231, V); f) o quinto dia útil seguinte à confirmação, na forma prevista na mensagem de citação, do recebimento da citação realizada por meio eletrônico (CPC, art. 231, IX, com o acréscimo da Lei 14.195/2021; g) a data do comunicado eletrônico relativo ao cumprimento de carta precatória, rogatória ou de ordem, conforme o art. 232, ou a data da juntada da carta aos autos de origem (CPC, art. 231, VI); g) a data da publicação, quando a intimação ocorrer por Diário de Justiça impresso ou eletrônico (CPC, art. 231, VII); h) o dia da carga, quando a intimação se der por meio da retirada dos autos em carga, do cartório ou da secretaria (CPC, art. 231, VIII).

A respeito do conflito entre o que prevê o art. 231, V (dia útil seguinte), e o novo inciso IX, introduzido pela Lei 14.195/2021 (quinto dia útil seguinte), até que tal questão seja pacificada pelos Tribunais, vale adotar sempre a postura mais conservadora.

Vale lembrar que o CNJ regulamentou o Domicílio Judicial Eletrônico, ferramenta que centraliza todas as comunicações eletrônicas dos processos judiciais. Trata-se

---

11. STJ – Súmula 216. "A tempestividade de recurso interposto no Superior Tribunal de Justiça é aferida pelo registro no protocolo da secretaria e não pela data da entrega na agência do correio". Essa súmula está superada pelo disposto no art. 1.003, § 4º do CPC.
12. STJ, REsp Repetitivo 1.632.497/SP, Rel. Min. Napoleão Nunes Maia Filho, Corte Especial, j. 17.05.2017, DJe 26.05.2017.

de uma plataforma digital na qual as pessoas físicas e jurídicas deverão se cadastrar para receber comunicações de atos processuais por via eletrônica e ter acesso a todos os processos judiciais em que sejam parte. Ela foi instituída pela Resolução 234/2016 e regulamentada pela Resolução 455/2022, a qual tornou obrigatória a utilização da plataforma por todos os tribunais do país. A Portaria CNJ 46 estabeleceu o período para o registro de pessoas físicas e das pessoas jurídicas de direito público e privado.

Importante ressalvar ainda a possibilidade de início do prazo em virtude da ciência inequívoca revelada pela parte, consoante vem decidindo o STJ[13].

Essas são as regras atinentes à intimação para a prática de atos processuais, mediante a atuação dos advogados, ou seja, dos procuradores das partes. Contudo, quando o ato incumbir diretamente à própria parte, ou a quem de outra maneira participe do processo, sem a intermediação de representante judicial, o termo inicial do prazo será a própria intimação, ou seja, o dia em que se der a comunicação (CPC, art. 231, § 3º). Imagine-se então a intimação para a entrega de determinado bem. Trata-se de um ato que incumbe diretamente à parte, e não a seu advogado. Nessa hipótese, o prazo inicia-se com a própria intimação da parte, e não com a juntada aos autos do respectivo mandado cumprido.

A propósito, o Enunciado 271 do FPPC torna clara essa importante distinção na contagem dos prazos: "Quando for deferida tutela provisória a ser cumprida diretamente pela parte, o prazo recursal conta a partir da juntada do mandado de intimação, do aviso de recebimento ou da carta precatória; o prazo para o cumprimento da decisão inicia-se a partir da intimação da parte". Assim, os incisos do art. 231 não se aplicam para os atos que tenham de ser praticados diretamente pelas partes.

Havendo litisconsórcio, também se aplicam regras específicas. O prazo para contestação, por exemplo, terá como termo inicial a última das datas a que se referem os incisos I a VI do art. 231. Isso significa que, na presença de vários réus, o prazo para todos só se inicia após a citação do último deles, observadas as formas de comprovação dessa citação (CPC, art. 231, § 1º). Evidentemente, tal regra não se aplica quando o prazo da contestação iniciar após a audiência de conciliação prevista no art. 334. Nesse caso, o prazo para a contestação dos litisconsortes terá como termo inicial a própria data da audiência (CPC, art. 335, I) ou o protocolo da petição de cancelamento da audiência (CPC, art. 335, II).

Contudo, diversamente do que ocorre com a citação, para a intimação a forma da contagem é individual. Nesse caso, torna-se irrelevante a existência de vários réus. O prazo para cada um dos litisconsortes é o da sua própria intimação (CPC, art. 231, § 2º).

O litisconsórcio, por outro lado, gera a contagem em dobro dos prazos processuais sempre que os litisconsortes tiverem diferentes procuradores, de escritórios de advocacia

---
13. STJ, REsp 1.710.498/CE, Rel. Min. Nancy Andrighi, 3ª T., j. 19.02.2019, *DJe* 22.02.2019.

distintos[14]. Isso ocorrerá automaticamente, independentemente de requerimento ao magistrado (CPC, art. 229). O prazo em dobro aplica-se inclusive para o pagamento voluntário (CPC, art. 523)[15]. A regra, contudo, não se aplica quando se tratar de autos eletrônicos (CPC, art. 229, § 2º)[16]. De fato, não há razão para a contagem em dobro se, no processo que tramita em meio eletrônico, os procuradores têm amplo acesso ao conteúdo dos autos[17]. Também não se aplica o prazo em dobro em relação aos credores (polo passivo) no processo de recuperação judicial, ainda que a norma seja aplicável em relação ao polo ativo[18].

Questão interessante diz respeito ao substabelecimento com reservas de poderes. O STJ decidiu que o prazo em dobro não se aplica quando apenas um dos litisconsortes apresenta substabelecimento com reservas e remanesce nos autos procurador comum a todos os litisconsortes[19].

A contagem em dobro, por outro lado, cessa também quando houver dois réus e só for oferecida defesa por um deles. Ou seja, havendo revelia de um dos réus, o prazo volta a ter a contagem de forma simples. O prazo voltará ainda a ser contado de forma simples quando apenas um dos litisconsortes apresentar recurso[20] ou quando apenas um deles for sucumbente. Isso porque, para haver a contagem em dobro, é necessário que cumulativamente exista o litisconsórcio e um ato em comum a ser praticado. Sendo apenas um dos réus sucumbente, o prazo para apelação será contado de forma simples[21]. Nesse caso, continua a ter aplicação a Súmula 641 do STF.

Os membros do MP (CPC, art. 180), da Defensoria Pública (CPC, art. 186) e os Advogados Públicos (CPC, art. 183) também terão prazo em dobro para suas manifestações nos autos, salvo nas hipóteses em que a lei estabelecer prazos próprios (CPC, arts. 180, § 2º, 183, § 2º e 186, § 4º). Tal regra se aplica, inclusive, aos Tribunais de Contas quando atuarem em juízo[22]. O termo inicial para a parte, o procurador, a Advocacia Pública, a Defensoria Pública e o MP será a própria citação, intimação ou notificação (CPC, art. 230). Mas, conforme decidiu o STJ em sede de Recurso Especial Repetitivo[23],

---

14. Se os advogados pertencerem ao mesmo escritório, não se aplica a regra do prazo em dobro: STJ, AgInt no AREsp 1.042.741/DF, Rel. Min. Luis Felipe Salomão, 4ª T., j. 12.09.2017, *DJe* 15.09.2017.
15. STJ, REsp 1.693.784/DF, Rel. Min. Luis Felipe Salomão, 4ª T., j. 28.11.2017, *DJe* 05.02.2018.
16. STJ; EDcl no AgInt no AREsp 979.528/SP; Rel. Min. Luis Felipe Salomão; 4ª T.; j. 06.04.2017; *DJe* 18.04.2017; STJ; AgInt no AREsp 257.318/DF; Rel. Min. Assusete de Magalhães; 2ª Turma; j. 13.12.2016; *DJe* 19.12.2016; STJ, AgInt no AREsp 1.162.554/SP, Rel. Ministro Antonio Carlos Ferreira, 4ª T., j. 21.11.2017, *DJe* 04.12.2017.
17. STJ; AgInt no AREsp 671.419/SP; Rel. Min. Nancy Andrighi, 3ª T.; j. 09.03.2017; *DJe* 22.03.2017 e STJ; AgInt no AREsp 978.549/RJ; Rel. Min. Mauro Campbell Marques; 2ª T.; j. 07.03.2017; *DJe* 13.03.2017.
18. STJ, REsp 1.324.399/SP, Rel. Min. Paulo de Tarso Sanseverino, 3ª T., j. 03.03.2015.
19. STJ, AgInt no AREsp 988.163/MG, Rel. Min. Nancy Andrighi, 3ª T., j. 09.05.2017, *DJe* 22.05.2017.
20. STJ, AgInt nos EDcl no AgInt no AREsp 951.341/RJ, Rel. Min. Nancy Andrighi, 3ª T., j. 26.09.2017, *DJe* 04.10.2017. No mesmo sentido: STJ, AgInt no AREsp 1.005.522/SP, Rel. Min. Moura Ribeiro, 3ª T., j. 23.05.2017, *DJe* 05.06.2017.
21. STJ, REsp 1.709.562/RS, Rel. Min. Nancy Andrighi, 3ª T., j. 16.10.2018, *DJe* 18.10.2018.
22. STJ; EDcl no AgRg no AREsp 532.941/GO; Rel. Min. Gurgel de Faria; 1ª T.; j. 18.10.2016; *DJe* 23.11.2016.
23. STJ, REsp Repetitivo 1.349.935/SE, Rel. Min. Rogério Schietti Cruz, 3ª Seção, j. 23.08.2017, *DJe* 14.09.2017.

a contagem do prazo para os membros do MP e da Defensoria Pública impugnarem decisão judicial só terá início na data em que os autos forem recebidos no órgão.

Questão interessante surge quando o réu é citado nos termos do art. 231, I (ou seja, citação positiva com a juntada do aviso de recebimento aos autos), mas requer a atuação da Defensoria Pública. O termo inicial seria a data da juntada do aviso aos autos ou a intimação pessoal da advogada dativa (que terá naturalmente prazo em dobro)? A OAB-PR já enfrentou tal questão e o Parecer da sua Comissão de Acesso à Justiça foi no sentido de se aplicar a regra do art. 231, I, não sendo possível tomar como termo inicial do prazo para contestação a intimação pessoal do defensor público/dativo[24].

18.4. MODIFICAÇÃO, SUSPENSÃO E INTERRUPÇÃO DOS PRAZOS PROCESSUAIS

Os prazos processuais podem ser modificados por iniciativa do juiz e, em algumas situações específicas, das próprias partes ou delas em conjunto com o juiz. No sistema anterior, os prazos considerados peremptórios não poderiam ser alterados ordinariamente nem pelo juiz, nem pelas partes. Isso só ocorreria em circunstâncias extraordinárias. O Código atual permite essas modificações, desde que observadas determinadas condições. Uma delas consiste na participação do magistrado para a fixação do calendário (CPC, art. 191).

A qualquer tempo será possível também a renúncia do prazo. Se ele for estabelecido exclusivamente em benefício da parte, ela pode renunciá-lo, desde que o faça de maneira expressa (CPC, art. 225). Para tanto não precisará da anuência da outra parte, nem da autorização judicial. Isso é comum nas situações em que ocorre transação. Ao fazer o requerimento de homologação, geralmente as partes renunciam em conjunto ao prazo de recurso a fim de que a decisão transite imediatamente em julgado.

O magistrado pode dilatar os prazos processuais, com o intuito de adequá-los às necessidades do litígio e conferir maior efetividade à tutela do direito (CPC, art. 139, VI). Uma das hipóteses é a ampliação de prazos nos casos de litisconsórcio multitudinário, quando o número excessivo de autores ou réus possa causar dificuldades à atuação processual. Segundo o Enunciado 116 do FPPC, essa é uma opção para evitar a necessidade de desmembramento: "Quando a formação do litisconsórcio multitudinário for prejudicial à defesa, o juiz poderá substituir a sua limitação pela ampliação de prazos, sem prejuízo da possibilidade de desmembramento na fase de cumprimento de sentença".

Outra hipótese é a dificuldade no exame da prova documental, circunstância que também autoriza a dilação. Nesse sentido, sugere o Enunciado 107 do FPPC: "O juiz pode, de ofício, dilatar o prazo para a parte se manifestar sobre a prova documental produzida". Além disso, por dificuldades de transporte ou calamidade pública, também será possível a prorrogação dos prazos (CPC, art. 222, *caput* e § 2º). O Enunciado 13

---

24. OABP/PR, Comissão de Acesso à Justiça, Parecer exarado no Protocolo sob n. 87792/2021, da lavra de Sandro Gilbert Martins, Presidente da Comissão, em 18.10.2021.

da I Jornada de Direito Processual Civil autoriza o adiamento do início do prazo: "O art. 139, VI, do CPC autoriza o deslocamento para o futuro do termo inicial do prazo".

Observe-se que a ampliação dos prazos só poderá ocorrer durante o lapso temporal, nunca após o seu decurso (CPC, art. 139, parágrafo único). Diz-se, nesse aspecto, que o juiz só pode ampliar um prazo que se encontre "vivo", ou seja, que não tenha sido já consumado pelo decurso do tempo. Daí a razão do Enunciado 129 do FPPC: "A autorização legal para ampliação de prazos pelo juiz não se presta a afastar preclusão temporal já consumada". Tal ampliação pode ocorrer, inclusive, de ofício, independentemente de requerimento das partes.

No que diz respeito à redução de prazos peremptórios, a lei exige a anuência das partes. Sem ela, não será possível tal redução (CPC, art. 222, § 1º).

Os prazos também podem ser suspensos ou interrompidos. São duas formas distintas de interferência em sua fluência.

A suspensão é a mais comum e implica na interrupção da contagem do prazo, com a posterior retomada, considerando-se o prazo já decorrido. É o que ocorre na contagem em dias úteis, quando são desconsiderados os dias do final de semana e somados os dias subsequentes. Com efeito, inicia-se a contagem, ignoram-se os dias não úteis e volta-se a contar computando-se os dias já percorridos.

Diversamente, na interrupção do prazo, uma vez superado o obstáculo que fez cessar a contagem, esta é retomado do zero, ou seja, de seu início. Desconsideram-se, portanto, os dias já decorridos. É o que ocorre na contagem do prazo de recurso, após a interposição de embargos de declaração (CPC, art. 1.026). Com a intimação dessa nova decisão, o prazo recomeça de seu início, ignorando-se os dias que se passaram até o protocolo dos embargos.

No período compreendido entre 20 de dezembro a 20 de janeiro estão suspensos os prazos processuais (CPC, art. 220). Aqui não se trata de proibição da prática de atos, mas apenas da não fluência dos prazos processuais e da não realização de audiências ou sessões de julgamento (art. 220, § 2º). O trabalho interno de juízes, membros do Ministério Público e dos auxiliares da justiça é, inclusive, expressamente autorizado pela lei (CPC, art. 220, § 1º). O Enunciado 21 da I Jornada de Direito Processual Civil do CJF estende essa suspensão de prazos ao MP, à Defensoria Pública e à Advocacia Pública. Vale lembrar que, ainda que as intimações ocorridas entre os dias 20 de dezembro a 20 de janeiro sejam válidas, pela regra do art. 224 do CPC (segundo a qual se exclui o próprio dia), conta-se o prazo a partir do primeiro dia útil seguinte após o período da suspensão. Assim, se a intimação ocorreu em 07 de janeiro, ela é plenamente válida, mas conta-se como primeiro dia do prazo o dia 21 de janeiro (se nessa data houver expediente forense).

Contudo, além das férias, existe o chamado recesso forense, o qual pode ser estabelecido pelos tribunais, entre os dias 20 de dezembro a 06 de janeiro, nos termos da Resolução 244/2016 do Conselho Nacional de Justiça. Esse período não caracteriza férias forenses (as quais estão vedadas em primeiro e segundo grau pela Emenda Constitucional 45/2004), mas tem a natureza de feriado para os efeitos legais (CPC art. 216). Essa é a razão pela qual nesse período não devem ser praticados atos processuais, salvo aqueles de natureza urgente.

De qualquer forma, iniciada a contagem no dia 18 de dezembro, por exemplo, esta é suspensa no dia 20 de dezembro e retoma seu curso no dia 21 de janeiro (se este dia não for um sábado ou um domingo).

Os prazos poderão ser igualmente suspensos em virtude de obstáculo criado em detrimento da parte, nos casos de suspensão do processo (CPC, art. 313) ou ainda durante a execução de programa de autocomposição, instituído pelo Poder Judiciário (CPC, art. 221, *caput* e parágrafo único). Nessas hipóteses, superado o obstáculo, o juiz restituirá o prazo pelo tempo faltante para sua complementação (CPC, art. 221).

18.5. PRECLUSÃO, JUSTA CAUSA E RESTITUIÇÃO DO PRAZO

A preclusão consiste na perda de uma faculdade processual em virtude da conduta omissiva ou ativa da parte. Há três espécies: temporal, lógica ou consumativa. A primeira delas, prevista no art. 223 do Código, decorre do decurso do prazo sem a prática do ato que estava autorizado pela lei. Assim, se a parte não interpõe a apelação no prazo de quinze dias a contar de sua intimação, não mais poderá fazê-lo. Opera-se a preclusão temporal pelo decurso do tempo, somado à inação do agente.

Mas a preclusão pode decorrer de uma conduta contraditória, a qual se mostra incompatível com o interesse na prática do ato. Haverá então preclusão lógica. Exemplo típico é o do réu que paga a dívida sem qualquer ressalva e depois pretende embargar a execução. Seu primeiro ato contraria a conduta que posteriormente pretende adotar, sendo então vedada pelo ordenamento.

A preclusão consumativa, por sua vez, consiste na perda da faculdade de praticar ato já realizado. Ela se baseia na ideia de que o processo tem que constantemente avançar, não podendo retomar fases já superadas. Assim, a interposição da apelação gera a preclusão consumativa quanto ao ato de recorrer, não podendo ser interposto um segundo recurso, nem mesmo para complementar ou corrigir o primeiro.

A forma mais comum de preclusão é a temporal. Como já exposto, uma vez decorrido o prazo sem a prática do ato, este não mais poderá ser realizado (CPC, art. 223)[25]. Trata-se da perda da possibilidade da prática do ato diante da omissão da parte naquele período predeterminado. A lei contempla, todavia, a restituição desse prazo (CPC, art. 223, segunda parte e § 2º). São as situações de justa causa, quando a parte demonstra

---
25. STJ, Corte Especial, AgInt nos EDcl no AgInt nos EAREsp 247.327/PR, Rel. Min. Jorge Mussi, j. 16.11.2016, *DJe* 25.11.2016.

que não praticou o ato em virtude de evento alheio à sua vontade (CPC, art. 223, § 1º). Aplicam-se aqui as noções de caso fortuito ou força maior.

O prazo também é restituído quando sua contagem tiver sido suspensa em virtude de algum obstáculo ou da suspensão do próprio processo. Nessa situação, superado o problema, o juiz restituirá o prazo à parte, pelo tempo que faltava para sua complementação (CPC, art. 221).

19
COMUNICAÇÃO DOS ATOS PROCESSUAIS

19.1. IMPORTÂNCIA DA COMUNICAÇÃO E RESPEITO AO CONTRADITÓRIO

A comunicação válida e tempestiva dos atos processuais é pressuposto para o exercício do contraditório. Sem ela, as partes não têm condições de ser informadas, nem de reagir aos atos praticados no processo. O exercício da defesa dos direitos em juízo depende, portanto, da comunicação processual. O contraditório, por sua vez, é fundamental para o desenvolvimento justo e constitucional do processo.

Com efeito, não há devido processo legal se não houver o respeito à garantia constitucional do contraditório (CF, art. 5º, LV). Assim, diante da estreita ligação entre informação e contraditório, a comunicação dos atos processuais mostra-se de extrema importância para o desenvolvimento regular do processo.

19.2. COMUNICAÇÃO ENTRE ÓRGÃOS JURISDICIONAIS: AS CARTAS

A comunicação pode ocorrer entre o órgão jurisdicional e as partes, entre aquele e os seus auxiliares, ou entre os vários órgãos jurisdicionais que atuem em um processo.

A lei disciplina as formas para essas comunicações entre órgãos jurisdicionais. Se tal comunicação se der entre órgãos de países diferentes, o meio processual adequado é a carta rogatória (CPC, art. 237, II); se, ao invés, a transmissão das informações ou requerimentos ocorrer entre juízos de um mesmo país, deverá ser expedida uma carta precatória (CPC, art. 237, III); se houver hierarquia entre o órgão que expede a carta e quem o recebe, será o caso da utilização de carta de ordem (CPC, art. 237, I); e, por fim, se a comunicação tiver que ocorrer entre um tribunal arbitral e um órgão do Poder Judiciário, será expedida uma carta arbitral (CPC, art. 237, IV). Lembre-se que os tribunais arbitrais não detêm os poderes de coerção e império, razão pela qual precisam se valer da colaboração do poder estatal (Poder Judiciário) para uma condução coercitiva, por exemplo, ou para o cumprimento de uma decisão.

Assim, utilizam-se as cartas para a prática de atos fora dos limites territoriais do órgão jurisdicional prolator da decisão (CPC, art. 236, § 1º). Tal tema já foi abordado no tópico referente à cooperação nacional e internacional. E, como lá exposto, não se descarta a possibilidade dessa comunicação ocorrer mediante atos concertados entres juízes cooperantes, os quais poderão adotar outros procedimentos mais simples que as cartas, conforme prevê o § 2º do art. 69 do CPC.

Os requisitos para a expedição das cartas precatória, rogatória e de ordem são: a) a indicação dos juízes de origem e de cumprimento do ato (CPC, art. 260, I); b) o inteiro teor da petição, do despacho judicial e do instrumento de mandato (CPC, art. 260, II); c) a menção ao ato que constitui objeto do pedido (CPC, art. 260, III); d) a assinatura do juiz (CPC, art. 260, IV). Sem tais requisitos, a carta não poderá ser cumprida.

Em relação especificamente à carta arbitral, a lei estabelece que esses mesmos requisitos serão atendidos no que couber, devendo ainda ser instruída com a convenção de arbitragem e as provas da nomeação e aceitação do árbitro. Dessa forma, o juízo que receber a carta arbitral poderá verificar a legitimidade de quem postula e a regularidade do pedido.

As cartas podem ser dotadas de um caráter itinerante, o que significa que autorizarão o cumprimento da medida não apenas no juízo para o qual se dirigem, mas também para qualquer outro juízo que possa lhe dar atendimento (CPC, art. 262). Trata-se de importante cautela do legislador para assegurar uma maior efetividade nos trabalhos de comunicação processual. Na hipótese de a carta ser encaminhada a juízo diverso do originário, as partes deverão ser imediatamente comunicadas (CPC, art. 262, parágrafo único).

A lei estabelece que as cartas deverão ser, preferencialmente, expedidas por meio eletrônico (CPC, art. 263). Isso visa uma maior agilidade e eficiência na comunicação processual. O dispositivo do Código repete o que já vem disposto no art. 7º da Lei 11.419/2006. Para a segurança e garantia de autenticidade do ato, tanto as cartas eletrônicas como aquelas expedidas por telefone ou por telegrama deverão conter os mesmos requisitos do art. 250, o qual disciplina os mandados por oficial de justiça (CPC, art. 264).

As cartas de ordem e precatória poderão ser transmitidas por telefone, observados todos os requisitos já referidos no art. 264 do Código. Observe-se que no caso de envio telefônico, antes do cumprimento, a carta deverá ser confirmada pelo escrivão ou chefe de secretaria do juízo deprecado perante o juízo deprecante (CPC, art. 265, § 1º).

Obviamente as despesas para os atos requisitados deverão ser arcadas pela parte, a qual poderá fazer o depósito no juízo deprecante (CPC, art. 266).

O próprio Código prevê três razões pelas quais o juiz pode se recusar a dar cumprimento às cartas precatória ou arbitral: a) ausência dos requisitos legais; b) não ser competente para o ato em razão da matéria ou da hierarquia; c) houver dúvida a respeito da sua autenticidade (CPC, art. 267). Destaque-se, em relação à segunda hipótese, que os requisitos legais ali mencionados são aqueles descritos no art. 260, por ser esse o dispositivo que disciplina a matéria. Esse é também o entendimento do Enunciado 26 do FPPC: "Os requisitos legais mencionados no inciso I do art. 267 são os previstos no art. 260". Importante destacar que no cumprimento de cartas rogatórias, o STJ tem um juízo meramente delibatório para a concessão do *exequatur*, não lhe cabendo a análise de questões relacionadas ao vínculo jurídico entre as partes. Estas estão afetas ao juízo rogante. Assim, decidirá ele apenas se estão presentes os requisitos do art. 260 do CPC[1].

O rol do art. 267 é taxativo, não sendo possível, portanto, a recusa do cumprimento por outros motivos ali não previstos[2]. Visa-se com isso a maior efetividade dos atos processuais, evitando a perda de tempo com diligências desnecessárias. Também não é possível ao juiz deprecado alterar a modalidade de oitiva determinada na carta precatória. Nesse aspecto, a determinação da forma do ato constitui opção do juízo deprecante, a qual deve ser respeitada. O STJ já teve oportunidade de se pronunciar quanto à impossibilidade da oitiva por videoconferência, uma vez que não havia sido essa a determinação do juízo deprecante[3].

Observe-se que não são todas as hipóteses que autorizam a devolução da carta ao juízo deprecante. No caso de incompetência do juízo deprecado, este, em vez de devolver a carta, deverá remetê-la ao juízo ou tribunal competente (CPC, art. 267, parágrafo único). Assegura-se assim maior eficiência na prestação jurisdicional.

19.3. CITAÇÃO

19.3.1. Conceito

A citação é o ato processual por meio do qual se chama a juízo a futura parte, ou pessoa que detém interesse jurídico na causa, para integrar a relação processual. O CPC de 2015 apresenta um conceito legal de citação. Nos termos do art. 238, citação é o ato pelo qual são convocados o réu, o executado ou o interessado a integrar a relação processual.

A partir da introdução do parágrafo único ao art. 238 (pela Lei 14.195/2021), criou-se um prazo para que isso ocorra. A citação deverá ser efetivada dento do prazo de 45 (quarenta e cinco) dias a partir da propositura da ação. Tal previsão busca trazer maior agilidade para a prestação jurisdicional.

A citação é pressuposto para o desenvolvimento válido e regular do processo (CPC, art. 239). Tanto é assim que a sentença não produz nenhum efeito em face do réu se a citação for nula ou inexistente. O reconhecimento da nulidade, nesse caso, independerá da propositura de ação rescisória. Ela poderá ser arguida pelo réu na própria fase de cumprimento de sentença (CPC, art. 525, § 1º, I, e art. 535, I). Isto porque, nessa situação, nem sequer se forma a coisa julgada material. A sentença será inexistente, o que pode ser reconhecido pelo juiz, inclusive de ofício (CPC, art. 337, I, § 5º).

---

1. STJ, AgInt na CR 11.363/EX, Rel. Min. Laurita Vaz, Corte Especial, j. 20.09.2017, *DJe* 27.09.2017.
2. STJ, CC 148.747/PE, Rel. Min. Ribeiro Dantas, 3ª Seção, j. 23.11.2016, *DJe* 30.11.2016.
3. STJ, CC 145.457/PA, Rel. Min. Joel Paciornik, 3ª Seção, j. 27.09.2017, *DJe* 16.10.2017.

Na grande maioria dos casos, portanto, não haverá desenvolvimento válido do processo se não tiver sido realizada a citação. Excepcionam-se, todavia, as situações em que a citação se torna desnecessária diante da natureza do pronunciamento judicial. É o que se verifica quando o magistrado indefere a petição inicial (CPC, art. 321) ou reconhece a improcedência liminar do pedido (CPC, art. 332). Em tais circunstâncias, não há razão para chamar o réu, vez que a própria pretensão do autor, ou a forma como ela é deduzida em juízo, não se mostram aptas a determinar o prosseguimento do processo. Apenas nesses casos específicos, a citação prévia é dispensada.

Mesmo assim, uma vez interposta a apelação contra a decisão de extinção, deverá o juiz determinar a citação do réu, dando-lhe a oportunidade para apresentar contrarrazões ao recurso (CPC, art. 332, § 4º). Isso porque tem ele o direito de se manifestar, na tentativa de impedir a reforma da decisão que lhe foi favorável.

Por outro lado, ainda que não seja interposto recurso e ocorra o trânsito julgado da decisão de extinção, deverá o réu ser comunicado a respeito do resultado do julgamento (CPC, art. 241 e art. 332, § 2º). A exigência se justifica para que ele tome conhecimento da formação da coisa julgada e possa, eventualmente, invocá-la no futuro, se necessário.

A citação mostra-se então essencial não apenas para permitir a formação da relação processual, mas também para assegurar o caráter dialógico do processo. A cooperação e a participação das partes dependem da citação, bem como das demais formas de comunicação dos atos processuais.

Saliente-se que a ausência ou a nulidade da citação podem ser supridas pelo comparecimento espontâneo do réu (CPC, art. 239, § 1º)[4]. Assim, se o réu se manifestar formalmente no processo, ainda que seja apenas para alegar a nulidade da citação, tomará ciência inequívoca do conteúdo dos atos praticados. Consequentemente, a data de seu comparecimento será o marco temporal para o início do prazo de contestação (no processo de conhecimento) e para o oferecimento de embargos (no processo de execução). Em outros termos, o protocolo da petição em que alega a nulidade da citação será o *dies a quo* do prazo para sua defesa. Daí por que é preferível que a arguição da nulidade ocorra na própria peça de contestação ou embargos.

Lembre-se que não se exige procuração com poderes específicos para receber citação quando o réu comparece aos autos e já apresenta defesa. Nesse caso, não há citação na pessoa do advogado, mas sim o suprimento do ato processual pelo comparecimento espontâneo da parte em juízo[5]. Por outro lado, a mera juntada de procuração, sem apresentação de defesa e sem poderes para receber a citação, não configura o comparecimento espontâneo[6]. São situações processuais bem distintas.

---

4. STJ, RHC 80.752/SP, Rel. Min. Paulo de Tarso Sanseverino, 3ª T., j. 16.03.2017, *DJe* 22.03.2017.
5. STJ, AgInt no REsp 1.486.590/MG, Rel. Min. Antonio Carlos Ferreira, 4ª T., j. 16.11.2017, *DJe* 21.11.2017.
6. STJ, AgInt no AREsp 896.467/SP, Rel. Min. Maria Isabel Gallotti, 4ª T., j. 16.03.2017, *DJe* 21.03.2017; REsp 1.165.828/RS, Rel. Min. Regina Helena Costa, 1ª T., j. 07.03.2017, *DJe* 17.03.2017.

Em princípio, a citação pode ocorrer em qualquer lugar em que se encontre o réu, o executado ou o interessado. Essa é a literalidade do art. 243 do Código. Contudo, no caso dos militares, a lei procura preservar o local de prestação de serviço. Assim, apenas se não for conhecida a sua residência ou nela ele não for encontrado é que se permitirá sua citação na unidade em que estiver servindo (CPC, art. 243, parágrafo único).

Há outras importantes restrições para a realização da citação. Via de regra, não deverá ser citado quem: a) estiver participando de culto religioso (CPC, art. 244, I); b) tiver sofrido a perda de cônjuge, companheiro ou parente, consanguíneo ou afim, na linha reta ou colateral em segundo grau, no dia do falecimento e nos sete dias seguintes (CPC, art. 244, II); c) tenha se casado, nos três primeiros dias seguintes ao ato do casamento (CPC, art. 244, III); d) estiver doente em estado grave (CPC, art. 244, IV).

Observe-se que em tais hipóteses a citação não é totalmente proibida, mas restrita aos casos urgentes, em que exista risco de perecimento do direito. Não havendo tal risco, deve-se aguardar para realizar a citação posteriormente.

A lei disciplina também a forma de citação quando o réu for mentalmente incapaz ou estiver impossibilitado de recebê-la (CPC, art. 245). Primeiramente, o oficial de justiça deverá certificar exatamente e com minúcias tudo o que ocorreu. Depois, haverá duas alternativas: a nomeação de um médico para examinar o citando e apresentar um laudo (CPC, art. 245, § 2º), ou a apresentação de declaração médica por algum membro da família que ateste a incapacidade (CPC, art. 245, § 3º). Constatada a incapacidade, o juiz nomeará curador ao réu. A citação, então, ocorrerá na pessoa do curador, que posteriormente se incumbirá da defesa. Saliente-se que, consoante decisão do STJ, a citação de pessoa interditada só será anulada quando já existente a incapacidade. Como a interdição produz efeitos *ex nunc*, os atos processuais anteriores não serão automaticamente nulos, podendo ou não ser anulados, dependendo da prova da incapacidade anterior[7].

19.3.2. Efeitos da citação

A citação válida gera efeitos no âmbito do próprio processo e no direito material.

Sob o ponto de vista processual, ela induz litispendência (CPC, art. 240). Isso significa que, somente a partir da citação, será considerada a repetição de ação já em curso (CPC, art. 337, § 3º). Note-se que não é a simples propositura da segunda ação que gera a litispendência, mas a citação que nela venha a ocorrer, com a formação da relação jurídica processual.

No âmbito do direito material, são três os efeitos da citação válida: tornar litigiosa a coisa, constituir o devedor em mora e interromper a prescrição (CPC, art. 240). O primeiro deles consiste em considerar que o bem jurídico se tornou objeto de um processo. A partir da citação, portanto, aquele bem (ou coisa, como menciona o texto

---

7. STJ, REsp 1.694.984/MS, Rel. Min. Luis Felipe Salomão, 4ª T., j. 14.11.2017, *DJe* 1º.02.2018.

da lei) está sob disputa judicial e, consequentemente, não poderá ser modificado ou destruído. Qualquer alteração em relação à coisa litigiosa será punível, nos termos do art. 77, VI, e considerada ato atentatório à dignidade da justiça (CPC, art. 77, § 2º).

A citação também possui o efeito de constituir o devedor em mora. Lembre-se que a constituição em mora pode decorrer do próprio vencimento da obrigação (mora *ex re*, conforme art. 397 do CC) ou da prática de um ato ilícito (CC, art. 398). Nesses casos, a citação é irrelevante. A mora já terá sido constituída ou pelo vencimento, ou pela prática delituosa. Por outro lado, quando não se tratar de ilícito, nem de obrigação com termo certo, a constituição em mora ocorre mediante alguma forma de interpelação (CC, art. 397, parágrafo único), tal como a notificação judicial ou extrajudicial (mora *ex persona*). É justamente nessa terceira hipótese que a citação produz efeito. Ela gera a mora *ex persona*, isto é, promove a ciência do devedor de que contra ele está sendo promovida uma medida judicial. Dessa forma, a partir da data da citação, ele estará tecnicamente em mora. Isso ocorrerá mesmo que a citação tenha sido determinada por juízo incompetente (CPC, art. 240). Para fins de constituição em mora, a competência do órgão jurisdicional mostra-se irrelevante.

Por fim, o despacho que ordena a citação, ainda que proferido por juiz incompetente, interrompe a fluência do prazo prescricional. Essa interrupção retroage à data da propositura da ação, sempre que o autor, dentro do prazo de dez dias, adote as medidas necessárias para viabilizar a citação. Em outras palavras, sendo ele diligente e tomando as providências que lhe cabem (indicação correta do endereço do réu e recolhimento das custas, por exemplo), obterá a retroação da interrupção para a data do ajuizamento (CPC, art. 240, §§ 1º e 2º). Isso também ocorrerá quando a citação se der tempos depois, mas por demora atribuível à própria máquina judiciária (CPC, art. 240, § 3º). Esse já era o entendimento manifestado pela Súmula 106 do STJ: "Proposta a ação no prazo fixado para o seu exercício, a demora na citação, por motivos inerentes ao mecanismo da justiça, não justifica o acolhimento da arguição de prescrição ou decadência".

Tal efeito retroativo aplica-se à decadência e a outros prazos extintivos (CPC, art. 240, § 4º).

Por outro lado, caso o autor se mostre inerte nesses dez dias subsequentes, não haverá retroação e a interrupção da prescrição ocorrerá na própria data do despacho que ordenar a citação (CPC, art. 240, § 2º).

19.3.3. Modalidades de citação

A citação pode ocorrer em duas modalidades: citação real ou citação ficta. A primeira abrange as espécies de citação postal, por oficial de justiça, por escrivão ou chefe de secretaria e por meio eletrônico. Já a citação ficta engloba a citação por hora certa e a citação por edital.

A diferença reside na certeza quanto ao recebimento da comunicação. Nas citações reais, essa certeza existe na medida em que o réu é alcançado pelo ato citatório e isso é posteriormente comprovado nos autos. Já nas citações fictas, não há essa certeza. Há mera presunção de que o citando tomou ou que poderia tomar conhecimento do ato.

Há várias espécies de citação real. A primeira delas (constituindo a forma preferencial) é a citação eletrônica, conforme redação atual do art. 246.

A citação por meio eletrônico (CPC, arts. 246 e 247) deve seguir a regulamentação legal, ou seja, o que disciplina a Lei 11.419/2006 e, mais recentemente, a Lei 14.195/2021, a qual, inclusive, alterou a redação dos arts. 246 e 247 do CPC, para acrescentar a forma e os prazos para a citação eletrônica.

Em síntese, as citações deverão ocorrer preferencialmente por meio eletrônico, conforme previsão dos arts. 6º da Lei 11.419/2006 e 246 do Código de Processo Civil, com as alterações da Lei 14.195/2021. A citação deverá ser feita no prazo de até 2 (dois) dias úteis, contado da decisão que a determinar, por meio dos endereços eletrônicos indicados no banco de dados do Poder Judiciário.

O problema reside justamente nesse banco de dados e na alimentação com as informações pelas partes e seus procuradores. Destaque-se que o art. 77 do Código de Processo Civil, com as alterações da Lei 14.195/2012, passou a ter um novo inciso (VII), o qual estabelece ser dever das partes e de seus advogados informar e manter atualizados seus dados cadastrais perante os órgãos do Poder Judiciário.

O CNJ regulamentou o Domicílio Judicial Eletrônico, ferramenta que centraliza todas as comunicações eletrônicas dos processos judiciais. Trata-se de uma plataforma digital na qual as pessoas físicas e jurídicas deverão se cadastrar para receber comunicações de atos processuais por via eletrônica e ter acesso a todos os processos judiciais em que sejam parte. Ela foi instituída pela Resolução 234/2016 e regulamentada pela Resolução 455/2022, a qual tornou obrigatória a utilização da plataforma por todos os tribunais do país. A Portaria CNJ 46 estabeleceu o período para o registro de pessoas físicas e das pessoas jurídicas de direito público e privado.

Importante lembrar que a Lei 11.419/2006 já previa que no processo eletrônico, todas as comunicações se façam também por esse meio, inclusive as relativas à Fazenda Pública. Nesse aspecto, citações, notificações e intimações apenas excepcionalmente ocorrerão de forma física, quando o meio eletrônico se tornar inviável. Justamente por isso, prevê o art. 6º da Lei 11.419/2006 a preponderância dessa forma de citação, observadas as cautelas do art. 5º, dentre elas o credenciamento prévio perante o órgão responsável no Poder Judiciário.

Mas a citação eletrônica exige cautela. Isso porque, para que se considere válida a citação, é essencial que haja uma demonstração de ser correto aquele endereço eletrônico supostamente pertencente ao réu. Nesse sentido, o art. 246, § 1º-A, do Código de Processo Civil (também introduzido pela Lei 14.195/2021) prevê que a ausência de confirmação do recebimento da citação eletrônica, dentro do prazo de 3 (três) dias úteis implicará a realização da citação por outros meios: correio, oficial de justiça, pelo escrivão ou por edital. Ou seja, o legislador foi cauteloso ao não admitir a citação eletrônica ficta. Em outras palavras, é necessária a confirmação do recebimento para que o ato de citação eletrônica se complete. Não havendo tal confirmação, a citação será feita de outra maneira.

Caso a citação eletrônica se frustre (por não ter o réu feito a confirmação do recebimento dentro dos 3 (três) dias úteis) deverá ele apresentar justa causa para o fato de não ter confirmado o recebimento da citação eletrônica. Isso deverá ocorrer na primeira oportunidade de falar nos autos. Se assim não o fizer, estará sujeito à aplicação de multa de 5% do valor da causa (CPC, art. 246, §§ 1ºA, 1ºB e 1ºC, acrescidos pela Lei 14.195/2021).

Conforme a redação atual do art. 77 (com o acréscimo do inciso VII) e do art. 246 (com o acréscimo do § 1º, A, B e C), essa ausência de confirmação caracteriza ato atentatório à dignidade da justiça e, portanto, à semelhança do que prevê o Código em relação aos incisos IV e VI do art. 77, tal multa deve ser paga ao Estado (art. 77, § 2º), sendo passível de execução fiscal após o trânsito em julgado. Embora não haja a previsão expressa da sua destinação, por ter sido introduzida pela Lei 14.195/2021, não faz sentido atribuir a ela um tratamento diferenciado daquele dos incisos IV e VI do art. 77, uma vez que todas essas condutas caracterizam igualmente ato atentatório à dignidade da justiça.

Vale lembrar que o recurso cabível contra a fixação da multa será sempre a apelação, ainda que a sua fixação ocorra por decisão interlocutória e, portanto, antes da sentença. É que, embora seja possível ao magistrado aplicar a multa desde logo, ela só surtirá efeitos após o trânsito em julgado (art. 77, § 3º). Logo, a ela não se aplica a interpretação ampliativa da taxatividade mitigada do rol do art. 1.015 (Tema 988 do STJ).

Nesse mesmo sentido, com relação à multa do art. 334, § 8º (deixar de comparecer à audiência de conciliação sem justificativa adequada), o STJ já se pronunciou quanto ao não cabimento do agravo, devendo a questão ser trazida por ocasião do recurso de apelação na forma do art. 1.009, § 1º, do CPC[8].

Outra questão importante diz respeito à contagem do prazo quando a citação ocorrer sob a forma eletrônica. Vale lembrar que a Lei 14.195/2021 acrescentou o inciso IX ao art. 231, o qual estabelece que é considerado dia do começo do prazo: o quinto dia útil seguinte à confirmação, na forma prevista na mensagem de citação, do recebimento da citação realizada por meio eletrônico. Tal regra diverge do disposto no art. 231, inciso V, o qual considera como dia do começo do prazo o dia útil seguinte à consulta ou ao término do prazo para que a consulta se dê, quando a citação ou intimação for eletrônica. Até que tal questão seja pacificada pelos tribunais, vale adotar sempre a postura mais conservadora.

O mais importante é que o Código estimula a forma eletrônica de comunicação processual. Ele determina que empresas públicas e privadas, com exceção de micro-

---

8. STJ, REsp 1.762.957-MG, 3ª T., Rel. Min. Paulo de Tarso Sanseverino, j. 10.03.2020.

empresas e das empresas de pequeno porte que não possuírem cadastro no Sistema Integrado da Rede Nacional para Simplificação do Registro e da Legalização de Empresas e Negócios (Redesim), mantenham cadastro nos sistemas de autos eletrônicos, para o efeito de recebimento de citações e intimações. Diz ainda que a comunicação se fará preferencialmente por esse meio (CPC, art. 246, § 1º e 1º-C, com a redação da Lei 14.195/2021). E reforça o que prevê a Lei 11.419/2006, mencionando que a exigência é aplicável à União, aos Estados, ao Distrito Federal, aos Municípios e às entidades da administração indireta (CPC, art. 246, § 2º). Daí por que o legislador estabeleceu o prazo de 30 dias, a contar do início de vigência do Código, para que a União, os Estados, o Distrito Federal, os Municípios, suas respectivas entidades da administração indireta, o Ministério Público, a Defensoria Pública e a Advocacia se cadastrem perante a administração do tribunal respectivo, viabilizando as citações eletrônicas (CPC, art. 1.050).

Caso seja frustrada a citação eletrônica (pela ausência de confirmação do réu), ela deverá ocorrer pelas outras modalidades previstas nos incisos do art. 246, § 1º-A. A mais utilizada, nesse caso, é a citação pelo correio.

A citação pelo correio (art. 246, § 1º-A, inciso I) somente não será admissível em cinco hipóteses, previstas nos incisos do art. 247, as quais são: a) ações de estado; b) quando o citando for incapaz; c) quando o citando for pessoa de direito público; d) quando o citando residir em local não atendido pela entrega domiciliar de correspondência; e) quando o autor, justificadamente, a requerer de outra forma.

A citação pelo correio ocorre mediante o envio de uma correspondência contendo obrigatoriamente: os nomes das partes, a cópia da petição inicial, o despacho do juiz, o prazo para contestar, e a advertência a respeito da revelia, além dos requisitos descritos no art. 250 do Código (CPC, art. 248, § 3º). Sua comprovação se faz mediante a juntada do aviso de recebimento nos autos, ocasião em que se inicia a fluência do prazo para contestação (CPC, art. 231, I). Tal entendimento já havia sido pacificado em 2010, com a edição da Súmula 429 do STJ[9].

Quando o citando for pessoa jurídica, será considerada válida a citação mediante a entrega do mandado a pessoa com poderes de gerência geral ou administração, assim como ao funcionário responsável pelo recebimento das correspondências (CPC, art. 248, § 2º). Em se tratando de condomínios ou loteamentos com controle de acesso, o funcionário da portaria que tiver a incumbência de receber correspondências poderá receber o mandado. A citação, nesse caso, também será válida. Tal funcionário só poderá recusar o recebimento caso declare, por escrito e sob as penas da lei, que o destinatário está ausente (CPC, art. 248, § 4º).

Outra espécie de citação real é a realizada por oficial de justiça (CPC, art. 246, § 1º-A, inciso II, e art. 249). A lei estabelece, nesse caso, requisitos que deverão constar do mandado do oficial (CPC, art. 250), dentre eles: a) os nomes das partes e respecti-

---

9. STJ, Súmula 429. "A citação postal, quando autorizada por lei, exige o aviso de recebimento".

vos domicílios ou residências; b) a finalidade da citação com todas as especificações, inclusive o prazo para contestar e a advertência da revelia; c) a aplicação de sanção para o descumprimento, se houver; d) se for o caso, a data, o horário e o local da audiência a que o citando deverá comparecer; e) a cópia da petição inicial e do despacho judicial; e f) a assinatura do escrivão ou chefe da secretaria, com a informação de que o mandado está sendo subscrito por ele por ordem do juiz.

De posse do mandado, o oficial de justiça deverá procurar o citando no endereço ali constante ou em qualquer outro de que tenha notícia (CPC, art. 251). Encontrando-o, deve ler o mandado e lhe entregar a contrafé (cópia da petição inicial), a fim de que o citando tome conhecimento do que está sendo judicialmente requerido. Na sequência, deve certificar a realização da citação e devolver o mandado devidamente cumprido para ser juntado aos autos. Caso o réu se recuse a receber a citação, isso também será certificado (CPC, art. 251, III), considerando-se realizada e válida a citação mesmo assim.

Outra espécie de citação real é a realizada pelo escrivão ou chefe de secretaria, quando o citando comparecer espontaneamente em cartório (CPC, art. 246, § 1º-A, inciso III). Em tal circunstância, o escrivão entregará cópia da petição inicial e do despacho ao réu, fará as advertências do mandado e, posteriormente, comprovará a realização do ato mediante certidão nos autos.

Embora a melhor forma de citação seja a real (também denominada pessoal), uma vez que fornece um grau maior de certeza em relação ao recebimento da comunicação, em inúmeras situações ela não se mostra viável. Isto porque, muitas vezes, não se tem notícias do paradeiro do réu, ou ele se oculta e procura evitar o ato citatório. Nessas circunstâncias excepcionais, justamente para não se frustrar o direito do autor de acesso à jurisdição (CF, art. 5º, XXXV), o sistema admite a citação ficta.

Em contrapartida, o sistema procura preservar a garantia constitucional do contraditório e da ampla defesa (CF, art. 5º, LV). Assim, tendo ocorrido a citação ficta, mas não havendo o comparecimento do réu, será designado um curador para a apresentação de sua defesa (CPC, art. 72, II, e art. 253, § 4º). Isso ocorre nas duas formas de citação ficta.

A citação ficta pode ocorrer pelo procedimento de hora certa (CPC, art. 252) ou por edital (CPC, art. 246, § 1º-A, inciso IV, e art. 256). A primeira consiste na designação de uma data e horário para o oficial de justiça retornar à residência ou domicílio do citando quando, por duas vezes, lá tiver estado e não o encontrado. Ela se aplica nas situações em que houver suspeita de ocultação, ocasião em que o oficial poderá intimar qualquer pessoa da família do citando, ou na falta desta, qualquer vizinho, informando que voltará no dia útil imediato em determinado horário para promover a citação. Em se tratando de condomínio edilício ou loteamento com controle de acesso, qualquer funcionário da portaria que receba correspondências poderá receber essa intimação sobre a "hora certa" para o retorno (CPC, art. 252, parágrafo único). No dia e hora designados, o oficial retornará em uma última tentativa para localizar pessoalmente o citando. Se ele novamente não estiver presente, o oficial considerará realizada a citação, mas procurará informar-se das razões da ausência (CPC, art. 253, § 1º). A contrafé será entregue a qualquer pessoa da família ou vizinho, mediante a declaração do nome (CPC, art. 253, § 3º). Do mandado deverá constar a advertência da nomeação de um curador especial em caso de revelia (CPC, art. 253, § 4º).

A segunda espécie de citação ficta é a citação por edital. Ela constitui a última alternativa, uma vez que todas as demais formas oferecem uma garantia maior quanto à ciência do réu sobre a existência do processo. Ela só é admitida quando: a) for desconhecido ou incerto o citando; b) for ignorado, incerto ou inacessível o lugar em que se encontrar o citando; e c) houver expressa previsão legal. Diante de suas especificidades, ela será tratada no tópico a seguir.

19.3.4. Procedimento da citação por edital

Por ser absolutamente excepcional, a citação por edital possui requisitos bem específicos. São eles: a) a afirmação do autor ou do oficial de justiça quanto à presença das circunstâncias autorizadoras (CPC, art. 256 e art. 257, I); b) a publicação do edital na rede mundial de computadores, no sítio do tribunal respectivo e ainda na plataforma de editais do Conselho Nacional de Justiça. Tais publicações devem ser certificadas nos autos (CPC, art. 257, II); c) a fixação de um prazo pelo juiz, o qual pode ser de 20 a 60 dias, fluindo da primeira ou única publicação (CPC, art. 257, III); d) a advertência de que será nomeado curador, na hipótese de revelia (CPC, art. 257, IV).

A citação por edital deverá ser requerida pelo autor nesses casos excepcionais, com a devida comprovação da existência das circunstâncias autorizadoras. São elas: desconhecimento ou incerteza quanto ao citando, o lugar em que ele se encontre seja ignorado ou incerto ou exista expressa previsão legal. A própria lei processual define, ao longo dos §§ 1º e 3º do art. 256, quais são os lugares considerados inacessíveis, ignorados ou incertos. Um dos exemplos é o país que recuse o cumprimento de carta rogatória.

Antes, porém, de determinar a citação por edital, o juízo deverá requisitar informações sobre o endereço do réu nos cadastros de órgãos públicos ou de concessionárias de serviços públicos (CPC, art. 256, § 3º). Isso porque, como já exposto, a citação real ou pessoal terá sempre a preferência legal. Nesse sentido, o STJ, sob o rito dos recursos repetitivos já decidira sob a égide do CPC/73 que a citação por edital somente é cabível quando não exitosas as outras formas de citação[10]. Essa orientação está sendo mantida no sistema do CPC/2015[11]. Ou seja, é necessário o exaurimento das diligências para a citação pelo correio ou por oficial de justiça.

Nessa mesma ocasião, ele deverá apresentar uma minuta por escrito contendo todas as informações relevantes do processo, inclusive aquelas constantes do mandado

---

10. STJ, REsp 1.103.050/BA, Rel. Min. Teori Zavascki, 1ª Seção, j. 25.03.2009, *DJe* 06.04.2009.
11. STJ, AREsp 1.050.314/RJ, Rel. Min. Francisco Falcão, 2ª T., j. 09.05.2017, *DJe* 15.05.2017.

(CPC, art. 250). Constitui também um dever de o autor providenciar a publicação do edital, obedecendo às condições previstas no art. 257, II, do Código de Processo Civil.

O magistrado, por sua vez, deverá fixar um prazo (CPC, art. 257, III), durante o qual o citando terá oportunidade de tomar conhecimento da existência desse edital. Trata-se de um prazo relativamente longo, de 20 a 60 dias, justamente para ampliar as chances de ciência do réu. Findo esse período, e apenas após sua fluência, inicia-se automaticamente o prazo para a contestação (CPC, art. 231, IV). Não será necessário nenhum outro ato judicial ou requerimento da parte. Uma vez encerrado o prazo de dilação, tem início imediato a contagem do prazo peremptório de resposta.

Diante das dificuldades do réu em tomar ciência mediante o edital e, considerando ainda que a comunicação dos atos processuais é essencial para o exercício do contraditório, o Código prevê a adoção de duas cautelas: a) a divulgação da notícia da citação pelo rádio, se na comarca houver emissora de radiodifusão (CPC, art. 256, § 2º); e b) a publicação também em jornal local de ampla circulação ou outra forma de dar-lhe ampla publicidade (CPC, art. 257, parágrafo único).

Assim como ocorre na citação por hora certa, na hipótese de ausência de manifestação do réu, ser-lhe-á nomeado curador para apresentação de defesa (CPC, art. 72, II).

Além das hipóteses de dificuldade de acesso ao citando, o edital também é utilizado nos processos que exijam a participação de interessados incertos ou desconhecidos. É o que ocorre, por exemplo, na usucapião de imóvel e na ação de recuperação ou substituição de título ao portador e outros (CPC, art. 259). Nesses casos, o edital é indispensável por expressa exigência legal.

No sistema do Código anterior, a citação por edital já era admitida no procedimento monitório, conforme o teor da Súmula 282 do STJ: "Cabe a citação por edital em ação monitória". Tal entendimento foi albergado por regra expressa do Código de 2015, a qual permite que a citação seja feita por qualquer dos meios permitidos para o procedimento comum (CPC, art. 700, § 7º).

19.4. INTIMAÇÃO

Diversamente da citação, a qual constitui uma convocação específica para que o réu participe do processo, a intimação destina-se a dar conhecimento às partes, aos auxiliares do juiz e a qualquer terceiro a respeito de todo e qualquer ato processual. As intimações se referem, portanto, a qualquer providência judicial e são dirigidas a todos aqueles que possam, de alguma maneira, participar do processo. Daí por que a lei processual conceitua a intimação como o *ato pelo qual se dá ciência a alguém dos atos e dos termos do processo* (CPC, art. 269).

Destaque-se que o STJ já teve oportunidade de decidir, em relação à penhora e ao prazo para impugnação, que uma vez demonstrada a ciência inequívoca do devedor, não há necessidade de sua intimação formal. Na hipótese, este havia peticionado nos autos, tentando obstar o levantamento dos valores, não havendo dúvida quanto ao seu conhecimento sobre o ato da penhora *on-line* realizada[12].

As intimações são normalmente feitas por determinação judicial, de ofício (CPC, art. 271). Contudo, a lei processual faculta ao advogado promover a intimação do advogado da outra parte, pelo correio. Para tanto, deverá juntar aos autos a cópia do ofício de intimação (o qual deve conter cópia do despacho, da decisão ou da sentença) e do respectivo aviso de recebimento cumprido (CPC, art. 269, § 1º).

As intimações são normalmente feitas na pessoa dos advogados, os quais representam as partes. Somente nas situações em que a própria lei prevê a intimação pessoal é que as partes devem ser diretamente intimadas. Exemplo disso é a intimação pessoal para evitar a extinção do processo que se encontra paralisado há mais de um ano (CPC, art. 485, II, § 1º), ou há mais de 30 dias sem a prática de atos e diligências (CPC, art. 485, III, § 1º). Como em ambas as situações já ocorreu a intimação do advogado e este se manteve inerte, a lei determina a intimação pessoal de seu constituinte.

Não havendo previsão específica de intimação pessoal, ela se fará por intermédio e em nome dos procuradores judiciais (advogados públicos ou privados, membros do Ministério Público ou da Defensoria).

Observe-se que quanto à União, Estados, Distrito Federal e Municípios, assim como suas autarquias e fundações de direito público, a intimação deve ser dirigida ao órgão da advocacia pública responsável pela representação judicial (CPC, art. 269, § 3º). Um dos procuradores ou dos advogados públicos, desde que com atuação judicial, poderá receber a intimação em nome da entidade que representa.

Quanto às intimações para a prática de atos processuais, a prerrogativa de intimação pessoal só abrange os Procuradores Federais, Advogados da União, Procuradores da Fazenda Nacional, Defensores Públicos e membros do Ministério Público. Não se aplica aos Procuradores Estaduais, do DF e dos Municípios[13].

Em relação à prerrogativa de intimação pessoal do Ministério Público, o STJ já decidiu, sob o rito dos Recursos Especiais Repetitivos, que o marco temporal de início do prazo será a data da entrega dos autos na secretaria do órgão. A tese fixada foi a seguinte: "O termo inicial da contagem do prazo para impugnar decisão judicial é, para o Ministério Público, a data da entrega dos autos na repartição administrativa do órgão, sendo irrelevante que a intimação pessoal tenha se dado em audiência, em cartório ou por mandado"[14].

---

12. STJ, EREsp 1.415.522/ES, Rel. Min. Felix Fischer, Corte Especial, j. 29.03.2017, *DJe* 05.04.2017. No mesmo sentido, STJ, REsp 1.710.498/CE, Rel. Min. Nancy Andrighi, 3ª T., j. 19.02.2019, *DJe* 22.02.2019.
13. STJ, AgRg no AREsp 497.754/RN, Rel. Min. Napoleão Nunes Maia Filho, 1ª T., j. 27.06.2017, *DJe* 02.08.2017.
14. STJ, REsp 1.349.935/SE, Rel. Min. Rogério Schietti Cruz, 3ª Seção, j. 23.08.2017, *DJe* 14.09.2017.

As intimações, em regra, devem ocorrer por meio eletrônico (CPC, art. 270). Tais atos são disciplinados pela Lei 11.419, de 19 de dezembro de 2006, a qual dispõe sobre a informatização do processo judicial.

Somente quando não for possível a utilização do meio eletrônico, as intimações ocorrerão por meio de publicação no Diário de Justiça, o qual é o órgão oficial para tanto (CPC, art. 272).

Saliente-se que a intimação eletrônica pode ocorrer de duas maneiras: a) mediante publicação em portal específico do tribunal respectivo, no qual deverá ocorrer o cadastramento dos advogados (art. 2º e 5º da Lei 11.419/2006, b) por publicação no órgão oficial eletrônico, ou seja, no Diário de Justiça eletrônico (art. 4º da Lei 11.419/2006).

A exigência de cadastro nos sistemas de processo eletrônico aplica-se inclusive ao Ministério Público, à Defensoria Pública e à Advocacia Pública (CPC, art. 270, parágrafo único).

No caso da publicação em portal específico, considera-se realizada a intimação no dia da consulta, sendo esta certificada nos autos. Por outro lado, se nesse dia não houver expediente forense, considera-se o primeiro dia útil seguinte. Há ainda um prazo de dez dias para a realização da consulta, após o envio da intimação. Mesmo que não tenha ocorrido a consulta, considera-se realizada a intimação ao final desse período de dez dias.

Por outro lado, quando a intimação ocorrer através do Diário de Justiça eletrônico, considera-se como data da publicação o primeiro dia útil seguinte ao da efetiva disponibilização, iniciando-se o prazo no dia imediatamente subsequente a este.

Havendo duplicidade de intimações, uma pelo portal eletrônico e outra pelo Diário de Justiça eletrônico, prevalecerá aquela realizada no portal para efeito da contagem do prazo. Isto porque, nos termos da lei, a intimação feita por meio de portal próprio tem preferência sobre aquela via Diário oficial (art. 5º da Lei 11.419/2006)[15]. Essa é a posição correta e mais atual[16]. Contudo, existe divergência jurisprudencial a respeito do tema. Há decisão mais antiga do STJ entendendo que prevalece aquela realizada pelo Diário de Justiça eletrônico[17].

Procurando estimular a intimação eletrônica, o Código determina que as empresas públicas e privadas, com exceção das microempresas e das empresas de pequeno porte, mantenham cadastro nos sistemas de processo em autos eletrônicos, para o efeito de recebimento de citações e intimações. Essa forma de comunicação, via portal eletrônico, prevalece em relação à publicação no Diário oficial, como mencionado anteriormente. O CPC refere textualmente que a comunicação se fará preferencialmente por esse meio (CPC, art. 246, § 1º). E reforça o que já prevê a Lei 11.419/2006, mencionando que a exigência é aplicável à União, aos Estados, ao Distrito Federal, aos Municípios e às en-

---

15. STJ, AgInt no AREsp 903.091/RJ, Rel. Min. Paulo de Tarso Sanseverino, 3ª T., j. 16.03.2017, DJe 27.03.2017.
16. STJ, AgInt no AREsp 1.330.052/RJ, Rel. Min. Luis Felipe Salomão, 4ª T., j. 26.03.2019, DJe 29.04.2019.
17. STJ, AgInt no AREsp 1.097.323/RJ, Rel. Des. Lázaro Guimarães, 4ª T., j. 24.10.2017, DJe 31.10.2017.

tidades da administração indireta (CPC, art. 246, § 2º). A propósito, existe um julgado interessante com relação à validade da intimação eletrônica do Estado do Tocantins[18]. O legislador estabeleceu um prazo de 30 dias, a contar do início de vigência do Código, para que a União, os Estados, o Distrito Federal, os Municípios, suas respectivas entidades da administração indireta, o Ministério Público, a Defensoria Pública e a Advocacia se cadastrassem perante a administração do tribunal respectivo para viabilizar as citações eletrônicas (CPC, art. 1.050).

O art. 272 do Código disciplina a forma das intimações sempre que elas não puderem ocorrer sob a forma eletrônica. A regra nesse caso é a publicação no órgão oficial. Deverão constar os nomes das partes, de seus advogados (sem abreviaturas) e o respectivo número de inscrição profissional, podendo ainda se requerer que a intimação ocorra em nome da sociedade a que pertençam, desde que devidamente registrada na Ordem dos Advogados do Brasil (CPC, art. 272, §§ 1º, 2º e 3º). O STJ entende ser nula a intimação feita sem a obediência desses requisitos, inclusive quando não observado o pedido expresso de publicação em nome de advogado específico[19].

Os advogados ainda poderão requerer que as comunicações dos atos sejam feitas apenas em nome daqueles procuradores devidamente indicados, sob pena de nulidade (CPC, art. 272, § 5º). Caso não exista tal requerimento, é válida a intimação realizada na pessoa de apenas um deles. Há várias decisões do STJ nesse sentido[20].

A retirada dos autos em carga é outra forma de intimação. Observe-se que nessa circunstância considera-se o advogado intimado de qualquer decisão constante no processo, ainda que pendente de publicação (CPC, art. 272, § 6º). Mas a mesma lógica não se aplica aos processos eletrônicos. A mera habilitação ou consulta aos autos eletrônicos não faz presumir ciência inequívoca em relação às decisões ali contidas. O STJ já decidiu que a habilitação no processo eletrônico não se equipara à antiga carga física para fins de presunção da intimação[21].

Havendo nulidade da intimação, a parte deverá argui-la no próprio ato a ser praticado. Com o reconhecimento judicial dessa nulidade, este será considerado tempestivo. Contudo, se não for possível praticar o ato e a petição se limitar à alegação da nulidade, o prazo terá início a partir da intimação da decisão que a reconhecer (CPC, art. 272, §§ 8º e 9º).

A intimação também poderá ocorrer por ato do escrivão ou chefe de secretaria, sempre que inviável o meio eletrônico e não houver na localidade a publicação em órgão oficial. Nesses casos, ela será pessoal ou por carta registrada (CPC, art. 273).

---

18. STJ, AgInt na PET no AREsp 877.842/TO, Rel. Min. Mauro Campbell Marques, 2ª T., j. 13.06.2017, *DJe* 21.06.2017.
19. STJ, EDcl no REsp 1.608.424/SP, Rel. Min. Ricardo Villas Bôas Cueva, 3ª T., j. 12.09.2017, *DJe* 21.09.2017.
20. STJ, AgInt nos EDcl no AREsp 1.042.645/PR, Rel. Min. Nancy Andrighi, 3ª T., j. 24.10.2017, *DJe* 06.11.2017. No mesmo sentido: STJ, AgInt no AREsp 828.918/PR, Rel. Des. Lázaro Guimarães, 4ª T., j. 24.10.2017, *DJe* 30.10.2017; AgInt no REsp 1.118.141/MG, Rel. Min. Sérgio Kukina, 1ª T., j. 12.09.2017, *DJe* 21.09.2017.
21. STJ, EDcl no REsp 1.592.443/PR, Rel. Min. Paulo de Tarso Sanseverino, 3ª T., j. 25.03.2019, *DJe* 27.03.2019.

As intimações realizadas pelo correio (CPC, art. 274) devem ser dirigidas ao endereço constante dos autos, presumindo-se válidas ainda que este se encontre desatualizado por inércia do interessado. O prazo para a prática dos atos processuais flui a partir da juntada aos autos do comprovante de entrega da correspondência (CPC, art. 274, parágrafo único)[22].

Quando frustrada a intimação por meio eletrônico ou pelo correio, ela poderá ser feita por oficial de justiça, devendo a certidão observar os requisitos do art. 275, § 1º. Sendo necessário, e sempre em caráter excepcional, a intimação poderá ser efetuada por hora certa ou edital, observados os requisitos legais.

---

22. STJ, REsp 1.632.777/SP, Rel. Min. Napoleão Nunes Maia Filho, Corte Especial, j. 17.05.2017.

20
NULIDADES PROCESSUAIS

20.1. EXISTÊNCIA, VALIDADE E EFICÁCIA DOS ATOS PROCESSUAIS

Para que se compreenda o sistema de nulidades processuais é importante recordar que todo ato processual é também um ato jurídico. Assim, sua validade está condicionada – como nos atos jurídicos em geral – à presença dos três elementos básicos: agente capaz, objeto lícito e forma prescrita ou não defesa em lei. O ato processual válido exige, portanto, capacidade do agente, ausência de vedação no ordenamento jurídico e respeito à forma legalmente estabelecida. Esse último requisito é fundamental para oferecer segurança jurídica e respeito à garantia constitucional da razoável duração do processo (CF, art. 5º, LXXVIII). Com efeito, ao estabelecer determinadas prescrições de forma, a lei tem o intuito de garantir a celeridade e a eficiência mediante a obtenção dos resultados esperados.

Mas antes de examinar os vícios de forma e as consequentes nulidades processuais, é necessário distinguir os três planos a partir dos quais os atos jurídicos podem ser analisados: plano da existência, da validade e da eficácia.

O ato inexistente é aquele que, apesar da aparente regularidade, não contém os elementos mínimos para sua formação. Inobstante uma aparência de regularidade, faltam os *elementos nucleares para a sua configuração*[1]. A sentença judicial assinada por um juiz aposentado, por exemplo, é um ato processual inexistente. Ainda que exista uma aparência de decisão, o ato verdadeiramente não se realizou. Falta um elemento inerente à sua própria natureza. Justamente por isso, o ato não produz nenhum efeito. O vício é tão grave que nem mesmo o fenômeno da coisa julgada é capaz de convalidá-lo. Com efeito, não pode transitar em julgado algo que nunca existiu. Dessa forma, mesmo que tal decisão seja lançada nos autos e venha a transitar em julgado, ela não terá qualquer efeito em relação às partes.

Ato eficaz, por outro lado, é aquele que detém a capacidade de produzir efeitos. Muito embora a maioria dos atos válidos sejam eficazes, a eficácia não se confunde com a validade. Isso porque existem atos válidos que não geram quaisquer efeitos como, por exemplo, os negócios sujeitos a termo ou a condição (CC, arts. 121 e 131). A ineficácia, como se vê, pode advir de outras situações, não apenas da invalidade. Além disso, não

---

1. WAMBIER, Luiz Rodrigues; TALAMINI, Eduardo. *Curso avançado de processo civil*: teoria geral do processo. 16. ed. reform. e ampl. de acordo com o novo CPC. São Paulo: RT, 2016, v. I, p. 534.

se pode desconsiderar que o inverso é verdadeiro: os atos processuais inválidos geram efeitos até o momento em que vier a ser judicialmente decretada a invalidade.

Esta é uma característica especial das invalidades processuais. Diversamente do que ocorre no âmbito do direito material – onde existem os atos nulos de pleno direito – na esfera processual as invalidades dependem de decreto judicial. Em outras palavras, ainda que se trate de vício gravíssimo, o ato nulo produz efeitos normalmente até que tal nulidade venha a ser reconhecida mediante decisão judicial.

Há ainda outra particularidade: constatado o vício, o ato só deve ser declarado nulo se: a) não puder ser aproveitado; b) tiver gerado prejuízo. Isso demonstra que vige em relação às nulidades um regime jurídico próprio, o qual será tratado em tópico abaixo.

Ato inválido é aquele que apresenta algum vício de forma em sentido amplo, ou seja, algum defeito referente ao tempo, ao lugar ou ao modo de sua formação. A invalidade dos atos processuais significa a sua desconformidade em relação ao preceito legal ou, ainda, a falta de elementos ou requisitos impostos pelo ordenamento. Observe-se que o nosso sistema processual admite a regra da tipicidade flexível, o que significa que, em princípio, os atos processuais têm uma forma específica. Tal exigência, contudo, pode ser afastada caso o ato alcance os mesmos resultados esperados e dele não decorram prejuízos.

Todo ato inválido pode vir a deixar de produzir efeitos. Essa é a tendência do ordenamento. Mas, como exposto acima, a perda de eficácia dependerá do reconhecimento judicial da invalidade.

20.2. ESPÉCIES DE NULIDADES

Os atos processuais, como já visto, podem ser ineficazes, inexistentes ou inválidos.

Quando se fala em nulidades processuais, adota-se o plano da validade, ou seja, analisa-se a conformidade do ato com o ordenamento jurídico e sua consequente aptidão à produção de efeitos. Neste plano da validade, os atos são considerados válidos ou nulos. Lembre-se aqui que nulidade e invalidade são utilizadas como sinônimos.

Existem ainda os atos considerados apenas irregulares, isto é, praticados em desconformidade com o ordenamento, mas sem qualquer restrição quanto à produção de seus efeitos. É o que ocorre, por exemplo, com os pronunciamentos judiciais praticados fora do prazo legal. O juiz deve proferir os despachos em cinco dias, as decisões interlocutórias em dez dias e as sentenças no prazo de 30 dias (CPC, art. 226). Contudo, o ordenamento não prevê nenhuma perda de eficácia para o pronunciamento intempestivo. O ato, ainda que fora do prazo, mantém intactas a sua validade e a consequente capacidade de produção de efeitos. Daí por que se trata de mera irregularidade, sem a possibilidade de invalidação.

As invalidades ou nulidades processuais propriamente ditas podem ser de duas espécies: a) nulidades relativas; e b) nulidades absolutas.

As primeiras, também chamadas de anulabilidades, são as mais comuns e implicam em violação a alguma norma dispositiva. Como se trata de regra que visa à tutela de interesses disponíveis, tais nulidades não podem ser declaradas de ofício. Elas somente são decretadas caso exista requerimento da parte interessada. Há que se observar também o prazo para tal alegação. Isso deve ocorrer no primeiro momento em que couber à parte falar nos autos, sob pena de preclusão (CPC, art. 278). Poderá, contudo, a parte afastar a preclusão caso demonstre que a alegação somente não ocorreu em virtude de legítimo impedimento (CPC, art. 278, parágrafo único).

Nas situações em que não há um período definido, a arguição da nulidade deve ocorrer nessa primeira oportunidade (CPC, art. 278)[2] ou, em não havendo tal oportunidade, no prazo geral de cinco dias (CPC, art. 218, § 3º). Não faltam exemplos de nulidades relativas, podendo ser citadas: a) incompetência de foro (CPC, art. 65); b) suspeição do juiz (CPC, art. 146); c) desconsideração da convenção de arbitragem (CPC, art. 337, § 5º). Em todas elas, não havendo a alegação de nulidade no prazo previsto em lei, ocorre a automática convalidação do ato.

As nulidades absolutas tratam de violação a norma cogente, ou seja, que tutela direito indisponível. O intuito nesse caso é o respeito a questões de ordem pública, de importância para o regular desenvolvimento do processo. Daí por que elas não estão na esfera de disponibilidade das partes. Ao contrário, são cognoscíveis de ofício, a qualquer tempo e em qualquer grau de jurisdição (CPC, art. 278, parágrafo único). Por esta razão, as nulidades absolutas não se convalidam automaticamente. Ainda que não alegadas na primeira oportunidade, poderão ser a qualquer tempo reconhecidas, enquanto perdurar o processo.

Exemplo claro de nulidade absoluta é a falta de intimação do Ministério Público em processo que envolva interesse de incapaz (CPC, art. 178, II). Nessa hipótese, a ausência ou vício na intimação gera a nulidade do próprio processo desde o momento em que deveria ter ocorrido a intimação. Interessante observar que, em virtude do princípio da não decretação da nulidade se não houver prejuízo (*pas de nullité sans grief*)[3], o agente do Ministério Público poderá se manifestar pleiteando a validade dos atos praticados, caso constate que, apesar de sua ausência, não houve efetivamente prejuízo aos interesses do menor (CPC, art. 279, § 2º). Essa regra constitui, aliás, uma novidade do Código de Processo Civil de 2015. O legislador procurou deixar evidente aqui que o decreto da nulidade depende da efetiva constatação de prejuízo. Isso porque a invalidação do processo geraria mais prejuízos ao menor do que a manutenção dos atos inválidos. O STJ vem reconhecendo que a alegação de nulidade deve ocorrer na primeira oportunidade de falar nos autos e com a devida demonstração do prejuízo[4].

---

2. STJ, AgInt no AgInt no REsp 1.602.746/GO, Rel. Min. Herman Benjamin, 2ª T., j. 17.08.2017, *DJe* 13.09.2017.
3. STJ, AgInt no AgInt no REsp 1.602.746/GO, Rel. Min. Herman Benjamin, 2ª T., j. 17.08.2017, *DJe* 13.09.2017. No mesmo sentido, STJ, REsp 1.443.735/SC, Rel. Min. Moura Ribeiro, 3ª T., j. 13.06.2017, *DJe* 22.06.2017 e STJ, REsp 1.661.990/MS, Rel. Min. Nancy Andrighi, 3ª T., j. 17.08.2017, *DJe* 22.08.2017.
4. STJ, REsp 1.340.553/RS, Rel. Min. Campbell Marques, 1ª Seção, j. 12.09.2018, *DJe* 16.10.2018.

O silêncio, se utilizado com o intuito de omitir eventuais nulidades para apresentá-las em momento futuro, contraria a boa-fé objetiva[5]. Não se admitem, portanto, as chamadas "nulidades de algibeira"[6], ou seja, a omissão deliberada em determinado momento processual para sua apresentação posterior, de acordo com a conveniência da parte ou decisão desfavorável. Trata-se de estratégia processual maliciosa e que vem sendo combatida pelo STJ[7].

As nulidades absolutas não se convalidam automaticamente pelo decurso do tempo, como ocorre com as nulidades relativas. Consequentemente, não estão sujeitas à preclusão. Todavia, elas podem ser convalidadas, supridas ou superadas (por sua irrelevância). Isso pode se dar por uma correção do ato, por sua repetição, pela ocorrência de um novo ato que torne o primeiro desnecessário, ou ainda por se considerar que a nulidade é irrelevante na medida em que não impediu a obtenção dos resultados. A ausência de citação válida, por exemplo, constitui uma nulidade absoluta que é suprida pelo comparecimento espontâneo do réu (CPC, art. 239, § 1º). A ausência de intimação do Ministério Público, no exemplo acima, pode ser considerada irrelevante se os atos praticados atingiram seus objetivos e não causaram prejuízo ao menor.

As nulidades absolutas também podem ser convalidadas em virtude da coisa julgada. Tal fenômeno processual tem a capacidade de sanar todos os vícios processuais, convalidando todo o passado dentro do processo. Entretanto, ele não afeta os atos inexistentes. Estes não são atingidos pela coisa julgada, justamente porque não pode transitar em julgado aquilo que nunca existiu. Esta é a principal distinção entre nulidade absoluta e inexistência. O ato inexistente nunca será convalidado, nem mesmo pela coisa julgada. Por outro lado, tendo havido o trânsito em julgado da decisão, toda e qualquer nulidade absoluta não sanada no curso do processo será automaticamente convalidada.

20.3. REGIME DE NULIDADES NO CPC/2015

O Código de Processo Civil de 2015 adota o princípio da primazia do julgamento do mérito (CPC, art. 4º) e, portanto, adota como regra geral a sanabilidade dos vícios processuais. Esse é o teor do Enunciado 278 do FPPC: "O CPC adota como princípio a sanabilidade dos atos processuais defeituosos".

Vários dispositivos expressam esse objetivo. Incumbe ao juiz, por exemplo, determinar o suprimento de pressupostos processuais e o saneamento de outros vícios (CPC, art. 139, IX). Antes de proferir decisão sem resolução do mérito, e verificando a existência de irregularidades ou vícios sanáveis, deve o magistrado, sempre que pos-

---

5. STF, 1ª T., ARE 918302 ED, Rel. Min. Luiz Fux, j. 16.09.2016, *DJe* 07.10.2016.
6. Expressão utilizada pelo Ministro Humberto Gomes de Barros, em 14 de agosto de 2007, no julgamento do REsp 756.885 perante a 3ª Turma do STJ
7. STJ, AgInt no AREsp. 1.734.523/RJ, 4ª T., STJ, Rel. Min. Raul Araújo, j. 10 a 16.08.2021. No mesmo sentido, REsp 1.637.515, 4ª T., Rel. Min. Marco Buzzi, j. 25.08.2020 e REsp 1.714.163, 3ª T., Rel. Min. Nancy Andrighi, j. 24.09.2019.

sível, conceder oportunidade à parte para efetuar a sua correção (CPC, art. 317) em prazo nunca superior a 30 dias (CPC, art. 352). Os vícios dos recursos também devem ser corrigidos, viabilizando a apreciação de seu mérito. O relator, antes de considerar inadmissível o recurso, deve conceder o prazo de cinco dias ao recorrente para sanar o vício ou complementar a documentação exigível (CPC, art. 932, parágrafo único). O mesmo se verifica perante os tribunais superiores (CPC, art. 1.029, § 3º). Saliente-se que até mesmo os vícios mais graves, referentes a questões de ordem pública e cognoscíveis de ofício, devem ser sanados (CPC, art. 938, § 1º).

No âmbito do processo, portanto, tanto as nulidades relativas, como as absolutas são sanáveis. Isso pode ocorrer, como já exposto, pela convalidação do ato, pela sua repetição ou suprimento e ainda pelo reconhecimento de sua irrelevância.

Em virtude do princípio da cooperação, antes de decretar a nulidade, o juiz deve dar oportunidade para as partes se manifestarem (CPC, art. 10). E em sua avaliação deve considerar os princípios da proporcionalidade, razoabilidade, aproveitamento dos atos e economia processual. Caso conclua que realmente o vício está presente, deve declarar quais atos são atingidos por ela e ordenar as providências para sua repetição ou retificação (CPC, art. 282).

A aplicação da teoria das nulidades segue quatro fundamentos: a) tipicidade flexível; b) comunicabilidade dos vícios; c) instrumentalidade das formas; e d) respeito à boa-fé.

A tipicidade flexível adotada pelo Código prevê a existência de requisitos para determinados atos processuais, sob pena de nulidade (CPC, art. 280). A citação por oficial de justiça, por exemplo, deverá ocorrer mediante mandado específico e com a observância dos requisitos do art. 250. Contudo, o sistema admite a não decretação do vício quando, de outro modo, o ato atingir sua finalidade e não houver prejuízo (CPC, art. 282, § 1º). Para a maioria dos atos, contudo, não há forma específica prevista na lei.

A comunicabilidade dos vícios gera uma espécie de contaminação dos atos subsequentes, sempre que estes forem dependentes do ato viciado (CPC, art. 281). É claro que o sistema procura preservar os atos que dele não dependam, de modo a restringir a declaração de nulidade apenas ao que for estritamente necessário. Assim, uma vez anulado o ato, a nulidade de uma parte não prejudicará as outras que dela sejam independentes (CPC, art. 281, segunda parte). Trata-se da aplicação do princípio do *utile per inutile vitiatur*. Exatamente por isso, ao reconhecer a nulidade, o juiz deve declarar quais são os atos atingidos (CPC, art. 282), preservando os demais. Ainda nesse sentido, o erro de forma leva à anulação unicamente dos atos que não possam ser aproveitados (CPC, art. 283). Como esclarecem Marinoni, Arenhart e Mitidiero, *sempre que possível, deve-se aproveitar determinado ato, reduzindo-se a sua eficácia. É o que o próprio Código faz, por exemplo, quando refere que a citação ordenada por juiz incompetente é eficaz para interromper a prescrição (art. 240). Aproveita-se o ato para aquilo que pode* ser aproveitado descartando-se para o fim que não pode ser alcançado pela existência de determinado defeito formal[8].

A instrumentalidade das formas impõe ao juiz a análise dos resultados do ato e da existência de prejuízo antes de declarar sua invalidade. Tal orientação advém da doutrina francesa com o princípio do *pas de nullité sans grief*. Segundo o Código, quando a lei prescrever determinada forma, o juiz considerará válido o ato que, apesar de realizado de outro modo, tenha alcançado a sua finalidade (CPC, art. 277)[9]. Tal prejuízo, como bem destacado por Fredie Didier Junior, não pode ser presumido a partir da violação a norma constitucional. *O prejuízo, decorrente do desrespeito a uma norma, deverá ser demonstrado caso a caso*[10].

Há, nesse aspecto, uma análise prévia e "o ato praticado com violação de forma só será decretado inválido se, e somente se, não atingir a finalidade e comprometer os fins de justiça do processo"[11]. No mesmo sentido, será preferível o julgamento do mérito, em vez da repetição do ato, sempre que a nulidade favorecer a parte que vai se sagrar vencedora (CPC, art. 282, § 2º). Nessa hipótese em vez de declarar a nulidade, o juiz deve desde logo apreciar e julgar o mérito. Dessa forma, mesmo que exista o vício, dependendo do resultado obtido e da inexistência de dano, não haverá o decreto de invalidação. Nesse sentido, ocorre o aproveitamento de todos os atos dos quais não resulte prejuízo a nenhuma parte (CPC, art. 283, parágrafo único)[12].

A boa-fé (CPC, art. 5º) também constitui um importante elemento para a aplicação da teoria das invalidades. Segundo regra expressa, a parte que deu causa ou contribuiu para a nulidade não poderá alegá-la (CPC, art. 276). Trata-se da aplicação do princípio da vedação do *venire contra factum proprium*, ou em outras palavras, o de que ninguém pode se aproveitar da própria torpeza. Isso obviamente não se aplica para as nulidades absolutas, que podem ser conhecidas de ofício. Nessas situações, o próprio juiz pode declarar a nulidade, independentemente de requerimento da parte.

Além disso, diante do caráter cooperativo (art. 6º) e dialógico (art. 10) do sistema implementado pelo Código de 2015, é necessário que o juiz, antes de decretar a invalidade processual, oportunize a manifestação das partes. Surge aqui um verdadeiro dever de *dialogar previamente com as partes*[13], a fim de que elas possam influenciar na decisão judicial a respeito da gravidade e relevância do vício processual.

---

8. MARINONI, Luiz Guilherme; ARENHART, Sérgio Cruz; MITIDIERO, Daniel. *Novo curso de processo civil*: tutela dos direitos mediante procedimento comum. São Paulo: RT, 2015, p. 117. v. II.
9. STJ, 3ª T., RHC 80.752/SP, Rel. Min. Paulo de Tarso Sanseverino, j. 16.03.2017, *DJe* 22.03.2017.
10. DIDIER JR., Fredie. *Curso de direito processual civil*: introdução ao direito processual civil, parte geral e processo de conhecimento. 18. ed. Salvador: JusPodivm, 2016, p. 410.
11. OLIVEIRA, Carlos Alberto Alvaro de; MITIDIERO, Daniel. *Curso de processo civil*. São Paulo: Atlas, 2010, v. 1: teoria geral do processo civil e parte geral do direito processual civil, p. 324.
12. STJ, 1ª T., EDcl nos EDcl no AgRg no REsp 1.377.449/ES, Rel. Min. Regina Helena Costa, j. 25.10.2016, *DJe* 10.11.2016.
13. MARINONI, Luiz Guilherme; ARENHART, Sérgio Cruz; MITIDIERO, Daniel. *Novo curso de processo civil*: tutela dos direitos mediante procedimento comum. São Paulo: RT, 2015, v. II, p. 117.

Em suma, o sistema admite duas espécies de nulidades: absolutas e relativas. As primeiras podem ser conhecidas de ofício pelo magistrado, em qualquer tempo e grau de jurisdição, não sofrendo os efeitos da preclusão. Ao contrário, as nulidades relativas se convalidam com o mero decurso do tempo e inação da parte. Justamente por isso, o decreto de uma nulidade relativa depende, necessariamente, da alegação pela parte interessada.

Por fim, no sistema do Código de 2015 as nulidades, tanto relativas quanto absolutas, são sanáveis.

O saneamento do ato processual inválido pode ocorrer de três formas: pela constatação de sua irrelevância, pela sua convalidação ou pelo próprio suprimento do ato[14].

Na primeira hipótese, a invalidade não gera qualquer prejuízo às partes ou à condução do processo. Aplica-se, então, o princípio *pas de nullité sans grief* e, diante da irrelevância, a invalidade está sanada.

Na segunda situação, por se tratar de uma nulidade que diz respeito a direito disponível das partes, a ausência de impugnação na forma e no prazo cabíveis gera a convalidação do ato.

Por fim, a nulidade também pode ser suprida quando um novo ato é praticado no lugar daquele defeituoso.

Em síntese, uma das principais características do sistema processual implementado com o Código de 2015 é a primazia dos julgamentos de mérito. O que se pretende, então, é que todas as nulidades processuais sejam sanadas. O esforço do legislador, mediante a previsão dos arts. 281, 282, 283, 317, 352, 932, § único, 938, § 1º, 1.029, § 3º, constitui uma clara demonstração desse objetivo.

---

14. WAMBIER, Luiz Rodrigues; TALAMINI, Eduardo. *Curso avançado de processo civil*: teoria geral do processo. 16 ed. reform. e ampl. de acordo com o novo CPC. São Paulo: RT, 2016, v. 1, p. 534.

21
DISTRIBUIÇÃO E REGISTRO

21.1. OBJETIVOS DA DISTRIBUIÇÃO E REGISTRO

A distribuição e o registro são importantes, respectivamente, para a definição da competência do juiz (quando houver vários juízes com igual competência) e para organizar e documentar a própria existência dos processos.

O registro é uma providência obrigatória para todas as ações ajuizadas (CPC, art. 284). Essa é a primeira diligência que incumbe aos cartórios distribuidores ou às secretarias de varas únicas. Mediante o registro é possível averbar a existência do processo, assim como indicar o objeto da ação, os dados das partes e de seus advogados.

Havendo a ampliação subjetiva ou objetiva da lide deverá ocorrer a alteração no registro. Assim, a inclusão de novos réus em virtude de intervenção de terceiros ou de litisconsórcio levará à necessidade de averbação do acréscimo perante o cartório distribuidor. O mesmo ocorre quando houver reconvenção ou qualquer outra hipótese que amplie o objeto da demanda (CPC, art. 286, parágrafo único). Tal anotação será determinada pelo juiz imediatamente e de ofício, ou seja, independentemente de requerimento das partes.

A distribuição nada mais é que a forma de direcionamento dos processos aos juízes competentes, sempre que existir igualdade de competência em uma mesma base territorial. Em outras palavras, juízes com igual competência recebem a atribuição de atuar nos processos mediante a prática de uma diligência denominada de distribuição. Ela deve ocorrer de forma alternada e aleatória, preservando sempre a rigorosa igualdade (CPC, art. 285). Justamente para garantir essa igualdade, deve haver um sistema de sorteio que afaste os juízos aos quais já foram distribuídos os primeiros processos. Assim, consideram-se inicialmente todas as varas territorialmente competentes, passando-se a excluir do sorteio, uma a uma, as que vão sendo contempladas até que todas recebam a mesma quantidade de causas. Em seguida, reinicia-se a distribuição. Dessa maneira preserva-se a igualdade na atribuição dos processos.

A lei admite que a distribuição ocorra de forma eletrônica (CPC, art. 285), mas exige a publicação da lista respectiva no Diário de Justiça (CPC, art. 285, parágrafo único). Dessa maneira, dá-se publicidade ao ato, permitindo-se ainda que as partes possam requerer a correção de eventuais erros. Nesse aspecto, o juiz também pode agir de ofício, corrigindo ou compensando a falta de distribuição (CPC, art. 288).

O ato em que ocorre a distribuição pode ser acompanhado pelas partes, por seus procuradores, pelo Ministério Público e pela Defensoria Pública. Todos têm o poder de fiscalização (CPC, art. 289).

Para que ocorra a distribuição é necessária a apresentação da petição inicial, acompanhada de procuração que deverá conter os endereços físico e eletrônico do advogado (CPC art. 287). Contudo, ela pode ser dispensada quando se tratar de parte representada pela Defensoria Pública (CPC, art. 287, parágrafo único, II), quando essa representação decorrer da lei ou de norma constitucional (caso dos procuradores do Estado, procuradores dos municípios e dos advogados públicos em geral), ou ainda quando houver necessidade de praticar ato urgente ou evitar a ocorrência de decadência ou prescrição (CPC, arts. 104 e 287, parágrafo único, I).

Após a distribuição, a parte interessada tem o prazo de 15 (quinze) dias para realizar o pagamento das custas e despesas, sob pena de cancelamento (CPC, art. 290). É possível, portanto, a extinção do processo antes mesmo de ser formada a relação processual, isto é, antes da citação do réu. O pronunciamento judicial nesse caso tem a natureza de sentença.

21.2. DISTRIBUIÇÃO LIVRE E DISTRIBUIÇÃO POR DEPENDÊNCIA

A distribuição pode ocorrer de duas formas: a) distribuição livre; e b) distribuição dirigida ou por dependência. A primeira é a regra geral. Em princípio, os processos são livremente distribuídos, em obediência à garantia constitucional do juiz natural (CF, art. 5º, XXXVII e LIII). Trata-se da maneira não personificada de exercício da jurisdição. O objetivo é que a autoridade julgadora esteja constituída antes do fato que será objeto de julgamento, evitando-se assim a escolha do juiz A, B ou C para apreciar a causa. Ao propor a ação, o autor não sabe quem será o juízo, dentro da mesma esfera de competência, que irá julgá-la. Somente após a livre distribuição é que será definido o juízo responsável por aquele processo.

Mas há circunstâncias, especialmente previstas na lei, que exigem uma distribuição dirigida, ou seja, predeterminada para um juízo prevento (que já tenha conhecido matéria idêntica, semelhante ou conexa). É o que ocorre na distribuição por dependência (CPC, art. 286). Em virtude de hipóteses legalmente previstas, a ação não deve ser livremente sorteada entre os vários juízos competentes, mas sim encaminhada a um deles, o qual já se encontra prevento.

A distribuição por dependência se verifica quando: a) houver conexão ou continência entre a nova ação e alguma outra já ajuizada (CPC, art. 286, I); b) tiver sido extinto o processo sem resolução do mérito e o pedido for reiterado, ainda que com a presença de novos autores ou réus (CPC, art. 286, II); e c) quando houver o ajuizamento de ações que devam ser reunidas para evitar decisões conflitantes (CPC, art. 286, III).

Observe-se que o registro ou a distribuição tornam prevento o juízo (CPC, art. 59), devendo a ele ser direcionadas todas as demais causas que se relacionem com a primeira, tanto pela conexão (CPC, art. 55) como pela continência (CPC, art. 56). O mesmo se dá na hipótese do art. 55, § 3º, cuja determinação de reunião de processos tem o intuito de evitar conflito entre decisões para causas iguais ou muito semelhantes. Nesses casos, ainda que não exista tecnicamente a conexão, há razões inerentes à coerência e isonomia que justificam o agrupamento dos processos.

A hipótese do art. 286, II do Código, por sua vez, tem o claro objetivo de evitar a ocorrência de fraudes e a violação ao princípio do juiz natural. Até um tempo atrás, infelizmente era possível que o autor ajuizasse a ação e, não gostando da distribuição realizada (quer porque já conhecia o entendimento contrário daquele juiz, quer porque sabia que outro julgador tinha entendimento favorável), desistisse da ação ou simplesmente não recolhesse as custas iniciais. Isso gerava a extinção do processo sem julgamento do mérito e a possibilidade de repropositura da ação por inúmeras vezes até que houvesse a distribuição para o juiz desejado. Procurando corrigir essa distorção, as Leis 10.358/2001 e 11.280/2006 alteraram o teor do art. 253 do Código de Processo Civil de 1973. Passaram então a coibir a prática, mediante a prevenção do primeiro juiz.

O Código de Processo Civil mantém essa vedação por força do art. 286, II, afastando assim a possibilidade de fraudes para a escolha do julgador. Trata-se de competência funcional e, portanto, de natureza absoluta. Dessa forma, somente àquele juiz que já atuou no processo extinto pode ser distribuída a nova ação. Isso é muito positivo para preservar o princípio do juiz natural.

A crítica, contudo, que se faz a esse dispositivo é o fato de haver prevenção do juiz apenas em relação às partes originárias e não àquelas que somente agora integram o polo ativo ou passivo. Todavia, como a regra impõe a distribuição por dependência *ainda que em litisconsórcio com outros autores ou que sejam parcialmente alterados os réus da demanda*, constata-se que para esses novos agentes há uma distribuição dirigida não justificável. Essa é a razão pela qual uma parte da doutrina defende o desmembramento do litisconsórcio a fim de se determinar a distribuição por dependência apenas às partes originárias, com a livre distribuição para as demais.

22
VALOR DA CAUSA

22.1. OBRIGATORIEDADE DE FIXAÇÃO E CRITÉRIOS OBJETIVOS

A todas as causas deve ser atribuído um valor financeiro (CPC, art. 291). Isso deve ocorrer mesmo naquelas demandas que não tenham um conteúdo patrimonial, tais como as ações de estado ou as ações declaratórias[1]. Tal providência é necessária para que seja possível a atribuição de certas consequências processuais, como a fixação da competência (CPC, art. 63), a estipulação dos honorários (CPC, art. 85, § 2º), a quantificação das multas (CPC, art. 81, art. 468, § 1º, art. 77, § 2º), dentre outras hipóteses. Todas essas medidas adotam como parâmetro o valor da causa. Nesse sentido, o STJ deu provimento ao AREsp 2.451.726[2] para adotar o valor da causa como base para o cálculo da sucumbência, nos termos do art. 85, § 2º do CPC.

A atribuição de um montante financeiro deve ocorrer na própria petição inicial ou na reconvenção (CPC, art. 292). Ela constitui, inclusive, um dos requisitos da inicial (CPC, art. 319, V). Assim, caso o autor não indique o valor da causa, o juiz determinará que o autor faça esse complemento, sob pena de indeferimento (CPC, art. 321, *caput* e parágrafo único).

O valor da causa deve corresponder ao proveito econômico perseguido pelo autor (CPC, art. 292, § 3º), ou seja, à pretensão que constitui o objeto do processo. Isso deve ser observado, mesmo nas demandas que tenham conteúdo meramente declaratório[3]. Saliente-se que não se trata de quantificar a expressão econômica do bem imediato, mas sim aquilo que se busca obter com a demanda. Se o que se pretende é a defesa da posse, por exemplo, o valor da causa não dirá respeito à propriedade em si, isto é, ao preço do imóvel, mas ao valor do exercício dessa posse. Esse é o teor do Enunciado 178 do FPPC: "O valor da causa nas ações fundadas em posse, tais como as ações possessórias, os embargos de terceiro e a oposição, deve considerar a expressão econômica da posse, que não obrigatoriamente coincide com o valor da propriedade".

O mesmo pode ser dito em relação ao pedido de reconhecimento de nulidade de cláusula contratual. O valor da causa, nesse segundo exemplo, deve se relacionar ao proveito econômico da cláusula e não ao montante global do contrato.

---

1. STJ, REsp 1.641.888/PE, Rel. Min. Ricardo Villas Bôas Cueva, 3ª T., j. 07.03.2017, *DJe* 14.03.2017.
2. STJ, AREsp. 2.451.726/SC, Rel. Min. Marco Buzzi, j. 18.12.2023.
3. STJ, 3ª T., REsp 1641888/PE, Rel. Min. Ricardo Villas Bôas Cuevas, j. 07.03.2017, *DJe* 14.03.2017.

A lei estabelece alguns critérios objetivos para a fixação do valor da causa. Na ação de cobrança, ele será a soma corrigida do valor principal, dos juros de mora e de eventual multa (CPC, art. 292, I). Quando o objeto do pedido for a existência, a validade, o cumprimento, a modificação, a resolução, a resilição, ou a rescisão de ato jurídico, deve-se atribuir à causa o montante financeiro desse ato ou da sua parte controvertida (CPC, art. 292, II). Saliente-se que a expressão ato jurídico é gênero, que abrange todo e qualquer negócio jurídico (uma das espécies de ato). Em relação à ação de alimentos, o valor será o de 12 prestações mensais (CPC, art. 292, III), ocorrendo o mesmo diante de cobrança de prestações vincendas por prazo indeterminado ou superior a um ano, quando também se computa a soma do período anual (CPC, art. 292, § 2º), a propósito, a Lei 8.245/91 (Lei de Locações) também estabelece em seu art. 58, III, que o valor da causa nas ações de despejo, revisionais de aluguel, renovatórias e consignatórias deve ser o de 12 vezes o valor do aluguel mensal. Por outro lado, quando se requer prestações por prazo inferior a um ano, deve-se somar todas elas, atribuindo-se à causa o valor global dessa soma. Sempre que estiver em disputa o pagamento de prestações vencidas e vincendas, ambas deverão ser computadas, dentro dos limites acima previstos (CPC, art. 292, § 1º). Já na ação de divisão, demarcação ou reivindicação, na petição inicial deve constar o valor da própria área ou da parte que está sendo dividida, demarcada ou reivindicada (CPC, art. 292, IV). No pedido de indenização por danos materiais ou morais, o valor da causa deve corresponder à exata quantia requerida (CPC, art. 292, V)[4]. Com isso, desaparece a possibilidade de pedido genérico em relação ao dano moral, surgindo a necessidade de ele ser expressamente quantificado na petição inicial. Não é mais possível se requerer que o juiz arbitre o valor da indenização que considere adequado. Logo, como é natural, à causa deve ser atribuído exatamente esse valor pleiteado. Ainda, quando houver cumulação de pedidos, o valor da causa será o da soma de todos eles. Aqui é importante lembrar que a cumulação de pedidos pode ser própria ou imprópria. A primeira subdivide-se em simples ou sucessiva. A cumulação será simples quando forem requeridos vários pedidos e todos sejam independentes entre si, já na cumulação sucessiva também se requer todos os pedidos, mas a procedência do segundo depende da procedência do primeiro. De qualquer forma, nessas duas espécies de cumulação própria, o valor da causa deve ser a soma de todos os pedidos formulados (CPC, art. 292, VI). Por outro lado, na segunda forma de cumulação, também denominada de imprópria, o que se requer é a procedência de apenas um dos pedidos. Daí porque o valor da causa não pode contemplar todos eles. Assim, pleiteia-se de forma alternativa, ocasião em que não há uma preferência explícita sobre os pedidos cumulados, ou de forma subsidiária, quando um dos pedidos tem prioridade sobre o outro. Nesses casos de pedidos alternativos, o valor da causa deve ser o de maior valor (CPC, art. 292, VII). E, em se tratando de pedido subsidiário, deve-se atribuir à causa o valor do pedido principal (CPC, art. 292, VIII), uma vez que é este que tem a preferência do autor.

---

4. STJ, REsp 1.698.665/SP, Rel. Min. Villas Bôas Cueva, 3ª T., j. 24.04.2018, *DJe* 30.04.2018.

22.2. IMPUGNAÇÃO E CORREÇÃO DO VALOR DA CAUSA

A correção do valor da causa pode se dar por provocação da parte interessada, mediante impugnação, ou por decisão de ofício do magistrado (CPC, art. 292, § 3º). Todavia, sempre que houver interesse da parte em impugnar o valor, isso deve ocorrer em preliminar de contestação (CPC, art. 337, III), sob pena de preclusão (CPC, art. 293). Consequentemente, passado esse prazo, não poderá mais o réu requerer a alteração do valor da causa.

Antes de proferir decisão sobre o valor da causa (CPC, art. 337, III), o juiz deve necessariamente ouvir as partes (CPC, art. 351). Isso se aplica mesmo quando o controle for exercido de ofício, isto é, sem provocação da parte. Com efeito, o caráter cooperativo e dialógico do sistema processual exige a manifestação das partes, mesmo para aquelas questões que o magistrado possa examinar de ofício (CPC, art. 10).

O pronunciamento do juiz tem a natureza de decisão interlocutória (CPC, art. 203, § 2º). Apesar disso, contra ele não é cabível a interposição de agravo de instrumento, já que tal hipótese não consta no rol taxativo do art. 1.015 do CPC. Daí porque, caso queira a reforma da decisão, a parte deverá requerê-lo em preliminar de apelação, nos termos do art. 1.009, § 1º, do mesmo Código.

23
FORMAÇÃO, SUSPENSÃO E EXTINÇÃO DO PROCESSO

23.1. FORMAÇÃO DO PROCESSO E ESTABILIZAÇÃO DA DEMANDA

Segundo o princípio dispositivo ou da inércia inicial da jurisdição, a iniciativa de instauração da relação processual é do próprio autor. É ele quem provoca a formação do processo, propondo a ação. Tal princípio se opõe ao princípio inquisitivo, o qual concede ampla liberdade de atuação ao magistrado, tanto para a deflagração do processo, como para o seu desenvolvimento.

O sistema processual brasileiro adota o princípio dispositivo, mas em sua forma mitigada, conciliando-o com o poder do magistrado de dar impulso e promover a evolução do processo até a sua fase final. Assim, o processo começa por iniciativa exclusiva da parte, mas se desenvolve por impulso do juiz, salvo situações excepcionais (CPC, art. 2º). Isso significa que, uma vez iniciado, o processo se desenvolverá até sua fase final, independentemente de novos requerimentos das partes.

A formação do processo não ocorre mediante um único ato, mas se dá de maneira gradual, pela conjugação de três momentos distintos. O primeiro deles é um ato privativo do autor, consistente na propositura da ação mediante o protocolo da petição inicial (CPC, art. 312). O segundo advém do denominado despacho inicial, quando o juiz, constatando a existência dos requisitos dos arts. 319 e 320, profere decisão determinando a citação do réu (CPC, art. 334). Por fim, em um terceiro momento, o réu é citado (CPC, art. 238), completando assim a formação da relação processual.

Embora se considere que a ação está proposta a partir do simples protocolo da petição inicial (CPC, art. 312), os fenômenos da litispendência, existência de coisa litigiosa e constituição em mora só produzirão efeitos em relação ao réu no momento da citação (CPC, art. 240). Por outro lado, a maneira gradual com que ocorre a formação do processo faz com que no momento do protocolo já exista litispendência e coisa litigiosa em relação ao autor. Lembre-se que a citação é requisito de validade, e não de existência do processo, pois não há como negar a existência do processo nos casos de improcedência liminar (CPC, art. 332) ou indeferimento da petição inicial (CPC, arts. 321 e 330).

A maneira gradual de formação do processo tem relevância para outras situações processuais. A prevenção do juízo, por exemplo, ocorre com o mero registro e distribuição da demanda (CPC, art. 59), o mesmo se verificando com a fixação da competência do juízo na chamada *perpetuatio jurisdictionis* (CPC, art. 43). Já a interrupção da prescrição se verifica com a decisão que determina a citação, mas retroage à data da propositura da ação (CPC, art. 240, § 1º). Essa retroatividade só não ocorrerá se o autor deixar de adotar as providências necessárias no prazo legal de dez dias (CPC, art. 240, § 2º). O mesmo ocorre na fase execução: é o despacho de citação que interrompe a prescrição (CPC, art. 802).

Há uma relação direta entre o momento de formação do processo e a estabilização da demanda, isto é, a fixação dos contornos da lide com a consequente impossibilidade de alteração dos seus elementos objetivos e subjetivos. Nesse sentido, o sistema admite modificações em três momentos, variando em cada um deles os respectivos requisitos legais. O primeiro se verifica antes da citação. O autor poderá aditar ou alterar o pedido ou a causa de pedir até o momento da citação, independentemente do consentimento do réu (CPC, art. 329, I). Ou seja, antes disso acontecer, pode o autor livremente alterar o pedido, a causa de pedir ou fazer aditamentos, sem que o magistrado ou o réu possam se opor às alterações. O segundo momento se refere ao período entre a citação e o saneamento. Nele também são possíveis mudanças, mas nesse caso é necessário o consentimento do réu, assegurando-lhe o contraditório com um prazo mínimo de 15 dias, assim como o requerimento de provas suplementares (CPC, art. 329, II). Por fim, nada impede que, após o saneamento, as partes realizem outras mudanças por força de negócios jurídicos processuais (CPC, art. 190). Observe-se, nesse ponto, que o atual Código de Processo, apesar de manter a regra da estabilização da demanda, não veda expressamente as modificações, como fazia a lei processual anterior. Tais alterações negociais não têm um prazo predeterminado, podendo ocorrer a qualquer momento, desde que não haja prejuízo à regularidade do trâmite processual. Evidentemente, as modificações do pedido ou da causa de pedir só podem ocorrer no juízo de primeiro grau.

A distinção entre as alterações realizadas por negócios e aquelas feitas pelas partes até o saneamento (CPC, art. 329, II) é que nessa última hipótese não há qualquer forma de controle judicial. Basta o consenso das partes. Já em relação aos negócios processuais, sempre existirá o controle em relação à validade das convenções (CPC, art. 190, parágrafo único).

As mudanças em relação à reconvenção seguem a mesma lógica e, portanto, obedecem às regras aqui expostas (CPC, art. 329, parágrafo único).

23.2. SUSPENSÃO DO PROCESSO

23.2.1. Conceito de suspensão, classificação e efeitos

A suspensão do processo é figura anômala, a qual altera a marcha normal de evolução do processo. Por força dela, a progressão contínua dos atos processuais é temporariamente paralisada. Isso se dá em virtude de circunstâncias especiais, taxativamente previstas no Código (CPC, art. 313 e 315).

São três os fatores que podem dar ensejo à suspensão: a) vontade das partes (mediante convenção); b) situações de fato (por exemplo, a morte de uma das partes, o nascimento ou a adoção de um filho, uma calamidade pública); e c) situações de direito (tal como a arguição de impedimento do juiz ou a instauração do incidente de resolução de demandas repetitivas). Superado o fato, a questão de direito ou o prazo deliberado, o processo retoma seu andamento. Durante o período de suspensão, não são praticados atos processuais, salvo as medidas urgentes a fim de se evitar dano irreparável (CPC, art. 314). Todos os outros atos serão nulos, podendo, contudo, deixar de ser declarada a nulidade se não houver prejuízo (CPC, art. 282, § 1º).

Durante a suspensão do processo, fica suspenso também o curso dos prazos processuais (CPC, art. 221). Isto significa que a contagem do prazo é paralisada no momento do fato que gerou a suspensão, voltando a fluir posteriormente, pelo período remanescente e com o cômputo do período já transcorrido.

A suspensão é classificada em: a) própria, quando nenhum ato é praticado, salvo os urgentes; e b) imprópria, quando a quase integralidade do processo é paralisada, prosseguindo-se apenas os incidentes. Essa última situação ocorre no caso das arguições de impedimento ou suspeição do magistrado. O processo é suspenso com o protocolo da arguição e só o respectivo incidente passa a ter prosseguimento.

Qualquer que seja a forma e o período de suspensão, ela não caracteriza um obstáculo para a prática dos atos reputados urgentes (CPC, art. 314). Isso decorre da própria garantia constitucional da inafastabilidade da tutela jurisdicional adequada (CF, art. 5º, XXXV). Contudo, nos casos em que a suspensão advém da arguição de impedimento ou suspeição do magistrado, os atos reputados urgentes terão de ser praticados por seu substituto legal (CPC, art. 146, § 3º). Isso se aplica tanto para o período em que já foi decretada a suspensão do processo, como para aquele interregno de tempo entre o protocolo da arguição e a declaração do tribunal a respeito do efeito com que o incidente é recebido.

Por outro lado, a tutela provisória já concedida permanecerá eficaz durante todo o período de suspensão, salvo se houver decisão expressa em sentido contrário (CPC, art. 296, parágrafo único). A regra, portanto, é proteger aquela situação jurídica que já havia sido tutelada antes da ocorrência do fato que deu origem à suspensão.

A decisão que determina a suspensão do processo, se proferida na fase de conhecimento, não é impugnável por recurso de agravo de instrumento. Isso porque tal previsão não consta do rol taxativo do art. 1.015 do Código de Processo Civil. Essa é sem dúvida uma falha do legislador na medida em que eventual equívoco do magistrado não poderá ser corrigido pela via recursal. Com efeito, por ocasião de eventual apelação não haverá mais sentido em impugnar a suspensão ocorrida anteriormente. Contudo, diante do entendimento do STJ a respeito do cabimento do Agravo de Instrumento nos casos em que houver inutilidade da decisão ao final[1], é possível a admissão de recurso contra as decisões de suspensão. Caso isso não se verifique, restará a alternativa de impetração de mandado de segurança.

23.2.2. Morte ou perda da capacidade processual

A morte ou a perda da capacidade processual de qualquer das partes, de seu representante legal ou de seu procurador é a primeira causa de suspensão do processo (CPC, art. 313, I). Ela decorre da exigência de habilitação dos sucessores do falecido (CPC, art. 689), ou da necessidade de substituição do representante legal ou procurador. Observe-se que, mesmo que os sucessores ou a parte contrária não tomem a iniciativa de requerer a habilitação, o próprio juiz determinará a suspensão e ordenará: a) se falecido o réu, a intimação do autor para que promova a citação do espólio ou herdeiros (CPC, art. 313, § 2º, I); b) se falecido o autor e transmissível o direito em litígio, a intimação de seu espólio ou herdeiros, pelos meios de divulgação adequados, para que manifestem eventual interesse na sucessão processual (CPC, art. 313, § 2º, II). Caso tal determinação não seja atendida, ou o direito seja intransmissível, o processo será extinto sem resolução do mérito (CPC, art. 485, IV ou IX).

Por outro lado, a morte do representante legal da parte ou de seu procurador levará à sua substituição nos autos, não havendo aqui o fenômeno da sucessão processual. A parte continua a mesma, apenas seu representante ou advogado é que se modificará. Destaque-se que a morte do advogado gera a perda da capacidade postulatória, razão pela qual o juiz mandará intimar a parte para constituir novo mandatário, no prazo de 15 dias (CPC, art. 313, § 3º). Caso isto não seja feito, as consequências processuais são de duas ordens: a) em se tratando da morte do advogado do autor e sendo este o seu único procurador, haverá a extinção do processo (CPC, art. 76, § 1º, I e art. 485, IV); ou b) se o falecido for o advogado do réu, o processo prosseguirá à sua revelia (CPC, art. 76, § 1º, II). Por outro lado, se o processo estiver em fase recursal, ocorrerá: a) o não conhecimento do recurso quando tiver falecido o advogado do recorrente (CPC, art. 76, § 2º, I); ou b) o desentranhamento das contrarrazões, quando se tratar de advogado do recorrido (CPC, art. 76, § 2º, II).

Na hipótese de perda da capacidade processual da parte, além da suspensão, o juiz também concederá prazo para que o vício seja sanado (CPC, art. 76), devendo ocorrer à nomeação de curador (CPC, arts. 71 e 72).

Tanto na morte da parte, quanto na perda de sua capacidade processual, a decisão judicial apenas declara um fato já existente. Justamente por isso, os efeitos da decisão de suspensão retroagem até a data do fato. Serão assim nulos todos os atos praticados a partir do exato momento da morte ou incapacidade, podendo ser dispensada a declaração de nulidade se dela não resultar prejuízo (CPC, art. 282, § 1º).

---

1. STJ, REsp Repetitivo 1.696.396/MT, Rel. Min. Nancy Andrighi, Corte Especial, Tema 988, *DJe* 19.12.2018.

Em se tratando de pessoa jurídica que venha a ser extinta, sua sucessora legal assumirá o polo ativo ou passivo, mediante o protocolo de petição acompanhada da informação e da documentação pertinente. Não haverá nesse caso a necessidade de suspensão do processo.

23.2.3. Convenção das partes

A convenção das partes também é causa de suspensão do processo (CPC, art. 313, II). Trata-se de um negócio processual típico, o qual já era contemplado no Código de 1973. O prazo máximo de suspensão é de seis meses, findo o qual deverá haver o prosseguimento (CPC, art. 313, § 4º).

23.2.4. Arguição de impedimento ou suspeição de juiz

Havendo arguição de impedimento ou suspeição do magistrado, o processo também será suspenso (CPC, art. 313, III). Detalhe importante é que a suspensão aqui se opera automaticamente, com o mero protocolo da petição de arguição. A partir desse momento, o juiz não poderá mais praticar atos no processo, nem mesmo aqueles reputados urgentes. Tais requerimentos devem ser formulados ao seu substituto legal (CPC, art. 146, § 3º).

A arguição deverá ser feita no prazo de 15 dias a contar do fato, em petição específica, acompanhada de documentos e eventual rol de testemunhas (CPC, art. 146). Recebendo a petição de arguição, o magistrado poderá reconhecer o impedimento ou a suspeição, encaminhando os autos a seu substituto legal ou, caso assim não entenda, determinar a autuação em separado e a remessa do incidente para apreciação do tribunal (CPC, art. 146, § 1º). Em segundo grau, o relator concederá efeito suspensivo até o julgamento do incidente ou, caso entenda que não há necessidade de suspensão, determinará o prosseguimento do processo.

No momento do julgamento do incidente, caso este venha a ser acolhido, o tribunal condenará o juiz ao pagamento das custas (CPC, art. 146, § 5º) e especificará o momento a partir do qual se dera a suspeição ou o impedimento, para efeito de nulidade dos atos praticados (CPC, art. 146, § 6º e 7º). O magistrado poderá recorrer da decisão que reconhecer o impedimento ou a suspeição, diretamente ou por intermédio de advogado.

Aos auxiliares do juízo, ao membro do Ministério Público e aos demais sujeitos imparciais do processo também se aplicam os motivos de impedimento e suspeição (CPC, art. 148). Tais arguições, contudo, não geram a suspensão do processo.

23.2.5. Admissão de incidente de resolução de demandas repetitivas

A admissão de incidente de resolução de demandas repetitivas (IRDR) também gera a suspensão do processo (CPC, art. 313, IV e art. 976). Trata-se de técnica processual que permite o julgamento de uma mesma questão de direito que se repete em várias causas, havendo assim risco de ofensa à isonomia ou à segurança jurídica. A suspensão, nesse caso, opera-se automaticamente a fim de que todos os processos, daquele Estado ou região, em que exista a mesma questão fiquem paralisados aguardando a decisão do tribunal (CPC, art. 982, I). Tal decisão de suspensão deverá ser comunicada aos órgãos jurisdicionais competentes (CPC, art. 982, § 1º). O julgamento do incidente deve ocorrer no prazo de um ano, findo o qual deverá cessar a suspensão, salvo decisão fundamentada do relator em sentido contrário (CPC, art. 980, parágrafo único). A suspensão também cessa pelo julgamento do incidente, a não ser que seja interposto recurso especial ou extraordinário (CPC, art. 982, § 5º).

Qualquer legitimado poderá ainda requerer ao tribunal competente para conhecer do recurso especial ou extraordinário a suspensão de todos os processos individuais ou coletivos em curso no território nacional e que versem sobre a mesma questão de direito (CPC, art. 982, § 3º). Amplia-se, dessa forma, a suspensão para o âmbito nacional.

Embora prevista inicialmente para julgamento de questões perante os tribunais locais (tribunais de justiça e tribunais regionais federais), já há admissão de IRDR pelo próprio Superior Tribunal de Justiça em causa de sua competência originária (conflito de competência)[2]. Apesar da suspensão, eventuais pedidos de tutela de urgência poderão ser formulados e atendidos pelo próprio juiz da causa (CPC, art. 982, § 2º). Assegura-se, assim, a tutela adequada e efetiva.

Observe-se que a suspensão dos processos em todo o território nacional pode ocorrer igualmente nas situações de recursos repetitivos, ou seja, que não digam respeito ao IRDR (CPC, art. 1.037, II). Contudo, diante do problema decorrente da demora no julgamento desses recursos, já são inúmeros os casos em que a decisão de afetação no STJ propositadamente não determina a suspensão dos processos.

23.2.6. Questão prejudicial objeto de outro processo

A chamada prejudicialidade externa, ou seja, a existência de uma questão prejudicial que constitui o objeto de outra demanda pode igualmente gerar a suspensão do processo (CPC, art. 313, V, a). Tecnicamente, questão prejudicial é aquele ponto controvertido do qual depende a solução do mérito e que pode constituir o objeto de uma ação autônoma. O exemplo clássico da doutrina é a relação de filiação em uma ação em que se requeira a fixação de alimentos. A existência ou não desse vínculo é uma questão prejudicial que poderia ser objeto de um processo autônomo, mas que precisa ser decidida pelo juiz a fim de julgar o pedido principal.

A lei permite que, havendo questão prejudicial discutida em outra demanda, seja o processo suspenso para se aguardar aquela decisão. Note-se que o que se pretende é evitar decisões contraditórias, uma vez que o próprio juiz da causa poderia decidir a questão prejudicial, independentemente da suspensão e da decisão por parte do outro

---

2. STJ, 1ª Seção, PET no CC 148.519, Rel. Min. Mauro Campbell Marques, admitido em 04.11.2016, *DJe* 09.11.2016.

magistrado. O prazo máximo de suspensão para essa circunstância é de um ano (CPC, art. 313, § 4º), mas a doutrina sustenta possibilidade do juiz, em decisão fundamentada e observadas as peculiaridades do caso concreto, ampliar esse prazo.

Por outro lado, ao invés da suspensão, pode ocorrer a mera reunião dos processos com base na conexão (CPC, art. 55, §1º), o que também evita o risco de decisões contraditórias. Não caberá a reunião, contudo, se os processos estiverem em diferentes fases processuais ou não houver a mesma competência absoluta para julgar a matéria.

23.2.7. Fatos e provas

É possível que a solução do mérito dependa do exame de fatos ou da produção de provas que tenham sido requisitadas a outro juízo. Imagine-se, por exemplo, a realização de uma prova pericial ou a inquirição de testemunha mediante carta precatória (CPC, art. 260). Não há sentido em permitir o prosseguimento do processo antes da produção da prova. Justamente por isso, a lei permite a suspensão do processo até que tal fato seja examinado ou a prova produzida. A suspensão nesse caso não poderá exceder a um ano (CPC, art. 313, § 4º). Essa é a regra geral, prevista na lei. Todavia, em circunstâncias peculiares e devidamente fundamentadas, o magistrado pode ampliar esse prazo a fim de melhor tutelar os direitos ou assegurar garantias constitucionais.

O momento em que é feito o requerimento da prova mostra-se relevante para a decisão de suspensão. Se isso ocorrer antes da decisão de saneamento e a prova for considerada imprescindível, tanto a carta precatória, quanto a carta rogatória e o auxílio direto suspenderão o julgamento da causa (CPC, art. 377). Ou seja, a suspensão nesses casos é automática, expressamente prevista na lei. Por outro lado, nada impede, a teor do que se disse em relação ao prazo de suspensão, que o magistrado suspenda o curso do processo tendo por base uma prova requerida após o saneamento. Imagine-se a situação em que uma testemunha vem a falecer e a parte requer sua substituição por alguém residente em outro país. O requerimento de carta rogatória ocorrerá nesse caso de forma justificada e de boa-fé. Mas isso obviamente só pode ser aceito em circunstâncias excepcionais e mediante a devida motivação da decisão judicial. A intenção do legislador foi evitar a procrastinação indevida e a suspensão fraudulenta do processo.

23.2.8. Motivo de força maior

As greves, os desastres naturais e os problemas de estrutura física do Poder Judiciário são exemplos de motivos de força maior que impedem a marcha normal do processo (CPC, art. 313, VI). Diante dessas circunstâncias excepcionais e que estão fora do controle das partes ou do magistrado, a demanda simplesmente não pode ser examinada por ausência de condições básicas de estrutura ou funcionamento da máquina judiciária.

Cabe aqui também a suspensão, não havendo, porém, um prazo máximo pré-determinado pela lei. O período de suspensão equivalerá ao tempo necessário para se superar ou contornar o obstáculo.

23.2.9. Acidentes e fatos de competência do Tribunal Marítimo

O Tribunal Marítimo é um órgão administrativo e meramente auxiliar do Poder Judiciário. Ele foi instituído pela Lei 2.180, de 05 de fevereiro de 1954, competindo-lhe julgar os acidentes e fatos da navegação marítima, fluvial e lacustre. Diante dessa atribuição específica, a lei processual permite a suspensão do processo cuja solução do mérito dependa da análise do fato ou acidente que já esteja sendo examinado por este órgão (CPC, art. 313, VII).

Importante destacar que não se está aqui a falar do risco de decisões conflitantes ou contraditórias entre órgãos de um mesmo poder, como se verifica quando dois juízes examinam os mesmos fatos. Como o Tribunal Marítimo não compõe o Poder Judiciário, sua atividade é meramente de apoio e auxílio. Quem tem a atribuição de julgar as demandas que lhe são submetidas é o próprio Poder Judiciário, por força da garantia constitucional da inafastabilidade da jurisdição (CF, art. 5º, XXXV). Logo, ainda que determinado acidente esteja sendo examinado pelo mencionado tribunal, nada obsta que o juiz indefira o pedido de suspensão e avalie diretamente os fatos.

23.2.10. Outros casos regulados pelo Código

A suspensão do processo pode decorrer de diversas situações não contempladas expressamente no art. 313, mas previstas em outras partes do Código ou ainda em leis esparsas.

É o que ocorre, por exemplo, com o incidente de desconsideração da personalidade, o qual suspende o processo salvo se o requerimento se der na própria petição inicial (CPC, art. 134, § 3º). O mesmo ocorre com a atribuição de efeito suspensivo aos embargos à execução (CPC, art. 921, II).

23.2.11. Fato delituoso

A existência de um fato delituoso que já esteja sendo apurado ou que possa vir a ser apurado na esfera criminal, e do qual dependa a resolução do mérito de uma demanda civil, é motivo de suspensão do processo (CPC, art. 315).

Contudo, para evitar atrasos ou uma demora excessiva do processo no âmbito cível, a lei estabelece prazos máximos de suspensão. Proposta a ação penal, o processo ficará suspenso pelo prazo máximo de um ano, findo o qual o juiz poderá apreciar a questão prejudicial criminal incidentalmente (CPC, art. 315, § 2º). No caso de ainda não existir ação penal em curso, o prazo máximo de suspensão é de três meses. Passado tal período sem o oferecimento da ação penal, cessa o efeito da suspensão e o processo cível retoma seu curso.

Importante esclarecer que a suspensão nesses casos depende da existência de uma prejudicialidade externa criminal, ou seja, de uma questão prejudicial que esteja sendo examinada em outro processo (no caso, perante um órgão de competência criminal). É o caso da ação de nulidade de compra e venda de bem imóvel baseada na alegação de falsidade documental, estando em trâmite processo criminal para apurar a falsificação de procuração ou escritura pública. O juiz da ação cível poderá, nessa situação, aguardar o desfecho criminal, desde que ele não ocorra em período superior a um ano. Valem aqui as considerações já feitas, no tópico das questões prejudiciais, em relação ao tempo máximo de suspensão.

Situação diversa ocorre quando, apesar da existência de um fato delituoso, este for irrelevante para a apuração da responsabilidade civil. Se a existência do fato ilícito não é controvertida, havendo dúvida apenas em relação às respectivas responsabilidades civil e penal, não há razão para a suspensão do processo. A apuração dessas duas formas de responsabilidade pode ocorrer de forma independente e autônoma, justamente em virtude de seus diferentes elementos.

23.2.12. Parto ou adoção pela advogada que for a única patrona

A Lei 13.363, de 25 de novembro de 2016 criou mais duas hipóteses de suspensão do processo. A primeiro delas é a realização de parto ou a concessão de adoção pela advogada que estiver na condição de única patrona da causa (CPC art. 313, IX). A segunda é a paternidade do advogado que estiverem na mesma situação de único patrono (CPC, art. 313, X).

O período de suspensão do processo em virtude da maternidade será de 30 (trinta) dias, contados a partir do fato (CPC, art. 313, § 6º), o qual deverá ser comprovado mediante documento relativo ao parto ou à adoção judicial. Haverá nesse caso a necessidade de notificação ao cliente.

23.2.13. Paternidade do advogado que for o único patrono

Como já exposto, a Lei 13.363/2016 estabeleceu mais essa hipótese de suspensão do processo, ou seja, a paternidade do advogado que atuar como único patrono na causa. A suspensão terá a duração de 8 (oito) dias, contados do nascimento da criança ou da concessão da adoção (CPC, art. 313, § 7º). Haverá a necessidade de comprovação do parto ou da adoção judicial, assim como a notificação ao cliente.

O STJ já decidiu que o prazo de suspensão tem início a partir do próprio fato, independentemente de comunicação ao juízo[3]. Ou seja, reconheceu a desnecessidade do advogado fazer essa comunicação de forma imediata. Logo, nesse período de 8 dias estarão suspensos os atos processuais, qualquer que seja o momento da comunicação em juízo.

---

3. STJ, REsp 1.799.166/GO, Rel. Min. Nancy Andrighi, 3ª T., j. 02.04.2019, *DJe* 04.04.2019.

23.3. EXTINÇÃO DO PROCESSO

A sentença é o pronunciamento judicial que tem a aptidão para decretar a extinção do processo (CPC, art. 316). Todavia, nos termos do art. 203 do mesmo diploma, sentença é o ato que, com base nos arts. 485 ou[4] 487, põe fim à fase cognitiva do procedimento comum, bem como extingue a execução. Isso porque o processo normalmente não se extingue com a sentença. Após esse ato, na grande maioria dos casos, ocorre a interposição de recurso e ainda a fase de cumprimento da decisão.

Há duas formas de extinção da fase cognitiva do processo: as sentenças terminativas ou processuais e as sentenças definitivas ou de mérito.

Nas primeiras, em virtude da existência de vícios processuais, não há resolução do mérito (CPC, art. 485). É o que ocorre quando o processo contém falhas que impedem o juiz de examinar o próprio direito material. Assim, diante da impossibilidade de julgar a questão de fundo, a sentença simplesmente encerra a fase cognitiva, sem verdadeiramente apreciar o pedido formulado. Não há consequentemente a produção de coisa julgada material. Daí porque o pedido pode ser futuramente renovado, em outro processo. Em algumas situações específicas (litispendência, indeferimento da inicial, ausência de pressupostos processuais, ausência de condições da ação e alegação de convenção arbitral), antes da ação ser novamente proposta é necessária a correção do vício (CPC, art. 486, § 1º).

Por outro lado, as sentenças definitivas examinam o próprio mérito da demanda e, por isso, têm a aptidão a produzir coisa julgada material, impedindo a repropositura da mesma demanda (CPC, art. 487).

Em virtude do princípio da primazia do julgamento do mérito (CPC, art. 4º), antes de proferir uma sentença terminativa, o magistrado deve tentar sanar o vício (CPC, art. 317 e art. 352). A resolução do mérito constitui objetivo maior da nova lei. Além disso, em virtude do caráter dialógico do sistema, deve-se sempre oferecer oportunidade de manifestação da parte antes de se proferir uma decisão de extinção (CPC, art. 10).

---

4. A lei refere-se aos arts. 485 e 487, quando na verdade, o juiz profere decisão baseada em um *ou* outro dispositivo.

EDUARDO CAMBI
Parte II
TUTELA PROVISÓRIA

1
TUTELA PROVISÓRIA

1.1. CONCEITO DE TUTELA JURISDICIONAL

A expressão tutela jurisdicional revela preocupação com o *resultado jurídico-substancial* do processo[1].

O termo tutela está voltado ao bem da vida que se busca, por intermédio do procedimento, da sentença, dos recursos ou dos meios de execução, os quais são *técnicas predispostas* pelo legislador para a adequada realização da tutela jurisdicional.

O conceito de tutela jurisdicional abrange tanto o resultado do processo – seja pelo ângulo do vencedor, seja pelo do vencido – quanto também os meios predispostos para a consecução desse resultado[2].

Porém, o *direito à tutela jurisdicional* somente cabe ao litigante cuja apreciação (ou improcedência) do pedido, realizada pelo Estado-juiz, conclui por lhe assistir razão, quer seja ele o autor ou o réu, ou mesmo ambos (se houver procedência parcial do pedido), já que o processo não é realizado, tão somente, em benefício do autor (processo civil do autor), em virtude do múnus que detém o Estado na dirimição dos conflitos de interesses.

A tutela jurisdicional pode ser subdividida em *plena* (quando resolve definitivamente o conflito, pronunciando-se sobre o mérito do processo) e de *menor intensidade* (*v.g.*, sentenças terminativas, quando os processos são extintos sem julgamento do mérito, quando se assegura o princípio da igualdade, do devido processo legal, do contraditório ou quando se aplica a regra da execução pelo meio menos gravoso ao devedor, contida no art. 805, do CPC)[3].

A tutela jurisdicional igualmente pode tanto se realizar no final do procedimento quanto durante o seu curso. No primeiro caso, a tutela é denominada de "tutela final", porque baseada em cognição exauriente, e, no segundo, de "tutela provisória", pois está fundada em cognição sumária. Deduz-se, por conseguinte, que, via de regra, a tutela provisória se destina a ser consubstanciada pela tutela final, conferida, por sua vez, após a estrita observação das garantias constitucionais do processo.

---

1. DINAMARCO, Cândido Rangel. Tutela jurisdicional. In: WAMBIER, Luiz Rodrigues; ALVIM, Teresa Arruda. *Doutrinas essenciais do processo civil*. São Paulo: RT, 2011, v. 1. p. 920-921.
2. YARSHELL, Flávio Luiz. *Tutela jurisdicional*. São Paulo: Atlas, 1999. p. 37.
3. DINAMARCO, Cândido Rangel. Tutela jurisdicional cit., p. 926.

As particularidades dos litígios e dos interesses neles envolvidos nem sempre possibilitam, às partes, aguardar pela prestação da tutela final ou ao menos justificam a inversão do ônus da espera pela tutela jurisdicional definitiva. Daí a relevância da possibilidade de valer-se das tutelas provisórias, circunscritas às espécies de técnicas de sumarização, a serem, posteriormente, substituídas pela tutela final.

O desenvolvimento de *técnicas de sumarização* do processo, a exemplo das tutelas provisórias, estão assentadas em exigências de economia processual (*v.g.*, para evitar um processo de cognição plena quando isso não se justifica em razão da ausência de uma contestação efetiva), de razoável duração do processo (*v.g.*, para evitar o abuso do direito de defesa ou a utilização procrastinatória dos instrumentos processuais pelo réu que não tenha razão) ou, ainda, com o intuito de promover a efetividade da tutela jurisdicional que ficaria comprometida em razão de uma imposição de obrigatoriedade da observância de procedimentos sujeitos à cognição plena e exauriente[4].

Por fim, é importante considerar que a tutela jurisdicional em nada se confunde com o conceito de jurisdição, de modo que este é o serviço realizado pelos juízes no exercício de uma função estatal, enquanto aquela é o resultado do processo em que essa função se exerce, repercutindo substancialmente em caráter extraprocessual, ou seja, nas relações entre pessoas ou entre estas e os bens da vida[5].

1.2. ESTRUTURAÇÃO DA TUTELA PROVISÓRIA NO NOVO CÓDIGO DE PROCESSO CIVIL

No que concerne às tutelas provisórias, o CPC não repete a mesma estrutura do CPC/73, contemplando a tutela antecipada, instituto advindo da reforma processual que culminou na Lei 8.952/94, nas disposições gerais do Título VI, do Livro I, referente ao Processo de Conhecimento, em seu art. 273, cuja modificação se deu pela Lei 10.444/2002. Ademais, o CPC/73 destinou o Livro III para o processo cautelar (arts. 796 e ss.), incluindo o poder geral de cautela (art. 798), bem como os procedimentos cautelares específicos (arts. 813 a 889).

O CPC inova ao conferir tratamento *unificador* às tutelas provisórias, prevendo-as na Parte Geral, no Livro V, que contém o Título I – Disposições Gerais (arts. 294 a 299), o Título II – Da tutela de Urgência (arts. 300 a 310) e o Título III – Da Tutela de Evidência (art. 311). Denota-se, portanto, que a tutela provisória é concebida como *gênero* que se ramifica nas espécies das tutelas de urgência e de evidência.

Dentro dessa nova roupagem, outra inovação foi a enumeração, a título exemplificativo e a consubstanciação dos procedimentos cautelares específicos elencados no então CPC/73 (arresto, sequestro, arrolamento de bens, registro de protesto contra

---
4. PISANI, Andrea Proto. *Lezioni di diritto processuale civile*. 2. ed. Nápoles: Jovene, 1996. p. 603.
5. DINAMARCO, Cândido Rangel; LOPES, Bruno Vasconcelos Carrilho. *Teoria Geral do Novo Processo Civil*. São Paulo: Malheiros, 2016. p. 22-23.

alienação de bem) no art. 301, o qual teve acréscimo da expressão "qualquer outra medida idônea para a asseguração do direito", que, de algum modo, reproduz o art. 799, CPC/73 quando dispunha "(...) poderá o juiz, para evitar o dano, autorizar ou vedar a prática de determinados atos, ordenar a guarda judicial de pessoas e depósito de bens e impor a prestação de caução".

Igualmente, pode-se inferir a existência de procedimentos cautelares específicos elencados na Parte Especial do CPC, destacando-se a produção antecipada de prova (arts. 381 a 383), a exibição de documento ou coisa (arts. 396 a 404), a homologação do penhor legal (arts. 703 a 706), bem como as notificações, interpelações e protestos que integram os procedimentos de jurisdição voluntária (arts. 726 a 729), sem olvidar de que outras providências cautelares estão disciplinadas ao longo do diploma processual[6].

No bojo da tutela provisória de urgência, ainda se vislumbra uma subdivisão entre tutela cautelar e a tutela antecipada, as quais podem ser requeridas em caráter antecedente (isto é, sem um pedido principal a ser formulado em momento posterior) ou incidental (ou seja, quando já estiver em curso processo em que se formulou o pedido de tutela jurisdicional definitiva; CPC, art. 294, par. ún.). A função da tutela de urgência é neutralizar os possíveis obstáculos que ensejariam perigo de dano ou de risco ao resultado útil do processo, causados pela própria duração regular do devido processo judicial.

O processo de conhecimento clássico, cujo modelo foi reproduzido pelo texto original do CPC/73, preocupou-se demasiadamente com a tutela dos direitos patrimoniais, manifestando forte tendência à ordinarização e exigindo que a intervenção do Estado na esfera de direitos do réu se desse somente após a *coisa julgada*, quando se tivesse *certeza jurídica*. Ignorou, pois, a tutela dos bens não patrimoniais e as tutelas preventivas.

Em sede constitucional, pela disposição insculpida no art. 5º, inc. XXXV, da CF, está contemplada a garantia de acesso à *ordem jurídica justa*, assegurando-se o direito à prestação jurisdicional adequada, célere e efetiva. Tal perspectiva foi corroborada pela Emenda Constitucional 45/2004, ao prever como garantia fundamental a razoável duração do processo (art. 5º, inc. LXXVIII, CF), tanto que foi reproduzida no CPC, seja pela determinação de que o processo civil deva ser ordenado, disciplinado e interpretado conforme os valores e as normas fundamentais preceituados na Constituição da República Federativa do Brasil (CPC, art. 1º), seja porque se preocupou em afirmar o direito das partes em obter em prazo razoável a solução integral do mérito, incluída a atividade satisfativa (CPC, art. 4º).

Como há uma premente necessidade do processo civil pátrio em contemplar técnicas processuais capazes de viabilizar a adequada, rápida e efetiva promoção dos direitos materiais, o CPC, tanto na Parte Geral (ao regulamentar a tutela provisória),

---

6. GRECO, Leonardo. *Instituições de Processo Civil*. 3. ed. Rio de Janeiro: Forense, 2015. v. II. p. 359.

quanto na Parte Especial (*v.g.*, art. 497, parágrafo único, que prevê a tutela inibitória e a de remoção do ilícito), admite instrumentos diferenciados de consagração do art. 5º, incs. XXXV e LXXVIII, da CF.

Atente-se, todavia, que a disciplina das tutelas jurisdicionais de urgência não se esgota no Código de Processo Civil. A Lei 11.340/2006 (Lei Maria da Penha), por exemplo, prevê medidas protetivas de urgência para resguardar a integridade (física, psíquica, moral, sexual e patrimonial) da ofendida. Tais medidas possuem natureza de tutela inibitória e reintegratória[7], com conteúdo satisfativo e, portanto, não se vinculam, necessariamente, a um procedimento principal. Apesar disso, elas têm caráter provisório e devem vigorar enquanto persistir a situação de perigo e a necessidade de proteção da vítima de violência doméstica e familiar. As medidas protetivas de urgência, fundadas na Lei 11.340/2006, devem ser, permanentemente, reavaliadas pelo juízo, que não pode revogá-las com base na presunção da sua desnecessidade pelo mero decurso do tempo, sendo indispensável a prévia manifestação da ofendida.

1.3. FORMA DO REQUERIMENTO DAS TUTELAS PROVISÓRIAS

Como já explicitado, o CPC divide a tutela provisória em tutela de urgência e tutela de evidência, cujas diferenças serão aclaradas no decorrer deste capítulo. Uma dessas distinções refere-se ao momento de sua concessão.

As tutelas provisórias de urgência abrangem as subespécies: cautelar e antecipada (satisfativa)[8]. Frise-se que ambas as formas de tutela podem ser concedidas tanto em caráter antecedente quanto incidental (CPC, art. 294, parágrafo único). Por outro lado, as tutelas de evidência somente poderão ser concedidas em caráter incidental.

A classificação das tutelas de urgência como sendo antecedentes ou incidentais relaciona-se diretamente ao *momento* em que o pedido principal é formulado. Na tutela de urgência incidental, seja ela cautelar ou antecipada, o provimento pode ser requerido de quatro maneiras, a saber: a) na própria petição inicial; b) em petição simples; c) oralmente, em audiência e/ou sessão de julgamento no tribunal, inclusive em sede de sustentação oral (CPC, art. 937)[9], reduzindo-se a termo, ou d) na petição recursal[10], ao passo que na tutela de urgência antecedente, o pedido referente à tutela provisória precede ao pedido pertinente à tutela final.

Assim, preenchidos os requisitos legais, o requerimento de tutela provisória incidental pode ser formulado a qualquer tempo, não se submetendo à preclusão temporal (cfr. Enunciado 496 do FPPC).

---

7. STJ, AgRg no AREsp 2.482.056/MG, 6ª T., Rel. Min. Rogerio Schietti Cruz, j. 02.04.2024, pub. DJe 11.04.2024.
8. DIDIER JR., Fredie; BRAGA, Paula Sarno; OLIVEIRA, Rafael. *Curso de Direito Processual Civil*. 11. ed. Salvador: JusPodivm, 2016. v. 2. p. 583.
9. STJ, REsp 1332766/SP, Rel. Min. Luis Felipe Salomão, 4ª T., j. 1º.06.2017, DJe 1º.08.2017.
10. DIDIER JR., Fredie; BRAGA, Paula Sarno; OLIVEIRA, Rafael. *Curso de Direito Processual Civil*. 11. ed. cit., p. 585.

A título comparativo, o CPC/73 já permitia a concessão de tutela cautelar em caráter antecedente. Tratadas como medidas autônomas, as cautelares poderiam anteceder a chamada "ação principal", a qual se atribuía o prazo de 30 dias subsequentes para a propositura. A novidade trazida pelo CPC é a possibilidade da tutela antecipada, antes admitida apenas de forma incidental, ser concedida de forma autônoma e antecedente, independentemente e desvinculada à formulação do pedido principal, como se abordará oportunamente, ao tratar de sua *estabilização* (CPC, art. 304).

A tutela provisória, seja ela de urgência ou de evidência, requerida em caráter incidental, independe do pagamento de custas (CPC, art. 295). Como a tutela provisória incidental é requerida de forma concomitante ou, ainda, posteriormente, ao pedido principal, serão recolhidas às custas pertinentes, exclusivamente, a este último (aquelas atinentes à distribuição da petição inicial, sem nenhum acréscimo decorrente da existência de requerimento de concessão de tutela provisória). Caso seja exigido o pagamento (indevido) de custas, caberá a interposição de agravo de instrumento (CPC, art. 1.015, inc. I)[11].

Da mesma forma, em se tratando de tutela de urgência requerida em caráter antecedente – não há tutela de evidência antecedente –, a apresentação do pedido principal independe do pagamento de novas custas (CPC, art. 303, § 3º, e art. 308, *caput*).

O procedimento da tutela antecipada requerida em caráter antecedente está regulamentado nos arts. 303 e 304 do CPC, enquanto o procedimento da tutela cautelar requerida em caráter antecedente está previsto nos arts. 305 a 310 do CPC.

1.4. MOMENTO DA CONCESSÃO DA TUTELA PROVISÓRIA

As tutelas provisórias de urgência, nos termos do item anterior, podem ser requeridas em caráter incidental ou antecedente, enquanto que as tutelas provisórias de evidência, necessariamente, serão requeridas em caráter incidental.

Contudo, o momento de requerimento da tutela provisória não se confunde com a ocasião de sua concessão por parte do Estado-juiz.

A tutela provisória pode ser concedida *in limine litis* (liminarmente), ou seja, antes mesmo da citação e manifestação – de qualquer ordem – do réu. No entanto, a liminar não é a espécie de medida requerida pela parte, como, em não raras oportunidades, se verifica no cotidiano forense, mas, sim, *momento* em que uma medida – no caso, a tutela provisória – é concedida: no *limiar* do processo. Em suma, a tutela provisória

---

11. Confere-se interpretação ampla ao art. 1.015, inc. I, do CPC ("decisão interlocutória que versa sobre tutela provisória"), para permitir a recorribilidade imediata das decisões interlocutórias que examinam a presença ou não dos pressupostos que justificam o deferimento, indeferimento, revogação ou alteração da tutela provisória, prazo e modo de cumprimento da tutela, a adequação, suficiência, proporcionalidade ou razoabilidade da técnica de efetiva da tutela provisória, bem como a necessidade ou dispensa de garantias para a concessão, revogação ou alteração da tutela provisória. STJ, REsp 1752049/PR, rel. Min. Nancy Andrighi, 3ª T., j. 12.03.2019, *DJe* 15.03.2019.

pode ser requerida liminarmente; porém, seu julgamento não necessariamente será decidido em caráter liminar[12].

As tutelas provisórias de urgência podem ser concedidas liminarmente quando houver risco de dano irreparável ou de difícil reparação ou, ainda, comprometimento do resultado útil do processo, podendo o juiz, para sua concessão, exigir caução real ou fidejussória (CPC, art. 300, § 1º). Já as tutelas provisórias de evidência só podem ser concedidas liminarmente nas hipóteses previstas no art. 311, incs. II e III, CPC (CPC, art. 311, parágrafo único).

Nas tutelas provisórias de urgência, pode também o juiz postergar a análise do pedido de concessão de tutela provisória para depois de audiência de justificação (CPC, art. 300, § 2º), destinada a aclarar os fatos e verificar o preenchimento dos requisitos autorizadores da concessão.

As tutelas provisórias podem, ainda, ser deferidas em sentença, devendo, entretanto, questionar-se quanto à utilidade delas: a tutela de urgência concedida em sentença presta-se a afastar o efeito suspensivo automático, prevalecente no recurso de apelação[13] e na remessa necessária, enquanto que, em se tratando de tutela de evidência, em especial naquela prevista no art. 311, inc. II, CPC, a tutela seria de pouca valia, pois, muito provavelmente, o recurso de apelação seria julgado monocraticamente, nos termos do art. 932, inc. IV, CPC.

A tutela provisória pode ser, ainda, concedida em grau recursal, como se abordará em item específico.

Importante destacar que, independentemente do momento da concessão da tutela provisória, esta poderá, a qualquer tempo, ser revogada ou modificada (CPC, art. 296), inclusive mediante ao ajuizamento de nova ação, desde que tempestiva, quando a tutela antecipada for requerida em caráter antecedente e tenha se tornado estável diante da inércia do demandado. Nesse sentido, o Enunciado 26 da ENFAM prevê:

> Caso a demanda destinada a rever, reformar ou invalidar a tutela antecipada estabilizada seja ajuizada tempestivamente, poderá ser deferida em caráter liminar a antecipação dos efeitos da revisão, reforma ou invalidação pretendida, na forma do art. 296, parágrafo único, do CPC/2015, desde que demonstrada a existência de outros elementos que ilidam os fundamentos da decisão anterior.

1.5. COMPETÊNCIA E TUTELA PROVISÓRIA

Pelo art. 299, *caput*, do CPC, a tutela provisória em caráter incidental será requerida ao juízo da causa e, quando antecedente, via de regra (embora comporte exceções), àquele

---
12. DIDIER JR., Fredie; BRAGA, Paula Sarno; OLIVEIRA, Rafael. *Curso de Direito Processual Civil*. 11. ed. cit., p. 591.
13. Nesse sentido, prevê o Enunciado 144 da II Jornada de Direito Processual Civil, promovido pelo Conselho da Justiça Federal: "No caso de apelação, o deferimento da tutela provisória em sentença retira-lhe o efeito suspensivo referente ao capítulo atingido pela tutela".

competente para conhecer do pedido principal. Assim, não há regra de competência especial, nem deveria haver, sobretudo em relação à tutela antecipada, pois o juiz que aprecia esse pedido de tutela provisória deve ser o mesmo responsável por conceder, ou não, a tutela final.

Por exemplo, questões sobre o *trade dress* (conjunto-imagem) dos produtos, concorrência desleal e outras demandas afins, por não envolver registro no Instituto Nacional de Propriedade Intelectual (INPI), devem ser discutidas em ação judicial entre particulares e, como não há interesse institucional da autarquia federal, são da competência da Justiça Estadual[14]. No entanto, a ação de nulidade de registro de marca, com pedido de tutela provisória, deve ser ajuizada perante a Justiça Federal, por exigir a participação do INPI, a quem cabe impor ao titular a abstenção do seu uso.

Excepcionalmente, quando a tutela provisória for antecedente, poderá ser requerida ao juiz competente para conhecer do pedido principal. Por exemplo, o pedido de produção antecipada de prova, quando houver fundado receio de que venha a tornar-se impossível ou muito difícil a verificação de certos fatos na pendência da ação (CPC, art. 381, inc. I), pode ser requerido no lugar em que deva ser realizado o exame, a vistoria ou a avaliação (CPC, art. 464), enquanto o pedido principal venha a ser ajuizado em outro foro (*v.g.*, a do domicílio do autor para a ação de reparação de dano sofrido em razão de acidente de veículos; CPC, art. 53, inc. V). Nesse sentido, é a orientação do STJ, reproduzindo a Súmula 263 do TFR: "A produção antecipada de provas, por si só, não previne a competência para a ação principal"[15].

A incompetência relativa deve ser alegada pelo demandado, não podendo ser arguida de ofício pelo juiz (Súmula 33, STJ), sob pena de prorrogação da competência (CPC, art. 65). Por outro lado, a incompetência absoluta (*v.g.*, o foro da situação da coisa para as ações fundadas em direito real sobre imóveis; CPC, art. 47) pode ser alegada em qualquer tempo e grau de jurisdição, bem como deve ser declarada de ofício (CPC, art. 64, § 1º), por ser matéria de ordem pública (CPC, art. 337, § 5º).

Na existência de duas ou mais ações conexas propostas (CPC, art. 55), com pedidos de tutela provisória, o registro ou a distribuição da petição inicial da primeira ação torna prevento o juízo para processar e julgar as demais ações (CPC, art. 59), salvo se uma delas já foi julgada (Súmula 235, STJ), com o intuito de se prevenir resultados contraditórios entre as demandas.

Se após o ajuizamento da ação judicial, com pedido de medidas urgentes, for instaurado procedimento de arbitragem, caberá ao juízo arbitral a competência para decidir, modificar ou revogar tais medidas (Lei 9.307/96, art. 22-B)[16]. Por exemplo, a informação trazida pelo demandado de que fora iniciado procedimento arbitral, após o deferimento de tutela provisória para a produção antecipada de prova pericial, deve ensejar a remessa dos autos ao juízo arbitral que pode manter, modificar ou revogar a decisão judicial.

---

14. STJ, REsp 1527232/SP, Rel. Min. Luis Felipe Salomão, 2ª Seção, j. 13.12.2017, *DJe* 05.02.2018.
15. STJ, REsp 617.921/MT, Rel. Min. Luis Felipe Salomão, 4ª T., j. 18.05.2010, *DJe* 26.05.2010.
16. STJ, REsp 1586383/MG, Rel. Min. Maria Isabel Gallotti, 4ª T., j. 05.12.2017, *DJe* 14.12.2017.

O art. 299, parágrafo único, do CPC complementa a regra contida no *caput* para acrescentar que, ressalvada disposição especial, na ação de competência originária de tribunal e nos recursos, a tutela provisória será requerida ao órgão jurisdicional competente para apreciar o mérito. A situação de urgência ou de evidência pode surgir após a publicação da sentença, quando o juiz não poderá mais alterá-la (CPC, art. 494). Por exemplo, interposta apelação, a matéria impugnada é devolvida ao tribunal, incumbindo ao relator apreciar o pedido de tutela provisória (CPC, art. 932, inc. II).

Já nos processos sobrestados por força do regime repetitivo a apreciação e a efetivação da tutela provisória de urgência será da competência do órgão jurisdicional onde estiverem os autos (cf. Enunciado 41 do I Simpósio de Direito Processual Civil, promovido pelo Conselho da Justiça Federal).

1.6. LEGITIMIDADE PARA REQUER A TUTELA PROVISÓRIA

Partindo-se do mandamento constitucional da obrigatoriedade da apreciação de lesão ou ameaça a direito (CF, art. 5º, inc. XXXV), todo aquele que alega ter direito à tutela jurisdicional é legitimado para requerer a tutela provisória. Isso significa dizer que, além do autor, o réu – na qualidade de reconvinte – pode requerer o provimento jurisdicional provisório[17]. Admite-se também que, todos os que deduzem pretensão em juízo, como o denunciante, na denunciação da lide, o opoente, na oposição, e o autor da ação declaratória incidental, possam requerer a tutela provisória.

O assistente simples do autor (CPC, art. 119) pode pedir a tutela provisória, desde que a isso não se oponha o assistido. Já o assistente litisconsorcial pode pleitear a tutela provisória, independentemente da vontade do assistido. Nesse sentido, vale salientar o Enunciado 501 do FPPC: "A tutela antecipada concedida em caráter antecedente não se estabilizará quando for interposto recurso pelo assistente simples, salvo se houver manifestação expressa do réu em sentido contrário".

Além disso, o Ministério Público pode, na condição de parte (CPC, art. 177) ou na de fiscal da ordem jurídica (CPC, art. 178; Recomendação 34/2016 do CNMP), pleitear a tutela provisória.

Por último, o *amicus curiae*, por ser um mero colaborador da Justiça, que, embora possa ter interesse no desfecho da demanda, não se vincula processualmente ao resultado da demanda, não tem legitimidade para requerer a tutela provisória (exegese do art. 138, § 2º, do CPC). Sua participação no processo se justifica como agente habilitado para agregar subsídios que possam contribuir para a qualificação da decisão judicial, não atuando na defesa de interesses próprios[18].

---

17. STJ, CC 41.444/AM, Rel. Min. Luiz Fux, 1ª Seção, j. 11.02.2004, *DJ* 16.02.2004. p. 200.
18. STF, ADI 3460 ED, Rel. Min. Teori Zavascki, Tribunal Pleno, j. 12.02.2015, Acórdão Eletrônico *DJe*-047 divulg 11.03.2015 Public 12.03.2015.

1.7. TUTELA PROVISÓRIA DE OFÍCIO

Dentre os requisitos exigidos para a concessão da tutela antecipada, pelo então art. 273 do CPC/73, estava o requerimento da parte, enquanto que o juiz estava autorizado a, excepcionalmente, conceder medidas cautelares de ofício (CPC/73, art. 797 e 798)[19].

O CPC não prevê regra sobre a possibilidade de concessão de tutela provisória de ofício[20]. Todavia, é preciso distinguir, para fins de concessão de tutela provisória *ex officio*, a tutela antecipada da cautelar[21].

A tutela cautelar, de que tratará item específico, está voltada a preservar a *imperatividade* e a *eficácia* das decisões judiciais. Por resguardar o exercício da jurisdição, a concessão da tutela cautelar de ofício legitima a mitigação do princípio da demanda (CPC, arts. 2º e 141), prevalecendo a garantia do devido processo legal (CF, art. 5º, inc. LIV) sobre a regra *nemo iudex sine actore*.

É importante consignar que o poder geral de cautela está contemplado no art. 301 do CPC (Cf. Enunciado 31 do FPPC: "O poder geral de cautela está mantido no novo CPC"). Tal poder confere ao juiz ampla liberdade para a concessão da tutela cautelar, o que autoriza o magistrado a não se adstringir ao princípio dispositivo traçado pelas partes[22]. Com isso, o juiz não fica impedido de determinar de ofício a adoção de medida tendente a garantir a utilidade do provimento jurisdicional buscado na ação principal, ainda que não requerida pela parte.

Além disso, o procedimento da tutela cautelar, requerida em caráter antecedente (CPC, arts. 305-310), é compatível com o microssistema do processo coletivo (*v.g.*, art. 4º da Lei 7.347/85 e art. 16 da Lei 8.249/92), podendo ser aplicado por analogia na ausência de regras próprias na legislação especial, desde que não sejam incompatíveis (Cf. Enunciado 503 do FPPC).

Por outro lado, a tutela antecipada visa favorecer uma das partes em suas relações com a outra ou com o bem da vida em disputa. Assim, justamente por oferecer, antecipadamente, a posse ou a fruição de bens ou situações jurídicas no mundo exterior, a um dos litigantes, é indispensável o requerimento da parte. Caso contrário, restaria violada a garantia constitucional da inafastabilidade da jurisdição (CF, art. 5º, inc. XXXV). Com isso, valoriza-se o princípio da demanda (CPC, arts. 2º e 141) bem como o princípio da colaboração processual (CPC, art. 6º), em que o juiz, ao dialogar com as partes, deve ressaltar a importância dessa técnica processual para a efetivação dos direitos materiais discutidos nos autos.

---

19. STJ, REsp 1178500/SP, Rel. Min. Nancy Andrighi, 3ª T., j. 04.12.2012, *DJe* 18.12.2012.
20. CARACIOLA, Andrea Boari; DELLORE, Luiz. Antecipação de tutela *ex officio*? In: BUENO, Cassio Scarpinella; MEDEIROS NETO, Elias Marques de; OLIVEIRA NETO, Olavo de; OLIVEIRA, Patrícia Elias Cozzolino de; LUCON, Paulo Henrique dos Santos (Coord.). *Tutela provisória no novo CPC. Dos 20 anos de vigência do art. 273 do CPC/1973 ao CPC/2015*. São Paulo: Saraiva, 2016. p. 120.
21. DINAMARCO, Cândido Rangel. *Nova era do processo civil*. São Paulo: Malheiros, 2003. p. 79.
22. STJ, REsp 1255398/SP, Rel. Min. Nancy Andrighi, 3ª T., j. 20.05.2014, *DJe* 30.05.2014.

Atribui-se à parte a oportunidade de verificar a conveniência de requerer a tutela provisória, até porque, em caso de dano processual, é ela que se torna responsável por quaisquer prejuízos causados à parte adversa, nos termos do art. 302 do CPC.

No entanto, no REsp 1.319.769/GO, a 1ª Turma do STJ[23], por maioria, considerou válida a concessão de tutela antecipada *ex officio* para a implementação da aposentadoria por invalidez de trabalhador rural. Restou vencido o Min. Sérgio Kukina que, acertadamente, asseverou são ser possível a concessão de tutela antecipada, sem que houvesse requerimento da parte, ainda que para amparar litigante hipossuficiente, já que exporia o segurado ao risco de devolução de valores, em caso de improcedência da ação, sem que dele tivesse partido o pedido antecipatório. De qualquer modo, o requerimento de tutela provisória deve ser feito em item específico na própria petição inicial ou, em caso da situação de urgência ou de evidência surgirem no curso do processo, por meio de petição própria, em que o requerente deve demonstrar os requisitos para a sua concessão.

1.8. EFETIVAÇÃO DA TUTELA PROVISÓRIA

Conforme disposição presente no art. 297, parágrafo único, do CPC, a efetivação da tutela provisória observará as normas pertinentes ao cumprimento provisório da sentença, no que couber.

Nesse sentido, o Enunciado 38 do I Simpósio de Direito Processual Civil, promovido pelo Conselho da Justiça Federal estabeleceu: "As medidas adequadas para efetivação da tutela provisória independem do trânsito em julgado, inclusive contra o Poder Público (art. 297 do CPC)".

É importante ressaltar, contudo, que se admite a *execução definitiva* da decisão que concede a tutela provisória. Assim, a execução não cessa na penhora dos bens do devedor (execução provisória), possibilitando o levantamento de depósito em dinheiro ou a prática de atos que importem transferência de posse ou alienação de propriedade ou outro direito real, ou dos quais possa resultar grave dano ao executado, desde que haja, pela parte beneficiada, na concessão da tutela provisória, a prestação de caução suficiente e idônea, arbitrada pelo juiz de plano e comprovada nos próprios autos (CPC, art. 520, inc. IV).

No cumprimento provisório da sentença que reconhece a exigibilidade de obrigação de pagar quantia certa, as hipóteses de exigência de caução devem ser analisadas à luz das hipóteses contidas no art. 520, inc. IV, do CPC (Cf. Enunciado 497 do FPPC). Tal dispositivo legal exige a necessidade de caução para o levantamento de quantia em dinheiro e a prática de atos que importem transferência de posse ou alienação de propriedade ou de outro direito real, ou dos quais possa resultar grave dano ao executado. A exigência de prestação de caução pelo beneficiário da tutela provisória deve ser feita,

---

23. Rel. Min. Benedito Gonçalves, jul. 20.08.2013, *DJe* 20.09.2013.

pois, no momento em que se deva praticar um dos atos contidos no art. 520, inc. IV, do CPC capazes de causar prejuízo à parte contrária, não desde o momento da concessão da tutela provisória[24].

De igual modo, a dispensa de caução, para a concessão de tutela provisória de urgência (CPC, art. 300, § 1º), deve observar os parâmetros contidos no art. 521 do CPC (Cf. Enunciado 498 do FPPC), para as situações em que: a) o crédito for de natureza alimentar, independentemente da sua origem; b) o credor demonstrar situação de necessidade; c) pender o agravo do art. 1.042 do CPC; d) a sentença a ser provisoriamente cumprida estiver em consonância com súmula da jurisprudência do Supremo Tribunal Federal ou do Superior Tribunal de Justiça ou em conformidade com acórdão proferido no julgamento de casos repetitivos.

Caso o requerente, que se beneficiou com a concessão e efetivação da tutela de urgência, perca a demanda e a execução da tutela provisória venha a causar prejuízo à parte contrária, nas hipóteses previstas no art. 302 do CPC, arcará com o ônus de ser responsabilizado pelos danos processuais causados à parte *ex adversa*. Tal responsabilização, sempre que possível, deverá ser liquidada nos mesmos autos em que a medida tiver sido concedida (CPC, art. 302, parágrafo único). Nesse sentido, prevê o Enunciado 499 do FPPC: "Efetivada a tutela de urgência e, posteriormente, sendo o processo extinto sem resolução do mérito e sem estabilização da tutela, será possível fase de liquidação para fins de responsabilização civil do requerente da medida e apuração de danos".

Na efetivação da tutela de urgência, pode o juiz se valer, de ofício ou a requerimento das partes ou do Ministério Público, de medidas suplementares, tais como a imposição de multa diária, por tempo de atraso, a busca e apreensão, a remoção de pessoas ou de coisas, o desfazimento de obras e o impedimento de atividade nociva, o auxílio de força policial, a apreensão da Carteira Nacional de Habilitação ou de passaporte, a suspensão do direito de dirigir e a proibição de participação em concurso e licitação pública etc. (CPC, art. 139, inc. IV).

O Estado-juiz deve ser valer dos meios capazes para fazer cessar ou, pelo menos, impedir a reiteração da conduta ilícita. Verificado comportamento que viola o princípio da boa-fé objetiva (CPC, art. 5º), o magistrado tem o poder-dever de usar os meios executivos atípicos, mesmo antes de exauridos a utilização dos meios típicos (*v.g.*, como levar a protesto a decisão judicial transitada em julgado – CPC, art. 517; a determinação da inclusão do nome do executado no cadastro de inadimplentes, a pedido do exequente – CPC, art. 782, § 3º; a averbação admonitória, isto é, a possibilidade de o exequente obter a certidão de que a execução foi admitida pelo juiz, com a identificação das partes e do valor da causa, com a finalidade de averbar no registro de imóveis, de veículos ou de outros bens sujeitos à penhora, arresto ou disponibilidade – CPC, art. 828)[25].

---
24. PEIXOTO, Ravi. *Enunciados FPPC comentados*. Salvador: JusPodivm, 2018. p. 283.
25. STJ, HC 742.879/RJ, Rel. Min. Raul Araújo, 4ª T., j. 13.09.2022, pub. *Informativo* 749, de 19.09.2022.

Na aplicação do art. 139, inc. IV, do CPC, caberá ao juiz observar o devido processo legal, em especial o contraditório prévio, salvo quando puder frustrar os efeitos da medida, e apresentar fundamentação adequada.

Os mecanismos executivos podem ser de coerção direta ou indireta (psicológica), atuando: I) ou sobre a *vontade* do réu, pressionando a cumprir o ato (*v.g.*, pela imposição de multa, inclusive diária, desde que seja fixada em montante suficiente e compatível para compelir ao adimplemento da obrigação, bem como pela concessão de prazo razoável para o cumprimento do preceito; CPC, art. 537); II) ou, se o *resultado* esperado puder ser obtido *independentemente da sua vontade*, devem ser empregados outras medidas necessárias para a satisfação do exequente, tais como a imissão na posse, a busca e apreensão, a remoção de pessoas e coisas, o desfazimento de obras, o impedimento de atividade nociva, a requisição de força policial etc. (CPC, art. 536).

A multa diária (*astreintes*) também encontra previsão no art. 11 da Lei 7.347/85 – Lei de Ação Civil Pública:

> Na ação que tenha por objeto o cumprimento de obrigação de fazer ou não fazer, o juiz determinará o cumprimento da prestação da atividade devida ou a cessação da atividade nociva, sob pena de execução específica, ou de cominação de multa diária, se esta for suficiente ou compatível, independentemente de requerimento do autor (...).

A multa diária deve ser direcionada não apenas aos entes estatais, mas, pessoalmente, às autoridades ou agentes responsáveis pelo cumprimento da determinação judicial (integrantes ou não da relação processual), quando as ações tiverem por objeto o cumprimento das obrigações de fazer ou não fazer[26].

Os montantes arrecadados com as multas devem ser revertidos para a parte beneficiária da tutela provisória. Quando vencedores a União ou os Estados, tais multas devem integrar o patrimônio do ente público, não podendo ser aplicadas diretamente em fundos de modernização do Poder Judiciário. Isso porque a regra prevista no art. 97 do CPC, segundo a qual os valores das sanções devidas à União ou aos Estados poderão ser revertidos aos fundos de modernização do Poder Judiciário, tem aplicação restrita aos casos de ato atentatório à dignidade da Justiça, conforme dispõe o art. 77, § 3º, do CPC, e de sanções impostas aos serventuários, como estabelece o art. 96 do CPC[27].

Após a notícia do descumprimento da decisão interlocutória que deferiu a tutela provisória sob pena de multa, o juiz pode, inclusive de ofício, proferir nova decisão para majorar o valor ou alterar a periodicidade da multa anteriormente fixada (exegese do art. 537, § 1º, do CPC). Nesse caso, como há modificação da primeira decisão que

---

26. STJ, REsp 1399842/ES, Rel. Min. Sérgio Kukina, 1ª T., j. 25.11.2014, *DJe* 03.02.2015; AgRg no REsp 1388716/RN, Rel. Min. Humberto Martins, 2ª T., j. 23.10.2014, *DJe* 30.10.2014; AgRg no AREsp 472.750/RJ, Rel. Min. Mauro Campbell Marques, 2ª T., j. 03.06.2014, *DJe* 09.06.2014; EDcl no REsp 1111562/RN, Rel. Min. Castro Meira, 2ª T., j. 01.06.2010, *DJe* 16.06.2010. Verificar também: VARGAS, Jorge de Oliveira. *As consequências da desobediência da ordem do juiz cível*. Curitiba: Juruá, 2001. p. 125; MARINONI, Luiz Guilherme. *Técnica processual e tutela dos direitos*. São Paulo: RT, 2004. p. 662.
27. STJ, REsp 1.846.734-RS, Rel. Min. Og Fernandes, j. 11.02.2020, *DJe* 14.02.2020.

versou sobre tutela provisória, é cabível agravo de instrumento, com base no art. 1.015, inc. I, do CPC[28]. Por outro lado, o magistrado também de ofício pode reduzir o valor da multa, se o valor alcançado ferir os princípios da razoabilidade e proporcionalidade ou implicar vedação do enriquecimento sem causa[29].

O objetivo da imposição da multa diária é conferir efetividade ao comando judicial, para coibir o comportamento desidioso da parte contra a qual foi imposta a obrigação judicial, não é indenizar ou substituir o adimplemento da obrigação nem servir de enriquecimento imotivado da parte credora. Portanto, o valor das *astreintes* (art. 536/CPC) é estabelecido sob a cláusula *rebis sic stantibus*, isto é, pode ser modificado ou revogado pelo juiz, quando o montante se tornar irrisório, exorbitante ou desnecessário. A decisão que comina *astreintes* não preclui nem, tampouco, faz coisa julgada (Tema 706). O magistrado pode modificá-la a qualquer tempo, até mesmo de ofício, mesmo que o processo esteja em fase de execução ou cumprimento de sentença.

O arbitramento judicial do valor e da periodicidade da multa diária deve ser devidamente fundamentado e atender os postulados da razoabilidade e da proporcionalidade, bem como *standards* objetivos, tais como: i) o valor da obrigação; ii) a importância do bem jurídico tutelado; iii) o tempo para cumprimento da prestação (prazo razoável e periodicidade); iv) a capacidade econômica e a possibilidade de resistência do devedor; v) a adoção de outros meios coercitivos idôneos; vi) as consequências da imposição das *astreintes* na efetivação da tutela jurisdicional; vii) o dever do credor de mitigar o próprio prejuízo (*duty to mitigate de loss*)[30].

Além disso, há a possibilidade de concessão de tutela provisória em face da Fazenda Pública (Tema 98)[31]. Por exemplo, para obrigar o custeio de tratamento médico ou de remédios, sob pena, inclusive, de *bloqueio ou sequestro de verbas públicas*, como meio de concretizar o valor da dignidade humana e tutelar os direitos fundamentais à vida e à saúde[32]. Também é admitida a imposição de multa cominatória (*astreintes*) como meio de coerção do Poder Público, para cumprir obrigação de fazer (*v.g.*, fornecer medicamento)[33].

Com efeito, o art. 297, parágrafo único, do CPC, deve ser interpretado conjuntamente com o art. 139, inc. IV, do CPC ("determinar todas as medidas indutivas, co-

---

28. STJ, REsp 1827553/RJ, Rel. Min. Nancy Andrighi, 3ª T., j. 27.08.2019, *DJe* 29.08.2019.
29. STJ, EAREsp 650.536/RJ, Corte Especial, Rel. Min. Raul Araújo, j. 07.04.2021. Nesse sentido, também vale mencionar o Enunciado 396 do Fórum Permanente de Processualistas Civis (FPPC): "As medidas do inciso IV do art. 139 podem ser determinadas de ofício, observado o art. 8°".
30. STJ, AgInt no AgInt nos EDcl no AREsp 766.996/MT, 4ª T., Rel. Min. Luis Felipe Salomão, j. 12.03.2019, *DJe* 19.03.2019.
31. STF, SL 558 AgR, Rel. Min. Cármen Lúcia, Tribunal Pleno, j. 08.08.2017, Processo eletrônico *DJe*-188 Divulg 24.08.2017 Public 25.08.2017.
32. STJ, AgRg no AREsp 420.158/PI, Rel. Min. Humberto Martins, 2ª T., j. 26.11.2013, *DJe* 09.12.2013; AgRg nos EDcl no RMS 41.734/GO, Rel. Min. Benedito Gonçalves, 1ª T., j. 18.02.2014, *DJe* 24.02.2014.
33. STJ, AgRg no AREsp 103.101/MT, Rel. Min. Napoleão Nunes Maia Filho, 1ª T., j. 25.03.2014, *DJe* 03.04.2014.

ercitivas, mandamentais ou sub-rogatórias para assegurar o cumprimento da ordem judicial, inclusive nas ações que tenham por objeto prestação pecuniária").

Ademais, com o intuito de promover o direito fundamental à tutela jurisdicional efetiva (CF, art. 5º, inc. XXXV), e apesar da inexistência de previsão expressa para a concessão de tutela de urgência, em caso de alimentos indenizativos obrigação de pagamento de soma em dinheiro), é admissível a adoção de outros meios adequados à efetivação da proteção do direito de alimentos (isto é, medidas executivas atípicas, como a concessão de desconto em folha de pagamento ou de rendas periódicas, a suspensão da Carteira Nacional de Habilitação (CNH)[34], apreensão de passaporte[35], bem como de multa diária e até prisão civil[36].

Na colisão entre os princípios da irrepetibilidade dos alimentos e o da impossibilidade de um provimento urgente que venha a gerar prejuízos para a parte a quem se reconheça razão ao final do processo, manifesta-se o STJ e pauta seu entendimento pela preponderância da irrepetibilidade dos alimentos, nos casos de impossibilidade de prestação de caução para garantia de restituição de pagamento[37]. Concluiu-se, portanto, que, mesmo a obrigação alimentar sendo irrepetível, o montante não deve ser devolvido em caso de julgamento de improcedência, visto que o valor pago para a subsistência digna do beneficiário da tutela de urgência representou mera antecipação da indenização por dano material.

De igual modo, o Supremo Tribunal Federal, ao examinar a constitucionalidade do art. 139, inc. IV, do CPC, na ADI 5941, autorizou o juiz a determinar as medidas coercitivas necessárias para assegurar o cumprimento da ordem judicial[38]. Trata-se de uma autorização genérica (com a possibilidade da aplicação de medidas atípicas, como a apreensão da Carteira Nacional de Habilitação – CNH e de passaporte, a suspensão do direito de dirigir e a proibição de participação em concurso e licitação pública). Isto porque, devido ao dinamismo da realidade social, o legislador não teria como considerar todas as hipóteses sujeitas às medidas executivas. Desse modo, o STF concluiu que a interpretação extensiva do art. 139, inc. IV, do CPC não amplia de forma excessiva a discricionariedade judicial, pois tal prerrogativa se destina a dar efetividade à tutela jurisdicional. Logo, as medidas atípicas devem ser avaliadas de forma casuística, em conformidade com as circunstâncias do caso concreto. Porém, a decisão judicial deve

---

34. STJ, AgInt no REsp 1785726/DF, Rel. Min. Marco Aurélio Bellizze, 3ª T., j, 19.08.2019, *DJe* 22.08.2019.
35. A lei processual não estipula um limite temporal para vigorar a apreensão do passaporte do devedor; tal medida coercitiva visa convencê-lo de que é mais vantajoso adimplir a obrigação do que, por exemplo, não poder realizar viagens internacionais. Deve vigor, pois, enquanto seja um meio idôneo para constranger o devedor a cumprir a sua obrigação. Cf. STJ, HC 711.194/SP, Rel. Min. Marco Aurélio Bellizze, Rel. Acd. Min. Nancy Andrighi, 3ª T., j. 21.06. 2022, *DJe* 27. 06. 2022.
36. MARINONI, Luiz Guilherme. *Teoria geral do processo.* cit. p. 212. Porém, o STJ não tem admitido a aplicação da prisão civil como meio coercitivo para o adimplemento dos alimentos devidos em razão da prática de ato ilícito. Cf. HC 523.357-MG, 4ª T., Rel. Min. Maria Isabel Gallotti, j. 1º.09.2020, *DJe* 16.10.2020.
37. STJ, REsp 1252812/RS, Rel. Min. Nancy Andrighi, 3ª T., j. 07.02.2012, *DJe* 02.03.2012.
38. STF, ADI 5941, Rel. Min. Luiz Fux, Tribunal Pleno, j. 09.02.2023., pub. *Informativo* 1.082, fev. 2023, p. 11-12.

ser motivada, observar os princípios da proporcionalidade e da razoabilidade, e não violar direitos fundamentais (como sinaliza, por exemplo, os arts. 1º, 8º e 805 do CPC).

Com efeito, o poder executivo do juiz não deve ser utilizado arbitrariamente, cabendo às partes controlá-lo, à luz do postulado da proporcionalidade (CPC, arts. 8º e 489, § 2º). Assim, é de se indagar: I) qual seria a melhor adequação legal do meio executivo pretendido: por exemplo, a prisão civil, por força da exegese do art. 5º, inc. LXVII, da CF, não pode ser estendida, para o depositário infiel, restringindo-se ao devedor de alimentos; II) o meio executivo deve ser dotado de perspicácia: deve-se indagar quanto as possíveis alternativas, de forma a tornar a obrigação menos onerosa ao executado (CPC, art. 805): por exemplo, entre aplicar a multa diária e fechar o estabelecimento do executado, criando desemprego e extinguindo uma fonte de tributos, sendo aquela medida capaz de se chegar ao fim pretendido, esta não pode ser aplicada; outro exemplo: a prisão civil do devedor de alimentos não é adequada e eficaz quando não houver atualidade e urgência no recebimento dos alimentos, porque: o credor (filho) atingiu a maioridade, concluiu curso superior e já está trabalhando, não necessitando mais de pensão alimentícia; o devedor está com idade avançada, saúde física e psicológica fragilizada e não consegue manter a regularidade no exercício de atividade laborativa, reduzindo a sua capacidade financeira para pagar os alimentos; bem como a dívida se prolongou no tempo, tornando o montante alto para exigir todo o seu montante para afastar o decreto de prisão[39]; III) a ponderação entre as vantagens da adoção do meio executivo, as quais devem ser superiores às desvantagens (proporcionalidade em sentido estrito): por exemplo, quando se concede a tutela antecipada, em favor de incapaz, cujo pai foi vítima de acidente de trânsito, para lhe assegurar o imediato pagamento de alimentos decorrentes de ato ilícito, a ser descontado na folha de pagamento da empresa, sob pena de multa, está se tutelando a sobrevivência digna da criança ou do adolescente desamparado, em detrimento da redução do patrimônio do demandado, com o risco de, na impossibilidade de se exigir caução, gerar prejuízos ao executado[40].

Ainda, quanto à consideração da proporcionalidade em sentido estrito, Marcelo Lima Guerra, com fundamento em Robert Alexy, propõe uma *fórmula do peso*, cuja equação sustente-se em três variáveis[41]: I) o *peso abstrato* dos valores em conflito: qual é a sua relevância, independentemente de qualquer situação concreta, que os valores ou princípios em conflito têm; II) a *interferência* que a realização de um causa no outro e vice-versa (ou o que a omissão em realizar um causa no outro); e III) quais as *evidências empíricas* (provas) disponíveis para fundamentar tais interferências.

A título de exemplo, especula-se um conflito envolvendo o princípio do juiz natural e o da efetividade processual, ocasião em que se requer a um juiz, absolutamente

---

39. STJ, RHC 160.368/SP, Rel. Min. Moura Ribeiro, 3ª T., j. 05.04.2022, *DJe* 18.04.2022.
40. MARINONI, Luiz Guilherme. Controle do poder executivo do juiz. *Revista de processo*. São Paulo: RT, set. 2005, v. 127. p. 54-74.
41. GUERRA, Marcelo Lima. A proporcionalidade em sentido estrito e a "fórmula do peso" de Robert Alexy. *Revista de Processo*. São Paulo: RT, v. 141. p. 53-71, nov. 2006.

incompetente, a concessão de tutela de urgência[42]. Primeiro, considera que o peso abstrato de ambos os princípios é igual, uma vez que os dois são princípios constitucionais e, portanto, tem igual grandeza, devendo-se ser atribuídos para eles a grandeza *séria* (atribuindo-se, hipoteticamente, o valor 4). Depois, pode-se afirmar que o grau de interferência causada no princípio do juiz natural pela concessão da medida é apenas *moderada* (conferindo-se, abstratamente, o valor 2), porque, concedida a medida, o juiz incompetente poderá remeter os autos ao juiz competente, restaurando (ao menos em parte) o princípio do juiz natural, enquanto que a interferência causada no princípio da efetividade processual pela não concessão da tutela de urgência é *séria* (4), pois, nesta hipótese (o da não concessão), o princípio da efetividade restaria inteira e irreversivelmente esvaziado ou prejudicado (se, obviamente, o requerente tiver o direito que afirma ter). Por fim, pode-se considerar que as evidências são igualmente *sérias* (4), para ambas as afirmações. Em conclusão, aplicando-se a fórmula *supra*, configurada por Marcelo Lima Guerra, ao caso concreto, mencionado no exemplo anterior, pode-se concluir que, em razão do maior grau de interferência (4x2), deve-se atribuir ao princípio da efetividade peso maior que o do juiz natural.

De qualquer modo, caberá ao magistrado motivar o seu convencimento de modo claro e preciso, para que a decisão judicial não seja nula por ausência de fundamentação adequada (CF, art. 93, inc. IX; CPC, art. 298 e 489, § 1º). Por isso, o dever de motivação, para a concessão, negativa, modificação ou revogação da tutela provisória, aplica-se tanto às decisões monocráticas quanto às colegiadas, proferidas seja pelo juiz singular seja pelos órgãos julgadores dos Tribunais. (Cf. art. 298 do CPC; Enunciado 141 do FPPC).

1.9. TUTELA DE URGÊNCIA

Fixados os traços comuns às tutelas provisórias, passa-se à análise de suas espécies estabelecidas no CPC e o regramento a elas pertinente: tutela de urgência, dividida em tutela antecipada e cautelar, cada uma delas podendo ser requerida em caráter incidental ou antecedente, e tutela de evidência, sempre requerida em caráter incidental.

Por questão metodológica e didática, inicia-se a análise pela tutela de urgência.

1.9.1. Diferenças e semelhanças entre tutela cautelar e antecipada

Em que pese agrupadas sob o mesmo gênero – tutela de urgência –, as tutelas antecipadas e cautelares não se confundem.

A tutela cautelar tem a finalidade de *assegurar* a viabilidade da realização de um direito controvertido. Não tem, pois, um fim em si mesmo, mas visa apenas à garantia do resultado útil do processo. Por exemplo, a tutela cautelar de arresto (CPC, art. 301)

---

42. Idem, p. 65-6.

serve para evitar que os bens do devedor sejam alienados ou transferidos para terceiros, com o intuito de evitar a frustração da execução ou a lesão dos credores.

Essa tutela cautelar não *realiza* o direito material do suposto credor (*v.g.*, não reconhece a existência do crédito nem satisfaz seu direito ao crédito), mas tem função *meramente instrumental* à fase do processo de cognição (*v.g.*, ação de cobrança) ou à fase executiva (*v.g.*, penhora de bens do devedor).

Traçando-se um paralelo com a processualística civil anterior, antes da previsão da tutela antecipada no art. 273 do CPC/73, a tutela cautelar, com fundamento no art. 798 do CPC/73 (poder geral de cautela), era utilizada como *técnica de sumarização* do processo de conhecimento para se obter *tutelas sumárias satisfativas*.

Todavia, a utilização dessa técnica gerava confusões como a de dispensar o autor da ação cautelar de propor a ação principal, no prazo de 30 dias, contados da efetivação da medida cautelar (CPC/73, art. 806), em razão da satisfatividade da tutela. Tratava-se de equívoco, porque a tutela cautelar é baseada em *cognição sumária*, não fazendo coisa julgada material e não dispensando, pois, a interposição de *ação principal* capaz de gerar decisão com base em cognição exauriente. Desse modo, confundia-se a antecipação dos efeitos da sentença de mérito de cognição exauriente com o escopo da tutela cautelar voltado a conservar, sumariamente, o *resultado útil* do processo principal (*v.g.*, sequestro ou arresto de bens).

Com efeito, a tutela cautelar tem a finalidade de *assegurar a viabilidade da realização* de um direito, não podendo realizá-lo antecipadamente, dispondo, assim, de caráter de acessoriedade.

Na tutela cautelar, há a *referibilidade* a um direito acautelado e, por isso, não pode ter conteúdo satisfativo, já que, uma vez realizado o direito material, nada mais restaria para ser assegurado, pela perda do objeto em litígio. Tal *referibilidade* existe entre a medida processual (*v.g.*, arresto ou sequestro) e a tutela satisfativa (*v.g.*, o direito de crédito). Já na tutela antecipada não existe essa referibilidade, pois não há um *direito acautelado*, podendo-se obter resultado, total ou parcialmente, coincidente com o que pode ser gerado pela decisão final.

Desse modo, a tutela cautelar e a antecipação de tutela estão em planos diferentes e têm natureza distinta, uma vez que, a rigor, esta é uma forma de tutela, porque visa obter a realização (satisfação) plena do direito (*resultado*), e aquela é apenas um *meio* (e, portanto, uma técnica processual) para assegurar a realização futura de um direito (ou seja, conservar ou acautelar o direito diante de um perigo de dano)[43].

Desde a reforma do CPC/73 ocorrida no ano de 1994 (Lei 8952/94), para a introdução do instituto da tutela antecipada no art. 273 do CPC/73, a tutela cautelar não

---

43. TESSER, André Luiz Bäuml. As diferenças entre a tutela cautelar e a antecipação de tutela no CPC/2015. In: MACÊDO, Lucas Buril de; PEIXOTO, Ravi; FREIRE, Alexandre (Org.). *Procedimentos especiais, tutela provisória e direito transitório*. Salvador: JusPodivm, 2015. p. 34.

poderia mais ser utilizada para a concessão imediata de tutelas sumárias satisfativas. Isso porque, saliente-se, a tutela cautelar é caracterizada pela provisoriedade (ou melhor, pela *temporalidade*, já que a medida cautelar perdura no tempo até que o motivo que a faz surgir desapareça) e pela acessoriedade (*v.g.*, transitada a decisão judicial na ação de reconhecimento e dissolução de união estável, em que são fixados alimentos, cessa a eficácia da medida cautelar de concessão de alimentos provisionais)[44].

Apesar disso, o STJ já admitia, excepcionalmente, o deferimento de medida cautelar em caráter satisfativo, sem exigir a posterior propositura de uma ação principal (*v.g.*, deferimento liminar de medida cautelar de exibição de documentos)[45]. Após a entrada em vigor do CPC, na I Jornada de Direito Processual Civil, organizada pelo Conselho da Justiça Federal, foi editado o Enunciado 50, pelo qual: "A eficácia da produção antecipada de provas não está condicionada a prazo para a propositura de outra ação".

A tutela antecipatória – tal como a cautelar – é marcada pela *provisoriedade*. Como ambas são fundadas em cognição não exauriente, podem ser, a qualquer tempo, revogadas ou alteradas no curso do processo (CPC, art. 296), bem como conservam a sua eficácia durante o período de suspensão do processo, salvo se houver decisão judicial em contrário (CPC, art. 296, parágrafo único). Em razão disso, ambas podem ser consideradas como espécies do gênero tutela de urgência, tendo o CPC permitido a sua concessão quando houver elementos comuns que evidenciem a probabilidade do direito e o perigo de dano ou risco ao resultado útil do processo (CPC, art. 300, *caput*). Nesse sentido, o Enunciado 143 do FPPC assevera:

> A redação do art. 300, *caput*, superou a distinção entre os requisitos da concessão para a tutela cautelar e para a tutela satisfativa de urgência, erigindo a probabilidade e o perigo na demora a requisitos comuns para a prestação de ambas as tutelas de forma provisória (*sic*).

Sobrevindo decisão judicial baseada em cognição exauriente, fica prejudicada a decisão provisória, embora seus efeitos possam ser protraídos no tempo (*v.g.*, a sentença está sujeita à apelação com efeito suspensivo, mas o capítulo da sentença que concedeu a tutela provisória pode produzir efeitos imediatos, nos termos do art. 1.012, § 1º, inc. V, CPC). Por outro lado, a decisão que julga improcedente o pedido final, consequentemente, gera a perda de eficácia da tutela provisória.

O juiz não pode modificar a decisão, salvo quando presentes fatos ou argumentos novos, em razão da preclusão e em decisão motivada (exegese do art. 296 do CPC). Ainda, quando o autor interpõe agravo de instrumento contra a decisão que indefere a tutela provisória (CPC, art. 1.015, inc. I) e o tribunal dá provimento ao recurso, a decisão do juiz de primeiro grau é substituída pela do Tribunal (CPC, art. 1.008), não podendo o magistrado alterá-la, ressalvada a hipótese do surgimento de fatos novos.

---

44. STJ, REsp 846.767/PB, Rel. Min. Nancy Andrighi, 3ª T., j. 24.04.2007, *DJ* 14.05.2007. p. 297.
45. STJ, REsp 1284551/SP, Rel. Min. Nancy Andrighi, 3ª T., j. 15.05.2012, *DJe* 30.05.2012.

Embora baseada em cognição sumária, apenas a tutela antecipada pode adquirir *estabilidade*, nos termos dos arts. 303 e 304 do CPC.

1.9.2. Fungibilidade entre as tutelas provisórias (cautelar e antecipada)

Dois instrumentos processuais são fungíveis quando, havendo *dúvida objetiva* sobre qual deles deve ser usado, admite-se a utilização de ambos, para que a parte que poderia obter o benefício não venha a ser prejudicada.

Partindo-se da premissa de que o processo é um *instrumento* para a realização do direito material, não pode a forma se sobrepor à substância. O rigor formal não pode ser um obstáculo à realização do direito material.

Preocupado com a situação de urgência a ser tutelada jurisdicionalmente, a Lei 10.444/2002 contemplou a fungibilidade entre as tutelas cautelares e antecipatória, no § 7º, do art. 273 do então CPC/73, da seguinte maneira: "Se o autor, a título de antecipação de tutela, requerer providência de natureza cautelar, poderá o juiz, quando presentes os pressupostos respectivos, deferir a medida cautelar em caráter incidental do processo ajuizado".

Em interpretação literal, a referida regra somente viabilizava a concessão, no interior do processo de conhecimento, de tutela cautelar que foi, incorretamente, denominada de tutela antecipada.

No entanto, o dispositivo merecia exegese mais ampla, para contemplar duas situações: I) quando fosse caso de tutela antecipatória e o demandante tivesse ajuizado ação cautelar *incidental* (*v.g.*, o STJ entendia que a ação cautelar de sustação de protesto – baseada no poder geral de cautela do art. 798, CPC/73 –, após a *efetivação* do protesto, poderia ser recebida como tutela antecipada de *suspensão* dos seus efeitos, enquanto se discutia judicialmente o débito, com base no princípio da fungibilidade entre as medidas cautelares e antecipatórias)[46]; II) quando fosse caso de tutela cautelar e o autor ajuizasse ação de conhecimento, com pedido de tutela antecipada.

O CPC não prevê uma regra com alcance semelhante à do art. 273, § 7º, do CPC/73, já que o art. 305, parágrafo único, do CPC apenas trata da fungibilidade da tutela cautelar requerida em caráter antecedente. Entretanto, para se efetivar a garantia constitucional da tutela processual adequada, célere e efetiva (CF, art. 5º, inc. XXXV e LXXVIII; CPC, art. 4º), há de se admitir a *ampla fungibilidade* entre as tutelas provisórias, cautelar ou antecipada, antecedente ou incidente. Nesse sentido, vale ressaltar tanto o Enunciado 45 da I Jornada de Direito Processual Civil, organizada pelo Conselho da Justiça Federal ("Aplica-se às tutelas provisórias o princípio da fungibilidade, devendo o juiz esclarecer as partes sobre o regime processual a ser observado") quanto o Enunciado 502 do FPPC ("Caso o juiz entenda que o pedido de tutela antecipada em caráter antecedente tenha natureza cautelar, observará o disposto no art. 305 e seguintes").

---

46. STJ, REsp 1549896/PE, Rel. Min. Ricardo Villas Bôas Cueva, 3ª T., j. 20.10.2015, *DJe* 09.11.2015.

Assim, deve o juiz, com especial destaque no princípio da colaboração processual (CPC, art. 6º), ao analisar o caso concreto, receber a tutela cautelar como antecipada ou a antecipada como cautelar, com a determinação dos ajustes que se fizerem necessários, para proteger a situação urgente, não prejudicando a parte que tenha se valido da técnica processual inadequada. Portanto, caso o juiz entenda que o pedido de tutela antecipada em caráter antecedente tenha natureza cautelar, deverá observar o disposto nos artigos 305 a 310 do CPC.

Cabe agravo de instrumento contra a decisão interlocutória que converte o rito da tutela provisória de urgência requerida em caráter antecedente (CPC, arts. 305, par. ún., e 1.015, inc. I; Enunciado 693 FPPC).

1.9.3. Requisitos para a concessão da tutela de urgência

1.9.3.1. Probabilidade do direito

O art. 273, *caput*, CPC/73 exigia, para a concessão da tutela antecipada, a existência de prova inequívoca, capaz de convencer o juiz da verossimilhança da alegação. Tal disposição do CPC/73 trazia uma preocupante contradição em seus termos, pois a expressão "prova inequívoca" não era compatível com a "verossimilhança da alegação". Prova inequívoca é uma prova da qual não se tem dúvida e alegação verossimilhante é aquela que tem aparência de ser verdadeira, mas ainda não se tem certeza.

O CPC exige a evidência da probabilidade do direito (CPC, art. 300, *caput*). Todavia, não se está, a rigor, diante da necessidade de se evidenciar o direito, mas sim as alegações capazes de ensejar a aplicação do direito. O conceito de probabilidade do direito está, pois, intrinsecamente ligado ao conjunto fático-probatório dos autos. O que se pretende é um *juízo de probabilidade*, isto é, um mínimo de plausibilidade jurídica ou de prova suficiente para a verificação do perigo de dano ou risco ao resultado útil do processo.

Havendo prova suficiente da existência do direito alegado pelo requerente, isso gera uma probabilidade de as demais provas corroborarem os elementos probatórios iniciais. Por exemplo, se o segurado demonstra o sinistro pelo boletim de ocorrência do acidente de trânsito e o adimplemento contratual, com a juntada dos recibos de quitação dos prêmios, faz *jus* à concessão da tutela de urgência para que a seguradora pague a indenização prevista na apólice, desde que detectados os demais requisitos legais, a serem abordados no item seguinte.

A tutela de urgência é provisória, porque concedida *antes* da obtenção da cognição exauriente, quando o juiz estaria apto a sentenciar. Logo, é produto de cognição sumária, estando baseada em um juízo de probabilidade. Daí se falar em probabilidade do direito.

Para a obtenção da liminar, cabe ao requerente demonstrar mediante prova pré-constituída a probabilidade do direito e o perigo de dano ou o risco ao resultado útil do processo. Contudo, nem sempre a prova documental estará disponível ou será suficiente para influenciar no convencimento do juiz. Nesse caso, a parte pode requerer ou o juiz de ofício determinar a designação de audiência de justificação prévia (CPC, art. 300, § 2º). A finalidade dessa audiência é permitir a produção de provas orais, embora restritas aos pressupostos para a concessão a tutela de urgência. O réu pode ser citado para comparecer à audiência, embora sua participação se limite a impugnar os requisitos para a concessão da tutela de urgência, não se prestando à antecipação da defesa.

As dificuldades objetivas do requerente em se desincumbir de seu ônus probatório devem ser levadas em consideração pelo órgão judicial. Por exemplo, tratando-se de direito do consumidor, a situação poderá ser amenizada com a aplicação do art. 6º, inciso VIII, do CDC, com a inversão do ônus da prova. Se não se tratar de relação do consumo, o juiz pode inverter o ônus da prova ou distribuí-lo de forma distinta, com base no direito fundamental à tutela jurisdicional efetiva (CF, art. 5º, inc. XXXV), fundando-se na noção de que as técnicas processuais devem estar voltadas à proteção do direito material, ainda que não haja lei expressa neste sentido, desde que as peculiaridades da causa estejam relacionadas à impossibilidade ou à excessiva dificuldade da parte se desincumbir dos ônus probatórios do art. 373, incs. I e II, do CPC, aplicando-se a *teoria dinâmica do ônus da prova* consagrada no art. 373, §§ 1º e 2º, do CPC (*v.g.*, para proteger um direito ambiental, pode o magistrado inverter o ônus da prova, quando é mais fácil para o demandado produzir a prova, com reforço do princípio da precaução)[47].

De todo modo, a questão de se saber qual é a probabilidade suficiente para a concessão da tutela de urgência recai sobre o controle da racionalidade da decisão judicial. Na decisão que conceder, negar, modificar ou revogar a tutela provisória, é o dever do juiz motivar o seu convencimento de modo claro e preciso (CPC, art. 298). É nula, por falta de fundamentação adequada, a decisão judicial que incorrer nas hipóteses do art. 489, § 1º, do CPC. Entretanto, o juiz não pode exigir um pleno juízo de certeza, inerente a uma argumentação judicial decorrente de cognição exauriente, para deixar de conceder a tutela provisória, já que o objeto da prova recai apenas sobre a probabilidade de perigo de dano ou de risco ao resultado útil do processo[48].

Embora o art. 9º, parágrafo único, inc. I, do CPC admita a possibilidade de o juiz conceder a tutela provisória de urgência sem a oitiva de uma das partes, na dúvida sobre a existência no caso concreto de probabilidade suficiente para a concessão da medida, o magistrado pode justificar a ausência deferimento imediato do pedido liminar na necessidade de estabelecer o contraditório prévio (cfr. Enunciado 30 do FPPC).

---

47. STJ, AgRg no AREsp 183.202/SP, Rel. Min. Ricardo Villas Bôas Cueva, 3ª T., j. 10.11.2015, *DJe* 13.11.2015.
48. MARINONI, Luiz Guilherme. Prova, convicção e justificativa diante da tutela antecipatória. *Jus Navigandi*, Teresina, ano 10, n. 1182, 26 set. 2006. Disponível em: [http://jus2.uol.com.br/doutrina/texto.asp?id=8847]. Acesso em: 26.02.2016.

1.9.3.2. Requisitos alternativos: perigo de dano ou risco ao resultado útil do processo

Dois outros são os requisitos *alternativos* da tutela de urgência: I) perigo de dano ou II) risco ao resultado útil do processo.

O fundado receio de dano ou risco ao resultado útil do processo revelam a *urgência* da medida, caracterizada pelo *periculum in mora* (perigo na demora), que é uma exigência comum às tutelas cautelar e antecipada.

O perigo de dano pode ser irreparável ou de difícil reparação. *Dano irreparável* é aquele cujos *efeitos* são *irreversíveis*[49]. Os danos irreparáveis estão ligados à violação de *direitos não patrimoniais* ou a *direitos patrimoniais com função não patrimonial*. Exemplo de danos irreparáveis ligados à violação de direitos não patrimoniais: em uma ação civil pública, visando à proibição da comercialização de medicamento suspeito de causar câncer e não autorizado pelo Ministério da Saúde ou à importação e venda de carne de país europeu, onde foi comprovado surto de doença no rebanho, a demora na concessão da tutela pode causar danos irreparáveis à *saúde* da população (*v.g.*, a ingestão do produto tóxico). É exemplo de dano irreparável relacionado a direito patrimonial com função não patrimonial: ação de reparação de danos com pedido de alimentos (em razão de acidente automobilístico alguém fica impossibilitado de manter o seu próprio sustento ou, em razão de sua morte, sua família fica desprovida da sua renda).

Ademais, *dano de difícil reparação* pode ocorrer[50]: a) quando as situações econômicas fazem supor que o prejuízo não será efetivamente reparado (*v.g.*, refinaria de petróleo que, diante da determinação da redução do preço do combustível, recusa-se a vender gasolina, gerando perdas aos consumidores ou quando empresa de geração de energia elétrica para de funcionar em razão de greve de seus funcionários); b) quando o dano não pode ser individualizado ou quantificado com precisão (*v.g.*, desvio de clientela decorrente de concorrência desleal: com o decorrer do processo judicial, o empresário sofre uma acentuação do prejuízo tornando cada vez mais difícil a quantificação dos danos).

Por outro lado, o conceito de risco ao resultado útil do processo está ligado à concessão da tutela cautelar, a exigir a evidência provável do perigo na demora, ao direito a ser acautelado; ou seja, há urgência na concessão da tutela cautelar, sob risco de a providência judicial ser ineficaz, em razão do transcurso do tempo. Isso pode ocorrer quando haja risco de perecimento, destruição, desvio, deterioração ou de qualquer modificação no estado das pessoas, bens ou provas necessários para a perfeita e eficaz atuação do provimento final do direito principal[51]. Exemplo que comporta a concessão da tutela cautelar, em razão do risco ao resultado útil do processo, é o arresto de bens,

---

49. MARINONI, Luiz Guilherme. *Antecipação de tutela*. 12. ed. São Paulo: RT, 2011. p. 155-156.
50. Ibidem, p. 156.
51. THEODORO JR., Humberto. *Processo cautelar*. 25. ed. São Paulo: Leud, 2010. p. 61.

requerido pelo credor, que busca receber o crédito consubstanciado em títulos de crédito, ante a dilapidação do patrimônio, por parte do devedor.

Tal risco deve ser provável e, por isso, *fundado*, não bastando o mero estado de espírito do requerente. Em outras palavras, é preciso ir além de uma mera apreciação subjetiva de temor ou dúvida pessoal, mas haver – de fato – uma *situação objetiva*, na qual a tutela seja imprescindível para assegurar o conteúdo do objeto litigioso (*v.g.*, a alienação de bens que põe em risco a solvência do demandado, baseada na notícia de que a empresa do devedor está vias de recuperação judicial)[52].

O risco ao resultado útil do processo pode ser *próximo* ou *iminente*, isto é, deve-se estar diante de uma lesão que, provavelmente, venha a ocorrer durante o curso do processo, antes da solução definitiva ou de mérito.

Por fim, tais prejuízos devem ser *graves* ou de *difícil reparação* para justificar a tutela de urgência, tomando-se em consideração a possibilidade de reparação *específica* ou pelo *equivalente* (indenização).

1.9.3.3. Perigo de irreversibilidade dos efeitos da decisão

Pelo § 3º do art. 300 do CPC, a tutela de urgência não pode ser concedida quando há perigo de irreversibilidade dos efeitos da decisão.

O provimento jurisdicional não é irreversível, pois está sujeito aos recursos. Se a tutela de urgência for concedida por decisão interlocutória, pode ser modificada pelo próprio juiz, diante de novas argumentações, ou pelo Tribunal, em sede de agravo de instrumento. Se for concedida na sentença, somente poderá ser alterada pelo Tribunal, quando da interposição da apelação[53].

O que pode se tornar irreversível são os fatos. Por exemplo, se um prédio está ameaçado de ruir e é concedida a tutela antecipada para a sua demolição, depois da implosão, a situação fática é irreversível, ainda que a perícia demonstre que as ameaças não existiam. Em hipóteses como essa, aquele que obteve a tutela antecipada será o responsável por indenizar os prejuízos sofridos com a execução da medida.

Ademais, deve ser considerado o problema da antecipação da tutela e da colisão de direitos fundamentais[54], na medida em que, se o art. 300, § 3º, do CPC, fosse interpretado literalmente poderia constituir um *limite intransponível* para a efetividade do processo e dos direitos nele pleiteados, o que representaria uma afronta à garantia constitucional da tutela jurisdicional adequada, efetiva e célere (CF, art. 5º, inc. XXXV).

O juiz deve analisar a *proporcionalidade* da providência, isto é, deve ponderar os benefícios e os malefícios da concessão da tutela (ou melhor, buscar medir o *peri-*

---

52. STJ, AgRg na MC 17.411/DF, Rel. Min. Ari Pargendler, Corte Especial, j. 20.08.2014, DJe 1º.09.2014.
53. STJ, AgRg no AREsp 394.257/SP, Rel. Min. Herman Benjamin, 2ª T., j. 8.03.2014, DJe 27.03.2014.
54. ZAVASCKI, Teori Albino. Antecipação da tutela e colisão de direitos fundamentais. In: TEIXEIRA, Sálvio de Figueiredo (Coord.). *Reforma do Código de Processo Civil*. São Paulo: Saraiva, 1996.

culum in mora comparando-o com o *periculum in mora reverso*), fazendo um juízo de ponderação entre o perigo de dano alegado pelo requerente e o que ficaria sujeito o requerido caso concedida a medida de urgência (CPC, arts. 8º e 489, § 2º)[55]. Dessa forma, a proporcionalidade deve ser um postulado basilar para a concessão ou não da tutela provisória para a resposta da seguinte ponderação: se a não concessão da tutela provisória vier a causar perigo de dano ou risco ao resultado útil do processo em maior grau daquele que viesse a ser suportado pelo demandado, caso houvesse o seu deferimento, ela deve ser concedida[56].

A garantia constitucional do devido processo legal assegura tanto a efetividade do processo quanto a segurança jurídica. Cabe ao juiz, considerando as circunstâncias do caso concreto, conciliar tais exigências contrapostas, a fim de obter decisões justas. Afinal, um processo somente pode ser justo se os atos processuais praticados forem proporcionais e razoáveis ao ideal de protetividade do direito alegado[57]. Nesse sentido, por exemplo, o STJ considerou possível a antecipação de tutela, ainda que houvesse perigo de irreversibilidade do provimento, quando o mal irreversível for maior, determinando o pagamento de pensão mensal destinada a custear tratamento médico da vítima de infecção hospitalar, por considerar que a falta de imediato atendimento médico causaria danos irreparáveis de maior monta do que o patrimonial[58].

Acrescente-se que a tutela de urgência, pela sua própria natureza, tem *caráter provisório*, porque, estando baseada em um juízo de probabilidade (cognição sumária), pode ser revogada ou alterada, no curso do processo, a partir do surgimento de fatos novos ou melhores provas. Se não fosse assim, restaria violada a segurança jurídica, presente na plena consagração do contraditório e da ampla defesa no decorrer do processo (cognição exauriente).

Nesse sentido, podem ser mencionados três enunciados: I) o n. 25 da ENFAM ("A vedação da concessão de tutela de urgência cujos efeitos possam ser irreversíveis (art. 300, § 3º, do CPC/2015) pode ser afastada no caso concreto com base na garantia do acesso à Justiça (art. 5º, XXXV, da CRFB)"); II) o n. 419 do FPPC ("(art. 300, § 3º) Não é absoluta a regra que proíbe tutela provisória com efeitos irreversíveis"); III) o n. 40 da I Jornada de Direito Processual Civil, promovida pelo Conselho da Justiça Federal ("A irreversibilidade dos efeitos da tutela de urgência não impede sua concessão, em se tratando de direito provável, cuja lesão seja irreversível").

---

55. LUCON, Paulo Henrique da Silva. Tutela provisória na atualidade, avanços e perspectivas: entre os 20 anos do art. 273 do CPC de 1973 e a entrada em vigor do novo CPC. In: BUENO, Cassio Scarpinella; MEDEIROS NETO, Elias Marques de; OLIVEIRA NETO, Olavo de; OLIVEIRA, Patrícia Elias Cozzolino de; LUCON, Paulo Henrique dos Santos (Coord.). *Tutela provisória no novo CPC. Dos 20 anos de vigência do art. 273 do CPC/1973 ao CPC/2015*. São Paulo: Saraiva, 2016. p. 238.
56. Ibidem, p. 240.
57. ÁVILA, Humberto. O que é "devido processo legal"? In: CLÉVE, Clèmerson Merlin (Org.). *Doutrinas essenciais de direito constitucional*. São Paulo: RT, 2015. v. IX. p. 624.
58. STJ, REsp 801.600/CE, Rel. Min. Sidnei Beneti, 3ª T., j. 15.12.2009, *DJe* 18.12.2009.

Há situações extremamente urgentes em que o juiz se coloca no dilema entre preservar o direito do requerente e gerar uma situação (fática) irreversível ou negar o direito do requerente e causá-lo um dano irreparável.

Não se trata, contudo, de optar entre a segurança jurídica e a efetividade da tutela jurisdicional, mas sim de *harmonizar* tais princípios no caso concreto. Aliás, os princípios jurídicos são *preceitos de otimização* que comportam *vários níveis de concretização*, conforme as condições fáticas e jurídicas de realização constitucional. Ao contrário das regras jurídicas, os princípios não têm a pretensão de exclusividade, isto é, em caso de antinomia, não se resolvem pela *lógica do tudo ou nada* (por imposição de critérios como o de que *lex superior derrogat inferior, lex specialis derrogat generalis* e *lex posterior derrogat priori*), podendo ser *modulados*, de modo que, por uma solução "intermédia", resolve-se a oponibilidade interna em um compromisso (*questão de peso*). Assim, o princípio menos relevante àquele caso em concreto acaba por ceder espaço ao princípio mais relevante a ser aplicado a uma situação fática, sem, com isso, haver a sua exclusão[59].

Os critérios para a resolução do dilema da concessão de tutela provisória em situações irreversíveis, ao direito do demandado, e negativa de danos irreparáveis ou de difícil reparação, ao direito do demandante, se constroem a partir dos postulados da proporcionalidade e da razoabilidade (CPC, arts. 8º e 489, § 2º).

Como vetor hermenêutico, pode-se afirmar que a irreversibilidade dos efeitos do provimento jurisdicional não deve constituir óbice insuperável quando estiver em jogo interesse jurídico mais relevante segundo os valores consagrados pela ordem jurídica[60].

Por exemplo, se A discute com B sobre a interpretação de uma cláusula de contrato de prestação de serviço de saúde, não é razoável que se espere o fim do processo – o que pode durar alguns anos – para a realização de cirurgia urgente ou para determinar a internação do paciente[61].

Entretanto, pelo art. 302 do CPC, a parte beneficiária da tutela de urgência responderá pelos prejuízos causados ao adversário, caso o provimento jurisdicional seja, posteriormente, revogado, em razão da sentença lhe ser desfavorável (inc. I); da obtenção liminar da tutela em caráter antecedente não ser acompanhada dos meios necessários para a citação do requerido no prazo de cinco dias (inc. II); da ocorrência da cessação da eficácia da medida em qualquer hipótese legal (inc. III); ou, ainda, quando o juiz acolher a alegação de decadência ou de prescrição da pretensão do autor (inc. IV)

---

59. CAMBI, Eduardo. Neoconstitucionalismo e neoprocessualismo. *Direitos fundamentais, políticas públicas e protagonismo judicial*. 3. ed. Belo Horizonte: D'Plácido, 2020. p. 114.
60. MARINONI, Luiz Guilherme. *Efetividade do processo e tutela de urgência*. Porto Alegre: Fabris, 1994. p. 61-2.
61. LOPES, João Batista. Princípio da proporcionalidade e efetividade do processo civil. MARINONI, Luiz Guilherme (Coord.). *Estudos de Direito Processual Civil. Homenagem ao Professor Egas Dirceu Moniz de Aragão*. São Paulo: RT, 2005. p. 138. A propósito, a Súmula 597 do STJ estabelece: "A cláusula contratual de plano de saúde que prevê carência para utilização dos serviços de assistência médica nas situações de emergência ou de urgência é considerada abusiva se ultrapassado o prazo máximo de 24 horas contado da data da contratação".

(CPC, art. 302). São hipóteses de responsabilidade pelo dano causado pela concessão da tutela de urgência.

Nas situações dos incisos II e III do art. 302 do CPC a responsabilidade é *objetiva*, isto é, independentemente da demonstração do dolo ou da culpa. Por outro lado, nas hipóteses arroladas nos incisos I e IV do art. 302 do CPC, a responsabilidade é *subjetiva* e, portanto, depende da alegação e da prova do dolo ou da culpa. Neste sentido, a sentença de improcedência que revoga a tutela de urgência (CPC, art. 302, inc. I) faz prevalecer o juízo exauriente sobre o sumário, mas não pode apagar retroativamente a tutela provisória considerada, ao seu tempo, necessária e devida; por isso, a responsabilização exige a demonstração do dolo ou da culpa para desfazer um legítimo exercício de direito pela parte. No entanto, tal entendimento não se impõe na hipótese em que a tutela provisória é obtida de forma injustificada com a violação da ordem jurídica (*v.g.*, com fundamento em prova falsa)[62].

Nesse sentido, o STJ tem asseverado, por exemplo, que os valores de benefícios previdenciários complementares, recebidos por força de tutela antecipada posteriormente revogada, devem ser devolvidos, em virtude da reversibilidade da tutela provisória, a ausência de boa-fé objetiva do beneficiário e a vedação de enriquecimento ilícito[63].

Para se evitar a responsabilização da parte beneficiária da tutela de urgência, na medida do possível, o juiz deve exigir, por força dos arts. 300, § 1º, e 520, inc. IV, do CPC, que o demandante preste caução suficiente e idônea para ressarcir os danos que a outra parte possa vier a sofrer. Por exemplo, o STJ tem afirmado que, nas ações revisionais de cláusulas contratuais, ainda que a dívida seja objeto de discussão em juízo, não cabe a concessão de tutela antecipada para impedir o registro de inadimplentes nos cadastros de proteção ao crédito, salvo nos casos em que o devedor, demonstrando efetivamente que a contestação do débito se funda na aparência do bom direito e em jurisprudência consolidada do STJ ou do STF, deposite o valor correspondente à parte incontroversa ou preste caução idônea, fixada conforme o prudente arbítrio do juiz[64]. Dessa forma, a caução possui natureza de *contracautela processual*, com a finalidade de proteger eventual direito da parte contrária e, por isso, afasta, em grande medida, o perigo de irreversibilidade dos efeitos da decisão que concede a tutela provisória[65].

A exigência de caução, contudo, não é uma *conditio sine qua non* para a obtenção da tutela de urgência, pois, se assim fosse, restaria violado o princípio da igualdade em sentido substancial, já que somente aqueles que possuíssem condições patrimoniais

---

62. MITIDIERO, Daniel. Comentário ao art. 302 do CPC. In: ALVIM, Teresa Arruda; DIDIER JR, Fredie; TALAMINI, Eduardo; DANTAS, Bruno (Coord.). *Breves comentários ao Novo Código de Processo Civil*. São Paulo: RT, 2015. p. 785.
63. STJ, REsp 1555853/RS, Rel. Min. Ricardo Villas Bôas Cueva, 3ª T., j. 10.11.2015, *DJe* 16.11.2015; REsp 1401560/MT, Rel. Min. Sérgio Kukina, Rel. p/ Acórdão Min. Ari Pargendler, 1ª Seção, j. 12.02.2014, *DJe* 13.10.2015.
64. STJ, AgRg no REsp 1337056/RS, Rel. Min. Luis Felipe Salomão, 4ª T., j. 19.11.2013, *DJe* 06.12.2013.
65. LUCON, Paulo Henrique da Silva. *Tutela provisória na atualidade, avanços e perspectivas*: entre os 20 anos do art. 273 do CPC de 1973 e a entrada em vigor do novo CPC. cit. p. 242.

favoráveis poderiam se valer do instituto. Essa lógica, além de manifestamente inconstitucional, contraria a realidade, especialmente a brasileira, em que, em inúmeros casos, a tutela de urgência visa restabelecer a dignidade ao requerente, patrimonial e moralmente, lesado. Isso pode ocorrer, por exemplo, quando a tutela antecipada versar sobre obrigação de natureza alimentar ou para proteger o mínimo existencial[66]. Nesse sentido, por exemplo, o STJ admitiu, em acidente ambiental, com vazamento de óleo no mar, que impossibilitou a pesca na Baía de Antonina/PR, o levantamento de quantia em dinheiro, independente de caução, em razão da natureza alimentar do crédito e do estado de necessidade dos beneficiados[67]. Por isso, o § 1º do art. 300 do CPC permite que a caução seja dispensada se a parte economicamente hipossuficiente não puder oferecê-la.

O risco de concessão de tutela de urgência, sem exigência de caução, é calculado, na medida em que a concessão do provimento dependerá da existência de elementos que evidenciem a probabilidade do direito e o perigo de dano ou o risco ao resultado útil do processo (CPC, art. 300, § 1º).

Assim, a concessão da tutela de urgência, com base no postulado da proporcionalidade, somente se fará, sem a exigência da prestação de caução, quando for estritamente necessária para evitar perigo de dano ou risco ao resultado útil do processo. Não havendo ocorrência, prosseguimento, ou repetição do dano, ou do ilícito, ou risco ao resultado útil do processo, o juiz não concederá a tutela provisória de urgência.

Ademais, havendo dúvida fundada, o magistrado deverá observar o contraditório antes da concessão da medida (exegese do art. 9º do CPC), a fim de avaliar melhor as provas pré-constituídas (documentais) ou designar audiência de designação prévia (CPC, art. 300, § 2º), após a regular citação do réu, para formar seu convencimento com base no contato direto tanto com as partes quanto com as testemunhas, bem como obter esclarecimentos orais do perito nessa audiência. O risco deve ser calculado, na medida em que a aparência do direito tutelado, em sede do provimento de urgência, por um juízo de probabilidade, deve se confirmar na sentença, após o exaurimento da cognição.

No entanto, nas situações extremamente urgentes, impõe-se a concessão da tutela provisória *in audita altera parte*, sendo legítimo o ato judicial de diferir ou postergar a observância da garantia do contraditório (CPC, art. 9º, parágrafo único, inc. I).

O problema surge quando, antecipando os efeitos da tutela ou concedendo a tutela cautelar sem a exigência de caução, a decisão interlocutória é revogada ou modificada no curso do processo (CPC, art. 296). Questiona-se, assim, a responsabilidade de quem deverá arcar com o prejuízo.

---

66. Idem.
67. STJ, REsp 1145358/PR, Rel. Min. Ricardo Villas Bôas Cueva, 2ª Seção, j. 25.04.2012, *DJe* 09.05.2012.

Não parece razoável concluir que competiria ao réu suportar o prejuízo, considerando a ideia do sacrifício individual em prol do coletivo, já que tal hipótese somente se colocaria em uma tirania[68].

Sendo a prestação jurisdicional um serviço público monopolizado pelo Estado, nestas situações excepcionalíssimas, não resta outra opção senão a responsabilidade civil do Estado por atos judiciários[69]. Afinal, tendo o art. 37, § 6º, da CF adotado a regra da responsabilidade objetiva, e tal responsabilização permeia todas as atividades estatais, inclusive os serviços jurisdicionais, os atos estatais, praticados por intermédio do juiz, não se distinguem, ontologicamente, das demais atividades do Estado.

Além disso, a utilidade do § 3º do art. 300 do CPC reside na impossibilidade de concessão de tutela provisória, nas ações relativas ao estado ou a capacidade das pessoas. Por exemplo, a tutela antecipada na ação de investigação de paternidade e na desconstituição de um casamento não é possível, porque não é razoável admitir que, durante certo lapso temporal, alguém seja considerado pai ou separado. Isso não significa que nenhum efeito possa vir a ser antecipado nas ações declaratórias ou constitutivas, como será mais bem analisado no item 1.13 *infra*.

1.10. TUTELA ANTECIPADA

Sendo espécie da tutela de urgência, a tutela antecipada difere-se da tutela cautelar pela *finalidade* pretendida. Enquanto a tutela cautelar tem o objetivo de assegurar o resultado útil do processo, apresentando os requisitos de referibilidade e acessoriedade, com a tutela antecipada, pretende-se antecipar os efeitos da tutela final.

O instituto, já presente no ordenamento processual pretérito (CPC/73, art. 273), é regulamentado nos arts. 300 a 304 do CPC e compatível com provimentos jurisdicionais de diversas naturezas, como se verificará em itens posteriores.

Como exposto, o CPC inovou ao possibilitar o requerimento da tutela antecipada em caráter antecedente à postulação dos pedidos principais, podendo se valer de sua estabilização.

1.11. TUTELA ANTECIPADA REQUERIDA EM CARÁTER ANTECEDENTE

A tutela antecipada fundada na urgência pode ser requerida em caráter antecedente. O autor pode se limitar a pedir a tutela antecipada, desde que faça referência à indicação do pedido de tutela final, com a exposição da lide, do direito que se busca

---

68. MARINONI, Luiz Guilherme. *Antecipação de tutela*. 12. ed. cit., p. 198-200.
69. LASPRO, Oreste Nestor de Souza. Devido processo legal e a irreversibilidade da antecipação dos efeitos da tutela jurisdicional. In: MARINONI, Luiz Guilherme (Coord.). *Estudos de Direito Processual Civil*. Homenagem ao Professor Egas Dirceu Moniz de Aragão. São Paulo: RT, 2005. p. 273-4.

realizar, além de evidenciar o perigo de dano ou do risco ao resultado útil do processo (CPC, art. 303, *caput*).

Concedida a tutela antecipada de urgência, pode o autor "aditar" a petição inicial para, eventualmente, complementar a causa de pedir, juntar documentos novos e confirmar o pedido de tutela final, em 15 dias ou em outro prazo maior que o juiz fixar (CPC, art. 303, § 1º, inc. I).

O juiz possui poder de dilação do prazo (CPC, art. 139, inc. VI), o qual abrange a fixação do termo final para aditar o pedido inicial posteriormente ao prazo para recorrer da tutela antecipada antecedente (Cf. Enunciado 581 do FPPC).

Atente-se que o prazo do art. 303, § 1º, do CPC se inicia a partir da *concessão* da medida de urgência (ou seja, da intimação do requerente da concessão da medida urgente satisfativa), de maneira que em nada se confunde com a data da sua efetivação. Desse modo, cabe ao magistrado, na mesma decisão que conceder a antecipação de tutela, determinar a intimação do autor para que proceda o aditamento da petição no prazo de 15 dias ou, em casos complexos, de outro prazo maior que conceder.

Os documentos novos a que se refere o art. 303, § 1º, inc. I, do CPC são aqueles necessários para demonstrar os argumentos deduzidos para a obtenção do pedido de tutela final, ainda que existentes no momento em que se requer a tutela antecipada em caráter antecedente. No "aditamento" da petição inicial, caberá ao demandante delinear toda a sua estratégia jurídica para convencer o Poder Judiciário que tem razão e que, portanto, merece obter a tutela final[70]. Além de juntar documentos, o autor pode também requerer a produção de outras provas (*v.g.*, testemunhal e pericial) necessárias a influenciar melhor a formação do convencimento judicial.

Nada impede, contudo, que a petição inicial na hipótese de tutela antecipada requerida em caráter antecedente seja integral, sendo o referido "aditamento" meramente eventual e facultativo, até porque a tutela provisória de urgência pode ser *satisfativa* (CPC, art. 4º), desde que fundado em juízo de certeza ("prova inequívoca") quanto à existência do direito afirmado[71]. De qualquer modo, caso não haja necessidade de complementar a petição inicial, caberá ao autor esclarecer esse fato e declarar que, no caso concreto, a petição inicial está plenamente apta para ser admitida e que não há necessidade da juntada de outros documentos[72].

Por outro lado, não concedida a liminar e, se houver necessidade, o órgão jurisdicional determinará o aditamento da petição inicial em até cinco dias. O art. 303, § 6º,

---

70. SOUZA, Artur César. Análise da tutela antecipada prevista no relatório final da Câmara dos Deputados em relação ao novo CPC. Da tutela de evidência. Última parte. *Revista de processo*, v. 235, set. 2014. p. 180.
71. YARSHELL, Flávio Luiz. A tutela provisória (cautelar e antecipada) no novo CPC: grandes mudanças? *Jornal Carta Forense*, mar. 2016. p. A4.
72. GODINHO, Robson Renault. Comentários ao art. 303 do CPC. In: CABRAL, Antonio do Passo; CRAMER, Ronaldo (Coord.). *Comentários ao Novo Código de Processo civil*. Rio de Janeiro: Forense, 2015. p. 479.

do CPC usa equivocadamente o termo "emenda" da petição inicial, mas, em verdade, se trata de mero aditamento, já que a inicial, propositadamente, foi redigida apenas para o requerimento da tutela provisória. Tal situação não se confunde com a hipótese do art. 321 do CPC em que a petição inicial apresenta vícios na sua origem. Neste caso, o prazo para emendá-la é de 15 dias; o prazo para o aditamento, por sua vez, é de cinco dias. Trata-se de um ônus imposto ao demandante. Se a petição inicial não for aditada neste prazo, ela será indeferida e todo o processo será resolvido sem julgamento de mérito (CPC, art. 303, § 6º).

A tutela antecipada fundada na urgência requerida em caráter antecedente não constitui um processo diverso, autônomo e independente daquele em que se busca a tutela final.

Há duas formas de requisição da tutela antecipada de caráter urgente, que poderá ser postulada em caráter antecedente ou incidental. O CPC apenas pretendeu facilitar a obtenção da tutela jurisdicional antecipada, uma vez que baseada em situação urgente, não exigindo maiores formalidades desnecessárias à mera obtenção da referida prestação jurisdicional, a ponto inclusive de possibilitar a complementação da argumentação posteriormente (CPC, art. 303, § 1º, inc. I). Afinal, para a concessão da tutela de urgência basta que fique evidenciada a probabilidade do direito (CPC, art. 300, *caput*), já que a cognição é sumária e, portanto, não é exigível o juízo de certeza próprio da cognição exauriente. Ademais, a tutela antecipada requerida em caráter antecedente pode ser estabilizada, sem a necessidade de observação prévia da integralidade do procedimento comum (CPC, art. 304).

Tanto não são dois processos diferentes, autônomos e independentes que, postulada a tutela antecipada em caráter antecedente, o "aditamento" da petição inicial se dará nos *mesmos autos*, sem que haja novo pagamento de custas processuais (CPC, art. 303, § 3º) e o valor da causa que deve prevalecer é o relativo à tutela final (CPC, art. 303, § 4º). Isto é, o autor deve indicar como valor da causa, na petição que requer a tutela antecipada antecedente, o valor pertinente à tutela definitiva, ponderando o pedido principal.

O aditamento da petição inicial, a que se refere o disposto no art. 303, § 1º, inc. I, do CPC, salienta-se, não se confunde com as hipóteses do art. 321 do CPC, nas quais a petição inicial não preenche os requisitos dos arts. 319 e 320 do CPC ou apresenta irregularidades capazes de dificultar o julgamento de mérito. Aquela situação concerne à complementação da inicial, enquanto esta diz respeito à necessidade de reparar irregularidades para o saneamento do processo.

Caso a petição inicial esteja incompleta, caberá ao autor complementá-la, em 15 dias ou no prazo fixado pelo juiz, sob pena de perda de eficácia da tutela antecipada, resolução do processo sem julgamento de mérito (CPC, art. 303, § 2º) e responsabilização do autor pelos prejuízos que a efetivação da tutela de urgência causar à parte adversa (CPC, art. 302).

Realizado o aditamento ou não sendo esta complementação necessária (quando tal situação ficar expressamente afirmada na petição inicial), o réu será citado para a audiência de conciliação ou de mediação do art. 334 do CPC em sede da tutela antecipada requerida em caráter antecedente (CPC, art. 303, § 1º, inc. II).

É na mesma decisão que o juiz concede a tutela antecipada que também será determinada a intimação do autor para aditar a petição inicial. Após a complementação da exordial e a verificação da sua aptidão, o magistrado determinará a citação do réu para comparecer à audiência de conciliação ou mediação ou, não sendo hipótese de sua designação (porque ambas as partes se manifestaram, expressamente, desinteresse na composição consensual ou porque o caso não admite autocomposição; CPC, art. 334, § 4º), para apresentar sua defesa.

O comparecimento espontâneo do réu supre a falta ou a nulidade da citação, fluindo a partir desta data o prazo para promover as medidas necessárias contra a decisão que concede a tutela antecipada (exegese do art. 239, § 1º, do CPC).

A audiência de conciliação ou mediação (CPC, art. 334) deverá ser designada em data posterior ao aditamento da petição inicial. Caso contrário, poderá ser inócua, posto que a ausência de aditamento da petição inicial acarreta a resolução do processo sem julgamento de mérito (CPC, art. 303, § 2º). Ademais, é somente a partir do aditamento da petição inicial que todos os argumentos do autor estarão articulados e inseridos no processo, de maneira a possibilitar ao réu uma análise adequada quanto à conveniência ou não da autocomposição. Antes disso, o demandado não terá exata dimensão das vantagens e das desvantagens de exercer o contraditório pleno e a ampla defesa perante o Poder Judiciário.

Para fins do começo da fluência do prazo para a contestação (CPC, art. 303, § 1º, inc. II), o termo inicial será contado da data da audiência de conciliação ou de mediação, ou da última sessão de conciliação, quando a parte não comparecer ou, estando presente, não houver autocomposição (CPC, art. 335, inc. I). Ou, ainda, da data do protocolo do pedido de cancelamento da audiência de conciliação ou de mediação apresentado pelo réu, quando ocorrer a hipótese de manifestação de desinteresse na composição consensual (CPC, arts. 334, § 4º, inc. I, e 335, inc. II; Enunciado 144 do FPPC).

Se não for o caso de designação dessa audiência ou se não houver autocomposição, será iniciado o prazo para a contestação, nos termos do art. 335 do CPC (CPC, art. 303, § 1º, inc. III). Frise-se que o prazo para a resposta não deve começar antes da ciência inequívoca do réu do aditamento da petição inicial, somente devendo fluir após a data da intimação do aditamento da petição inicial ou do despacho que considerar desnecessário tal aditamento[73].

---

73. GODINHO, Robson Renault. Comentários ao art. 303 do CPC. In: CABRAL, Antonio do Passo; CRAMER, Ronaldo. *Comentários ao Novo Código de Processo civil* cit., p. 479.

1.12. ESTABILIZAÇÃO DA TUTELA ANTECIPADA

A questão que se coloca é se a tutela sumária *substitui* o procedimento comum ou somente o *abrevia*. Em outras palavras, a antecipação da tutela urgente exige a posterior sentença de mérito ou a dispensa?

As técnicas de sumarização podem ser classificadas em duas espécies: I) *sumarização procedimental*: consistente no conjunto de providências para conferir maior celeridade processual, mas sem sacrificar a atividade cognitiva plena do juiz (*v.g.*, como a criação de procedimentos especiais com prazos menores, dispensa de formalidades etc.; abreviação do procedimento comum, com técnicas como a da improcedência liminar do pedido e do julgamento antecipado do mérito); II) *sumarização substancial*: integrada pelo conjunto de providências para mitigar a cognição plena e a exauriente (*v.g.*, como a inversão do ônus de instauração de um processo com cognição exauriente, como no procedimento monitório e na estabilização da tutela; a exclusão da discussão de determinadas questões, tal como ocorre nos procedimentos de inventário e de desapropriação direta; a restrição dos meios probatórios, como acontece no procedimento do mandado de segurança; etc.).

No procedimento monitório, se não houver impugnação (embargos à ação monitória), não há necessidade de procedimento comum, ficando o réu isento de arcar com as custas processuais se cumprir o mandado de pagamento, de entrega de coisa ou para a execução de obrigação de fazer ou não fazer, no prazo de 15 dias, bem como efetuar os custos de honorários advocatícios de 5% do valor atribuído à causa (CPC, art. 701, *caput* e § 1º).

Nos demais casos, de um modo geral, a tutela sumária não substitui o processo comum[74]. Isso porque a tutela antecipada, até o CPC/73, era marcada pela *interinalidade*, isto é, concedida ou não a antecipação da tutela, o processo deveria prosseguir até o julgamento final (CPC/73, art. 273, § 5º). Logo, a tutela antecipada, da maneira como concebida na processualística civil brasileira até o advento do CPC, não possuía *autonomia procedimental*.

O CPC inova ao trazer o art. 304, cujo objetivo foi inspirado, em especial, no direito francês e italiano, com o escopo de sumarizar, a um só tempo, tanto a cognição quanto o procedimento, tornando eventual e facultativo o exercício da cognição exauriente para resolver os conflitos de interesses por meio da intervenção do Estado-juiz, desde que seja hipótese de concessão de tutela antecipada *inaudita altera parte*, requerida expressamente pelo autor (CPC, art. 303, § 5º), em caráter antecedente e autônomo, e o réu não tenha contra ela se insurgido[75].

---

74. GRINOVER, Ada Pellegrini. Tutela jurisdicional diferenciada. A antecipação e sua estabilização. In: MARINONI, Luiz Guilherme (coord.). *Estudos de Direito Processual Civil*. Homenagem ao Professor Egas Dirceu Moniz de Aragão. São Paulo: RT, 2005. p. 222.
75. SICA, Heitor Vitor Mendonça. Doze problemas e onze soluções quanto à chamada "estabilização da tutela antecipada". In: MACÊDO, Lucas Buril de; PEIXOTO, Ravi; FREIRE, Alexandre (Org.). *Procedimentos especiais, tutela provisória e direito transitório*. Salvador: JusPodivm, 2015. v. 4. p. 180.

Em estudo comparado com outros países, quanto ao instituto da tutela antecipada urgente, percebe-se que, na Alemanha, se o demandado não inicia o procedimento ordinário, a medida, até então de caráter provisório, converte-se em definitiva, sem que haja a necessidade de julgamento de mérito. Também na Bélgica a instauração de uma ação plena não é essencial, embora o *référé* seja tipicamente temporário. Na França, as partes costumam se conformar com o provimento, sem a necessidade do processo ordinário.

No Brasil, até o advento do CPC, com exceção feita à monitória não impugnada, a tutela antecipada urgente não dispensava o procedimento comum nem a sentença de mérito.

Pelo art. 304 do CPC, se a tutela antecipada urgente requerida em caráter antecedente for concedida pelo juiz *inaudita altera parte* e a parte contrária, citada e intimada para a audiência de conciliação ou mediação na forma do art. 334 do CPC (CPC, art. 303, § 1º, inc. II) não interpuser agravo de instrumento (CPC, arts. 1.015, inc. I), a tutela antecipada mantém sua eficácia por tempo indeterminado e, portanto, se estabiliza, com a consequência da extinção do processo com resolução de mérito (CPC, art. 304, § 1º). Por exemplo, concedida a tutela antecipada, em caráter antecedente, determinando a prestação pecuniária mensal de natureza alimentar, a inércia do réu em não impugnar o provimento antecipatório, faz com que a ordem de pagamento permaneça em vigor por tempo indeterminado, independentemente da declaração definitiva da existência do direito de alimentos[76]. Diante da estabilização da medida de urgência, inverte-se o ônus da instauração de um processo de cognição exauriente, a exigir, por parte do réu, a propositura de ação para obter o reconhecimento da inexistência do dever de pagar alimentos.

Também é possível que, se não concedida a tutela antecipada de plano, o autor, após a interposição de agravo de instrumento e antes do aditamento da petição inicial, se houver necessidade (CPC, art. 303, § 1º, inc. I), obtenha a medida por decisão monocrática do relator (CPC, arts. 932, inc. II e 1.019, inc. I) ou do colegiado. Neste caso, o réu será citado e intimado da decisão para recorrer da decisão do tribunal, interpondo agravo interno contra a decisão monocrática (CPC, art. 1.021) ou recursos especial e/ou extraordinário contra a decisão colegiada, antes que a tutela antecipada se estabilize.

Por exemplo, em ação de jurisdição voluntária de cancelamento de cláusulas de inalienabilidade, incomunicabilidade e impenhorabilidade impostas em testamento lavrado sob a vigência do Código Civil de 1916 (art. 1.723), o juiz de primeiro grau indeferiu o pedido. Os herdeiros interpuseram agravo de instrumento e o Tribunal de Justiça de São Paulo, com fundamento no art. 1.848 do Código Civil de 2002 e na função social da propriedade (arts. 5º, incs. XXII, XXIII e XXX, e 170, inc. II, da CF), após concluir que os bens imóveis estavam onerados por dívidas tributárias sem que os herdeiros pudessem pagá-las, e alicerçado na orientação do Superior Tribunal de

---

76. TALAMINI, Eduardo. Tutela de urgência no projeto de Novo Código de Processo Civil: a estabilização da medida urgente e a "monitorização" do processo civil brasileiro. *Revista de processo*, v. 209, jul. 2012. p. 21.

Justiça[77], reformou a decisão recorrida e, aplicando o art. 304 do CPC, concedeu tutela antecipada consistente no cancelamento das cláusulas restritivas. O TJ/SP, ainda, consignou que, não sobrevindo recurso contra tal decisão, deveriam os autos retornarem ao Relator para, na forma do art. 932, inc. I, do CPC, extinguir o processo (CPC, art. 304, § 1º) e, com isso, estabilizar a antecipação de tutela, tornando-se definitivo o acórdão do Tribunal[78].

Com efeito, a técnica processual adotada pelo CPC está voltada à *otimização da tutela jurisdicional* a ser aplicada em hipóteses abrangentes que indiquem a *evidência do direito*. Ela se assemelha a do procedimento monitório, que dispensa a obrigatoriedade da observância prévia do contraditório para proteção do direito material. No processo monitório, o juiz, com base em cognição sumária, fundado em prova escrita sem eficácia de título executivo, determina a expedição de mandado para pagamento de quantia em dinheiro, entrega de coisa fungível ou infungível ou de bem móvel ou imóvel, ou o adimplemento de obrigação de fazer ou de não fazer. Não havendo embargos, o mandado judicial se converte em título executivo judicial, a ensejar o cumprimento de sentença, sem a necessidade de uma decisão judicial, fundada em cognição exauriente, que confirme a conversão do mandado judicial em título executivo. Somente se há a oposição de embargos é que se deve observar o procedimento comum, a ser concluído com uma sentença proferida mediante o exercício de cognição exauriente.

Portanto, a técnica de sumarização do procedimento e da cognição prevista nos arts. 303 e 304 do CPC, a exemplo da estabilização prevista no processo monitório, está baseada em cognição sumária. Proporcional a estabilização da medida provisória satisfativa, ao atribuir força preclusiva à inércia do réu. Com isso, valoriza-se o princípio da economia processual, uma vez que evita o desenvolvimento de um processo de cognição plena e exauriente[79]. Por outro lado, inverte-se ao demandado o ônus da instauração de processo de cognição exauriente, sem eliminar a incerteza, de forma que não produz coisa julgada material[80]. O contraditório é, pois, postergado, sendo

---

77. "Direito das sucessões. Revogação de cláusulas de inalienabilidade, incomunicabilidade e impenhorabilidade impostas por testamento. Função social da propriedade. Dignidade da pessoa humana. Situação excepcional de necessidade financeira. Flexibilização da vedação contida no art. 1.676 do CC/16. Possibilidade. 1. Se a alienação do imóvel gravado permite uma melhor adequação do patrimônio à sua função social e possibilita ao herdeiro sua sobrevivência e bem-estar, a comercialização do bem vai ao encontro do propósito do testador, que era, em princípio, o de amparar adequadamente o beneficiário das cláusulas de inalienabilidade, impenhorabilidade e incomunicabilidade. 2. A vedação contida no art. 1.676 do CC/16 poderá ser amenizada sempre que for verificada a presença de situação excepcional de necessidade financeira, apta a recomendar a liberação das restrições instituídas pelo testador. 3. Recurso especial a que se nega provimento" (REsp 1158679/MG, Rel. Min. Nancy Andrighi, 3ª T., j. 07.04.2011, *DJe* 15.04.2011). Verificar, ainda: STJ, REsp 10.020/SP, Rel. Min. Cesar Asfor Rocha, 4ª T., j. 09.09.1996, *DJ* 14.10.1996, p. 39009; REsp 303.424/GO, Rel. Min. Aldir Passarinho Junior, 4ª T., j. 02.09.2004, *DJ* 13.12.2004, p. 363.
78. TJSP, Agravo de Instrumento 2252486-22.2015.8.26.0000, da Comarca de São Paulo, 10ª Câmara de Direito Privado, Rel. Des. Cesar Ciampolini, j. 18.07.2017.
79. STJ, REsp 1.766.376/TO, Rel. Min. Nancy Andrighi, 3ª T., j. 25.08.2020, *DJe* 28.08. 2020.
80. ASSIS, Carlos Augusto de. A antecipação de tutela e sua estabilização. Novas perspectivas. In: BUENO, Cassio Scarpinella; MEDEIROS NETO, Elias Marques de; OLIVEIRA NETO, Olavo de; OLIVEIRA, Patrícia Elias

facultado ao réu a impugnação da decisão concessiva da tutela antecipada. Não sendo interposto o recurso de agravo de instrumento, a decisão se estabiliza e o processo deve ser resolvido com julgamento de mérito (CPC, art. 304, § 1º), com fundamento no art. 487, inc. I, do CPC. Isso significa que, para que a tutela antecipada requerida de forma antecedente se estabilize, após a inércia do réu em interpor o recurso referido no art. 304, *caput*, do CPC ou de outra forma impugnar a referida decisão, deverá o juiz proferir sentença de mérito (CPC, art. 304, § 1º), sujeita à apelação (CPC, art. 1.009, *caput*) ou, se houver apenas julgamento parcial do mérito, nos termos do art. 356, inc. I, do CPC, o agravo de instrumento previsto no art. 356, § 5º, do CPC[81].

Antes da estabilização da tutela antecipada, a decisão concessiva da tutela antecipada se sujeita à execução provisória (CPC, art. 297, parágrafo único); contudo, resolvido o processo nos termos do art. 304, § 1º, do CPC, a tutela estabilizada se submete à execução definitiva.

Ademais, no pronunciamento judicial previsto no art. 304, § 1º, do CPC, deve ser previsto o pagamento de honorários de sucumbência, uma vez que incide o princípio da causalidade. Isso em virtude da inércia do réu em cumprir o direito do autor, o qual se viu compelido a socorrer-se junto ao Estado-juiz, o que certamente acarretou despesas ao demandante, as quais compete ao vencido arcar com este ônus. Neste ponto, diferentemente do que ocorre com a tutela monitória, cujo mandado de pagamento espontaneamente cumprido isenta o réu do pagamento de custas processuais (CPC, art. 701, § 1º), a mesma regra não é repetida nos arts. 303 e 304 do CPC, não permitindo excluir a aplicação das normas gerais (CPC, arts. 82-97) que impõe ao vencido o pagamento das despesas processuais.

Porém, em sentido contrário, destaca-se o Enunciado 18 da ENFAM, pelo qual "Na estabilização da tutela antecipada, o réu ficará isento do pagamento das custas e os honorários deverão ser fixados no percentual de 5% sobre o valor da causa".

Nada impede que as partes, antes da instauração ou durante o processo, nos termos do art. 190 do CPC, ajustem sobre a não interposição de agravo de instrumento na hipótese de a questão vir a ser objeto de requerimento de tutela antecipada em caráter antecedente (CPC, arts. 304, *caput*, e 1.015, inc. I) nem, tampouco, quanto aos recursos cabíveis contra a decisão prevista no art. 304, § 1º, do CPC. Confere-se aos litigantes, desse modo, uma autonomia da vontade para negociar formas de estabilização da tutela antecipada antecedente. Nesse sentido, deve ser ressaltado o Enunciado 32 do FPPC: "Além da hipótese prevista no art. 304, é possível a estabilização expressamente negociada da tutela antecipada de urgência antecedente".

Questão importante diz respeito à atuação do réu para evitar a estabilização da tutela antecipada satisfativa. Da decisão concessiva da antecipação de tutela, em caráter

---

Cozzolino de; LUCON, Paulo Henrique dos Santos (Coord.). *Tutela provisória no novo CPC. Dos 20 anos de vigência do art. 273 do CPC/1973 ao CPC/2015*. São Paulo: Saraiva, 2016. p. 37-39.
81. ASSIS, Araken. *Processo civil brasileiro*. t. II. v. II. cit., p. 492.

antecedente, o réu deve ser intimado para interpor o respectivo recurso (CPC, art. 304, *caput*), isto é, o agravo de instrumento (CPC, art. 1.015, inc. I)[82]. Desde que tal recurso seja conhecido, ainda que ele não possua como regra o efeito suspensivo (CPC, art. 1.019, inc. I), a tutela antecipada não pode ser estabilizada. A decisão interlocutória continua a produzir efeitos, salvo se concedido pelo relator o efeito suspensivo, mas o processo judicial prossegue com a observância do procedimento comum.

Se não houver nesse interregno temporal o aditamento da petição inicial, o juiz deverá revogar a decisão que concedeu a tutela antecipada, resolver o processo sem julgamento de mérito (CPC, art. 303, § 2º) e comunicar sua decisão ao Tribunal. Nessa hipótese, o agravo de instrumento perderá o seu objeto e não poderá ser julgado no mérito, não obstante deva se impor ao agravo o pagamento dos honorários advocatícios do advogado do agravante, pois a inércia do autor em aditar a petição inicial gerou despesas ao réu.

A não interposição do agravo de instrumento, pelo art. 304, *caput*, do CPC, torna *estável* a decisão que concedeu a tutela antecipada em caráter antecedente. O juiz de ofício ou a requerimento do autor, percebendo que não houve a interposição do agravo de instrumento ou que tal recurso não foi conhecido, deverá resolver o processo com julgamento de mérito, confirmando a tutela antecipada concedida (CPC, art. 304, § 1º).

Como a tutela antecipada, requerida em caráter antecedente, é concedida *inaudita altera parte*, com base em cognição sumária, não só apenas o Tribunal pode alterar a decisão, mas também o juiz que, a qualquer tempo (CPC, art. 296), diante dos argumentos apresentados pelo réu ou mesmo de ofício, pode se convencer da ausência de probabilidade do direito alegado pelo autor ou da falta de perigo de dano.

Tendo em vista de que a interposição do agravo de instrumento não é um pressuposto processual para o oferecimento da resposta pelo réu, se o recurso interposto não for conhecido ou se não houver o seu ajuizamento, isso não impede que o demandado apresente outras formas de impugnação da decisão que concedeu a tutela antecipada. Mesmo porque a interposição do agravo de instrumento não determina a suspensão do processo e, enquanto o Tribunal não resolver o seu mérito, o réu será citado para participar da audiência de conciliação ou mediação e, frustrada a autocomposição ou não sendo caso da designação dessa audiência, promoverá então a sua defesa perante o juiz de primeiro grau.

Ademais, a simplificação formal foi uma das inovações trazidas pelo CPC, inclusive para possibilitar a efetivação do direito à obtenção de solução integral de mérito, incluindo a atividade satisfativa (CPC, art. 4º). Dessa forma, não seria lógico nem

---

82. Conforme o Enunciado 29 do FPPC: "É agravável o pronunciamento judicial que postergar a análise do pedido de tutela provisória ou condicionar sua apreciação ao pagamento de custas ou a qualquer outra exigência". De igual modo, afirma o Enunciado 70 do I Simpósio de Direito Processual Civil, organizado pelo Conselho da Justiça Federal: "É agravável o pronunciamento judicial que postergar a análise de pedido de tutela provisória ou condicioná-la a qualquer exigência".

tampouco prestigiaria o princípio da economia processual condicionar a impugnação da decisão concessiva da tutela antecipada *inaudita altera parte*, tão somente, à interposição de agravo de instrumento e, perdida tal oportunidade, ao ajuizamento de ação de conhecimento própria para a revisão, reforma ou invalidação da tutela antecipada estabilizada (CPC, art. 304, § 2º).

É certo que a técnica de sumarização do procedimento deve favorecer a estabilização da tutela antecipada, mas tal estabilização não pode ser uma forma de forçar o réu, que pretenda exercer o contraditório, a ajuizar uma ação de conhecimento para poder buscar a revisão da decisão concedida em caráter provisório e *inaudita altera parte*.

Portanto, depois de passado o momento para a interposição do recurso cabível (CPC, art. 304, *caput*) e antes de o magistrado extinguir o processo (CPC, art. 304, § 1º), pode sobrevir a defesa do réu (por meio de contestação, reconvenção, embargos de declaração, pedido de reconsideração etc.) e com ela o juiz pode se convencer da ausência do direito pleiteado pelo autor ou da falta de perigo de dano (CPC, art. 300, *caput*).

Tal situação, bem como qualquer outra que descaracterizar a inércia do réu (como na ausência de aplicação do efeito material da revelia, ou quando houver impugnação por parte do assistente ou de um dos litisconsortes passivos e a defesa for comum a eles), pode impedir a estabilização da tutela antecipada requerida em caráter antecedente[83].

Com efeito, a tutela antecipada, concedida com fundamento no art. 303 do CPC, torna-se estável apenas se não houver nenhuma espécie de impugnação da parte contrária[84]. Afinal, a possibilidade de estabilização da tutela antecipada requerida em caráter antecedente visa contemplar aquelas hipóteses em que, depois da concessão da tutela, o demandante fica satisfeito com a antecipação dos efeitos da tutela satisfativa e o demandado não mostra interesse em discutir o direito alegado pelo autor e em prosseguir no processo. Dessa maneira, qualquer manifestação do réu, afirmando possuir interesse no prosseguimento do processo, é suficiente para impedir a estabilização da tutela antecipada requerida em caráter antecedente. Caso contrário, os Tribunais ficariam sobrecarregados, pelo estímulo à interposição desnecessária de agravos de instrumento.

No entanto, tal posicionamento não foi adotado pelo Superior Tribunal de Justiça, que, ao julgar o REsp 1.797.365-RS[85], concluiu que apenas a interposição de agravo de instrumento contra a decisão antecipatória dos efeitos da tutela requerida em caráter antecedente é que se revela capaz de impedir a estabilização, nos termos do disposto no art. 304, *caput*, do CPC. Desse modo, não foi acolhida a tese de que a estabilidade apenas seria atingida quando o réu não apresentasse nenhuma resistência. Isso porque, além de a lei processual não afirmar tal hipótese, restaria desvirtuado o instituto da preclusão. A apresentação da contestação não pode ser equiparada à interposição do

---

83. GODINHO, Robson Renault. Comentários ao art. 404 do CPC. In: CABRAL, Antonio do Passo; CRAMER, Ronaldo. *Comentários ao Novo Código de Processo civil* cit., p. 481.
84. STJ, REsp 1760966/SP, Rel. Min. Marco Aurélio Bellizze, 3ª. T., j. 04.12.2018, *DJe* 07.12.2018.
85. Rel. Min. Sérgio Kukina, Rel. p/ Acórdão Min. Regina Helena Costa, 1ª T., j. 03.10.2019, *DJe* 22.10.2019.

agravo de instrumento, pois são meios de defesa diferentes com finalidades específicas: a contestação demonstra resistência em relação à tutela exauriente; já o agravo de instrumento possibilita a revisão da decisão proferida em cognição sumária. Portanto, se o art. 304, *caput*, do CPC fosse interpretado de maneira diversa, estar-se-ia, ao contrário do que define o dispositivo legal, a exigir dois requisitos cumulativos para o cabimento da estabilização da tutela deferida em caráter antecedente, isto é, a não interposição de agravo de instrumento e a não apresentação de contestação.

De qualquer modo, a estabilização da tutela antecipada não prejudica a garantia do contraditório, a ser exercida por qualquer das partes com a propositura de ação de conhecimento, de caráter desconstitutivo, no prazo decadencial de dois anos, a contar da data da emissão da sentença ou da decisão interlocutória (em caso de julgamento parcial do mérito; CPC, art. 356, inc. I), para rever, reformar ou invalidar a tutela estabilizada (CPC, art. 304, § 2º).

Logo, pelo art. 304, § 2º, do CPC, tanto o autor quanto o réu têm legitimidade para demandar. Por exemplo, se em razão de uma situação de urgência o autor demanda o réu sobre uma parcela da dívida para fins de obter recursos para fazer uma cirurgia de emergência, obtida a tutela provisória, sem a interposição de agravo de instrumento, após a estabilização, o próprio autor pode buscar a revisão do provimento jurisdicional para tentar receber o montante restante. Ou, ainda, o autor pode requer a tutela antecipada em relação a dois pedidos (*v.g.*, custeio de cirurgia urgente e concessão de alimentos por ato ilícito) e obter o deferimento de apenas um deles; após a estabilização, o próprio demandante pode buscar a reforma da decisão para que o outro pedido volte a ser analisado, com outros e melhores argumentos e provas.

Acrescente-se que, quando o recurso contra a decisão que concede a tutela antecipada for apenas parcialmente provido, haverá estabilização referente a uma parcela do mérito (aplicando-se, por analogia, o disposto no art. 356 do CPC). Nesse caso, a parte pode requerer o desarquivamento dos autos físicos em que a tutela antecipada tiver sido concedida para instruir a petição inicial, a qual deve ser encaminhada ao mesmo juiz que proferiu a decisão anterior, que se torna prevento para rever, reformar ou invalidar a tutela antecipada (CPC, art. 304, § 5º).

Apesar do art. 304, § 4º, do CPC referir-se ao desarquivamento como medida facultativa do autor da ação de conhecimento, a petição inicial e a decisão concessiva da tutela antecipada em caráter antecedente são documentos indispensáveis à propositura da ação (CPC, art. 320), pois, sem eles, não é possível compreender os limites do direito de revisão, reforma ou invalidação. A falta desses documentos implicará a aplicação do art. 321 do CPC, devendo o juiz conceder prazo de 15 dias para que o demandante proceda à juntada dessas peças, sob pena de indeferimento da petição inicial.

Além disso, a regra do art. 304, § 4º, do CPC está relacionada a autos físicos, não havendo sentido em se buscar o desarquivamento de autos eletrônicos, quando não há obstáculo de acesso ao sistema informatizado.

A ação para pleitear a revisão, reforma ou invalidação da tutela estabilizada deve ser ajuizada perante o juiz que concedeu a medida (CPC, art. 299, *caput*), que detém competência funcional (absoluta), e deve ser processada nos próprios autos anteriormente formados, salvo se a causa prosseguiu quanto a outro pedido, o que ensejará a autuação em apartado[86].

O objetivo da ação de conhecimento é possibilitar o *exaurimento* da cognição, posto que a decisão que concedeu a tutela antecipada em caráter antecedente está fundada em juízo provisório (cognição sumária). Caberá ao demandante o ônus de argumentar e de demonstrar as razões pelas quais a tutela antecipada, concedida em caráter antecedente, precisa ser revista, reformada ou invalidada. Porém, os arts. 303 e 304 do CPC apenas postergaram o contraditório, não invertendo o ônus da alegação e da prova. Com isso, mantém-se inalterado o disposto no art. 373, inc. I e II, do CPC, devendo o autor provar o fato constitutivo do direito e competindo ao réu demonstrar os fatos impeditivos, extintivos ou modificativos[87].

A decisão judicial que concede a tutela antecipada, em caráter antecedente, não se limita a gerar nem a preclusão (fenômeno interno do processo), nem tampouco a imutabilidade inerente à coisa julgada material, sendo marcada por uma figura distinta: a *estabilidade*. Isto é, enquanto não houver a propositura dessa ação, a tutela antecipada conserva os seus efeitos para fora do processo. Dessa forma, as partes e os demais órgãos judiciais estão vinculados à decisão, não podendo emitir pronunciamentos divergentes, enquanto não houver a revisão, reforma ou invalidação por outra decisão de mérito proferida na ação prevista no art. 304, § 2º, do CPC (CPC, art. 304, § 3º).

O prazo de dois para a propositura da ação é contado "da ciência da decisão que extinguiu o processo". Para evitar insegurança em relação aos prazos, na hipótese de tutela estabilizada parcial, o prazo deve ser contado da decisão que extinguiu o processo, não da intimação do demandado em relação à declaração da estabilização da tutela[88].

Porém, o prazo decadencial de 02 (dois) anos se limita ao exercício do direito potestativo de desconstituição da tutela estabilizada. A discussão do mérito da pretensão principal, contudo, pode se submeter a outros prazos decadenciais ou prescricionais. Por exemplo, estabilizada a tutela antecipada determinando o pagamento de alimentos ao autor pelo seu suposto pai (o réu), nada impede que este ajuíze ação de investigação de paternidade (que é imprescritível) para que seja declarada a inexistência da relação de filiação[89].

---

86. ASSIS, Araken. *Processo civil brasileiro*. v. II. t. II. cit., p. 493.
87. MITIDIERO, Daniel. Comentário ao art. 304 do CPC. In: WAMBIER, Teresa Arruda Alvim; DIDIER JR., Fredie; TALAMINI, Eduardo; DANTAS, Bruno. *Breves comentários ao Novo Código de Processo Civil*. São Paulo: RT, 2015., p. 789.
88. MARINONI, Luiz Guilherme. Estabilização de tutela. *Revista de processo*, v. 279, maio 2018, p. 225-243.
89. WAMBIER, Luiz Rodrigues; TALAMINI, Eduardo.*Curso avançado de Processo Civil*. 11. ed. São Paulo: RT, 2010. v. 1. p. 896-897.

Passados mais de dois anos, contados da ciência da decisão que encerrou o processo, a estabilidade da decisão não mais poderá ser afastada (CPC, art. 304, §§ 5º e 6º), em razão da extinção do prazo decadencial[90]. Assim, embora a decisão que antecipou a tutela antecipada não se revista da autoridade da coisa julgada material, pois está fundada em cognição sumária e a vinculação constitucional da coisa julgada depende de cognição exauriente (inerente à observância das garantias constitucionais do contraditório, da ampla defesa e do devido processo legal), seu conteúdo se torna imutável e indiscutível para as partes, permitindo-se concluir que a equiparação dos efeitos dessa *estabilidade qualificada* possui autoridade de coisa julgada material[91].

Desse modo, pelo CPC é possível tornar definitivo e suficiente o comando estabelecido por ocasião da decisão antecipatória. Fica a critério das próprias partes a decisão sobre a instauração ou o prosseguimento da demanda voltada ao exercício do contraditório e ao exaurimento da cognição.

Com isso, torna-se autossuficiente o procedimento antecedente, na hipótese de preclusão da decisão antecipatória de tutela, revelando, a propósito do que ocorria no passado com a "cautelar satisfativa", a utilidade do tema.

A estabilização da tutela antecipada urgente não é instituto estranho ao direito processual civil brasileiro, tendo apenas generalizado a ideia de o provimento monitório não impugnado estabilizar a tutela jurisdicional, considerando pacificado o conflito, sem a necessidade de observar a plenitude do contraditório e a ampla defesa. Aliás, tal generalização não é surpreendente, pois os provimentos antecipatórios são, substancialmente, provimentos monitórios. Ademais, a abreviação da tutela jurisdicional decorre da vontade das partes, e, portanto, é incongruente qualquer alegação no tocante ao cerceamento de defesa ou violação de garantias constitucionais processuais.

As *partes* – e não apenas o demandado, como ocorre no modelo alemão – podem ter interesse na instauração ou no prosseguimento da demanda, porquanto a antecipação de tutela pode ser apenas *parcial*.

O ônus da instauração ou do prosseguimento da demanda é cabível tanto ao demandante quanto ao demandado. A conduta omissiva é um indício seguro de que não há mais necessidade de sentença de mérito baseada em cognição exauriente, tanto que o pedido de instauração ou prosseguimento da demanda não torna a medida antecipada ineficaz; ao contrário, ela prevalece, salvo se for expressamente revogada ou alterada.

---

90. Em sentido contrário, por considerar que o efeito declaratório da decisão é inerente apenas à coisa julgada material, Bernardo da Silva Lima e Gabriela Expósito defendem que, mesmo após passados dois anos, a decisão concessiva da tutela antecipada pode ser revertida mediante o ajuizamento de ação de natureza declaratória. "Porque tudo que é vivo, morre" (LIMA, Bernardo Silva de; EXPÓSITO, Gabriela Comentários sobre o regime da estabilização dos efeitos da tutela provisória de urgência no novo CPC. *Revista de processo*. São Paulo: RT, v. 250. p. 185, dez. 2015).
91. Por outro lado, defendendo que a não iniciação do processo de cognição exauriente faz com que a sentença proferida no processo sumário adquira a autoridade da coisa julgada material, verificar: BEDAQUE, José Roberto dos Santos. Estabilização das tutelas de urgência. In: YARSHELL, Flávio; MORAES, Maurízio Zanoide de (Org.). *Estudos em homenagem à profa. Ada Pelegrini Grinover*. São Paulo: DPJ, 2012. p. 667.

Nas soluções belga e a francesa, a estabilização da decisão antecipatória, embora tenham força executiva plena, não revestem a decisão da autoridade da coisa julgada.

No Brasil, é certo que o direito de rever, reformar ou invalidar a tutela antecipada preclui para ambas as partes, da mesma forma que o provimento monitório não impugnado se estabiliza sem a necessidade de observância da plenitude do procedimento comum. Aliás, não oferecidos os embargos à monitória e formado o título executivo judicial, os devedores não poderão contestar os documentos que instruíram a monitória, estando limitados à alegação das matérias previstas para a impugnação do cumprimento da sentença (CPC, art. 525, § 1º)[92].

No entanto, a aplicação do art. 304 do CPC gerará inúmeras dificuldades, pois se insere nas hipóteses excepcionais do art. 9º, parágrafo único, inc. I, do CPC, pelas quais o juiz está autorizado a proferir decisão contra uma das partes sem que haja prévia manifestação. Em tese, a estabilização da tutela antecipada pode ocorrer em sentido amplo. Porém, haverá diversos inconvenientes que recomendam cautela na aplicação deste art. 304 do CPC, porque envolvem situações específicas como a do réu revel, do demandado que tem direito à gratuidade da justiça, mas não conseguiu adequada assistência jurídica, da Fazenda Pública, daqueles demandados que dependem da nomeação de curador especial como os incapazes e os presos (CPC, art. 72), dos processos que versam sobre direitos indisponíveis ou interesses difusos ou coletivos, daqueles em que o assistente do réu revel interpôs recurso (CPC, art. 121, parágrafo único) ou quando um dos litisconsortes passivos impugnar a decisão que concede a tutela antecipada.

A prudência recomenda detida cautela nessas situações a conduzir uma interpretação restritiva para que a tutela de urgência não se estabilize quando puder, sem o contraditório prévio, acarretar potenciais riscos aos direitos da parte contrária, notadamente quando se vislumbrar perigo de irreversibilidade dos efeitos da decisão (CPC, art. 300, § 3º).

Porém, nem sempre tal precaução se faz necessária. Por exemplo, na hipótese de se buscar por meio de tutela antecipada a obtenção de um remédio que consta da lista oficial de medicamentos para dispensação obrigatória pelo Sistema Único de Saúde, a concessão da liminar não depende de prévio contraditório, ainda que a demanda tenha sido ajuizada em face da Fazenda Pública e pode ser estabilizada na forma do art. 304 do CPC[93]. Afinal, nesses casos, o fato pode estar consumado no momento da interposição do agravo de instrumento e não se pode presumir grave dano à economia pública, ainda que o medicamento seja de alto custo[94].

De igual modo, a revelia não impede, por si só, a aplicação da técnica prevista no art. 304 do CPC, pois a defesa do réu é uma faculdade, não um dever, o que inclusive

---

92. STJ, AgRg no REsp 1130949/DF, Rel. Min. Maria Isabel Gallotti, 4ª T., j. 15.03.2016, DJe 21.03.2016.
93. ASSIS, Araken. *Processo civil brasileiro*. v. II. t. II. cit., p. 490.
94. STF, STA 361 AgR, Rel. Min. Cezar Peluso (Presidente), Pleno, j. 23.06.2010, DJe-149 Divulg. 12.08.2010 Public. 13.08.2010 Ement. V. 02410-01 p. 00017.

é causa justificativa para o julgamento antecipado do mérito com fundamento no art. 355, inc. II, do CPC[95]. Porém, não basta a inércia do réu, o qual para exercer sua faculdade de defesa manifestar-se-ia por meio do agravo de instrumento (CPC, art. 1.015, inc. I) ou por qualquer outro meio de impugnação, é necessário que não estejam presentes as situações previstas no art. 345 do CPC, que deve ser aplicado por analogia para impedir a estabilização da tutela antecipada, requerida em caráter antecedente e não impugnada pelo réu.

Afinal, não é razoável que o magistrado conceda, por exemplo, a tutela antecipada, em face de réus que sequer foram citados (CPC, arts. 303, § 1º, inc. II, e 345, inc. I); se o direito for de natureza indisponível (pois, nesses casos, o réu não pode dispor de seu direito material; logo, a falta de contestação, ainda que induza a revelia, não gera a presunção de veracidade dos fatos narrados na petição inicial; CPC, art. 345, inc. II); se a petição inicial não estiver acompanhada de documento que a lei considere indispensável à prova do ato (CPC, art. 345, inc. III); ou, ainda, se as alegações apresentadas para a concessão da tutela provisória forem inverossímeis ou estiverem em contradição como os documentos juntados pelo próprio demandante (CPC, art. 345, inc. IV).

A estabilização da tutela antecipada (CPC, art. 304), também não atinge o defensor público, o advogado dativo e o curador especial, independentemente do grau de contato com o réu (*v.g.*, citado por edital ou com hora certa, enquanto não constituir advogado; CPC, 72, inc. II) ou se com ele possui uma relação precária que dificulta o exercício da defesa. Tais profissionais têm o dever funcional de produzir a respectiva defesa e, portanto, impugnar a decisão que concede a tutela antecipada. Com efeito, nesses casos excepcionais, a inércia do demandado por si só não pode ensejar a aplicação da técnica de sumarização do art. 304 do CPC, até porque o próprio diploma processual (art. 341, parágrafo único) exclui a incidência da presunção de veracidade dos fatos alegados pelo autor e não impugnados pelo réu, a ensejar a observância do procedimento comum antes da estabilização do provimento jurisdicional.

Nessas hipóteses, a técnica da estabilização da tutela provisória, prevista no art. 304 do CPC, deve ser mitigada, impondo-se a aplicação por analogia do art. 355, inc. II, do CPC, pelo qual não basta a inércia do demandado para o julgamento antecipado do mérito, sendo imprescindível que se possam presumir verdadeiros os fatos alegados pelo autor e não impugnados pelo réu. Esse raciocínio é reforçado pela aplicação análoga do art. 348 do CPC, pelo qual caberá ao juiz, em não se verificando o efeito material da revelia, ordenar que o autor especifique as provas que pretende produzir, caso ainda não as tiver indicado. Não se impede, a rigor, a tutela antecipada, mas a não interposição do respectivo recurso (CPC, art. 304, *caput*), nessas hipóteses, não gera a estabilização da demanda, devendo o processo prosseguir regularmente.

---

95. SICA, Heitor Vitor Mendonça. Doze problemas e onze soluções quanto à chamada "estabilização da tutela antecipada" cit., p. 190.

Em sentido contrário, dispõe o Enunciado 582 do FPPC: "Cabe estabilização da tutela antecipada antecedente contra a Fazenda Pública". Atente-se que, embora os fatos pertinentes a direitos indisponíveis não podem ser objeto de confissão nem podem ser considerados incontroversos porque inadmitidos (CPC, arts. 341, inc. I, e 374, incs. II e III), os casos envolvendo fatos notórios ou apenas questões de direito (isto é, que não envolvam a discussão fática), pode ser objeto de estabilização de tutela contra a Fazenda Pública[96]. Isso porque a compreensão de que a tutela antecipada não pode ser concedida em face do Poder Público ou que é indispensável a sua intimação prévia para a concessão da tutela (CPC, 1.059; Lei 8.437/1992, art. 1º, § 3º, e 2º) contraria o direito fundamental à tutela efetiva (CF, art. 5º, inc. XXXV): subordinar a tutela urgente à ouvida do demandado (isto é, impedir a concessão da tutela antecipada *inaudita altera parte*), seria o mesmo que impedir a tutela jurisdicional indispensável para inibir o ilícito ou para prevenir a sua continuidade, e, com isso, não evitar danos.

Além disso, ainda que se possa buscar a equiparação da estabilidade à coisa julgada material para fins de gerar a imutabilidade da decisão que concede a tutela antecipada em caráter antecedente para fora do processo, como tal pronunciamento judicial está baseado em juízo provisório, não se permite que tal decisão seja objeto de ação rescisória. Isso porque o art. 304, § 6º, do CPC afirma que a decisão que concede a tutela não faz coisa julgada e o art. 966 do CPC exige que a decisão de mérito necessariamente transite em julgado para ser rescindida, com fundamento em um dos incisos deste dispositivo. Nesse sentido, é o Enunciado 33 do FPPC: "Não cabe ação rescisória nos casos estabilização da tutela antecipada de urgência".

Entretanto, mesmo que ultrapassado o prazo de dois anos, sobrevindo novo fundamento, nada impede que a decisão concessiva da tutela antecipada estabilizada seja objeto de questionamento judicial. Por exemplo, passados dois anos da concessão de determinado medicamento pelo Poder Público, vindo o beneficiário da tutela provisória obter a cura de sua moléstia, não sobrevém mais a obrigação de pagamento do remédio[97]. De igual modo, é possível a aplicação do regime da estabilização da tutela antecedente aos alimentos previstos no art. 4º da Lei 5.478/1968, embora isso não impeça a aplicação do art. 13, § 1º, da mesma lei que afirma que os "alimentos provisórios podem ser revistos a qualquer tempo, se houver modificação da situação financeira das partes" (Cf. Enunciado 500 do FPPC). Isto porque, nas decisões que versam sobre obrigações de trato sucessivo, a estabilidade da tutela jurisdicional está submetida à cláusula *rebus sic stantibus*: havendo modificação no estado de fato ou de direito, que impliquem na alteração da situação financeira das partes, o juiz poderá decidir novamente tais questões (CPC, art. 505, inc. I), ainda que ultrapassados os dois anos para a revisão do julgado (exegese do art. 304, §§ 4º e 5º).

---

96. MARINONI, Luiz Guilherme. Estabilização de tutela cit., p. 225-243.
97. ASSIS, Araken. *Processo civil brasileiro*. v. II. t. II. cit., p. 491.

Portanto, o CPC admite a autonomização e a estabilização de tutela antecipada urgente, requerida de forma antecedente, ainda que baseada em mera probabilidade do direito (CPC, art. 300, *caput*), com caráter satisfativo (CPC, art. 4º). Já a tutela provisória requerida em caráter incidental (CPC, arts. 294, *caput*, e 295) não pode ser autonomizada nem estabilizada, o que exclui a possibilidade do réu, por meio da reconvenção, requerer a estabilização da tutela antecipada com fundamento no art. 304 do CPC.

Por sua vez, a tutela cautelar pode ser autonomizada, já que se admite o seu requerimento de forma antecedente (CPC, arts. 305 a 310); porém, não pode ser estabilizada sumariamente, pois uma vez efetivada o pedido principal terá que ser formulado no prazo de 30 dias (CPC, art. 308, *caput*), sob pena de cessação da eficácia da tutela concedida em caráter antecedente (CPC, art. 309, inc. I). É, pois, inerente à tutela cautelar a referibilidade ao pedido principal. Nesse sentido, prevê o Enunciado 420 do FPPC: "Não cabe estabilização de tutela cautelar".

Além disso, a tutela de evidência (CPC, art. 311) não pode ser autonomizada nem estabilizada. Portanto, deve ser requerida incidentalmente e a respectiva decisão não se submete ao disposto no art. 304 do CPC.

1.13. TUTELA ANTECIPADA E PROVIMENTOS JURISDICIONAIS

1.13.1. Antecipação da tutela condenatória

Tratando-se de antecipação de tutela condenatória, adianta-se o *efeito executivo* da condenação, tornando viável a *realização forçada* do direito afirmado pela parte que venha a ser beneficiada pelo instituto processual. Por exemplo, permite-se a antecipação do pagamento de soma em dinheiro (*v.g.*, a título de alimentos) pretendida pelo autor de uma ação de indenização fundada em ato ilícito, podendo o juiz, para sua concessão, exigir caução real ou fidejussória (CPC, art. 300, § 1º).

1.13.2. Antecipação das tutelas declaratória e constitutiva

Não se admite antecipação da tutela declaratória, porque não se pode emitir juízo de certeza provisório nem antecipação da tutela constitutiva, quando seus efeitos são irreversíveis.

Isso porque a tutela constitutiva produz duplo efeito: I) um de natureza meramente declaratório sobre a existência do *direito potestativo à modificação jurídica*; II) outro de natureza propriamente constitutiva, ao operar tal modificação na esfera jurídico-patrimonial das partes.

Assim, é inviável, para não dizer incongruente com o próprio cerne da antecipação da tutela, a declaração ou a constituição provisória nas *ações de estado e de filiação* (*v.g.*, separação provisória do casal ou reconhecimento provisório da paternidade). Outro exemplo: no pedido de suprimento judicial de consentimento paterno para casamento (CC, art. 1.517)[98]; nessa situação, não é possível a concessão da tutela antecipada, pois, realizado o casamento, não mais poderá ser revertido o ato e sua natureza não permite condição.

Por outro lado, é possível a *constituição provisória de um aluguel*, como expressamente prevê o art. 68, inciso II, da Lei 8.245/91 (Lei do Inquilinato), em que, na ação revisional de aluguel, permite-se ao juiz, se houver pedido e com base nos elementos fornecidos pelo autor, a fixação de aluguel provisório, cujo montante não seja excedente ao 80% do pedido, que será devido desde a citação.

Igualmente, a título de exemplo, é possível: a sustação do protesto antes do reconhecimento da nulidade do título[99]; a valoração antecipada da nulidade de uma cláusula contratual (*v.g.*, contrato de seguro de vida que não cobre determinadas despesas médicas) ou de um estatuto societário; o pedido de suspensão da eficácia de uma deliberação social na pendência da demanda que visa a sua anulação.

A antecipação de efeito da declaração ou da constituição adquire relevância prática na medida em que esses efeitos são acompanhados dos *efeitos mandamentais* ou *executivos*[100]. Por exemplo, o juiz ordena o pagamento antecipado de despesa hospitalar, declarando-se nula cláusula contratual que impede a cobertura desse gasto.

1.13.3. Antecipação das tutelas mandamentais e executivas

A antecipação da tutela é possível nas ações mandamentais e executivas. Na ação mandamental (*v.g.*, ação de manutenção de posse), tem-se uma *ordem* (mandado) seguida de um mecanismo de coerção indireta ou psicológica (*v.g.*, aplicação de multa diária).

Evidencia-se que a ação mandamental é diferente da ação condenatória, porque o não cumprimento do mandado judicial pode acarretar crime de *desobediência*, além de ser suscetível de imposição de multa ou de outra medida coercitiva. Por outro lado, o *não cumprimento da sentença condenatória* não é entendido como sendo insubordinação à autoridade judicial, dando ensejo, tão somente, à *execução forçada*.

Na tutela antecipada mandamental, os meios de coerção podem atuar sobre a *vontade* do réu, pressionando-o a cumprir a ordem judicial (*v.g.*, pela imposição de multa, inclusive diária, desde que seja fixada em montante suficiente e compatível para pressionar o adimplemento da obrigação, bem como se determine prazo razoável para o cumprimento do preceito; CPC, art. 537). Contudo, se o *resultado* esperado puder ser obtido *independentemente da sua vontade*, devem ser empregados outras medidas necessárias para o cumprimento da ordem judicial, tais como a imissão na posse, a busca

---

98. Adolescentes entre 16 e 18 anos, se não emancipados, precisam de autorização de ambos os pais para se casarem (antes de 16 anos não podem se casar).
99. Pelo art. 1º da Lei 9.492/97, o protesto é o ato formal e solene pelo qual se prova a inadimplência e o descumprimento de obrigação originada em títulos e outros documentos de dívidas.
100. MARINONI, Luiz Guilherme. *Antecipação de tutela*. 12. ed. cit., p. 195.

e apreensão, a remoção de pessoas e coisas, o desfazimento de obras, o impedimento de atividade nociva, a requisição de força policial etc. (CPC, arts. 139, inc. IV, e 536).

Esses meios de coerção são *indispensáveis*, porque a tutela provisória carece de eficácia de título executivo, devendo ser acompanhada dos meios necessários para se obter o resultado esperado. Tais meios visam a concretização do direito fundamental à tutela jurisdicional efetiva (CF, art. 5º, inc. XXXV).

Por outro lado, nas ações executivas (*v.g.*, ação de reintegração de posse), em primeiro lugar, existe uma condenação (exortação ao cumprimento) que é imediatamente acompanhada da possibilidade de execução; o ato do juiz serve para *substituir* o ato que deveria ser praticado pela parte (*v.g.*, decreta a reintegração da posse, que deveria ter sido feita pelo esbulhador; CPC, art. 562).

1.13.4. Tutela antecipada nos procedimentos especiais

Diversos procedimentos especiais, previstos no CPC ou fora dele, preveem a concessão de tutelas antecipadas.

Por exemplo, pelo art. 562 do CPC, admite a concessão de liminar nas ações de manutenção e de reintegração de posse. Estando a petição inicial devidamente instruída, o juiz deferirá, sem ouvir o réu, a expedição de mandado liminar de manutenção ou de reintegração; caso contrário, determinará que o autor justifique previamente o alegado, citando-se o réu para comparecer à audiência que for designada. Contra as pessoas jurídicas de direito público, não será deferida a manutenção ou a reintegração liminar sem a prévia audiência dos respectivos representantes judiciais (CPC, art. 562, parágrafo único). Todavia, para que a liminar seja concedida essas ações devem ser propostas dentro de ano e dia da turbação ou do esbulho (*ação de força nova*). Logo, na hipótese do art. 562 do CPC, é possível a concessão da tutela antecipada independentemente de estar comprovado *fundado receio de dano* (*periculum in mora*). Após esse período (*posse velha*), admite-se o ajuizamento de ação possessória pelo procedimento comum. Nesta ação, o autor poderá pedir a tutela antecipatória de mérito, com os mesmos efeitos da liminar da ação possessória de procedimento especial. Contudo, para concessão da tutela de urgência, com base no art. 300, CPC, o autor terá que demonstrar não apenas sua posse, a turbação ou o esbulho, exigindo-se, também, a comprovação da probabilidade do direito e o perigo de dano[101].

Ainda, no art. 565 do CPC, que se refere ao litígio coletivo pela posse de imóvel, a liminar referida nesse dispositivo é hipótese de tutela antecipada (Cf. o Enunciado 66 do FPPC).

Na legislação especial, o art. 59, § 1º, da Lei 8.245/91 (Lei do Inquilinato) admite o *despejo liminar*, independente da audiência da parte contrária e desde que prestada caução no valor de três meses de aluguel, para as ações que tenham como fundamento

---

101. STJ, AgRg no REsp 1139629/RJ, Rel. Min. Maria Isabel Gallotti, 4ª T., j. 06.09.2012, *DJe* 17.09.2012.

exclusivo: I) o descumprimento de acordo no qual se havia ajustado prazo de no mínimo seis meses para a desocupação do imóvel; II) havendo prova escrita da rescisão do contrato de trabalho ou sendo a prova produzida em audiência prévia; III) tendo terminado o prazo para a temporada, desde que a ação de despejo tenha sido proposta até 30 dias após o término do contrato; IV) a morte do locatário sem deixar sucessores legais, permanecendo no imóvel pessoas não autorizadas por lei[102]; V) permanência do sublocatário no imóvel, depois de extinta a locação celebrada com o locatário. Nessas situações, não cabe a concessão de tutela de urgência com base no art. 300 do CPC; todavia, nas demais hipóteses – desde que caracterizada a probabilidade do direito e o perigo de dano – admite-se a providência de urgência[103]. Por exemplo, a tutela antecipatória para a retomada do imóvel com a finalidade de realizar reparações urgentes, no caso dessas reparações não poderem ser realizadas com a permanência do locatário no imóvel.

1.13.5. Tutela antecipada no procedimento monitório

O procedimento monitório (CPC, arts. 700 a 702) é uma técnica processual diferenciada para a realização célere do pagamento de quantia em dinheiro, entrega de coisa fungível ou infungível ou de bem móvel ou imóvel, e o adimplemento de obrigação de fazer ou não fazer.

Sendo evidente o direito do autor, o juiz deferirá a expedição do mandado de pagamento, de entrega da coisa ou para execução de obrigação de fazer ou não fazer, concedendo o prazo de 15 dias para o cumprimento e o pagamento de honorários advocatícios de 5% do valor da causa (CPC, art. 701). O réu fica isento do pagamento de custas processuais se cumprir o mandado no prazo. Em caso contrário, não sendo apresentados os embargos previstos no art. 702 do CPC, o título executivo judicial se constitui de pleno direito.

O ajuizamento da ação monitória está baseado em prova escrita sem eficácia de título executivo (CPC, art. 700, *caput*). A abrangência do conceito de prova escrita é menor que o de documento, já que este também pode ser não escrito (*v.g.*, arquivo magnético, fotografia, reprodução cinematográfica etc.; CPC, art. 422).

Para fins de ajuizamento de ação monitória, é considerada prova escrita sem eficácia de título executivo: os escritos emanados do devedor (*v.g.*, e-mails, cartas, bilhetes, contratos desprovidos de assinaturas de testemunhas, títulos de créditos prescritos ou que falte algum requisito legal etc.) de que se possa inferir a existência de obrigação de pagar quantia em dinheiro, entregar coisa fungível ou infungível ou de bem móvel

---

102. Pelo art. 11 da Lei do Inquilinato, morrendo o locatário, ficarão sub-rogadas nos seus direitos e obrigações: I – nas locações com finalidade residencial, o cônjuge sobrevivente ou o companheiro e, sucessivamente, os herdeiros necessários e as pessoas que viviam na dependência econômica do de cujus, desde que residentes no imóvel; II – nas locações com finalidade não residencial, o espólio e, se for o caso, seu sucessor no negócio.
103. STJ, REsp 1207161/AL, Rel. Min. Luis Felipe Salomão, 4ª T., j. 08.02.2011, *DJe* 18.02.2011.

ou imóvel, bem como obrigação de fazer ou não fazer, e de terceiros (*v.g.*, guias de internação em hospital para fins de cobrança de honorários médicos, requisições de exames laboratoriais ou de serviços protéticos, extratos contábeis etc.), além de outros documentos (*v.g.*, prova emprestada em outro processo, acordos não homologados, sentença declaratória de dívida etc.).

Os embargos monitórios são um meio de impugnação que têm a finalidade de suspender a eficácia do mandado inicial e a constituição de pleno direito do título executivo. Os embargos monitórios são processados nos próprios autos ou a critério do juiz, se parciais, serão autuados em apartados, seguindo as regras estabelecidas no art. 702 do CPC.

No procedimento monitório, admite-se a tutela de evidência (CPC, art. 311), independentemente da demonstração de perigo ou de risco ao resultado útil do processo. Aliás, o art. 701 do CPC afirma que, sendo *evidente* o direito do autor, o juiz deferirá a expedição do mandado de pagamento, de entrega de coisa ou para a execução de fazer ou de não fazer. Preenchidos os requisitos para a concessão da tutela monitória, o órgão judicial pode concedê-la, independentemente da oitiva do réu (CPC, art. 9º, parágrafo. único, inc. III), cabendo ao demandado cumprir a decisão ou apresentar os embargos previstos no art. 702 no prazo de 15 dias, sob pena da constituição de pleno direito do título executivo judicial.

Também é admissível a concessão de tutela de urgência verificada a presença de elementos que evidenciem a probabilidade do direito e o perigo de dano ou o risco ao resultado útil do processo (CPC, art. 300). Por exemplo, no caso em que o credor precisa desde logo do bem da vida postulado, mediante ação monitória, para não ser prejudicado de forma irreparável. Isso é possível porque o direito de crédito pode ser imprescindível para a realização de um direito não patrimonial conexo (*v.g.*, direito à saúde), como ocorre, por exemplo, com o pagamento de seguro contra acidentes pessoais para a realização de cirurgias[104].

1.14. TUTELA PROVISÓRIA NO ÂMBITO RECURSAL

1.14.1. Tutela provisória contra decisões de primeiro grau

A tutela provisória – antecipada ou cautelar – no âmbito recursal revela sua utilidade quando da sua não concessão puder resultar perigo de dano ou risco ao resultado útil do processo.

Antecipar a tutela não constitui antecipação de uma sentença, mas um adiantamento dos *atos executivos* da tutela definitiva, em duas hipóteses: I) quando a sentença recorrida tiver sido de improcedência ou meramente terminativa (extintiva do processo

---

104. MARINONI, Luiz Guilherme. *Antecipação de tutela*. 12. ed. cit., p. 152-153.

sem exame do mérito); II) ou quando o recurso interposto foi recebido no duplo efeito (devolutivo e suspensivo)[105].

Já a tutela cautelar visa assegurar a eficácia prática ou o resultado útil de uma providência cognitiva ou executiva.

Caso o recorrente pretenda impedir que a decisão produza efeitos até o julgamento do recurso, a pretensão terá natureza cautelar (*v.g.*, CPC, arts. 995, par. ún., e 1.012, §§3º e 4º, 1.029, § 5º; Lei 13.188/2015, art. 10). Por outro lado, se pretender obter uma pretensão que foi negada ou retirar o efeito suspensivo legal do recurso, a natureza do provimento será de natureza antecipatória.

Nas Disposições Gerais do Título I, do Livro III, do CPC, que versa sobre o processo nos tribunais e dos meios de impugnação das decisões judiciais, o art. 965, parágrafo único, afirma que a eficácia da decisão recorrida poderá ser suspensa por decisão do relator se, da imediata produção de seus efeitos, houver risco de dano grave de difícil ou impossível reparação e ficar demonstrada a probabilidade de provimento do recurso.

Nos recursos contra as decisões de primeiro grau, a previsão de tutela provisória está no art. 932, inc. II, do CPC, pelo qual incumbe ao relator apreciar o respectivo pedido nos recursos e nos processos de competência originária dos tribunais (CPC, art. 299, par. ún.).

Nesse sentido, o relator, após o recebimento do agravo de instrumento, poderá atribuir efeito suspensivo ou deferir, em antecipação de tutela, total ou parcialmente, a pretensão recursal, comunicando ao juiz sua decisão (CPC, art. 1.019, inc. I). Por exemplo, quando for negada a tutela antecipada em primeiro grau de jurisdição, o agravante pode pleitear a concessão de efeito ativo ao agravo de instrumento, com fundamento nos arts. 1.019, inc. I e 300, *caput*, do CPC, alegando perigo de dano (*v.g.*, em uma ação de rescisão de contrato preliminar de compromisso de compra e venda, a construtora demonstra que o consumidor, constituído em mora, deixou de pagar as três últimas prestações, requerendo a reintegração da posse, para possibilitar a venda do imóvel a outro interessado, sob o argumento de que a não concessão da medida agravará os prejuízos da empresa, pois o promitente comprador está na posse do imóvel sem pagar aluguéis e não têm patrimônio suficiente para cobrir os danos causados). Da decisão monocrática do relator que concede ou nega efeito suspensivo ao agravo de instrumento, bem como daquela que concede, nega, modifica ou revoga, no todo ou em parte, a tutela jurisdicional nos casos de competência originária ou recursal, cabe à interposição de agravo interno (CPC, art. 1.021 e Enunciado 142 do FPPC).

Se o agravante requereu a concessão de gratuidade da justiça no agravo de instrumento, a interposição do agravo interno prolonga, sem a necessidade de novo requerimento, a dispensa provisória de adiantamento de despesas processuais (Cf. Enunciado 613 do FPPC). Caso o relator considere que o recorrente não faz *jus* a tal

---

105. ZAVASCKI, Teori Albino. *Antecipação da tutela*. 6. ed. São Paulo: Saraiva, 2008. p. 145.

benefício, deverá indeferi-lo e fixar prazo para a realização do recolhimento das custas processuais (CPC, art. 99, § 7º).

A tutela provisória, contudo, não se limita às hipóteses de agravo de instrumento. Por exemplo, quando o juiz fixa, na sentença de ação de alimentos, pensão em valor muito elevado que não pode ser suportado pelo devedor, demonstrando o apelante a probabilidade de provimento do recurso ou do risco de dano (grave ou de difícil reparação), pode o relator suspender a eficácia da sentença, recebendo a apelação com duplo efeito, inclusive para evitar a prisão civil do apelante (CPC, art. 1.012, § 4º). Outro exemplo: sendo indeferido pedido de suprimento de autorização paterna para que criança viaje somente em companhia da mãe (cujo pai está preso, preventivamente, por violência doméstica), pode o relator conceder a tutela provisória, em sede de apelação, aplicando o art. 932, inc. II, do CPC.

Além disso, cessada ou modificada a tutela de urgência na sentença, a parte poderá, além de interpor recurso, pleitear o respectivo restabelecimento na instância superior, na petição de recurso ou em via autônoma (Cf. Enunciado 39 do I Simpósio de Direito Processual Civil, organizado pelo Conselho da Justiça Federal).

Do acórdão do órgão colegiado do Tribunal, não cabe recurso especial ou extraordinário a fim de analisar os critérios adotados pela instância ordinária para a concessão ou não da tutela provisória (Súmula 735 do STF)[106]. Isso porque o provimento jurisdicional não é definitivo, isto é, está baseado em cognição sumária; assim, pode ser alterado a qualquer tempo, devendo ser confirmado ou revogado pela sentença final (CPC, art. 296). Além disso, não cabe aos Tribunais Superiores o reexame dos elementos fáticos-probatórios (Súmulas 279/STF e 7/STJ) necessários para a concessão, ou não, da tutela provisória[107]. Porém, o entendimento consagrado na Súmula 735 do STF pode ser afastado quando houver direta violação de dispositivo contido na Constituição ou em leis federais que disciplinam o deferimento ou não da tutela provisória[108].

1.14.2. Tutela provisória recursal contra decisões de Tribunais com competência originária

O art. 932, inc. II, do CPC admite a possibilidade de o relator apreciar pedido de tutela provisória nos processos de competência originária do tribunal.

A decisão do relator sobre a tutela provisória deve ser impugnada por agravo interno, observadas, quanto ao seu processamento, as regras do regimento interno do tribunal (CPC, art. 1.021).

---

106. "Não cabe recurso extraordinário contra acórdão que defere medida liminar".
107. STF, 1199848365 RE 944504 AgR, Rel. Min. Dias Toffoli, 2ª T., j. 20.10.2017, DJe 06.11.2017; STJ, REsp 1685325/SP, Rel. Min. Herman Benjamin, 2ª T., j. 10.10.2017, DJe 23.10.2017.
108. STJ, AgInt no REsp 1649198/CE, Rel. Min. Moura Ribeiro, 3ª T., j. 17.10.2017, DJe 30.10.2017.

Excepcionalmente, quando não houver previsão de recurso contra a decisão do relator, com atribuição de efeito suspensivo, caberá mandado de segurança contra o ato judicial, para evitar dano irreparável ou de difícil reparação (Lei 12.016/2009, art. 5º, inc. II). Além de tal previsão na legislação especial, o direito de não sofrer dano irreparável ou de difícil reparação é corolário do direito fundamental à efetividade da tutela jurisdicional (CF, art. 5º, inc. XXXV).

Atente-se que o art. 932, inc. II, do CPC é uma mera delegação de poderes dos órgãos colegiados aos relatores, não podendo as decisões monocráticas ficarem sem a possibilidade de controle efetivo do colegiado.

O mandado de segurança, contra o ato judicial do relator, tem natureza cautelar, pois serve para *afastar* o perigo de lesão existente em *outro* processo. Logo, para a sua concessão, é imprescindível a presença dos requisitos do *fumus boni iuris* e do *periculum in mora*.

Além disso, o beneficiário do ato impugnado deve ser convocado para integrar a relação processual do mandado de segurança, na qualidade de litisconsorte passivo necessário, por ser a legitimidade de parte pressuposto indispensável ao desenvolvimento válido e regular do processo[109].

1.14.3. Tutela provisória para a obtenção de efeito suspensivo nos recursos especial e extraordinário

O recebimento tanto do recurso extraordinário, quanto do especial serão, como regra, apenas no efeito devolutivo.

Para a concessão do efeito suspensivo, os Regimentos Internos do STJ (art. 288) e do STF (arts. 21, incs. IV e V, e 304), em situações excepcionais e limitadas, admitem a concessão de tutela provisória, para a proteção de situações suscetíveis de causar grave dano de incerta reparação.

Nesses casos, são requisitos para a concessão da tutela de urgência: I) a existência de perigo de lesão grave e irreversível ao direito do recorrente; II) a relevância dos fundamentos do recurso[110]; III) a existência de recurso extraordinário ou especial regularmente interposto e recebido no tribunal de origem.

O pedido de concessão de efeito suspensivo seja a recurso extraordinário seja a recurso especial, nos termos do art. 1.029, § 5º, do CPC, com a redação dada pela Lei 13.256/2016, pode ser formulado por requerimento dirigido ao tribunal superior respectivo, no período compreendido entre a publicação da decisão de admissão do recurso e sua distribuição, ficando o relator designado para seu exame prevento para julgá-lo (inc. I); ao relator, se já distribuído o recurso (inc. II); ou ao presidente ou ao

---
109. STJ, RMS 5.570/PA, Rel. Min. Adhemar Maciel, 2ª T., j. 20.02.1997, *DJ* 14.04.1997, p. 12702.
110. STJ, AgInt no TP 287/SP, Rel. Min. Paulo de Tarso Sanseverino, 3ª T., j. 21.03.2017, *DJe* 23.03.2017; AgInt no TP 241/PE, Rel. Min. Marco Buzzi, 4ª T., j. 14.03.2017, *DJe* 22.03.2017.

vice-presidente do tribunal recorrido, no período compreendido entre a interposição do recurso e a publicação da decisão de admissão do recurso, assim como no caso de o recurso ter sido sobrestado nos termos do art. 1.037 do CPC (inc. III).

Se estiver pendente o juízo de admissibilidade dos recursos especial e extraordinário, compete ao Presidente do Tribunal de origem conceder a tutela provisória para dar efeito suspensivo a tais recursos (Súmulas 634 e 635 do STF). Caso seja negada a liminar, caberá agravo de instrumento dessa decisão, uma vez que o Presidente do Tribunal atua na condição de órgão delegado do STF ou do STJ. No entanto, quando o agravo de instrumento, pela demora no processamento no Tribunal de origem, não possui a agilidade suficiente para obstar o risco iminente de dano grave iminente ao direito da parte, os Tribunais Superiores têm admitido a propositura da ação cautelar diretamente nas Cortes Superiores[111].

O disposto no art. 1.029, § 5º, do CPC, por força do art. 1.027, § 2º, do CPC, também se aplica aos recursos ordinários constitucionais de competência do STF (CF, art. 102, inc. III) e do STJ (CF, art. 105, inc. III).

A tutela provisória deve ser requerida por simples petição e processada como incidente do recurso extraordinário ou especial.

1.15. TUTELA PROVISÓRIA NA AÇÃO RESCISÓRIA

O art. 969 do CPC admite, expressamente, a possibilidade de concessão de tutela provisória, de urgência ou de evidência, desde que preenchidos os requisitos legais (CPC, arts. 294 a 311), em ação rescisória, com a consequente suspensão dos efeitos da decisão rescindenda (Cf. Enunciado 80 do FPPC).

Em comparação, o art. 489 do CPC/73, com a redação atribuída pela Lei 10.280/2006, já possibilitava a concessão de medidas de natureza cautelar ou antecipatória de tutela no âmbito da ação rescisória. Contudo, mesmo antes da reforma legislativa advinda com a Lei 10.280/2006, admitia-se a concessão de tutela cautelar, em sede de ação rescisória, baseada no poder geral de cautela do art. 798 do CPC/73.

Assim, havia a discussão quanto à incompatibilidade da tutela de urgência com a coisa julgada contrapondo-se com a efetividade do direito constitucional de ação.

O Min. Vicente Cernicchiaro, em 1993, considerou que o:

> Judiciário não se restringe, na prestação jurisdicional, a mero chancelador de petições, ou encara a lei como símbolo, vazio de conteúdo. Cumpre-lhe fiscalizar o processo, a fim de emitir provimentos justos. Não [se] pode pactuar com atitudes indignas, espúrias e fraudulentas. Cumpre impedir o locupletamento ilícito, ainda que o fato seja conhecido após a coisa julgada. O princípio que a informa deve ser conectado

---

111. STF, AC 3240 AgR, Relator(a): Min. Marco Aurélio, 1ª T., j. 09.06.2015, Processo Eletrônico DJe-151 Divulg. 31.07.2015 Public. 03.08.2015; AC 2910 MC-AgR, Relator(a): Min. Ellen Gracie, Relator(a) p/ Acórdão: Min. Cármen Lúcia, Tribunal Pleno, j. 11.12.2014, Processo Eletrônico DJe-032 Divulg 18.02.2015 Public 19.02.2015; STJ, AgRg na MC 25.470/RJ, Rel. Min. Humberto Martins, 2ª T., j. 17.05.2016, DJe 12.09.2016.

com a lealdade processual. Constatada a trapaça, durante a liquidação, cumpre expedir medida cautelar, suspendendo-a por certo prazo. Nesse período, deverá ser proposta ação rescisória para também, com a garantia constitucional, ser esclarecido o fato tão grave[112].

Esclareça-se, todavia, que não é o objetivo da ação rescisória rever o acerto ou a justiça da decisão[113]. Seu alcance e seus limites estão traçados pelo regime processual definido pelos arts. 966 a 975 do CPC. Admite-se, de modo excepcional, a concessão da tutela provisória na ação rescisória, quando restar evidenciado a probabilidade do direito e o perigo de dano ou de risco ao resultado útil do processo, para suspender a execução da decisão rescindenda.

No entanto, pondera-se que a suspensão da execução do cumprimento de sentença não possui natureza cautelar de mera garantia, sem conteúdo satisfativo e destinada a viger apenas no curso da ação rescisória ("segurança para a execução"); ao contrário, antecipa um efeito da futura sentença de procedência ("execução para segurança")[114].

De todo modo, há de ser aplicado à espécie o princípio da fungibilidade, a fim de tutelar adequadamente a existência de risco iminente aos direitos do executado.

Entretanto, a decisão transitada em julgado, ao objeto de ação rescisória com pedido de tutela antecipada, justamente por estar baseada em cognição exauriente, não se submete ao regime da estabilização previsto no art. 304 do CPC (Cf. Enunciados 421 do FPPC e 43 do I Simpósio de Direito Processual Civil, organizado pelo Conselho da Justiça Federal). Afinal, tal técnica de agilização da tutela jurisdicional está fundada na sumarização da cognição e do procedimento. E a decisão objeto de ação rescisória já está revestida pela coisa julgada material que, até por ser uma garantia constitucional (CF, art. 5º, inc. XXXVI), não pode ceder à estabilização de tutela antecipada baseada em mera cognição sumária.

1.16. TUTELA PROVISÓRIA EM FACE DA FAZENDA PÚBLICA

O CPC prevê, no art. 1.059, que a tutela provisória requerida contra a Fazenda Pública seguirá as regras presentes nos arts. 1º a 4º da Lei 8.437, de 30 de junho de 1992, e no art. 7º, § 2º, da Lei 12.016, de 7 de agosto de 2009.

Conforme o art. 1º da Lei 8.437/92, não é cabível medida liminar contra atos do Poder Público, no procedimento cautelar ou em quaisquer outras ações de natureza cautelar ou preventiva, toda vez que providência semelhante não puder ser concedida em ações de mandado de segurança, em virtude de vedação legal. Por sua vez, o art. 4º desta Lei estabelece a competência do Presidente do Tribunal, ao qual couber o conhecimento do respectivo recurso, a suspender, em despacho fundamentado, a execução de liminar nas ações movidas contra o Poder Público ou seus agentes, a requerimento

---

112. STJ, REsp 35.105/RJ, Rel. Min. Luiz Vicente Cernicchiaro, 6ª T., j. 31.05.1993, DJ 28.06.1993. p. 12905.
113. STJ, AgRg na PET na AR 4.766/SP, Rel. Min. Humberto Martins, 1ª Seção, j. 09.09.2015, DJe 16.09.2015.
114. ZAVASCKI, Teori Albino. *Antecipação da tutela*. cit., p. 224.

do Ministério Público ou da pessoa de direito público interessada, em caso de manifesto interesse público ou de flagrante ilegitimidade, e para evitar grave lesão à ordem, à saúde, à segurança e à economia públicas[115].

Já o preceituado pelo art. 7º, § 2º, da Lei 12.016/2009 assevera que não será concedida medida liminar que tenha por objeto a compensação de créditos tributários, a entrega de mercadorias e bens provenientes do exterior, a reclassificação ou equiparação de servidores públicos e a concessão de aumento ou a extensão de vantagens ou pagamento de qualquer natureza.

O Supremo Tribunal Federal, ao julgar a Ação Direta de Inconstitucionalidade nº 4296, ajuizada pelo Conselho Federal da Ordem dos Advogados do Brasil (CFOAB), declarou a inconstitucionalidade do art. 7º, § 2º, da Lei 12.016/2009, que proibia a concessão de liminar para a compensação de créditos tributários e para a entrega de mercadorias e bens provenientes do exterior, bem como a exigência de oitiva prévia do representante da pessoa jurídica de direito público como condição para a concessão de liminar em mandado de segurança coletivo (art. 22, § 2º, da Lei 12.016/2009)[116].

Nesse sentido, ainda, a regra do art. 1.059 do CPC, ao estabelecer que à tutela provisória requerida contra a Fazenda Pública aplica-se o disposto nos arts. 1º a 4º da Lei 8.437/92 e no art. 7º, § 2º, da Lei 12.016/2009, deve ser considerada inconstitucional, pois afronta diretamente a garantia constitucional do acesso à justiça (CF, art. 5º, inc. XXXV) e o princípio da isonomia (CF, arts. 5º, *caput*, e 37, *caput*), não havendo critério razoável para justificar que os processos que envolvam o Poder Público tendam a ser menos eficientes que os que têm como partes exclusivamente os particulares[117].

A concessão de tutela antecipada contra a Fazenda Pública também está prevista no art. 1º da Lei 9.494/97, que determina: a) ser vedada tutela antecipada para a *reclassificação* ou a *equiparação* de servidores públicos, ou à concessão de *aumento* ou *extensão* de vantagens; tais decisões somente poderão ser executadas após o trânsito em julgado, o que implica na atribuição de efeito suspensivo ao recurso de apelação (Lei 4.348/64, arts. 5º e 7º; Lei 5.021/66, art. 1º e § 4º; Lei 8.437/92, art. 3º); b) não ser cabível, no juízo de primeiro grau, medida cautelar inominada ou sua liminar, quando impugnado ato de autoridade sujeita à *competência originária* de tribunal (Lei 8.437/92, art. 1º, § 1º); c) não cabimento de medida liminar que esgote, no todo ou em qualquer parte, o objeto da ação (Lei 8.437/92, art. 1º, § 3º); d) não admitir medida liminar que defira *compensação de créditos tributários ou previdenciários* (Lei 8.437/92, art. 1º, § 5º);

---

115. Atente-se que a decisão do Presidente do Tribunal que determina a suspensão dos efeitos da antecipação de tutela contra a Fazenda Pública, mesmo quando transitada em julgado, não induz coisa julgada material. Por isso, não se sujeita à ação rescisória. A rediscussão do objeto controvertido pode ser feita na ação principal. STJ, AR 5.857-MA, Corte Especial, Rel. Min. Mauro Campbell Marques, j. 07.08.2019, *DJe* 15.08.2019.
116. STF, ADI 4296, Tribunal Pleno, rel. Min. Alexandre de Moraes, j. 09.06.2021, pub. *DJe* 28.06.2021.
117. BUENO, Cássio Scarpinella. Tutela provisória contra o Poder Público no CPC de 2015. In: BUENO, Cassio Scarpinella; MEDEIROS NETO, Elias Marques de; OLIVEIRA NETO, Olavo de; OLIVEIRA, Patrícia Elias Cozzolino de; LUCON, Paulo Henrique dos Santos (Coord.) *Tutela provisória no novo CPC. Dos 20 anos de vigência do art. 273 do CPC/1973 ao CPC/2015*. São Paulo: Saraiva, 2016. p. 68.

e) poder o Presidente do Tribunal suspender, em despacho fundamentado, a execução da liminar nas ações movidas contra o Poder Público ou seus agentes, em caso de manifesto interesse público ou de flagrante ilegitimidade, e para evitar grave lesão à ordem, à saúde, à segurança e à economia públicas.

O STF, na Ação declaratória de constitucionalidade (ADC) 4, de 01.10.2008, declarou a constitucionalidade do art. 1º da Lei 9.494/97, não admitindo tutela antecipada em face do Poder Público.

Porém, o próprio STF permite a concessão de antecipação de tutela em face da Fazenda Pública em hipóteses que não importem em reclassificação ou equiparação de servidores públicos; concessão de aumento ou extensão de vantagens pecuniárias; outorga ou acréscimo de vencimentos; pagamento de vencimentos e vantagens pecuniárias a servidor público ou esgotamento, total ou parcial, do objeto da ação, desde que tal ação diga respeito, exclusivamente, a qualquer das matérias anteriormente referidas[118].

Tanto o STF quanto o STJ têm admitido a concessão de tutela antecipada contra o Poder Público nas seguintes situações: a) concessão de aumento ou vantagem em causas previdenciárias[119]; b) casos em que o pagamento de vantagem não é o objetivo do processo, mas consequência da antecipação de tutela (como na reintegração ou a nomeação em cargo público)[120]; c) pagamento de parcelas que não constituam subsídio, vencimento, salário nem, tampouco, vantagem pecuniária (v.g., verbas indenizatórias)[121];d) situações em que o pedido da parte beneficiada pela tutela provisória se apoie em entendimento consolidado pelo STF; e) a concessão de antecipação de tutela na sentença[122].

Com efeito, as restrições à concessão da tutela antecipada contra a Fazenda Pública não são absolutas, devendo a Lei 9.494/97 ser interpretada dentro dos postulados da proporcionalidade e da razoabilidade (CPC, arts. 8º e 489, § 2º). Aliás, caso se proibisse a concessão generalizada de tutela antecipada em face da Fazenda Pública, restaria violado o direito fundamental à tutela jurisdicional efetiva, célere e adequada (CF, art. 5º, inc. XXXV).

Dessa maneira, o problema que se coloca na efetivação da tutela antecipada em face da Fazenda Pública é o fato de que a execução em face das pessoas jurídicas de direito público interno deve ser submetida a procedimento executivo especial[123], ou seja,

---

118. STF, Rcl 16399 AgR, Relator(a): Min. Luiz Fux, 1ª T., j. 23.09.2014, Processo Eletrônico DJe-199 Divulg. 10.10.2014 Public. 13.10.2014.
119. STJ, AgRg no AREsp 230.482/RS, Rel. Min. Sérgio Kukina, 1ª T., j. 07.03.2013, DJe 12.03.2013.
120. STF, Rcl 6191 AgR, Relator(a): Min. Luiz Fux, 1ª T., j. 05.08.2014, Acórdão Eletrônico DJe-162 Divulg. 21.08.2014 Public. 22.08.2014.
121. STF, Rcl 5174 AgR, Relator(a): Min. Cezar Peluso, Pleno, j. 27.11.2008, DJe-025 Divulg. 05.02.2009 Public. 06.02.2009 Ement. v. 02347-01 p. 00205 RTJ v. 00208-03 p. 01056.
122. MACÊDO, Lucas Buril de; PEIXOTO, Ravi. Tutela provisória contra a Fazenda Pública. In: ARAÚJO, José Henrique Mouta de; CUNHA, Leonardo Carneiro da; RODRIGUES, Marco Antonio (Coord.). Fazenda Pública. 2. ed. Salvador: JusPodivm, 2016. p. 375.
123. STF, SS 2961 AgR, Relator(a): Min. Ellen Gracie, Pleno, j. 10.03.2008, DJe-074 Divulg. 24.04.2008 Public. 25.04.2008 Ement. v. 02316-02 p. 00311.

a execução pautar-se-á pelos trâmites do regime de precatórios, conforme exigência do art. 100 da CF em que, para o pagamento, é imprescindível a apresentação de precatórios, em ordem cronológica, salvo para o cumprimento de obrigações definidas em leis como de pequeno valor, fixadas em decisões judiciais transitadas em julgado (CF, art. 100, § 3º). Pelo art. 17 da Lei 10.259/2001, que instituiu os Juizados Especiais Federais, entende-se que as condenações até sessenta salários mínimos não se submetem ao regime do precatório. Portanto, é admitida as tutelas provisórias de urgência e de evidência[124] em face da Fazenda Pública quando o valor da condenação for inferior a 60 salários mínimos, não sendo possível a repartição ou quebra do valor da execução (CF, art. 100, § 8º).

Nesse sentido, a Súmula 729 do STF expressamente afirma que a decisão na ADC-4/2008 não se aplica à antecipação de tutela em causa de natureza previdenciária.

Por outro lado, os créditos de natureza alimentícia devem se submeter ao regime dos precatórios, sendo incluídos em lista cronológica, embora o art. 100, § 1º, da CF assegure aos seus titulares o pagamento preferencial em relação aos demais precatórios[125].

O art. 100 da CF se refere, exclusivamente, às obrigações de pagar quantia certa objeto de condenação já vencidas. Relativamente a todas as demais obrigações e deveres (fazer, não fazer e entregar coisa), a Fazenda Pública está sujeita ao regime executivo comum aplicável a todas as pessoas e instituições de direito privado.

Como bem enfatiza a hermenêutica jurídico-constitucional, no conflito entre preceitos da CF deve prevalecer a decisão que melhor efetive os direitos fundamentais, ainda que isso implique limitação ao sistema de precatórios bem como a segurança jurídica advinda do trânsito em julgado. Por exemplo, o STF reconheceu repercussão geral na questão quanto à admissibilidade de sequestro de verbas públicas, fora da estrita disposição do art. 100, § 6º, da CF, para pagamento de crédito a portador de moléstia grave[126] e para a preterição de precatório não alimentar[127].

Portanto, cabe a parte autora demonstrar que o pedido de tutela provisória em face do Poder Público não se encontra nas vedações legais (v.g., o art. 1º da Lei 9.494/97, cuja constitucionalidade foi confirmada na ADC 4/2008)[128]. Se o magistrado conceder a tutela provisória em contrariedade com o decidido em sede da ADC 4, caberá, além do agravo de instrumento, reclamação constitucional perante o STF. Em contrapartida,

---

124. Pelo Enunciado 418 do FPPC, "As tutelas provisórias de urgência e de evidência são admissíveis no sistema dos Juizados Especiais".
125. STF, Rcl 5536 AgR, Relator(a): Min. Roberto Barroso, 1ª T., j. 30.09.2014, Acórdão Eletrônico DJe-201 Divulg. 14.10.2014 Public. 15.10.2014.
126. STF, ARE 665707 RG, Relator(a): Min. Luiz Fux, j. 04.10.2012, Acórdão Eletrônico DJe-204 Divulg. 17.10.2012 Public. 18.10.2012.
127. STF, RE 612707 RG, Relator(a): Min. Ricardo Lewandowski, j. 10.02.2012, Acórdão Eletrônico DJe-047 Divulg. 06.03.2012 Public. 07.03.2012 RDECTRAB v. 19, n. 214, 2012, p. 22-26.
128. MACÊDO, Lucas Buril de; PEIXOTO, Ravi. Tutela provisória contra a Fazenda Pública cit., p. 375.

caso o juiz negue o pedido de tutela provisória contra a Fazenda Pública, por constatar uma vedação legal, e o pedido tenha sido formulado em caráter antecedente, caberá ao demandante emendar a petição inicial no prazo de cinco dias, sob pena de extinção do processo sem julgamento de mérito (CPC, art. 303, § 6º).

Ainda, no caso de obrigação de fazer ou de não fazer infungíveis, a tutela de urgência observará o disposto no art. 497 do CPC, podendo, inclusive, ser imposta a multa diária (*v.g.*, para determinar a nomeação de candidatos aprovados dentro do número de vagas ofertadas pelo edital do concurso público) ou, no limite, o bloqueio de dinheiro público (*v.g.*, o STF já admitiu o sequestro de verbas públicas para pagamento de precatório fundado no quadro de saúde do interessado[129] e o STJ permitiu o bloqueio de verbas públicas e a fixação de multa para assegurar o fornecimento de medicamentos pelo Estado) para a satisfação da obrigação.

Por fim, não há óbice para a estabilização de tutela antecipada antecedente em face da Fazenda Pública (CPC, arts. 303 e 304; Enunciado 130 da II Jornada de Direito Processual Civil, promovida pelo Conselho da Justiça Federal).

1.17. EFETIVAÇÃO DA TUTELA CAUTELAR

Esclarecidos os aspectos primordiais da tutela antecipada, cumpre analisar a tutela cautelar, também espécie de tutela de urgência.

Especificamente em relação à tutela cautelar, a tutela de urgência pode ser efetivada mediante arresto, sequestro, arrolamento de bens, registro de protesto contra alienação de bens e qualquer outra medida idônea para a conservação do direito (CPC, art. 301).

A tutela cautelar visa providência com o fim de assegurar a permanência do estado das pessoas, coisas e provas, enquanto não julgado definitivamente o processo.

Desse modo, a tutela cautelar tem a *função auxiliar* e *subsidiária* de servir à tutela do processo principal, outorgando situação provisória de segurança para os interesses dos litigantes. Em outras palavras, a tutela cautelar se destina a conferir segurança e assegurar o eficaz desenvolvimento e o profícuo resultado das atividades de cognição e de execução, concorrendo, dessa forma, para o escopo geral da jurisdição de pacificação social[130].

As medidas cautelares, destarte, não têm um fim em si mesmas, já que toda a sua eficácia opera em relação a outras providências. Desse modo, enquanto o processo principal busca *tutelar o direito* (no sentido mais amplo), o processo cautelar se preocupa em *tutelar o processo*, para garantir que o seu resultado seja eficaz, útil e operante.

---

129. STF, Rcl 3982, Rel. Min. Joaquim Barbosa, Pleno, j. 19.11.2007, *DJe*-162 Divulg. 13.12.2007 Public. 14.12.2007 *DJ* 14.12.2007 p.-00049 Ement. V. 02303-01 p. 00064 RTJ v. 00204-01 p. 00238.
130. THEODORO JR., Humberto. *Tutela Cautelar*: direito processual civil ao vivo. Rio de Janeiro: AIDE, 1992. v. 4. p. 16.

Com efeito, a tutela cautelar exerce igualmente uma *função preventiva*, pois não *realiza* o direito material, mas apenas atua, provisória e emergencialmente, não possuindo *função satisfativa*.

As medidas urgentes, de natureza satisfativa, regem-se pelo instituto da antecipação de tutela, na medida em que permitem a outorga do direito material, em caráter provisório, até que seja proferida a tutela definitiva.

O CPC, ao regulamentar as medidas cautelares, não trouxe uma regulamentação minuciosa das cautelares típicas ou nominadas como no CPC/73, cujas disposições elencavam procedimentos cautelares específicos[131]. Ao contrário, o art. 301 do CPC adota a regra da *atipicidade* das medidas cautelares, prevendo um *rol meramente exemplificativo*[132], que inclui o arresto, o sequestro, o arrolamento de bens e o registro de protesto contra alienação de bem.

O arresto cautelar visa assegurar a realização da futura penhora em execução por quantia certa, quando houver risco ao resultado útil do processo, isto é, quando exista fundado receio de que ocorra uma diminuição patrimonial daquele que será executado[133] (*v.g.*, estar o suposto devedor dissipando bens que poderiam ser futuramente penhorados). Consistirá na apreensão dos bens do patrimônio da parte requerida necessários para assegurar a efetividade da futura execução judicial.

Já o sequestro é uma medida cautelar que serve para garantir a realização de futura execução para a entrega de coisa, incidindo sobre bem determinado, não sobre obrigação de pagar quantia em dinheiro. Logo, enquanto no arresto cautelar basta assegurar um montante para futura execução, no sequestro pretende-se o bem em si ou a preservação de coisa certa, cuja entrega *in natura* é almejada pelo requerente.

Por sua vez, o arrolamento de bens se destina a listar, descrever, relacionar ou inventariar bens, quando houver fundado receio de extravio ou dissipação que coloquem em risco o resultado útil do processo, para que possam ser depositados e, posteriormente, partilhados[134]. Trata-se de medida cautelar voltada à mera conservação de bens ameaçados de dissipação, não havendo constrição do patrimônio, mas simples inventário dos bens do demandado[135].

Ainda, o registro de protesto contra alienação de bem, cuja finalidade é dar publicidade a terceiros da existência do protesto, conferindo maior segurança jurídica às situações dos bens (móveis ou imóveis) e aos negócios jurídicos, para resguardar a

---

131. PINHEIRO, Guilherme César. Tutela de urgência cautelar típica no novo Código de Processo Civil e a "aplicação" do Código de Processo Civil de 1973 como "doutrina". *Revista de processo*, v. 252, fev. 2016. p. 225.
132. MEDINA, José Miguel Garcia. *Direito processual civil moderno*. São Paulo: RT, 2015. p. 452-453.
133. CÂMARA, Alexandre Freitas. *Lições de direito processual civil*. 16. ed. Rio de Janeiro: Lumen Juris, 2010. v. III. p. 99.
134. MARINS, Victor Alberto Azi Bomfim. *Comentários ao Código de Processo Civil*. São Paulo: RT, 2000. v. 12. p. 311.
135. STJ, REsp 686.394/RJ, Rel. Min. Fernando Gonçalves, 4ª T., j. 23.06.2009, *DJe* 1º.07.2009.

posição dos contratantes de boa-fé e evitar litígios. Tal medida cautelar já era reconhecida pela jurisprudência do STJ, dentro do poder geral de cautela (CPC/73, art. 798)[136].

Tais medidas cautelares típicas são meramente exemplificativas, como restou expresso do art. 301 do CPC ao admitir "qualquer outra medida idônea para asseguração do direito". Há providências cautelares previstas no ordenamento jurídico, mas não exemplificadas neste art. 301 do CPC. Por exemplo, a reserva de bens, no incidente de habilitação de crédito em inventário (CC, art. 1.997, § 1º; CPC, art. 643), é espécie de tutela provisória de urgência de natureza cautelar, cujo deferimento depende da apresentação de documento(s) que comprove(m) suficientemente a obrigação (isto é, que sejam plausíveis ou que tenha[m] potencial para demonstrar obrigação certa e líquida, bem como sejam revestidas das formalidades legais), e cuja impugnação não se baseie na quitação. Havendo dívidas do espólio e/ou do falecido (nunca dos herdeiros, legatários ou do meeiro) e inexistindo concordância dos herdeiros com o pedido de pagamento feito pelo credor, a discussão será remetida às vias ordinárias e, se houver prova documental suficiente da obrigação, serão reservados bens suficientes ao pagamento[137]. Por outro lado, dívidas dos herdeiros, legatários e/ou de meeiro deverão ser discutidas em ação autônoma, sem a possibilidade de reserva de bens em incidente de habilitação de crédito em inventário.

Além disso, também por meio da interpretação do art. 301 do CPC, admite-se a possibilidade de concessão de tutelas cautelares atípicas, já que tal regra jurídica equivale ao art. 798 do CPC/73. Em outras palavras, o poder geral de cautela do CPC/73 foi mantido no art. 301 do CPC (Cf. Enunciado 31 do FPPC)[138]. Tal poder geral de cautela é amplo, concedendo ao órgão judicial o dever de determinar a constrição adequada para assegurar a prestação jurisdicional efetiva[139].

As medidas cautelares, em caráter incidental, podem ser concedidas, inclusive de ofício pelo juiz, para assegurar o resultado útil do processo, com fundamento no art. 139, inc. IV, do CPC ("determinar todas as medidas indutivas, coercitivas, mandamentais ou sub-rogatórias para assegurar o cumprimento da ordem judicial, inclusive nas ações que tenham por objeto prestação pecuniária").

1.18. TUTELA CAUTELAR REQUERIDA EM CARÁTER ANTECEDENTE

Os arts. 305 a 310 do CPC versam sobre a possibilidade de a tutela cautelar ser requerida em caráter antecedente, ou seja, abrindo-se a possibilidade de ser ajuizada

---

136. .MAZZEI, Rodrigo Reis. In: GOUVÊA, José Roberto F.; BONDIOLI; Luis Guilherme A.; FONSECA, João Francisco N. da (Coord.). *Comentários ao Código de Processo Civil*. São Paulo: SaraivaJur, 2023. v. XII (arts. 610 a 673): do inventário e da partilha. p. 635 e 653.
137. STJ, AgRg no REsp 1222621/MG, Rel. Min. Paulo de Tarso Sanseverino, 3ª T., j. 27.11.2012, *DJe* 06.12.2012; EREsp 185.645/PR, Rel. Min. Luis Felipe Salomão, 2ª Seção, j. 09.12.2009, *DJe* 15.12.2009.
138. "O poder geral de cautela está mantido no CPC".
139. STJ, REsp 506.321/SP, Rel. Min. Nancy Andrighi, 3ª T., j. 30.11.2004, *DJ* 10.10.2005. p. 356.

antes do pedido principal, para possibilitar a conservação do direito ameaçado de dano e, consequentemente, evitar risco ao resultado útil do processo (CPC, art. 300, *caput*).

A tutela cautelar preparatória, cuja característica é a não realização antecipada do direito, mas sim o asseguramento de sua futura realização, torna-se imprescindível a apresentação de pedido principal, de cunho satisfativo.

Por isso, a petição inicial da ação que visa à prestação de tutela cautelar em caráter antecedente indicará a lide e seu fundamento, à exposição sumária do direito que se objetiva assegurar e o perigo de dano ou o risco ao resultado útil do processo (CPC, art. 305, *caput*), bem como o valor da causa[140] (Cf. Enunciado 44 do I Simpósio de Direito Processual Civil, promovido pelo Conselho da Justiça Federal). Assim, basta que o advogado faça referências à demanda final, indicando na petição inicial o pedido de tutela a ser buscada, já que se admite que o pedido inicial seja centrado apenas na tutela cautelar de urgência. Aliás, o art. 801 do CPC/73 também admitia que o requerente da medida cautelar indicasse a lide e seu fundamento (inc. III) e a exposição sumária do direito ameaçado e o receio de lesão (inc. IV).

O art. 305, *caput*, do CPC se justifica na medida em que os pedidos de tutela cautelar têm, como regra, natureza acessória. Assim, estão estritamente vinculados a uma demanda principal a ser proposta. Entretanto, excepcionalmente, a ação cautelar se exaure em si mesma, inexistindo a pretensão ao ajuizamento de ação principal[141]. Por exemplo, a ação cautelar de exibição de documentos pode ser suficiente, com a simples apresentação dos documentos, inexistindo pretensão ao ajuizamento de ação principal.

Nessas hipóteses, em que a ação cautelar tem caráter satisfativo, o juiz não poderá indeferir a petição inicial, com fundamento na não observância do art. 305, *caput*, do CPC[142]. Inclusive, a satisfatividade da medida de produção antecipada de prova foi assentada nos arts. 381 a 383 do CPC, ao afirmar, por exemplo, que tal medida é admitida para produzir prova suscetível de viabilizar a autocomposição ou outro meio adequado de solução de conflito (CPC, art. 381, inc. II) ou para apenas assegurar o prévio conhecimento dos fatos que possa justificar ou evitar o ajuizamento de ação (CPC, art. 381, inc. III). Nesses casos, assegura-se o direito à produção autônoma da prova de modo que o juiz não se pronuncia sobre a ocorrência ou a inocorrência do fato, nem sobre as respectivas consequências jurídicas em que só se admitirá defesa ou recurso se a produção da prova for indeferida. Os autos permanecem em cartório por um mês e, findo o prazo, são entregues ao promovente da medida (CPC, arts. 382, § 2º e § 4º, 383).

A tutela cautelar requerida em caráter antecedente deve ser ajuizada perante o juízo competente para conhecer o pedido principal (CPC, art. 299). A produção antecipada da prova é da competência do juízo do foro em que esta deva ser produzida ou do foro de domicílio do réu (CPC, art. 381, § 2º). Contudo, a produção antecipada da prova

---

140. STJ, REsp 145.723/PR, Rel. Min. Sálvio de Figueiredo Teixeira, 4ª T., j. 1º.12.1998, *DJ* 14.02.2000, p. 34.
141. SILVA, Ovídio Baptista da. *Do processo cautelar*. 4. ed. Rio de Janeiro: Forense, 2009. p. 373-374.
142. STJ, AgRg no Ag 1418187/RJ, Rel. Min. Maria Isabel Gallotti, 4ª T., j. 28.08.2012, *DJe* 03.09.2012.

não previne a competência do juízo para que a ação que venha a ser proposta (CPC, art. 381, § 3º).

Quando o pedido de tutela cautelar tiver natureza antecipada, o art. 305, parágrafo único, do CPC admite a aplicação do princípio da fungibilidade, devendo o juiz observar as regras dos arts. 303 e 304 do CPC, com o intuito de possibilitar a estabilização da tutela jurisdicional. A tutela cautelar, por estar voltada a mera conservação do direito ameaçado de dano e evitar risco ao resultado útil do processo, pode ser autônoma, mas não pode se estabilizar, porque, ao menos como regra, não pode ter caráter satisfativo.

A tutela cautelar pode ser concedida liminarmente ou após a designação de audiência de justificação prévia (CPC, art. 300, § 2º). A decisão que analisa o pedido de tutela cautelar é suscetível de revisão pela interposição de agravo de instrumento (CPC, art. 1.015, inc. I).

Uma vez ajuizada a ação cautelar preparatória, o réu deve ser citado para, no prazo de cinco dias, contestar o pedido e indicar as provas que pretende produzir (CPC, art. 306). A citação válida, realizada no processo cautelar preparatório, interrompe a prescrição (CPC, art. 240, § 1º)[143]. A resposta do demandado deve se limitar à impugnação quanto à probabilidade do direito acautelado e se há perigo de dano. Isso porque, antes da contestação do pedido principal, o réu é intimado para a audiência de conciliação ou de mediação (CPC, art. 308, § 3º) e, não havendo autocomposição ou não sendo hipótese de realização dessa audiência, o prazo para a contestação será contado na forma do art. 335 do CPC (CPC, art. 308, § 4º).

Se o pedido de tutela cautelar, requerido em caráter antecedente, não for contestado, os fatos alegados pelo autor se presumem verdadeiros (CPC, art. 307, *caput*). Os efeitos da revelia, contudo, se limitam aos elementos necessários à concessão da tutela cautelar, isto é, a probabilidade do direito e o perigo de dano ou o risco ao resultado útil do processo (CPC, art. 300, *caput*). Em caso de ausência de contestação, deve o juiz proferir a decisão cautelar em cinco dias.

Porém, a presunção de veracidade dos fatos alegados pelo autor não impede que o magistrado exija caução idônea para a concessão da tutela cautelar (CPC, art. 300, § 1º)[144]. Por outro lado, se o pedido for contestado, caberá ao juiz observar o procedimento comum (CPC, art. 307, parágrafo único).

A concessão da tutela cautelar, requerida em caráter antecedente, possui prazo máximo de validade. Por se tratar de tutela provisória não satisfativa cabe ao autor formular pedido principal, no prazo de 30 dias da efetivação da decisão que concede a liminar, não dependendo do adiantamento de novas custas processuais (CPC, art. 308, *caput*). Atente-se que o prazo de 30 dias para a formulação do pedido principal, previsto no art. 308 do Código de Processo Civil, possui natureza jurídica processual

---

143. STJ, REsp 1067911/SP, Rel. Min. Eliana Calmon, 2ª T., j. 18.08.2009, *DJe* 03.09.2009.
144. STJ, REsp 358.228/SP, Rel. Min. José Delgado. 1ª T., j. 02.04.2002, *DJ* 29.04.2002. p. 178.

(não material) e, portanto, sua contagem deve ser realizada em dias úteis, nos termos do art. 219 do CPC[145].

Dessa forma, sob a égide do CPC/73, ajuizada ação cautelar preparatória, em 30 (trinta) dias da concessão da medida liminar, cabia à parte autora propor uma ação principal. Com a entrada em vigor do CPC, uma vez promovida ação com a dedução de um pedido de cautelar em caráter antecedente, com a concessão e a efetivação da medida liminar obtida, a parte deve promover em 30 (trinta) dias o aditamento da petição inicial, no mesmo processo, deduzindo o pedido principal. Portanto, pelo novo sistema, ambas as tutelas, cautelar e definitiva, constituem objeto de um único processo. Houve, pois, uma simplificação procedimental relevante.

O termo inicial para a contagem do prazo de 30 dias inicia-se na data do cumprimento efetivo – ou da execução do ato material – da *liminar*, e não da sua ciência ao requerente da cautelar[146]. Por exemplo, considera-se efetivada a cautelar da data de exclusão do nome da autora do cadastro do Sistema do Banco Central (SISBACEN), e não da data da mera juntada aos autos do ofício remetido à instituição financeira, com a comunicação do deferimento da medida acautelatória[147].

Todavia, quando a efetivação da tutela cautelar se desdobra na prática de vários atos e na constrição de diversos bens, o prazo para promover a ação principal começa a partir do primeiro ato constritivo e não do momento em que se completam integralmente todas as constrições[148]. Apesar dessa orientação, em julgamento mais recente, envolvendo o sequestro de várias sacas de soja, a 3ª Turma do STJ concluiu que a contagem do prazo de 30 (trinta) dias, previsto no art. 308 do CPC para formulação do pedido principal, inicia-se na data em que for totalmente efetivada a tutela cautelar[149]. Ressaltou, porém, que o termo inicial do prazo de 30 (trinta) dias recairá na data do primeiro ato de constrição quando houver a concessão de medidas cautelares múltiplas em que, pelo menos uma delas, tiver sido cumprida de forma integral.

Quando a efetivação da medida cautelar abranger uma pluralidade de réus, o prazo de 30 dias para a formulação do pedido principal deve ser contado em relação a cada um dos demandados individualmente[150].

O prazo do art. 308, *caput*, do CPC é de *natureza processual*, não podendo ser tomado como de *caráter substancial (decadencial)*. Sendo um prazo de natureza processual, sua contagem segue as regras gerais aplicáveis a qualquer prazo processual, isto é, além de ser necessário excluir o dia do início e incluir o dia final (CPC, art. 224),

---

145. STJ, EREsp. 2.066.868-SP, Corte Especial, Rel. Min. Min. Sebastião Reis Júnior, j. 03.04.2024, *DJe* 09.04.2024.
146. STJ, AgRg no Ag 1319930/SP, Rel. Min. Mauro Campbell Marques, 2ª T., j. 07.12.2010, *DJe* 03.02.2011.
147. STJ, REsp 869.712/SC, Rel. Min. Raul Araújo, 4ª T., j. 28.02.2012, *DJe* 16.03.2012.
148. STJ, REsp 1115370/SP, Rel. Min. Benedito Gonçalves, 1ª T., j. 16.03.2010, *DJe* 30.03.2010.
149. STJ, REsp 1954457/GO, 3ª T., Rel. Min. Moura Ribeiro, j. 09.11.2021, *DJe* 11.11.2021.
150. STJ, REsp 1040404/GO, Rel. Min. Sidnei Beneti, Rel. p/ Acórdão Min. Nancy Andrighi, 3ª T., j. 23.02.2010, *DJe* 19.05.2010.

somente serão contados em dias úteis (CPC, art. 219)[151] e estarão sujeitos às causas de suspensão do processo, tal como o recesso forense (CPC, art. 220), as férias forenses (CPC, art. 214), entre outras (CPC, art. 313). Esse prazo é preclusivo, não permitindo dilatação, salvo se demonstrada justa causa (CPC, art. 223, *caput*).

A falta de apresentação do pedido principal nesse prazo de 30 dias acarreta a perda de eficácia da liminar deferida e implica a resolução do processo sem julgamento de mérito (CPC, art. 309, inc. I; Súmula 482/STJ)[152]. A extinção opera *ipso jure*, cabendo ao juiz simplesmente declará-la para colocar fim ao processo sem resolução do mérito[153]. Porém, quando as ações principais tiverem que ser ajuizadas em face de diversos réus, a ausência de propositura em relação a um deles não acarreta a perda da eficácia da liminar em relação a todos, nem a resolução automática do processo sem julgamento de mérito[154]. Nesta hipótese, o processo prossegue em relação a todos, perdendo a eficácia a tutela cautelar somente em face daqueles que não propuseram a ação principal.

Excepcionalmente, quando a ação cautelar tiver natureza satisfativa, torna-se desnecessária a propositura de ação principal com idêntica causa de pedir e pedido[155]. O pedido principal deve ser apresentado nos mesmos autos em que for deduzido o pedido de tutela cautelar e não depende do adiantamento de novas custas (CPC, art. 308, *caput*). Entretanto, o autor não precisa aguardar o prazo de 30 dias da efetivação da tutela cautelar para deduzir o pedido principal, já que a medida cautelar pode ser requerida incidentalmente, ocasião em que tanto o pedido cautelar quanto o principal são apresentados conjuntamente (CPC, art. 308, § 1º).

Como a tutela cautelar possui cognição reduzida à probabilidade do direito e ao perigo de dano ou o risco ao resultado útil do processo (CPC, art. 300, *caput*), apresentado o pedido principal a causa de pedir pode ser aditada (CPC, art. 308, § 2º).

Antes da apresentação da contestação do pedido principal, quando a causa admitir autocomposição e ambas as partes não se manifestarem expressamente o desinteresse pela composição consensual, as partes serão intimadas para comparecer à audiência do art. 334 do CPC (CPC, art. 308, § 3º) e, não sendo hipótese de designação dessa audiência (CPC, art. 334, § 4º) ou não havendo autocomposição, o prazo para contestar será contado na forma do art. 335 do CPC.

Além de cessar a eficácia da tutela cautelar concedida em caráter antecedente quando o autor não deduzir pedido principal no prazo de 30 dias (CPC, arts. 308, *caput*,

---

151. "O prazo de 30 (trinta) dias para apresentação do pedido principal, nos mesmos autos da tutela cautelar requerida em caráter antecedente, previsto no art. 308 do CPC/2015, possui natureza processual, portanto deve ser contado em dias úteis (art. 219 do CPC/2015)" (STJ, REsp 1.763.736-RJ, Rel. Min. Antonio Carlos Ferreira, 4ª T., j. 21.06.2022, pub. *Informativo STJ* de 25/07/2022).
152. STJ, REsp 1160483/RS, Rel. Min. Luis Felipe Salomão, 4ª T., j. 10.06.2014, *DJe* 01.08.2014; EDcl no REsp 1460475/MG, Rel. Min. Herman Benjamin, 2ª T., j. 25.11.2014, *DJe* 19.12.2014.
153. STJ, REsp 2.066.868-SP, Rel. Min.ª Nancy Andrighi, 3ª T., j. 20.06.2023.
154. STJ, REsp 1040404/GO, Rel. Min. Sidnei Beneti, Rel. p/ Acórdão Min. Nancy Andrighi, 3ª T., j. 23.02.2010, *DJe* 19.05.2010.
155. STJ, AgRg no AREsp 670.289/GO, Rel. Min. João Otávio de Noronha, 3ª T., j. 05.05.2015, *DJe* 11.05.2015.

e 309, inc. I), a medida cautelar deixa de produzir efeitos quando não for efetivada no prazo de 30 dias (CPC, art. 309, inc. II)[156] ou quando o juiz julgar improcedente o pedido principal formulado pelo autor ou resolver o processo sem julgamento de mérito (CPC, art. 309, inc. III). Esta última situação se justifica na medida em que a tutela cautelar não possui natureza satisfativa, estando diretamente relacionada ao pedido principal. Nesse sentido, prevê o Enunciado 504 do FPPC: "Cessa a eficácia da tutela cautelar concedida em caráter antecedente, se a sentença for de procedência do pedido principal, e o direito objeto do pedido foi definitivamente efetivado e satisfeito". Ressalte-se que não é necessário o trânsito em julgado da sentença extintiva da demanda para que cesse a eficácia da medida cautelar[157]. Entendimento contrário implicaria a concessão de efeito suspensivo a todos os recursos, inclusive ao especial e ao extraordinário que viessem a ser interpostos contra sentenças e acórdãos de improcedência ou terminativos proferidos no processo principal[158].

Admite-se, de modo excepcional, a concessão de efeito suspensivo, mesmo diante de sentenças de improcedência, para não causar a cessação da eficácia da tutela cautelar. A apelação contra o capítulo da sentença que concede, confirma ou revoga a tutela antecipada da evidência ou da urgência não tem efeito suspensivo automático (cfr. o Enunciado 217 do FPPC). Logo, o pedido de concessão de efeito suspensivo será formulado ao tribunal, no período compreendido entre a interposição da apelação e sua distribuição, ficando o relator designado para seu exame prevento para julgá-la ou ao relator, se já distribuído o apelo (CPC, art. 1.012, § 3º).

Já o pedido de concessão de efeito suspensivo a recurso extraordinário ou a recurso especial poderá ser formulado por requerimento dirigido ao tribunal superior respectivo, no período compreendido entre a publicação da decisão de admissão do recurso e sua distribuição, ficando o relator designado prevento para julgá-lo (CPC, art. 1.029, § 5º, inc. I) se já distribuído o recurso (CPC, art. 1.029, § 5º, inc. II) e ao presidente ou vice-presidente do tribunal local, no período compreendido entre a interposição do recurso e a publicação da decisão de admissão do recurso, assim como no caso de o recurso ter sido sobrestado, nos termos do art. 1.037 (CPC, art. 1.029, § 5º, inc. III).

Se, por qualquer motivo, cessar a eficácia da tutela cautelar, é vedado à parte renovar o pedido, salvo sob novo fundamento (CPC, art. 309, parágrafo único). Com efeito, o fato ou o contexto fático deve ser outro, ainda que conhecido no momento da propositura da medida cautelar, para que se caracterize uma situação diversa da anteriormente submetida ao Judiciário. Independentemente da discussão se há ou não

---

156. Contudo, a cessação da eficácia da tutela cautelar, antecedente ou incidental, pela não efetivação no prazo de 30 dias, somente ocorre se caracterizada a omissão do requerente (Cf. Enunciado 46 do I Simpósio de Direito Processual Civil, organizado pelo Conselho da Justiça Federal).
157. STJ, AgRg no Ag 1252849/DF, Rel. Min. Rogerio Schietti Cruz, 6ª T., j. 04.11.2014, DJe 17.11.2014.
158. STJ, REsp 1416145/PE, Rel. Min. Eliana Calmon, 2ª T., j. 21.11.2013, DJe 29.11.2013.

coisa julgada material na decisão cautelar[159], é certo que a rejeição da tutela cautelar não obsta o ajuizamento da ação principal (salvo quando o juiz reconhecer a decadência ou a prescrição; CPC, art. 309, par. ún.), mas tão somente não permite a renovação do pedido cautelar, se se fizer com base nas mesmas circunstâncias de fato[160].

Por outro lado, a tutela cautelar deferida conserva em regra seus efeitos no período de suspensão e na pendência do processo, ressalvada a sua eventual revogação nas hipóteses em que forem posteriormente alterados os pressupostos necessários para o seu deferimento (CPC, art. 296).

Ademais, como a medida cautelar e o pedido principal são relativamente autônomos, o indeferimento da tutela cautelar não obsta a possibilidade da parte em formular o pedido principal. Tampouco a resolução do processo principal implicará a extinção da cautelar. Porém, a resolução da cautelar não colocará termo à demanda principal, porque a tutela cautelar é acessória ao pedido principal[161], salvo se o motivo do indeferimento for o reconhecimento da decadência ou da prescrição (CPC, art. 310). Nessa hipótese, se houver a propositura da ação principal, caberá ao juiz resolver o processo sem julgamento de mérito (CPC, art. 485, inc. V).

1.19. TUTELA DA EVIDÊNCIA

1.19.1. Conceito

O vocábulo evidência, em sua acepção semântica, é a "qualidade ou caráter daquilo que é evidente, incontestável, que todos veem ou podem ver e verificar e que não deixa dúvidas"[162]. Sob o enfoque jurídico, a evidência, contida nos autos, constitui fato jurídico-processual, de modo que se pode incumbir o juízo de apreciá-la[163].

Note-se que a evidência *per si* não é uma espécie de tutela jurisdicional, limitando-se a ser *fato* que, dado ao seu caráter de flagrância, exige o manejo de uma técnica diferenciada de tutela jurisdicional. Por isso, a tutela de evidência é uma *técnica processual*, que diferencia o procedimento, em razão da evidência com que determinadas alegações se apresentam em juízo[164], implicando benefícios tanto na seara das tutelas definitivas quanto das provisórias.[165]

---

159. DELORE, Luiz. *Estudos sobre coisa julgada e controle de constitucionalidade*. Rio de Janeiro: Forense, 2013. p. 87-100.
160. THEODORO JR., Humberto. *Processo cautelar*. 19. ed. São Paulo: Leud, 2000. p. 214.
161. SOUZA, Artur César. Análise da tutela antecipada prevista no relatório final da Câmara dos Deputados em relação ao novo CPC. Da tutela de evidência. Última parte cit., p. 157.
162. Dicionário Michaelis Online. Disponível em: [http://michaelis.uol.com.br]. Acesso em: 25.01.2017.
163. DIDIER JR., Fredie; BRAGA, Paula Sarno; OLIVEIRA, Rafael. *Curso de Direito Processual Civil*. 11. ed. cit., p. 630; CAMBI, Eduardo; SCHMITZ, Nicole. *Tutela de evidência no processo civil*. Belo Horizonte, 2020. p. 143-152; DOTTI, Rogéria. *Tutela de evidência*: probabilidade, defesa frágil e o dever de antecipar a tempo. São Paulo: RT, 2020. p. 163-200.
164. Idem.
165. Ibidem, p. 631.

No que tange as tutelas definitivas – fundadas em cognição exauriente –, são exemplos da aplicação da tutela de evidência: o procedimento do mandado de segurança e da ação monitória, bem como a instauração da execução definitiva fundada em título executivo extrajudicial em poder do credor. Já quanto as tutelas provisórias – fundadas em cognição sumária – vislumbra-se na emanação da ordem de antecipação provisória dos efeitos da tutela satisfativa.

A tutela de evidência, portanto, consubstancia-se em dois pressupostos: I) na prova das alegações de fato; II) na probabilidade de acolhimento da pretensão processual, dispensando-se a demonstração de urgência ou perigo[166].

As hipóteses de tutela de evidência, dentro da processualística civil atual, estão previstas no art. 311 do CPC.

1.19.2. Diferenciação entre as tutelas da evidência e de urgência – Fungibilidade

O art. 294, *caput*, do CPC considera a tutela de evidência uma *espécie* do gênero tutela provisória. Não se confunde com a tutela provisória de urgência, seja ela cautelar ou antecipada, pois não está fundada no perigo de demora (*periculum in mora*) da prestação jurisdicional (CPC, art. 300, *caput*).

O escopo da tutela de evidência é a *racionalização econômica do sistema processual*, com a valorização da celeridade e da efetividade da proteção jurisdicional, evitando o prolongamento da demanda quando, diante as circunstâncias previstas no art. 311 do CPC, é cabível a inversão do ônus do tempo do processo[167], de modo que tal regra encontra-se em contraposição a contida no art. 332 do CPC, pois enquanto este dispositivo autoriza o julgamento liminar pela improcedência do pedido, com cognição exauriente, aquele artigo permite que o juiz reconheça, inclusive de plano (CPC, art. 311, parágrafo único), o direito pleiteado pelo autor, mas com cognição sumária.

Premissa já mencionada, a concessão da tutela de evidência prescinde da comprovação de urgência. Está baseada no direito fundamental à tutela jurisdicional adequada, célere e efetiva (CF, art. 5º, inc. XXXV), na medida em que permite a solução do mérito sem a necessidade de atividade cognitiva inútil, abusiva ou manifestamente protelatória. Em síntese, a tutela de evidência visa proteger um direito que, de tão claro, impele a uma rápida proteção jurisdicional[168].

Entretanto, apesar de não haver regra expressa no CPC e pela hermenêutica jurídica, a rigor, não se deve posicionar no sentido de afastar o princípio da fungibilidade

---

166. Idem.
167. STJ, AgRg nos EDcl no REsp 994.793/SP, Rel. Min. Humberto Martins, 2ª T., j. 03.03.2009, *DJe* 31.03.2009.
168. COSTA, Eduardo José da Fonseca. Notas pragmáticas sobre concessão de liminares. *Revista de Processo*, v. 140, out. 2006. p. 7.

em matérias pertinentes à tutela de evidência[169]. Isso porque o escopo da fungibilidade, em sede de tutela provisória, permite a satisfação de medidas conservativas (cautelares) e a proteção da eficácia do processo[170] na seara específica da tutela de urgência.

Com efeito, é possível a fungibilidade entre as tutelas de urgência e as de evidência, ainda que esta não tenha caráter antecedente, se o pedido inicialmente formulado preencher os requisitos da tutela a ser concedida[171], atuando a tutela de evidência no plano da assecuração da cautelaridade, adaptando-se ao caso *sub judice*[172]. Por exemplo, caso o juiz se convença que o pedido de concessão de tutela de urgência está fundado em tese firmada em julgamento de casos repetitivos ou de súmula vinculante, mas não está presente o perigo de dano ou o risco ao resultado útil do processo, pode conceder a tutela de evidência, com base no art. 311, inc. II, do CPC, inclusive sem ouvir às partes a respeito (exegese do art. 311, parágrafo único, CPC)[173].

Como exemplo de tutela de evidência, antes da entrada em vigor do CPC, mencionava-se a medida de indisponibilidade de bens, prevista nos arts. 7º e 16 da Lei 8.429/92 (Improbidade Administrativa), para os casos em que existem fortes indícios de responsabilidade na prática de ato de improbidade administrativa que cause dano ao patrimônio público[174].

Tal medida, até o advento da Lei 14.230/2021, prescindia da demonstração do *periculum in mora* ou do risco de dilapidação do patrimônio, bastando comprovar a probabilidade do direito[175]. Entretanto, pelo art. 16, §§ 3º e 4º, da Lei 8.429/92 (com a redação dada pela Lei 14.230/2021), o deferimento do pedido de indisponibilidade de bens ficou condicionado à demonstração no caso concreto de perigo de dano irreparável ou de risco ao resultado útil do processo, desde que o juiz se convença da probabilidade da ocorrência dos atos descritos na petição inicial com fundamento nos respectivos elementos de instrução, após a oitiva do réu em 5 (cinco) dias ou sem a oitiva prévia do réu, sempre que o contraditório prévio puder comprovadamente frustrar a efetividade da medida ou houver outras circunstâncias que recomendem a proteção liminar, não podendo a urgência ser presumida[176].

---

169. THEODORO JR. Humberto. *Curso de Direito Processual Civil*: teoria geral do direito processual civil, processo de conhecimento e procedimento comum. 57. ed. Rio de Janeiro: Forense, 2016. v. I. p. 691-692.
170. Idem, p. 692.
171. GRECO, Leonardo. A tutela de urgência e a tutela de evidência no Código de Processo Civil de 2015. In: RIBEIRO, Darci Guimarães; JOBIM, Marco Félix (Org.). *Desvendando o novo CPC*. Porto Alegre: Livraria do Advogado, 2015. p. 111-137.
172. THEODORO JR. Humberto. *Curso de Direito Processual*. 57 ed. cit., p. 692.
173. LUCON, Paulo Henrique da Silva. *Tutela provisória na atualidade, avanços e perspectivas*: entre os 20 anos do art. 273 do CPC de 1973 e a entrada em vigor do novo CPC cit., p. 237.
174. STJ, REsp 1366721/BA, Rel. Min. Napoleão Nunes Maia Filho, Rel. p/ Acórdão Min. Og Fernandes, 1ª Seção, j. 26.02.2014, *DJe* 19.09.2014.
175. Pelo Tema 701, fixado no REsp 1.366.721-BA (rel. Min. Napoleão Nunes Maia Filho, j. 26.02.2014, pub. DJe 26.02.2014), o STJ, é possível a decretação da "indisponibilidade de bens do promovido em Ação Civil Pública por Ato de Improbidade Administrativa, quando ausente (ou não demonstrada) a prática de atos (ou a sua tentativa) que induzam à conclusão de risco de alienação, oneração ou dilapidação patrimonial de bens do acionado, dificultando ou impossibilitando o eventual ressarcimento futuro".
176. STJ, AgInt no AREsp n. 2.272.508/RN, 1ª T., Rel. Min. Gurgel de Faria, j. 06.02.2024, pub. *DJe* 21.03.2024.

A indisponibilidade dos bens deve atingir o patrimônio dos réus, na respectiva ação de improbidade administrativa, de modo a ser suficiente para assegurar o apenas ressarcimento integral de eventual dano ao erário, excluído o valor de possível multa a ser imposta como sanção autônoma (CF, art. 37, § 4º)[177] ou o acréscimo patrimonial decorrente de atividade lícita (art. 16, § 10, da Lei 8.429/92, com a redação dada pela Lei 14.230/2021).

Prevaleceu, pela Lei 14.230/2021, o entendimento de que a natureza da medida de indisponibilidade de bens é cautelar, pois não objetiva reparar imediatamente os danos causados pelo ato de improbidade (tutela satisfativa), mas apenas permitir, após constatada a improbidade, a existência de condições patrimoniais para a reparação do dano causado ao patrimônio público e à moralidade administrativa (tutela conservativa)[178].

Vale destacar, contudo, que o Supremo Tribunal Federal considera inconstitucional a lei que cria óbices ou vedações absolutas ao exercício geral de cautela[179]. Com efeito, satisfeitos os requisitos para a tutela provisória (probabilidade da incidência da multa e risco de sua inexequibilidade, ao final), nos termos do Código de Processo Civil, a indisponibilidade pode ser decretada judicialmente.

Na ação de improbidade administrativa, o bloqueio de contas bancárias deve ser a última possibilidade. A ordem de indisponibilidade deve priorizar carros, imóveis, móveis em geral, animais, navios e aeronaves, ações, pedras e metais preciosos. Portanto, adota-se na Lei 8.429/92 (art. 16, § 11) ordem diversa da prevista no CPC para penhora (CPC, art. 835). Porém, não está vedado o bloqueio de ativos, sendo ônus do executado, no prazo de 10 (dez) dias, contados da intimação da penhora, requerer a substituição do bem penhorado, comprovando que lhe será menos onerosa e que não trará prejuízo ao exequente (CPC, art. 847).

A constrição patrimonial, na indisponibilidade de bens na ação de improbidade administrativa, não pode recair sobre os bens impenhoráveis definidos por lei, exceto quando ficar demonstrado que foram adquiridos com o produto do ato de improbidade administrativa (art. 16 § 14, da Lei 8.429/92). Também é vedada a decretação de indisponibilidade de quantia até 40 (quarenta) salários mínimos depositados em caderneta de poupança, em outras aplicações financeiras ou em conta-corrente (art. 16, § 13, da Lei 8.429/92).

---

177. Antes da edição da Lei 14.230/2021, era pacífica a jurisprudência sobre a possibilidade de inclusão da multa, conforme decidido do Tema 1.055 do STJ: "É possível a inclusão do valor de eventual multa civil na medida de indisponibilidade de bens decretada na ação de improbidade administrativa, inclusive naquelas demandas ajuizadas com esteio na alegada prática de conduta prevista no art. 11 da Lei 8.429/1992, tipificador da ofensa aos princípios nucleares administrativos". Verificar, ainda: STJ, AgInt no REsp 1631700/RN, Rel. Min. Og Fernandes, 2ª T., j. 06.02.2018, *DJe* 16.02.2018; REsp 1319515/ES, Rel. Min. Napoleão Nunes Maia Filho, Rel. p/ Acórdão Min. Mauro Campbell Marques, 1ª Seção, j. 22.08.2012, DJe 21.09.2012.
178. GAJARDONI, Fernando. Artigo 16. In: GAJARDONI, Fernando da Fonseca et al. *Comentários à Lei de Improbidade Administrativa*: Lei 8.429 de 02 de junho de 1992. 3. ed. São Paulo: RT, 2014. p. 273.
179. STF, ADI 4296, Tribunal Pleno, Rel. Min. Alexandre de Moraes, j. 09.06.2021, pub. DJe 11.10.2021.

1.19.3. Hipóteses de concessão da tutela de evidência

1.19.3.1. Abuso do direito de defesa ou manifesto propósito protelatório do réu

Pelo art. 311, inc. I, do CPC, a tutela de evidência será concedida quando ficar caracterizado *abuso do direito de defesa ou manifesto propósito protelatório do réu*. Tal regra encontra correspondência com o disposto no art. 273, inc. II, do CPC-73, que admitia a concessão de tutela antecipada quando o juiz, existindo prova inequívoca, se convencesse da verossimilhança da alegação e ficasse caracterizado o abuso do direito de defesa ou o manifesto propósito protelatório do réu.

Tanto o abuso do direito de defesa quanto o manifesto propósito protelatório do réu ocorrem quando a defesa ou o recurso do réu deixa entrever a grande probabilidade de o autor resultar vitorioso, acarretando a *injusta espera* para a realização do direito material[180]. Nesse sentido, o Enunciado 47 do I Simpósio de Direito Processual Civil, promovido pelo Conselho da Justiça Federal, concluiu: "A probabilidade do direito constitui requisito para concessão da tutela da evidência fundada em abuso do direito de defesa ou em manifesto propósito protelatório da parte contrária". Assim, a concessão da tutela de evidência, prevista no art. 311, inc. I, do CPC, exige a configuração dos seguintes requisitos cumulativos: a) a evidência do direito do autor (basta um juízo de probabilidade, não sendo necessário um juízo de certeza); b) a fragilidade da defesa do réu.

A fragilidade da defesa do réu não se limita aos casos de litigância de má-fé previstos no art. 80 do CPC, embora essa regra jurídica possa servir de guia para a caracterização do abuso do direito de defesa. Por exemplo, o STJ considerou abuso do direito de defesa e manifesto propósito protelatório a insistência da União em recorrer, após o reconhecimento administrativo, pela Medida Provisória 1.704-3/97, do direito dos servidores públicos ao reajuste de vencimentos em 28,86%, também pacificado no âmbito do STF e do STJ[181].

Com efeito, o abuso do direito de defesa ou o manifesto propósito protelatório, por si sós, não tornam evidente o direito afirmado pelo autor. Nesse sentido, a redação do CPC/73 (art. 273, *caput* c/c inc. II) era mais apropriada que a correspondente ao art. 311, inc. I, do CPC, pelo fato de que, no antigo dispositivo, havia a expressa exigência de prova inequívoca que convencesse o juízo da verossimilhança da alegação, de modo que o abuso de defesa ou manifesto propósito protelatório corroboravam um direito que muito provavelmente existiria[182]. Desse modo, independentemente da probabilidade da alegação de abuso do direito de defesa ou do manifesto propósito protelatório do réu, necessária para a aplicação do art. 311, inc. I, do CPC, caso o juízo constate tanto o abuso

---

180. MARINONI, Luiz Guilherme. *Antecipação de tutela*. 12. ed. cit., p. 271-274.
181. STJ, REsp 194.193/CE, Rel. Min. Gilson Dipp, 5ª T., j. 25.03.1999, *DJ* 19.04.1999. p. 166.
182. MEDINA, José Miguel Garcia. *Novo Código de Processo Civil comentado*. São Paulo: RT, 2015. p. 501.

quanto a prática de atos protelatórios pelo réu, é perfeitamente cabível a condenação por litigância de má-fé (arts. 77 e 80 do CPC)[183], sem que seja o caso de concessão de provimento jurisdicional pertinente à tutela de evidência[184].

O abuso do direito também é uma modalidade de ato ilícito, que se caracteriza quando o titular de um direito, ao exercê-lo, excede manifestamente os limites impostos pelo seu fim econômico ou social, pela boa-fé ou pelos bons costumes (CC, art. 187). O uso abusivo do direito ao acesso à justiça se aplica tanto ao autor quanto ao réu. O abuso do direito de peticionar e de demandar – proibição que se convencionou denominar nos Estados Unidos de *sham litigation* – deve ser repreendido no Brasil, aplicando-se não apenas em hipóteses previamente tipificadas na legislação, mas também quando configurada a má utilização dos direitos fundamentais processuais. Garantias constitucionais como a do acesso à justiça, do devido processo legal, do contraditório e da ampla defesa não podem ser invocadas para frustrar o regular exercício dos direitos fundamentais pelo litigante sério e probo; ao contrário, tais garantias servem para refrear aqueles que abusam dos direitos fundamentais por mero capricho, por espírito emulativo, por dolo ou que, em ações ou incidentes temerários, veiculem pretensões ou defesas frívolas, aptas a tornar o processo um simulacro de processo ao nobre albergue do direito fundamental de acesso à justiça[185]. Assim, o ajuizamento de sucessivas ações judiciais temerárias, com o propósito doloso, e sem fundamentação séria e idônea, configura *assédio processual*, isto é, ato ilícito de abuso do direito de ação ou de defesa (*v.g.*, a usurpação de terras agrícolas produtivas mediante procuração falsa por quase quarenta anos, com o desapossamento indevido dos legítimos proprietários e herdeiros, e manutenção injusta sobre o bem mediante o uso de quase dez ações ou procedimentos sem fundamentação plausível, apesar de a propriedade dos herdeiros ter sido reconhecida em ação divisória).

O abuso do direito de defesa se caracteriza pela prática de atos processuais inúteis, ineficazes ou inadequados que não podem colocar em dúvida a evidência do direito do autor (*v.g.*, a apresentação de defesa contra texto expresso de lei ou fato incontroverso, provocar incidente manifestamente infundado, a interposição de recursos protelatórios etc.)[186].

Deve ser considerada abusiva a defesa da Administração Pública quando contrariar entendimento coincidente com orientação vinculante firmada no âmbito administrativo do próprio ente público, consolidada em manifestação, parecer ou súmula administra-

---

183. O dever de probidade e de lealdade processuais tem como destinatário todos aqueles que atuam no processo, direta ou indiretamente: partes, advogados, auxiliares da Justiça, a Fazenda Pública, o Ministério Público, assim como o juiz da causa. Entretanto, nem todos os que praticam atos atentatórios serão, necessariamente, repreendidos nos moldes do parágrafo único do art. 77, § 2º, do CPC. Advogados, membros do Ministério Público, da Defensoria Pública e da Magistratura, quando agem de maneira desleal e improba, serão responsabilizados nos termos do estatuto de regência das categorias a que pertencerem. STJ, REsp 1.548.783-RS, Rel. Min. Luis Felipe Salomão, j. 11.06.2019, DJe 05.08.2019.
184. Idem.
185. STJ, REsp 194.193/CE, Rel. Min. Gilson Dipp, 5ª T., j. 25.03.1999, DJ 19.04.1999. p. 166.
186. ASSIS, Araken. *Processo civil brasileiro*. v. II. t. II. cit., p. 497-498.

tiva, salvo se demonstrar a existência de distinção ou da necessidade de superação do entendimento (Cf. o Enunciado 34 do FPPC).

Atente-se, ainda, que as vedações à concessão de tutela provisória contra a Fazenda Pública (previstas, por exemplo, na Lei 9.494/97), limitam-se às tutelas de urgência, não abrangendo às hipóteses de tutela de evidência (Cf. o Enunciado 35 do FPPC).

Por outro lado, o manifesto propósito protelatório diz respeito à prática de ações ou omissões fora do processo, mas que indiretamente retardam a prestação da tutela jurisdicional, como o fornecimento de endereço errado para postergar a citação ou a intimação, a ausência reiterada de depósito das custas processuais, a ocultação da prova, a simulação de doença para frustrar audiência, o atraso na restituição dos autos e a alienação fraudulenta de bens[187].

A tutela de evidência prevista no art. 311, inc. I, do CPC visa distribuir mais racionalmente o tempo do processo, que é um ônus que não pode recair apenas sobre o autor. A amplitude da ação (CF, art. 5º, inc. XXXV) e da defesa (CF, art. 5º, inc. LV) somente podem ser consideradas garantias constitucionais se compreendidas nos limites da própria Constituição, isto é, não se prestam à atuação processual abusiva ou protelatória, já que o art. 5º, inc. LXXVIII, da CF também assegura meios – incluindo as técnicas de sumarização do procedimento, como a tutela provisória – para a tramitação célere e em tempo razoável do processo. Não haveria processo civil justo se, em razão da probabilidade do direito do autor, a tutela jurisdicional não pudesse ser prestada tempestivamente, para contemplar a atuação abusiva ou protelatória do réu.

Entretanto, apenas a fragilidade da defesa do réu não assegura a concessão da tutela de evidência, com fundamento no art. 311, inc. I, do CPC. Em razão do princípio da eventualidade (CPC, art. 336) e do ônus da impugnação especificada (CPC, art. 341), admite-se que a defesa, em seu conjunto, apresente contradições e até inconsistências no plano lógico, sem que isso, por si só, evidencie o direito do autor.

Vale destacar também que, quando o réu deixar incontroverso um dos pedidos (seja pela ausência de impugnação específica, seja pela falta de contestação ou de sua apresentação fora do prazo legal, ou, ainda, pelo reconhecimento expresso ou tático do pedido ou de parte dele pelo réu) o juiz deve aplicar o art. 354, parágrafo único, do CPC, extinguindo apenas parcela do processo, com julgamento parcial do mérito (CPC, art. 356, inc. I). Verifica-se, pois, que o CPC adotou o instituto dos capítulos da sentença, a permitir o proferimento de decisão parcial de mérito, com a relativização do princípio chiovendiano da unidade e da unicidade da decisão. Nessa hipótese, contudo, não se trata de tutela de evidência, pois o julgamento parcial do mérito do pedido incontroverso não requer a produção de novas provas (CPC, art. 374, inc. III), é definitivo e se dá por meio de sentença, com base em cognição exauriente, que se reveste da autoridade de coisa julgada material.

---

187. Idem.

1.19.3.2. Tutela de evidência documentada fundada em precedente obrigatório

Pelo art. 311, inc. II, do CPC, a tutela de evidência será concedida quando as alegações de fato puderem ser comprovadas apenas documentalmente e houver tese firmada em julgamento de casos repetitivos ou de súmula vinculante. Com efeito, dois são os requisitos para a aplicação desse art. 311, inc. II, do CPC: a) a questão jurídica deve estar definida em julgamento de casos repetitivos ou em súmula vinculante; b) os fatos alegados pelo autor precisam estar comprovados apenas por prova documental.

Preenchidos os requisitos do art. 311, inc. II, do CPC, o juiz pode conceder a tutela de evidência sem a oitiva da parte contrária (CPC, arts. 9º, parágrafo único, inc. II, e 311, parágrafo único). Tal compreensão normativa, embora seja favorável a promoção da duração razoável do processo, restringe a garantia constitucional do contraditório, pois mesmo definida uma questão jurídica em julgamento de casos repetitivos ou em súmula vinculante e, ainda que comprovados os fatos por documentos, é possível a defesa alegar que as decisões não se aplicam ao caso concreto ou já se encontram superadas, bem como que não se pode extrair dos documentos a eficácia pretendida pela parte contrária[188]. O legislador, contudo, optou pela melhor distribuição do ônus do tempo do processo[189], embora caiba ao juiz, antes de deferir a liminar, verificar se a questão jurídica está sedimentada e se ela está em consonância com o caso concreto, podendo a defesa, após a concessão da medida *inaudita altera parte*, argumentar que o precedente não se aplica ao processo ou já se encontra superado.

Afinal, esse art. 311, inc. II, do CPC, na atual processualística, procurou tornar obrigatório o respeito aos precedentes firmados pelo STF ou pelo STJ ou em jurisprudência formada nos Tribunais de Justiça ou nos Tribunais Regionais Federais em sede de incidente de resolução de demandas repetitivas (CPC, art. 927), bem como de incidente de assunção de competência (CPC, arts. 947; Enunciado 135 da II Jornada de Direito Processual Civil, promovida pelo Conselho da Justiça Federal). Assim, é preciso dar um alcance amplo ao disposto no art. 311, inc. II, do CPC, porque esses precedentes podem ser ou não originados de julgamentos de casos repetitivos (incidente de resolução de demandas repetitivas: CPC, arts. 976-977; e recursos repetitivos: CPC, arts. 1.036 a 1.041) e podem ou não ter suas razões retratadas em súmulas vinculantes[190]. Nesse sentido, o Enunciado 30 da ENFAM assevera:

---

188. STRECK, Lenio Luiz; DELFINO, Lúcio; SOUZA, Diego Crevelin. *Tutela provisória e contraditório*: uma evidente inconstitucionalidade. Disponível em: [www.conjur.com.br/2017-mai-15/tutela-provisoria-contraditorio-e-vidente-inconstitucionalidade]. Acesso em: 25.05.2017.
189. DOTTI, Rogéria. Comentários ao art. 311 do CPC. In: CRUZ E TUCCI, José Rogério; FERREIRA FILHO, Manoel Caetano; APRIGLIANO, Ricardo de Carvalho; DOTTI, Rogéria Fagundes; MARTINS, e Sandro Gilbert (Coord.). *Código de processo civil anotado*. Rio de Janeiro: GZ Editora, 2016. p. 458.
190. MITIDIERO, Daniel. Comentário ao art. 311 do CPC. In: WAMBIER, Teresa Arruda Alvim; DIDIER JR., Fredie; TALAMINI, Eduardo e DANTAS, Bruno (Org.). *Breves comentários ao Novo Código de Processo Civil* cit., p. 796-797.

É possível a concessão da tutela de evidência prevista no art. 311, II, do CPC/2015 quando a pretensão autoral estiver de acordo com orientação firmada pelo Supremo Tribunal Federal em sede de controle abstrato de constitucionalidade ou com tese prevista em súmula dos tribunais, independentemente de caráter vinculante.

Igualmente, conferindo interpretação extensiva ao disposto no art. 311, inc. II, do CPC, o Enunciado 48 do I Simpósio de Direito Processual Civil, organizado pelo Conselho da Justiça Federal, asseverou ser "admissível a tutela provisória da evidência, prevista no art. 311, II, do CPC, também em casos de tese firmada em repercussão geral ou em súmulas dos tribunais superiores".

De qualquer modo, enquanto a questão jurídica não estiver devidamente sedimentada pelos Tribunais[191], e os fatos alegados pelo autor demandarem a produção de prova diversa da documental (*v.g.*, pericial), não deve ser aplicado o art. 311, inc. II, do CPC nem, com maior razão, deve ser concedida a tutela de evidência liminarmente (CPC, art. 311, parágrafo único).

1.19.3.3. Tutela de evidência reipersecutória no contrato de depósito

Dentre as inovações trazidas pelo CPC, destaca-se aqui a eliminação do procedimento especial de ação de depósito. Pelo art. 311, inc. III, do CPC, é hipótese de concessão da tutela de evidência quando se tratar de pedido reipersecutório fundado em prova documental adequada do contrato de depósito, caso em que será decretada a ordem de entrega do objeto custodiado, sob cominação de multa. Aliás, pelo Enunciado 29 da ENFAM, para a concessão da tutela de evidência, prevista no art. 311, inc. III, do CPC, o pedido reipersecutório deve estar fundado em prova documental do contrato de depósito e também da mora.

O termo *reipersecutório* deriva do latim *rei*, genitivo de *res* (coisa) e *persecutoriu* (que acompanha, que segue). A ação reipersecutória serve para a perseguição ou a recuperação da posse de um bem que foi dado em depósito mediante contrato. Em termos práticos, tal ação se vislumbra no contrato de depósito, regulamentado no art. 627 do Código Civil, no qual o depositário está obrigado a guardar e a conservar a coisa depositada, com cuidado e diligência, bem como restituí-la, com todos os frutos e acrescidos, quando o exija o depositante (CC, art. 629), excetuando-se os casos de direito de retenção (CC, art. 644), se o objeto for juridicamente embargado, se sobre ele pender execução, notificada ao depositário ou se houver motivo razoável para suspeitar que a coisa foi dolosamente obtida.

Caso o depositante exija a devolução da coisa e o depositário se recuse a entregá-la sem justa causa, o proprietário pode requerer a sua restituição, mediante tutela provisória, com base na evidência, isto é, na prova documental (*v.g.*, o recibo passado pelo depositário) do depósito convencional do bem móvel ou imóvel, independentemente da

---

191. MEDINA, José Miguel Garcia. *Novo Código de Processo Civil comentado* cit., p. 502.

comprovação do risco de dano. Demonstrada a obrigação do depositário, caberá ao juiz deferir a tutela de evidência, inclusive liminarmente (CPC, art. 311, parágrafo único) e sem a necessidade de observância do contraditório (CPC, art. 9º, parágrafo único, inc. II), fixando prazo para a entrega da coisa, sob pena de imposição de multa diária ou da expedição de mandado de busca e apreensão (CPC, art. 498, *caput*). A concessão da medida *in audita altera parte* é uma forma de melhor distribuição do ônus do tempo do processo. Porém, como a tutela de evidência não está baseada em juízo de certeza, mas em cognição sumária, competirá ao réu, por sua vez, desconstituir a prova documental apresentada pelo autor e acolhida pelo juiz no curso do procedimento comum.

1.19.3.4. Tutela de evidência de documento suficiente e incontroverso

A última hipótese está elencada no inc. IV, do art. 311, do CPC e refere-se à concessão da tutela de evidência quando a petição inicial for instruída com prova documental suficiente dos fatos constitutivos do direito do autor, a que o réu não oponha prova capaz de gerar dúvida razoável.

Aparentemente, dois são os requisitos para a concessão da tutela de evidência: I) a existência de prova documental suficiente dos fatos constitutivos do direito do autor; II) a não interposição de outra prova pelo réu capaz de gerar dúvida razoável. Entretanto, na verdade, há um único requisito, porque o primeiro é pressuposto lógico do segundo: afinal, se o réu apresentou prova suficiente para gerar dúvida razoável quanto ao direito do autor é porque a prova documental não foi suficiente para evidenciar os fatos constitutivos do mesmo direito[192].

Deve-se observar que não há, na lei processual, a exigência da veracidade da prova apresentada pelo réu. Basta que essa "prova" não tenha o condão de demover o grau de certeza da prova documental – instruída juntamente à petição inicial – no convencimento do juízo. Disso decorre o fato de que a contraprova apresentada pelo réu gera o efeito de "fortalecimento" da veracidade da prova apresentada pelo autor, assumindo, inclusive, a característica processual de evidência necessária para a aplicação do art. 311, inc. IV, do CPC[193].

O ônus do tempo do processo precisa ser repartido da mesma forma quanto do ônus da prova[194]. O autor é responsável pelo lapso temporal de comprovação do fato constitutivo de seu direito e o réu, pelo tempo necessário para demonstrar os fatos impeditivos, modificativos ou extintivos (CPC, art. 373, incs. I e II). Com efeito, não é razoável que o autor, evidenciando celeremente os fatos constitutivos de seu direito de forma suficiente por meio de prova documental, seja obrigado a arcar com o ônus do tempo da prova dos fatos que não lhe beneficie. Assim, o art. 311, inc. IV, do CPC pode

---

192. SOUZA, Artur César. Análise da tutela antecipada prevista no relatório final da Câmara dos Deputados em relação ao novo CPC. Da tutela de evidência. Última parte cit., p. 170.
193. MEDINA, José Miguel Garcia. *Novo Código de Processo Civil comentado* cit., p. 502.
194. MARINONI, Luiz Guilherme. *Antecipação de tutela*. 12. ed. cit., p. 283-285.

ser aplicado quando o autor comprovou o fato constitutivo de seu direito e há probabilidade de que a prova da exceção substancial indireta (isto é, os fatos impeditivos, modificativos ou extintivos) seja infundada.

É certo que a força probatória dos documentos é relativa (*v.g.*, arts. 405 e 408 do CPC) e admitem prova em contrário. Todavia, o direito à prova não é absoluto, não se admitindo diligências inúteis ou meramente protelatórias, as quais devem ser indeferidas pelo juiz em decisão fundamentada (CPC, art. 370, parágrafo único). Por exemplo, o juiz deve indeferir a inquirição de testemunhas sobre fatos já provados por documento ou confissão da parte ou que só por documento ou exame pericial puderem ser provados (CPC, art. 443).

Como não cabe a concessão de liminar na situação prevista no art. 311, inc. IV, do CPC, é necessária a verificação, primeiramente, quanto ao teor da contestação do réu para, depois, concluir acerca da existência ou não quanto à oposição de prova, de modo que seja capaz de gerar dúvida razoável. O réu deve impugnar a prova documental trazida pelo autor, nos termos do art. 436 do CPC, podendo contestar a admissibilidade dessa prova, bem como contradizer a sua autenticidade, suscitar sua falsidade, com ou sem a deflagração do incidente de arguição de falsidade ou manifestar-se sobre o seu conteúdo. Ademais, nem sempre a dúvida razoável poderá ser gerada, de plano, por mera impugnação da prova documental trazida pelo autor. Neste caso, a tutela de evidência deve ceder às garantias constitucionais do contraditório e da ampla defesa, para se assegurar o direito à prova e permitir a ampla produção probatória. Destarte, se houver a necessidade do fato ser provado por provas orais e/ou prova pericial, a tutela de evidência, com fundamento no art. 311, inc. IV, do CPC, não poderá ser concedida.

Em contrapartida, quando pela natureza dos fatos e das provas necessárias à contraprova do direito afirmado pelo autor, a impugnação trazida pelo réu não for capaz de gerar dúvida razoável, o juiz, com base em cognição sumária, deverá conceder a tutela de evidência, ainda que, posteriormente, possa alterar a sua convicção. Isso porque, com a tutela de evidência, são antecipados os efeitos do pedido do autor, que podem ser posteriormente revertidos caso o réu venha a demonstrar que tem razão (CPC, art. 300, § 2º). Dessa forma, não se viola a garantia constitucional da ampla defesa (CF, art. 5º, inc. LV), pois a cognição da exceção substancial indireta fica reservada para uma fase processual sucessiva. Com a técnica prevista no art. 311, inc. IV, do CPC, permite-se a melhor a repartição do tempo da instrução probatória, antecipando os efeitos da tutela jurisdicional em benefício do autor.

A hipótese do art. 311, inc. IV, do CPC, portanto, não se confunde com a do art. 355, inc. I, do CPC, que admite o julgamento antecipado do pedido, proferindo sentença com resolução de mérito, quando não houver necessidade de produção de outras provas. Isso porque tal sentença está fundada em cognição exauriente e estará revestida da autoridade da coisa julgada material.

Apesar disso, a sentença proferida com fundamento no art. 355, inc. I, do CPC está sujeita à apelação que, como regra, deve ser recebida no duplo efeito (devolutivo e suspensivo). Assim, para assegurar maior efetividade ao direito manifesto do autor, o juiz pode conceder ou confirmar a tutela de evidência, com fundamento nos arts. 311, inc. IV, e 355, inc. I, do CPC, na própria sentença, a fim de que seus efeitos sejam produzidos imediatamente, sem se sujeitar à suspensão decorrente da interposição da apelação (CPC, art. 1.012, § 1º, inc. V).

Ademais, o parágrafo único do art. 311 do CPC admite o deferimento de liminar quando a tutela de evidência estiver baseada nas hipóteses dos incisos II e III, ou seja, quando as alegações de fato puderem ser comprovadas apenas documentalmente e houver tese firmada em julgamento de casos repetitivos ou de súmula vinculante, ou, ainda, quando se tratar de pedido reipersecutório fundado em prova documental adequada do contrato de depósito, caso em que será decretada a ordem de entrega do objeto custodiado, sob pena da cominação de multa.

Nessas situações, o juiz pode conceder a tutela de evidência *inaudita altera parte* sem que isso caracterize a vedação de decisões surpresas, já que o art. 9º, parágrafo único, inc. II, do CPC, autoriza a concessão das tutelas de evidência, previstas no art. 311, incs. II e III, sem a prévia observância do contraditório. Nas demais hipóteses (CPC, art. 311, incs. I e IV), a tutela de evidência somente pode ser concedida após a resposta do réu. Afinal, não teria como se verificar abuso do direito de defesa, manifesto propósito protelatório do réu, defesa deficiente ou ausência de prova capaz de gerar dúvida razoável antes de ser oportunizada a manifestação do demandado.

Nada impede que a qualquer momento, desde que presentes os pressupostos do art. 311 do CPC, o autor requeira a concessão da tutela de evidência, que pode ser concedida na própria sentença (CPC, art. 1.012, § 1º, inc. V), nos recursos e nas ações de competência originária dos tribunais (CPC, art. 932, inc. II) ou mesmo na ação rescisória (CPC, art. 969).

Por fim, as hipóteses de tutela de evidência não se exaurem no rol do art. 311 do CPC. A tutela de evidência é compatível com os procedimentos especiais (Cf. o Enunciado 422 do FPPC)[195] – a exemplo das decisões liminares em ação possessória de força nova (CPC, art. 562), em ação de despejo (Lei 8.245/1991, art. 59, § 1º) e em demanda monitória (CPC, art. 701) – e com os procedimentos recursais (CPC, arts. 995, parágrafo único, 1.012, § 4º, 1.019, inc. I, 1.026, § 1º e 1.029, § 5º; Enunciado 423 do FPPC).

Nesse sentido, admite-se a concessão de tutela da evidência na ação de divórcio. Atente-se que, com a Constituição Federal de 1988, surgiu a possibilidade de divórcio imotivado, mantendo-se, contudo, a obrigatoriedade de demonstração de tempo de separação de fato ou de separação judicial. Neste contexto, o cônjuge demandado tinha, como meio de defesa, apenas a possibilidade de demonstrar a ausência do requisito tem-

---
195. Pelo Enunciado 49 do I Simpósio de Direito Processual Civil, promovido pelo Conselho da Justiça Federal, a "tutela da evidência pode ser concedida em mandado de segurança".

poral objetivo. Porém, com a vigência da Emenda à Constituição 66/2010, que alterou a redação do artigo 226, § 6º, da Constituição Federal, foram suprimidos os requisitos temporais. A pretensão de divórcio passou a ser um direito potestativo e incondicional de cada cônjuge, decorrente do exercício legítimo da sua autonomia privada, não sendo mais admitido nenhum meio de defesa por parte do outro cônjuge. Em face do fim do *affectio maritalis* (aplicação do princípio da ruptura do afeto) e ante a impossibilidade de oposição de defesa juridicamente viável pelo consorte demandado, é cabível a concessão de tutela provisória da evidência, a fim de decretar o divórcio liminar, inclusive *inaudita altera parte*[196], especialmente, mas não somente, quando o outro cônjuge usa de malícia para não ser citado, há indícios de violência doméstica e familiar ou quando o casal já está separado de fato ou judicialmente. Não é prudente que o Estado-Juiz mantenha unido um casal, em que um dos cônjuges quer se divorciar, impondo-lhe um *duplo sofrimento*: os que já decorrem das próprias circunstâncias da vida, decorrentes da frustração de um projeto conjugal comum, e mais a punição trazida pelo processo judicial que, mesmo diante da manifesta falta de *affectio maritalis*, impõe a manutenção do casamento, quando o divórcio poderia ser determinado *in limine litis*, por se tratar de um direito potestativo.

Por outro lado, em caso de desistência da ação pela parte demandante, após a concessão do divórcio liminar e antes da citação da parte demandada, a tutela de evidência deve ser revogada, porque o mérito da causa não foi julgado de forma definitiva, e depende da formação da relação jurídica processual. O não prosseguimento do processo, pela parte beneficiária da tutela de evidência, levará perda da eficácia do provimento jurisdicional, com o cancelamento da averbação no registro de casamento efetuado e o retorno do demandante ao *status quo* anterior, já que, neste caso, haverá a resolução do caso concreto sem o julgamento do mérito (artigo 485, inc. VIII, do Código de Processo Civil).

Afinal, na dimensão biopolítica, o processo deve servir a vida, não a vida ao processo, sob pena de não se tutelar adequadamente a dignidade da pessoa humana, tornando a técnica jurídica refém do positivismo e do formalismo exacerbados. Logo, não se pode ignorar a força criativa dos fatos sociais, os quais ganham *normatividade*, a partir da concretização dos princípios e das garantias constitucionais (como a do acesso à ordem jurídica justa e da razoável duração do processo), e, portanto, maior *operabilidade*, já que as sociedades contemporâneas exigem formas mais eficientes de solucionar conflitos, inclusive para evitar a eternização de incertezas.

Portanto, é cabível a interpretação conforme do artigo 311, inciso IV, e parágrafo único, do Código de Processo Civil, com o artigo 5º, incs. XXXV e LXXVIII, da Cons-

---

196. Nesse sentido, o Instituto Brasileiro de Direito de Família (IBDFAM) editou o Enunciado 46: "Excepcionalmente, e desde que justificada, é possível a decretação do divórcio em sede de tutela provisória, mesmo antes da oitiva da outra parte". Verificar, ainda, entre outros julgados: TJPR, 12ª Câm. Cível, 0010899-70.2022.8.16.0000, Pinhais, Rel.: Desª. Rosana Amara Giradi Fachin, j. 08.06.2022; TJPR, 12ª Câmara Cível, 0051999-68.2023.8.16.0000/Paranaguá, Rel. Des. Eduardo Cambi, j. 25.09.2023.

tituição Federal (CPC, arts. 1º e 8º.), porque o direito fundamental de ação assegura meios e resultados[197], a técnica processual deve ser adequada e efetiva à realização do direito material, o demandante tem direito de obter em prazo razoável a solução integral do mérito (CPC, art. 4º), incluída a atividade satisfativa, e o magistrado deve levar em consideração as consequências práticas das decisões (art. 20, *caput*, da Lei de Introdução às Normas do Direito Brasileiro – Decreto-lei nº 4.657/1942). Além disso, como os direitos evidentes merecem tratamento processual diferenciado, as hipóteses de tutela de evidência não são taxativas, nem se encerram no rol do artigo 311 do Código de Processo Civil[198], estando presentes em outras situações em que a técnica processual se mostre adequada e efetiva para a realização do direito material (*v.g.*, a decisão liminar em ação possessória por força nova [CPC, art. 562], em ação de despejo [Lei 8.245/1991, art. 59, § 1º] e em ação monitória [CPC, art. 701]).

---

197. SARLET, Ingo Wolfang; MARINONI, Luiz Guilherme; MITIDIERO, Daniel. *Curso de direito constitucional*. São Paulo: RT, 2012. p. 627-628.
198. DOTTI, Rogéria Dória. *Tutela da evidência*: probabilidade, defesa frágil e o dever de antecipar a tempo. São Paulo: RT, 2020. p. 307-309.

REFERÊNCIAS BIBLIOGRÁFICAS

AARNIO, Aulis. *Lo racional como razonable*. Un tratado sobre la justificación WAMBIER, Luiz Rodrigues; TALAMINI, Eduardo 1991.

ABDOUD, Georges. Da (im)possibilidade de relativização da coisa julgada inconstitucional. *Revista de Direito Privado*. São Paulo, v. 23, jul.-set. 2005.

ACOSTA, Daniel Fernando. La conducta procesal de las partes como concepto atinente a la prueba. In: ACOSTA, Daniel Fernando (Coord.). *Valoración judicial de la conducta procesal*. Santa Fé: Rubinzal-Culzoni, 2005.

ALBERTO, Misael. Valor probatorio de la conducta en juicio. Un aporte más para su consideración como indicio y otras cuestiones más. In: ACOSTA, Daniel Fernando (Coord.). *Valoración judicial de la conducta procesal*. Santa Fé: Rubinzal-Culzoni, 2005.

ALEXY, Robert. *Concetto e validità del diritto*. Trad. Fabio Fiore. Turim: Giulio Einaudi Editore, 1997.

ALEXY, Robert. Colisão de direitos fundamentais e realização de direitos fundamentais no Estado de Direito Democrático. Trad. Luís Afonso Heck. *Revista de Direito Administrativo*. v. 217. Rio de Janeiro: FGV, jul.-set. 1999.

ALEXY, Robert. Direitos fundamentais, balanceamento e racionalidade. Trad. Menelick de Carvalho Netto. *Ratio Juris*. v. 16. n. 2. Medellin: UNAULA, jun. 2003.

ALEXY, Robert. *Teoría de los derechos fundamentales*. Madrid: Centro de Estudios Constitucionales, 1997.

ALEXY, Robert. *Tres escritos sobre los derechos fundamentales y la teoria de los princípios*. Trad. Carlos Bernal Pulido. Bogotá: Universidad Externado de Colombia, 2003.

ALMEIDA JR., João Mendes de. *Direito judiciário brasileiro*. Rio de Janeiro: Freitas Bastos, 1940.

ALVES, Cíntia Marques; LOPES, Ederaldo José. Falsas Memórias: questões teórico-metodológicas. *Paideia*. Ribeirão Preto [http://www.scielo.br/scielo.php?pid=S0103=863-2007000100005X&script-sci_abstract&tlng=pt], v. 17. n. 36, 2007.

ALVIM, José Eduardo Carreira. *Justiça*: acesso e descesso. Disponível em: [http://www.egov.ufsc.br/portal/sites/default/files/anexos/17206-17207-1-P B.htm]. Acesso em: 02.12.2015.

ALVIM, Teresa Arruda. *A fundamentação das sentenças e dos acórdãos*. Curitiba: Editora Direito Contemporâneo, 2023.

ALVIM NETTO, José Manoel de Arruda. Apontamentos sobre a perícia. *Revista de Processo*. v. 31. São Paulo: RT, jul.-set. 1981.

ALVIM NETTO, José Manoel de Arruda. *Manual de direito processual civil*. 8. ed. São Paulo: RT, 2003. v. 2.

ALVIM NETTO, José Manoel de Arruda. *Novo contencioso cível no CPC/2015*. São Paulo: RT, 2016.

ALVIM NETTO, José Manoel de Arruda. Cumprimento da sentença condenatória por quantia certa – Lei 11.232, de 22.12.2005 – Anotações de uma primeira impressão. *Estudos em homenagem ao Professor José Carlos Barbosa Moreira*. São Paulo: RT, 2006.

AMARAL, Guilherme Rizzo. *Comentários às alterações do novo CPC*. 2. ed. rev., atual. e ampl. São Paulo: RT, 2016.

AMARAL, Paulo Osternack. A remessa necessária no Novo CPC. In: TALAMINI, Eduardo (Coord.). *Processo e Administração Pública*. Salvador: JusPodivm, 2016. (Coleção Repercussões do Novo CPC. v. 10).

AMARAL, Paulo Osternack. *Manual das provas cíveis*. Londrina: Toth Editora, 2023.

AMARAL, Paulo Osternack. Produção de provas em fase recursal. *Revista jurídica da Escola Superior de Advocacia da OAB-PR*. Edição especial, maio 2018.

AMARAL, Paulo Osternack. *Provas*: atipicidade, liberdade e instrumentalidade. São Paulo: RT, 2015.

AMARAL, Paulo Osternack. *Provas*: atipicidade, liberdade e instrumentalidade. 3. ed. São Paulo: Thomson Reuters Brasil, 2021.

AMORIN FILHO, Agnelo. Critério científico para distinguir a prescrição da decadência e para identificar as ações imprescritíveis. *Revista dos Tribunais*. v. 300. São Paulo: RT, out. 1961.

ANDRIOLI, Virgilio. Prova (diritto processuale civile). *Novissimo digesto italiano*. Turim: VTET, 1957. v. XIV.

ANSANELLI, Vicenzo. Problemi ricorrenti in tema di prova scientifica e processo civile spunti minimi di raffronto comparato. In: DOTTI, Rogéria (Org.). *O processo civil entre a técnica processual e a tutela dos direitos*. Estudos em homenagem a Luiz Guilherme Marinoni. São Paulo: RT, 2017.

APPIO, Eduardo. *Controle difuso de constitucionalidade*: modulação dos efeitos, uniformização de jurisprudência e coisa julgada. Curitiba: Juruá, 2008.

APRIGLIANO, Ricardo de Carvalho. *Ordem pública e processo*: o tratamento das questões de ordem pública no direito processual civil. São Paulo: Atlas, 2011.

AQUINO, Leonardo Gomes. A aplicação da mediação na tutela da falência e na recuperação de empresas. Disponível em: [http://estadodedireito.com.br/mediacao-na-tutela-de-falencia-e-recuperacao-de-empresas/]. Acesso em: 20.10.2016.

ARAGÃO, Egas D. Moniz de. *A correição parcial*. Curitiba: Litero Técnica, 1958. ARAGÃO, Egas D. Moniz de. Direito à prova. *Revista de Processo*. v. 39. São Paulo: RT, jul.-set. 1985.

ARAGÃO, Egas D. Moniz de. *Exegese do Código de Processo Civil*. Rio de Janeiro: AIDE, 1984. v. IV, t. I.

ARAGÃO, Egas D. Moniz de. *Exegese do Código de Processo Civil*. Rio de Janeiro: AIDE, 1992. v. IV, t. I.

ARAGÃO, Egas D. Moniz de. *Exegese do Código de Processo Civil*. Rio de Janeiro: AIDE, 1984. v. IV, t. II.

ARAGÃO, Egas D. Moniz de. *Sentença e coisa julgada*. Rio de Janeiro: AIDE, 1992.

ARAGONESES, Gisbert. *La apelación en los procesos civiles*. Madrid: Thomson Civitas, 2003.

ARAÚJO, Luciano Vianna. Defesas heterotópicas: defenda-se quando e como quiser. In: ASSIS, Araken de; BRUSCHI, Gilberto Gomes (Coord.). *Processo de execução e cumprimento de sentença*. São Paulo: RT, 2021. v. 2.

ARAUJO, Marcelo José. Colisões traseiras: reflexões. *Jus Navigandi*. ano 10. n. 957. Teresina, 15.02.2006. Disponível em: [http://www.jus.com.br].

ARAÚJO FILHO, Luiz Paulo da Silva. *Comentários ao Código de Defesa do Consumidor*. São Paulo: Saraiva, 2002.

ARENHART, Sérgio Cruz. A prova estatística e sua utilidade em litígios complexos. *Revista dos Tribunais*, v. 1000, fev. 2019.

ARENHART, Sérgio Cruz. Tutela atípica de prestações pecuniárias. Por que ainda aceitar o "É ruim mas eu gosto"? *Revista Jurídica da Escola Superior de Advocacia da OAB-PR/Ordem dos Advogados do Brasil*. Seção Paraná. Coordenação Científica de Fernando Previdi Motta, Graciela I. Marins, v. 3, n. 1, p. 15 a 57, maio 2018, Curitiba: OABPR, 2018.

ARLÉ, Danielle de Guimarães Germano. *Mediação, negociação e práticas restaurativas no Ministério Público*. Belo Horizonte: Editora D'Plácido, 2016.

ARMELIN, Donaldo. Apontamentos sobre as alterações ao Código de Processo Civil e à Lei 8.038/90, impostas pela Lei 9.756/98. In: NERY JR., Nelson; WAMBIER, Teresa Arruda Alvim (Coord.). *Aspectos polêmicos e atuais dos recursos cíveis de acordo com a Lei 9.756/98*. 1. ed. 2. tir. São Paulo: RT, 1999.

ARMELIN, Donaldo. *Embargos de terceiro*. São Paulo: Saraiva. 2017.

ASCARELLI, Tullio. Processo e democrazia. *Rivista Trimestrale di Diritto e Procedura Civile*, p. 844-860. Milão: Giuffré, 1958.

ASSIS, Araken de. Condições de admissibilidade dos recursos cíveis. In: WAMBIER, Teresa Arruda Alvim; NERY JR., Nelson (Coord.). *Aspectos polêmicos e atuais dos recursos cíveis de acordo com a Lei 9.756/98*. 1. ed. 2. tir. São Paulo: RT, 1999.

ASSIS, Araken de. Formação do julgamento colegiado nos tribunais. In: FERRARI, Paulo Leme (Coord.). Homenagem ao professor Celso Neves. *Revista do Advogado – AASP*. n. 88. ano XXVI, nov. 2006.

ASSIS, Araken de. Intervenção do Conselho Administrativo de Defesa Econômica no processo civil. In: TALAMINI, Eduardo (Coord.). *Processo e Administração Pública*. Salvador: JusPodivm, 2016. (Coleção Repercussões do Novo CPC. v. 10).

ASSIS, Araken de. *Manual da Execução*. 18. ed. São Paulo: RT, 2016.

ASSIS, Araken de. *Manual dos recursos*. 8. ed. São Paulo: RT, 2016.

ASSIS, Araken de. *Processo civil brasileiro*. São Paulo: RT, 2015. v. III.

ASSIS, Araken de. Proibição da *reformatio in pejus* no processo civil brasileiro. *Revista Jurídica*, v. 57, n. 375, Porto Alegre: Nota Dez, 2009.

ASSIS, Carlos Augusto de. A antecipação de tutela e sua estabilização. Novas perspectivas. In: BUENO, Cassio Scarpinella; MEDEIROS NETO, Elias Marques de; OLIVEIRA NETO, Olavo de; OLIVEIRA, Patrícia Elias Cozzolino de; LUCON, Paulo Henrique dos Santos (Coord.). *Tutela provisória no novo CPC*. Dos 20 anos de vigência do art. 273 do CPC/1973 ao CPC/2015. São Paulo: Saraiva, 2016.

ATAÍDE JUNIOR, Vicente de Paula. Animais têm direitos e podem demandá-los em juízo. Disponível em: https://www.ajufe.org.br/imprensa/artigos/14291-animais-tem-direitos-e-podem-demanda-los-em-juizo. Acesso em: 30.11.2021.

ATAÍDE JUNIOR, Vicente de Paula. Introdução ao Direito Animal Brasileiro. *Revista Brasileira de Direito Animal*, Salvador, v. 13, 2018.

ATAÍDE JUNIOR, Vicente de Paula; MENDES, Thiago Brizola Paula. Decreto 24.645/1934: Breve história da "Lei Áurea" dos Animais. *Revista Brasileira de Direito Animal*. Salvador, v. 15, n. 02, p. 47-73. maio-ago 2020.

ÁVILA, Henrique. Ação anulatória. In: WAMBIER, Luiz Rodrigues; WAMBIER, Teresa Arruda Alvim (Coord.). *Temas essenciais do novo CPC:* análise das principais alterações do sistema processual civil brasileiro. 2. tir. São Paulo: RT, 2016.

ÁVILA, Henrique. Homologação de decisão estrangeira e concessão de exequatur à carta rogatória. In: WAMBIER, Luiz Rodrigues; WAMBIER, Teresa Arruda Alvim (Coord.). *Temas essenciais do novo CPC:* análise das principais alterações do sistema processual civil brasileiro. 2. tir. São Paulo: RT, 2016.

ÁVILA, Humberto. *Teoria dos princípios*. 5. ed. São Paulo: Malheiros, 2006.

ÁVILA, Humberto Bergmann. A distinção entre princípios e regras e a redefinição do dever de proporcionalidade. *Revista de Direito Administrativo*. n. 215. p. 151-179. Rio de Janeiro: Renovar, jan.-mar. 1999.

ÁVILA, Humberto Bergmann. A distinção entre princípios e regras e a redefinição do dever de proporcionalidade. *Revista Diálogo Jurídico*. n. 4. Salvador: Centro de Atualização Jurídica, jul. 2001. Disponível em: [http://www.direitopublico.com.br].

ÁVILA, Humberto Bergmann. Repensando o "princípio da supremacia do interesse público sobre o particular". *Revista Diálogo Jurídico*. n. 7. Salvador: Centro de Atualização Jurídica, out. 2001. Disponível em: [http://www.direitopublico.com.br].

ÁVILA, Humberto Bergmann. *Teoria dos princípios. Da definição à aplicação dos princípios jurídicos*. 9. ed. São Paulo: Malheiros, 2009.

ÁVILA, Humberto Bergmann. O que é "devido processo legal"? In: CLÉVE, Clèmerson Merlin (Org.). *Doutrinas Essenciais de Direito Constitucional*. São Paulo: RT, 2015. v. IX.

AVOLIO, Luiz Francisco Torquato. *Provas ilícitas*. Interceptações telefônicas, ambientais e gravações clandestinas. 6. ed. São Paulo: RT, 2015.

AZAMBUJA, Maria Regina Fay de. Violência sexual intrafamiliar: interfaces com a convivência familiar, a oitiva da criança e a prova da materialidade. *Revista dos Tribunais*. v. 852, p. 424-446. São Paulo: RT, out. 2006.

AZEVEDO, André Gomma de (Org.). *Manual de mediação judicial*. 5. ed. Brasília: CNJ, 2015.

AZEVEDO, André Gomma de. *Manual de mediação judicial*. 6. ed. Brasília: CNJ, 2016.

BACHELARD, Gaston. *A formação do espírito científico:* contribuição para uma psicanálise do conhecimento. Trad. Estela dos Santos Abreu. Rio de Janeiro: Contraponto, 1996.

BAHIA, Alexandre Gustavo Melo Franco; VECCHIATTI, Paulo Roberto Lotti. O dever de fundamentação, contraditório substantivo e superação de precedentes vinculantes (*overruling*) no novo CPC – Ou do repúdio a uma nova escola da exegese. In: FREIRE, Alexandre; DANTAS, Bruno; NUNES, Dierle; DIDIER JR., Fredie; MEDINA, José Miguel Garcia; FUX, Luiz; CAMARGO, Luiz Henrique Volpe; OLIVEIRA, Pedro Miranda de Oliveira (Org.). *Novas tendências do processo civil:* estudos sobre o projeto do novo Código de Processo Civil. Salvador: JusPodivm, 2014. v. II.

BAPTISTA, Sônia Marcia Hase de Almeida. *Dos embargos de declaração*. 2. ed. São Paulo: RT, 1993.

BARBOZA, Estefânia Maria de Queiroz. *Precedentes judiciais e segurança jurídica*: fundamentos e possibilidades para a jurisdição constitucional brasileira. São Paulo: Saraiva, 2014.

BARCELLOS, Ana Paula de. *Ponderação, racionalidade e atividade jurisdicional*. Rio de Janeiro: Renovar, 2005.

BARCELONA, Pietro. *El individualismo proprietario*. Madri: Trotta, 1996.

BARROSO, Luis Roberto. A razão sem voto: o Supremo Tribunal Federal e o governo da maioria. *Revista brasileira de políticas públicas*, v. 5, número especial, 2015.

BARROSO, Luis Roberto. *O controle de constitucionalidade no direito brasileiro*. 7. ed. São Paulo: Saraiva, 2016.

BATTAGLIA, Viviana. Sull'onere Del convenuto di "prendere posizione" in ordine ai fatti posti a fondamento della domanda (*riflessioni sull'onere della prova*). *Rivista di Diritto Processuale*, vol. 64, n. 6, p. 1512-1536. Padova: CEDAM, nov.-dez. 2009.

BAUR, Fritz. Da importância da dicção "iura novit curia". Trad. José Manoel Arruda Alvim Netto. *Revista de Processo*. v. 3 p. 169-177. São Paulo: RT, jul.-set. 1976.

BEDAQUE, José Roberto dos Santos. Comentários ao art. 485 do CPC. In: ALVIM, Teresa; DIDIER JR., Fredie; TALAMINI, Eduardo; DANTAS, Bruno. *Breves comentários ao Novo Código de Processo Civil*. São Paulo: RT, 2015.

BEDAQUE, José Roberto dos Santos. *Efetividade do processo e técnica processual*. 2. ed. São Paulo: Malheiros, 2007.

BEDAQUE, José Roberto dos Santos. Estabilização das tutelas de urgência. In: YARSHELL, Flávio; MORAES, Maurízio Zanoide. (Org.). *Estudos em homenagem à Profa. Ada Pelegrini Grinover*. São Paulo: DPJ, 2012.

BEDAQUE, José Roberto dos Santos. *Poderes instrutórios do juiz*. São Paulo: RT, 1991.

BEDAQUE, José Roberto dos Santos; CARMONA, Carlos Alberto. A posição do juiz: tendências atuais. *Revista de Processo*. v. 96, p. 96-112. São Paulo: RT, out.-dez. 1996.

BELTRÁN, Jordi Ferrer. *Prueba y verdad en el derecho*. 2. ed. Madri: Marcial Pons, 2005.

BENETI, Sidnei. Reformas de descongestionamento de tribunais. In: BONAVIDES, Paulo; MORAES, Germana; ROSAS, Roberto (Org.). *Estudos de direito constitucional em homenagem a Cesar Asfor Rocha (teoria da constituição, direitos fundamentais e jurisdição)*. Rio de Janeiro/São Paulo/Recife: Renovar, 2009.

BENTHAM, Jeremy. *Tratado de las pruebas judiciales*. Trad. Manuel Ossorio Florit. Buenos Aires: Ediciones Jurídicas Europa-América, 1971. v. I.

BENTHAM, Jeremy. *Tratado de las pruebas judiciales*. Trad. Manuel Ossorio Florit. Buenos Aires: Ediciones Jurídicas Europa-América, 1971. v. II.

BENVENUTTI, Feliciano. *L'istruzione nel processo amministrativo*. Pádova: CEDAM, 1953.

BETTI, Emilio. *Procedimenti d'impugnativa della sentenza*. Milano: Dott. A. Giuffrè, 1934.

BITTAR, Eduardo Carlos Bianca. *Democracia, justiça e direitos humanos*. 2. ed. São Paulo: Saraiva, 2022.

BOBBIO, Norberto. *Ragionamento giuridico*. Contributi ad um dizionario giuridico. Turim: Giappichelli, 1994.

BONAVIDES, Samia Saad Gallotti; LOPES, Soraya Saad. As práticas restaurativas como novo paradigma para resolução de controvérsias. In: CAMBI, Eduardo; MARGRAF, Alencar Frederico. *Direito e justiça:* estudos em homenagem a Gilberto Giacoia. Curitiba: Ministério Público, 2016.

BONDIOLI, Luis Guilherme. Comentário ao art. 321 do CPC. In: WAMBIER, Teresa Arruda Alvim; DIDIER JR., Fredie; TALAMINI, Eduardo; DANTAS, Bruno (Coord.). *Breves comentários ao Código de Processo Civil*. São Paulo: RT, 2015.

BONDIOLI, Luis Guilherme. Comentários ao art. 178 do Código de Processo Civil. In: CRUZ E TUCCI, José Rogério; FERREIRA FILHO, Manoel Caetano; APRIGLIANO, Ricardo de Carvalho; DOTTI, Rogéria Fagundes; MARTINS, Sandro Gilbert (Org.). *Código de Processo Civil anotado*. Rio de Janeiro: LMJ Mundo Jurídico, 2016.

BONDIOLI, Luis Guilherme. Novidades em matéria de embargos de declaração no CPC de 2015. In: CRUZ E TUCCI, José Rogério; SICA, Heitor Vitor Mendonça (Coord.). *O novo Código de Processo Civil*. Revista do Advogado – AASP. n. 126, p. 152-157. ano XXXV, maio 2015.

BONNIER, Eduardo. *Tratado teórico y práctivo de las pruebas en derecho civil y en derecho penal*. 5. ed. Trad. José Vicente y Caravantes. Madrid: Editorial Reus S.A., 1928. t. I.

BONORINO, Pablo. ¿Existen los argumentos visuales? Sobre el uso de fotografías en la argumentación jurídica. *Doxa. Cuadernos de Filosofía del Derecho*, n. 47, 2023.

BORGES, Gregório Cezar; AMADEO, Rodolfo da Costa Manso Real. Coisa julgada inconstitucional: contornos em face da segurança jurídica. *Revista de Proces- so*. v. 221. p. 87-114. São Paulo: RT, jul. 2013.

BRAGA, Paula Sarno. *Norma de processo e norma de procedimento*: o problema da repartição de competência legislativa no Direito Constitucional brasileiro. Salvador: JusPodivm, 2015.

BRAGA NETO, Adolfo. Aspectos relevantes sobre mediação de conflitos. *Revista de Arbitragem e Mediação*. v. 15. p. 85-101. São Paulo: RT, out.-dez. 2007.

BRAGHITTONI, R. Ives. *Recurso extraordinário*: uma análise do acesso do Supremo Tribunal Federal. In: CARMONA, Carlos Alberto (Coord.) São Paulo: Atlas, 2007. (Coleção Atlas de Processo Civil).

BRUSCHI, Gilberto Gomes. Aplicação de fungibilidade recursal em exceção de pré-executividade. In: NERY JR., Nelson; WAMBIER, Teresa Arruda Alvim (Coord.). *Aspectos polêmicos e atuais dos recursos cíveis e de outros meios de impugnação às decisões judiciais*. São Paulo: RT, 2003. (Série: Aspectos polêmicos e atuais dos recursos, v. 7).

BRUSCHI, Gilberto; NOTARIANO JR., Antonio. *Agravo contra as decisões de primeiro grau:* de acordo com as recentes reformas processuais e com o CPC/2015. 2. ed. Rio de Janeiro: Forense/São Paulo: Método, 2015.

BUENO, Cassio Scarpinella. *A nova Lei do Mandado de Segurança*: comentários sistemáticos à Lei n. 12.016, de 7-8-2009. São Paulo: Saraiva, 2009.

BUENO, Cassio Scarpinella. Amicus curiae *no processo civil brasileiro*: um terceiro enigmático. São Paulo: Saraiva, 2006.

BUENO, Cassio Scarpinella. *Curso sistematizado de direito processual civil*: Recursos: Processos e incidentes nos Tribunais. Sucedâneos recursais: técnicas de controle das decisões jurisdicionais. 2. ed. São Paulo: Saraiva, 2010. v. 5.

BUENO, Cassio Scarpinella. Curso sistematizado de direito processual civil. Tutela provisória contra o Poder Público no CPC de 2015. In: BUENO, Cassio Scarpinella; MEDEIROS NETO, Elias Marques de; OLIVEIRA NETO, Olavo de; OLIVEIRA, Patrícia Elias Cozzolino de; LUCON, Paulo Henrique dos Santos (Coord.). *Tutela provisória no novo CPC*. Dos 20 anos de vigência do art. 273 do CPC/1973 ao CPC/2015. São Paulo: Saraiva, 2016.

BUENO, Cassio Scarpinella. Efeitos dos recursos. In: NERY JR., Nelson; WAMBIER, Teresa Arruda Alvim (Coord.). *Aspectos polêmicos e atuais dos recursos cíveis e assuntos afins*. São Paulo: RT, 2006. (Série: Aspectos polêmicos e atuais dos recursos, v. 10).

BUENO, Cassio Scarpinella. *Manual de direito processual civil*. 3. ed. São Paulo: Saraiva, 2017.

BUENO, Cassio Scarpinella. Novo Código de Processo Civil anotado. São Paulo: Saraiva, 2015.

BÜLOW, Oskar Von. *Teoria das exceções e dos pressupostos processuais*. Trad. Ricardo Rodrigues Gama. Campinas: LZN, 2003.

BUSATO, Paulo César. *Reflexões sobre o sistema penal do nosso tempo*. Rio de Janeiro: Lumen Juris, 2011.

BUSATTO, Leonardo Dumke. A lei de improbidade administrativa e o transcurso da prescrição: uma nova perspectiva à luz do princípio da "actio nata". *Revista Jurídica do Ministério Público do Paraná*. v. 5. p. 279-296. Curitiba: MPPR. dez. 2016.

BUSTAMANTE, Thomas da Rosa de et al. (Coord.). *A força normativa do direito judicial*: uma análise da aplicação prática do precedente no direito brasileiro e dos seus desafios para a legitimação da autoridade do Poder Judiciário. Brasília: Conselho Nacional de Justiça, 2015.

BUSTAMANTE, Thomas da Rosa de. *Teoria do precedente judicial*: a justificação e a aplicação de regras jurisprudenciais. São Paulo: Noeses, 2012.

CABRAL, Antonio do Passo. A eficácia probatória das mensagens eletrônicas. *Revista de Processo*. v. 135, maio 2006.

CABRAL, Antonio do Passo. As convenções processuais e o termo de ajustamento de conduta. In: RODRIGUES, Geisa de Assis; ANJOS FILHO, Robério Nunes dos (Org.). *Reflexões sobre o novo Código de Processo Civil*. Brasília: ESMPU, 2016. CABRAL, Antonio do Passo. *Coisa julgada e preclusões dinâmicas*: entre continuidade, mudança e transição de posições processuais estáveis. Salvador: JusPodivm, 2013.

CABRAL, Antonio do Passo. Comentários aos arts. 503 e 504. In: ALVIM, Teresa Arruda; DIDIER JR., Fredie; TALAMINI, Eduardo; DANTAS, Bruno (Coord.). *Breves comentários ao Novo Código de Processo Civil*. São Paulo: RT, 2015.

CABRAL, Antonio do Passo. *Convenções processuais*. Salvador: JusPodivm, 2016.

CABRAL, Antonio do Passo. *Jurisdição sem decisão*: Non liquet e consulta Jurisdicional no Direito Processual Civil. São Paulo: JusPodivm, 2023.

CABRAL, Antonio do Passo. O contraditório como dever e a boa-fé processual objetiva. *Revista de Processo*. v. 126. p. 59-81. São Paulo: RT, ago. 2005.

CABRAL, Antonio do Passo. Teoria das nulidades processuais no direito contemporâneo. *Revista de processo*, v. 255, maio 2016. v. I.

CAHALI, Francisco José; AZEVEDO, Renato Santos Piccolomini de Azevedo. Anotações aos artigos 610 a 625 do CPC. In: CRUZ E TUCCI, José Rogério; FERREIRA FILHO, Manoel Caetano;

APRIGLIANO, Ricardo de Carvalho; DOTTI, Rogéria Fagundes; MARTINS, Sandro Gilbert (Org.). *Código de Processo Civil Anotado*. Rio de Janeiro: GZ Ed., 2016.

CALAMANDREI, Piero. *Eles, os juízes vistos por um advogado*. Trad. Eduardo Brandão. São Paulo: Martins Fontes, 1995.

CALAMANDREI, Piero. Il guidice e lo storico. *Rivista di Diritto Processuale Civile*, v. XVII, p. 105-128. Padova: CEDAM, 1939.

CALAMANDREI, Piero. Il processo come giuoco. *Rivista di Diritto Processuale*, v. 5, n. 1-2. p. 23-51. Padova: CEDAM, 1950.

CALAMANDREI, Piero. La relatività del concetto di azione. *Rivista di Diritto Processuale Civile*, 1939.

CALAMANDREI, Piero. Per la definizione del fatto notorio. *Rivista di Diritto Processuale Civile*, v. 2, p. 273-304, n. 1. Padova: CEDAM, 1925.

CALAMANDREI, Piero. Processo e giustizia. *Rivista di Diritto Processuale*, v. 5, n. 1-2. p. 273-290. Padova: CEDAM, 1950.

CALAMANDREI, Piero. Verità e verossimiglianza nel processo civile. *Rivista di Diritto Processuale*, v. 10, n. 1. p. 164-192. Padova: CEDAM, 1955.

CÂMARA, Alexandre Freitas. Honorários de sucumbência recursal. In: COÊLHO, Marcus Vinicius Furtado; CAMARGO, Luiz Henrique Volpe. *Honorários advocatícios*. Salvador: JusPodivm, 2015. (Coleção Grandes Temas do Novo CPC. v. 2).

CÂMARA, Alexandre Freitas. *Lições de Direito Processual Civil*. 16. ed. Rio de Janeiro: Lumen Juris, 2010. v. III.

CÂMARA, Alexandre Freitas. *O novo processo civil brasileiro*. 3. ed. Rio de Janeiro: Atlas, 2017.

CAMARGO, Luiz Henrique Volpe. A força dos precedentes no moderno processo civil brasileiro. In: WAMBIER, Teresa Arruda Alvim. *Direito jurisprudencial*. São Paulo: RT, 2012.

CAMARGO, Luiz Henrique Volpe. A fungibilidade de mão dupla entre recursos excepcionais no CPC/2015. In: MACÊDO, Lucas Buril de; PEIXOTO, Ravi; FREIRE, Alexandre (Org.). *Processo nos tribunais e meios de impugnação às decisões judiciais*. Salvador: JusPodivm, 2015. (Novo CPC doutrina selecionada, v. 6).

CAMARGO, Luiz Henrique Volpe. Processo justo e democrático e o novo CPC. In: OLIVEIRA, Pedro Miranda de (org.). *Impactos do novo CPC na advocacia*. Florianópolis: Conceito Editorial, 2015.

CAMBI, Accácio. Aspectos polêmicos na aplicação do art. 557 do CPC. In: NERY JR., Nelson; WAMBIER, Teresa Arruda Alvim (Coord.). *Aspectos polêmicos e atuais dos recursos cíveis e de outros meios de impugnação às decisões judiciais*. São Paulo: RT, 2003. (Série: Aspectos polêmicos e atuais dos recursos. v. 7).

CAMBI, Accácio. Inovações introduzidas pelo Novo Código de Processo Civil na aplicação do instituto da conciliação. In: CAMBI, Eduardo; MARGRAF, Alencar Frederico (Org.). *Direito e justiça*: estudos em homenagem a Gilberto Giacoia. Curitiba: Ministério Público, 2016.

CAMBI, Eduardo. *A prova civil*: admissibilidade e relevância. São Paulo: RT, 2006.

CAMBI, Eduardo. Coisa julgada e cognição *secundum eventum probationis*. *Revista de Processo*. v. 109, p. 71-96. São Paulo: RT, jan.-mar. 2003.

CAMBI, Eduardo. Comentários ao art. 334 do CPC. In: ALVIM, Teresa Arruda Alvim; DIDIER JR., Fredie; TALAMINI, Eduardo; DANTAS, Bruno (Coord.). *Breves comentários ao Novo Código de Processo Civil*. São Paulo: RT, 2015.

CAMBI, Eduardo. Conduta processual das partes (e de seus procuradores) como meio de prova e a teoria narrativista do Direito. *Revista de Doutrina do Tribunal Regional Federal da 4ª Região*, v. 57, dez. 2013. Disponível em: [http://www.revistadoutrina.trf4.jus.br].

CAMBI, Eduardo. *Curso de direito probatório*. Curitiba: Juruá, 2014.

CAMBI, Eduardo. *Direito constitucional à prova no processo civil*. São Paulo: RT, 1999.

CAMBI, Eduardo. Distribuição dinâmica do ônus da prova na ação civil pública por improbidade administrativa. *Revista Ajuris*, v. 48, n. 150.

CAMBI, Eduardo. Efeito devolutivo da apelação e duplo grau de jurisdição. In: MARINONI, Luiz Guilherme; DIDIER JR., Fredie (Coord.). *A segunda etapa da reforma processual civil*. São Paulo: Malheiros, 2001.

CAMBI, Eduardo. *Jurisdição no processo civil*. Compreensão crítica. Curitiba: Juruá, 2002.

CAMBI, Eduardo. *Neoconstitucionalismo e neoprocessualismo*. Direitos fundamentais, políticas públicas e protagonismo judiciário. 3. ed. São Paulo: D'Plácido, 2020.

CAMBI, Eduardo. *Neoconstitucionalismo e neoprocessualismo*: direitos fundamentais, políticas públicas e protagonismo judiciário. 2. ed. rev. e atual. São Paulo: RT, 2011.

CAMBI, Eduardo. *Neoconstitucionalismo e neoprocessualismo*: direitos fundamentais, políticas públicas e protagonismo judiciário. São Paulo: Almedina, 2016.

CAMBI, Eduardo. Teoria das Cargas Probatórias Dinâmicas (Distribuição Dinâmica do ônus da Prova) – Exegese do artigo 373, § 1º e 2º do NPC. In: SANTOS, William Ferreira; JOBIM, Marco Fêlix; DIDIER JR., Fredie (Coord.). *Direito probatório*. 2. ed. rev. atual. e ampl. Salvador: JusPodivm, 2016.

CAMBI, Eduardo. Verdade processual objetivável e limites da razão iluminista. *Revista de Processo*. v. 96, p. 234-249. São Paulo: RT, out.-dez. 1999.

CAMBI, Eduardo; FARINELLI, Alisson. Conciliação e Mediação no Novo Código de Processo Civil (PLS 166/2010). *Revista de Processo*. v. 194. p. 277-306. São Paulo: RT, abr. 2011.

CAMBI, Eduardo; FOGAÇA, Mateus Vargas. Sistema de precedentes judiciais obrigatórios no Novo Código de Processo Civil. In: DIDIER JR., Fredie; CUNHA, Leonardo Carneiro da; ATAÍDE JR., Jaldemiro Rodrigues de; MACÊDO, Lucas Buril de (Coord.). *Precedentes*. Salvador: JusPodivm, 2015.

CAMBI, Eduardo; HELLMAN, Renê Francisco. Jurisprudência – A independência do juiz ante os precedentes judiciais como obstáculo à igualdade e a segurança jurídicas. *Revista de Processo*, v. 231, maio 2014.

CAMBI, Eduardo; HELLMAN, Renê Francisco. Os precedentes e o dever de motivação no Novo Código de Processo Civil. In: DIDIER JR., Fredie et al. *Precedentes*. Salvador: JusPodivm, 2015. (Coleção Grandes Temas do Novo CPC. v. 3).

CAMBI, Eduardo; HELLMAN, Renê Francisco. Precedentes e dever de motivação das decisões judiciais no Novo Código de Processo Civil. *Revista de Processo*, v. 241, p. 413-438. São Paulo: RT, mar. 2015.

CAMBI, Eduardo; HOFFMANN, Eduardo. Caráter probatório da conduta (processual) das partes. *Revista de Processo*. v. 201, p. 59-100. São Paulo: RT, nov. 2011.

CAMBI, Eduardo; KICHILESKI, Gustavo Carvalho. Whistleblowing no pacote anticrime. *Revista dos tribunais*, v. 1006. São Paulo: RT, ago. 2019.

CAMBI, Eduardo; MARGRAF, Alencar Frederico. Casuísmos judiciários e precedentes judiciais. *Revista de Processo*. v. 248, p. 311-330. São Paulo: RT, out. 2015.

CAMBI, Eduardo; MARGRAF, Alencar Frederico. Verdade real e narrativismo processual. *Revista dos Tribunais*. v. 948, p. 137-161. São Paulo: RT, out. 2014.

CAMBI, Eduardo; NEVES, Aline Regina das. Duração razoável do processo e tutela antecipada. In: BUENO, Cassio Scarpinella; MEDEIROS NETO, Elias Marques de, OLIVEIRA NETO, Olavo de, OLIVEIRA, Patrícia Elias Cozzolino de; LUCON, Paulo Henrique dos Santos (Coord.). *Tutela provisória no novo CPC. Dos 20 anos de vigência do art. 273 do CPC/1973 ao CPC/2015*. São Paulo: Saraiva, 2016.

CAMBI, Eduardo; NEVES, Aline Regina das. Flexibilização procedimental no Novo Código de Processo Civil. *Revista de Direito Privado*. v. 64, p. 219-259. São Paulo: RT, out.-dez. 2015.

CAMBI, Eduardo; OLIVEIRA, Lucas Paulo Orlando de. Levando a esperança a sério: os deveres dos tribunais em relação à jurisprudência (art. 926/CPC) e a efetivação da dignidade humana. *Revista dos tribunais*, v. 1004, São Paulo: RT, jun. 2019.

CAMBI, Eduardo; OLIVEIRA, Priscila Sutil de. Depoimento sem dano e falsas memórias. *Revista de Processo*. v. 235. São Paulo: RT, set. 2014,

CAMBI, Eduardo; OSIPE, Nathan Barros. Colaboração no processo previdenciário. *Revista de Processo*. v. 228, p. 283-307. São Paulo: RT, fev. 2014.

CAMBI, Eduardo; PEREIRA, Fabricio Fracaroli. Estratégia nacional de prevenção e de redução de litígios. *Revista de Processo*. v. 237, p. 435-457. São Paulo: RT, nov. 2014.

CAMBI, Eduardo; PITTA, Rafael Gomiero. *Discovery* no direito norte-americano e efetividade da justiça brasileira. *Revista de Processo*. v. 245, p. 425-444. São Paulo: RT, jul. 2015.

CAMBI, Eduardo; POMPÍLIO, Gustavo. Majoração dos honorários sucumbenciais no recurso de apelação. In: MACÊDO, Lucas Buril de; PEIXOTO, Ravi; FREIRE, Alexandre (Org.). *Processo nos tribunais e meios de impugnação às decisões judiciais*. Salvador: JusPodivm, 2015. (Novo CPC doutrina selecionada, v. 6).

CAMBI, Eduardo; SCHMITZ, Nicole. *Tutela de evidência no processo civil*. Belo Horizonte, 2020.

CAMBI, Eduardo; SGARIONI, Clarissa Lopes Alende. Dinamização do ônus da prova quanto à condição econômica financeira do devedor de alimentos. *Revista de direito privado*, v. 81, p. 119-148, set. 2017.

CAMBI, Eduardo; SGARIONI, Clarissa Lopes Alende. Distribuição do ônus da prova no processo de alimentos como fator de colaboração e igualdade processuais. *Temas contemporâneos de Direito das Famílias*. São Paulo: Pillares, 2021. v. 4.

CAMPELLO, Livia Gaigher Bossio. As provas e o recurso à ciência no processo. *Revista da Faculdade de Direito de Campos*. ano VI. n. 6, Campos dos Goytacazes/RJ: Faculdade de Direito de Campos, jun. 2005.

CAMPO, Hélio Marcio. *O princípio dispositivo em direito probatório*. Porto Alegre: Livraria do Advogado, 1994.

CANARIS, Claus-Wilhelm. *Pensamento sistemático e conceito de sistema na ciência do direito*. Trad. Antônio Mendes Cordeiro. Lisboa: Fundação Calouste Gulbenkian, 1989.

CANOTILHO, José Joaquim Gomes. A "principialização" da jurisprudência através da Constituição. *Revista de processo*, v. 98, abr.-jun. 2000.

CANOTILHO, José Joaquim Gomes. *Direito constitucional e teoria da Constituição*. 2. ed. Coimbra: Almedina Editora, 1998.

CANOTILHO, José Joaquim Gomes. Dogmática de direitos fundamentais e direito privado. *Estudos sobre Direitos Fundamentais*. São Paulo: RT, 2008.

CAPOGRASSI, Giuseppe. Giudizio processo scienza verità. *Rivista di Diritto Processuale*. p. 7-22. Padova: CEDAM, 1950.

CAPPELLETTI, Mauro. Aspectos sociales y politicos del procedimiento civil (reformas y tendencias evolutivas en la europa continental y oriental). *Processo, ideologias, sociedad*. Trad. Santiago Sentís Melendo e Tomás A. Banzhaf. Buenos Aires: EJEA, 1974.

CAPPELLETTI, Mauro. Iniziativa probatorie del giudice e basi pregiuridiche della struttura del processo. *Rivista di Diritto Processuale*, Padova: CEDAM, 1967.

CAPPELLETTI, Mauro. *Juízes legisladores?* Trad. Carlos Alberto Álvaro de Oliveira. Porto Alegre: Sergio Antonio Fabris Ed., 1993.

CAPPELLETTI, Mauro. *La testemonianza della parte nel sistema dell'oralità*. Parte I. Milão: Giuffrè, 1974.

CAPPELLETTI, Mauro. Os métodos alternativos de solução de conflitos no quadro do movimento universal de acesso à justiça. *Revista de Processo*. São Paulo, v. 41. abr.-jun. 1994.

CAPPELLETTI, Mauro. *The judicial process in comparative perspective*. Oxford: Claredon Press, 1991.

CARACIOLA, Andrea Boari; DELLORE, Luiz. Antecipação de tutela *ex officio*? In: BUENO, Cassio Scarpinella; MEDEIROS NETO, Elias Marques de; OLIVEIRA NETO, Olavo de; OLIVEIRA, Patrícia Elias Cozzolino de; LUCON, Paulo Henrique dos Santos (Coord.). *Tutela provisória no novo CPC*. Dos 20 anos de vigência do art. 273 do CPC/1973 ao CPC/2015. São Paulo: Saraiva, 2016.

CÁRCOVA, Carlos María. *La opacidad del derecho*. Madri: Trotta, 1998.

CARDOSO, André Guskow. O incidente de resolução de demandas repetitivas – IRDR e os serviços concedidos, permitidos ou autorizados. In: TALAMINI, Eduardo (Coord.). *Processo e Administração Pública*. Salvador: JusPodivm, 2016. (Coleção Repercussões do Novo CPC. v. 10).

CARMONA, Carlos Alberto. Em torno da petição inicial. *Revista de Processo*. São Paulo, v. 119, p. 17. jan. 2005.

CARNACINI, Tito. Tutela giurisdizionale e tecnica del processo. *Studi in onore di Enrico Redenti*. Milão: Giuffrè, 1951. v. 2.

CARNEIRO, Athos Gusmão. *Audiência de instrução e julgamento e audiências preliminares*. Rio de Janeiro: Forense, 2005.

CARNEIRO, Paulo Cézar Pinheiro. *Comentários ao Código de Processo Civil*. Rio de Janeiro: Forense, 2006. v. IX. t. II.

CARNELLI, Lorenzo. Evidencia notoria. *Scritti giuridici in memoria di Piero Calamandrei*. Padova: Cedam, 1958. v. II.

CARNELUTTI, Francesco. *A prova civil*. Trad. Lisa Pary Scarpa. Campinas: Bookseller, 2002.

CARNELUTTI, Francesco. *La prova civile*. Milão: Giuffrè, 1992.

CARNELUTTI, Francesco. *La prueba civil*. 2. ed. Trad. de Niceto Alcalá-Zamora y Castillo. Buenos Aires: Depalma, 1982.

CARNELUTTI, Francesco. Massime di esperienza e fatti notori. *Rivista di Diritto Processuale*, 1959.

CARNELUTTI, Francesco. Poteri e doveri del giudice in tema di perizia. *Studi di diritto processuale*. Padova: Cedam, 1925.

CARNELUTTI, Francesco. Prove civili e prove penali. *Rivista di Diritto Processuale Civile*, 1925.

CARNELUTTI, Francesco. *Sistema di diritto processuale civile*. Padova: Cedam, 1936. CARNELUTTI, Francesco. *Teoria generale del diritto*. 3. ed. Roma: Soc. Ed. del "Foro Italiano", 1951. v. 1.

CARNELUTTI, Francesco. Verità, dubbio, certezza. *Rivista di Diritto Processuale*, 1965.

CARRATA, Antonio. *Funzione dimonstrativa della prova*: verità nel processo e sistema probatório. Comunicação ocorrida em Frascati, em 09.10.2000.

CARRAZZA, Roque Antonio. *Curso de direito constitucional tributário*. 12. ed. São Paulo: Malheiros, 1998.

CARRIÓ, Genaro. *Notas sobre derecho y lenguaje*. Buenos Aires: Abeledo-Perrot, 1965.

CARVALHO, E. V. de Miranda. A conversão do julgamento em diligência e o limite arbitrário do juiz. In: WAMBIER, Luiz Rodrigues; WAMBIER, Teresa Arruda Alvim (Org.). *Doutrinas Essenciais de Processo Civil*. São Paulo: RT, 2014. v. 4.

CARVALHO, Fabiano. Admissibilidade do recurso adesivo. *Revista de Processo*. São Paulo, v. 137. jul. 2006.

CARVALHO, Fabiano. *Ação rescisória*: decisões rescindíveis. São Paulo: Saraiva, 2010.

CASTELO, Fernando Alcantara. *Coisa julgada parcial e ação rescisória*. Curitiba: Juruá, 2021.

CASTRO FILHO, José Olympio de. *Comentários ao Código de Processo Civil*. 5. ed. Rio de Janeiro: Forense, 2006. v. X.

CAVALCANTI, Ricardo Russell Brandão. Uso dos meios alternativos de solução de conflitos pela Defensoria Pública. In: OLIVEIRA, Igor Lima Goettenauer de Oliveira (Org.). *Manual de mediação para a Defensoria Pública*. Brasília: Fundação Universidade de Brasília, 2014.

CAVALLONE, Bruno. Critica delle prove atipiche. *Il giudice e la prova nel processo civile*. Padova: Cedam, 1991.

CAVALLONE, Bruno. In difesa della veriphobia (considerazione amichevolmente polemiche su um libro recente di Michele Taruffo). *Rivista Trimestrale di Diritto e Procedura Civile*. v. 65. jan.-fev. 2010.

CAVALLONE, Bruno. Principio dispositivo, fatti secondari e fatti "rilevabili ex officio". *Il giudice e la prova nel processo civile*. Padova: Cedam, 1991.

CAZARRO, Kleber. Comentários ao art. 103 do CPC. In: CUNHA, José Sebastião Fagundes; BOCHENEK, Antonio César; CAMBI, Eduardo (Coord.). *Código de Processo Civil comentado*. São Paulo: RT, 2015.

CERDEIRA, Pablo de Camargo; FALCÃO, Joaquim; ARGUELHES, Diego Werneck (Org.).*I Relatório Supremo em números*: o múltiplo Supremo. Rio de Janeiro: Escola de Direito do Rio de Janeiro da Fundação Getúlio Vargas, 2011.

CERQUEIRA, Társis Silva de. *O procedimento comum e a sua relação com os procedimentos especiais*: a análise do conteúdo normativo do art. 327, § 2º, do Código de Processo Civil. Salvador: JusPodivm, 2020.

CHAUÍ, Marilena. *Convite à filosofia*. 9. ed. São Paulo :Ática, 1997.

CHIARLONI, Sergio. Ideologie processuali e accertamento della verità. *Rivista Trimestrale di Diritto e Procedura Civile*, dez. 2009.

CHIARLONI, Sergio. Questioni relevabili d'ufficio, diritto di difesa e *"formalismo delle garanzie"*. *Rivista Trimestrale di Diritto e Procedura Civile*, 1987.

CHIARLONI, Sergio. Riflessioni sui limiti del giudizio di fatto nel processo civile. *Rivista Trimestrale di Diritto e Procedura Civile*, 1986.

CHIMENTI, Ricardo Cunha. *Teoria e prática dos juizados especiais cíveis* – Lei 9.099/95 – Parte geral e parte cível – Comentada artigo por artigo. 4. ed. São Paulo: Saraiva, 2002.

CHIOVENDA, Giuseppe. *Istituizioni di diritto processuale civile*. Napoli: Jovena, 1960, v. I

CHIOVENDA, Giuseppe. *Principii di diritto processuale civile*. 3. ed. Nápoles: Jovene, 1923.

CIMARDI, Cláudia Aparecida. *A jurisprudência uniforme e os precedentes no novo Código de Processo Civil brasileiro*, São Paulo: RT, 2015.

CINTRA, Antônio Carlos de Araujo. *Comentários ao Código de Processo Civil*. Rio de Janeiro: Forense, 2000. v. IV.

CINTRA, Antônio Carlos de Araujo; GRINOVER, Ada Pellegrini; DINAMARCO, Cândido Rangel. *Teoria geral do processo*. 13. ed. São Paulo: Malheiros, 1997.

COELHO, Gláucia Mara. *Repercussão geral:* da questão constitucional no processo civil brasileiro. São Paulo: Atlas, 2009.

COELHO, Luiz Fernando. Dogmática e crítica da prova no processo. *Revista de Processo*. São Paulo, v. 154. dez. 2007.

COEN, Jean L. Repensando a privacidade: autonomia, identidade e a controvérsia sobre o aborto. *Revista Brasileira de Ciência Política*, n. 7, jan.-abr. 2012.

COMOGLIO, Luigi Paolo. Durata ragionevole del giudizio e forme alternative di tutela. *Revista de Processo*. v. 151. São Paulo: RT, set. 2007.

COMOGLIO, Luigi Paolo. Giurisdizione e processo nel quadro delle garanzie costituzionali. *Studi in onore di Luigi Montesano*. Padova: Cedam, 1997. v. II.

COMOGLIO, Luigi Paolo. *Le prove civile*. Turim: UTET, 1998.

COMOGLIO, Luigi Paolo; CARNEVALE, Valentina. Il ruolo della giurisprudenza e i metodi di uniformazione del diritto in Italia. *Rivista di Diritto Processuale*, 2004.

COMOGLIO, Luigi Paolo; FERRI, Corrado; TARUFFO, Michele. *Lezioni sul processo civile*. Bolonha: Il Mulino, 1995.

COMOGLIO, Luigi Paolo; FERRI, Corrado; TARUFFO, Michele. *Lezioni sul processo civile*. 4. ed. Bolonha: Il Mulino, 2006. v. I.

CORDEIRO, Adriano C. *Negócios jurídicos processuais no novo CPC*. Das consequências do descumprimento. Curitiba: Juruá, 2017.

CORDERO, Franco. *Il procedimento probatorio*. Tre studi sulle prove penali. Milão: Giuffrè, 1963.

CORREAS, Carlos L. Massini. Determinacioón del derecho y directivas de la interpretación jurídica. *Revista Chilena de Derecho*. v. 31, 2004.

CORTES, Oscar Mendes Paixão. O futuro da recorribilidade extraordinária e o novo código de processo civil. In: FREIRE, Alexandre Freire; DANTAS, Bruno; NUNES, Dierle; DIDIER JR., Fredie; MEDINA, José Miguel Garcia; FUX, Luiz; CAMARGO, Luiz Henrique Volpe; OLIVEIRA, Pedro Miranda de (Coord.). *Novas tendências do processo civil*: estudos sobre o projeto do novo Código de Processo Civil. Salvador: JusPodivm, 2014. v. III.

COSTA, Alfredo Araújo Lopes da. *Direito processual civil brasileiro*. 2. ed. Rio de Janeiro: Forense, 1959. v. III.

COSTA, Coqueijo. *Direito processual do trabalho*. 2. ed. Rio de Janeiro: Forense, 1984.

COSTA, Eduardo José da Fonseca. Notas pragmáticas sobre concessão de liminares. *Revista de Processo*. v. 140. São Paulo: RT, out. 2006.

COSTA, Eduardo José da Fonseca. In: WAMBIER, Teresa Arruda Alvim et al. (Org.). *Breves comentários ao Novo Código de Processo Civil*. São Paulo: RT, 2015.

COSTA NETO, João; TRINDADE, Bruno Rodrigues. A genética forense a serviço do iluminismo. *Revista Perícia Federal*, v. 40, dez. 2017.

COSTA NETO, José Wellington Bezerra da. O novo Código de Processo Civil e o fortalecimento dos poderes judiciais. *Revista de Processo*. São Paulo, v. 249. nov. 2015.

COUTO, Camilo José D'Ávila. *Ônus da prova no novo Código de Processo Civil*: dinamização – Teoria e prática. 2. ed. Curitiba: Juruá, 2016.

COUTURE, Eduardo. *Fundamentos de derecho procesal civil*. Buenos Aires: Depalma, 1990.

COUTURE, Eduardo J. *Fundamentos del derecho procesal civil*. Montevidéo: Impressora Uruguaya, 1945.

COUTURE, Eduardo. *Fundamentos do direito processual civil*. Trad. Benedicto Giaccobini. Campinas: Red Livros, 1999.

COUTURE, Eduardo. *Proyecto de Codigo de Procedimiento Civil*. Montevidéo: Impressora Uruguaya, 1945.

COUY, Giselle Santos. Da extirpação dos embargos infringentes no Novo Código de Processo Civil – um retrocesso ou avanço? In: MACÊDO, Lucas Buril de; PEIXOTO, Ravi; FREIRE, Alexandre (Org.). *Processo nos tribunais e meios de impugnação às decisões judiciais*. Salvador: JusPodivm, 2015. (Novo CPC doutrina selecionada. v. 6).

CRUZ E TUCCI, José Rogério. *A causa petendi no processo civil*. São Paulo: RT, 2001.

CRUZ E TUCCI, José Rogério. *Ação monitória*. 3. ed. São Paulo: RT, 2001.

CRUZ E TUCCI, José Rogério. Garantia do processo sem dilações indevidas. In: CRUZ E TUCCI, José Rogério (Coord.). *Garantias constitucionais do processo civil*. São Paulo: RT, 1999.

CRUZ E TUCCI, José Rogério. Parâmetros de eficácia e critérios da interpretação do precedente judicial. In: WAMBIER, Teresa Arruda Alvim (Coord.). *Direito jurisprudencial*. São Paulo: RT, 2012.

CRUZ E TUCCI, José Rogério. *Precedente judicial como fonte do direito*. São Paulo: RT, 2004.

CUNHA, José Sebastião Fagundes; BOCHENEK, Antonio; CAMBI, Eduardo. *Código de Processo Civil comentado*. São Paulo: RT, 2015.

CUNHA, Leonardo Carneiro da. A função do supremo tribunal federal e a força de seus precedentes: enfoque nas causas repetitivas. In: PAULSEN, Leandro (Coord.). *Repercussão geral no recurso extraordinário:* estudos em homenagem à Ministra Ellen Gracie. Porto Alegre: Livraria do Advogado, 2011.

CUNHA, Leonardo Carneiro da. Comentários ao art. 217 do Novo CPC. In: CABRAL, Antônio do Passo Cabral; CRAMER, Ronaldo. *Comentários ao Novo Código de Processo Civil*. 2. ed. rev., atual. e ampl. Rio de Janeiro: Forense, 2016.

CUNHA, Leonardo Carneiro da. Princípio da primazia do julgamento do mérito no novo CPC. In: OLIVEIRA, Pedro Miranda de (Org.). *Impactos do novo CPC na advocacia*. Florianópolis: Conceito Editorial, 2015.

CUNHA, Leonardo Carneiro da; DIDIER JR., Fredie. Apelação contra decisão interlocutória não agravável: a apelação do vencido e a apelação subordinada do vencedor: duas novidades do CPC/2015. In: MACÊDO, Lucas Buril de; PEIXOTO, Ravi; FREIRE, Alexandre (Org.). *Processo nos tribunais e meios de impugnação às decisões judiciais*. Salvador: JusPodivm, 2015. (Novo CPC doutrina selecionada, v. 6).

CURI, Rodrigo Brandeburgo. Apelação, eficácia da sentença e o novo CPC: breves considerações, In: OLIVEIRA, Pedro Miranda de (Org.). *Impactos do novo CPC na advocacia*. Florianópolis: Conceito Editorial, 2015.

DAL MONTE, Douglas Anderson. Reclamação no novo CPC e garantia das decisões dos tribunais. In: LUCON, Paulo Henrique dos Santos; OLIVEIRA, Pedro Miranda de. (Coord.). *Panorama atual do Novo CPC*. Florianópolis: Empório do Direito, 2016.

DALLGNOL, Deltan Martinazzo. *As lógicas das provas no processo*. Prova indireta, indícios e presunções. Porto Alegre: Livraria do Advogado, 2015.

DALLGNOL, Deltan Martinazzo. Informantes confidenciais e anônimos: perspectivas para atuação mais eficiente do Estado a partir de uma análise comparativa do tratamento jurídico nos EUA e no Brasil. In: CAMBI, Eduardo; GUARAGNI, Fábio André. *Ministério Público e princípio da proteção eficiente*. São Paulo: Almedina, 2016.

DANTAS, Bruno. *Teoria dos recursos repetitivos:* tutela pluri-individual nos recursos dirigidos ao STF e STJ (art. 543-B e 543-C do CPC), São Paulo: RT, 2015.

DANTAS, Marcelo Navarro Ribeiro. Comentários ao art. 350 do CPC. In: ALVIM, Teresa Arruda; DIDIER JR., Fredie; TALAMINI, Eduardo; DANTAS, Bruno. *Breves comentários ao Novo Código de Processo Civil*. São Paulo: RT, 2015.

DE LUCCA, Rodrigo Ramina. *A motivação das decisões judiciais civis em um Estado de Direito*: necessária proteção da segurança jurídica. Dissertação (Mestrado em Direito Processual) Faculdade de Direito da Universidade de São Paulo. São Paulo: USP, 2013.

DEL CLARO, Roberto Bengui. Do recurso extraordinário e do recurso especial. In: CUNHA, José Sebastião Fagundes; BOCHENEK, Antonio César; CAMBI, Eduardo. *Código de Processo Civil comentado*. São Paulo: RT, 2016.

DELORRE, Luiz. *Estudos sobre coisa julgada e controle de constitucionalidade*. Rio de Janeiro: Forense, 2013.

DELLORE, Luiz. Da coisa julgada no Novo Código de Processo Civil (Lei n. 13.105/2015): conceito e limites objetivos. In: RODRIGUES, Geisa de Assis; ANJOS, Robério Nunes dos (Org.). *Reflexões sobre o novo Código de Processo Civil*. Brasília: ESMPU, 2016. v. 2.

DENTI, Vittorio. Questioni rilevabili d'ufficio e principio del contraddittorio. *Rivista di Diritto Processuale*, 1968.

DENTI, Vittorio. Scientificità della prova e libera valutazione del giudice. *Rivista di Diritto Processuale*, 1972.

DENTI, Vittorio. L'inversioni dell'onere della prova: rilievi introduttivi. *Rivista trimestrale di diritto e procedura civile*, 1992.

DI GESU, Cristina. *Prova penal e falsas memórias*. Rio de Janeiro: Lumen Juris. 2010. DI PIETRO, Maria Sylvia Zanella. *Direito administrativo*. 19. ed. São Paulo: Atlas, 2006.

DIAS, Francisco Barros. Técnica de julgamento: criação do novo CPC (Substitutivo dos Embargos Infringentes). In: MACÊDO, Lucas Buril de; PEIXOTO, Ravi; FREIRE, Alexandre (Org.). *Processo nos tribunais e meios de impugnação às decisões judiciais*. Salvador: JusPodivm, 2015. (Novo CPC doutrina selecionada, v. 6).

DIAS, Maria Berenice. Reconsideração *versus* revisão: uma distinção que se impõe. *Revista de Processo*. São Paulo, v. 113, ano 29. jan.-fev. 2004.

DIDIER JR., Fredie. A intervenção judicial do conselho administrativo de defesa econômica [art. 89 da Lei Federal 8.884/94] e da comissão de valores mobiliários [art. 31 da Lei Federal 6.385/76]. *Revista de Processo*. São Paulo, v. 115, ano 29, p. 158. maio-jun. 2004.

DIDIER JR., Fredie. *Cooperação Judiciária Nacional* – Esboço de uma Teoria para o Direito Brasileiro, Salvador: JusPodivm, 2020.

DIDIER JR., Fredie. *Curso de Direito Processual Civil*. 21. ed. São Paulo: JusPodivm, 2019. v. 1.

DIDIER JR., Fredie. *Curso de direito processual civil*: introdução ao direito processual civil, parte geral e processo de conhecimento. 17. ed. Salvador: JusPodivm, 2015.

DIDIER JR., Fredie. *Curso de direito processual civil*: introdução ao direito processual civil, parte geral e processo de conhecimento. 18 ed. Salvador: JusPodivm, 2016.

DIDIER JR., Fredie. *Produção Antecipada da Prova*. 3. ed. Salvador: JusPodivm, 2018. (Coleção Grandes Temas do Novo CPC, v. 5, Direito Probatório, coord. Marco Félix Jobim e William Santos Ferreira).

DIDIER JR., Fredie. *Recurso de terceiro*: juízo de admissibilidade. São Paulo: RT, 2002.

DIDIER JR., Fredie. Sistema brasileiro de precedentes judiciais obrigatórios e os deveres institucionais dos tribunais: uniformidade, estabilidade, integridade e coerência da jurisprudência. In: DIDIER JR., Fredie; CUNHA, Leonardo Carneiro da; ATAÍDE JR., Jaldemiro Rodrigues de; MACÊDO, Lucas Buril de (Coord.). *Precedentes*. Salvador: JusPodivm, 2015.

DIDIER JR., Fredie. *Sobre a teoria geral do processo, essa desconhecida*. 2. ed. Salvador: JusPodivm, 2013.

DIDIER JR., Fredie. Transformações no recurso extraordinário. In: WAMBIER, Teresa Arruda Alvim; NERY JR., Nelson (Coord.). *Aspectos polêmicos e atuais dos recursos cíveis e assuntos afins*. São Paulo: RT, 2006. (Série: Aspectos polêmicos e atuais dos recursos. v. 10).

DIDIER JR., Fredie; BRAGA, Paula Sarno; OLIVEIRA, Rafael. *Curso de Direito Processual Civil*. 4. ed. Salvador: JusPodivm, 2009. v. 2.

DIDIER JR., Fredie; BRAGA, Paula Sarno; OLIVEIRA, Rafael. *Curso de direito processual civil*: teoria da prova, direito probatório, teoria do precedente, decisão judicial, coisa julgada e antecipação dos efeitos da tutela. 5. ed. Salvador: JusPodivm, 2010. v. 2.

DIDIER JR., Fredie; BRAGA, Paula Sarno; OLIVEIRA, Rafael. *Curso de direito processual civil*. 11. ed. Salvador: JusPodivm, 2016. v. 2.

DIDIER JR., Fredie; BRAGA, Paula Sarno; OLIVEIRA, Rafael. *Curso de direito processual civil*: introdução ao direito processual civil, parte geral e processo de conhecimento. 17. ed. Salvador: JusPodivm, 2015. v. 1.

DIDIER JR., Fredie; BRAGA, Paula Sarno; OLIVEIRA, Rafael. *Curso de direito processual civil*: o processo civil nos tribunais, recursos, ações de competência originária de tribunal e *querela nullitatis*, incidentes de competência originária de tribunal. 13. ed. Salvador: JusPodivm, 2016.

DIDIER JR., Fredie; CABRAL, Antonio do Passo. Por uma nova teoria dos procedimentos especiais: dos procedimentos e técnicas. In: DIDIER JR., Fredie; CABRAL, Antonio do Passo; CUNHA, Leonardo Carneiro da (Coord.). *Grandes Temas do Novo CPC*. 2. ed. Salvador: JusPodivm, 2020.

DIDIER JR., Fredie; CUNHA, Leonardo Carneiro da. *Curso de Direito Processual Civil*: meios de impugnação às decisões judiciais e processo nos tribunais. 20. ed. Salvador: JusPodivm, 2023. v. 3.

DIDIER JR., Fredie; CUNHA, Leonardo Carneiro da. *Curso de Direito Processual Civil*: meios de impugnação às decisões judiciais e processo nos tribunais. 15. ed. Salvador: JusPodivm, 2018. v. 3.

DIDIER JR., Fredie; OLIVEIRA, Rafael. Aspectos processuais civis da Lei Maria da Penha (Violência doméstica e familiar contra a mulher). *Revista de Processo*. São Paulo, v. 160. jun. 2008.

DINAMARCO, Cândido Rangel. *A instrumentalidade do processo*. 11. ed. rev. e atual. São Paulo: Malheiros, 2003.

DINAMARCO, Cândido Rangel. *A instrumentalidade do processo*. 5. ed. São Paulo: Malheiros, 1996.

DINAMARCO, Cândido Rangel. *Execução Civil*. 7. ed. São Paulo: Malheiros, 2000.

DINAMARCO, Cândido Rangel. *Instituições de Direito Processual Civil*. 4. ed. rev., atual. e com remissões ao Código Civil de 2002. São Paulo: Malheiros Editores, 2004. v. I.

DINAMARCO, Cândido Rangel. *Instituições de direito processual civil*. 4. ed. São Paulo: Malheiros, 2003. v. II.

DINAMARCO, Cândido Rangel. *Instituições de direito processual civil*. 4. ed. São Paulo: Malheiros, 2004. v. III.

DINAMARCO, Cândido Rangel. *Instituições de direito processual civil*. 3. ed. São Paulo: Malheiros, 2003. v. III.

DINAMARCO, Cândido Rangel. *Instituições de direito processual civil*. 6. ed. São Paulo: Malheiros, 2009. v. III.

DINAMARCO, Cândido Rangel. *Instituições de direito processual civil*. São Paulo: Malheiros, 2004. v. IV.

DINAMARCO, Cândido Rangel. *Instituições de direito processual civil*. São Paulo: Malheiros, 2016. v. III.

DINAMARCO, Cândido Rangel. Julgamento antecipado do mérito. *Fundamentos do processo civil moderno*. 3. ed. São Paulo: Malheiros, 2000. v. II.

DINAMARCO, Cândido Rangel. *Nova era do processo civil*. São Paulo: Malheiros, 2003.

DINAMARCO, Cândido Rangel. O conceito de mérito em processo civil. *Fundamentos do processo civil moderno*. 2. ed. São Paulo: RT, 1987.

DINAMARCO, Cândido Rangel. O princípio do contraditório. *Fundamentos do processo civil moderno*. 2. ed. São Paulo: RT, 1987.

DINAMARCO, Cândido Rangel. *Relativizar a coisa julgada material*. Disponível em: [http://www.processocivil.net/novastendencias/ relativizacao.pdf]. Acesso em: 24.02.2016.

DINAMARCO, Cândido Rangel. Tutela jurisdicional. In: WAMBIER, Luiz Rodrigues; ALVIM, Teresa Arruda (Org.). *Doutrinas essenciais do processo civil*. São Paulo: RT, 2011. v. I.

DINAMARCO, Cândido Rangel; LOPES, Bruno Vasconcelos Carrilho. *Teoria Geral do Novo Processo Civil*. São Paulo: Malheiros, 2016.

DINIZ, Cláudio Smirne; ROCHA, Mauro. Arbitragem e administração pública: hipóteses de interpretação conforme a Constituição. *Teses do XXI Congresso Nacional do Ministério Público*. Rio de Janeiro: AMPERJ, 2015.

DINIZ, Cláudio Smirne; CAMBI, Eduardo. *Solução extrajudicial de conflitos na área de proteção ao patrimônio público* – Possibilidade de celebração de termo de ajustamento de conduta e de transação na improbidade administrativa. Tese apresentada no Seminário Estadual de Teses do Ministério Público do Paraná, realizado nos dias 22 e 23 de junho de 2017.

DINIZ, Davi Monteiro. Documentos eletrônicos, assinaturas digitais: um estudo sobre a qualificação dos arquivos digitais como documentos. *Revista de Direito Privado*. São Paulo, v. 6. jan.-jun. 2001.

DINO, Nicolao. A colaboração premiada na improbidade administrativa: possibilidade e repercussão probatória. In: SALGADO, Daniel de Rezende; QUEIROZ, Ronaldo de. *A prova no enfrentamento da macrocriminalidade*. 2. ed. Salvador: JusPodivm, 2016.

DONOSO, Denis; SERAU JR., Marco Aurélio. *Manual dos recursos cíveis:* teoria e prática. Salvador: JusPodivm, 2016.

DOTTI, Rogéria. Comentários ao art. 311 do CPC. In: CRUZ E TUCCI, José Rogério; FERREIRA FILHO, Manoel Caetano; APRIGLIANO, Ricardo de Carvalho; DOTTI, Rogéria Fagundes; MARTINS, Sandro Gilbert (Org.). *Código de Processo Civil anotado*. Rio de Janeiro: LMJ Mundo Jurídico, 2016.

DOTTI, Rogéria Fagundes. Garantias constitucionais: devido processo legal substantivo e formalismo excessivo. *Direito Constitucional Brasileiro* – Teoria da Constituição e Direitos Fundamentais. 2. ed. São Paulo: Thomson Reuters Brasil, 2021. v. 1.

DOTTI, Rogéria. *Tutela de evidência*: probabilidade, defesa frágil e o dever de antecipar a tempo. São Paulo: RT, 2020.

DOUTOR, Maurício Pereira. A inadmissibilidade flagrante do recurso de apelação e a atuação obstativa do juiz de primeiro grau. *Revista de Processo*, v. 305. p. 249-269. jul. 2020.

DURO, Cristiano. Admissibilidade do recurso de apelação no CPC/2015: a transcendência do pressuposto recursal da tempestividade. *Revista de Direito da Faculdade Guanambi*, v. 4, n. 2, jul.-dez. 2017.

DUXBURY, Neil. *The nature and authority of precedent*. Cambridge: Cambridge University Press, 2008.

DWORKIN, Ronald. *Law's Empire*. Cambridge: Harvard University Press, 1986. DWORKIN, Ronald. *Levando os direitos a sério*. Trad. Nelson Boeira. São Paulo: Martins Fontes, 2002.

DWORKIN, Ronald. *Uma questão de princípio*. Trad. Luís Carlos Borges. 2. ed. São Paulo: Martins Fontes, 2005.

ECHANDIA, Hernando Devís. *Teoría general de la prueba judicial*. 5. ed. Buenos Aires: Víctor P. de Zavalía, 1981. t. I.

ECHANDIA, Hernando Devís. *Teoría general de la prueba judicial*. 5. ed. Bogotá: Editorial Temis S.A., 2002. t. II.

ECHANDIA, Hernando Devís. Pruebas ilícitas. *Revista de Processo*. São Paulo: RT, ano VIII, v. 32, 1983.

ELY, John Hart. *Democracia e desconfiança*. Uma teoria do controle judicial de constitucionalidade. Trad. Juliana Lemos. São Paulo: Martins Fontes, 2010.

ENGISH, Karl. *Introdução ao pensamento jurídico*. 6. ed. Trad. J. Baptista Machado. Lisboa: Fundação Calouste Gulbenkian, 1983.

ESCARIZ, Suellen. *Litigância Predatória*: O que é? Disponpivel em: [https://diariocomercial.com.br/litigancia-predatoria-o-que-e/]. Acesso em: 22.05.2023.

FABBRINI, Giovanni. Potere del giudice (Dir. Proc. Civ.). *Enciclopedia Diritto*, XXXIV. Milão, 1985.

FABRÍCIO, Adroaldo Furtado Fabrício. *Comentários ao Código de Processo Civil*. 8. ed. Rio de Janeiro: Forense, 2001. v. VIII, t. III.

FACHIN, Luiz Edson. Fundamentos, limites e transmissibilidade: anotações para uma leitura crítica, construtiva e de índole constitucional da disciplina dos direitos da personalidade no Código Civil brasileiro. In: CORRÊA, Elidia Aparecida de Andrade; GIACOIA, Gilberto; CONRADO, Marcelo (Coord.). *Biodireito e dignidade da pessoa humana*. Curitiba: Juruá, 2006.

FAGUNDES CUNHA, José Sebastião. Comentários ao art. 334 do CPC. In: CUNHA, José Sebastião Fagundes. BOCHENEK, Antonio César; CAMBI, Eduardo. *Código de Processo Civil comentado*. São Paulo: RT, 2015.

FALLON JR., Richard H. Stare decisis and the constitution: an essay on constitutional methodology. *New York University Review*, v. 76.

FARALLI, Carla. *A filosofia contemporânea do direito*. Temas e desafios. Trad. Candice Premaror Gullo. São Paulo: Martins Fontes, 2006.

FARIA, Juliana Cordeiro de. Comentário ao art. 291 do CPC. In: ALVIM, Teresa Arruda; DIDIER JR., Fredie; TALAMINI, Eduardo; DANTAS, Bruno (Coord). *Breves comentários ao Código de Processo Civil*. São Paulo: RT, 2015.

FARIAS, Cristiano Chaves de. A utilização das redes sociais como prova da capacidade contributiva do devedor e da necessidade do credor nas ações de alimentos: vencendo uma prova infernal. *Revista do Ministério Público de Goiás*, n. 41, jan./jun. 2021.

FARIAS, Cristiano Chaves de; ROSENVALD, Nelson; BRAGA NETTO, Felipe. *Manual de direito civil*. Volume único. 8. ed. Salvador: JusPodivm, 2023.

FAURE, Miryam T. Balestro. La valoración judicial de la conducta en juicio. *Valoración judicial de la conducta procesal*. Santa Fé: Rubinzal-Culzoni, 2005.

FAZIO, César Cipriano de. Honorários advocatícios e sucumbência recursal. In: COÊLHO, Marcus Vinicius Furtado; CAMARGO, Luiz Henrique Volpe. *Honorários advocatícios*. Salvador: JusPodivm, 2015. (Coleção Grandes Temas do Novo CPC. v. 2).

FAZZALARI, Elio. L'esperienza del processo nella cultura contemporanea. *Rivista di diritto processuale*, 1965.

FAZZALARI, Elio. Processo (teoria generale). *Novissimo Digesto Italiano*. Turim: VTET, 1966. v. XIII.

FAZZALARI, Elio. *Istituzioni di diritto processuale*. 6. ed. Padova: CEDAM, 1992. FÉLIX, Juarez Rogério. O duplo grau de jurisdição obrigatório. In: NERY JR., Nelson; FENOLL, Jordi Nieva. *La valoración de la prueba*. Madri: Marcial Pons, 2010.

WAMBIER, Teresa Arruda Alvim (Coord.). *Aspectos polêmicos e atuais dos recursos cíveis de acordo com a Lei 9.756/98*. 1. ed. 2. tir. São Paulo: RT, 1999.

FERNANDES, Luis Eduardo Simardi. *Embargos de declaração* – Efeitos infringentes, prequestionamento e outros aspectos polêmicos. São Paulo: RT, 2003.

FERRAJOLI, Luigi. *Direito e razão: teoria do garantismo penal*. 2. ed. Trad. Ana Paula Zomer et al. São Paulo: RT, 2006.

FERRAZ, Sérgio. *Mandado de segurança*. São Paulo: Malheiros, 2006.

FERRAZ JR., Tércio Sampaio. *Introdução ao estudo do direito*. 2. ed. São Paulo: Atlas, 1994.

FERRAZ JR., Tércio Sampaio. *Teoria da norma jurídica*. 5. ed. São Paulo: Atlas, 2016.

FERREIRA, William Santos. Sistema recursal brasileiro: de onde viemos, onde estamos e para onde (talvez) iremos. In: COSTA, Hélio Rubens Batista Ribeiro; RIBEIRO, José Horácio Halfed Rezende; DINAMARCO, Pedro da Silva (Org.). *Linhas mestras do processo civil*. São Paulo: Atlas, 2004.

FERREIRA, William Santos. *Tutela antecipada no âmbito recursal*. São Paulo: RT, 2000. Recursos no processo civil, v. 8.

FERREIRA, Willian Santos; FELGA, Caio Leão Câmara. Epistemologia, verdade e protagonismo instrutório das partes: compreensão do papel do Judiciário na produção das provas e o *in dubio pro probatione*. Revista Eletrônica de Direito Processual da UERJ, v. 23, set.-dez. 2022.

FERREIRA FILHO, Manoel Caetano. A contestação no Novo CPC: breves considerações. In: CAMBI, Eduardo; MARGRAF, Alencar Frederico. *Direito e justiça*: estudos em homenagem a Gilberto Giacoia. Curitiba: Ministério Público, 2016.

FERREIRA FILHO, Manoel Caetano. *A preclusão no direito processual civil*. Curitiba: Juruá, 1991.

FERREIRA FILHO, Manoel Caetano. Comentários ao art. 1.013 do Código de Processo Civil. In: CRUZ E TUCCI, José Rogério; FERREIRA FILHO, Manoel Caetano; APRIGLIANO, Ricardo de Carvalho; DOTTI, Rogéria Fagundes; MARTINS, Sandro Gilbert (Org.). *Código de Processo Civil anotado*. Rio de Janeiro: LMJ Mundo Jurídico, 2016.

FERREIRA FILHO, Manoel Caetano. *Comentários ao Código de Processo Civil*. São Paulo: RT, 2001. v. 7: Do processo de conhecimento, arts. 496 a 565.

FERREIRA FILHO, Manoel Caetano. In: CUNHA, José Sebastião Fagundes; BOCHENEK, Antônio César; CAMBI, Eduardo (Coord.). *Código de Processo Civil comentado*. São Paulo: RT, 2015.

FERRER-BELTRÁN, Jordi. *Valoração racional da prova*. Trad. de Vitor Paula Ramos. São Paulo: JusPodivm, 2021.

FOGAÇA, Mateus Vargas; FOGAÇA, Marcos Vargas. Sistema de precedentes judiciais obrigatórios e a flexibilidade do direito no novo Código de Processo Civil. *Revista da Faculdade de Direito da UFMG*, n. 67. jul.-dez. 2015.

FONSECA, João Francisco Naves da. A profundidade do efeito devolutivo nos recursos extraordinário e especial: o que significa a expressão 'julgará o processo, aplicando o direito' (CPC 2015, art. 1.034)? O novo Código de Processo Civil. *Revista do Advogado – AASP*. n. 126, ano XXXV. maio 2015.

FRANÇA, Erasmo Valladão Azevedo e Novaes; ADAMEK, Marcelo Vieira von. *Da dissolução Parcial de Sociedade*. São Paulo: Malheiros, 2016.

FRANCISCO, José Carlos. Bloco de constitucionalidade e recepção dos tratados internacionais. In: TAVARES, André Ramos; LENZA, Pedro; ALARCÓN, Pietro de Jesús Lora (Coord.). *Reforma do judiciário analisada e comentada*. São Paulo: Método, 2005.

FRANZOI, Juliana Borinelli. Honorários advocatícios e sucumbência recursal. In: OLIVEIRA, Pedro Miranda de. *Impactos do novo CPC na advocacia*. Florianópolis, Conceito Editorial, 2015.

FREIRE, Alexandre. Embargos de divergência. In: WAMBIER, Teresa Arruda Alvim et al. *Breves comentários ao Novo Código de Processo Civil*. São Paulo: RT, 2015.

FREIRE, Alexandre; MARQUES, Leonardo Albuquerque. Os honorários de sucumbência no novo CPC. In: COÊLHO, Marcus Vinicius Furtado; CAMARGO, Luiz Henrique Volpe. (Coordenador geral Fredie Didier JR.). *Honorários advocatícios*. Salvador: JusPodivm, 2015. Coleção Grandes Temas do Novo CPC. v. 2.

FREIRE, Alexandre; NUNES, Dierle. Novidades do novo CPC em matéria recursal, In: OLIVEIRA, Pedro Miranda de (Org.). *Impactos do novo CPC na advocacia*. Florianópolis: Conceito Editorial, 2015.

FREIRE, Rodrigo Cunha Lima; e, LEMOS, Vinicius. Os embargos de divergência como meio de formação de precedente vinculante. *Revista de Processo*, v. 299, p. 323-362, jan. 2020.

FREITAS, Juarez. A melhor interpretação constitucional "versus" a única resposta correta. In: SILVA, Virgílio Afonso da (Org.). *Interpretação constitucional*. São Paulo: Malheiros, 2007.

FUGA, Bruno Augusto Sampaio. *Produção antecipada de prova. Procedimento adequado para a máxima eficácia e estabilidade*. Londrina: Toth Editora, 2023.

FURNO, Carlo. *Contributo alla teoria della prova legale*. Padova: Cedam, 1940. FURNO, Carlo. *Teoria de la prueba legal*. Trad. Sérgio Gonzalez Collado. Madrid: Revista de Derecho Privado, 1954.

FUX, Luiz. *Curso de direito processual civil*. 3. ed. Rio de Janeiro: Forense. 2005. v. I. GAIO JR., Antonio Pereira. Teoria geral dos recursos: análise e atualizações à luz do Novo Código de Processo Civil Brasileiro. In: MACÊDO, Lucas Buril de; PEIXOTO, Ravi; FREIRE, Alexandre (Org.). *Processo nos tribunais e meios de impugnação às decisões judiciais*. Salvador: JusPodivm, 2015. (Novo CPC doutrina selecionada, v. 6).

GAJARDONI, Fernando. *Flexibilização procedimental*: um novo enfoque para o estudo do procedimento em matéria processual. São Paulo: Atlas, 2008. (Coleção Atlas de Processo Civil).

GAJARDONI, Fernando et al. *Comentários ao Código de Processo Civil*. 4. ed. Rio de Janeiro: Forense, 2021.

GAMBARDELLA, Marco. *Il controllo del giudice penale sulla legalità administrativa*. Milão: Giuffrè, 2002.

GARCIA, Emerson; ALVES, Rogério Pacheco. *Improbidade administrativa*. 4. ed. Rio de Janeiro: Lumen Juris, 2008.

GARGARELA, Roberto. O novo constitucionalismo dialógico, frente ao sistema de freios e contrapesos. Trad. de Ilana Aló. In: VIEIRA, José Ribas; LACOMBE, Margarida e LEGALE, Siddharta. *Jurisdição Constitucional e Direito Constitucional Internacional*. Belo Horizonte: Fórum, 2016.

GIDI, Antonio. *Coisa julgada e litispendência em ações coletivas*. São Paulo: Saraiva, 1995.

GODINHO, Robson. *Negócios processuais sobre o ônus da prova no Novo Código de Processo Civil*. São Paulo: RT, 2015.

GODINHO, Robson. In: CABRAL, Antonio do Passo; CRAMER, Ronaldo. *Comentários ao Novo Código de Processo Civil*. Rio de Janeiro: Forense, 2015.

GOLDSCHMIDT, James. *Derecho procesal civil*. Trad. da 2. ed. alemã por Leonardo Prieto Castro. Barcelona: Labor, 1936.

GOMES, Frederico Augusto. Estabilização da tutela antecipada antecedente contra o poder público. In: TALAMINI, Eduardo. *Processo e Administração Pública*. Salvador: JusPodivm, 2016. (Coleção Repercussões do Novo CPC v. 10).

GOMES FILHO, Antonio Magalhães. *O direito à prova no processo penal*. São Paulo: RT, 1997.

GOMES JR., Luiz Manoel. *A arguição de relevância* – A repercussão geral das questões constitucional e federal. Rio de Janeiro: Forense, 2001.

GOMES JR., Luiz Manoel. Recurso ordinário constitucional – Questões relevantes. In: NERY JR., Nelson; WAMBIER, Teresa Arruda Alvim (Coord.). *Aspectos polêmicos e atuais dos recursos cíveis e de outros meios de impugnação às decisões judiciais*. São Paulo: RT, 2003. (Série: Aspectos polêmicos e atuais dos recursos, v. 7).

GOMES JR., Luiz Manoel; CHUEIRI, Miriam Fecchio. Anotações sobre o sistema recursal no novo código de processo civil. In: MACÊDO, Lucas Buril de; PEIXOTO, Ravi; FREIRE, Alexandre (Org.). *Processo nos tribunais e meios de impugnação às decisões judiciais*. Salvador: JusPodivm, 2015. (Novo CPC doutrina selecionada, v. 6).

GONÇALVES, Marcus Vinicius Rios. *Direito processual civil*. 5. ed. São Paulo: Saraiva, 2015.

GONÇALVES, Vinícius José Corrêa. *Tribunais multiportas:* em busca de novos caminhos para a efetivação dos direitos fundamentais de acesso à justiça e à razoável duração dos processos. Dissertação de Mestrado – apresentada ao Programa de Mestrado em Ciência Jurídica, da Universidade Estadual do Norte do Paraná. Jacarezinho: UENP, 2011.

GONÇALVES, Vinícius José Correa; BREGA FILHO, Vladimir. Descesso à justiça como fator de inclusão social. *Anais do XIX Encontro Nacional do CONPEDI*. Fortaleza: CONPEDI, 2010.

GONZÁLEZ, José Calvo. *Direito curvo*. Trad. André Karam Trindade, Luis Rosenfield e Dino del Pino. Porto Alegre: Livraria do Advogado, 2013.

GONZÁLEZ, José Calvo. Hechos difíciles y razonamiento probatorio (Sobre la prueba de los hechos dissipados). *Anuario de filosovia del derecho* (Madrid). t. XVIII.

GONZÁLEZ, José Calvo. La controvérsia fáctica. Contribuición al estudio de la *questio facti* desde un enfoque narrativista del Derecho. *Conferência apresentada nas XXI Jornadas de la Asociación Argentina de Filosofia del Derecho*, 04.06.10.2007.

GONZÁLEZ, José Calvo. La verdade de la verdade judicial (Construcción y regímen narrativo). *Verdad (Narración) Justicia*. Universidad de Málaga, 1998.

GONZÁLEZ, José Calvo. Modelo narrativo del juicio de hecho: inventio y ratiocinatio. *Horizontes de la filosofia del derecho. Libro en homenaje al Professor Luis Garcia San Miguel.* Madrid: Universidad de Alcalá de Henares, 2002. t. II.

GONZÁLEZ, José Calvo. Verdades difíciles. Control judicial de hechos y judicio de verossimilitud. *Cuadernos Electrónicos de Filosofia del Derecho*, 15/2007.

GRACIÁN, Baltasar. *A arte da prudência.* Trad. Davina Moscoso de Araujo. Rio de Janeiro: Sextante, 2006.

GRAHAM, Michael H. *Federal rules of evidence in a nutshell.* 4. ed. Sant Paul: West Publisching Co., 1996.

GRASSO, Eduardo. La collaborazioni nel processo civile. *Rivista di diritto processuale,* 1966.

GRAU, Eros Roberto. A interpretação constitucional como processo. *Revista Jurídica Consulex,* v. 3.

GRAU, Eros Roberto. *A ordem econômica na Constituição de 1988.* 7. ed. São Paulo: Malheiros, 2002.

GRAU, Eros Roberto. *La doble desestructuración y la interpretación del derecho.* Trad. Barbara Rosenberg. Barcelona: Bosch, 1998.

GRAU, Eros Roberto. *O direito posto e o direito pressuposto.* 3. ed. São Paulo: Malheiros, 2000.

GRECO, Leonardo. A tutela de urgência e a tutela de evidência no Código de Processo Civil de 2015. In: RIBEIRO, Darci Guimarães; JOBIM, Marco Félix. *Desvendando o novo CPC.* Porto Alegre: Livraria do Advogado, 2015.

GRECO, Leonardo. *Instituições de Processo Civil.* 2. ed. Rio de Janeiro: Forense, 2011. v. II.

GRECO, Leonardo. *Instituições de Processo Civil.* 3. ed. Rio de Janeiro: Forense, 2015. v. II.

GRECO, Leonardo. *Instituições de Processo Civil.* 4. ed. Rio de Janeiro: Forense, 2013. v. I.

GRECO, Leonardo. Publicismo e privatismo no processo civil. *Revista de Processo.* São Paulo, v. 164. out. 2008.

GRECO FILHO, Vicente. *Direito processual civil brasileiro.* 11. ed. São Paulo: Saraiva, 1996. v. 2.

GRECO FILHO, Vicente. *Direito processual civil brasileiro.* 18. ed. São Paulo: Saraiva, 2007. v. 2.

GRECO FILHO, Vicente. *Direito processual civil brasileiro.* 22. ed. São Paulo: Saraiva, 2013. v. 2.

GRECO FILHO, Vicente. Questões sobre a Lei 9.756, de 17.12.1998. In: NERY JR., Nelson; WAMBIER, Teresa Arruda Alvim (Coord.). *Aspectos polêmicos e atuais dos recursos cíveis de acordo com a Lei 9.756/98.* 1. ed. 2. tir. São Paulo: RT, 1999.

GRECO FILHO, Vicente. Reformas, para que reformas. In: COSTA, Hélio Rubens Batista Ribeiro; RIBEIRO, José Horácio Halfed Rezende; DINAMARCO, Pedro da Silva (Org.). *Linhas mestras do processo civil.* São Paulo: Atlas, 2004.

GRINOVER, Ada Pellegrini. Considerações sobre os limites objetivos e a eficácia preclusiva da coisa julgada. *Revista do Advogado,* dez. 2001.

GRINOVER, Ada Pellegrini. *Julgamento antecipado da lide e direito ao processo.* O processo em sua unidade. São Paulo: Saraiva, 1978.

GRINOVER, Ada Pellegrini. O regime brasileiro das interceptações telefônicas. *Revista Brasileira de Ciências Criminais,* v. 17, jan.-mar. 1997.

GRINOVER, Ada Pellegrini. Os fundamentos da justiça conciliativa. *Revista de Arbitragem e Mediação*, v. 14, jul.-set. 2007.

GRINOVER, Ada Pellegrini. *Os princípios constitucionais e o Código de Processo Civil*. São Paulo: Bushatsky, 1975.

GRINOVER, Ada Pellegrini. Prova emprestada. *Revista Brasileira de Ciências Criminais*, v. 4, out.-dez. 1993.

GRINOVER, Ada Pellegrini. Tutela jurisdicional diferenciada. A antecipação e sua estabilização. In: MARINONI, Luiz Guilherme. *Estudos de Direito Processual Civil*. Homenagem ao Professor Egas Dirceu Moniz de Aragão. São Paulo: RT, 2005.

GRINOVER, Ada Pellegrini. Um enfoque constitucional da teoria geral dos recursos. In: TUBENCHLAK, James; BUSTAMANTE, Ricardo Silva de (Coord.). *Livro de Estudos Jurídicos*, n. 08. Rio de Janeiro: Instituto de Estudos Jurídicos, 1994.

GRINOVER, Ada Pellegrini; GOMES FILHO, Antonio Magalhães; FERNANDES, Antonio Scarance. *As nulidades no processo penal*. 11. ed. São Paulo: RT, 2009.

GRINOVER, Ada Pellegrini; MENDES, Aluisio Gonçalves de; WATANABE, Kazuo. *Direito processual coletivo e o anteprojeto de Código de Processos Coletivos*. São Paulo: RT, 2007.

GUEDES, Jefferson Carús. Duplo grau ou duplo exame e a atenuação do reexame necessário nas leis brasileiras. In: NERY JR., Nelson; WAMBIER, Teresa Arruda Alvim (Coord.). *Aspectos polêmicos e atuais dos recursos e de outros meios de impugnação às decisões judiciais*. São Paulo: RT, 2002. (Série: Aspectos polêmicos e atuais dos recursos, v. 6).

GUERRA, Marcelo Lima. Notas sobre o dever constitucional de fundamentar as decisões judiciais. In: FUX, Luiz; NERY JR., Nelson; WAMBIER, Teresa Arruda Alvim. *Processo e Constituição*. São Paulo: RT, 2006.

GUERRA, Marcelo Lima. A proporcionalidade em sentido estrito e a "fórmula do peso" de Robert Alexy. *Revista de Processo*. São Paulo. v. 141. nov. 2006.

GUIMARÃES, Mário. *O juiz e a função jurisdicional*. Rio de Janeiro: Forense, 1958. GUIMARÃES, Rafael de Oliveira. *Atualidades sobre o prequestionamento e as possíveis mudanças provocadas pelo projeto do novo Código de Processo Civil*. In: FREIRE, Alexandre; DANTAS, Bruno; NUNES, Dierle; DIDIER JR., Fredie José Miguel Garcia Medina; FUX, Luiz; CAMARGO, Luiz Henrique Volpe; OLIVEIRA, Pedro Miranda de Oliveira (Org.). Salvador: JusPodivm, 2014. v. III.

HÄBERLE, Peter. *Hermenêutica constitucional*: a sociedade aberta dos intérpretes da constituição: contribuição para a interpretação pluralista e procedimental da constituição. Trad. Gilmar Ferreira Mendes. Porto Alegre: Sergio Antonio Fabris, 2002.

HABERMAS, Jürgen. *Between Facts and Norms*. Trad. de W. Rehg. Cambridge: MIT Press, 1996.

HABERMAS, Jürgen. *Direito e democracia*: entre facticidade e validez. Rio de Janeiro: Tempo Brasileiro, 1997. v. I.

HAMILTON, Sergio Demoro. As provas ilícitas, a Teoria da Proporcionalidade e a autofagia do Direito. Revista do Ministério Público do Rio de Janeiro, v. 11, 2000.

HELLMAN, Renê Francisco. Sobre como será difícil julgar com o Novo CPC (PLC 8.046/2010): do prêt-à-porter à alta costura decisória. *Revista de Processo*, v. 239, jan. 2015.

HEÑIN, Fernando Adrián. Las pruebas difíciles. *Revista de Processo*, v. 166, dez. 2008.

HEÑIN, Fernando Adrián. Valoración judicial de la conducta procesal. *Revista de Processo*, v. 170, abr. 2009.

HERANI, Renato Gugliano. Direito pré-constitucional e a "crise do supremo". In: MOREIRA, Eduardo; GONÇALVES JR., Jerson Carneiro; BETTINI, Lucia Helena Polleti (Org.). *Hermenêutica constitucional:* homenagem aos 22 anos do grupo de estudos Maria Garcia. Florianópolis: Conceito Editorial, 2010.

HILL, Flavia Pereira. *Breves comentários às principais inovações quanto aos meios de impugnação das decisões judiciais no Novo CPC.* In: DIDIER JR., Fredie; MACÊDO, Lucas Buril de; PEIXOTO, Ravi; FREIRE, Alexandre (Org.). Salvador: JusPodivm, 2015. (Processo nos tribunais e meios de impugnação às decisões judiciais – Novo CPC doutrina selecionada v. 6).

HOFFMANN, Eduardo. *Provas atípicas.* Dissertação de Mestrado apresentada na Universidade Paranaense (UNIPAR), 2010.

HOFFMAN, Paulo. *Duração razoável do processo.* São Paulo: Quartier Latin, 2006.

IOCOHAMA, Celso Hiroshi. O princípio da veracidade e o direito de não fazer prova contra si mesmo perante o Novo Código de Processo Civil. In: MACÊDO, Lucas Buril de; PEIXOTO, Ravi; FREIRE, Alexandre (Org.). *Processo de conhecimento – Provas.* Salvador: JusPodivm, 2015.

JAYME, Fernando Gonzaga; SANTOS, Marina França. A irrecorribilidade das decisões interlocutórias no anteprojeto de novo Código de Processo Civil. In: BARROS, Flaviane de Magalhães; MORAIS, José Luis Bolzan de. *Reforma do processo civil:* perspectivas constitucionais. Belo Horizonte: Ed. Fórum, 2010.

JOBIM, Marco Félix; CARVALHO, Fabrício de Farias. A disciplina dos agravos no novo código de processo civil. In: MACÊDO, Lucas Buril de; PEIXOTO, Ravi; FREIRE, Alexandre (Org.). *Processo nos tribunais e meios de impugnação às decisões judiciais.* Salvador: JusPodivm, 2015. (Novo CPC doutrina selecionada, v. 6).

JORGE, Flávio Cheim. *Apelação cível:* teoria geral e admissibilidade. 2. ed. São Paulo: RT, 2002.

JORGE, Flávio Cheim. Dos recursos. In: WAMBIER, Teresa Arruda Alvim et al. (Coord.). *Breves comentários ao Novo Código de Processo Civil.* São Paulo: RT, 2015.

JORGE, Flávio Cheim. Recurso especial com fundamento na divergência jurisprudencial. In: NERY JR., Nelson; WAMBIER, Teresa Arruda Alvim (Coord.). *Aspectos polêmicos e atuais dos recursos e de outras formas de impugnação às decisões judiciais.* São Paulo: RT, 2001. (Série: Aspectos polêmicos e atuais dos recursos, v. 4).

JORGE, Flávio Cheim. *Teoria geral dos recursos.* 7. ed. São Paulo: RT, 2015.

JORGE, Flávio Cheim; SIQUEIRA, Thiago Ferreira. Um novo paradigma para o juízo de admissibilidade dos recursos cíveis. O novo Código de Processo Civil. *Revista do Advogado* – AASP, n. 126, ano XXXV, maio 2015.

JUNOY, Joan Picó i. *El derecho a la prueba en el proceso civil.* Barcelona: Jose Maria Bosch, 1996.

JUSTEN NETO, Marçal. Segredo de justiça e administração pública, In: TALAMINI, Eduardo. *Processo e Administração Pública.* Salvador: JusPodivm, 2016. v. 10. (Coleção Repercussões do Novo CPC).

KNIJNIK, Danilo. *A prova nos juízos cível, penal e tributário.* Rio de Janeiro: Forense, 2007.

KNIJNIK, Danilo. *A revisão da questão de fato pelo Superior Tribunal de Justiça.* Rio de Janeiro: Forense, 2005.

KNIJNIK, Danilo. As (perigosíssimas) doutrinas do ônus dinâmico da prova e da *situação de senso comum* como instrumentos para assegurara o acesso à justiça e superar a *probatio diabólica*. In: FUX, Luiz; NERY JR., Nelson; ALVIM, Teresa Arruda (Coord.). *Processo e Constituição*. São Paulo: RT, 2006.

KNIJNIK, Danilo. *Os "standards" do convencimento judicial*. Disponível em: [http://www.abdpc.org.br]. Acesso em: 24.10.2006.

KOZIKOSKI, Sandro Marcelo. A repercussão geral das questões constitucionais e o juízo de admissibilidade do recurso extraordinário. In: WAMBIER, Teresa Arruda Alvim et al. (Coord.) *Reforma do judiciário*: primeiros ensaios críticos sobre a EC n. 45/2004. São Paulo: RT, 2005.

KOZIKOSKI, Sandro Marcelo. Recurso extraordinário e repercussão geral. In: CLÈVE, Clèmerson Merlin (Coord.); PEREIRA, Ana Lucia Pretto (Coord. assistente 1. ed.); URTATO, Daniela (Coord. assistente 2. ed.). *Direito constitucional brasileiro*: organização do Estado e dos poderes. 2. ed. São Paulo: Thomson Reuters Brasil, 2021.

KOZIKOSKI, Sandro Marcelo; PUGLIESI, William Soares. Uniformidade da jurisprudência, divergência e vinculação do colegiado. In: MARANHÃO, Clayton et al. *Ampliação da colegialidade*: técnica de julgamento do art. 942 do CPC. Belo Horizonte: Arraes Editores, 2017.

KUHN, Paulo Henrique. Programa de redução de litígios da Procuradoria-Geral da União. In: CUNHA, J. S. Fagundes (Coord.). *O Direito nos Tribunais Superiores*: com ênfase no Novo Código de Processo Civil. Curitiba: Bonijuris, 2015.

KUKINA, Sérgio Luiz. Apontamentos sobre um novo projeto de reforma recursal. In: MARINONI, Luiz Guilherme; DIDIER JR., Fredie (Coord.). *A segunda etapa da reforma processual civil*. São Paulo: Malheiros, 2001.

LADEIRA, Aline Hadad; BAHIA, Alexandre Melo Franco. O precedente judicial em paralelo a súmula vinculante: pela (re)introdução da faticidade ao mundo jurídico. *Revista de Processo*, v. 234, ago. 2014.

LANES, Júlio Cesar Goulart. *Fato e direito no processo civil cooperativo*. São Paulo: RT, 2014.

LASPRO, Oreste Nestor de Souza. *Duplo grau de jurisdição no direito processual civil*. São Paulo: RT, 1995.

LASPRO, Oreste Nestor de Souza. Devido processo legal e a irreversibilidade da antecipação dos efeitos da tutela jurisdicional. In: MARINONI, Luiz Guilherme (Coord.). *Estudos de Direito Processual Civil*. Homenagem ao Professor Egas Dirceu Moniz de Aragão. São Paulo: RT, 2005.

LEAL, Luís Antônio da Câmara. *Da prescrição e da decadência*. Rio de Janeiro: Forense, 1978.

LEITE, Eduardo de Oliveira. A oitiva de crianças nos processos de família. *Revista Jurídica*, v. 278, dez. 2000.

LEITE, Eduardo de Oliveira. As "ações de família" no Novo Código de Processo Civil. *Revista de Direito de Família e das Sucessões*, v. 5, jul.-set. 2015.

LEMOS, Vinicius Silva. O prequestionamento no novo código de processo civil. In: MACÊDO, Lucas Buril de; PEIXOTO, Ravi; FREIRE, Alexandre (Org.); DIDIER JR., Fredie (Coord.). *Processo nos tribunais e meios de impugnação às decisões judiciais*. Salvador: JusPodivm, 2015. (Novo CPC doutrina selecionada, v. 6).

LEMOS, Vinicius Silva. A possibilidade de fungibilidade entre o IRDR e o IAC: viabilidade e necessidade de sistematização. *Revista de Processo*, v. 274, p. 255-289, dez. 2017.

LEMOS, Vinicius Silva. A regra da não preclusão imediata do art. 1.009, § 1º, e a conjunção com o art. 278: protesto antipreclusivo no CPC/2015? *Revista Eletrônica de Direito Processual – REDP*, Rio de Janeiro, ano 12, v. 19, n. 1, jan.-abr. 2018.

LEONARDO, Rodrigo Xavier. Prova e objeto da prova: considerações a respeito dos juízos de fato no processo civil. *Boletim Informativo Bonijuris*, n. 372, 30.04.1999.

LEONEL, Ricardo de Barros. *Tutela jurisdicional diferenciada*. São Paulo: RT, 2010.

LESSONA, Carlos. *Teoría general de la prueba en derecho civil*. 3. ed. Trad. Enrique Aguilera de Paz. Madrid: Reus, 1928.

LIEBMAN, Enrico Tullio. *Eficácia e autoridade da sentença*. 3. ed. Trad. Alfredo Buzaid e Benvindo Aires. Rio de Janeiro: Forense, 1983.

LIEBMAN, Enrico Tullio. *Eficácia e autoridade da sentença*. 3.. ed. Trad. Ada Pellegrini Grinover. Rio de Janeiro: Forense, 1984.

LIEBMAN, Enrico Tullio. *Manual do direito processual civil*. 2. ed. Trad. Cândido Rangel Dinamarco. Rio de Janeiro: Forense, 1985. v. I.

LIEBMAN, Enrico Tullio. *Manuale di diritto processuale civile*. 3. ed. Milão: Giuffrè, 1973. v. I.

LIEBMAN, Enrico Tullio. *Manuale di diritto processuale civile*. 3. ed. Milão: Giuffrè, 1974.v. II.

LIMA, Alcides de Mendonça. *Introdução aos recursos cíveis*. São Paulo: RT, 1976.

LIMA, Alcides de Mendonça. *Comentários ao Código de Processo Civil*. São Paulo: RT, 1982. v. XII.

LIMA, Bernardo Silva de; EXPÓSITO, Gabriela. Comentários sobre o regime da estabilização dos efeitos da tutela provisória de urgência no novo CPC. *Revista de Processo*, v. 250, dez. 2015.

LIMA, Patrícia Carla de Deus. Sobre a possibilidade de interposição de recurso pela parte vencedora que sofreu cerceamento de defesa: algumas reflexões. In: NERY JR., Nelson; WAMBIER, Teresa Arruda Alvim (Coord.). *Aspectos polêmicos e atuais dos recursos cíveis e assuntos afins*. São Paulo: RT, 2006. (Série: Aspectos polêmicos e atuais dos recursos, v. 10).

LIPIANI, Júlia. Como promover a superação dos precedentes formados no julgamento de recursos repetitivos por meio dos recursos especial e extraordinário? In: GALINDO, Beatriz Magalhães e KOHLBACH, Marcela (Coord.). *Recursos no CPC/2015*: perspectivas, críticas e desafios. Salvador: JusPodivm, 2017.

LOMBARDO, Luigi. Profili delle prove civile atipiche. *Rivista Trimestrale di Diritto e Procedura Civile*, dez. 2009.

LOMBARDO, Luigi. Prova scientifica e osservanza del contraddittorio nel processo civile. *Rivista di Diritto Processuale*, 2002.

LOPES, Bruno Vasconcellos Carrilho. Os honorários recursais no novo código de processo civil. O novo Código de Processo Civil. *Revista do Advogado – AASP*, n. 126, a. XXXV, maio 2015.

LOPES, João Batista. *A prova no direito processual civil*. São Paulo: RT, 1999.

LOPES, João Batista. *A prova no processo civil*. 2. ed. São Paulo: RT, 2002.

LOPES, João Batista. Comentários ao art. 455 do Código de Processo Civil. In: TUCCI, José Rogério Cruz e; FERREIRA FILHO, Manoel Caetano; APRIGLIANO, Ricardo de Carvalho; DOTTI, Rogéria Fagundes; MARTINS, Sandro Gilbert (Org.). *Código de Processo Civil anotado*. Rio de Janeiro: LMJ Mundo Jurídico, 2016.

LOPES, João Batista. Princípio da proporcionalidade e efetividade do processo civil. In: MARINONI, Luiz Guilherme. *Estudos de Direito Processual Civil*. Homenagem ao Professor Egas Dirceu Moniz de Aragão. São Paulo: RT, 2005.

LOPES, José Reinaldo de Lima. Em torno da "reserva do possível". In: SALET, Ingo Wolfgang; TIMM, Luciano Benetti (Org.). *Direitos fundamentais*: orçamento e "reserva do possível". Porto Alegre: Livraria do Advogado, 2008.

LUCON, Paulo Henrique dos Santos. Comentários ao art. 357 do Código de Processo Civil. In: CRUZ E TUCCI, José Rogério; FERREIRA FILHO, Manoel Caetano; APRIGLIANO, Ricardo de Carvalho; DOTTI, Rogéria Fagundes; MARTINS, Sandro Gilbert (Org.). *Código de Processo Civil anotado*. Rio de Janeiro: LMJ Mundo Jurídico, 2016.

LUCON, Paulo Henrique dos Santos. Honorários advocatícios no CPC de 2015, In: SARRO, Luís Antônio Giampaulo (Coord.). *Novo Código de Processo Civil*: principais alterações do sistema processual civil. 2. ed. São Paulo: Rideel, 2016.

LUCON, Paulo Henrique dos Santos. In: BUENO, Cassio Scarpinella; MEDEIROS NETO, Elias Marques de; OLIVEIRA NETO, Olavo de; OLIVEIRA, Patrícia Elias Cozzolino de; LUCON, Paulo Henrique dos Santos (Coord.). *Tutela provisória no novo CPC*. Dos 20 anos de vigência do art. 273 do CPC/1973 ao CPC/2015. São Paulo: Saraiva, 2016.

LUCON, Paulo Henrique dos Santos. Sentença e liquidação no CPC (Lei 11.232/2005). *Estudos em homenagem ao Professor José Carlos Barbosa Moreira*. São Paulo: RT, 2006.

MACCORMICK, Neil. *Institutions of Law*: an essay in legal theory. Oxford: Oxford University Press, 2007.

MACÊDO, Lucas Buril. Agravo interno. Análise das modificações legais e de sua recepção no Superior Tribunal de Justiça, In *Revista de Processo*, v. 269, p. 311-344, jul. 2017.

MACÊDO, Lucas Buril. Boa-fé no processo civil – Parte 2. *Revista de processo*, v. 331, set. 2022.

MACÊDO, Lucas Buril. *Precedentes judiciais e o direito processual civil*. Salvador: JusPodivm, 2015.

MACÊDO, Lucas Buril de; PEIXOTO, Ravi Medeiros. Ônus da prova e sua dinamização. Salvador: JusPodivm, 2014.

MACÊDO, Lucas Buril de; PEIXOTO, Ravi. Tutela provisória contra a Fazenda Pública. In: ARAÚJO, José Henrique Mouta de; CUNHA, Leonardo Carneiro da; RODRIGUES, Marco Antonio. *Fazenda Pública*. 2. ed. Salvador: JusPodivm, 2016.

MACHADO, Antônio Cláudio da Costa. *Código de Processo Civil interpretado*. 3. ed. São Paulo: Saraiva, 1997.

MACHADO, Hugo de Brito. O objeto da prova pericial. *Revista dos Tribunais*, v. 690, São Paulo: RT, abr. 1993.

MACHADO SEGUNDO, Hugo de Brito. Os recursos no novo CPC e a "Jurisprudência defensiva". In: DIDIER JR., Fredie (Coord.); MACÊDO, Lucas Buril de; PEIXOTO, Ravi; FREIRE, Alexandre (Org.). Salvador: JusPodivm, 2015. Processo nos tribunais e meios de impugnação às decisões judiciais. (Novo CPC doutrina selecionada, v. 6).

MADALENO, Rolf. *Repensando o direito de família*. Porto Alegre: Livraria do Advogado, 2007.

MADEIRA, Dhenis Cruz. O que é solipsismo judicial? *Revista Jurídica da Presidência*, v. 22, n. 126, fev.-maio 2020.

MAIA, Andrea; HILL, Flávia Pereira. Do Cadastro e da Remuneração dos mediadores. In: ALMEIDA, Diogo Assumpção Rezende de; PANTOJA, Fernanda Medina; PELAJO, Samanta (Coord.). *A mediação no Novo Código de Processo Civil*. Rio de Janeiro: Forense, 2015.

MALACHINI, Edson Ribas. "Inexatidão material" e "erro de cálculo". *Revista de processo*, v. 113, São Paulo: RT, jan.-fev. 2004.

MALATESTA, Nicola Framarino Dei. *A lógica das provas em matéria criminal*. Trad. Alexandre Augusto Correia. São Paulo: Saraiva, 1960. v. I.

MALATESTA, Nicola Framarino Dei. *A lógica das provas em matéria criminal*. São Paulo: Saraiva, 1960. v. II.

MALLET, Estêvão. Notas sobre o problema da chamada "decisão-surpresa". *Revista de Processo*, v. 233, jul. 2014.

MANCUSO, Rodolfo de Camargo. *Ação popular*: proteção do erário público, do patrimônio cultural e natural; e do meio ambiente. São Paulo: RT, 1993.

MANCUSO, Rodolfo de Camargo. *Divergência jurisprudencial e súmula vinculante*. São Paulo: RT, 1999.

MANCUSO, Rodolfo de Camargo. *Recurso extraordinário e recurso especial*. 4. ed. São Paulo: RT, 1996.

MARANHÃO, Clayton; e FERRARO, Marcella Pereira. Reclamação constitucional: funções, inovações e velhos desafios. In: CLÈVE, Clèmerson Merlin (Coord.); PEREIRA, Ana Lucia Pretto Pereira (Coord. assistente 1. Ed.); URTATO, Daniela (Coord. assistente 2. ed.). *Direito constitucional brasileiro*: organização do Estado e dos poderes. 2. ed. São Paulo: Thomson Reuters Brasil, 2021.

MARCACINI, Augusto Tavares Rosa. *Direito e informática*: uma abordagem jurídica sobre criptografia. Rio de Janeiro: Forense, 2002.

MARCACINI, Augusto Tavares Rosa. O advogado e a gratuidade de justiça. In: CRUZ E TUCCI, José Rogério; DIDIER JR., Fredie (Coord.). *Advocacia*. Salvador: JusPodivm, 2015. Coleção Repercussões do Novo CPC. v. 2.

MARCACINI, Augusto Tavares Rosa. In: CRUZ E TUCCI, José Rogério et. al (Coord.). *Código de Processo Civil Anotado*. Rio de Janeiro: LMJ Mundo Jurídico, 2016

MARCATO, Antonio Carlos (Coord.). *Código de Processo Civil interpretado*. 2. ed. São Paulo: Atlas, 2005.

MARCATO, Antonio Carlos. *Procedimentos Especiais*. 12. ed. São Paulo: Atlas, 2006. MARCATO, Antonio Carlos. *Procedimentos Especiais*. 16. ed. São Paulo: Atlas, 2016. MARÇAL, Felipe Barreto. Levando a fungibilidade recursal a sério: pelo fim da "dúvida objetiva", do "erro grosseiro" e da "má-fé" como requisitos para a aplicação da fungibilidade e por sua integração com o CPC/15, *Revista de Processo*, v. 292, p-199-214, jun. 2019.

MARINONI, Luiz Guilherme. *A antecipação de tutela*. 3. ed. São Paulo: Malheiros, 1997.

MARINONI, Luiz Guilherme. *A ética dos precedentes*. Justificativa do novo CPC. 2. ed. São Paulo: RT, 2016.

MARINONI, Luiz Guilherme. A conformação do processo e o controle jurisdicional a partir do dever estatal de proteção do consumidor. *Jus Navigandi*, Teresina, ano 10, n. 1.147, 22 ago. 2006. Disponível em: [http://jus2.uol.com.br/doutrina/texto.asp?id=8835]. Acesso em: 07.03.2016.

MARINONI, Luiz Guilherme. A questão das coisas julgadas contraditórias. In: ARRUDA ALVIM, Teresa; DIDIER JR., Fredie (Org.). *Doutrinas essenciais*: Novo processo civil. 2. ed. São Paulo: RT, 2018. v. V.

MARINONI, Luiz Guilherme. A segurança jurídica como fundamento do respeito aos precedentes. In: CORRÊA, Estevão Lourenço (Coord.). *Revista do Instituto dos Advogados do Paraná*. Curitiba, n. 37. 2009.

MARINONI, Luiz Guilherme. *Antecipação de tutela*. 12. ed. São Paulo: RT, 2011.

MARINONI, Luiz Guilherme. *Coisa julgada inconstitucional*. 3. ed. São Paulo: RT, 2013.

MARINONI, Luiz Guilherme. Controle do poder executivo do juiz. *Revista de Processo*, v. 127. set. 2005. MARINONI, Luiz Guilherme. *Curso de processo civil*. 2. ed. São Paulo: MARINONI, Luiz Guilherme. *Curso de processo civil*. São Paulo: RT, 2008. v. 4.

MARINONI, Luiz Guilherme. *Curso de Processo Civil*. São Paulo: RT, 2015. v. 3.

MARINONI, Luiz Guilherme. *Efetividade do processo e tutela de urgência*. Porto Alegre: Fabris, 1994.

MARINONI, Luiz Guilherme. Eficácia vinculante A ênfase à *ratio decidendi* e à força obrigatória dos precedentes. *Revista de Processo*, v. 184, jun. 2010.

MARINONI, Luiz Guilherme. Estabilização de tutela. *Revista de processo*, v. 279, maio 2018.

MARINONI, Luiz Guilherme. *Formação da convicção e inversão do ônus da prova segundo as peculiaridades do caso concreto*. Disponível em: [www.abdpc.org.br].

MARINONI, Luiz Guilherme. Garantia da tempestividade da tutela jurisdicional e duplo grau de jurisdição – a execução imediata da sentença como alternativa. *Questões do novo direito processual civil brasileiro*. Curitiba: Juruá, 1999.

MARINONI, Luiz Guilherme. *Incidente de resolução de demandas repetitivas*: decisão de questão idêntica x precedente. São Paulo: RT, 2016.

MARINONI, Luiz Guilherme. La prueba en la acción inhibitoria. *Jus Navigandi*, Teresina, a. 8, n. 272, 05.04.2004. Disponível em: [http://jus2.uol.com.br/doutrina/texto.asp?id=5043]. Acesso em: 28.02.2016.

MARINONI, Luiz Guilherme. *Manual do processo de conhecimento*: a tutela jurisdicional através do processo de conhecimento. São Paulo: RT, 2001.

MARINONI, Luiz Guilherme. *O projeto do CPC* – Críticas e propostas. São Paulo: RT, 2010.

MARINONI, Luiz Guilherme. *O STJ enquanto corte de precedentes*: recompreensão do sistema processual da corte suprema. 2. ed. São Paulo: RT, 2014.

MARINONI, Luiz Guilherme. *Precedentes obrigatórios*. 2 ed. São Paulo: RT, 2011.

MARINONI, Luiz Guilherme. *Precedentes obrigatórios*. São Paulo: RT, 2014.

MARINONI, Luiz Guilherme. Prova, convicção e justificativa diante da tutela antecipatória. *Jus Navigandi*, Teresina, ano 10, n. 1.182, 26 set. 2006. Disponível em: [http://jus2.uol.com.br/doutrina/texto.asp?id=8847]. Acesso em: 26.02.2016.

MARINONI, Luiz Guilherme. *Ratio decidendi*: Otras formas de identificación. *Revista Discusiones*, v. 28, 2022.

MARINONI, Luiz Guilherme. Reexame da prova diante dos recursos especial e extraordinário. *Revista de Processo*, n. 130, a. 30, dez. 2005.

MARINONI, Luiz Guilherme. *Técnica processual e tutela dos direitos*. São Paulo: RT, 2004.

MARINONI, Luiz Guilherme. *Teoria geral do processo*. São Paulo: RT, 2006.

MARINONI, Luiz Guilherme. *Tutela antecipatória, julgamento antecipado e execução imediata da sentença*. São Paulo: RT, 1997.

MARINONI, Luiz Guilherme. Tutela contra o ilícito: uma análise sobre o artigo 497, parágrafo único do CPC/2015. In: CAMBI, Eduardo; MARGRAF, Alencar Frederico (Coord.). *Direito e justiça*: estudos em homenagem a Gilberto Giacoia. Curitiba: Ministério Público, 2016.

MARINONI, Luiz Guilherme. Tutela inibitória e tutela de remoção do ilícito. *Revista Jus Navigandi*, Teresina, ano 9, n. 272, 05.04.2004. Disponível em: [https://jus.com.br/artigos/5041]. Acesso em: 22.02.2016.

MARINONI, Luiz Guilherme; ARENHART, Sérgio Cruz. *Comentários ao Código de Processo Civil*. São Paulo: RT, 2000. v. V. t. I.

MARINONI, Luiz Guilherme; ARENHART, Sérgio. *Curso de Processo Civil*: processo de conhecimento. 7. ed. São Paulo: RT, 2008. v. 2.

MARINONI, Luiz Guilherme; ARENHART, Sérgio; MITIDIERO, Daniel. *Novo código de processo civil comentado*. São Paulo: RT, 2015.

MARINONI, Luiz Guilherme; ARENHART, Sérgio Cruz; MITIDIERO, Daniel. *Novo curso de processo civil*: tutela dos direitos mediante procedimento comum. São Paulo: RT, 2015. v. II.

MARINONI, Luiz Guilherme; ARENHART, Sérgio Cruz; MITIDIERO, Daniel Mitidiero. *O novo processo civil*. 2. ed. São Paulo: RT, 2016.

MARINONI, Luiz Guilherme; ARENHART, Sérgio Cruz. *Prova*. 2. ed. rev. e atual. São Paulo: RT, 2011.

MARINONI, Luiz Guilherme; MITIDIERO, Daniel. *Repercussão geral no recurso extraordinário*. São Paulo: RT, 2007.

MARINS, Victor Alberto Azi Bomfim. *Comentários ao Código de Processo Civil*. São Paulo: RT, 2000. v. 12.

MARQUES, José Frederico. *Elementos de direito processual penal*. Rio de Janeiro: Forense, 1961. v. 2.

MARQUES, José Frederico. *Instituições de Direito Civil*. Rio de Janeiro: Forense, 1959.

MARQUES, José Frederico. *Instituições de direito processual civil*. 2. ed. Rio de Janeiro: Forense, 1963. v. IV.

MARQUES, José Frederico. *Manual de direito processual civil*. 9. ed. Campinas: Milleniumm, 2003. v. II.

MARQUES, José Frederico. *Manual de direito processual civil*. Atual. Vilson Rodrigues Alves. Campinas: Millennium, 1998. v. III.

MARTINS, Guilherme Magalhães. Contratos eletrônicos via internet: problemas relativos à sua formação e execução. *Revista dos Tribunais*, v. 776, jun. 2000.

MARTINS, Ives Gandra da Silva; MENDES, Gilmar Ferreira. *Controle concentrado de constitucionalidade* – Comentários à Lei n. 9.868, de 10.11.1999. São Paulo: Saraiva, 2001.

MARTINS, Sandro Gilbert. Dos recursos, In: CUNHA, José Sebastião Fagundes. (Coord. geral); BOCHENEK, Antonio César; CAMBI, Eduardo (Coord.). *Código de Processo Civil comentado*. São Paulo: RT, 2016.

MARTINS, Sandro Gilbert. *Processo, procedimento e ato processual* – o plano da eficácia. Ed. Elsevier, 2012.

MARTINS, Sandro Gilbert. Sustentação oral. In: WAMBIER, Teresa Arruda Alvim; NERY JR., Nelson (Coord.). *Aspectos polêmicos e atuais dos recursos cíveis e assuntos afins*. São Paulo: RT, 2007. (Série: Aspectos polêmicos e atuais dos recursos, v. 11).

MARTINS-COSTA, Judith. *A Boa-fé no Direito Privado* – Critérios para sua aplicação. São Paulo: Marcial Pons, 2016.

MARTINS-COSTA, Judith. *Comentários ao Novo Código Civil*. TEIXEIRA, Sálvio de Figueiredo (Coord.). Rio de Janeiro: Forense, 2003. v. V, t. I.

MATIDA, Janaína. O reconhecimento de pessoas não pode ser porta aberta à seletividade penal. *Conjur*, 18 de setembro de 2020.

MAZZARELA, Giuseppe. Appunti sul fatto notorio. *Rivista di Diritto Processuale Civile*, 1934.

MAZZEI, Rodrigo. Embargos de declaração. In: WAMBIER, Teresa Arruda Alvim et al. (Coord.). *Breves comentários ao Novo Código de Processo Civil*. São Paulo: RT, 2015.

MAZZEI, Rodrigo Reis. In: GOUVÊA, José Roberto F.; BONDIOLI; Luis Guilherme A.; FONSECA, João Francisco N. da (Coord.). *Comentários ao Código de Processo Civil*. São Paulo: SaraivaJur, 2023. v. XII (arts. 610 a 673): do inventário e da partilha.

MAZZILLI, Hugo Nigro. *A defesa dos interesses difusos em juízo*. 10. ed. São Paulo: Saraiva, 1999.

MAZZILLI, Hugo Nigro. Questões polêmicas sobre a ação civil pública. *Revista da Escola Nacional da Magistratura*, n. 1, abr. 2006.

MAZZOLA, Marcelo. *Sanções premiais no processo civil*: previsão legal, estipulação convencional e proposta de sistematização (*standards*) para sua fixação judicial. São Paulo: JusPodivm, 2022.

MAZZOLA, Marcelo. *Silêncio do juiz no processo civil* (inércia, omissão *stricto sensu* e inobservância e seus mecanismos de impugnação). 2 ed. rev. e atual. São Paulo: JusPodivm, 2024.

MAZZUOLI, Valério de Oliveira. O novo § 3º do art. 5º da constituição e sua eficácia. In: SILVA, Bruno Freire e; MAZZEI, Rodrigo (Coord.). *Reforma do judiciário*: análise interdisciplinar e estrutural do primeiro ano de vigência. Curitiba: Juruá, 2006.

MEDEIROS, Maria Lúcia L. C. de. *A revelia sob o aspecto da instrumentalidade*. São Paulo: RT, 2003.

MEDINA, Damares. *Amicus curiae*: amigo da corte ou amigo da parte? São Paulo: Saraiva, 2010.

MEDINA, José Miguel Garcia. *Curso de direito processual civil moderno*. 4. ed. São Paulo: Ed. RT, 2018.

MEDINA, José Miguel Garcia. *Direito processual civil moderno*. 2. ed. São Paulo: MEDINA, José Miguel Garcia. *Direito processual civil moderno*. São Paulo: RT, 2015.

MEDINA, José Miguel Garcia. *Novo Código de Processo Civil comentado*: com remissões e notas comparativas ao CPC/1973. São Paulo: RT, 2015.

MEDINA, José Miguel Garcia. *O prequestionamento nos recursos extraordinário e especial*. São Paulo: RT, 1998.

RT, 2016.

MELENDO, Santiago Sentís. *Aquisición de la prueba*. La prueba. Los grandes temas del derecho probatorio. Buenos Aires: EJEA, 1978.

MELENDO, Santiago Sentís. *Fuentes e medios de prueba*. La prueba. Los grandes temas del derecho probatorio. Buenos Aires: EJEA, 1978.

MELENDO, Santiago Sentís. *La prueba es libertad*. La prueba. Los grandes temas del derecho probatorio. Buenos Aires: EJEA, 1978.

MELENDO, Santiago Sentís. *Los poderes del juez*. La prueba. Los grandes temas del derecho probatorio. Buenos Aires: EJEA, 1978.

MELENDO, Santiago Sentís. *Naturaleza de la prueba*. La prueba. Los grandes temas del derecho probatorio. Buenos Aires: EJEA, 1978.

MELENDO, Santiago Sentís. *Valoración de la prueba*. La prueba. Los grandes temas del derecho probatorio. Buenos Aires: EJEA, 1978.

MELERO, Valentín Silva. *La prueba procesal*. Madrid: Revista de Derecho Privado, 1963. t. I.

MELLO, Celso Antônio Bandeira de. *Conteúdo jurídico do princípio da igualdade*. 3. ed. 15. tir. São Paulo: Malheiros, 2007.

MELLO, Marco Aurélio de. Considerações acerca da competência originária e recursal do Supremo Tribunal Federal. In: BONAVIDES, Paulo; MORAES, Germana; ROSAS, Roberto (Org.). *Estudos de direito constitucional em homenagem a Cesar Asfor Rocha* (teoria da constituição, direitos fundamentais e jurisdição). Rio de Janeiro/São Paulo/Recife: Renovar, 2009.

MELLO, Patrícia Perrone Campos. *Precedentes:* o desenvolvimento judicial do direito no constitucionalismo contemporâneo. Rio de Janeiro: Renovar, 2008.

MELLO, Rogerio Licastro Torres de. Da apelação. In: WAMBIER, Teresa Arruda Alvim et al. (Coord.). *Breves comentários ao Novo Código de Processo Civil*. São Paulo: RT, 2015.

MENDES, Gilmar Ferreira. Ação direta de inconstitucionalidade e ação declaratória de constitucionalidade. In: MEIRELLES, Hely Lopes. *Mandado de segurança*. São Paulo: Malheiros, 2004.

MENDES, Gilmar Ferreira; BRANCO, Paulo Gustavo Gonet. *Curso de direito constitucional*. 6. ed. São Paulo: Saraiva, 2009.

MENDES, José de Castro. *Do conceito de prova em processo civil*. Lisboa: Ática, 1957.

MENDES, Leonardo Castanho. *O recurso especial e o controle difuso de constitucionalidade*. São Paulo: RT, 2006. v. 13.

MERRYMAN, John Henry; PÉREZ-PERDOMO, Rogelio. *A tradição da civil Law*. Uma introdução aos sistemas jurídicos da Europa e da América Latina. Trad. Cássio Cassagrande. Porto Alegre: Sergio Antonio Fabris, 2009.

MESSA, Ana Flávia; JUNQUEIRA, Michele Asato. A distribuição dinâmica do ônus da prova em busca da efetivação de direitos fundamentais. In: RODRIGUES, Geisa de Assis; ANJOS FILHO, Robério Nunes dos (Coord.). *Reflexões sobre o novo Código de Processo Civil*. Brasília: ESMPU, 2016. v. I.

MICHELI, Gian Antonio. *L'onere della prova*. Padova: Cedam, 1942.

MILLAR. Robert Wyness. *Los Principios Formativos del Procedimiento Civil*. Buenos Aires: Ediar Editores, 1945.

MILLER, Cristiano Simão. O recurso ordinário em mandado de segurança e o novo código de processo civil. In: MACÊDO, Lucas Buril de; PEIXOTO, Ravi; FREIRE, Alexandre (Org.); DIDIER JR., Fredie (Coord.). *Processo nos tribunais e meios de impugnação às decisões judiciais*. Salvador: JusPodivm, 2015. (Novo CPC doutrina selecionada, v. 6).

MIRABETE, Julio Fabbrini. *Processo Penal*. 15. ed. São Paulo: Atlas, 2004.

MITIDIERO, Daniel. *Colaboração no processo civil*. Pressupostos sociais, lógicos e éticos. São Paulo: RT, 2009.

MITIDIERO, Daniel. *Colaboração no processo civil, pressupostos sociais, lógicos e éticos*. 3. ed. São Paulo: RT, 2015.

MITIDIERO, Daniel. Comentário ao art. 302 do CPC. In: WAMBIER, Teresa Arruda Alvim; DIDIER JR., Fredie; TALAMINI, Eduardo; DANTAS, Bruno. *Breves comentários ao Novo Código de Processo Civil*. São Paulo: RT, 2015.

MITIDIERO, Daniel. *Precedentes*: da persuasão à vinculação. 2. ed. São Paulo: RT, 2017.

MITTERMAIER, Carl Joseph Anton. *Tratado da prova em matéria criminal*. 4. ed. Trad. Herbert Wüntzel Heinrich. Campinas: Bookseller, 2004.

MOLLICA, Rogério. A remessa necessária e o Novo Código de Processo Civil. In: MACÊDO, Lucas Buril de; PEIXOTO, Ravi; FREIRE, Alexandre (Org.); DIDIER JR., Fredie (Coord.). *Processo nos tribunais e meios de impugnação às decisões judiciais*. Salvador: JusPodivm, 2015. (Novo CPC doutrina selecionada, v. 6).

MOLLICA, Rogério. A condenação em honorários advocatícios na produção antecipada da prova. In: FUGA, Bruno Augusto Sampaio; RODRIGUES, Daniel Colnago; ANTUNES, Thiago Caversan (Org.). *Produção Antecipada da Prova*: questões relevantes e aspectos polêmicos. 3. ed. ampl. Londrina: Thoth, 2021.

MONTELEONE, Girolano. Alle origini del principio del libero convincimento del giudice. *Rivista di Diritto Processuale*, n. 1, jan.-fev. 2008.

MONTEIRO, João. *Programa de um curso de theoria do processo civil e commercial*. 5. ed. São Paulo: Typologia Academica, 1936.

MONTESANO, Luigi. Le "prove atipiche" nelle "presunzione" e negli "argomenti" del giudice civile. *Rivista di Diritto Processuale*, 1980.

MONTESQUIEU, Barão de. *Do espírito das leis*. São Paulo: Abril Cultural, 1973.

MORATO, Leonardo Lins. A reclamação e a sua finalidade para impor o respeito à súmula vinculante. In: WAMBIER, Teresa Arruda Alvim et al. (Coord.). *Reforma do judiciário*: primeiros ensaios críticos sobre a EC n. 45/2004. São Paulo: RT, 2005.

MOREIRA, Adilson José. *Pensando como um negro. Ensaio de Hermenêutica Jurídica*. São Paulo: Contracorrente, 2019.

MOREIRA, José Carlos Barbosa. A função social do processo civil moderno e o papel do juiz e das partes na direção e na instrução do processo. *Revista de Processo*, v. 37. São paulo: RT, jan.-mar. 1985.

MOREIRA, José Carlos Barbosa. A motivação das decisões judiciais como garantia inerente ao Estado de Direito. *Temas de direito processual*. 2ª série. São Paulo: Saraiva, 1980.

MOREIRA, José Carlos Barbosa. Ainda e sempre a coisa julgada. In: WAMBIER, Luiz Rodrigues; WAMBIER, Teresa Arruda Alvim (Coord.). *Doutrinas essenciais*. Processo civil. São Paulo: RT, 2011. v. VI.

MOREIRA, José Carlos Barbosa. Alguns problemas atuais da prova civil. *Temas de direito processual*. 4ª série. São Paulo: Saraiva, 1989.

MOREIRA, José Carlos Barbosa. *Comentários ao Código de Processo Civil*. 7. ed. Rio de Janeiro: Forense, 1998. v. V.

MOREIRA, José Carlos Barbosa. *Comentários ao Código de Processo Civil*. Rio de Janeiro: Forense, 2008. v. V.

MOREIRA, José Carlos Barbosa. Conflito positivo e litispendência. *Temas de direito processual*. 2ª série. São Paulo: Saraiva, 1980.

MOREIRA, José Carlos Barbosa. Conteúdo e efeitos da sentença. *Temas de direito processual*. 4ª Serie. São Paulo: Saraiva, 1989.

MOREIRA, José Carlos Barbosa. Dimensiones sociales del proceso civil. *Temas de direito processual*. 4ª série. São Paulo :Saraiva, 1989.

MOREIRA, José Carlos Barbosa. Julgamento e ônus da prova. *Temas de direito processual*. 2ª série. São Paulo: Saraiva, 1980.

MOREIRA, José Carlos Barbosa. O futuro da justiça: alguns mitos. *Revista de Processo*, v. 99, São Paulo: RT, jul.-set. 2000.

MOREIRA, José Carlos Barbosa. O juiz e a prova. *Revista de Processo*, v. 35, São Paulo: RT, jul.-set. 1984.

MOREIRA, José Carlos Barbosa. O neoprivatismo no processo civil. *Revista de Processo*, v. 122, São paulo: RT, abr. 2005.

MOREIRA, José Carlos Barbosa. *O novo processo civil*. 17. ed. Rio de Janeiro: Forense, 1995.

MOREIRA, José Carlos Barbosa. *O novo processo civil*. 21. ed. Rio de Janeiro: Forense, 2000.

MOREIRA, José Carlos Barbosa. Provas atípicas. *Revista de Processo*, v. 76, São Paulo: RT, out.-dez. 1994.

MOREIRA, José Carlos Barbosa. Regras de experiência e conceitos jurídicos indeterminados. *Revista Forense*, v. 261. Rio de Janeiro: Forense, 1978.

MOREIRA, José Carlos Barbosa. Resposta do réu no sistema do Código de Processo Civil. In: WAMBIER, Luiz Rodrigues; WAMBIER, Teresa Arruda Alvim (Coord.). *Doutrinas essenciais*. Processo civil. São Paulo: RT, 2011. v. I.

MOREIRA, José Carlos Barbosa. Saneamento do processo e audiência preliminar. *Temas de direito processual*. 4ª série. São Paulo: Saraiva, 1989.

MOREIRA, José Carlos Barbosa. Sobre os pressupostos processuais. *Temas de direito processual*. 4ª série. São Paulo: Saraiva, 1989.

MOREIRA, José Carlos Barbosa. Súmula, jurisprudência, precedente: uma escalada e seus riscos. *Revista Dialética de Direito Processual Civil*, São Paulo, v. 27, jun. 2005.

MOREIRA, Rogério de Meneses Fialho. Os deveres do juiz como destinatário do princípio da cooperação no processo civil e os limites da imparcialidade. Disponível em: [https://www.migalhas.com.br/depeso/354659/juiz-como-destinatario-do-principio-da-cooperacao-no-processo-civil]. Acesso em: 07.10.2022.

MOREIRA ALVES, José Carlos. *O Supremo Tribunal Federal em face da nova Constituição* – Questões e perspectivas. Brasília: Arquivos do Ministério da Justiça, 1989.

MORGAN, Charles A.; HAZLETT, Gary; DORAN, Anthony; GARRET, Stephan; HOYT, Gary; THOMAS, Paul; BARANOSKI, Madelon; SOUTHWICK, Steven M. Accuracy of eyewitness memory for persons encoutering during exposure to highly intense stress. *International Journal of Law and Psychiatry*, v. 27, 2004.

MUNDIM, Eduardo Lessa. *Juízo de excepcionalidade do STJ*, Salvador: JusPodivm, 2019.

NALINI, José Renato. *O juiz e o acesso à justiça*. 2. ed. São Paulo: RT, 2000.

NARDELLI, Luis Fernando. *Inspeção judicial*. São Paulo: Leud, 2007.

NERY JR., Nelson. *Princípios do processo na Constituição Federal:* processo civil, penal e administrativo. 9. ed. rev. ampl. e atual. com as novas súmulas do STF (simples e vinculantes) e com a análise sobre a relativização da coisa julgada. São Paulo: RT, 2009.

NERY JR., Nelson. *Princípios fundamentais* – Teoria geral dos recursos. 4. ed. São Paulo: RT, 1997.

NERY JR., Nelson. Proteção judicial da posse. *Revista de Direito Privado*, v. 7. jul.-set. 2001.

NERY JR., Nelson. Questões de ordem pública e o julgamento do mérito dos recursos extraordinário e especial: anotações sobre a aplicação do direito à espécie (STF, 456 e RISTJ 257). In: MEDINA, José Miguel Garcia; CRUZ, Luana Pedrosa de Figueiredo; CERQUEIRA, Luis Otávio Serqueira; GOMES JR., Luiz Manoel. *Os poderes do juiz e o controle das decisões judiciais:* estudos em homenagem à professora Teresa Arruda Alvim Wambier. São Paulo: RT, 2008.

NERY JR., Nelson; NERY, Rosa Maria de Andrade. *Código de Processo Civil comentado*. 6. ed. São Paulo: RT, 2002.

NERY JR., Nelson; NERY, Rosa Maria de Andrade. *Código de Processo Civil comentado*. 7. ed. São Paulo: RT 2003.

NERY JR., Nelson; NERY, Rosa Maria de Andrade. *Código de Processo Civil comentado*. 13. ed. São Paulo: RT, 2013.

NERY JR., Nelson; NERY, Rosa Maria de Andrade. *Código de Processo Civil comentado*. 16. ed. São Paulo: RT, 2016.

NERY JR., Nelson; NERY, Rosa Maria de Andrade. *Código de Processo Civil comentado*. 21. ed. São Paulo: RT, 2023.

NERY JR., Nelson; NERY, Rosa Maria de Andrade. *Comentários ao Código de Processo Civil*. São Paulo: RT, 2015.

NEUFELD, Carmem Beatriz. O efeito da sugestão de falsa informação para eventos emocionais: quão suscetíveis são nossas memórias? *Psicologia em Estudo*. [online], v. 13, n. 3, 2008.

NEUFELD, Carmem Beatriz; BRUST, Priscila Goergen; STEIN, Lilian Milnitsky. Adaptação de um método de investigação do impacto da emoção na memória. *Psico-USF* [online], v. 13, n. 1, 2008.

NEVES, Celso. *Coisa julgada civil*. São Paulo: RT, 1971.

NEVES, Daniel Amorin Assumpção. *Ações probatórias autônomas*. São Paulo: Saraiva, 2008.

NEVES, Daniel Amorin Assumpção. Comentário ao art. 337. *Novo Código de Processo Civil Comentado*. Salvador: JusPodivm, 2016.

NEVES, Daniel Amorin Assumpção. *Competência no processo civil*. 2. ed. Rio de Janeiro: Forense, 2010.

NEVES, Daniel Amorin Assumpção. *Manual de direito processual civil*. 8. ed. Salvador: JusPodivm, 2016.

NEVES, Daniel Amorin Assumpção. *Novo Código de Processo Civil* – Lei 13.105/2015. São Paulo: Método, 2015.

NEVES, Marcelo. *Entre Hidra e Hércules*. Princípios e regras constitucionais. São Paulo: Martins Fontes, 2013.

NOBILI, Massimo. *Il principio del libero convincimento del giudice*. Milão: Giuffrè, 1974.

NOGUEIRA, Gustavo Santana. Jurisprudência vinculante no direito norte-americano e no direito brasileiro. *Revista de Processo*, São Paulo, v. 161, jul. 2008.

NOGUEIRA, Paulo Lúcio. *Curso completo de processo civil*. 5. ed. São Paulo: Saraiva, 1994.

NUCCI, Guilherme de Souza. *Provas no processo penal*. São Paulo: RT, 2009.

NUNES, Dierle. A função contrafática do Direito e o Novo CPC. O novo código de processo civil. *Revista do Advogado* – AASP, n. 126, a. XXXV, maio 2015.

NUNES, Dierle. Apelação e honorários no novo CPC. In: OLIVEIRA, Pedro Miranda de (Org.). *Impactos do novo CPC na advocacia*. Florianópolis: Conceito Editorial, 2015.

NUNES, Dierle. Colegialidade corretiva e CPC 2015. In: DIDIER JR., Fredie (Coord.); MACÊDO, Lucas Buril de; PEIXOTO, Ravi; FREIRE, Alexandre (Org.). *Processo nos tribunais e meios de impugnação às decisões judiciais*. Salvador: JusPodivm, 2015. (Novo CPC doutrina selecionada, v. 6).

NUNES, Dierle. Do julgamento dos recursos extraordinário e especial repetitivos. In: WAMBIER, Teresa Arruda Alvim et al. (Coord.). *Breves comentários ao Novo Código de Processo Civil*. São Paulo: RT, 2015.

NUNES, Dierle. Novo CPC acerta ao manter efeito suspensivo em certas apelações. *Consultor Jurídico*, São Paulo: On Line, v. 22.06.2014. p. I. 2014.

NUNES, Dierle. Precedentes, padronização decisória preventiva e coletivização. In: WAMBIER, Teresa Arruda Alvim (Coord.). *Direito jurisprudencial*. São Paulo: RT, 2012.

NUNES, Dierle; DUTRA, Victor Barbosa; OLIVEIRA JR., Délio Mota de. Apelação e honorários no novo CPC. In: OLIVEIRA, Pedro Miranda de. *Impactos do novo CPC na advocacia*. Florianópolis: Conceito Editorial, 2015.

NUNES, Dierle; FREITAS, Mariana Carvalho. A necessidade de meios de superação de precedentes. *Revista de Processo*, v. 43, n. 281. p. 484-485. jul. 2018.

ODAHARA, Bruno Períolo. Um rápido olhar sobre o stare decisis. In: MARINONI, Luiz Guilherme (Coord.). *A força dos precedentes*: estudos dos cursos de mestrado e doutorado em direito processual civil da UFPR. Salvador: JusPodivm, 2010.

OLIANI, José Alexandre Manzano. Agravo interno. In: WAMBIER, Luiz Rodrigues; WAMBIER, Teresa Arruda Alvim. *Temas essenciais do novo CPC*: análise das principais alterações do sistema processual civil brasileiro. 2. tir. São Paulo: RT, 2016.

OLIANI, José Alexandre Manzano. Apelação. In: WAMBIER, Luiz Rodrigues; WAMBIER, Teresa Arruda Alvim. *Temas essenciais do novo CPC*: análise das principais alterações do sistema processual civil brasileiro. 2. tir. São Paulo: RT, 2016.

OLIANI, José Alexandre Manzano. Atribuições e poderes do relator no NCPC. In: WAMBIER, Luiz Rodrigues; WAMBIER, Teresa Arruda Alvim. *Temas essenciais do novo CPC*: análise das principais alterações do sistema processual civil brasileiro. 2. tir. São Paulo: RT, 2016.

OLIANI, José Alexandre Manzano. Incidente de arguição de inconstitucionalidade. In: WAMBIER, Luiz Rodrigues; WAMBIER, Teresa Arruda Alvim. *Temas essenciais do novo CPC*: análise das principais alterações do sistema processual civil brasileiro. 2. tir. São Paulo: RT, 2016.

OLIANI, José Alexandre Manzano. *O contraditório nos recursos e no pedido de reconsideração*. São Paulo: RT, 2007. Recursos no processo civil, v. 14.

OLIVEIRA, Carlos Alberto Álvaro de. *Do formalismo no processo civil*. 4. ed. São Paulo: Saraiva, 2010.

OLIVEIRA, Carlos Alberto Álvaro de. Garantia do contraditório. *Garantias constitucionais do processo civil*. 1. ed. 2. tir., São Paulo: RT, 1999.

OLIVEIRA, Carlos Alberto Álvaro de. *Livre apreciação da prova*: aspectos atuais. Disponível em: [http://www.abdpc.org.br].

OLIVEIRA, Carlos Alberto Álvaro de. O juiz e o princípio do contraditório. *Revista do Advogado* (Associação dos Advogados de São Paulo), v. 40.

OLIVEIRA, Carlos Alberto Álvaro de. Presunções e ficções no direito probatório. OLIVEIRA, Carlos Alberto Alvaro de; MITIDIERO, Daniel. *Curso de processo civil*: São Paulo: Atlas, 2010, v. 1: teoria geral do processo civil e parte geral do direito processual civil.*Revista de Processo*, v. 196, jun. 2011.

OLIVEIRA, Gleydson Kleber Lopes de. *Apelação no direito processual civil*. São Paulo: RT, 2009. v. 20, Recursos no processo civil.

OLIVEIRA, Gleydson Kleber Lopes de. As tutelas de urgência nos recursos extraordinários. In: NERY JR., Nelson; WAMBIER, Teresa Arruda Alvim (Coord.). *Aspectos polêmicos e atuais dos recursos cíveis e de outros meios de impugnação às decisões judiciais*. São Paulo: RT, 2003. Série: Aspectos polêmicos e atuais dos recursos, v. 7.

OLIVEIRA, Gleydson Kleber Lopes de. *Recurso especial*. São Paulo: RT, 2002.

OLIVEIRA, Pedro Miranda de. A flexibilização do procedimento e a viabilidade do recurso extraordinário *per saltum* no CPC projetado. In: FREIRE, Alexandre; DANTAS, Bruno; NUNES, Dierle; DIDIER JR., Fredie; MEDINA, José Miguel Garcia; FUX, Luiz; CAMARGO, Luiz Henrique Volpe; OLIVEIRA, Pedro Miranda de Oliveira (Org.). *Novas tendências do processo civil*: estudos sobre o projeto do novo Código de Processo Civil. Salvador: JusPodivm, 2014. v. III.

OLIVEIRA, Pedro Miranda de. Aspectos relevantes do sistema recursal previsto no novo CPC. In: OLIVEIRA, Pedro Miranda de (Org.). *Impactos do novo CPC na advocacia*. Florianópolis: Conceito Editorial, 2015.

OLIVEIRA, Pedro Miranda de. *Ensaios sobre recursos e assuntos afins*. In: LAMY, Eduardo de Avelar; ABREU, Pedro Manoel; OLIVEIRA, Pedro Miranda de (Coord.), São Paulo: Conceito Editorial, 2011. (Coleção Ensaios de processo civil).

OLIVEIRA, Pedro Miranda de. *Novíssimo sistema recursal conforme o CPC 2015*. Florianópolis: Conceito Editorial, 2015.

OLIVEIRA, Robson Carlos de. O efeito rescindente e substitutivo dos recursos: uma tentativa de sistematização. In: NERY JR., Nelson; WAMBIER, Teresa Arruda Alvim (Coord.). *Aspectos polêmicos e atuais dos recursos cíveis de acordo com a Lei 9.756/98*. 1. ed. 2. tir. São Paulo: RT, 1999.

OLIVEIRA E CRUZ, João Claudino. *Dos recursos no Código de Processo Civil*. Rio de Janeiro: Forense, 1954.

ORLANDO, Fabíola. Relevantes contribuições do advogado para a mediação. In: GOETTENAUER, Igor Lima (Coord.). *Manual de mediação de conflitos para advogados*. Brasília: Ministério da Justiça, 2014.

PACELLI, Eugênio. *Curso de processo penal*. 23. ed. São Paulo: Atlas, 2019.

PAGANINI, Juliana Marcondes. A segurança jurídica nos sistemas codificados a partir de cláusulas gerais. In: MARINONI, Luiz Guilherme (Coord.). *A força dos precedentes:* estudos dos cursos de mestrado e doutorado em direito processual civil da UFPR. Salvador: JusPodivm, 2010.

PALAIA, Nelson. *O fato notório*. São Paulo: Saraiva, 1997.

PANZA, Luiz Osório Moraes. Do agravo de instrumento. In: CUNHA, José Sebastião Fagunde; BOCHENEK, Antonio César; CAMBI, Eduardo (Coord.). *Código de Processo Civil comentado*. São Paulo: RT, 2016.

PAPA BENTO XVI. *Carta Encíclica Caritas in veritate*. São Paulo: Paulinas, 2009. PARENTE, Eduardo de Albuquerque. Os recursos e as matérias de ordem pública. In: NERY JR., Nelson; WAMBIER, Teresa Arruda Alvim (Coord.). *Aspectos polêmicos e atuais dos recursos cíveis e de outros meios de impugnação às decisões judiciais*. São Paulo: RT, 2003. (Aspectos polêmicos e atuais dos recursos, v. 7).

PASCHOAL, Thaís Amoroso. Coletivização da Prova; Técnicas de produção coletiva da prova e seus reflexos na esfera individual. São Paulo: RT, 2020.

PASSOS, Joaquim José Calmon de. *Comentários ao Código de Processo Civil*. 2. ed. Rio de Janeiro: Forense, 1977. v. 3.

PASSOS, Joaquim José Calmon de. *Comentários ao Código de Processo Civil*. 8. ed. Rio de Janeiro: Forense, 2001. v. 3.

PATTI, Salvatore. Prova (diritto processuale civile). *Enciclopedia Giuridica*. Milão: Giuffrè, 1970. v. XIX.

PATTI, Salvatore. Prova (diritto processuale civile). *Enciclopedia Giuridica*. Roma: Istituto Poligrafico e Zecca dello Stato, 1991.

PATTI, Salvatore. Libero convincimento e valutazione delle prove. *Rivista di Diritto Processuale*, 1985.

PAVANINI, Giovanni. Massime d'esperienza e fatti notori in corte di cassazione. *Rivista di Diritto Processuale Civile*, 1937.

PEIXOTO, Ravi. *Superação do precedente e a segurança jurídica*. 2. ed. Salvador: JusPodivm, 2015.

PELUSO, Cezar. Mediação e conciliação. *Revista de Arbitragem e Mediação*, v. 30, jul.-set. 2011.

PEREIRA, Cesar. Convênio para representação judicial entre os entes da federação (art. 75, § 4º, do CPC/2015). In: TALAMINI, Eduardo (Coord.). Salvador: *Processo e Administração Pública*. JusPodivm, 2016. (Coleção Repercussões do Novo CPC. v. 10).

PEREIRA. Luiz Fernando Casagrande. Anotações aos artigos 599 a 609 do CPC. In: CRUZ E TUCCI, José Rogério; FERREIRA FILHO, Manoel Caetano; APRIGLIANO, Ricardo Carvalho; DOTTI, Rogéria Fagundes; MARTINS, Sandro Gilbert. *Código de Processo Civil Anotado*. GZ Editora: Rio de Janeiro, 2016.

PEREIRA, Paula Pessoa. *Legitimidade dos precedentes*: universalidade das decisões do STJ. São Paulo: RT, 2014.

PERELMAN, Chaïm. *Ética e direito*. Trad. Maria Ermantina Galvão G. Pereira. São Paulo: Martins Fontes, 1996.

PERELMAN, Chaïm; OLBRECHTS-TYTECHA, Lucie. *Trattato dell'argomentazione. La nuova retórica*. Turim, 1966.

PINHEIRO, Guilherme César. Tutela de urgência cautelar típica no novo Código de Processo Civil e a "aplicação" do Código de Processo Civil de 1973 como "doutrina". *Revista de Processo*, v. 252. fev. 2016.

PINHEIRO, Marcelo Ferraz. O papel do advogado na solução de conflitos: mediação, conciliação e arbitragem. *Revista de Direito Empresarial*. v. 8, mar.-abr. 2015.

PINHEIRO, Paulo Eduardo d'Arce. *Poderes Executório do Juiz*. São Paulo: Saraiva, 2011.

PINHO, Humberto Dalla Bernardina de. A mediação judicial no Novo CPC. In: RIBEIRO, Darci Guimarães; JOBIM, Marco Félix (Org.). *Desvendando o Novo CPC*. 2. ed. Porto Alegre. Livraria do Advogado Editora, 2016.

PINHO, Humberto Dalla Bernardina de; RODRIGUES, Roberto de Aragão Ribeiro. Os embargos de declaração no novo Código de Processo Civil. In: MACÊDO, Lucas Buril de; PEIXOTO, Ravi; FREIRE, Alexandre; DIDIER JR., Fredie (Org.). *Processo nos tribunais e meios de impugnação às decisões judiciais*. Salvador: JusPodivm, 2015. (Novo CPC doutrina selecionada ,v. 6).

PINTO, Nelson Luiz. *Recurso especial para o STJ*. 2. ed. São Paulo: Malheiros, 1996. PINTO, Nelson Luiz. *Manual dos recursos cíveis*. 3. ed. São Paulo: Malheiros, 2002. PIOVESAN, Flávia. Reforma do judiciário e direitos humanos. In: TAVARES, André Ramos; LENZA, Pedro; ALARCÓN, Pietro de Jesús Lora (Coord.). *Reforma do judiciário analisada e comentada*. São Paulo: Método, 2005.

PISANI, Andrea Proto. Appunti sulla Tutela Sommaria. *Studi Offerti a Virgilio Andrioli dai suoi Allievi*. Napoli: Jovene, 1979.

PISANI, Andrea Proto. *Lezioni di diritto processuale civile*. 2. ed. Nápoles: Jovene, 1996.

PONDÉ, Luiz Felipe. *Filosofia para corajosos*. Pense com a própria cabeça. São Paulo: Planeta, 2016.

PONTES DE MIRANDA, Francisco Cavalcanti. *Comentários ao Código de Processo Civil*. Rio de Janeiro: Forense, 1974. t. IV.

PONTES DE MIRANDA, Francisco Cavalcanti. *Comentários ao Código de Processo Civil*. 3. ed. Atual. Sérgio Bermudes. Rio de Janeiro: Forense, 1996. t. IV.

PONTES DE MIRANDA, Francisco Cavalcanti. *Comentários ao Código de Processo Civil*. 3. ed. Rio de Janeiro: Forense, 1997. t. V.

PONTES DE MIRANDA, Francisco Cavalcanti. *Comentários ao Código de Processo Civil*. Rio de Janeiro: Forense, 1999. t. VII, arts. 496 a 538, atualização legislativa de Sérgio Bermudes.

PONTES DE MIRANDA, Francisco Cavalcanti. *Comentários ao Código de Processo Civil*. Rio de Janeiro: Forense. 2001. t. IV: art. 282 a 443.

PONTES DE MIRANDA, Francisco Cavalcanti. *Tratado da ação rescisória* – Das sentenças e de outras decisões. Campinas: Bookseller, 1998.

PONTES DE MIRANDA, Francisco Cavalcanti. *Tratado de direito privado*. Campinas: Bookseller, 2000. t. VI.

PORTANOVA, Rui. *Princípios do processo civil*. Porto Alegre: Livraria do Advogado, 1997.

PORTES, Maira. Instrumentos para revogação de precedentes no sistema de *commow law*. In: MARINONI, Luiz Guilherme (Coord.). *A força dos precedentes:* estudos dos cursos de mestrado e doutorado em direito processual civil da UFPR. Salvador: JusPodivm, 2010.

POSNER, Richard A. *Problemas de filosofia do direito*. Trad. Jefferson Luiz Camargo. São Paulo: Martins Fontes, 2007.

PUGLIESE, William Soares; NASCIMENTO, Sabrina de Paula. Provas com crianças e adolescentes: técnicas e análise do cabimento do estudo psicossocial. *Revista IBDFAM Famílias e Sucessões*, v. 58, jul.-ago. 2023.

PUGLIESE, William. *Precedentes e a civil law brasileira*: interpretação e aplicação do novo código de processo civil. São Paulo: RT, 2016.

PUGLIESE, William. *Princípios da jurisprudência*, Belo Horizonte: Arraes, 2017.

PUGLIESE, Willian. Pacto antenupcial e negócios jurídicos processuais. *Revista IBDFAM*, v. 57, maio-jun. 2023.

QUEIJO, Maria Elizabeth. Mensagem Eletrônica: meio de prova apto à demonstração de seu envio, recebimento, conteúdo e autoria. In: FUX, Luiz; NERY JR., Nelson; WAMBIER, Teresa Arruda Alvim. (Coord.). *Processo e Constituição*. São Paulo: RT, 2006.

QUEIROZ, Cristina. *Interpretação constitucional e poder judicial*. Sobre a epistemologia da construção constitucional. Coimbra: Coimbra Editora, 2000.

RAMIRES, Mauricio. *Crítica à aplicação de precedentes no direito brasileiro*. Porto Alegre: Livraria do Advogado, 2010.

RAMOS, Vitor de Paula. *La prueba testifical*. Del subjetivismo al objetivismo, del aislamento científico al diálogo con psicología y epistemología. Madrid: Marcial Pons, 2019.

RAMOS, Vitor de Paula. Primeiras linhas pela reconstrução da teoria da prova documental: os diversos tipos de signo e a necessidade comum de interpretação. *Revista de processo*, v. 313, São Paulo: RT, mar. 2021.

RAWLS, John. *Uma teoria da justiça*. São Paulo: Martins Fontes, 2002.

REALE, Miguel. A boa-fé no Código Civil. *Doutrinas essenciais de Direito civil*. São Paulo, v. 2, out. 2010.

RECHIA, Fernando Mariath. Prova e raciocínio indutivo. *Revista de processo*, v. 350, abr. 2024.

REDONDO, Bruno Garcia. Gratuidade de justiça. In: WAMBIER, Luiz Rodrigues; WAMBIER, Teresa Arruda Alvim. *Temas essenciais do novo CPC*: análise das principais alterações do sistema processual civil brasileiro. 2. tir. São Paulo: RT, 2016.

REGO, Frederico Montedonio. *Repercussão geral*: uma releitura do direito vigente. Belo Horizonte: Fórum, 2019.

REIS, Palhares Moreira. *Reclamação constitucional e súmula vinculante*. Brasília: Editora Consulex, 2010.

RIBEIRO, Darci Guimarães. *Provas atípicas*. Porto Alegre: Livraria do Advogado, 1998.

RIBEIRO, Darci Guimarães. Tendências modernas da prova. *Jurisprudência Brasileira*, v. 176.

RICCI, Gian Franco. Prove e argumenti di prova. *Rivista Trimestrale di Diritto e Procedura Civile*, 1988.

ROCHA, Caio Cesar. *Vetos presidenciais impedem evolução da arbitragem e não devem ser mantidos*. Disponível em: [http://www.conjur.com.br/2015-jun-13/fora-tribunal-vetos-impedem-evolucao-arbitragem-nao-mantidos]. Acesso em: 20.07.2016.

RODRIGUES, Luiza Silva; ROQUE, André Vasconcelos. *Novo CPC e processo eletrônico*: o que há de novo, o que preocupa e o que faltou? In: OLIVEIRA, Pedro Miranda de (Org.). Florianópolis: Conceito Editorial, 2015.

RODRIGUES, Marcelo Abelha; CASTRO, Roberta Tarpinian de; SIQUEIRA, Thiago Ferreira; NAVARRO, Trícia. *Desconsideração da Personalidade Jurídica*: aspectos materiais e processuais. São Paulo: Foco, 2023.

RODRIGUES, Ruy Zoch. *Ações repetitivas*: casos de antecipação de tutela sem o requisito da urgência. São Paulo: RT, 2010.

RODRIGUES, Walter Piva. Responsabilidade da magistratura: o agravo de instrumento e a "reforma" de suas reformas legislativas. *Revista do Advogado*: homenagem ao Professor José Ignácio Botelho de Mesquita, n. 84, a. XXV, dez. 2005.

RODRIGUES NETO, Nelson. As alterações das hipóteses de cabimento dos recursos extraordinário e especial promovidas pela EC 45, de 08.12.2004. In: NERY JR., Nelson; WAMBIER, Teresa Arruda Alvim (Coord.). *Aspectos polêmicos e atuais dos recursos cíveis e assuntos afins*. São Paulo: RT, 2006. (Aspectos polêmicos e atuais dos recursos. v. 10).

ROENICK, Hermann Homem de Carvalho. *Recursos no Código de Processo Civil*. Rio de Janeiro: AIDE, 1997.

ROHNELT, Ladislau Fernando. Prova emprestada. Revista da *Ajuris*, n. 17. Porto Alegre: Associação dos Magistrados do Rio Grande do Sul, 1979.

ROJAS, Carmen Vázquez. *De la prueba científica a la prueba pericial*. Madrid: Marcial Pons, 2015.

ROSAS, Roberto. *Direito Processual Constitucional*: princípios constitucionais do processo civil. 2. ed. São Paulo: RT, 1997.

ROSENBERG, Leo. *Tratado de derecho procesal civil*. Trad. Angela Romera Vera. Buenos Aires: EJEA, 1955. v. II.

ROSENBERG, Leo. *La carga de la prueba*. Trad. Ernesto Krotoschin. Buenos Aires: EJEA, 1956.

ROSITO, Francisco. *Teoria dos precedentes judiciais* – Racionalidade da tutela jurisdicional. Curitiba: Juruá, 2012.

RUBIN, Fernando. A psicografia no direito processual. *Jus Navigandi*. Teresina, a. 16, n. 2.919, 29 jun. 2011. Disponível em: [http://jus.uol.com.br/revista/texto/19438]. Acesso em: 12.07.2011.

RUDINIKI NETO, Rogério. O efeito devolutivo do recurso de apelação no novo Código de Processo Civil. In: DIDIER JR., Fredie; MACÊDO, Lucas Buril de; PEIXOTO, Ravi; FREIRE, Alexandre (Org.). *Processo nos tribunais e meios de impugnação às decisões judiciais*. Salvador: JusPodivm, 2015. (Novo CPC doutrina selecionada, v. 6).

RUIZ, Ivan Aparecido; BEDÊ, Judith Aparecida de Souza. *Direitos fundamentais, mediação e acesso à justiça*. Disponível em: [http://www.publicadireito.com.br/conpedi/manaus/arquivos/Anais/sao_paulo/2508.pdf]. Acesso em: 20.07.2016.

SALLES, José Carlos de Moraes. *A desapropriação à luz da doutrina e da jurisprudência*. 6. ed. São Paulo: RT, 2009.

SALLES, Carlos Alberto de; MEGNA, Bruno Lopes. Mediação e conciliação em nova era: conflitos normativos no advento do novo CPC e da Lei de Mediação. In: YARSHELL, Flavio Luiz; PESSOA, Fabio Guidi. *Direito intertemporal*. Salvador: JusPodivm, 2016.

SANTOS, Boaventura de Sousa. *Introdução a uma ciência pós-moderna*. 4. ed. Rio de Janeiro: Graal, 1989.

SANTOS, Boaventura de Sousa; MENEZES, Maria Paula G.; NUNES, João Arriscado. Conhecimento e transformação social: por uma ecologia de saberes. *Hileia – Revista de Direito Ambiental da Amazônia*, v. 6. jan.-jul. 2006.

SANTOS, Evaristo Aragão. Honorários advocatícios. In: WAMBIER, Luiz Rodrigues; WAMBIER, Teresa Arruda Alvim (Coord.). *Temas essenciais do novo CPC*: análise das principais alterações do sistema processual civil brasileiro. 2. tir. São Paulo: RT, 2016.

SANTOS, Francisco Amaral. *Comentários ao Código de Processo Civil*. São Paulo: Forense, 1994. v. 4.

SANTOS, Moacyr Amaral. *A prova judiciária no cível e comercial*. 5. ed. atual. São Paulo: Saraiva, 1983.

SANTOS, Moacyr Amaral. *Comentários ao Código de Processo Civil*. 6. ed. Rio de Janeiro: Forense, 1994. v. 1.

SANTOS, Moacyr Amaral. *Primeiras lições de Direito Processual Civil*. 16. ed. São Paulo: Saraiva, 1997. v. III.

SANTOS, Moacyr Amaral. *Primeiras linhas de direito processual civil*. São Paulo: Saraiva, 1977. v. II.

SANTOS, Moacyr Amaral. *Primeiras linhas de direito processual civil*. 21. ed. São Paulo: Saraiva, 2003. v. III.

SANTOS, Moacyr Amaral. *Prova judiciária no cível e comercial*. 4. ed. São Paulo: Max Limonad, 1970. v. I.

SARLET, Ingo Wolfgang. A eficácia do direito fundamental à segurança jurídica. In: *Constituição e segurança jurídica*. ROCHA, Cármen Lúcia Antunes Rocha (Coord.), Belo Horizonte: Fórum, 2004.

SARLET, Ingo Wolfang; MARINONI, Luiz Guilherme; MITIDIERO, Daniel. *Curso de direito constitucional*. São Paulo: RT, 2012.

SATTA, Salvatore. *Commentario al Codice di Procedura Civile*. Milão: Vallardi, 1966. v. I.

SATTA, Salvatore. *Diritto processuale civile*. 10. ed. Padova: Cedam, 1987.

SCARPARO, Eduardo. Inferência para melhor explicação (IME) e persuasão racional: ferramentas e critérios de adequada valoração probatória. *Revista de processo*, v. 300, fev. 2020.

SCHAUER, Frederick. *Thinking like a lawyer*. A new introduction to legal reasoning. Cambridge: Harvard University Press, 2012.

SCHIER, Paulo Ricardo. *Filtragem constitucional* – Construindo uma nova dogmática jurídica. Porto Alegre: Fabris, 1999.

SERRANO JR., Odoné. *Ações coletivas*: teoria e prática – Tutela coletiva de direitos individuais homogêneos e tutela de direitos metaindividuais individuais (difusos e coletivos) no processo civil. Curitiba: Juruá, 2011.

SHIMURA, Sergio. O regime recursal no Estatuto da Criança e do Adolescente. In: WAMBIER, Teresa Arruda Alvim (Coord.). *Aspectos polêmicos e atuais do recurso especial e do recurso extraordinário*. São Paulo: RT, 1997.

SHIMURA, Sergio. Súmula vinculante. In: COSTA, Hélio Rubens Batista Ribeiro; RIBEIRO, José Horácio Halfed Rezend; DINAMARCO, Pedro da Silva (Coord.). *Linhas mestras do processo civil*: comemoração dos 30 anos de vigência do CPC. São Paulo: Atlas, 2004.

SICA, Heitor Vitor Mendonça. Comentários ao art. 337 do CPC. In: WAMBIER, Teresa Arruda Alvim; DIDIER JR., Fredie; TALAMINI, Eduardo; DANTAS, Bruno. *Breves comentários ao Novo Código de Processo Civil*. São Paulo: RT, 2015.

SICA, Heitor Vitor Mendonça. *Comentários ao Código de Processo Civil*: artigos 674 ao 718. 3. ed. São Paulo: Thompson Reuters Brasil, 2021.

SICA, Heitor Vitor Mendonça. Doze problemas e onze soluções quanto à chamada "estabilização da tutela antecipada". In: MACÊDO, Lucas Buril de; PEIXOTO, Ravi; FREIRE, Alexandre (Org.). *Procedimentos especiais, tutela provisória e direito transitório*. Salvador: JusPodivm, 2015. v. 4.

SILVA, Antônio Carlos Costa e. *Dos recursos em primeiro grau de jurisdição*. 2. ed. Rio de Janeiro: Forense, 1980.

SILVA, Clóvis do Couto e. *Comentários ao Código de Processo Civil*. São Paulo: RT, 1982. v. XI. t. I.

SILVA, Clóvis do Couto e. *Comentários ao Código de Processo Civil*. São Paulo: RT, 1982. v. XI. t. II.

SILVA, Diogo Bacha; BAHIA, Alexandre Melo Franco. Agravo em recurso extraordinário e agravo em recurso especial: entre imposição de precedentes, distinção e superação. In: MACÊDO, Lucas Buril de; PEIXOTO, Ravi; FREIRE, Alexandre (Org.). *Processo nos tribunais e meios de impugnação às decisões judiciais*. Salvador: JusPodivm, 2015. (Novo CPC doutrina selecionada, v. 6).

SILVA, Jaqueline Mielke; SALVAGNI, Angélica. A teoria da carga dinâmica da prova e sua aplicabilidade às ações de alimentos. *Revista dos Tribunais*. São Paulo, v. 943. jun. 2014.

SILVA, Lucas Cavalcanti da. Controle difuso de constitucionalidade e o respeito aos precedentes do STF. In: MARINONI, Luiz Guilherme (Coord.). *A força dos precedentes*: estudos dos cursos de mestrado e doutorado em direito processual civil da UFPR. Salvador: JusPodivm, 2010.

SILVA, Ovídio A. Baptista da. *Curso de direito processual civil*. 6. ed. São Paulo: RT, 2006. v. 1.

SILVA, Ovídio A. Baptista da. *Curso de processo civil*. 5. ed. São Paulo: RT, 2000. v. 1.

SILVA, Ovídio A. Baptista da. *Curso de processo civil*. São Paulo: RT, 2000. v. 3.

SILVA, Ovídio A. Baptista da. *Do processo cautelar*. 4. ed. Rio de Janeiro: Forense, 2009.

SILVA, Ovídio A. Baptista da. *Procedimentos Especiais*. 2. ed. Aide: Rio de Janeiro, 1993.

SILVA, Ovídio A. Baptista da; GOMES, Fábio Luiz. *Teoria geral do processo civil*. São Paulo: RT, 1997.

SILVA, Paula Costa e. *Perturbações no Cumprimento dos Negócios Processuais*. Salvador: JusPodivm, 2020

SILVA, Ricardo Alexandre da. Julgamento antecipado parcial do mérito no novo CPC. In: OLIVEIRA, Pedro Miranda de (Org.). *Impactos do novo CPC na advocacia*. Florianópolis: Conceito Editorial, 2015.

SILVA, Ticiano Alves e. Os embargos de declaração no novo Código de Processo Civil. In: MACÊDO, Lucas Buril de; PEIXOTO, Ravi; FREIRE, Alexandre (Org.). *Processo nos tribunais e meios de impugnação às decisões judiciais*. Salvador: JusPodivm, 2015. (Novo CPC doutrina selecionada, v. 6).

SILVA FILHO, Antônio José Carvalho da. Comentário ao art. 217 do CPC. In: CUNHA, José Sebastião Fagundes; BOCHENEK, Antônio César; CAMBI, Eduardo (Coord.). *Código de Processo Civil comentado*. São Paulo: RT, 2015.

SINGER, Peter. Animal liberation. Dublin: Harper Collins, 1975.

SIQUEIRA, Thiago Ferreira. Duplo grau de jurisdição e 'teoria da causa madura' no novo código de processo civil. In: MACÊDO, Lucas Buril de; PEIXOTO, Ravi; FREIRE, Alexandre (Org.). *Processo nos tribunais e meios de impugnação às decisões judiciais*. Salvador: JusPodivm, 2015. (Novo CPC doutrina selecionada, v. 6).

SOBRINHO, Elício de Cresci. O juiz e as máximas da experiência. *Revista Forense*, v. 296. out.-dez. 1986.

SOUZA, Artur César. Análise da tutela antecipada prevista no relatório final da Câmara dos Deputados em relação ao novo CPC. Da tutela de evidência. Última parte. *Revista de Processo*. São Paulo, v. 235. set. 2014.

SOUZA, Rosane Feitosa de; SOUZA, Hudson Fernandes. Da (in)constitucionalidade do banco de dados com perfil genético de condenados no processo penal. *Revista Brasileira de Ciências Criminais*, v. 165, mar. 2020.

SPADONI, Joaquim Felipe. Incidente de assunção de competência. In: WAMBIER, Teresa Arruda Alvim; WAMBIER, Luiz Rodrigues. *Temas essenciais do novo CPC*: análise das principais alterações do sistema processual civil brasileiro. 2. tir. São Paulo: RT, 2016.

SPENGLER, Fabiana Marion. *Mediação de conflitos*: da teoria à prática. Porto Alegre: Livraria do Advogado, 2016.

STEIN, Friedrich. *El conocimiento privado del juez*. Trad. Andrés de La Oliva Santos. Madri: Centro de Estudios Ramón Areces, 1990.

STEIN, Lilian Milnitsky; NYGAARD, Maria Lúcia Campani. A memória em julgamento: uma análise cognitiva dos depoimentos testemunhais. *Revista brasileira de ciências criminais*, v. 43, abr. 2003.

STEIN, Lilian Milnitsky; PERGHER, Giovanni Kuckartz. Criando Falsas Memórias em Adultos por meio de Palavras Associadas. *Psicologia Reflexão e Critica* [online], v. 14, n. 2, 2001.

STRECK, Lenio Luiz. *As interceptações telefônicas e os direitos fundamentais*. A Lei 9.296/96 e os seus reflexos penais e processuais. Porto Alegre: Livraria do Advogado, 1997.

STRECK, Lenio Luiz. *Jurisdição constitucional e decisão jurídica*. 3. ed. São Paulo: RT, 2013.

STRECK, Lenio Luiz. *O que é isso – Decido conforme minha consciência?* Porto Alegre: Livraria do Advogado, 2010.

STRECK, Lenio Luiz. *Verdade e consenso*. Constituição, hermenêutica e teorias discursivas. 4. ed. São Paulo: Saraiva, 2012.

STRECK, Lenio Luiz; ABBOUD, Georges. *O que é isto – O precedente judicial e as súmulas vinculantes?* Porto Alegre: Livraria do Advogado, 2013.

STRECK, Lenio Luiz; DELFINO, Lúcio; SOUZA, Diego Crevelin. *Tutela provisória e contraditório*: uma evidente inconstitucionalidade. Disponível em: [http://www.conjur.com.br/2017-mai-15/tutela-provisoria-contraditorio-evid ente-inconstitucionalidade]. Acesso em: 25.05.2017.

STRECK, Lenio Luiz; PEDRON, Flávio Quinaud. O que ainda podemos aprender com a literatura sobre os princípios jurídicos e suas condições de aplicação? *Revista de Processo*, v. 258, ago. 2016.

SUDATTI, Ariani Bueno. *Raciocínio jurídico e nova retórica*. São Paulo: Quartier Latin, 2003.

TALAMINI, Eduardo. Saneamento do processo. *Revista de Processo*. São Paulo, v. 86. abr.-jul. 1997.

TALAMINI, Eduardo. *Coisa Julgada e sua Revisão*. São Paulo: RT, 2005.

TALAMINI, Eduardo. Partes, terceiros e coisa julgada (os limites subjetivos da coisa julgada). In: DIDIER JR., Fredie; WAMBIER, Teresa Arruda Alvim (Coord.). *Aspectos polêmicos e atuais sobre os terceiros no processo civil e assuntos afins*. São Paulo: RT, 2004.

TALAMINI, Eduardo. Prova emprestada no processo civil e penal. *Revista de Processo*. São Paulo, v. 91. jul.-set. 1998.

TALAMINI, Eduardo. Tutela de urgência no projeto de Novo Código de Processo Civil: a estabilização da medida urgente e a "monitorização" do processo civil brasileiro. *Revista de Processo*. São Paulo, v. 209. jul. 2012.

TALAMINI, Eduardo; TALAMINI, Daniele Coutinho. Advocacia pública no CPC/2015. In: TALAMINI, Eduardo (Coord.). *Processo e Administração Pública*. Salvador: JusPodivm, 2016. (Coleção Repercussões do Novo CPC v. 10).

TALAMINI, Eduardo; WLADECK, Felipe Scripes. In: BUENO, Cassio Scarpinella (Coord.). *Comentários ao Código de Processo Civil*. São Paulo: Saraiva, 2017. v. 4.

TARTUCE, Fernanda. *Processo Civil no Direito de Família*. 2. ed. Rio de Janeiro: Forense; São Paulo: Método, 2017.

TARUFFO, Michele. Conocimiento científico y estándares de prueba judicial. *Boletin Mexicano de Derecho Comparado*, v. XXXVIII, 2005.

TARUFFO, Michele. Considerazione sulle massime d´esperienza. *Rivista Trimestrale di Diritto e Procedura Civile*, v. 63.

TARUFFO, Michele. Considerazioni su prova e motivazione. *Revista de Processo*. São Paulo, v. 151. set. 2007.

TARUFFO, Michele. Cultura e processo. *Rivista Trimestrale di Diritto e Procedura Civile*, v. 63. mar. 2009.

TARUFFO, Michele. Funzione della prova: la funzione dimostrativa. *Rivista di Diritto Processuale*, 1997.

TARUFFO, Michele. Idee per una teoria della decisione giusta. *Rivista Trimestrale di Diritto e Procedura Civile*, 1997.

TARUFFO, Michele. *Il controllo di razionalità della decisione fra lógica, retórica e dialettica*. Disponível em: [www.stutidocelentano.it].

TARUFFO, Michele. Il diritto alla prova nel processo civile. *Rivista di diritto processsuale*, 1984.

TARUFFO, Michele. Il fato e l'interpretazione. *Revista de Processo*. São Paulo, v. 227. jan. 2014.

TARUFFO, Michele. Involvement and Detachment in the Presentation of Evidence. In: KEVELSON, Roberta (Coord.). *The Eyes of Justice*. Nova Iorque: Lang, 1993.

TARUFFO, Michele. *La prova dei fatti giuridici*. Milão: Giuffrè, 1992.

TARUFFO, Michele. La prova scientifica nel processo civile. *Rivista Trimestrale di Diritto e Procedura Civile*, v. LX (II Serie), 2005.

TARUFFO, Michele. *La prueba de los hechos*. Trad. Jordi Ferrer Beltrán. Trotta, 2005.

TARUFFO, Michele. La verità nel processo. *Revista de Processo*. São Paulo, v. 235. set. 2014.

TARUFFO, Michele. Le prove sientifique nella recente esperienza statunitense. *Rivista trimestrale di diritto e procedura civile*, mar. 1996.

TARUFFO, Michele. Narrazioni processuali. *Revista de Processo*. São Paulo, v. 155. jan. 2008.

TARUFFO, Michele. Note per una riforma del diritto delle prove. *Rivista di Diritto Processuale*, 1986.

TARUFFO, Michele. Note sulla verità dei fatti nel processo civile. In: GIANFORMAGGIO, Letizia (Coord.). *Le ragioni del garantismo. Discutendo con Luigi Ferrajoli*. Turim: G. Giappichelli, 1993.

TARUFFO, Michele. Poteri probatori delle parti e del giudice in europa. *Revista de Processo*. São Paulo, v. 154. dez. 2007.

TARUFFO, Michele. Precedente e Jurisprudência. *Revista de Processo*. São Paulo, v. 199. set. 2011.

TARUFFO, Michele. Presunzioni, inversioni, prova del fatto. *Rivista di diritto processuale civile*, 1992.

TARUFFO, Michele. Prova (in generale). *Digesto delle Discipline Privatistiche*. Turim: UTET, 1992. v. XVI.

TARUFFO, Michele. Prove atipiche e convicimento del giudice. *Rivista di Diritto Processuale*, 1973.

TARUFFO, Michele. Senso comune, esperienza e scienza nel ragionamento del giudice. *Sui confini. Scritti sulla giustizia civile*. Bolonha: Il Mulino, 2002.

TARUFFO, Michele. *Studi sulla rilevanza della prova*. Padova: Cedam, 1970.

TARUFFO, Michele. Verità e probabilità nella prova dei fatti. *Revista de Processo*. São Paulo, v. 154. dez. 2007.

TARZIA, Giuseppe. A audiência preliminar no processo civil. Trad. Clayton Maranhão. *Genesis: Revista de direito processual civil*, v. 3. Curitiba: Genesis, 1998.

TARZIA, Giuseppe. Le istruzioni del giudice alle parti nel processo civile. *Rivista di Diritto Processuale*, 1981.

TARZIA, Giuseppe. Princípi generali e processo dei cognizione nel disegno di legge delega per il nuovo códice di procedura civile. *Rivista di Diritto Processuale*, 1982.

TARZIA, Giuseppe. Problemi del contraddittorio nell'istruzione probatoria civile. *Rivista di diritto processuale civile*, 1984.

TAVARES, André Ramos. A repercussão geral no recurso extraordinário. In: TAVARES, André Ramos et al. (Coord.). *Reforma do judiciário:* analisada e comentada. São Paulo: Método, 2005.

TAVARES, André Ramos. Perfil constitucional do recurso extraordinário. In: TAVARES, André Ramos; ROTHENBURG, Walter Claudius (Org.). *Aspectos atuais do controle de constitucionalidade no Brasil:* recurso extraordinário e argüição de descumprimento de preceito fundamental. Rio de Janeiro: Forense, 2003.

TEIXEIRA, Guilherme Freire de Barros. A crise do direito e os novos rumos do direito processual civil brasileiro. In: CAMBI, Eduardo; MARGRAF, Alencar Frederico (Org.). *Direito e justiça:* estudos em homenagem a Gilberto Giacoia. Curitiba: Ministério Público, 2016.

TESSER, André Luiz Bäuml. As diferenças entre a tutela cautelar e a antecipação de tutela no CPC/2015. In: MACÊDO, Lucas Buril de; PEIXOTO, Ravi; FREIRE, Alexandre (Org.). *Procedimentos especiais, tutela provisória e direito transitório*. Salvador: JusPodivm, 2015.

THEODORO JR., Humberto. A garantia fundamental do devido processo legal e o exercício do poder de cautela no direito processual civil. *Revista dos Tribunais*. São Paulo: RT, v. 665. mar. 1991.

THEODORO JR., Humberto. Alguns reflexos da Emenda Constitucional 45, de 08.12.2004, sobre o processo civil. *Revista de Processo*. São Paulo, v. 124. jun. 2005.

THEODORO JR., Humberto. *Código de Processo Civil anotado*. 20. ed. Rio de Janeiro: Forense, 2016.

THEODORO JR., Humberto. *Curso de direito processual civil*. 37 ed. 2006. v. III.

THEODORO JR., Humberto. *Curso de direito processual civil*. 57. ed. Rio de Janeiro: Forense, 2016. v. 1.

THEODORO JR., Humberto. Princípios gerais do direito processual civil. *Revista de Processo*. São Paulo, v. 23. jul.-set. 1981.

THEODORO JR., Humberto. *Processo cautelar*. 19. ed. São Paulo: Leud, 2000.

THEODORO JR., Humberto. *Processo cautelar*. 25. ed. São Paulo: Leud, 2010.

THEODORO JR., Humberto. *Recursos* – Direito processual civil ao vivo. 2. ed. Rio de Janeiro: AIDE, 1996. v. 2.

THEODORO JR., Humberto. Repercussão geral no recurso extraordinário (Lei 11.418) e súmula vinculante do supremo tribunal federal (Lei 11.417). *Revista Magister de Direito Civil e Processual Civil*. Porto Alegre, n. 18. maio-jun. 2007.

THEODORO JR., Humberto. *Tutela Cautelar:* Direito Processual Civil ao Vivo. Rio de Janeiro: AIDE, 1992. v. 4.

THEODORO JR., Humberto; FARIA, Juliana Cordeiro de. A coisa julgada inconstitucional e os instrumentos processuais para seu controle. *Revista dos Tribunais*. São Paulo, v. 795. jan. 2002.

THEODORO JR., Humberto; NUNES, Dierle; BAHIA, Alexandre Melo Franco; PEDRON, Flávio Quinad. *NCPC:* fundamentos e sistematização. Rio de Janeiro: Forense, 2015.

TIBURI, Marcia. Como conversar com um fascista. Reflexões sobre o cotidiano autoritário brasileiro. 2. ed. Rio de Janeiro: Record, 2015.

TICIANELLI, Maria Fernanda Rossi. *Principio do duplo grau de jurisdição*. Curitiba: Juruá, 2005.

TIMM, Luciano Benetti; TRINDADE, Manoel Gustavo Neubarth. As recentes alterações legislativas sobre os recursos aos tribunais superiores: a repercussão geral e os processos repetitivos sob a ótica da *law and economics. Revista de Processo*. São Paulo, v. 178. dez. 2009.

TOSTES, Natacha Nascimento Gomes. Uniformização de jurisprudência. *Revista de Processo*. São Paulo, v. 104. out.-dez 2001.

TOURINHO NETO, Fernando da Costa; FIGUEIRA JR., Joel Dias. *Juizados Especiais Estaduais Cíveis e Criminais*. Comentários à Lei 9.099/95. São Paulo: RT, 2007.

TRIBE, Laurence H. Trial by mathematics: precision and ritual in legal process. *Harvard Law Review*, v. 84, abr. 1971.

TRINDADE, Jorge. *Psicologia Jurídica para operadores jurídicos*. Porto Alegre: Livraria do Advogado, 2004.

TROCKER, Nicolò. Il raporto processo-giudizio nel pensiero di Piero Calamandrei. *Rivista di Diritto Processuale*, 1989.

TROCKER, Nicolò. *Processo civile e costituzione*. Milão: Giuffrè, 1974.

TUCCI, Rogério Lauria. *Do julgamento conforme o estado do processo*. São Paulo: José Bushatsky Ltda., 1975.

UBERTIS, Giulio. Diritto alla prova nel processo penale e Corte Europea dei diritti dell'uomo. *Rivista di diritto processuale*, 1994.

VANNUCCI, Rodolpho. Recurso de apelação para majoração de honorários advocatícios. In: COÊLHO, Marcus Vinicius Furtado; CAMARGO, Luiz Henrique Volpe (Coord.). *Honorários advocatícios*. Salvador: JusPodivm, 2015. (Coleção Grandes Temas do Novo CPC. v. 2).

VARGAS, Jorge de Oliveira. *As consequências da desobediência da ordem do juiz cível*. Curitiba: Juruá, 2001.

VASCONCELOS, Rita de Cássia Corrêa. *Princípio da fungibilidade*: hipóteses de incidência no processo civil brasileiro contemporâneo. São Paulo: RT, 2007. (Coleção: Recursos no processo civil. v. 17).

VASSALLI, Giuliano. Il diritto alla prova nel processo penale. *Rivista italiana di diritto e procedura penale*, 1968.

VENOSA, Sílvio de Salvo. *Direito civil*. Direito das sucessões. 3. ed. São Paulo: Atlas, 2003. v. VII.

VENOSA, Sílvio de Salvo. *Direito civil*. Parte Geral. 3. ed. São Paulo: Atlas, 2003. v. I. VENOSA, Sílvio de Salvo. *Direito civil*. Parte Geral. São Paulo: Atlas, 2016. v. I. VENTURI, Elton. *Suspensão de liminares e sentenças contrárias ao poder público*. São Paulo: RT, 2005. Controle jurisdicional dos atos do Estado. v. 4.

VENOSA, Sílvio de Salvo. *Direito civil*. Responsabilidade civil. 3. ed. São Paulo: Atlas, 2003. v. IV.

VENTURI, Elton. Transação em direitos indisponíveis? *Revista de Processo*. São Paulo, v. 251, jan. 2016.

VERDE, Giovanni. Considerazioni sulla regola di giudizio fondata sull'onere della prova. Rivista di Diritto Processuale, 1972.

VERDE, Giovanni. Prova (teoria generale e diritto processuale civile). *Enciclopedia del Diritto*. Milão: Giuffrè, 1988. v. XXXVII.

VERDE, Giovanni. Prove nuove. *Rivista di Diritto Processuale*, jan.-mar. 2006.

VIANA, Ulisses Schwarz. *Repercussão geral sob a ótica da teoria dos sistemas de niklas luhman*. São Paulo: Saraiva, 2010.

VIGORITTI, Vicenzo. *Garanzie costituzionali del processo civile*. Due process of law e art. 24 Cost. Milão: Giuffrè, 1973.

VITORELLI, Edilson. *O devido processo legal coletivo*. Dos direitos aos litígios coletivos. 2. ed. São Paulo: RT, 2019.

VITORELLI, Edilson. *Processo Civil estrutural*. Teoria e prática. Salvador: JusPodivm, 2020.

VITORELLI, Edilson. Raciocínios probabilísticos e o papel das estatísticas na análise probatória. *Revista de processo*, v. 297, nov. 2019, versão on line.

VIVEIROS, Estefânia. Prejudicialidade do recurso extraordinário em face do julgamento do recurso especial. *Revista de Processo*. São Paulo, v. 118. nov.-dez. 2004.

VOLPI NETO, Angelo. *Comércio eletrônico:* direito e segurança. Curitiba: Juruá, 2001.

WALTER, Gerhard. Il diritto alla prova in Svizzera. *Rivista trimestrale di diritto e procedura civile*, 1991.

WALTER, Gerhard. *Libre apreciación de la prueba*. Bogotá: Temis, 1985.

WAMBIER, Luiz Rodrigues. Do manejo da tutela cautelar para obtenção de efeito suspensivo no recurso especial e no recurso extraordinário. In: WAMBIER, Teresa Arruda Alvim (Coord.). *Aspectos polêmicos e atuais do recurso especial e do recurso extraordinário*. São Paulo: RT, 1997.

WAMBIER, Luiz Rodrigues; TALAMINI, Eduardo. *Curso avançado de processo civil*. 11. ed. São Paulo: RT, 2010. v. 1.

WAMBIER, Luiz Rodrigues; TALAMINI, Eduardo. *Curso avançado de processo civil*: teoria geral do processo e processo de conhecimento. 12. ed. São Paulo: RT, 2011. v. I.

WAMBIER, Luiz Rodrigues; TALAMINI, Eduardo. *Curso avançado de processo civil*: teoria geral do processo e processo de conhecimento. 15. ed. São Paulo: RT, 2015. v. 1.

WAMBIER, Luiz Rodrigues; TALAMINI, Eduardo. *Curso avançado de processo civil*. 16. ed. São Paulo: RT, 2016. v. 2.

WAMBIER, Luiz Rodrigues; TALAMINI, Eduardo. *Curso avançado de processo civil*: teoria geral do processo. 16 ed. reform. e ampl. de acordo com o novo CPC. São Paulo: RT, 2016. v. 1.

WAMBIER, Teresa Arruda Alvim. Ampliação da colegialidade como técnica de julgamento. In: WAMBIER, Teresa Arruda Alvim; WAMBIER, Luiz Rodrigues (Coord.). *Temas essenciais do novo CPC*: análise das principais alterações do sistema processual civil brasileiro. 2. tir. São Paulo: RT, 2016.

WAMBIER, Teresa Arruda Alvim. Anotações a respeito da Lei 9.756, de 17 de dezembro de 1998. In: WAMBIER, Teresa Arruda Alvim; NERY JR., Nelson (Coord.). *Aspectos polêmicos e atuais dos recursos cíveis de acordo com a Lei 9.756/98*. 1. ed. 2. tir. São Paulo: RT, 1999.

WAMBIER, Teresa Arruda Alvim. Da ação rescisória. In: WAMBIER, Teresa Arruda Alvim; WAMBIER, Luiz Rodrigues (Coord.). *Temas essenciais do novo CPC*: análise das principais alterações do sistema processual civil brasileiro. 2. tir. São Paulo: RT, 2016.

WAMBIER, Teresa Arruda Alvim. Embargos de declaração. In: WAMBIER, Teresa Arruda Alvim; WAMBIER, Luiz Rodrigues (Coord.). *Temas essenciais do novo CPC*: análise das principais alterações do sistema processual civil brasileiro. 2. tir. São Paulo: RT, 2016.

WAMBIER, Teresa Arruda Alvim. Embargos de divergência. In: WAMBIER, Teresa Arruda Alvim; WAMBIER, Luiz Rodrigues (Coord.). *Temas essenciais do novo CPC*: análise das principais alterações do sistema processual civil brasileiro. 2. tir. São Paulo: RT, 2016.

WAMBIER, Teresa Arruda Alvim. *Nulidades do processo e da sentença*. 6. ed. São Paulo: RT, 2007.

WAMBIER, Teresa Arruda Alvim. *Nulidades do processo e da sentença*. 7. ed. São Paulo: RT, 2014.

WAMBIER, Teresa Arruda Alvim. O óbvio que não se vê: a nova forma do princípio da fungibilidade. *Revista de Processo*. São Paulo, v. 137, p. 135. jul. 2006.

WAMBIER, Teresa Arruda Alvim. O que é abrangido pela coisa julgada no direito brasileiro: a norma vigente e as perspectivas de mudança. *Revista de Processo*. v. 230. São Paulo: RT, abr. 2014.

WAMBIER, Teresa Arruda Alvim. *Os agravos no CPC brasileiro*. 3. ed. São Paulo: RT, 2000. Recursos no processo civil. v. 2.

WAMBIER, Teresa Arruda Alvim. Prescrição e decadência. In: MENDES, Gilmar Ferreira; STOCCO, Rui (Orgs.). *Doutrinas essenciais. Direito civil – Parte Geral*. São Paulo: RT, 2011. v. 5.

WAMBIER, Teresa Arruda Alvim (Coord.). *Primeiros comentários ao novo Código de Processo Civil*: artigo por artigo. São Paulo: RT, 2015.

WAMBIER, Teresa Arruda Alvim. Recurso especial e extraordinário – Alterações comuns a ambos. In: WAMBIER, Teresa Arruda Alvim; WAMBIER, Luiz Rodrigues (Coord.). *Temas essenciais do novo CPC*: análise das principais alterações do sistema processual civil brasileiro. 2. tir. São Paulo: RT, 2016.

WAMBIER, Teresa Arruda Alvim. *Recurso especial, recurso extraordinário e ação rescisória*. 2. ed. São Paulo: RT, 2008.

WAMBIER, Teresa Arruda Alvim. *Recurso especial, recurso extraordinário e ação rescisória*. 2. ed. São Paulo: RT, 2009.

WAMBIER, Teresa Arruda Alvim. Recursos extraordinário e especial repetitivo. In: WAMBIER, Teresa Arruda Alvim; WAMBIER, Luiz Rodrigues (Coord.). *Temas essenciais do novo CPC*: análise das principais alterações do sistema processual civil brasileiro. 2. tir. São Paulo: RT, 2016.

WAMBIER, Teresa Arruda Alvim; DANTAS, Bruno; MELLO, Luiz Eduardo Bandeira de. Anotações sobre o direito intertemporal e o processo. In: WAMBIER, Teresa Arruda Alvim; DIDIER JR., Fredie; TALAMINI, Eduardo; DANTAS, Bruno (Coord.). *Breves comentários ao Novo Código de Processo Civil*. São Paulo: RT, 2015.

WAMBIER, Teresa Arruda Alvim; DIDIER JR., Fredie; TALAMINI, Eduardo; DANTAS, Bruno. Comentário ao art. 492 do CPC. In: WAMBIER, Teresa Arruda Alvim (Coord.). *Breves comentários ao Novo Código de Processo Civil*. São Paulo: RT, 2015.

WAMBIER, Teresa Arruda Alvim; MEDINA, José Miguel Garcia. *O Dogma da coisa julgada*: hipóteses de relativização. São Paulo: RT, 2003.

WAMBIER, Teresa Arruda Alvim; MEDINA, José Miguel Garcia; WAMBIER, Luiz Rodrigues. *Breves comentários à nova sistemática processual civil*. São Paulo: RT, 2006. v. 2.

WAMBIER, Teresa Arruda Alvim; MEDINA, José Miguel Garcia; WAMBIER, Luiz Rodrigues. *Breves comentários à nova sistemática processual civil*. 3: Leis 11.382/2006, 11.417/2006, 11.418/2006, 11.341/2006, 11.419/2006, 11.441/2006 e 11.448/2007. São Paulo: RT, 2007.

WATANABE, Kazuo. *Da cognição no processo civil*. São Paulo: RT, 1987.

WATANABE, Kazuo. *Da cognição no processo civil*. 2. ed. Campinas: Bookseller, 2000.

WEBER, Max. *Economia e sociedade*: fundamentos da sociologia compreensiva. Trad. Regis Barbosa e Karen Elsabe Barbosa. Brasília: Editora Universidade de Brasília, 2015. v. 1.

WELSCH, Gisele Mazzoni. *O reexame necessário e a efetividade da tutela jurisdicional*. Porto Alegre: Livraria do Advogado, 2010.

WRÓBLEWSKI, Jerzy. *Sentido y hecho en el derecho*. Trad. Francisco Javier Ezquiaga Ganuzas e Juan Igartua Salaverría. Cidade do México: Fontamara, 2008.

XAVIER, Flávia da Silva; SAVARIS, José Antonio. *Recursos cíveis nos juizados especiais federais*. Curitiba: Juruá, 2010.

YARSHELL, Flávio Luiz. A tutela provisória (cautelar e antecipada) no novo CPC: grandes mudanças? *Jornal Carta Forense*, mar. 2016.

YARSHELL, Flávio Luiz. Comentários aos arts. 381-383. In: ALVIM, Teresa; DIDIER JR., Fredie; TALAMINI, Eduardo; DANTAS, Bruno (Coord.). *Breves comentários ao Novo Código de Processo Civil*. São Paulo: RT, 2015.

YARSHELL, Flávio Luiz. Convenção das partes em matéria processual no Novo CPC. O novo Código de Processo Civil. *Revista do Advogado – AASP*, n. 126, a. XXXV, maio 2015.

YARSHELL, Flávio Luiz. Exibição de documento ou coisa. In: MARINONI, Luiz Guilherme (Coord.). *Estudos de direito processual civil.* Homenagem ao professor Egas Dirceu Moniz de Aragão. São Paulo: RT, 2005.

YARSHELL, Flávio Luiz. O futuro da execução por quantia nas mãos do Superior Tribunal de Justiça: proposta de reflexão sob a ótica econômica. *Revista do Advogado*, ano XXXIX, n. 141, p. 107. abr. 2019.

YARSHELL, Flávio Luiz. *Tutela jurisdicional.* São Paulo: Atlas, 1999.

YOSHIKAWA, Eduardo Henrique de Oliveira. Valor da causa no NCPC. *Jornal Carta Forense*, mar. 2016.

ZAGREBELSKY, Gustavo. *El derecho dúctil.* 8. ed. Trad. Marina Gascón. Madri: Editorial Trotta, 2008.

ZAGREBELSKY, Gustavo. *Il diritto mite. Legge, diritti, giustizia.* Turim: Einaudi, 1992.

ZAVASCKI, Teori Albino. Antecipação da tutela e colisão de direitos fundamentais. In: TEIXEIRA, Sálvio de Figueiredo (Coord.). *Reforma do Código de Processo Civil.* São Paulo: Saraiva, 1996.

ZAVASCKI, Teori Albino. *Antecipação da tutela.* 6. ed. São Paulo: Saraiva, 2008.

ZAVASCKI, Teori Albino. *Eficácia das sentenças na jurisdição constitucional.* São Paulo: RT, 2001.

ZENI, Fernando César. Decisões irrecorríveis em conflitos de competência – A irrecorribilidade das decisões declinatórias do foro em caso de conflito de competência negativo suscitado entre tribunal e juízes a ele não vinculados e entre juízes vinculados a tribunais diversos. In: NERY JR., Nelson; WAMBIER, Teresa Arruda Alvim (Coord.). *Aspectos polêmicos e atuais dos recursos cíveis e de outros meios de impugnação às decisões judiciais.* São Paulo: RT, 2003. Série: Aspectos polêmicos e atuais dos recursos. v. 7.

ZEHR, Howard. Trocando as lentes: um novo foco sobre o crime e a justiça. 2. ed. Trad. de Tônia Van Acker. São Paulo: Palas Athena, 2014.

ZUCKERMAN, Adrian A. S. Justice in crisis: comparative dimensions of civil procedure. *Civil Justice in Crisis.* Oxford: Zuckerman, 1999.

ANOTAÇÕES